독자의 1초를 아껴주는 정성을 만나보세요!

세상이 아무리 바쁘게 돌아가더라도 책까지 아무렇게나 빨리 만들 수는 없습니다.
인스턴트 식품 같은 책보다 오래 익힌 술이나 장맛이 밴 책을 만들고 싶습니다.
땀 흘리며 일하는 당신을 위해 한 권 한 권 마음을 다해 만들겠습니다.
마지막 페이지에서 만날 새로운 당신을 위해 더 나은 길을 준비하겠습니다.

코틀린 완벽 가이드

Kotlin in Depth 1&2

초판 발행 • 2022년 2월 28일
초판 2쇄 발행 • 2022년 10월 31일

지은이 • 알렉세이 세두노프
옮긴이 • 오현석
발행인 • 이종원
발행처 • (주)도서출판 길벗
출판사 등록일 • 1990년 12월 24일
주소 • 서울시 마포구 월드컵로 10길 56(서교동)
대표 전화 • 02)332-0931 | **팩스** • 02)323-0586
홈페이지 • www.gilbut.co.kr | **이메일** • gilbut@gilbut.co.kr

기획 및 책임편집 • 이원휘(wh@gilbut.co.kr) | **디자인** • 이유나 | **제작** • 이준호, 손일순, 이진혁
마케팅 • 임태호, 전선하, 차명환, 박민영, 지운집, 박성용 | **영업관리** • 김명자 | **독자지원** • 윤정아, 홍혜진

교정교열 • 전도영 | **전산편집** • 박진희 | **출력 · 인쇄 · 제본** • 금강인쇄

ISBN 979-11-6521-891-1 93000
(길벗 도서번호 080250)

정가 36,000원

독자의 1초를 아껴주는 정성 길벗출판사

길벗 | IT단행본, IT교육서, 교양&실용서, 경제경영서
길벗스쿨 | 어린이학습, 어린이어학

페이스북 • https://www.facebook.com/gbitbook
예제소스 • https://github.com/gilbutITbook/080250

알렉세이 세두노프 지음
오현석 옮김

코틀린 완벽 가이드

KOTLIN
IN-DEPTH 1&2

이 책을 끝없는 영감의 원천이자

나를 안내하는 빛인 타티아나에게 바칩니다.

2016년 1.0이 배포된 이래(심지어 그보다 훨씬 전부터) 코틀린은 모바일, 데스크톱, 서버 애플리케이션의 다양한 개발 작업을 똑같이 잘 다룰 수 있도록 갖춰진 강력하고 유연한 도구로 유명해지고 있다. 그리고 마침내 2017년 구글이 공식적으로 코틀린을 인정했고, 2018년에는 안드로이드 개발의 주 언어로 채택했다. 이와 같은 유명세는 코틀린 언어의 실용성과 알려진 해법 중 최선의 실무 지침이 될 수 있는 해법을 채택하려는 설계 경향 덕분이라고 할 수 있다.

여러분을 아름다운 코틀린 프로그래밍 세계로 초대하고 싶다. 이 책을 통해 여러분은 코틀린을 사용함으로써 얻는 이점을 알 수 있다. 이 책을 다 읽고 나면 코틀린으로 직접 코딩하기 위해 필요한 모든 지식을 갖추게 될 것이다.

1~9장

1~9장에서는 코틀린의 기초를 다진다. 기본 문법과 순차적, 객체지향, 함수형 프로그래밍 측면을 다루며, 코틀린 표준 라이브러리도 설명한다. 각 장의 내용은 다음과 같다.

1장: 코틀린 언어 설계에 감춰진 핵심 아이디어를 설명하고 코틀린 에코시스템과 도구를 전반적으로 살펴보며, 여러 환경에서 코틀린 프로젝트를 설정하는 방법을 안내한다.

2장: 여러분에게 코틀린 문법을 알려준다. 변수 사용법을 설명하고 정수, 불(boolean) 등 간단한 데이터 타입과 이런 타입에 대해 언어가 제공하는 연산을 살펴본다. 이를 바탕으로 문자열이나 배열 같은 복잡한 데이터 구조도 설명한다.

3장: 코틀린 함수 문법을 설명하고 이항/다중 선택, 이터레이션, 오류 처리 같은 코틀린이 지원하는 여러 가지 제어 구조를 설명한다. 그리고 코드를 구조화하는 패키지 사용법도 다룬다.

4장: 코틀린 객체지향 프로그래밍의 기본적인 측면을 소개한다. 클래스 인스턴스를 생성하고 초기화하는 방법과 클래스 멤버에 대한 접근을 어떻게 제어하는지 설명한다. 객체 선언과 단순한 필드가 아닌 프로퍼티도 설명한다. 그리고 타입의 널 가능성에 대해 이야기한다.

5장: 코틀린의 함수형 언어적 측면을 설명하면서 고차 함수와 익명 함수를 소개하고, 인라인 함수 사용법을 언급한다. 그리고 확장 함수와 프로퍼티를 활용해 기존 타입에 새로운 기능을 추가하는 방법을 설명한다.

6장: 구체적인 프로그래밍 과업에 사용할 수 있는 특별한 유형의 클래스를 소개한다. 데이터 클래스는 간단한 데이터 저장에 쓰이며, 이넘(enum)은 미리 정해진 인스턴스들로 이뤄진 클래스를 표현하고, 값 클래스(인라인 클래스라고도 부름) 원시 타입을 둘러싸는 비용이 거의 들지 않는 경량 래퍼(wrapper) 타입을 정의할 수 있게 해준다.

7장: 4장과 6장에서 소개한 객체지향 기능을 이어서 다루되, 특히 클래스 계층 구조에 초점을 맞춘다. 하위 클래스를 정의하는 방법, 추상 클래스와 인터페이스를 사용하는 방법, 봉인된 클래스를 통해 클래스 계층 구조를 제한하는 방법을 다룬다.

8장: 코틀린 표준 라이브러리의 주요 내용을 설명한다. 그중에서도 특히 여러 가지 컬렉션 타입과 컬렉션 연산을 설명하며 파일 접근이나 스트림 기반 I/O를 쉽게 할 수 있도록 돕는 유틸리티 라이브러리도 설명한다.

9장: 제네릭 선언의 개념을 소개하고, 코틀린에서 제네릭 클래스, 제네릭 함수, 제네릭 프로퍼티를 정의하고 사용하는 방법을 설명한다. 또한, 변성(variance)이라는 개념을 소개하고 여러분이 정의한 제네릭 코드의 유연성을 높이기 위해 변성을 어떻게 활용하는지 설명한다.

10~17장

10~17장에서는 리플렉션, 도메인 특화 언어, 코루틴 등과 같은 더 어려운 주제를 다룬다. 자바와 코틀린의 상호 운용성 문제를 설명하고, 코틀린을 테스트, 안드로이드 애플리케이션, 웹 등의 여러 개발 영역에서 사용하는 방법을 소개한다. 각 장의 내용은 다음과 같다.

10장: 코틀린 코드에 여러 메타데이터를 추가할 수 있는 애너테이션을 설명하고, 실행 시점에 코틀린 선언에 접근할 수 있는 리플렉션 API의 기본적인 내용을 설명한다.

11장: 개발자가 도메인 특화 언어 형태로 유연한 API를 제공하려고 할 때 도움이 되는 연산자 오버로딩, 위임 프로퍼티, 고차 함수 기반의 빌더 스타일 DSL 등과 같은 몇 가지 고급 코틀린 기능을 설명한다.

12장: 자바와 코틀린 코드를 같은 코드 기반에서 사용할 때 흔히 발생하는 문제를 논의하고, 자바 선언을 코틀린 코드에서 사용할 때 발생하는 문제나 이와 반대로 코틀린 선언을 자바 코드에서 사용할 때 발생하는 문제를 구체적으로 다룬다.

13장: 코틀린 코루틴 라이브러리를 소개한다. 코루틴 라이브러리는 비동기 계산 프로그래밍에 사용할 수 있는 몇 가지 빌딩 블록을 제공한다. 추가로 코틀린 코드에서 자바 동시성 API를 더 쉽게 사용할 수 있도록 해주는 몇 가지 유틸리티를 설명한다.

14장: 코틀린 개발자를 위한 코틀린 테스트 프레임워크인 코테스트(KoTest)를 다룬다. 여러 가지 테스트 명세 스타일을 설명하고, 단언문 API를 사용하는 방법과 픽스처(fixture)나 테스트 설정 등의 몇 가지 고급 주제를 다룬다.

15장: 코틀린을 사용한 안드로이드 플랫폼 개발 방법을 다룬다. 간단한 계산기 애플리케이션을 통해 안드로이드 스튜디오 프로젝트 설정 방법을 알려주고 안드로이드 개발의 기본적인 내용을 설명한다.

16장: 코틀린의 기능과 비동기 계산을 아주 잘 활용하는 네트워크 연결 애플리케이션 개발 프레임워크인 Ktor 프레임워크에 대한 기초적인 내용을 다룬다.

17장: 스프링 부트와 Ktor 프레임워크를 사용해 마이크로서비스를 구축하는 방법을 설명한다.

무엇보다도 젯브레인즈(JetBrains)의 코틀린 팀 전원에게 감사를 표하고 싶다. 코틀린 팀은 아름다운 언어를 창조해냈고 만들어낸 언어를 개선하기 위해 끊임없이 노력하고 있다. 특히 맨 처음부터 언어 설계를 이끌어온 안드레이 브레스라프(Andrey Breslav)에게 감사한다.

이 책을 쓸 수 있는 멋진 기회를 제공해주고 읽기 좋은 책이 될 수 있도록 엄청난 노력을 기울여준 BPB 출판사의 모든 분에게 진심 어린 감사의 마음을 전한다.

마지막으로, 이 책을 쓰는 동안 성원해준 사랑하는 가족에게 감사한다.

알렉세이 세두노프

졸역으로 『코틀린 인 액션(Kotlin in Action)』을 번역하기 시작했던 2016년 말은 아직 코틀린이 안드로이드 공식 지원 언어가 되기 전이었다. 하지만 구글 I/O 2017에서 코틀린이 안드로이드 공식 언어로 지정됐으며, 때맞춰 『코틀린 인 액션』을 독자 여러분에게 선보일 수 있었다. 그 후 시간이 지나면서 코틀린 언어도 변화해 왔으며, 코틀린이 실행되는 환경인 JVM과 코틀린이 의존하는 상당수 기능을 제공하는 자바 표준 라이브러리나 자바 언어 자체도 빠르게 변했다.

『코틀린 인 액션』은 젯브레인즈 팀원들이 직접 썼고 내용도 충실한 책이다. 증쇄할 때마다 책의 부록에 코틀린 언어의 버전 변화에 따른 차이를 추가하긴 했지만, 본문에서 유기적으로 최신 버전을 설명하는 것과 비교하면 아무래도 독자들이 변화를 따라잡기가 어려울 수밖에 없다. 그러던 차에 길벗에서 이 책 『코틀린 완벽 가이드(Kotlin In Depth 1&2)』의 번역을 맡아 달라는 제안이 들어왔다. 코틀린 개발 팀원의 책으로서 너무 이론적이지 않게 코틀린 언어를 설명하고 있다는 점도 마음에 들었고, 코틀린 언어만이 아니라 Ktor, 코테스트, 스프링, 안드로이드 개발 등 다양한 코틀린 소프트웨어 개발 예제를 소개하고 있다는 점이 특히 마음에 들어서 즐겁게 번역을 시작했다.

번역하는 동안 코틀린과 자바 언어도 변하고(특히 코틀린 컴파일러의 오류 메시지가 좀 더 이해하기 쉽게 많이 변경됐음) 책에서 예제로 드는 안드로이드(젯팩 콤포즈(Jetpack Compose)가 정식으로 발표됨), 코테스트(버전 변경, 이름을 코틀린 테스트에서 코테스트로 변경), Ktor(버전을 변경하면서 플러그인을 기반으로 각종 기능을 설정할 수 있게 프레임워크 전체 얼개가 바뀜), 인텔리J 아이디어(버전 변경과 각종 자동 고침 기능의 내용 변경) 등이 바뀜에 따라 두세 번 재작업을 해야 했지만, 2021년 10월 현재의 가장 최신 코틀린을 기준으로 독자 여러분에게 책을 내놓을 수 있도록 최선을 다했다.

여러분도 이 책을 읽고 코틀린에 빠져보길 바란다.

브리즈번에서

- 오현석

예제 파일 내려받기

이 책에서 사용하는 예제 코드는 길벗출판사 웹 사이트에서 도서명으로 검색하여 내려받거나 아래 깃허브 저장소에서 내려받을 수 있습니다.

- 길벗출판사 웹 사이트: http://www.gilbut.co.kr/
- 길벗출판사 깃허브: https://github.com/gilbutITbook/080250

예제 파일 구조 및 참고 사항

책에서 사용하는 예제 파일은 각 장별로 제공합니다. 각 장에 특이 사항이 있을 경우에는 그에 대한 설명을 README로 작성해 놓았습니다.

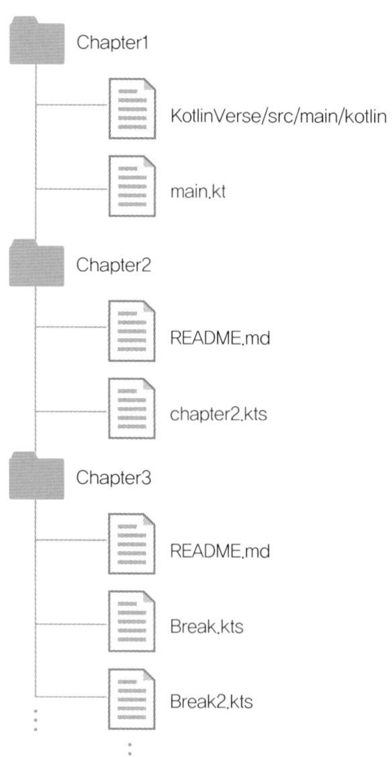

코틀린을 처음 접하더라도 좀 더 친숙하게 배울 수 있도록 해주는 책입니다. 자바 구문과 비교하여 어떤 부분이 코틀린의 강점이고 코딩할 때 더 효율적인지 바로 이해할 수 있었습니다. 한 번쯤 구현해본 기능들을 실습 주제로 다루기 때문에 예제로 주어지는 샘플 코드를 코틀린 언어로 하나씩 학습하면서 흥미를 잃지 않고 진행할 수 있도록 안내해줬습니다. 샘플 코드를 따리 코드를 직접 작성해보고 책에 나와 있는 대로 하나씩 덧붙여 나가면서 진행하면, 중간에 오류가 발생하더라도 손쉽게 찾을 수 있습니다.

코틀린을 처음 접했지만, 이 책으로 코틀린 문법을 잘 이해했을 뿐 아니라 함수와 객체지향 기능에 대한 유익한 내용도 쉽게 익힐 수 있었습니다.

- **실습 환경** Windows 11, IntelliJ IDEA

이동원_라인플러스

코틀린의 기초 문법부터 코틀린 설계를 뒷받침하는 기본 사상, 그리고 여러 응용 영역에서 사용되는 코틀린 라이브러리와 프레임워크를 전반적으로 살펴볼 수 있었습니다. 문법을 설명할 때는 자바와 코틀린의 차이점까지 설명하여 자바 개발자가 코틀린으로 쉽게 전환할 수 있도록 해줍니다. 코틀린을 배워보고 싶거나 자바 프로젝트를 코틀린으로 전환하는 것을 고려하고 있다면 강력히 추천합니다.

- **실습 환경** Windows 11, IntelliJ IDEA

허헌_프리랜서

기초 이론부터 고급 함수까지 실무에서 쓰는 기술을 익히는 데 큰 도움이 되는 책입니다. 코틀린과 자바를 비교하면서 주의할 사항을 쉽게 설명한 점이 인상 깊었습니다.

또한, 예제 코드가 잘 작동됩니다. 특히 코드를 설명하기 전에 x 값은 무엇이고 y 값은 무엇인지 적은 후 참인지 거짓인지 결과를 알려줘서 이해하기 편했습니다. 그리고 다른 책과 달리 인텔리J 단축키를 자세히 보여주므로 생산성을 높이는 데도 도움을 줍니다.

안드로이드 개발자나 백엔드 개발자 중 스프링 개발을 자바에서 코틀린으로 전향시키려는 분들이 코틀린을 익히는 데 길라잡이가 될 책이라 생각합니다.

- **실습 환경** macOS(10.15.7), IntelliJ 2019.3.2, Iterm2

오동주_SW 개발자

안드로이드를 활용하기 위한 코틀린이 아니라 언어로서 코틀린을 바라보게 해준 책이다. 비슷한 책으로 이미 『코틀린 인 액션』을 읽은 바 있지만, 이 책은 좀 더 넓은 범위를 다루고 활용되거나 접목되는 측면을 더했으며 실습을 통해 익히는 부분을 강조했다. 실습은 직접 입력하며 학습하는 것이 가장 좋다고 생각하지만, 내용이 다소 많은 편이므로 지치지 않고 끝까지 학습하기 위해서는 깃허브에 공개해둔 실습 코드를 내려받아 실행해보는 것도 좋은 방법이라고 생각한다. 또한, 안드로이드의 젯팩 콤포즈와 Ktor를 통한 웹 개발이 수록된 것이 인상적이었다. 기본에 충실한 내용을 담고 있지만 트렌디한 부분까지 챙겨볼 수 있다는 매력이야말로 다른 책에서는 찾아볼 수 없는, 이 책만의 장점이라고 생각한다.

- **실습 환경** Windows 11, Visual Studio Code(w/Git Bash Terminal), IntelliJ IDEA

박수빈_엔씨소프트

몇 년 전 안드로이드 개발자 사이트에 코틀린이 자바와 병기되어 표기될 즈음, 새 프로젝트는 코틀린으로 해보자는 의견이 있었으나 부정적 반응이 대부분이었고 저 또한 마찬가지였습니다. 그러나 그 후 몇 년 지나지 않아 어느새 주류로 자리 잡은 코틀린을 바라보면서, 새로운 기술 트렌드에 너무 둔감했던 것은 아닌지 자기반성을 하게 됩니다.

이 책에는 코틀린에 대한 모든 것이 담겨 있으며, 특히 코틀린의 특징을 자바와 비교하여 설명하는 부분이 요긴했습니다. 많은 내용을 담고 있으므로 소장용으로도 적합하고, 그 내용을 통해 많이 배웠습니다. 저자와 역자의 개발 노하우가 지면 곳곳에 묻어 있으므로, 끈기를 가지고 학습한다면 분명 좋은 결과가 있을 것으로 생각합니다.

- **실습 환경** IntelliJ IDEA Community, 2021.2.3

이진_휴맥스

이 책은 안드로이드 애플리케이션 개발 언어로 알려진 코틀린의 기초와 객체지향 프로그래밍뿐 아니라 안드로이드 프로그래밍부터 웹 프로그램에서의 활용까지 순수 코틀린이라는 언어에 초점을 맞추면서 폭넓게 다루고 있습니다. 자바 언어에 익숙하다면, 책의 중간중간에 제시된 자바 언어와 코틀린 언어 간의 차이를 비교해 가며 코틀린이라는 언어를 흥미롭게 학습할 수 있을 것입니다.

- **실습 환경** Windows 10, IntelliJ IDE

김동원_한양사이버대학교 응용소프트웨어공학과

새롭게 코틀린을 배우고자 하는 분이나 자바에서 코틀린으로 영역을 넓히고자 하는 분에게 어울리는 책입니다. 예제는 코틀린 문법이 주를 이루고 있으니 책에서 자바와 코틀린의 차이를 명확히 설명해주는 부분인 '자바 vs. 코틀린'을 우선 살펴보면 빠르게 이해할 수 있습니다. 또한, 실습 시 초반 문법은 온라인 웹을 이용해도 빠르게 확인이 가능합니다. 앞부분은 내용에 집중해서 살펴봤고, 파일 단위 서비스 단계부터 개발 환경을 구축했습니다.

이 책을 통해 '내가 코틀린을 공부해야 하는가?'라는 질문과 관련해 활용 가능한 선택지가 많아졌다는 점에 감사합니다.

- **실습 환경** Windows 10, JDK8, IntelliJ IDEA 2021.1.3

박광현_(주)핀테크_개발팀

13장 동시성 ····· 499

14장 코틀린 테스팅 ····· 547

16장 Ktor를 활용한 웹 개발 ····· 615

17장 마이크로서비스 구축 ····· 653

1장

강력하고 실용적인 코틀린

이 장에서는 현대적인 애플리케이션을 개발할 때 코틀린이 훌륭하고 효율적인 언어인 이유와 여러분이 코틀린을 배워야 하는 이유를 설명한다. 그리고 코틀린 설계를 뒷받침하는 기본적인 사상과 여러 응용 영역에서 사용할 수 있는 코틀린 라이브러리와 프레임워크를 전반적으로 살펴본다. 특히 안드로이드 애플리케이선, 동시성, 테스트, 웹 개발 분야를 살펴본다. 마지막으로, 두 가지 유명한 개발 환경인 인텔리J(IntelliJ) IDEA와 이클립스(Eclipse)에서 코틀린 프로젝트를 설정하는 방법을 단계별로 알아보고 대화형 코틀린 셸(shell)을 소개한다.

배우는 내용

- 코틀린이란 무엇인가?
- 코틀린 생태계를 이루는 주요 구성 요소
- 인텔리J와 이클립스에서 코틀린 프로젝트 설정하기

이 장의 목표

이 장을 완료하면 코틀린의 기본적인 원리와 코틀린 생태계를 이해할 수 있고, 간단한 코틀린 프로그램이 어떻게 생겼고 자주 쓰는 IDE에서 코틀린 프로젝트를 어떻게 설정하는지를 알게 된다.

1.1 코틀린이란 무엇인가?

코틀린은 안전성, 간결성, 상호 운용성을 강조하는 다중 패러다임, 다중 플랫폼 프로그래밍 언어다. 2010년 하반기에 처음 생겨서 2016년 2월 처음으로 공개 릴리스됐으며, 안드로이드 개발, 데스크톱 애플리케이션, 서버 측 솔루션 등 여러 개발 분야에서 유망한 도구로 꾸준히 인기를 얻고 있다. 코틀린 언어를 뒷받침하고 코틀린 언어 개발에 꾸준히 투자해온 회사인 젯브레인즈(JetBrains)는 인텔리J IDEA 등 여러 훌륭한 소프트웨어 엔지니어링 도구로도 유명하다.

2019년 11월 코틀린 1.3이 나왔고, 2021년 5월 1.5.0이 나왔다. 코틀린 커뮤니티도 아주 커졌고, 잘 개발된 생태계와 광범위한 도구들이 만들어졌다. 원래 언어를 만든 목적, 즉 자바에 대해 더 나은 대안을 제공하려는 목적을 넘어 코틀린이 크게 성장하면서, 이제 코틀린은 자바 가상 머신, 안드로이드, 자바스크립트, 네이티브 애플리케이션 등과 같은 여러 플랫폼을 지원한다. 2017년 구글(Google)은 안드로이드 플랫폼의 공식 지원 언어로 코틀린을 선택했다. 이로 인해 코틀린 언어 사용자가 엄청나게 늘어났고 현재 구글, 아마존(Amazon), 넷플릭스(Netflix), 핀터레스트(Pinterest), 우버(Uber) 등 여러 회사가 프로덕션 개발에 코틀린을 사용하고 있으며, 코틀린 개발자를 채용하려는 회사가 계속 늘어나고 있다.

이 모든 일을 이룰 수 있었던 것은 언어를 주의 깊게 설계하고 언어의 주요 특성에 그 설계를 녹여 내기 위해 헌신적으로 노력했기 때문이다. 이러한 노력으로 인해 코틀린은 아주 훌륭한 개발자 도구가 됐다. 언어 철학은 2010년 코틀린이 마주했던 문제에서 주로 기인한다. 그 당시 젯브레인즈에는 인텔리J 플랫폼을 중심으로 하는 자바 코드 기반이 누적돼 있었는데, 여기에는 가장 잘 알려져 있는 인텔리J IDEA뿐만 아니라 웹스톰(WebStorm), Php스톰(PhpStorm), 루비마인(RubyMine) 등의 마이너한 IDE도 포함됐다.

하지만 코드 기반의 성장과 유지 보수는 자바 언어 자체로 인해 방해받기 시작했다. 자바의 발전이 느렸고 2010년 당시 스칼라나 C# 등의 언어에서 사용할 수 있었던 유용한 기능이 자바에는 없었기 때문이다. 당시 사용 가능한 JVM 언어를 검토해본 젯브레인즈는 자신의 필요를 충족할 만한 언어가 없다는 결론을 내리고, 그에 따라 자원을 투입해 자신만의 언어를 개발하기로 결정했다. 새로운 언어에는 개발 팀원의 상당수가 위치했던 러시아 상트페테르부르크 근처의 섬인 '코틀린'이라는 이름이 붙었다.

그렇다면 처음에 코틀린 언어를 만들어간 특징은 무엇일까? 사실 코틀린 언어 정의에서 이미 그 특징을 이야기했다. 코틀린 개발을 뒷받침하는 이유는 안전성, 간결성, 상호 운용성을 강조하는 다중 패러다임 언어가 필요하다는 것이었다. 각각의 특징을 더 자세히 살펴보자.

1.1.1 안전성

프로그래밍 언어가 안전하려면 프로그래머의 오류를 방지할 수 있어야 한다. 실전에서 오류를 방지하려면 대가가 필요하기 때문에 안전성을 고려해 언어를 설계하는 것은 트레이드오프(tradeoff)의 문제다. 컴파일러에게 프로그램에 대한 정보를 더 자세히 알려주거나 컴파일러가 더 오랫동안 프로그램이 올바른지 추론하게 한다(또는 두 가지 다 할 수도 있다). 코틀린의 설계 목표 중 하나는 황금비를 찾아내는 것이었다. 즉, 자바보다 더 안전성을 보장하는 언어를 설계하되, (자바보다는) 개발자의 생산성을 덜 해치는 언어를 만드는 것이었다. 그리고 코틀린의 해법은 어떤 측면에서든 절대적인 것이 아니었으나, 실질적으로 효율적인 선택임을 반복적으로 증명해 왔다.

이 책을 진행하면서 코틀린의 안전성을 여러 가지 측면에서 설명할 것이다. 여기서는 몇 가지 중요한 특징을 짚고 넘어가겠다.

- 타입 추론(type inference)으로 인해 개발자가 명시적으루 타입을 지정하지 않아도 된다(자바 10에도 지역 변수에 대한 타입 추론이 도입됐다).
- 널이 될 수 있는 타입(nullable type)을 통해 null의 사용을 제한할 수 있고, 악명 높은 NullPointerException 예외를 좀 더 쉽게 방지할 수 있다.
- 스마트 캐스트(smart cast)를 통해 타입을 안전하게 변환할 수 있고, 실행 시점에 타입 캐스트 오류를 방지할 수 있다.

1.1.2 다중 패러다임

초기에 코틀린이 다중 패러다임이라는 말의 의미는 자바와 같은 전형적인 주류 프로그래밍 언어가 지원하는 일반적인 객체지향 패러다임 외에 함수형 프로그래밍을 지원한다는 뜻이었다. 함수형 프로그래밍은 함수를 다른 값과 마찬가지로 다룬다는 생각에서 비롯된 프로그래밍 방법이다. 그래서 함수를 다른 함수의 인수로 넘기거나, 지역적으로 함수를 선언하거나, 변수에 저장하거나, 함수가 함수를 반환하는 등의 일이 가능하다. 함수형 프로그래밍의 또 다른 측면으로 불변성(immutability)이 있다. 이는 여러분이 만든 객체는 내부 상태를 바꿀 수 없고, 함수는 부수 효과(side effect)를 만들어낼 수 없다는 말이다.

이런 접근 방법의 큰 이점은 유연성이다. 새로운 유형의 추상화를 만들어낼 수 있어서 훨씬 더 표현력이 좋고 간결한 코드를 작성할 수 있으며, 이에 따라 생산성이 좋아진다.

Note ≡ 함수형 프로그래밍 원칙이 여러 언어에 도입됐음에도 불구하고(예를 들어 자바의 익명 클래스는 람다(lambda)를 도입하기 위한 좋은 바탕이 될 수 있다), 이런 언어들이 모두 다 함수형 코드를 작성하기에 편리한 문법적인 도구를 제공하지는 않는다.

반면, 코틀린은 처음부터 필요한 도구를 제공했다. 특히 함수 타입을 부드럽게 조화시킨 타입 시스템(type system)과 함수 타입의 값을 코드 블록에서 만들어낼 수 있는 람다를 처음부터 제공했다. 표준 라이브러리나 외부 프레임워크도 함수형 프로그래밍 스타일을 장려하는 방대한 API를 제공한다. 자바도 자바 8부터 함수형 프로그래밍을 지원했으므로, 요즘은 그중 상당수가 자바에도 도입됐다. 하지만 자바의 표현력은 코틀린의 표현력에 비해 상당히 떨어진다.

함수형 프로그래밍의 기초는 5장에서 다룰 것이다. 그리고 함수형 프로그래밍을 적용한 예제는 이 책의 여러 부분에서 볼 수 있다.

코틀린 언어가 성장해 나가면서, 두 가지 프로그래밍 패러다임을 더 지원하기 시작했다. API를 **도메인 특화 언어**(Domain Specific Language, DSL)로 정의할 수 있는 기능 덕분에 코틀린을 선언적인 스타일로 코딩할 수 있다. 사실 여러 코틀린 프레임워크는 범용 프로그래밍 언어에서 제공하는 타입 안전성이나 표현력을 해치지 않으면서 DSL을 제공한다. 예를 들어 Exposed 프레임워크는 데이터베이스 스키마(schema)를 정의하고 데이터베이스에 저장된 데이터를 조작할 수 있는 DSL을 포함하며, kotlinx.html은 타입 안전성을 보장하는 새로운 HTML 템플릿 언어를 제시한다. **11장 도메인 특화 언어**에서 이런 예제를 더 자세히 살펴보고, 직접 DSL을 만드는 방법도 알아본다.

또 한 가지 패러다임은 이름 그대로 동시성(concurrent) 프로그래밍이다. 코루틴을 도입하면서 코틀린도 동시성 프로그래밍을 지원하기 시작했다. 자바를 포함한 여러 언어가 동시성을 지원하지만, 코틀린은 새로운 프로그래밍 접근 방법을 가능하게 해주는 풍부한 프로그래밍 패턴을 제공한다. 동시성에 대한 기본적인 내용은 **13장 동시성**에서 다룬다.

이 모두를 한꺼번에 제공하기 때문에 다중 패러다임은 언어의 표현력을 매우 많이 늘려주며, 언어를 더 유연하고 다용도에 사용할 수 있는 도구로 만들어준다.

1.1.3 간결성과 표현력

개발자 생산성은 다른 사람이 짠 코드를 보든 본인 스스로가 짠 것을 한참 후에 보든 관계없이, 빠르게 읽고 이해할 수 있는 코드를 작성할 수 있는지와 주로 연관돼 있다. 어떤 코드 조각의 의미를 이해하려면 그 조각이 프로그램의 다른 부분과 어떤 관계인지를 빠르게 이해해야 한다. 그래서 기존 코드의 의미를 파악하는 것이 새로 코드를 작성하는 것보다 일반적으로 시간이 더 오래 걸리고, 언어의 간결성, 즉 프로그래머의 의도를 잡음 정보 없이 명확하게 표현할 수 있는 능력이 개발 도구인 프로그래밍 언어에서 중요하다.

코틀린 설계자들은 필드 게터(getter)나 세터(setter), 익명 클래스, 명시적인 위임 등과 같은 자바의 악명 높은 불필요한 준비 코드를 제거하고 언어를 가능한 한 간결하게 만들기 위해 노력했다. 반면 코틀린 설계자들은 간결성을 너무 과용하지 못하게 주의를 기울였다. 예를 들어, 스칼라와 달리 코틀린에서는 커스텀 연산자를 정의할 수 없고 기존의 연산자만 재정의할 수 있다. 이는 새 연산자로 인해 연산의 의미가 오히려 더 혼란스러워지기 때문이다. 이 책에서는 이런 결정으로 인한 결과와 결과적으로 이 결정이 얼마나 유용한지 나타내는 예를 많이 볼 수 있다.

코틀린 간결성의 또 다른 측면은 DSL과 밀접히 연관된다(**11장 도메인 특화 언어** 참조). DSL은 문법적인 잡음을 최소화하면서 특정 프로그래밍 범위에 대한 기술을 아주 간결하게 만들어준다.

1.1.4 상호 운용성

코틀린은 독립적으로 존재하는 언어가 아니며 가능한 한 기존의 (자바) 코드 기반과 부드럽게 협력해야만 했으므로, 자바 상호 운용성은 코틀린 설계 시 중요한 목적이었다. 그래서 코틀린 설계자들은 기존 자바 코드를 코틀린에서 사용할 수 있게 했을 뿐 아니라, 코틀린 코드를 거의 아무런 노력을 들이지 않고도 자바에서 사용할 수 있도록 보장하기 위해 노력했다. 코틀린 언어는 자바와 코틀린의 상호 운용성을 조절하기 위한 몇 가지 특별한 기능도 포함한다.

코틀린이 JVM을 능가하고 다른 플랫폼으로 퍼져 나감에 따라 상호 운용성 보장은 자바스크립트, 즉 JS 플랫폼이나 네이티브 애플리케이션인 C/C++/오브젝티브 C(Objective C)/스위프트(Swift) 코드와의 상호 작용까지 포함하는 범위로 확장됐다.

12장 자바 상호 운용성에서는 자바 상호 운용성(Java interoperability)을 다루고, 코틀린과 자바를 한 프로젝트 안에서 함께 사용하는 방법을 설명한다.

1.1.5 다중 플랫폼

코틀린 설계자들의 원래 의도에 다중 플랫폼(multiplatform)은 없었다. 하지만 코틀린 언어가 진화하고 채택됨에 따라 개발자 커뮤니티에 의해 다중 플랫폼 지원의 필요성이 제기됐다. 여전히 JVM과 안드로이드가 코틀린 개발의 주 대상이지만, 요즘 코틀린은 다음과 같은 플랫폼도 지원한다.

- 브라우저나 노드(Node.js) 애플리케이션, 자바스크립트 라이브러리까지 포함하는 자바스크립트 지원
- macOS나 리눅스(Linux), 윈도우(Window) 라이브러리 및 애플리케이션을 포함하는 네이티브 지원

코틀린 1.3 버전부터 다중 플랫폼 개발을 지원하며, 주된 용례로는 안드로이드와 iOS 애플리케이션 사이에 코드 기반을 공유하거나 JVM/JS/네이티브 세계에서 사용할 다중 플랫폼 라이브러리를 만드는 것 등이 있다.

1.2 코틀린 생태계

코틀린이 진화해 오면서 소프트웨어 개발의 거의 모든 측면에 대한 풍부한 라이브러리와 프레임워크가 만들어졌다. 여기서는 사용 가능한 도구를 전반적으로 설명하고, 이 가능성의 바다를 헤쳐 나가기 위한 안내를 제공하려 한다. 하지만 생태계(ecosystem)가 끊임없이 자라고 있기 때문에 이 책에서 최신이라고 소개한 내용도 시간이 지남에 따라 낡은 프로젝트가 될 것이다. 따라서 주저하지 말고 직접 관련 내용을 찾아보길 바란다. 커뮤니티는 사용 가능한 라이브러리와 프레임워크 목록을 '놀라운 코틀린(Awesome Kotlin)' 웹사이트(https://kotlin.link)에 계속 업데이트하고 있다.

코틀린이 제공하는 좋은 자바 상호 운용성 덕분에 기존 자바 라이브러리가 주는 이익을 활용할 수 있다는 점 또한 주목하자. 경우에 따라서는 자바 라이브러리를 좀 더 코틀린답게 사용할 수 있는 코틀린 확장이 있을 수도 있다.

1.2.1 코루틴

일시 중단 가능한 계산(suspendable computation)이라는 개념 덕분에 코틀린은 async/await, 퓨처(future), 프라미스(promise), 액터(actor) 등의 동시성 관련 프로그래밍 패턴을 지원할 수 있다. 코루틴 프레임워크는 서버 쪽이거나 모바일, 데스크톱을 위한 것인지와 관계없이 코틀린 애플리케이션에서 동시성 문제를 해결할 수 있는 강력하고 우아하며 쉽게 확장 가능한 해법을 제공한다. 코루틴에 포함된 주요 기능은 다음과 같다.

- 스레드에 대한 더 가벼운(lightweight) 대안
- 유연한 스레드 디스패치(dispatch) 메커니즘
- 일시 중단 가능한 시퀀스와 이터레이터(iterator)
- 채널(channel)을 사용한 메모리 공유
- 액터를 통해 메시지 전송 방식으로 상태 공유

13장 동시성에서는 코루틴 API와 코틀린에서 동시성을 다루는 방법의 기초를 살펴볼 것이다.

1.2.2 테스트

테스트를 정의하거나 객체를 모킹(mocking)하고 싶을 때 JUnit, TestNG, 모키토(Mockito) 같은 익숙한 자바 테스트 프레임워크 중 일부를 거의 아무런 노력도 기울이지 않고 코틀린에 적용할 수 있고, 개발자는 코틀린 맞춤용 테스트를 위해 유용한 DSL을 제공하는 프레임워크의 강력함을 즐길 수도 있다. 특히 다음 내용을 언급하고 싶다.

- 모키토-코틀린(Mockito-Kotlin)은 유명한 모키토 프레임워크를 확장한 것으로 코틀린 객체 모킹을 단순화해준다.
- 스펙(Spek)은 행위 주도(behavior-driven) 테스트 프레임워크로, 자스민(Jasmine)이나 저킨(Gherkin) 스타일의 테스트 케이스 정의를 지원한다.
- 코테스트(KoTest)는 스칼라테스트(ScalaTest)에 의해 영감을 얻은 프레임워크로, 유연한 테스트 정의와 단언문(assertion)을 지원한다.

14장 코틀린 테스팅에서는 그중 코테스트가 지원하는 기능을 더 자세히 살펴보고, 프로젝트에서 어떻게 사용할 것인지 생각해본다.

1.2.3 안드로이드 개발

안드로이드는 코틀린의 주된 응용 분야이자 가장 활발하게 성장하는 분야다. 특히 구글이 코틀린을 1급 안드로이드 언어로 선언하면서 안드로이드 개발에서 코틀린이 중요해졌다. 안드로이드 도구들은 이제 코틀린의 특징을 염두에 두면서 설계되고 개발된다. 안드로이드 스튜디오 플러그인이 제공하는 훌륭한 프로그래밍 경험과 더불어, 안드로이드 개발자들은 대거(Dagger), 버터나이프(ButterKnife), DB플로(DBFlow) 등 여러 유명한 프레임워크와의 원활한 상호 운용성을 얻을 수 있다. 코틀린에 특화된 안드로이드 개발 도구 중에서는 안코(Anko)와 코틀린 안드로이드 확장(Kotlin Android Extension) 등이 있었고, 현재는 구글이 제공하는 젯팩(Jetpack)에 주목할 만하다.

코틀린 안드로이드 확장은 데이터 바인딩이 주요 특징인 컴파일러 플러그인이다. 이를 사용하면 XML로 정의한 뷰를 코드 안에서 정의한 것처럼 사용할 수 있기 때문에 악명 높은 `findViewById()` 호출을 피할 수 있다. 그 외에도 뷰 캐싱을 지원하고, 사용자가 정의한 클래스에 대한 `Parcelable` 구현을 자동으로 생성해준다. 이로 인해 순수 코틀린 프로젝트에서 버터나이프 같은 외부 프레임워크를 채용할 필요가 없어졌다.

안코는 코틀린 라이브러리로, 안드로이드 앱 개발을 단순화해준다. 여러 가지 도움이 되는 기능 중에는 안드로이드 SQLite에 대한 데이터베이스 질의(query) DSL과 안드로이드 스튜디오에서 사용할 수 있는 UI 미리 보기 플러그인이 제공되는 동적 레이아웃 합성 영역 특화 언어(안코 레이아웃즈(Anko Layouts))가 있다.

구글이 안드로이드 개발 지원 기능을 젯팩에 대거 추가하면서 코틀린 안드로이드 확장과 안코 라이브러리의 기능을 상당 부분 흡수했다. 젯팩 콤포즈(2022년 2월 현재 버전 1.0.5)를 사용하면 편리하게 안드로이드 UI 개발을 진행할 수 있다.

15장 안드로이드 애플리케이션에서는 젯팩이 제공하는 기능 중 뷰 및 데이터 바인딩과 레이아웃 DSL을 다루면서 코틀린을 활용한 안드로이드 개발을 소개한다.

1.2.4 웹 개발

웹/엔터프라이즈 애플리케이션 개발자들도 코틀린의 이점을 살릴 수 있다. 스프링 5.0이나 Vert.x 3.0과 같은 유명한 프레임워크들은 자신의 기능을 좀 더 코틀린다운 방식으로 활용할 수 있게 해주는 코틀린용 확장을 제공한다. 그 외에도 다양한 프레임워크를 사용하는 순수 코틀린 해법을 사용할 수도 있다.

- Ktor는 젯브레인즈에서 만든 비동기 서버와 클라이언트 애플리케이션 작성을 위한 프레임워크다.
- kotlinx.html은 HTML 문서를 만들기 위한 DSL이다.
- 코데인(Kodein)은 의존 관계 주입 프레임워크다.

16장과 17장에서는 Ktor를 활용한 웹 애플리케이션과 스프링 부트를 활용한 마이크로서비스 개발의 세부 사항을 다룰 것이다.

1.2.5 데스크톱 애플리케이션

JVM 플랫폼상의 데스크톱 애플리케이션 개발자는 자바FX 기반의 토네이도FX(TornadoFX)를 사용할 수 있다. 토네이도FX는 CSS를 통해 스타일을 지정하고 GUI를 쉽게 만들 수 있는 영역 특화 언어를 제공하며, FXML 마크업과 MVC/MVP 아키텍처를 지원한다. 한편 토네이도FX 인텔리J

플러그인도 있는데, 이 플러그인을 활용하면 토네이도FX 프로젝트나 컴포넌트를 편리하게 생성할 수 있다.

1.3 코틀린 시작하기

지금까지 코틀린 생태계를 알아봤다. 코틀린 언어를 탐구하기 위해 이제 작업 환경을 어떻게 설정해야 하는지 알아보는 일만 남았다.

1.3.1 인텔리J 프로젝트 설정하기

대부분의 프로그래밍 언어와 마찬가지로 코틀린 자체는 어떤 특정 IDE나 텍스트 편집기에 매여 있지는 않다. 하지만 어떤 개발자 도구를 선택하느냐는 개발자의 생산성에 아주 큰 영향을 미친다. 현재는 젯브레인즈의 인텔리J 플랫폼이 코틀린 개발 생명 주기를 가장 강력하고 종합적으로 지원해준다. 처음부터 코틀린 IDE는 언어 자체와 밀접한 연관을 갖고 개발돼 왔으며, 이로 인해 최신 코틀린 변경 사항을 가장 잘 반영한다. 이런 이유로 인텔리J IDEA를 사용하는 것을 권장하며, 이 책의 예제에서도 이를 사용할 것이다.

인텔리J IDEA 15부터 IDE 배포판에 코틀린 지원이 기본적으로 포함돼 있으므로, 코틀린 개발을 시작하기 위해 다른 플러그인을 설치할 필요가 없다. 이 책에서는 2021년 4월 말에 배포된 인텔리J IDEA 2021.1.2를 기준으로 설명한다.

IDEA를 설치하지 않았다면 www.jetbrains.com/idea/download에서 최종 버전을 다운로드해(그림 1-1) https://www.jetbrains.com/help/idea/installation-guide.html에 있는 절차를 따라 설치하라. IDEA는 두 가지 에디션이 있다. 커뮤니티(Community) 에디션은 무료 오픈 소스 버전이며, 얼티밋(Ultimate)은 상업적으로 판매되는 버전이다. 얼티밋은 웹과 엔터프라이즈 개발에 관계된 기능뿐 아니라 데이터베이스 관련 기능까지 제공한다. 더 자세한 차이점을 알고 싶다면 다운로드 페이지에서 확인할 수 있다. 이 책에서는 얼티밋이 제공하는 기능이 필요 없으므로 IDEA 커뮤니티 버전으로도 충분하다.

▼ 그림 1-1 인텔리J IDEA 다운로드 페이지

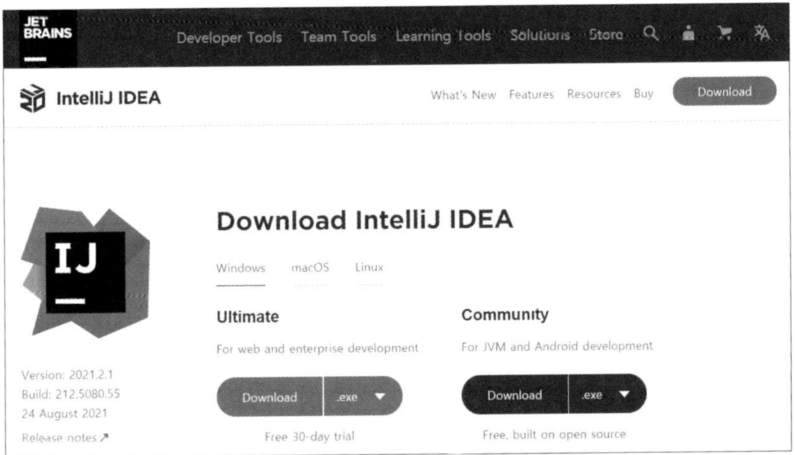

인텔리J에서 프로젝트를 열어본 적이 없다면 시작 시 환영 창에서 New Project 옵션을 볼 수 있다(그림 1-2). 이 옵션을 선택하면 바로 프로젝트 마법사를 시작한다. 아니면 최근에 사용했던 프로젝트를 보여준다. 이 경우 File > New > Project...를 애플리케이션 메뉴에서 선택하라.

▼ 그림 1-2 인텔리J를 설치하고 나서 최초 실행 시 나타나는 환영 창

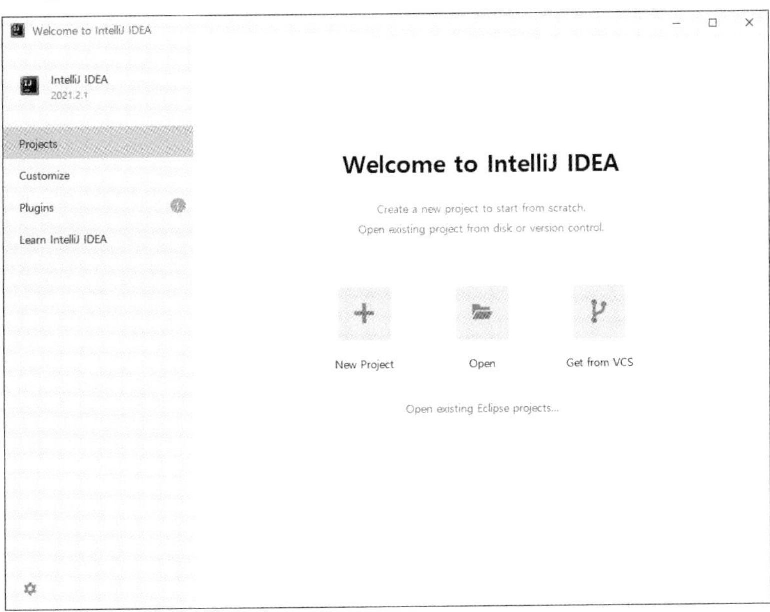

프로젝트 유형은 분류별로 창 왼쪽 사각 영역에 표시된다(그림 1-3). 프로젝트의 분류나 유형은 설치한 플러그인에 따라 다를 수 있는데, 현재는 기본적으로 설치돼 있는 코틀린 분류에 속하는 프로젝트에 주목하자. 왼쪽 영역에서 코틀린을 선택하면, 그림 1-4와 같이 새로 만들 코틀린 프로젝드의 프로섹트 템플릿과 이름, 디렉터리 위치, 빌드 시스템, JDK 등을 선택하는 화면을 볼 수 있다.

▼ 그림 1-3 새 프로젝트 마법사

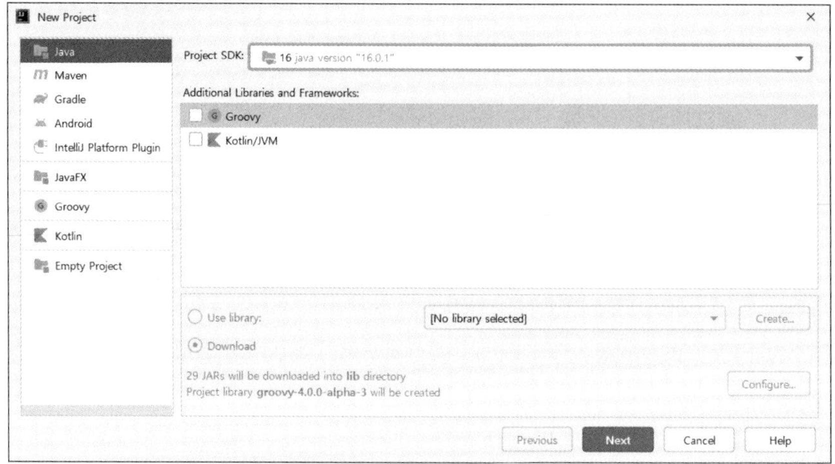

코틀린 플러그인은 JVM, 자바스크립트, 네이티브 애플리케이션을 대상으로 하는 프로젝트 생성을 지원하며, 안드로이드와 iOS도 지원한다. 플랫폼은 사용할 컴파일러 결과물의 유형(JVM의 경우 바이트코드, 자바스크립트의 경우 .js 파일, 코틀린/네이티브의 경우 플랫폼에 따라 달라지는 실행 파일)과 프로젝트에서 사용할 수 있는 의존 관계의 종류를 결정한다. 예를 들어 자바스크립트를 대상으로 하는 프로젝트에서는 자바 클래스 라이브러리에 있는 클래스에 접근할 수 없다. 이 책에서는 주로 JVM 애플리케이션에 초점을 맞춘다. 따라서 이 예제에서는 JVM 아래에 있는 Application 옵션을 선택하라.

그림 1-4의 화면에서 프로젝트 이름과 위치도 결정해야 한다. 프로젝트 위치는 소스 파일 등 프로젝트 관련 콘텐츠가 들어갈 최상위 디렉터리를 지정한다. 인텔리J가 입력한 프로젝트 이름에 따라 자동으로 위치를 제안하지만, 원한다면 변경할 수 있다.

▼ 그림 1-4 코틀린 유형을 선택하면 나타나는 화면

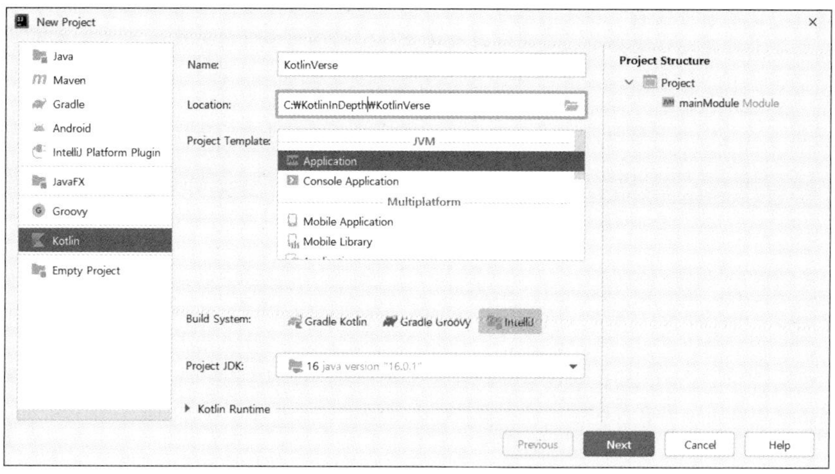

만들고 있는 프로젝트가 JVM 플랫폼을 대상으로 하므로 프로젝트를 컴파일할 때 사용할 JDK를 지정해야 한다. 이를 통해 어떤 표준 자바 라이브러리를 사용하고 언어를 혼합해 사용하는 프로젝트라면 자바 소스코드를 어떻게 컴파일할지 지정한다. **12장 자바 상호 운용성**에서는 이런 프로젝트를 더 자세히 살펴보고 기존 자바 프로젝트에 코틀린 지원을 추가하는 방법도 다룬다.

프로젝트 JDK로는 JDK 8 이상을 권장한다. 이 예제에서는 www.oracle.com에서 다운로드할 수 있는 최신(2021년 5월 기준) 버전인 JDK 16을 선택했다. 보통 인텔리J가 여러분의 시스템에 설치된 JDK를 자동으로 감지하지만, 그렇지 않거나 프로젝트 SDK 목록에 적합한 JDK가 없다면 프로젝트 JDK 콤보박스에서 다운로드(Download JDK)를 선택해 새로운 JDK를 추가할 수 있다. 또는 JDK를 따로 설치하고 콤보박스에서 추가(Add JDK)를 선택해 인텔리J에 추가할 수도 있다. JDK를 직접 설치해야 할 경우에는 https://www.oracle.com/java/technologies/javase-downloads.html에 들어가서 설치 절차에 따라 원하는 JDK를 설치하라.

인텔리J가 프로젝트에 미리 설정해주는 코틀린 런타임 라이브러리를 잠시 설명하겠다. 프로젝트는 디폴트로 IDE 플러그인 디렉터리에 있는 라이브러리를 참조한다. 이 라이브러리는 플러그인이 업데이트될 때 자동으로 업그레이드된다. 하지만 여러분의 프로젝트가 어떤 정해진 코틀린 런타임 버전에 의존하고 필요할 때만 수동으로 이 런타임을 업데이트하고 싶다면, 이 디폴트 동작을 변경할 수 있다. Create 버튼을 누르고 Copy를 선택해서 라이브러리를 보관할 디렉터리의 이름을 설정할 수 있다.

빌드 시스템으로는 인텔리J를 선택하라. 실무에서 프로젝트를 진행한다면 그레이들(Gradle) 코틀린이나 그레이들 그루비(Groovy)를 사용할 가능성이 높지만, 다른 외부 라이브러리를 사용하지 않는 예제를 진행할 때는 인텔리J를 빌드 시스템으로 사용해도 큰 문제가 없다. 나중에 안드로이드 개발이나 웹 개빌 등을 설명할 때 그레이들을 사용하는 예를 볼 수 있다.

그림 1-4의 화면에서 필요한 부분을 모두 선택하거나 입력하고, Next 버튼을 누르면 모듈 설정 화면이 나온다(그림 1-5). 이 책에서 다루는 대부분의 예제에서는 웹 서버 기능을 사용할 일이 없으므로 템플릿으로는 콘솔 애플리케이션을 선택하고, 테스트 프레임워크로는 None을 선택한다. 테스트 설정은 코테스트를 설명할 때 다시 다룬다. 타깃 JVM 버전(Target JVM Version)은 컴파일러가 생성할 바이트코드(자바 가상 머신이 실행할 수 있는 명령어 코드)의 버전을 결정한다. 실무라면 배포할 환경에서 사용할 JVM 버전에 따라 적절한 버전을 선택하면 되지만, 여기서는 1.8을 선택하라. 그림 1-3에서 선택한 JDK 버전보다 더 낮거나 같은 버전을 선택해야 한다. 그렇지 않으면 컴파일 후 실행할 때 문제가 생길 수 있다.

▼ 그림 1-5 모듈 설정 화면

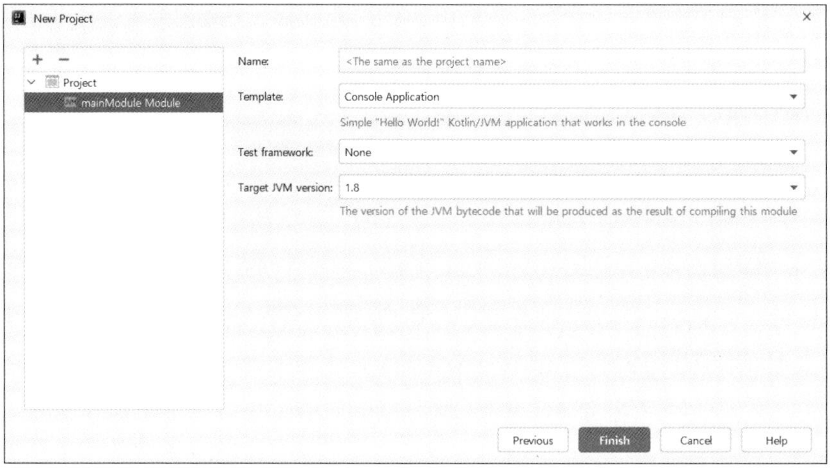

Finish 버튼을 클릭하면 인텔리J가 빈 프로젝트를 만들어서 열어준다. 디폴트로 인텔리J는 패널이 두 가지 있는 뷰를 보여준다. 왼쪽에는 프로젝트(Project) 도구 창이 보이고, 나머지 영역은 편집기(editor)가 차지한다. 아직 아무 파일도 열지 않았기 때문에 편집기 창은 비어 있다.

✔ 그림 1-6 인텔리J 기본 화면

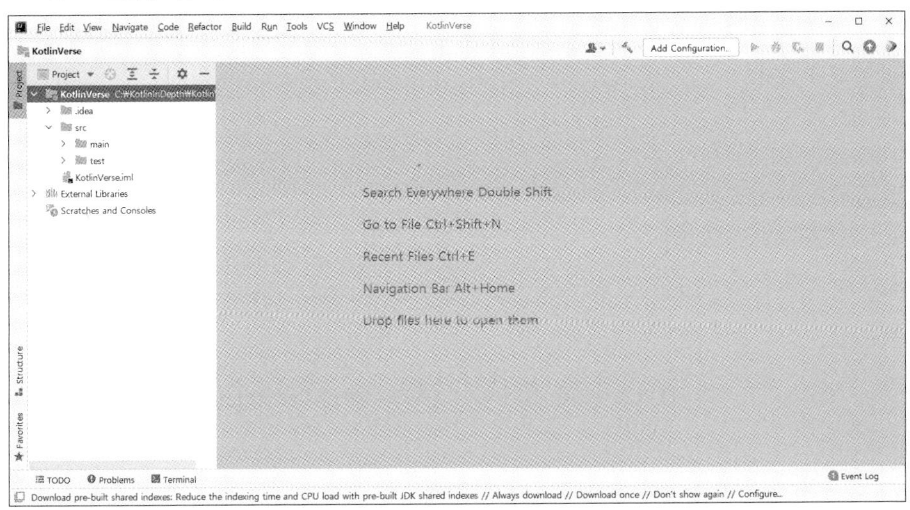

우선 프로젝트 창에 초점을 맞추고, 새로운 코틀린 파일을 만들자. 프로젝트 도구 창이 없다면 Project 버튼을 클릭하거나 Alt+1(Meta+1) 단축키를 눌러서 열 수 있다(보통은 윈도우 보더의 왼쪽 부분을 프로젝트 창이 차지한다).

프로젝트 창은 프로젝트의 계층 구조를 나타낸다. 루트 노드를 확장해서 안의 내용을 살펴보자(그림 1-7). 흥미로운 세 가지 원소가 있다.

- src 디렉터리는 프로젝트에 포함된 소스 파일의 루트 역할을 한다.[1]
  - main 밑의 kotlin 디렉터리에는 프로젝트의 코틀린 소스코드가 들어간다.
  - test 밑의 kotlin 디렉터리에는 프로젝트를 테스트하기 위한 테스트의 코틀린 소스코드가 들어간다.
  - main과 test 밑의 resources 디렉터리에는 프로그램이나 테스트에서 사용할 리소스 파일이 들어간다. 리소스 파일은 설정에 사용할 xml이나 프로퍼티(.properties) 파일, 각종 HTML 파일, 이미지 파일 등 프로그램이 실행 시점에 읽어와 사용해야 하는 다양한 파일을 뜻한다.

1 역주 영문 원서에서는 src 아래에 코틀린 소스코드가 들어있는 간단한 디렉터리 레이아웃이 쓰였으나, 최신 인텔리J에서는 좀 더 복잡한 디렉터리 레이아웃을 사용하는 프로젝트 코드를 생성해준다. 코틀린 소스코드에 src/main/kotlin/패키지, 자원 파일에 src/main/resources/패키지, 자바 소스코드에 src/main/java/패키지를 사용하고, 테스트 쪽 파일들을 src/test 밑의 상응하는 패키지(src/test/kotlin/패키지, src/test/resources/패키지, src/test/java/패키지)에 두는 방식은 메이븐(Maven)의 표준 디렉터리 레이아웃(https://bit.ly/3DPeoTW)에 따른 방식이다. 자바 세계에서는 이 방식이 사실상 표준으로 자리 잡았고, 코틀린이나 스칼라 등의 다른 언어도 이를 채택했다. 다만, 언어 이름만 java에서 kotlin이나 scala로 쓴 디렉터리를 사용하며, 인텔리J를 통해 구성한 프로젝트도 이 디렉터리 레이아웃을 따른다. 프로젝트가 복잡해지거나, 자바 코드를 읽거나 자바와 코틀린을 함께 쓰거나, 그레이들, 메이븐 등의 빌드 도구를 사용할 경우 어차피 이런 디렉터리 구조를 사용하게 되니 빨리 익숙해지는 것이 좋다.

- out 디렉터리에는 컴파일러가 생성한 바이트코드가 들어간다. 프로젝트를 처음 만든 경우에는 이 디렉터리가 보이지 않지만, 코드를 한 번 이상 빌드하면 이 디렉터리가 생긴다.
- 외부 라이브러리(External Libraries)는 프로젝트가 의존하는 모든 라이브러리를 포함한다.

▼ 그림 1-7 프로젝트 구조 도구 창

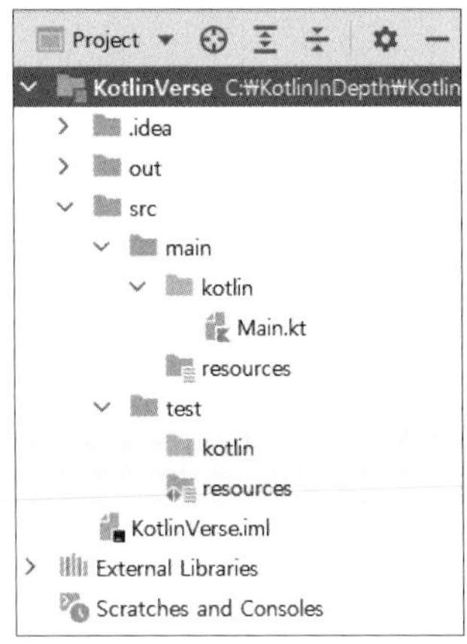

편의를 위해 인텔리J가 프로젝트에 사용할 기본 소스코드 파일, src/main/kotlin/Main.kt를 생성해준다. 하지만 실습을 위해 새로 파일을 작성해보자. 우선 프로젝트 구조 트리에서 Main.kt 파일을 왼쪽 클릭해 선택하고, Del을 눌러 파일을 삭제하자. 삭제 확인 대화창에서 OK를 선택하면 파일이 삭제된다.

▼ 그림 1-8 파일 삭제 확인 대화창

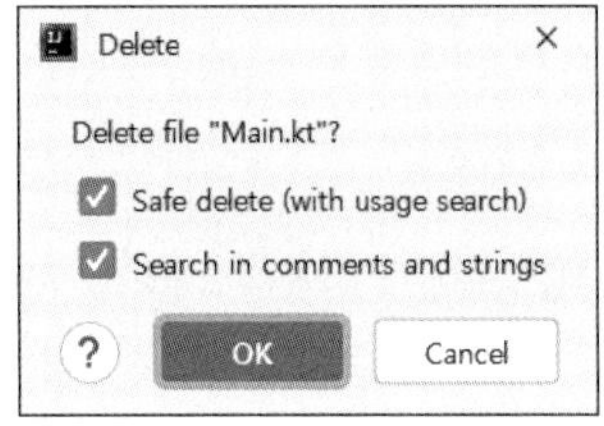

그 후, src/kotlin 디렉터리를 오른쪽 클릭해서 New > Kotlin Class/File 명령을 선택하라.

▼ 그림 1-9 New > Kotlin Class/File

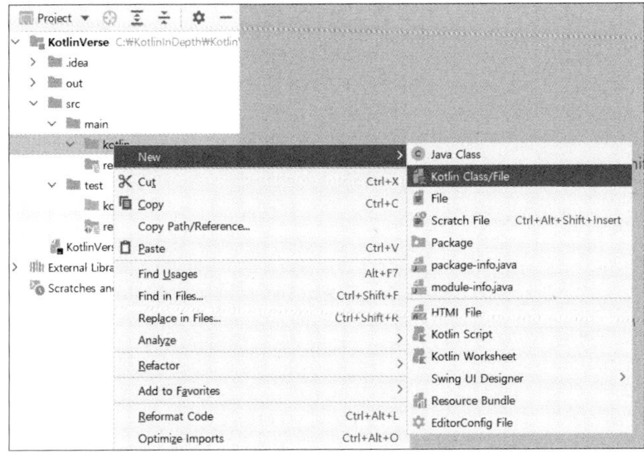

대화창이 뜨면 파일 이름에 main.kt를 입력하고 Kind 필드를 File로 설정한 후 Enter를 누른다.

▼ 그림 1-10 main.kt

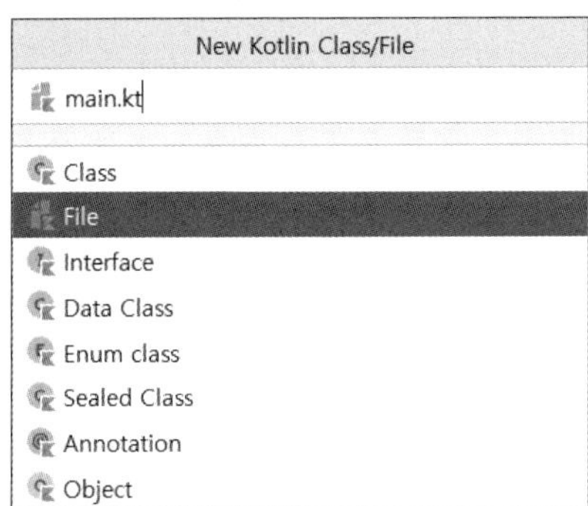

업로드한 프로젝트 창에 여러분이 입력한 이름의 파일이 새로 보이고, 편집창에도 같은 파일이 열린다. 코틀린 소스 파일의 확장자는 .kt여야 한다는 점에 유의하라.

▼ 그림 1-11 프로젝트 창과 편집창 확인

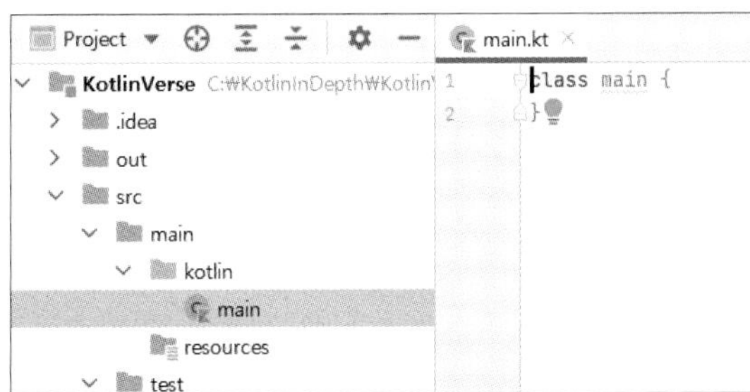

드디어 실제로 코드를 작성할 준비가 됐다. 편집창에 있던 인텔리J가 미리 작성해준 내용을 모두 지우고, 다음 내용을 입력하라(그림 1-12).

```
fun main() {
  println("Hello, KotlinVerse!")
}
```

이 코드는 코틀린 애플리케이션의 진입점(entry-point) 역할을 하는 main 함수를 보여준다. 함수 본문은 명령어 한 줄이다. 이 명령어는 인자로 받은 값을 표준 출력에 내보내주는 표준 라이브러리 함수 println()을 호출한다. 이 함수는 출력의 끝에 새줄(newline) 문자를 추가해준다.

▼ 그림 1-12 Hello, World 프로그램

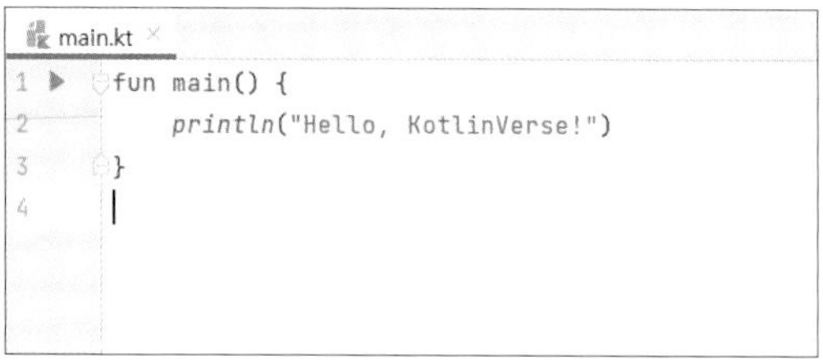

```
main.kt
fun main() {
    println("Hello, KotlinVerse!")
}
```

자바 개발자는 분명 이 코드와 다음 자바 프로그램 사이에서 유사성을 느낄 것이다.

```
public class Main {
  public static void main(String[] args) {
    System.out.println("Hello, World!")
  }
}
```

사실 코틀린 println() 함수를 JVM에 맞게 컴파일한 버전은 단지 System.out.println()에 대한 호출일 뿐이다. JVM 진입점은 반드시 정적 클래스 메서드(static class method)여야 하므로, 이 사실을 아는 자바 개발자라면 어떻게 코틀린 코드가 클래스를 정의하지 않고도 실행될 수 있는지 궁금할 것이다. 그 이유를 살펴보면 다음과 같다. 여기서 명시적으로 클래스를 정의하지는 않았지만, 코틀린 컴파일러가 뒤에서 자동으로 클래스를 하나 만들고 그 안에 우리가 작성한 main() 함수를 호출하는 진입점을 넣어주기 때문이다. **12장 자바 상호 운용성**에서는 파사드(facade)라는 클래스를 살펴볼 것이다. 파사드 클래스는 코틀린/자바 상호 작용에서 가장 중요한 측면을 구성한다.

그리고 파라미터로 반드시 명령줄 인수를 받기 위한 배열을 지정해야 하는 JVM 진입점과 달리 코틀린 main() 함수는 파라미터가 없어도 된다. 명령줄 인수가 필요 없을 때 이런 점이 편리하다. 하지만 필요한 경우에는 인수를 받을 수도 있다.

```
fun main() {
  println("Hello, KotlinVerse!")
}
```

실제로 파라미터가 없는 main()은 코틀린 1.3부터 도입됐다. 1.3 버전 이전의 코틀린에서는 진입점 main 함수에 String<Array> 타입의 파라미터가 반드시 있어야 했다.

main() 함수 정의 왼쪽에 있는 작은 녹색 삼각형을 눈치챈 독자도 있을 것이다. 이 마커는 main() 함수가 진입점이기 때문에 실행될 수 있다는 사실을 표시한다. 마커를 클릭하면 코드를 실행하거나 디버깅할 수 있는 메뉴가 뜬다. Run 'MainKt' 옵션을 선택하고 어떤 일이 벌어지는지 보자(그림 1-13).

▼ 그림 1-13 프로그램 실행하기

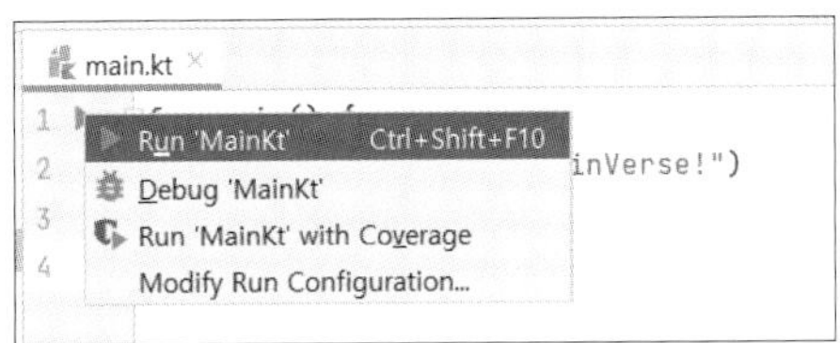

MainKt는 몇 단락 앞에서 언급했던, 컴파일러가 만들어낸 파사드 클래스의 이름이다. Run 명령을 선택하면 인텔리J는 코드를 컴파일하고 프로그램을 실행한다. 프로그램이 시작할 때는 실행 도구 창이 열리고 자동으로 표준 I/O를 내장된 콘솔에 연결해준다. 모든 일이 잘 진행됐다면, 프로그램이 Hello, KotlinVerse!를 콘솔에 출력하고 성공적으로 종료될 것이다.

▼ 그림 1-14 Hello, KotlinVerse!

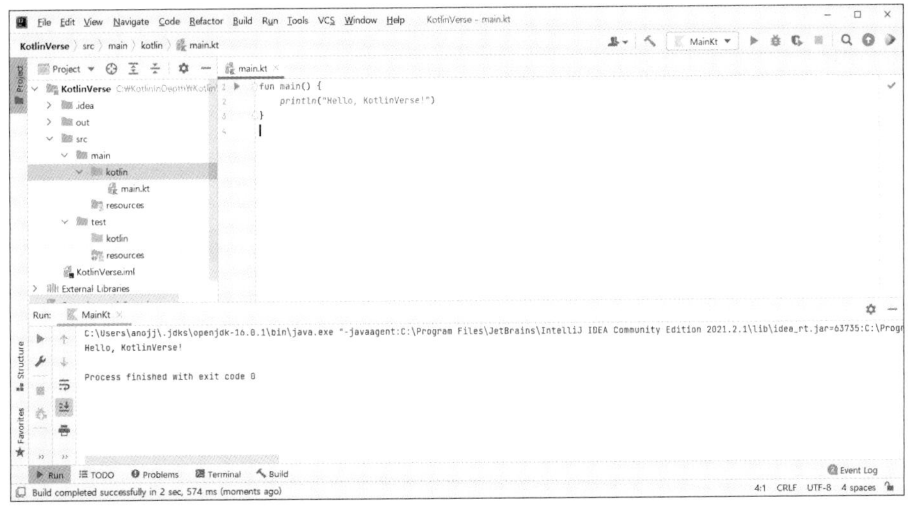

프로그램을 실행하고 나면 생기는(실제로는 컴파일 시 생김) out 디렉터리 안을 살펴보면 소스 프로그램으로부터 코틀린 컴파일러가 생성한 .class 파일을 볼 수 있다.

▼ 그림 1-15 out 디렉터리 안의 .class 파일

축하한다! 이제 인텔리J IDEA 환경에서 프로젝트를 설정하고 실행하는 방법을 이해했으며, 코틀린의 기초인 '코틀린 세계(KotlinVerse)'를 더 깊이 파고들 준비가 됐다. 이제 가보자!

1.3.2 REPL 사용하기

인텔리J 코틀린 플러그인은 즉시 프로그램 실행을 평가(evaluate)할 수 있는 대화형 셸(interactive shell)을 제공한다. 이 셸을 사용하면 코드를 빨리 테스트하거나 라이브러리 함수를 실험해볼 수 있다. 그리고 코틀린 언어를 배우는 사람들에게도 대화형 셸이 유용하다. 이런 대화형 셸을 REPL 이라고 부른다. REPL은 읽기/평가/출력 루프(Read/Evaluate/Print Loop)의 약자다. 이 말은 사용자가 입력한 코드를 읽어서 평가하고 결과를(결과가 있다면) 출력하는 과정을 계속 반복한다는 뜻이다. REPL을 열려면 Tool > Kotlin > Kotlin REPL을 선택하라.

▼ 그림 1-16 Tool 〉 Kotlin 〉 Kotlin REPL

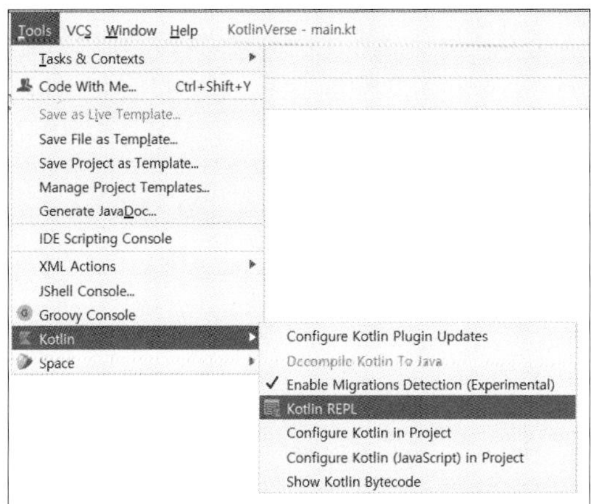

REPL 창에서는 편집기 창과 똑같이 원하는 대로 코틀린 코드를 타이핑할 수 있다. 가장 큰 차이는 Enter를 누르면 입력한 코드 조각이 실행된다는 점이다. 코드를 타이핑한 후 Ctrl+Enter (Command+Return)를 눌러 입력한 내용을 IDE가 처리하게 할 수 있다. 다음을 입력하고 이 기능을 테스트해보자.

```
println("Hello from REPL")
```

결과를 살펴보면 인텔리J는 Hello from REPL을 콘솔에 출력한다. 여기서는 REPL 창이 콘솔 역할을 같이 한다.

위에 입력한 문자 출력은 실제로는 println() 함수의 부수 효과이며, println 함수 자체는 아무 값도 반환하지 않는다. 하지만 의미 있는 결과를 만들어내는 식을 평가해보면 출력이 약간 달라진다. 1+2*3을 입력해보자(그림 1-17).

▼ 그림 1-17 REPL 사용하기

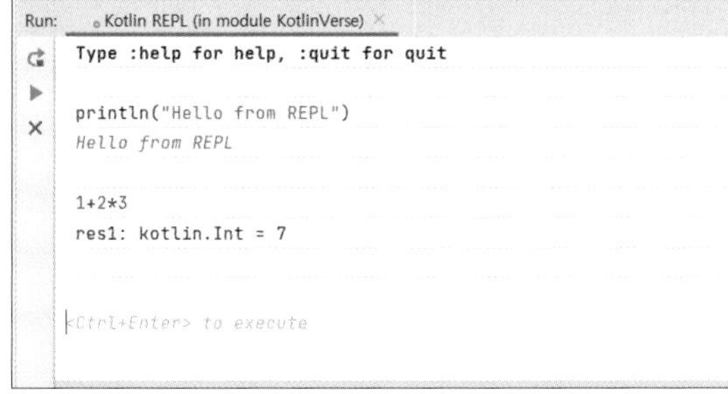

REPL은 식을 계산한 결과인 7을 표시한다. 조금 전에 살펴본 `println` 예제의 결과와 달리 여기서는 결과 앞에 =가 표시됐다. 이 =는 표시된 7이 입력한 코드의 실제 결과임을 나타낸다. 앞으로 이 책에서 필요한 기능을 실험할 때(그리고 여러분이 이 책을 다 읽은 후 실제 개발을 할 때도) REPL을 계속 사용할 것이므로 이 도구에 익숙해지는 것을 권장한다.

1.3.3 코틀린 놀이터

인텔리J에는 REPL 셀 외에도 REPL과 비슷하지만 REPL과 완전한 IDE의 중간쯤에 위치하는 더 강력한 온라인 도구가 있다. 이 도구는 코틀린 놀이터(Kotlin Playground)다. 브라우저에서 https://play.kotlinlang.org에 방문해 코틀린 놀이터를 사용해보라(그림 1-18).

코틀린 놀이터는 기본적으로 실제 IDE를 사용하지 않고도 코틀린 언어를 탐험할 수 있는 온라인 환경이다. 코드 편집기, 문법과 오류 하이라이팅, 코드 완성과 콘솔 프로그램 실행기 등 여러 가지 똑똑한 기능을 제공한다.

▼ 그림 1-18 코틀린 놀이터

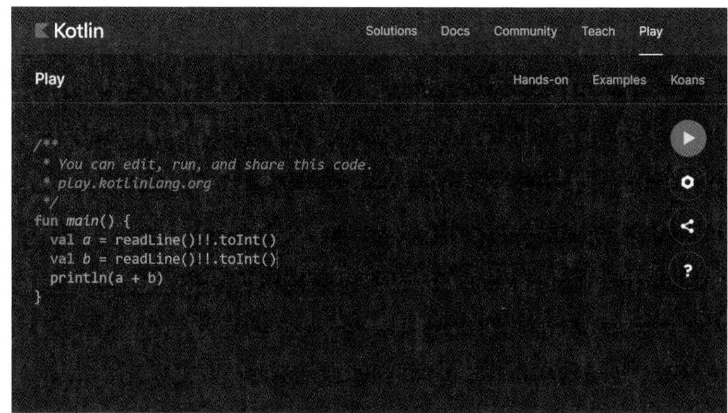

코틀린 놀이터는 주요 코틀린 기능에 익숙해지기 위한 연습 문제와 예제도 제공한다. 코틀린 선문답(Koans)이라고 부르는 연습 문제는 실패한 테스트 케이스 형태로 돼 있어 코드를 수정해야 통과할 수 있다(그림 1-19).

▼ 그림 1-19 코틀린 선문답

이 책에서 배우는 내용들을 보완해주는 귀중한 연습 문제들이므로 꼭 한 번씩 풀어보길 바란다.

1.4 이클립스 프로젝트 설정하기

코틀린 프로그래밍 도구가 인텔리J만 있는 것은 아니다. 이클립스(Eclipse) IDE를 더 좋아하는 개발자는 이클립스 플러그인을 사용해 이클립스에서 코틀린 프로그램을 개발할 수 있다. 인텔리J만큼 광범위하게 코틀린 언어를 지원하지는 않지만, 이클립스도 개발자에게 도움이 되는 코드 지원 기능들을 제공한다. 예를 들어 코드 하이라이트, 코드 자동 완성, 프로그램 실행과 디버깅, 기본적인 리팩터링 등이다.

이클립스가 없는 독자는 http://www.eclipse.org/downloads에서 무료로 이클립스를 다운로드할 수 있다. 설치 프로그램을 실행한 후, Eclipse IDE for Java Developers(또는 Enterprise Java Developers)를 선택하고 프로그램의 지시에 따라 설치하라. 이 책에서는 2021년에 나온 이클립스 2021-06 버전을 사용한다.

✔ 그림 1-20 이클립스 다운로드

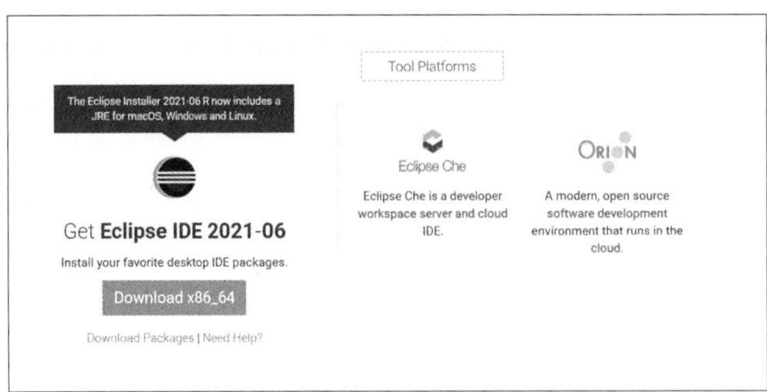

인텔리J IDEA와 달리 이클립스는 기본적으로 코틀린을 지원하지 않는다. 따라서 코틀린 코드를 작성하기 전에 이클립스 마켓플레이스에서 플러그인을 설치해야 한다. Help > Eclipse Marketplace...를 선택하고 Kotlin plugin을 검색하라(그림 1-21).

✔ 그림 1-21 Help > Eclipse Marketplace... > Kotlin plugin

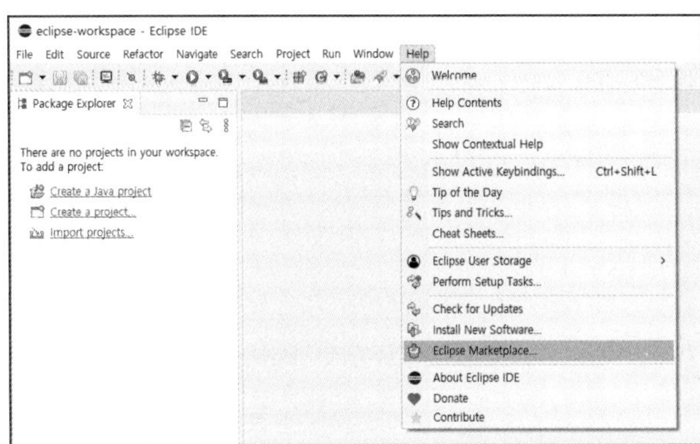

Install 버튼을 클릭하면 IDE가 플러그인을 다운로드해 설치한다. 라이선스 계약에 동의하고 이클립스를 재시작하면 설치가 완료된다.

▼ 그림 1-22 이클립스 마켓플레이스에서 코틀린 플러그인 설치하기

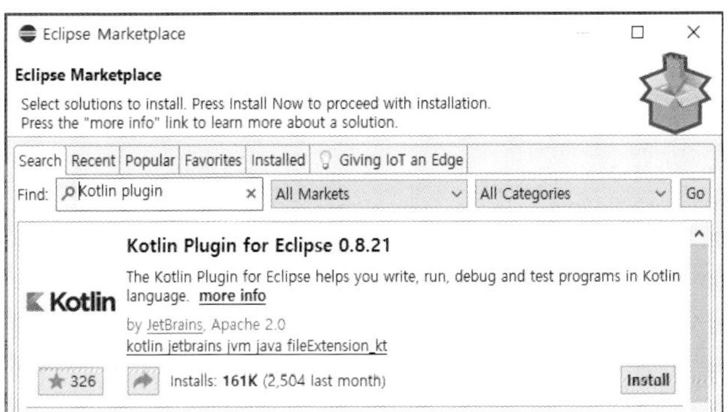

이제 프로젝트를 설정할 수 있다. 우선 Window 〉 Perspective 〉 Open Perspective 〉 Other… 를 선택하면 대화창이 뜬다(그림 1-23). 대화창에서 코틀린을 선택해 IDE를 코틀린 퍼스펙티브(perspective)로 바꾸자(그림 1-24).

▼ 그림 1-23 Window 〉 Perspective 〉 Open Perspective 〉 Other…

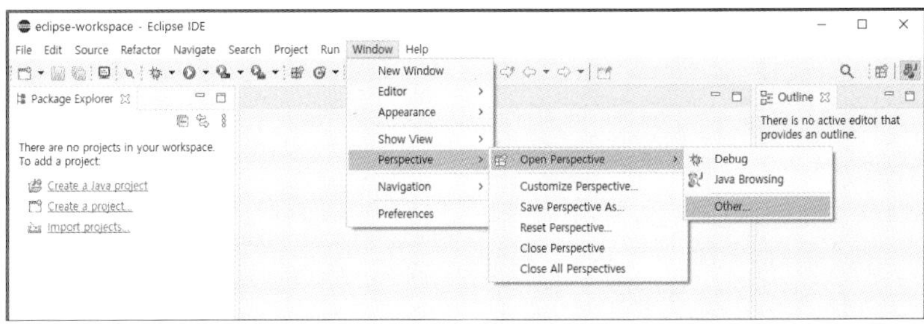

▼ 그림 1-24 코틀린 퍼스펙티브

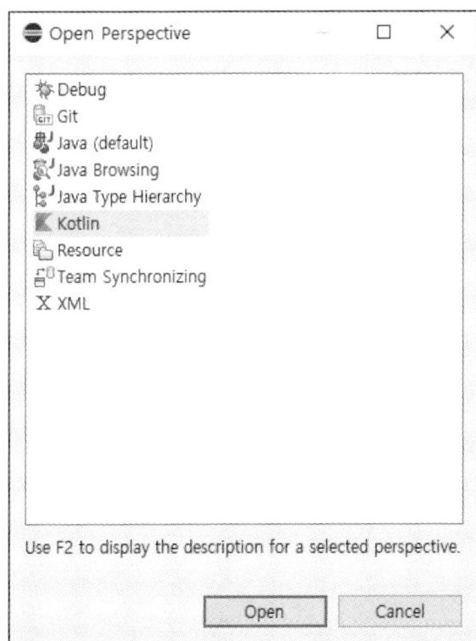

이 퍼스펙티브를 사용하면 애플리케이션 메뉴에서 코틀린 관련 액션에 직접 접근할 수 있다. 이제 프로젝트를 만들자. File > New > Kotlin Project…를 선택하고(그림 1-25), 새 프로젝트의 이름을 KotlinVerse로 지정한 다음에 Finish를 클릭하자(그림 1-26).

▼ 그림 1-25 File > New > Kotlin Project…

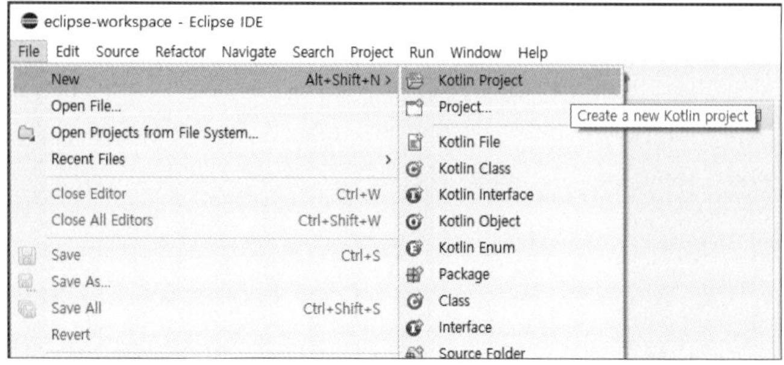

▼ 그림 1-26 KotlinVerse

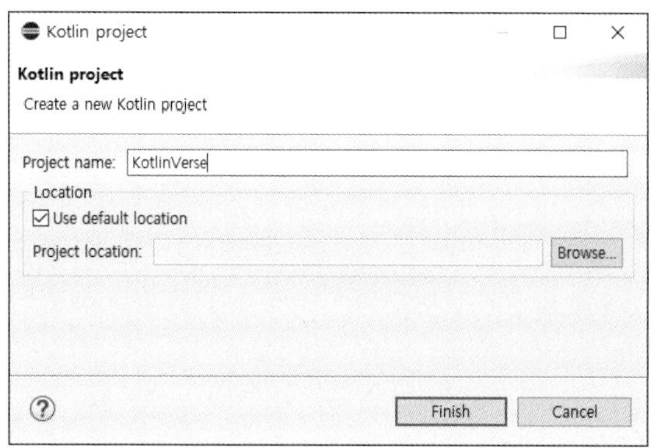

거의 다 됐다! 패키지 익스플로러(Package Explorer) 뷰에서 KotlinVerse 노드를 펼치면 새로 만든 프로젝트의 구성 요소를 볼 수 있다. 새 프로젝트에는 자바 런타임 환경(JRE) 라이브러리, 코틀린 표준 라이브러리, 소스코드가 들어갈 빈 src 디렉터리가 있다.

▼ 그림 1-27 프로젝트의 구성 요소

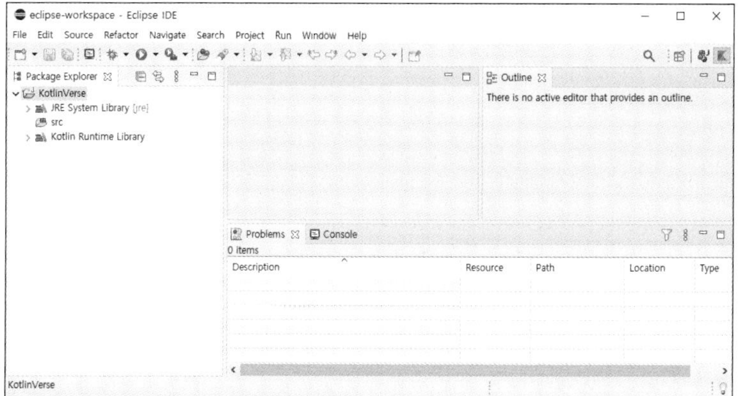

이제 첫 번째 코틀린 파일을 생성하자. src 디렉터리에서 오른쪽 클릭을 하고 New > Kotlin File을 선택하라(그림 1-28). 그리고 파일 이름을 입력한 후 Finish를 클릭하라(그림 1-29).

▼ 그림 1-28 New > Kotlin File

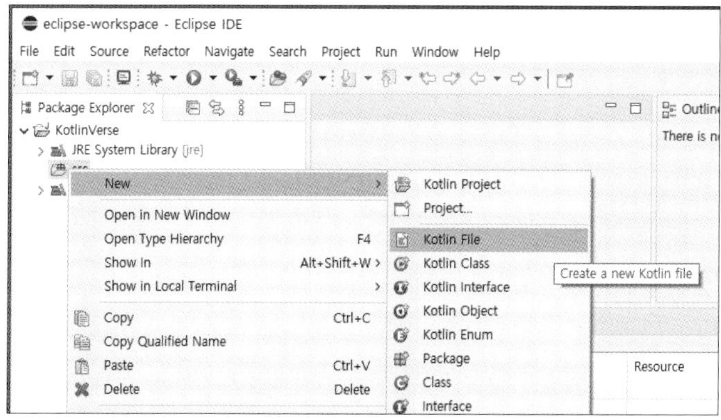

▼ 그림 1-29 코틀린 파일 생성

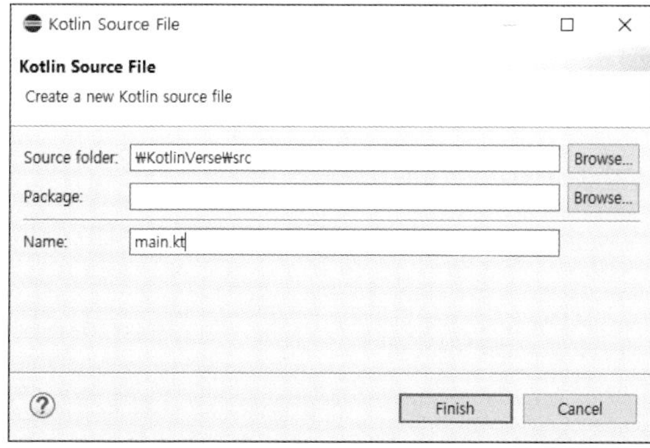

이클립스가 자동으로 새 파일을 편집창에서 열어준다. 앞에서 예제로 사용한 Hello, World 프로그램을 입력하자(그림 1-30).

▼ 그림 1-30 이클립스 Hello, World 프로그램

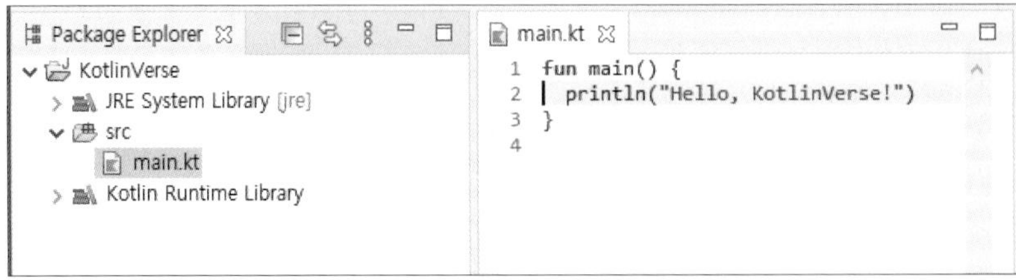

다 됐다! 프로그램을 실행하려면 Run > Run 명령을 사용한다. 이클립스가 여러분의 파일을 JVM 바이트코드로 컴파일하고 컴파일한 프로그램을 실행한 다음, 콘솔 뷰에 출력을 표시해줄 것이다.

1.5 결론

이번 장에서는 안전성, 간결성, 함수형 및 객체지향 프로그래밍 패러다임 지원 등 코틀린 언어의 여러 측면을 살펴봤다. 코틀린이 JVM, 안드로이드, 자바스크립트, 네이티브 애플리케이션 등의 다양한 플랫폼을 지원한다는 점도 확인했다. 자바나 다른 구체적인 플랫폼 코드 사이의 상호 운용성을 위해 잘 설계된 언어이면서 광범위한 도구, 라이브러리, 프레임워크를 제공하는 생태계가 존재하고 빠르게 성장 중인 커뮤니티가 있으므로, 코틀린은 배워볼 만한 훌륭한 언어다. 그리고 코틀린 프로그래밍을 시작할 때 사용할 수 있는 인텔리J IDE, 이클립스 IDE, 코틀린 놀이터 등의 도구를 살펴봤다. 이제 앞으로 나아갈 준비가 됐다. 다음 장에서는 변수, 식 등과 같은 기본적인 구문 구조를 샅샅이 살펴보고 기본 코틀린 타입을 알아본다.

2장

코틀린 언어 기초

이 장에서는 코틀린 프로그램의 기본적인 문법 요소를 살펴보고, 변수를 정의하고 사용하는 법을 배운다. 수, 문자, 불(boolean) 값 등을 나타내는 코틀린 타입과 내장 연산을 이해하고, 문자열(string)이나 배열(array) 같은 복잡한 구조를 익힌다. 그 과정에서 자바 문법과 타입 시스템(type system)이 코틀린과 어떻게 다른지 살펴보고, 자바 구문과 타입을 코틀린으로 쉽게 바꿀 수 있다는 점을 확인한다.

배우는 내용

- 변수 정의
- 가변과 불변 변수
- 기본 식: 참조, 호출, 단항/이항 연산자
- 기본 타입과 연산: 수, 문자, 불 값
- 문자열 타입: 문자열 리터럴과 템플릿, 기본 문자열 연산
- 배열 타입: 배열 생성과 기본 연산

이 장의 목표

기본 코틀린 타입을 이해하고 수, 불, 문자/문자열, 배열을 사용해 간단한 계산을 수행하는 프로그램을 작성해본다.

2.1 기본 문법

이 장에서는 지역 변수(local variable)를 정의하는 방법과 참조, 함수 호출, 단항/이항 연산자 같은 코틀린 기본 식을 배운다.

2.1.1 주석

자바와 마찬가지로 코틀린은 세 가지 주석(comment)을 지원하며, 코드를 문서화할 때 사용한다.

- **한 줄짜리 주석**: //로 시작하며 줄이 끝나면 주석도 끝난다.
- **여러 줄 주석**: /*로 시작하고 */로 끝난다.
- **KDoc 여러 줄 주석**: /**로 시작하고 */로 끝난다.

KDoc 주석은 자바독(Javadoc)과 비슷한 리치 텍스트 문서(rich text documentation)를 생성하기 위해 사용한다.

```
/*
여러 줄 주석
/* 주석 안에 내포된 주석 */
*/
println("Hello") // 한 줄짜리 주석
```

자바 vs. 코틀린 자바와 달리 코틀린에서는 여러 줄 주석을 여러 번 내포시킬 수 있다.

2.1.2 변수 정의하기

코틀린에서 변수를 정의하는 가장 간단한 형태는 다음과 같다.

```
val timeInSeconds = 15
```

이 정의를 이루는 요소들을 살펴보자.

- **val 키워드**(keyword): 값을 뜻하는 value에서 유래했다.
- **변수 식별자**(identifier): 새 변수에 이름을 부여하고, 나중에 이를 가리킬 때 사용한다.
- **변수의 초깃값**(initial value)**을 정의하는 식**: = 기호 뒤에 온다.

자바 vs. 코틀린 변수 정의 뒤에 세미콜론(;)을 붙이지 않았음을 눈치챘는가? 실수가 아니다. 코틀린에서는 줄 끝에 세미콜론을 생략해도 된다. 실제로는 세미콜론을 쓰지 않는 스타일을 더 권장한다. 한 줄에 한 문장만 넣으면 실질적으로 코드에서 세미콜론을 거의 사용하지 않아도 된다.

IDE 팁 ≡ 인텔리J는 불필요한 세미콜론을 경고함으로써 세미콜론을 사용하지 않는 코드 스타일을 권장한다.

사용자에게 정수 두 개를 물어보고 그 두 수의 합을 표시하는 프로그램을 작성한다고 하자. 다음은 코틀린으로 작성한 프로그램이다.

```
fun main() {
  val a = readLine()!!.toInt()
  val b = readLine()!!.toInt()
  println(a + b)
}
```

이 코드가 하는 일을 더 자세히 살펴보자.

- readLine()은 프로그램에서 readLine을 실행하게 하는 호출 식(call expression)이다. readLine은 표준 입력(standard input)에서 한 줄을 읽어서 문자열로 반환해주는 표준 코틀린 함수다.
- !!는 널 아님 난언(not-null assertion)으로, readLine()의 결과가 널(null)인 경우 예외를 발생시킨다. 자바와 달리 코틀린은 어떤 타입이 널 값이 될 수 있는지를 추적하고, 널이 아닌 것이 확실하지 않은 값에 대해 toInt() 함수를 호출하지 못하게 막음으로써 널로 인한 오류를 방지한다. 여기서는 콘솔에서 값을 읽을 경우 readLine()이 널을 반환하지 않을 것이 확실하므로 !!로 널이 될 수 있을 가능성을 무시하게 만든다. **4장 클래스와 객체 다루기**에서 널 가능성을 더 자세히 다루겠다.
- readLine()의 결과에 대해 toInt() 함수를 호출한다. toInt()는 코틀린 String 클래스가 제공하는 메서드(method)로, 메서드가 호출된 대상 문자열을 정숫값으로 변환한다. 대상 문자열이 올바른 정숫값의 형태가 아니라면 toInt()는 런타임 오류(runtime error)를 내면서 프로그램을 종료시킨다. 지금은 모든 사용자 입력이 정상이라 가정하고, 오류 처리는 다음 장까지 미뤄두자.
- toInt()를 호출한 결과를 같은 줄에서 정의 중인 a 변수에 저장한다.
- 마찬가지로 b라는 두 번째 변수를 정의하고, 사용자가 입력한 정수를 저장한다.
- 마지막으로 a + b로 두 수의 합을 계산한 다음, 결과를 println() 함수에 전달한다. println()은 인자로 받은 값을 표준 출력에 출력한다.

이 코드의 a와 b 같은 변수를 지역 변수라고 한다. 함수 안(이 경우는 main())에서 정의했기 때문이다. 이와 별도로 코틀린에서는 프로퍼티(property)라는 변수와 비슷한 값을 정의할 수 있다. 값을 그대로 읽거나 쓰는 변수와 달리, 프로퍼티에서는 값을 읽거나 쓸 때 계산을 수행할 수 있다. 예를 들어, 앞으로 보겠지만 코틀린의 모든 문자열에는 문자열에 포함된 문자의 개수가 들어있는 length라는 프로퍼티가 있다.

자바에 익숙하다면, 변수 타입을 지정하지 않았는데도 프로그램이 성공적으로 컴파일되고 실행된다는 사실을 알았을 것이다(그림 2-1). 이유는 타입 추론(type inference)이라는 기능 때문이다. 타입 추론은 대부분의 경우 컴파일러가 코드의 문맥에서 타입을 도출해주는 언어 기능이다. 여기서 컴파일러는 toInt() 함수가 Int 타입의 값을 반환한다는 사실을 알고 있으며, 이 결과를 변수에 대입했기 때문에 변수 타입 또한 Int로 추론한다. 타입 추론 덕분에 코틀린은 강한 타입 지정(strongly typed) 언어인 동시에 사용자가 불필요한 타입 정보를 코드에 추가해서 코드가 지저분해지는 일을 막을 수 있다. 이 책의 여러 예를 통해 타입 추론이 얼마나 코틀린 프로그래밍을 단순화해주는지 확인할 수 있을 것이다.

자바 vs. 코틀린 자바도 자바 10부터 코틀린과 비슷한 지역 변수 타입 추론을 도입했다. 이 말은 이제 자바로 다음과 같은 코드를 작성할 수 있다는 뜻이다.

```
var text = "Hello"; // 자동으로 text의 타입을 String으로 추론한다
```

하지만 코틀린은 지역 변수뿐 아니라 더 넓은 요소에 대해 타입 추론을 해준다. 이는 다음 장에서 살펴보겠다.

▼ 그림 2-1 합계 프로그램을 인텔리J에서 실행하기

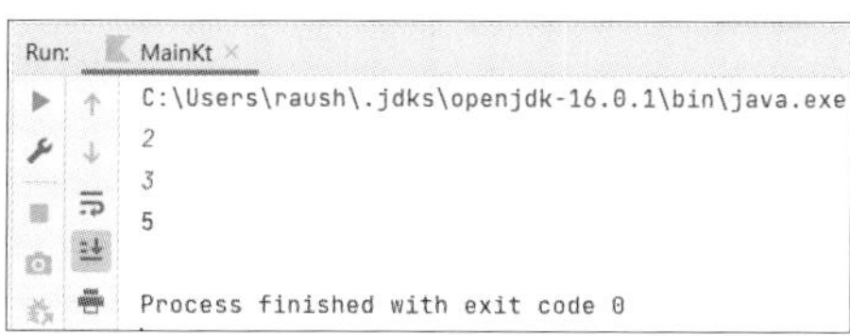

필요할 때는 타입을 명시해도 된다. 타입을 명시하려면 변수 이름 뒤에 콜론(:)을 표시하고, 그 뒤에 타입을 적는다.

```
val n: Int = 100
val text: String = "Hello!"
```

이 경우 초깃값이 지정한 타입에 속해야 한다. 다음 코드는 컴파일 오류를 일으킨다.

```
val n: Int = "Hello!" // Error: assigning String value to Int variable
```

IDE 팁 ≡ 인텔리J에서는 컴파일러가 식이나 값에 대해 추론한 타입을 볼 수 있다. 타입을 보려면 원하는 식을 편집창에서 선택하거나, 변수 이름에 캐럿(편집기 커서)을 위치시키고 Ctrl + Shift + P(Cmd + Shift + P)를 누른다.

▼ 그림 2-2 식의 타입 보기

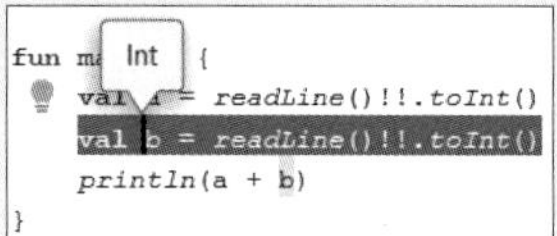

이를 바탕으로 간단한 액션으로 타입을 명시하거나 명시된 타입을 제거할 수 있다. 캐럿을 변수 식별자에 위치시키고 Alt + Enter를 누른 후, Specify type explicitly(타입 명시)나 Remove explicit type(명시된 타입 제거)을 선택하라(타입 제거는 식별자뿐 아니라 타입 지정에 위치시켜도 작동한다).

초깃값을 생략하고 나중에 다른 문(statement)에서 변수를 초기화할 수도 있다. 이런 방식은 초깃값을 계산하는 식을 한 줄로 쓸 수 없는 경우 편리하다. 이 경우 변수 타입을 명시해야 한다.

```
val text: String
text = "Hello!"
```

하지만 변수 값을 읽기 전에 변수를 초기화해야 한다는 사실에 주의하자. 변수를 사용하기 전에 변수를 초기화했는지 컴파일러가 확실히 알 수 없는 경우 컴파일 오류가 발생한다.

```
val n: Int
println(n + 1) // Error: variable n is not initialized
```

2.1.3 식별자

식별자는 변수나 함수 등 프로그램에 정의된 대상에 붙은 이름이다. 코틀린 식별자는 두 가지로 구분된다. 첫 번째는 자바 식별자와 비슷하며 다음 규칙을 만족하는 임의의 문자열이다.

- 식별자는 오직 문자, 숫자, 밑줄 문자(_)만 포함한다. 숫자로 식별자를 시작할 수는 없다.
- 밑줄로만 이뤄질 수도 있다. 하지만 이런 식별자(_, __, ___ 등)는 모두 미리 예약된 식별자이므로 일반적인 식별자로는 사용될 수 없다.
- 하드 키워드(hard keyword)를 식별자로 쓸 수는 없다.

하드 키워드(val, fun 등)는 코드 어디에 있든 키워드로 간주된다. 반면 소프트 키워드(soft keyword)(import 등)는 특별한 문맥에서만 키워드로 간주되고, 그런 문맥이 아닌 경우에는 일반적인 식별자로 쓰일 수 있다. 하드 키워드와 소프트 키워드의 목록은 Kotlin docs에서 볼 수 있다(kotlinlang.org/docs/reference/keyword-reference.html).

자바와 마찬가지로 문자나 숫자는 ASCII 문자, 숫자만을 의미하지 않고 유니코드 문자나 숫자도 포함한다. 하지만 영어 단어와 일반 숫자를 사용하는 쪽이 더 좋은 관습으로 여겨진다.

자바 vs. 코틀린 자바와 달리 코틀린 식별자에는 달러 기호($)를 쓸 수 없다.

두 번째 형태는 작은역따옴표(`)로 감싼 식별자로, 두 작은역따옴표 사이에는 빈 문자열을 제외한 아무 문자열이나 와도 된다.

```
val `fun` = 1
val `name with spaces` = 2
```

이렇게 작은역따옴표 인용 부호로 묶인 식별자 안에는 새줄 문자나 작은역따옴표가 올 수 없다. 또한, 플랫폼에 따른 식별자 기준을 만족해야 한다. 예를 들어 코틀린/JVM의 경우 JVM에 예약된 .;[ ]/<>:\는 작은역따옴표로 구분된 식별자 안에 올 수 없다.

가독성을 위해 이런 기능은 가능한 한 피해야 한다. 이런 식별자를 허용하는 주된 이유는 자바에서 식별자로 사용할 수 있는 단어가 코틀린에서 키워드인데(예를 들어 fun은 코틀린에서는 키워드지만 자바에서는 아니다), 코틀린에서 자바에서 정의한 식별자를 가져와 써야 할 때가 있기 때문이다. 한 가지 다른 용례는 테스트케이스 메서드 이름을 정할 때다. 이에 대한 내용은 **14장 코틀린 테스팅**에서 살펴본다.

2.1.4 가변 변수

지금까지 살펴본 변수는 불변(immutable) 변수다. 불변 변수는 한번 초기화하면 다시는 값을 대입할 수 없는 변수다. 이는 자바 final 변수와 비슷하다. 불변 변수를 사용하면 함수가 부수 효과를 일으키지 못하고, 함수형 스타일 코드를 장려할 수 있으며, 이로 인해 코드에 대한 추론이 쉬워지기 때문에 가능하면 불변 변수를 많이 사용해야 한다.

하지만 필요한 경우 val 대신 var 키워드를 사용해 가변(mutable) 변수를 정의할 수 있다. 기본적인 문법은 불변 변수의 경우와 같다. 다만 원할 때 변수 값을 얼마든지 바꿀 수 있다는 점이 다르다. 변수 값을 바꿀 때 사용하는 = 연산을 대입(assignment)이라고 부른다. 대입 연산은 불변 변수를 초기화할 때 사용했던 것이다.

```
var sum = 1
sum = sum + 2
sum = sum + 3
```

처음 변수에 값을 대입할 때 추론된 변수 타입은 변수가 불변이든 그렇지 않든 계속 유지된다는 점에 주의하자. 잘못된 타입의 값을 대입하면 컴파일 오류가 발생한다.

```
var sum = 1
sum = "Hello" // Error: assigning String value to Int variable
```

추가로 코틀린은 복합 대입 연산(augmented assignment)이라는 대입과 +, -, *, /, % 등의 이항(binary) 연산을 조합한 연산도 제공한다.

```
var result = 3
result *= 10 // result = result * 10
result += 6  // result = result + 6
```

이런 대입 연산은 복합 대입 연산의 대상이 되는 변수에 대해 이항 연산자가 쓰일 수 있을 때만 가능하다.

자바 vs. 코틀린 자바와 달리 코틀린 대입은 문(statement)이다. 따라서 아무 값도 돌려주지 않는다. 이로 인해 코틀린에서는 자바의 a = b = c와 같은 대입문 연쇄를 쓸 수 없다. 이런 식의 연쇄적인 대입문이 필요한 경우도 드물고, 쓰다가 실수하기도 쉽기 때문에 코틀린에서는 이런 대입을 금지한다. 복합 대입 연산도 마찬가지다.

변수 값을 변경할 수 있는 연산이 두 가지 더 있다. 바로 증가(++)와 감소(--) 연산이다. 이 연산의 가장 분명한 용례는 수 값을 1씩 증가시키거나 감소시키는 것이다. 자바와 마찬가지로 두 연산자를 전위(prefix)나 후위(postfix) 연산자로 쓸 수 있다.

```
var a = 1
println(a++)  // a는 2, 1이 출력됨
println(++a)  // a는 3, 3이 출력됨
println(--a)  // a는 2, 2가 출력됨
println(a--)  // a는 1, 2가 출력됨
```

위 예제를 보면 전위와 후위 연산이 모두 값을 변경하지만, 전위 연산의 결과는 변경된 이후의 새 값이고, 후위 연산의 결과는 변경되기 전 값이다.

2.1.5 식과 연산자

지금까지 사용한 코틀린 식을 다음과 같이 분류할 수 있다.

- 각 타입에 속하는 구체적인 값을 표현하는 리터럴(12, 3.56)
- 변수/프로퍼티 참조와 함수 호출(a, readLine(), "abc".length, "12".toInt())
- 전위와 후위 단항 연산(-a, ++b, c--)
- 이항 연산(a + b, 2 * 3, x < 1)

모든 식은 정해진 타입이 있으며, 이 타입은 연산이 만들어내는 값의 범위와 값에 허용되는 연산을 결정한다. 예를 들어 1이라는 리터럴은 Int 타입이지만, readLine()!!이라는 식은 String 타입이다.

변수 참조와 함수 호출에 점(.)으로 구분된 수신 객체(receiver) 연산을 포함시킬 수 있다는 점에 유의하라. 예를 들어 readLine()!!.toInt()는 readLine()!!이 만들어낸 값의 문맥에서 String에(이 타입은 readLine()!!의 결과 타입이다) 정의된 toInt()라는 함수를 호출한다.

단항과 이항 연산마다 연산 순서를 결정하는 우선순위(precedence)가 정해져 있다. 예를 들어 2 + 3 * 4라는 식에서는 3 * 4를 먼저 계산한 후 그 결과에 2를 더해서 14를 얻는다. 이 순서를 바꾸려면 괄호를 사용한다. (2 + 3) * 4는 5 * 4와 같아서 20으로 계산된다. 이 장에서 살펴볼 연산자의 우선순위를 다음 표에 정리했다.

▼ 표 2-1 연산자 우선순위

<table>
<tr><th>분류</th><th>연산자</th><th>예제</th><th>우선순위를 감안한 해석</th></tr>
<tr><td rowspan="3">후위</td><td rowspan="3">++ --.</td><td>a*b++</td><td>a*(b++)</td></tr>
<tr><td>++b--</td><td>++(b--)</td></tr>
<tr><td>a*b.foo()</td><td>a*(b.foo())</td></tr>
<tr><td rowspan="3">전위</td><td rowspan="3">+ - ++ -- !</td><td>+a*b</td><td>(+a)*b</td></tr>
<tr><td>++a*b</td><td>(++a)*b</td></tr>
<tr><td>!a || b</td><td>(!a) || b</td></tr>
</table>

➲ 계속

분류	연산자	예제	우선순위를 감안한 해석
곱셈	*, /, %	a*b + c	(a*b) + c
		a - b%c	a - (b*c)
덧셈	+, -	a + b and c	(a + b) and c
중위	이름이 붙은 중위 연산자들	a < b or b < c	(a < (b or b)) < c
		a == b and b == c	(a == b) and (b == c)
비교	< > <= >=	a < b == b < c	(a < b) == (b < c)
		a < b && b < c	(a < b) && (b < c)
동등	== !=	a == b || b != c	(a == b) || (b != c)
논리곱(conjunction)	&&	a || b && c	a || (b && c)
논리합(disjunction)	||	a && b || c	(a && b) || c
대입	= += -= *= /= %=	a = b*c	a = (b*c)
		a *= a + b	a *= (a + b)

우선순위가 같은 이항 연산자는 왼쪽에서 오른쪽으로 순서대로 계산된다.

```
a.foo().bar()                   // (a.foo()).bar()
a * b % c                       // (a * b) % c
(a == 1) or (b < 1) and (c > 1) // ((a == 1) or (b < 1)) and (c > 1)
```

이 책의 뒷부분에서 이 표를 더 세분화하는 연산을 그때그때 소개하겠다.

2.2 기본 타입

KOTLIN IN DEPTH

이 절에서는 수, 문자, 불 값 등을 표현하는 코틀린 타입을 살펴본다. 자바에 익숙하다면 이런 타입을 자바 원시 타입(primitive type)이라고 생각해도 되지만, 이 대응이 완벽하지는 않다. 자바에서는 int와 같은 원시 타입(원시 타입의 값은 메서드의 스택 영역에 저장될 수 있다)과 String 같이 클래스를 기반으로 하는 참조 타입(이런 참조 타입의 값은 동적으로 힙에 할당된 메모리를 가리키는 참조일 뿐이다) 사이에 명확한 구분이 있었다. 코틀린에서는 똑같은 타입(예 Int)이 문맥에 따라 원시 타입과 참조 타입을 가리키기 때문에 이런 구분이 약간 모호하다. 자바에는 원시 타입을 감싸는 특별한 박싱 타입(boxing type)이 있지만, 코틀린은 필요할 때 암시적으로 박싱을 수행한다.

자바 vs. 코틀린 자바와 달리 모든 코틀린 타입은 근본적으로 어떤 클래스 정의를 기반으로 만들어진다. 이 말은 Int와 같이 원시 타입과 비슷한 타입들도 메서드와 프로퍼티를 제공한다는 뜻이다. 예를 들어 1.5.toInt()라는 식으로 1.5에 대해 Double 타입에 정의된 toInt() 메서드를 호출할 수 있다. 이 메서드는 Double 값을 Int 값으로 변환해준다.

타입은 하위 타입(subtype)이라는 개념으로 계층화할 수 있다. A 타입이 B 타입의 하위 타입이라는 말은 근본적으로 B 타입의 값이 쓰일 수 있는 모든 문맥에 A 타입의 값을 넣어도 아무 문제가 없다는 뜻이다. 예를 들어, 널을 허용하지 않는 모든 코틀린 타입은 Any라는 내장 타입의 직간접적인 하위 타입이다. 따라서 다음 코드는 1이라는 값을 박싱하게 만든다.

```
val n: Any = 1 // Ok: Int는 Any의 하위 타입
```

2.2.1 정수 타입

코틀린에는 정수를 표현하는 네 가지 기본 타입이 있다(표 2-2).

표 2-2 정수 타입

이름	크기(바이트)	범위	대응하는 자바 타입
Byte	1	−128 .. 127	Byte
Short	2	−32768 .. 32767	Short
Int	4	-2^{31} .. $2^{31}-1$	Int
Long	8	-2^{63} .. $2^{63}-1$	Long

어떤 정수 타입 값을 표현하는 가장 간단한 리터럴은 10진수다.

```
val n = 12345
```

코틀린 1.1부터는 자바 7+와 마찬가지로 수 리터럴에 _를 넣어서 가독성을 높일 수 있다. 리터럴이 아주 큰 수를 나타낼 때 _가 유용하다.

```
val n = 34_721_189
```

리터럴 자체의 타입은 그 수를 2진수로 표현했을 때의 크기에 따라 Int일 수도 있고 Long일 수도 있다. 하지만 범위만 맞으면 수 리터럴을 크기가 더 작은 타입의 변수에 대입해도 된다.

```
val one: Byte = 1                                 // OK
val tooBigForShort: Short = 100_000               // Error: too big for Short
val million = 1_000_000                           // OK: Int로 타입이 추론됨
val tooBigForInt: Int = 10_000_000_000            // Error: too big for Int
val tenBillions = 10_000_000_000                  // OK: Long으로 타입이 추론됨
val tooBigForLong = 10_000_000_000_000_000_000    // Error: too big for Long
```

리터럴에 L이나 l을 접두사로 붙이면 Long 타입이 된다.

```
val hundredLong = 100L        // OK: Long으로 타입이 추론됨
val hundredInt: Int = 100L    // Error: assigning Long to Int
```

앞에 0b(2진수)나 0x(16진수)를 붙여서 2진수나 16진수로 수 리터럴을 작성할 수도 있다.

```
val bin = 0b10101 // 21
val hex = 0xF9    // 249
```

수 리터럴의 경우 0을 표현하는 경우가 아니라면 맨 앞에 0이 올 수 없음에 유의하라. 일부 프로그래밍 언어(자바도 포함)는 0으로 시작하는 수 리터럴을 8진수로 사용하는데, 8진수가 쓸모 있는 경우는 드물고 잘못 사용하기도 쉽기 때문에 코틀린은 이를 지원하지 않는다. 이로 인해 8진수 표기법에 익숙한 개발자들의 혼동을 막기 위해 0이 앞에 붙은 수 리터럴이 금지됐다.

```
val zero = 0       // OK
val zeroOne = 01   // Error
```

-10과 같은 음수는 기술적으로는 리터럴이 아니다. 음수는 단항 음수 연산자(-)를 리터럴에 적용한 식이다.[1]

```
val neg = -10
val negHex = -0xFF
```

각 정수 타입에는 최솟값(MIN_VALUE)과 최댓값(MAX_VALUE)을 포함하는 상수 정의가 들어있다. 이런 상수를 사용하려면 앞에 타입 이름을 붙여야 한다.

1 역주 이는 문법 구조에 대한 설명일 뿐이다. 예를 들어 -2를 컴파일러가 구문 분석을 할 때는 -라는 단항 연산자를 2라는 상수에 적용하는 식으로 해석하긴 하지만, 바이트코드를 생성할 때는 -2라는 음수 상수를 사용한다.

```
Short.MIN_VALUE     // -32768
Short.MAX_VALUE     // 32767
Int.MAX_VALUE + 1   // -2147483648(정수 오버플로(overflow))
```


2.2.2 부동소수점 수

자바와 마찬가지로 코틀린도 IEEE 754 부동소수점 수(floating point number)를 따르는 Float와 Double을 제공한다. 이 둘은 각각 자바의 float와 double에 대응한다.

부동소수점 수 리터럴 중 가장 단순한 형태는 10진 소수 형태로, 정수 부분과 소수 부분을 나눠 소수점(.)을 찍어 놓았다.

```
val pi = 3.14
val one = 1.0
```

정수 부분이 비어있는 경우 정수 부분을 0으로 간주한다. 하지만 소수점을 남기면서 소수 부분을 생략할 수는 없다.

```
val quarter = .25 // 0.25
val one = 1.      // Error: Expecting an element
val two = 2       // 오류는 아니지만, 정수 리터럴임
```

코틀린은 과학적 표기법(scientific notation) 리터럴을 허용한다. 과학적 표기법에서는 e나 E 뒤에 10을 몇 번 거듭제곱하는지를 알려주는 숫자가 온다.

```
val pi = 0.314E1          // 3.14 = 0.314*10
val pi100 = 0.314E3       // 314.0 = 0.314*1000
val piOver100 = 3.14E-2 // 0.0314 = 3.14/100
val thousand = 1E3        // 1000.0 = 1*1000
```

과학적 표기법에서는 소수 부분(소수점 포함)을 생략할 수 있다.

자바 vs. 코틀린 자바 6+와 달리 코틀린에서는 Double이나 Float의 16진 리터럴을 지원하지 않는다.

디폴트로 부동소수점 리터럴은 Double 타입이다. f나 F를 리터럴 뒤에 붙이면 Float 타입이 된다(f나 F를 붙이는 경우 소수점을 포함한 소수 부분을 생략할 수 있다).

```
val pi = 3.14f
val one = 1f
```

자바 vs. 코틀린 자바에서는 D나 d를 부동소수점 리터럴 뒤에 붙여서 강제로 double 타입으로 만들 수 있다(예 1.25d). 하지만 코틀린에서는 이런 접미사를 허용하지 않으며, 부동소수점 리터럴의 타입은 디폴트로 Double이다.

Float 리터럴이 Double 타입으로 자동 변환되지 않는다는 점에 유의하자. 다음 코드는 컴파일 오류를 낸다.

```
val pi: Double = 3.14f // Error
```

Float와 Double도 각 타입의 특별한 값을 표현하는 몇 가지 상수를 제공한다.

- MIN_VALUE, MAX_VALUE: 각 타입에서 표현할 수 있는 가장 작은 유한값과 가장 큰 유한값
- NEGATIVE_INFINITY, POSITIVE_INFINITY: 음의 무한대와 양의 무한대. 각 타입이 표현할 수 있는 가장 작은 값과 가장 큰 값
- NaN: 0/0의 결과처럼 숫자가 아닌 값을 의미

```
println(Float.MIN_VALUE)                 // 1.4E-45
println(Double.MAX_VALUE)                // 1.7976931348623157E308
println(Double.POSITIVE_INFINITY)        // Infinity
println(1.0/Double.NEGATIVE_INFINITY)    // -0.0
println(2 - Double.POSITIVE_INFINITY)    // -Infinity
println(3 * Float.NaN)                   // NaN
```

2.2.3 산술 연산

모든 수 타입은 기본 산술 연산을 지원한다.

▼ 표 2-3 산술 연산

연산	뜻	예제	결과
+(단항)	원래 값과 같은 값	+2	2
-(단항)	원래 값의 부호를 반전한 값	-2	-2
+	덧셈	2 + 3	5
		2.5 + 3.2	5.7

계속

연산	뜻	예제	결과
-	뺄셈	1 - 3	-2
		3.4 - 1.8	1.6
*	곱셈	3 * 4	12
		3.5 * 1.5	5.25
/	나눗셈	7/4	1
		-7/4	-1
		7/(-4)	-1
		(-7)/(-4)	1
		6.5/2.5	2.6
		-6.5/2.5	-2.6
		6.5/(-2.5)	-2.6
		(-6.5)/(-2.5)	2.6
%	나머지	7%4	3
		-7%4	-3
		7%(-4)	3
		(-7)%(-4)	-3
		6.5%2.5	1.5
		-6.5%2.5	-1.5
		6.5%(-2.5)	1.5
		(-6.5)%(-2.5)	-1.5

산술 연산의 동작은 자바와 같다. 정수 나눗셈 연산자가 항상 0 쪽으로 내림한 결과를 내놓는 반면, 나머지 연산의 결과는 항상 피제수와 같은 부호라는 사실에 유의하자. 부동소수점 수 연산은 IEEE 754 명세를 따른다.

참고로, 코틀린 1.5부터 표준 라이브러리에 정수 floorDiv()와 mod() 메서드가 추가됐다. floorDiv()는 정수 나눗셈(/) 연산과 마찬가지로 한 수를 다른 수로 나눈 몫을 계산하고, mod() 메서드는 정수 나머지(%) 연산과 마찬가지로 한 수를 다른 수로 나눈 나머지를 계산한다. 어떤 정수 a를 0이 아닌 다른 정수 b로 나누면, floorDiv()는 몫을 더 작은 정수로 내림하고, mod()는 a와 a.floorDiv(b)*b의 차이를 반환한다. 이렇게 계산한 나머지 값의 부호는 항상 b의 부호와 같다.

```
println(7.floorDiv(4))          // 1
println((-7).floorDiv(4))       // -2
println(7.floorDiv(-4))         // -2
println((-7).floorDiv(-4))      // 1
println(7.mod(4))               // 3
println((-7).mod(4))            // 1
println(7.mod(-4))              // -1
println((-7).mod(-4))           // -3
```

수 타입은 값을 1씩 증가/감소시키는 ++/-- 연산도 지원한다.

단항 +/- 연산의 결과는 인자들의 타입과 같다. 다만 Byte와 Short의 경우에는 Int를 내놓는다.

```
val byte: Byte = 1
val int = 1
val long = 1L
val float = 1.5f
val double = 1.5
-byte       // -1: Int
-int        // -1: Int
-long       // -1: Long
-float      // -1.5: Float
-double     // -1.5: Double
```

각 이항 산술 연산마다 모든 가능한 수 타입 간의 연산을 지원하기 위한 변종이 함께 제공된다. 수 타입이 여섯 가지이므로 각 연산마다 6 × 6 = 36가지 버전이 있다는 뜻이다. 이로 인해 산술 연산에서 명시적인 타입 변환을 수행하지 않아도 여러 수 타입을 혼용할 수 있다. 이러한 산술 연산의 결과는 인자 중 더 큰 의미를 지니는 타입이 된다.

```
Double > Float > Long > Int > Short > Byte
```

대부분의 타입에서 이는 해당 타입이 표현할 수 있는 값의 범위가 더 넓다는 뜻이다. 하지만 항상 그렇지는 않다. 분명한 예로 Long에서 Float로 변환되는 경우를 들 수 있다. 이 경우 일부 유효 자리 숫자를 잃고 정밀도(precision)가 떨어지게 된다.

이로부터 다음을 알 수 있다.

```
byte + byte       // 2: Byte
int + byte        // 2: Int
int + int         // 2: Int
int + long        // 2: Long
long + double     // 2.5: Double
```

```
float + double    // 3.0: Double
float + int       // 2.5: Float
long + double     // 2.5: Double
```


2.2.4 비트 연산

Int와 Long은 비트 수준의 연산을 지원한다.

▼ 표 2-4 비트 연산

연산	뜻	예제	결과	해당하는 자바 연산
shl	왼쪽 시프트(shift)	13 shl 2 (-13) shl 2	52: 0...00110100 -52: 1...11001100	<<
shr	오른쪽 시프트	13 shr 2 (-13) shr 2	3: 0...00000011 -4: 1...11111100	>>
ushr	부호 없는 오른쪽 시프트	13 ushr 2 (-13) ushr 2	3: 0...00000011 1073741820: 001...111100	>>>
and	비트 곱(AND)	13 and 19 -13 and 19	1: 0...00000001 19: 0...00010011	&
or	비트 합(OR)	13 or 19 -13 or 19	31: 0...00011111 -13: 1...11110011	¦
xor	비트 배타합(XOR)	13 xor 19 -13 xor 19	30: 0...00011110 -32: 1...11100000	^
inv	비트 반전(inversion)	13.inv() (-13).inv()	-14: 1...11110010 12: 0...00001100	~

비고: 각 수의 이진 표현은 다음과 같다.
13: 0...00001101
–13: 1...11110011
19: 0...00010011

inv는 이항 연산이나 단항 연산이 아니라 점 표기법으로 호출하는 메서드일 뿐이라는 점에 유의하라.

코틀린 1.1부터는 Byte와 Short에도 or, xor, inv를 호출할 수 있다.

자바 vs. 코틀린 자바에 익숙하다면 비트 연산자 &, |, ^, ~, <<, >>, >>>를 알 텐데, 코틀린은 이런 연산자를 지원하지 않는다. 대신 이에 대응하는 and, or, xor, inv, shl, shr, ushr을 사용해야 한다.

2.2.5 문자 타입 Char

Char 타입은 유니코드 한 글자를 표현하며 16비트다.[2] 이 타입의 리터럴은 작은따옴표(') 사이에 문자를 넣으면 된다.

```
val z = 'z'
val alpha = 'α'
```

새줄 문자와 같은 특수 문자를 위해 코틀린은 이스케이프(escape)를 제공한다. \t는 탭(tab), \b는 백스페이스(backspace), \n은 새줄(newline), \r은 캐리지 리턴(carriage return), \'는 작은따옴표(single quote), \"는 큰따옴표(double quote), \\는 역슬래시(backslash), \$는 달러 표시(dollar sign)다.

```
val quote = '\''
val newLine = '\n'
```

\u 다음에 네 자리 16진수를 넣는 시퀀스를 사용해 임의의 유니코드 문자를 문자 리터럴에 넣을 수도 있다.

```
val pi = '\u03C0' // π
```

내부에서 Char 값은 그냥 문자 코드일 뿐이지만, 코틀린은 Char 자체를 수 타입으로 취급하지는 않는다. 하지만 유니코드 문자 집합 내에서의 몇 가지 산술 연산을 허용한다. 다음은 Char로 할 수 있는 연산이다.

- +/- 연산자를 사용해 문자에 수를 더하거나 뺄 수 있다. 더하거나 뺀 수만큼 코드포인트가 이동한 새 문자를 반환한다.

---

2 역주 최초 설계 당시 유니코드는 65,535자만 있으면 전 세계 문자를 담기에 충분할 것으로 생각하고 설계됐다. 하지만 나중에 문자가 추가되면서 보조 문자(supplementary character)가 생겨났으며, 이 문자들의 코드포인트는 U+1000부터 U+10FFFF이므로 16비트 Char 타입에 들어갈 수 없다. 이로 인해 자바 5부터는 저수준에서는 32비트 int를 사용하는 식으로 API가 변경됐다. 다만, 기본 플레인(U+0000부터 U+FFFF)에 속하는 문자는 여전히 char 타입에 들어갈 수 있지만, 그렇지 못한 문자들은 char 하나만으로는 표현하지 못하는 경우가 생긴다. 이에 대해서는 https://www.oracle.com/technical-resources/articles/javase/supplementary.html을 읽어보라(영문).

- 두 문자로 뺄셈을 하면 두 문자의 코드포인트 간 거리를 얻을 수 있다.
- 문자를 ++ 또는 --로 증가시키거나 감소시킬 수 있다(의미는 +나 -로 1을 더하거나 뺄 때와 같다).

몇 가지 예를 살펴보자.

```
var a = 'a'
var h = 'h'
/* 'a'보다 뒤에 있는 다섯 번째 글자 */ println(a + 5)  // f
/* 'a'보다 앞에 있는 다섯 번째 글자 */ println(a - 5)  // \
/* 'a'와 'h' 사이의 거리 */ println(h - a)            // 7
/* 'h' 바로 앞 글자       */ println(--h)              // g
/* 'a' 바로 뒤 글자       */ println(++a)              // b
```

자바 vs. 코틀린 자바에서는 문자(char)에 대한 산술 연산 결과가 암시적으로 정수로 변환된다. 반면 코틀린에서 Char에 대한 연산은(두 문자의 차이는 제외) Char를 결과로 돌려준다.

2.2.6 수 변환

각 수 타입마다 값을 다른 수 타입으로 변환하는 연산이 정의돼 있다. 각 연산은 변환하려는 목적 타입을 알기 쉬운 이름으로 돼 있다. 예를 들어 toByte(), toShort(), toInt(), toLong(), toFloat(), toDouble(), toChar() 등이다. Char 값에 대해서도 같은 범위의 연산을 제공한다.

자바 vs. 코틀린 자바와 달리 코틀린에서는 범위가 큰 타입이 사용돼야 하는 문맥에 범위가 작은 타입을 쓸 수 없다. 예를 들어 Int 값을 Long 변수에 대입할 수 없다. 다음 코드는 컴파일 오류를 발생시킨다.

```
val n = 100       // Int
val l: Long = n // Error: can't assign Int to Long
```

이렇게 하게 된 이유는 앞에서 언급한 암시적인 박싱 때문이다. 일반적인 Int 값(또는 다른 수 타입의 값)이 꼭 원시 타입의 값으로 표현된다는 보장이 없다. 따라서 방금 본 코드와 같은 더 큰 범위의 타입으로 변환하는 경우 다른 박싱한 타입의 값을 만들어낼 수 있는 가능성이 생기고, 이로 인해 동등성(equality) 요구 조건을 만족시키지 못하게 되면서 미묘한 오류를 발생시킬 수 있다. 위 코드를 올바른 코드로 인정하면 다음 연산이 false를 출력할 것이다.

```
println(l == n)
```

하지만 이런 결과를 프로그래머가 예상하기는 힘들다. 자바에서도 박싱한 타입과 관련해 비슷한 문제가 있다.

```
// 자바 코드
Integer n = 100;
Long l = n; // Error: can't assign Integer to Long
```

정수 타입 사이의 변환은 대상 타입이 더 큰 범위를 담는 타입인 경우 손실 없이 수행된다. 그렇지 않은 경우 MSB(2진수로 표현했을 때 상위 비트 쪽)를 잘라내고 나머지를 대상 타입의 값으로 변환한다. Char 타입을 다른 타입의 값으로 바꾸거나 다른 타입의 값을 Char 타입으로 바꾸는 경우도 그렇다.

```
val n = 945
println(n.toByte())  // -79
println(n.toShort()) // 945
println(n.toChar())  // α
println(n.toLong())  // 945
```

부동소수점 수 타입과 관련된 변환의 경우, 일반적으로 대상 타입과 무관하게 정밀도를 잃을 수 있다. 예를 들어 Long을 Float로 변환하면 LSB 쪽(2진수로 표현했을 때 하위 비트 쪽)을 잃어버릴 수 있다. 부동소수점 수를 정수로 변환하는 연산은 기본적으로 0 쪽으로 어림(rounding to zere)[3]하는 연산이다.

```
println(2.5.toInt())      // 2
println((-2.5).toInt()) // -2
println(1_000_000_000_000.toFloat().toLong()) // 999999995904
```

2.2.7 불 타입과 논리 연산

코틀린은 참(true)이나 거짓(false) 중 하나로 판명되는 불(Boolean) 타입과 논리 연산을 제공한다.

```
val hasErrors = false;
val testPassed = true;
```

3 역주 실수를 정수로 만들 때 수직선상에서 0 쪽으로 값이 이동한다고 생각하면 된다. 즉, 절댓값이 감소하는 방향으로 변환이 이뤄진다. 예를 들어 1.5는 1로, −1.5는 −1로 바뀐다. 한편, 여기서 어림 계산(rounding)은 10진수에서 벌어지지 않고 2진수에서 벌어진다는 점에 유의하라. 마지막 예제에서 999999995904가 나오는 이유가 바로 이 때문이다.

자바와 마찬가지로 코틀린 Boolean도 수 타입과는 다른 타입이며, 암시적으로든 toInt() 등의 명시적인 내장 연산을 써서든 수로 변환할 수 없다(반대로 수를 Boolean 타입으로 변환할 수도 없다). 개발자는 비교 연산자나 조건식(if나 when 등을 뜻하며, 나중에 설명한다)을 사용해 불이 아닌 값에서 불 값을 만들어야 한다.

불이 지원하는 연산은 다음과 같다.

- !: 논리 부정
- or, and, xor: 즉시 계산(eager) 방식의 논리합, 논리곱, 논리배타합
- ||, &&: 지연 계산(lazy) 방식의 논리합, 논리곱

지연 계산 연산자(||, &&)는 자바의 동일 연산자와 똑같은 의미를 제공한다. ||의 왼쪽 피연산자가 참이면 오른쪽 피연산자를 계산하지 않는다. &&의 왼쪽 피연산자가 거짓이면 오른쪽 피연산자를 계산하지 않는다. 이런 방식의 계산은 왼쪽 피연산자에 부수 효과가 포함된 경우 유용할 수 있다.

자바 vs. 코틀린 자바와 달리 코틀린은 &와 | 연산자를 제공하지 않는다. and와 or가 각각 &와 |를 대신한다.

동등성/비동등성 연산자 ==와 !=를 사용한 예를 살펴보자(이 두 연산자는 다음 절에서 자세히 다룬다).

```
println((x == 1) or (y == 1))      // true
println((x == 0) || (y == 0))      // false
println((x == 1) and (y != 1))     // true
println((x == 1) and (y == 1))     // false
println((x == 1) xor (y == 1))     // true
println((x == 1) xor (y != 1))     // false
println(x == 1 || y/(x - 1) != 1) // true
println(x != 1 && y/(x - 1) != 1) // false
```

마지막 두 예에서는 지연 계산이 필수적이다. x==1일 때 오른쪽 연산을 계산하면 0으로 나누는 오류가 발생하기 때문이다.

지연 계산과 즉시 계산 방식에서 논리곱과 논리합의 차이를 기억하라. 즉시 계산인 and, or, xor은 이름 붙은 중위 연산자와 같은 우선순위이므로 && 연산이나 || 연산보다 더 우선해 계산된다. 예를 들어 다음 식은

```
a || b and c or d && e
```

다음과 같이 계산된다.

```
a || (((b and c) or d) && e)
```

의심스러운 경우에는 괄호를 써서 작성한 코드의 의미를 명확히 하는 것을 권장한다.

2.2.8 비교와 동등성

지금까지 언급한 모든 타입은 몇 가지 비교 연산을 제공한다. ==(같다), !=(같지 않다), <(~보다 작다), <=(~보다 작거나 같다), >(~보다 크다), >=(~보다 크거나 같다)가 비교 연산이다.

```
val a = 1
val b = 2
println(a == 1 || b != 1)    // true
println(a >= 1 && b < 3)     // true
println(a < 1 || b < 1)      // false
println(a > b)               // false
```

일반적으로 동등성 연산인 ==와 !=를 모든 타입의 값에 적용할 수 있다. 하지만 수 타입이나 Char와 Boolean의 경우 예외가 있다. 다음 코드를 보라.

```
val a = 1                   // Int
val b = 2L                  // Long
println(a == b)             // Error: comparing Int and Long
println(a.toLong() == b)  // Ok: 두 타입 모두 Long임
```

기본적으로 이런 코틀린 타입은 두 인자가 모두 같은 타입일 때만 ==와 !=를 허용한다. 예를 들어 한 인자가 Int이고 다른 인자가 Long이면 ==를 적용할 수 없다. 값이 박싱돼 있는지에 따라 동등성 연산이 다른 결과를 낳을 수 있는데, 코틀린에서는 박싱이 암시적으로 진행되기 때문에 (자바 원시 타입에 해당하는 박싱이 될 수 있는 코틀린) 타입 사이의 동등성 연산을 허용하면 혼란을 야기할 수 있기 때문이다.

하지만 모든 수 타입의 값은 서로 <, <=, >, >=를 사용해 비교할 수 있다. 이는 수 타입 사이의 산술 연산이 가능한 모든 경우를 다룰 수 있도록 오버로딩(overloading)된 것과 마찬가지다. 따라서 다음과 같은 코드를 작성할 수 있다.[4]

4 역주 혼합 연산을 허용하기는 하지만, 부동소수점 수 사이의 비교나 정수와 부동소수점 수 사이를 비교할 때는 조심해야 한다. 유효숫자 범위에 따라 미묘한 버그가 발생할 수 있다. 이에 대해 자세히 설명하는 것은 이 책의 범위를 벗어나므로 수치해석 관련 서적을 찾아보라.

```
1 <= 2L || 3 > 4.5
```

Char와 Boolean 값도 비교 연산을 지원한다. 하지만 같은 타입의 값과만 비교할 수 있디.

```
false == true // false
false < true  // true
false > 1     // Error: comparing Boolean and Int
'a' < 'b'     // true
'a' > 0       // Error: comparing Int and Char
```


false가 true보다 작다고 가정하고, Char는 문자의 코드 값에 따라 비교된다는 점을 기억하라.

자바 vs. 코틀린 자바에서는 박싱된 값과 언박싱된 값이 서로 다른 타입으로 표현됐고(**예** long과 Long), 원시 타입의 값을(char도 포함) 자유롭게 서로 ==, !=나 <, <=, >, >=로 비교할 수 있었다. 하지만 자바의 불 값은 순서(대소관계)가 없기 때문에 두 불 값에 대해서는 동등성 비교만 적용할 수 있다.

부동소수점 타입 비교 연산은 IEEE 754 표준을 따른다. 특히 이 표준은 NaN 값을 특별히 취급한다.

```
println(Double.NaN == Double.NaN)                // false
println(Double.NaN != Double.NaN)                // true
println(Double.NaN <= Double.NaN)                // false
println(Double.NaN < Double.POSITIVE_INFINITY) // false
println(Double.NaN > Double.NEGATIVE_INFINITY) // false
```

기본적으로 NaN은 그 어떤 값과도 같지 않다.[5] 특히 다른 NaN과도 같지 않고, 무한대를 포함한 다른 어떤 값보다 작지도 않고 크지도 않다.

하지만 이 규칙은 컴파일러가 정적으로 관심 대상의 타입이 부동소수점 타입이라는 사실을 알 때만 적용된다.[6] 더 일반적인, 예를 들어 수를 컬렉션(collection)에 넣는 것과 같은 경우에는 컴파일러가 동등성 연산자를 사용해 박싱한 타입을 처리하는 규칙을 사용한다. JVM에서 이는 원시 타입의 값을 감싼 Double과 Float 래퍼 타입의 인스턴스를 비교한다는 뜻이다.

---

5 **역주** 의미상으로 NaN은 수가 아니기 때문에 두 NaN이 같은 값인지를 비교할 수 없다. NaN==NaN이 항상 false가 돼야 하는 이유를 또 다른 측면에서 기술적으로 보자면, 쓰기는 NaN이라고 마치 한 값인 것처럼 썼지만 NaN을 표현하는 비트 패턴은 다양하기 때문이다. 예를 들어 32비트 Float에서 Nan은 s111 1111 1xxx xxxx xxxx xxxx xxxx xxxx(s는 부호, x는 0 또는 1) 형태로 표현된다. Float.NaN은 이런 값 중 0x7fc00000으로 인코딩돼 있지만, 실제 부동소수점 연산에서는 다양한 NaN이 발생할 수 있다. 그래서 어떤 값이 NaN인지를 NaN 상수와 직접 비교해 알아낼 수는 없고, isNaN() 함수를 사용해야 한다.

6 **역주** '정적으로(statically)'라는 말은 실행하기 전의 상태(주로 소스코드나 컴파일된 바이트코드)를 뜻한다. 반대로 '동적으로(dynamically)'라는 말은 프로그램을 실행하는 시점(즉, 런타임)을 뜻한다.

```
val set = sortedSetOf(Double.NaN, Double.NaN,Double.POSITIVE_INFINITY, Double.NEGATIVE_
INFINITY,0.0)
println(set) // [-Infinity, 0.0, Infinity, NaN]
```

위 코드는 원소 타입의 자연적인 순서(natural ordering)로 정렬된 트리(JVM에서는 기본적으로 TreeSet이다)를 만들고 원소를 출력한다. 출력은 이런 경우에 다음과 같은 사실이 성립한다는 점을 보여준다.

- NaN은 자기 자신과 같다. 집합에 NaN이 단 하나만 추가됐기 때문이다.
- NaN은 Double에서 가장 큰 값으로 취급된다(심지어 양의 무한대보다도 크다).

이후의 다른 장들에서는 동등성과 순서를 더 자세히 살펴볼 것이다.

2.3 문자열

String 타입은 문자들로 이뤄진 문자열을 표현한다. 자바와 마찬가지로 코틀린 문자열도 불변이다. 따라서 String 객체를 만들고 나면 그 안의 문자를 변경할 수 없고 문자열을 읽기만 할 수 있으며, 문자를 바꾸고 싶으면 기존 문자열을 바탕으로 새로운 문자열을 만들어야 한다. 이 절에서는 새로운 문자열을 만드는 방법과 문자열을 조작하는 기본적인 방법을 살펴본다.

2.3.1 문자열 템플릿

문자열 리터럴을 정의하는 가장 간단한 방법은 앞에서 본 것처럼 자바와 마찬가지로 큰따옴표(")로 문자열을 감싸는 것이다.

```
val hello = "Hello, world!"
```

문자열에 새줄 문자 같은 특수 문자가 들어가면 이스케이프 시퀀스를 사용해야 한다(**2.2.5절 문자 타입 Char**를 보라).

```
val text = "Hello, world!\nThis is \"multiline\" string"
println("\u03C0 \u2248 3.14") // π ≈ 3.14
```

이런 리터럴은 기본적으로 자바 문자열과 같다. 코틀린은 이와 더불어 여러 가지 식에서 문자열을 합성해내는 훨씬 더 강력한 방법을 지원한다. 예를 들어 사용자를 환영하면서 현재 날짜와 시간을 표시하고 싶다고 하자.


```
import java.util.Date7
fun main() {
  val name = readLine()
  println("Hello, $name!\n Today is ${Date()}")
}
```

기본적으로 ${}의 중괄호 사이에 넣기만 하면, 어떤 올바른 코틀린 식이든 문자열에 넣을 수 있다. 위 예제의 $name과 같이 이 식이 간단한 변수 참조인 경우에는 중괄호를 생략하고 달러 기호만 붙여도 된다. 이런 기능을 문자열 템플릿(string template)이라고 한다.

문자열 템플릿 안의 식은 어떤 값이든 될 수 있다. 이 값은 자동으로 모든 코틀린 타입이 제공하는 toString() 메서드를 통해 문자열로 변환된다.

이 프로그램을 실행하고 이름(예 John)을 입력하면 다음과 같이 출력된다.

```
Hello, John!
Today is Sat Sep 04 00:42:29 KST 2021
```

결과는 여러분의 로케일(locale)에 따라 다르다.

첫 줄에서 사용한 import 문은 코드에서 JDK의 java.util.Date라는 클래스의 전체 이름을 사용하지 않고 Date라는 이름으로 참조할 수 있게 해준다. 다음 장에서 임포트와 패키지(package)를 더 자세히 다루겠다.

한 가지 다른 문자열 유형으로 로우 문자열(raw string)이 있다. 로우 문자열을 사용하면 이스케이프 시퀀스를 사용하지 않고도 문자열을 작성할 수 있다. 이러한 리터럴은 큰따옴표 세 개로 둘러싸여 있고, 새줄 문자를 포함한 임의의 문자를 포함할 수 있다.

```
val message = """
  Hello, $name!
```

---

7 역주 여기서는 문자열 변환 예제를 보여주기 위해 java.util.Date를 썼지만, 시간을 다룰 때는 항상 java.time 패키지에 있는 기능을 활용하는 것이 바람직하다.

```
  Today is ${Date()}
""".trimIndent()
```

trimIndent()는 여러 줄에 공통된 최소 들여쓰기(indent)를 제거해주는 표준 코틀린 함수다.

드물겠지만, 로우 분자열에 특수 문자를 추가하고 싶은 경우에는 ${} 안에 특수 문자를 넣으면 된다.

```
val message = """
This is triple quote: '${"\"\"\""}'
""".trimIndent()
```

JVM으로 컴파일되는 애플리케이션에서 문자열은 JVM의 String 클래스로 표현된다.

2.3.2 기본 문자열 연산

모든 String 인스턴스는 문자열에 든 문자 수를 표현하는 length와 문지열의 마지막 문자 인덱스를 표현하는 lastIndex 프로퍼티를 제공한다.

```
"Hello!".length     // 6
"Hello!".lastIndex  // 5(첫 번째 문자의 인덱스가 0이므로)
```

인덱스를 각괄호([]) 안에 넣는 연산자를 사용해 개별 문자에 접근할 수 있다. 인덱스는 0부터 시작한다. JVM에서 잘못된 인덱스를 넘기면 자바와 마찬가지로 StringIndexOutOfBoundsException 예외가 발생한다.

```
val s = "Hello!"
println(s[0])  // H
println(s[1])  // e
println(s[5])  // !
println(s[10]) // 잘못된 인덱스
```

\+ 연산자를 사용해 두 문자열을 연결(concatenate)할 수 있다. toString()을 사용해 문자열로 변환될 수 있는 모든 값을 +의 두 번째 피연산자로 지정할 수 있다. 하지만 일반적으로 문자열 템플릿이 더 간결하므로 문자열 템플릿을 사용하는 것이 좋다.

```
val s = "The sum is: " + sum // "The sum is $sum"으로 대신할 수 있음
```

문자열은 ==와 !=를 사용해 동등성을 비교할 수 있다. 이들 연산은 문자열의 내용을 비교하므로, 서로 다른 두 객체 인스턴스를 비교해도 문자들의 순서와 길이가 같으면 같은 문자열로 간주한다.

```
val s1 = "Hello!"
val s2 = "Hel" + "lo!"
println(s1 == s2) // true
```

자바 vs. 코틀린 자바의 ==와 != 연산자는 참조 동등성(referential equality)을 비교하기 때문에 실제 문자열 내용을 비교하려면 equals() 메서드를 사용해야 한다. 코틀린에서는 ==가 기본적으로 equals()를 가리키는 편의 문법(syntatic sugar)이기 때문에 ==를 사용하면 직접 equals()를 호출하므로, 따로 equals()를 호출할 필요가 없다. 널 가능성을 논의에서 배제하면, 위 코드는 자바의 s1.equals(s2)와 같다. 코틀린에서 참조 동등성을 쓰고 싶으면 어떻게 할까? ===와 !== 연산자를 사용하면 된다.

문자열은 사전식 순서로(lexicographically) 정렬된다. 따라서 <, >, <=, >= 같은 연산자를 사용해 문자열을 비교할 수 있다.

```
println("abc" < "cba") // true
println("123" > "34")  // false
```

문자열은 수 타입이나 불로 변환하는 toByte(), toShort(), toInt(), toLong(), toFloat(), toDouble(), toBoolean() 변환 함수를 제공한다. 문자열이 대상 타입으로 변환될 수 있게 형태가 잘 잡혀 있지 않다면 이런 함수는 런타임 오류를 발생시킨다.

다음은 문자열이 제공하는 다른 유용한 함수들이다.

isEmpty isNotEmpty	문자열이 비어있는지 검사한다.	"Hello".isEmpty() "".isEmpty() "Hello".isNotEmpty()	false true true
substring	부분 문자열을 추출한다.	"Hello".substring(2) "Hello".substring(1, 3) startsWith	"llo" "el"
endsWith	접두사(prefix)나 접미사(suffix)인지 검사한다.	"Hello".startsWith("Hel") "Hello".endsWith("lo")	True true

계속

indexOf	인자로 받은 문자나 문자열이 수신 객체인 문자열에 나타나는 첫 번째 인덱스를 반환한다.	// 맨 앞부터 찾기
		"abcabc".indexOf('b')
		"abcabc".indexOf("ca")
		"abcabc".indexOf("cd")
		// 주어진 인덱스부터 찾기
		"abcabc".indexOf('b', 2)
		"abcabc".indexOf("ab", 2)
			
			1
			2
			-1
			
			4
			3

이 책 전반(특히 **7장 컬렉션과 I/O 자세히 알아보기**)에 걸쳐 코틀린 문자열 API 예제를 더 살펴볼 것이다. 또한, 공식 문서에서도 더 많은 정보를 얻을 수 있다(kotlinlang.org/api/latest/jvm/stdlib/kotlin/-string/index.html).

KOTLIN IN DEPTH

2.4 배열

배열은 내장된 코틀린 데이터 구조로, 미리 정해진 숫자만큼 같은 타입의 원소를 모아서 저장하고 각각을 인덱스로 참조할 수 있게 해준다. 코틀린 배열은 개념적으로 자바 배열과 비슷하며, 실제로 코틀린/JVM 애플리케이션에서는 자바 배열로 코틀린 배열을 표현한다. 이 절에서는 배열을 정의하고 배열에 저장된 데이터에 접근하는 방법을 살펴본다.

2.4.1 배열 정의하기

배열 구조를 구현하는 가장 일반적인 코틀린 타입은 Array<T>다. 여기서 T는 원소의 타입을 뜻한다. **1장 강력하고 실용적인 코틀린** 예제에서는 프로그램에 전달된 인자가 저장되는 Array<String> 타입의 파라미터를 받는 main() 함수를 살펴봤다. 만들려는 배열의 크기를 미리 알 수 있다면 표준 함수 중 하나를 사용해 배열을 생성할 수 있다.

```
val a = emptyArray<String>()          // Array<String> (원소 0개)
val b = arrayOf("hello", "world")     // Array<String> (원소 두 개)
val c = arrayOf(1, 4, 9)              // Array<Int> (원소 세 개)
```

각 함수는 제네릭(generic)하다. 이 말은 호출할 때 원소의 타입을 지정해야 한다는 뜻이다. 하지만 타입 추론 덕분에 두 번째와 세 번째 함수 호출의 타입을 인자들의 타입에서 알아낼 수 있다. 예를 들어 정수로 배열을 만들면 이 배열은 분명 Array<Int> 타입일 것이다. 하지만 첫 번째 호출에서는 컴파일러가 타입을 추론할 수 있는 단초가 없다. 따라서 꺾쇠(<>) 사이에 원소 타입을 명시해야 한다. 지금은 그냥 이런 문법을 그대로 받아들이고 제네릭 타입에 대한 논의는 **9장 제네릭스**에서 다루자.

인덱스로부터 원소를 만들어내는 방법을 기술해 배열을 생성하는 더 유연한 방법도 있다. 다음 코드는 1부터 사용자가 입력한 값에 이르는 정수의 제곱으로 이뤄진 배열을 만든다.

```
val size = readLine()!!.toInt()
val squares = Array(size) { (it + 1)*(it + 1) }
```

중괄호({}) 안에 들어있는 언어 요소를 람다(lambda)라고 부른다. 람다는 인덱스를 기반으로 값을 계산하는 식을 정의한다. 이때 인덱스를 표현하는 변수로 자동으로 선언되는 it을 사용한다. 배열 인덱스는 0부터 (배열 크기 - 1)이기 때문에 이 배열에는 1, 4, 9 등의 값이 들어간다. 지금은 이런 구문을 있는 그대로 받아들이고, **5장 고급 함수와 함수형 프로그래밍 활용하기**에서 이에 대해 자세히 알아보자.

Array<Int>를 사용하는 배열은 제대로 작동하지만 모든 수를 박싱하기 때문에 그다지 실용적이지 못한 해법이다. 이런 이유로 코틀린은 더 효율적인 ByteArray, ShortArray, IntArray, LongArray, FloatArray, DoubleArray, CharArray, BooleanArray라는 특화된 배열 타입을 제공한다. JVM에서 이런 배열 타입들은 int[], boolean[] 등의 원시 타입 배열로 표현된다. 이런 특화된 배열에도 arrayOf()나 Array()에 해당하는 함수가 함께 따라온다.

```
val operations = charArrayOf('+', '-', '*', '/', '%')
val squares = IntArray(10) { (it + 1)*(it + 1) }
```

자바 vs. 코틀린 자바와 달리 코틀린에는 new 연산자가 없기 때문에 배열 인스턴스 생성이 일반 함수 호출처럼 보인다. 코틀린에서는 배열 원소를 명시적으로 초기화해야 한다는 점에도 유의하라.

2.4.2 배열 사용하기

배열 타입은 문자열 타입과 꽤 비슷하다. 특히 size(문자열의 length에 해당)와 lastIndex 프로퍼티가 있다는 점과 인덱스 연산으로 원소에 접근할 수 있나는 섬이 비슷하다. 잘못된 인덱스를 사용하면 런타임에 IndexOutOfBoundsException 예외가 발생한다.

```
val squares = arrayOf(1, 4, 9, 16)
squares.size       // 4
squares.lastIndex  // 3
squares[3]         // 16
squares[1]         // 4
```

하지만 문자열과 달리 배열에서는 원소를 변경할 수 있다.

```
squares[2] = 100 // squares: 1, 4, 100, 16
squares[3] += 9  // squares: 1, 4, 100, 25
squares[0]--     // squares: 0, 4, 100, 25
```

자바와 마찬가지로 배열 타입의 변수 자체에는 실제 데이터에 대한 참조를 저장한다. 이로 인해 배열 변수에 다른 배열을 대입하면 같은 데이터 집합을 함께 공유하게 된다.

```
val numbers = squares
numbers[0] = 1000       // 바뀐 데이터가 squares와 numbers에 공유됨
println(squares[0])     // prints 1000
```

원본과 별도로 배열을 만들고 싶다면 copyOf() 함수를 사용해야 한다. copyOf()는 필요시 다른 크기의 배열을 만들어내기도 한다.

```
val numbers = squares.copyOf()
numbers[0] = 1000   // squares에는 영향이 없다
squares.copyOf(2)   // 뒤가 잘림: 1, 4
squares.copyOf(5)   // 부족한 부분에 0이 채워짐: 1, 4, 9, 16, 0
```

배열 타입 변수에 타입이 다른 배열을 대입할 수 없다는 점을 기억하라. 다음 코드는 컴파일 오류를 발생시킨다.

```
var a = arrayOf(1, 4, 9, 16)
a = arrayOf("one", "two") // Error: can't assign Array<String> to Array<Int>
```

자바 vs. 코틀린 자바에서는 상위 타입의 배열에 하위 타입의 배열을 대입할 수 있었다. 배열이 가변 데이터 구조이므로 이런 대입은 런타임 시 문제를 발생시킬 수 있다.

```
Object[] objects = new String[] { "one", "two", "three" };
objects[0] = new Object(); // ArrayStoreException 예외가 발생함
```


이런 이유로 코틀린 배열 타입은 (자신과 같은 타입을 제외하고) 모든 다른 배열 타입과 서로 하위 타입 관계가 성립하지 않는다고 간주되며, 이에 따라 앞에서 본 것 같은 대입도 금지된다. 코틀린에서 String은 Any의 하위 타입이지만 Array<String>은 Array<Any>의 하위 타입이 아니다.

```
val strings = arrayOf("one", "two", "three")
val objects: Array<Any> = strings // 예외
```

사실 이는 **9장 제네릭스**에서 다룰 강력한 변성(variance)이라는 개념을 구체적으로 적용한 것일 뿐이다.

배열을 생성하고 나면 그 길이를 바꿀 수 없지만, + 연산을 사용해 원소를 추가한 새로운 배열을 만들 수는 있다.

```
val b = intArrayOf(1, 2, 3) + 4                  // 원소를 하나만 추가: 1, 2, 3, 4
val c = intArrayOf(1, 2, 3) + intArrayOf(5, 6)   // 다른 배열을 추가: 1, 2, 3, 5, 6
```

문자열과 달리 배열에 대한 ==와 != 연산자는 원소 자체를 비교하지 않고 참조를 비교한다.

```
intArrayOf(1, 2, 3) == intArrayOf(1, 2, 3) // false
```

배열 내용을 비교하고 싶으면 contentEquals() 함수를 사용하라.

```
intArrayOf(1, 2, 3).contentEquals(intArrayOf(1, 2, 3)) // true
```

IDE 팁 ≡ 인텔리J는 ==나 !=를 사용해 배열을 비교하는 경우 contentEquals() 호출로 바꾸라는 경고를 표시해준다.

배열을 사용할 때는 몇 가지 표준 함수가 도움이 될 것이다.

isEmpty	배열이 비었는지 검사	intArrayOf(1, 2).isEmpty()	false
isNotEmpty	배열에 원소가 있는지 검사	intArrayOf(1, 2).isNotEmpty()	true
indexOf	인자와 일치하는 최초의 배열 아이템의 인덱스를 반환 (일치하는 원소가 없으면 -1)	intArrayOf(1, 2, 3).indexOf(2) intArrayOf(1, 2, 3).indexOf(4)	1 -1

이후 장에서 배열을 다루는 함수를 더 소개할 것이다. 특히 코틀린 컬렉션 API를 다루는 **7장 컬렉션과 IO 자세히 알아보기**에서 이런 함수 대부분을 살펴본다.

2.5 결론

KOTLIN IN DEPTH

이 장에서는 코틀린을 처음으로 맛봤다. 변수와 타입 추론을 배우고 기본 타입을 살펴봤으며, 수나 문자, 불에 대한 기본 연산과 문자열이나 배열처럼 더 복잡한 형태의 데이터를 생성하고 조작하는 법을 다뤘다. 그리고 코틀린의 설계가 어떻게 일반적인 프로그래밍 오류를 방지해주는지도 살펴봤다. 토대를 구축했으니 이제 다음 단계로 나아가자. **3장 함수 정의하기**에서는 코틀린의 제어 구조를 알아보고 함수나 패키지를 사용해 코드를 구조화하는 방법을 살펴본다.

3장

함수 정의하기

3장의 중심 주제는 함수(function)라는 개념이다. 여기서는 함수의 기본적인 내부 구조를 살펴보고 중요한 요소, 즉 이름 붙은 인자(named argument), 디폴트(default) 값, vararg 스타일 함수 등을 살펴본다. 그리고 코틀린 언어의 명령형(imperative) 제어 구조도 소개할 것이다. 이 장에서는 if와 when을 사용해 두 가지 중 하나를 선택하거나 여러 가지 중 하나를 선택하는 방법을 살펴보고, 여러 가지 형태의 반복문과 오류 처리 방법을 다룬다. 이런 제어 구문이 자바(실제로는 명령형 패러다임을 사용하는 대부분의 언어)에서 사용하는 구문과 상당히 비슷하다는 점을 살펴보고, 자바 경험이 있는 개발자가 쉽게 코틀린에 적용할 수 있도록 몇 가지 중요한 차이점을 짚어줄 것이다. 추가로, 관련 있는 여러 선언을 패키지로 묶는 방법과 임포트 디렉티브(import directive)를 사용하는 패키지 간 참조라는 흥미로운 주제를 살펴보겠다.

배우는 내용

- **코틀린 함수의 구조**: 정의와 호출 문법, 함수 파라미터에 대한 상세한 내용
- **제어 구조**: 조건문, 루프, 오류 처리
- 코틀린 패키지 구조와 임포트

이 장의 목표

조건문, 반복문, 오류 처리 제어 구조를 사용하는 코틀린 명령형 프로그래밍의 기초를 숙지하고, 함수와 패키지를 통해 코드를 조직화하는 수단을 배운다.

3.1 함수

자바 메서드처럼 코틀린 함수도 어떤 입력(파라미터(parameter)라고 부른다)을 받아서 자신을 호출한 코드 쪽에 출력값을 반환(return)할 수 있는 재사용 가능한 코드 블록이다. 이 절에서는 함수의 정의와 내부를 살펴보자.

3.1.1 코틀린 함수의 구조

간단한 예부터 시작해보자. 반지름이 주어졌을 때 원의 넓이를 계산하는 함수를 정의해보겠다.

```
import kotlin.math.PI

fun circleArea(radius: Double): Double {
  return PI*radius*radius
}

fun main() {
  print("Enter radius: ")
  val radius = readLine()!!.toDouble()
  println("Circle area: ${circleArea(radius)}")
}
```

여기서 표준 상수 PI를 썼다. 이 값은 π의 근삿값을 표현하며, import 디렉티브를 사용해야 kotlin.math.PI라는 전체 이름이 아니라 PI라는 간단한 이름으로 이 값을 사용할 수 있다.

이제 circleArea 함수를 구성하는 요소를 자세히 살펴보자.

- (함수라는 뜻의 영어 단어 function에서 온) fun 키워드는 컴파일러에게 함수 정의가 뒤따라온다는 사실을 알려준다.
- 변수 이름과 마찬가지로 아무 식별자나 함수 이름으로 쓸 수 있다(여기서는 circleArea를 썼다).
- 다음에는 괄호로 둘러싸여 있는 콤마(,)로 분리한 파라미터 목록이 온다. 파라미터 목록은 함수를 호출할 때 넘길 수 있는 데이터를 컴파일러에게 알려준다.
- 반환 타입(여기서는 Double)은 함수를 호출한 쪽에 돌려줄 반환값의 타입이다.
- 함수 본문(body)은 {}로 감싼 블록이며, 함수의 구현을 기술한다.

함수가 파라미터를 받지 않는다고 해도 파라미터를 감싸는 괄호는 꼭 있어야 한다는 점에 유의하자. 예를 들면 다음과 같다.

```
fun readInt(): Int {
  return readLine()!!.toInt()
}

fun main() {
  println(readInt())
}
```

자바와 마찬가지로 함수의 결괏값을 return 문으로 지정한다. return 문은 함수 실행을 끝내고 호출한 쪽에 제어를 돌려준다. return 문 다음에 위치한 코드는 실질적으로 죽어있는 코드이며, 결코 실행되지 않는다.

자바 vs. 코틀린 자바와 달리 코틀린에서 도달할 수 없는 코드(unreachable code)는 오류가 아니다. 하지만 컴파일러는 경고를 표시하고 IDE는 해당 부분을 강조해주기 때문에 그림 3-1처럼 코드 중 일부가 죽은 코드임을 쉽게 알 수 있다.

▼ 그림 3-1 도달할 수 없는 코드를 강조한 IDE

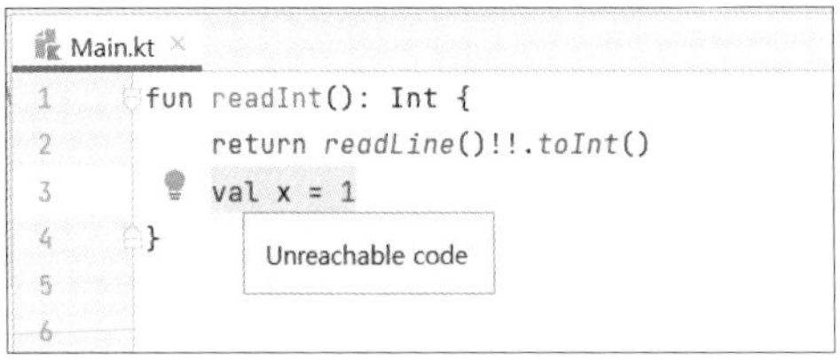

Main.kt

```
fun readInt(): Int {
    return readLine()!!.toInt()
    val x = 1
}
```

Unreachable code

자바처럼 코틀린에도 블록 문(block statement)이 있다. 블록 문은 기본적으로 {}로 감싼 문(statement)의 그룹을 말한다. 문은 새줄 문자로 분리하거나(이런 식으로 분리하는 쪽을 권장함) 세미콜론으로 분리하며, 순서대로 실행된다.

함수 본문을 작성할 때 우리는 이미 블록을 사용했다. 문법적으로 문장이 하나 들어갈 수 있는 위치에 여러 문장을 넣고 싶다면 언제든 블록을 사용할 수 있다. 예를 들어 루프의 몸통이나 조건문의 각 경우를 나타내는 문장 위치에 블록을 쓸 수 있다. 실제로 루프에서는 몸통이 단 한 문장으로 구성된 경우라도 {}로 둘러싸서 블록으로 코드를 작성하는 경우가 많다.

블록 안에는 지역 변수나 지역 함수 정의가 들어갈 수 있다. 이런 선언의 영역(scope)은 해당 함수/변수가 선언된 블록 내부로 제한된다.

파라미터 정의는 암시적으로 함수가 호출될 때 자동으로 인자 값으로 초기화되는 지역 변수로 취급된다.

자바 vs. 코틀린 자바 메서드 파라미터는 디폴트가 가변이므로 함수 내부에서 변경하지 못하게 하려면 final을 지정해 불변 값으로 바꿔야 하는데, 코틀린 함수 파라미터는 무조건 불변이다. 즉, 함수 본문에서 파라미터 값을 변경하면 컴파일 오류가 발생한다.

```
fun increment(n: Int): Int {
  return n++ // Error: can't change immutable variable
}
```

그리고 파라미터 앞에 val이나 var를 표시할 수 없다는 점에 유의하라. 이렇게 강제하는 이유는 파라미터에 대입하는 중에 실수할 가능성이 높을 뿐 아니라 파라미터를 불변 값으로 강제하는 편이 더 깔끔하고 이해하기 편한 코드를 만들어내기 때문이다.

코틀린은 값에 의한 호출(call-by-value) 의미론을 사용한다. 이 말은 파라미터 값에 호출하는 쪽의 인자를 복사한다는 뜻이다. 특히 호출 인자로 전달한 변수를 변경해도(예 앞에서 본 원 넓이 예제의 main 함수 안에 있는 radius) 호출된 함수 내부의 파라미터 값에는 영향이 없다는 뜻이다. 하지만 파라미터가 참조(예 배열 타입)라면 호출한 쪽의 데이터는 그대로 남아있고 이 데이터에 대한 참조만 복사된다. 따라서 파라미터 자체는 함수 내부에서 바뀔 수 없지만, 일반적으로 파라미터가 가리키는 데이터는 바뀔 수 있다. 예를 들어 다음 함수는 정수 배열을 가리키는 (불변) 참조를 받아서 첫 번째 원소를 변경하며, 그에 따라 호출하는 쪽의 데이터도 영향을 받는다.

```
fun increment(a: IntArray): Int {
  return ++a[0]
}

fun main() {
  val a = intArrayOf(1, 2, 3)
  println(increment(a)) // 2
  println(a.contentToString()) // [2, 2, 3]
}
```

타입 지정을 생략해도 되는 변수와 달리 파라미터에는 항상 타입을 지정해야 한다. 컴파일러는 함수 정의에서 파라미터 타입을 추론하지 못한다.[1]

반면 반환 타입은 함수 파라미터에서 추론이 가능한데도 여전히 명시해야 한다. 함수에서 결괏값을 결정해 외부로 나가는 지점(즉, return으로 값을 반환하는 지점)이 여러 곳일 수 있는데, 함수 본문의 모든 반환 지점을 살펴보고 반환 타입을 알아내기 어려울 수 있기 때문이다. 이런 면에서 함수 정의에 있는 반환 타입은 일종의 문서화 역할을 하며, 함수 정의의 첫 줄만 보고도 함수가 만들어내는 값이 무엇인지 바로 알 수 있게 해준다.

하지만 경우에 따라 반환 타입을 생략할 수 있는데, 이런 예외적인 두 가지 경우가 있다. 첫 번째는 유닛(unit) 타입을 반환하는 경우다. 유닛은 자바 void에 해당하는 코틀린 타입으로, 함수가 의미 있는 반환값을 돌려주지 않는다는 뜻이다. 이런 함수가 반환하는 값은 Unit이라는 내장 타입

1 역주 모든 언어의 컴파일러가 파라미터 타입을 추론하지 못하는 것은 아니다. 특히 함수형 프로그래밍 언어의 컴파일러는 대부분 함수 정의의 파라미터 타입도 가장 일반화된 타입으로 추론해준다. 이런 차이는 채택하는 타입 추론 엔진이 달라서 생긴다.

에 속하는 Unit이라는 상수다. 함수 정의에서 반환값 타입을 지정하지 않으면 코틀린은 여러분이 Unit 함수를 정의한다고 가정한다. 즉, 다음 두 함수의 정의는 서로 동등하다.

```
fun prompt(name: String) {
  println("***** Hello, $name! *****")
}

fun prompt(name: String): Unit {
  println("***** Hello, $name! *****")
}
```

이미 main() 예제에서 이런 예를 봤다. Unit 함수는 결과가 항상 Unit으로 동일하기 때문에 결과를 지정하는 return 문을 쓸 필요가 없다. 하지만 함수 본문의 끝에 도달하기 전에 함수 실행을 마치려면 return 문을 사용해 함수를 끝내야 한다(return Unit이라고 써도 정상적인 문장이지만, 이 경우 Unit은 불필요한 중복일 뿐이다).

두 번째는 식이 본문인(expression-body) 함수다. 어떤 함수가 단일 식으로만 구현될 수 있다면 return 키워드와 블록을 만드는 중괄호({})를 생략하고 다음과 같은 형태로 함수를 작성해도 된다. 여기서 반환 타입과 함수 본문 식 사이에 =가 들어있다는 점에 유의하라.

```
fun circleArea(radius: Double): Double = PI*radius*radius
```

위와 같은 구문은 = 기호로 변수를 초기화하는 식을 지정했던 변수 정의와 비슷하다. 변수와 마찬가지로 식이 본문인 함수에서도 반환 타입을 생략할 수 있다.

```
fun circleArea(radius: Double) = PI*radius*radius // 반환값이 Double로 추론됨
```

식이 본문인 함수는 명시적인 반환 타입 정의를 쓰지 않아도 될 정도로 간단하다고 간주된다. 하지만 이 기능은 조심스럽게 사용해야 한다. 복잡하게 표현된 식이 본문인 함수는 일반적인 블록 구문을 사용해 가독성을 높여주는 편이 낫다.

블록이 본문인 함수를 정의할 때 {} 앞에 =를 넣으면 이 블록이 익명 함수를 기술하는 람다로 해석되기 때문에 여러분이 원하는 결과를 얻을 수 없다. 예를 들어 다음 함수를 보자.

```
fun circleArea(radius: Double) = { PI*radius*radius }
```

위 정의는 미리 정해진 반지름에 해당하는 원의 넓이를 계산해주는 다른 함수를 반환하는 함수 정의에 해당하며, 올바른 정의다. 반면 비슷한 정의에서 블록 안에 return을 추가하면 컴파일 오류가 발생한다.

```
fun circleArea(radius: Double) = {
    return PI*radius*radius    // error: 'return' is not allowed here
                               // error: type mismatch: inferred type is () -> [ERROR :
Return not allowed] but Double was expected
}
```

이 오류는 타입 불일치로 인해 발생하며, 식이 본문인 함수 안에서 return 문이 금지되기 때문이다(**5장 고급 함수와 함수형 프로그래밍 활용하기** 참조).

3.1.2 위치 기반 인자와 이름 붙은 인자

기본적으로 함수 호출 인자는 순서대로 파라미터에 전달된다. 첫 번째 인자는 첫 번째 파라미터, 두 번째 인자는 두 번째 파라미터라는 식이다. 코틀린에서는 이런 방식의 인자 전달을 위치 기반 인자(positional argument)라고 한다.

```
fun rectangleArea(width: Double, height: Double): Double {
  return width*height
}

fun main() {
  val w = readLine()!!.toDouble()
  val h = readLine()!!.toDouble()
  println("Rectangle area: ${rectangleArea(w, h)}")
}
```

자바나 다른 여러 언어에서 위치 기반 인자를 널리 쓰고 있다. 반면 코틀린은 이름 붙은 인자(named argument)라고 불리는 방식도 제공한다. 이름 붙은 인자는 위치가 아니라 파라미터의 이름을 명시함으로써 인자를 전달하는 방식이다. 예를 들어 rectangleArea() 호출을 다음과 같이 할 수도 있다.

```
rectangleArea(width = w, height = h)
```

심지어는 다음 코드처럼 호출해도 된다.

```
rectangleArea(height = h, width = w)
```

이름 붙은 인자를 사용하면 인자의 실제 순서는 중요하지 않다. 따라서 방금 본 두 함수 호출은 모두 rectangleArea(w, h)와 똑같은 뜻이다.

한 호출 안에서 위치 기반 인자와 이름 붙은 인자를 함께 사용할 수도 있다. 코틀린 1.4 이전에는 이름 붙은 인자를 쓰기 시작하면 그 이후의 모든 인자에 이름을 붙여야 했다. 하지만 이 제약은 너무 심하기 때문에 코틀린 1.4부터는 이름 붙은 인자를 중간에 섞어 쓸 수 있다. 다만 이 경우에는 원래 인자가 들어가야 할 위치에 이름 붙은 인자를 지정해야 정상 처리되며, 그렇지 않은 경우 위치 기반 인자의 타입이 어긋나거나 이미 할당된 인자를 재할당하기 때문에 컴파일 오류가 발생한다. 예를 들어 문자열에서 두 문자를 서로 교환하는 함수를 생각해보자(물론 String은 불변 값이기 때문에 원본 문자열의 내용은 바뀌지 않는다).

```
fun swap(s: String, from: Int, to: Int): String {
  val chars = s.toCharArray() // 배열로 변환
  // 배열 원소 교환하기
  val tmp = chars[from]
  chars[from] = chars[to]
  chars[to] = tmp
  return chars.concatToString() // 문자열로 다시 변환
}

fun main() {
  println(swap("Hello", 1, 2)) // Hlelo
  println(swap("Hello", from = 1, to = 2)) // Hlelo
  println(swap("Hello", to = 3, from = 0)) // lelHo
  println(swap("Hello", 1, to = 3)) // Hlleo
  println(swap(from = 1, s = "Hello", to = 2)) // Hlelo
  // 위치 기반 인자와 이름 붙은 인자를 혼용한 경우
  println(swap(s = "Hello", 1, 2))        // 1.4 이전에는 컴파일 오류. 1.4부터는 정상
  println(swap(s = "Hello", 1, to = 2))   // 1.4 이전에는 컴파일 오류. 1.4부터는 정상
  println(swap(s = "Hello", 2, from = 1)) // error: an argument is already passed for
this parameter
                                    // error: no value passed for parameter 'to'
  println(swap(1, 2, s = "Hello"))  // the integer literal does not conform to the
expected type String
                                    // error: an argument is already passed for this
parameter
                                    //error: no value passed for parameter 'to'
}
```

3.1.3 오버로딩과 디폴트 값

자바 메서드와 마찬가지로 코틀린 함수도 오버로딩할 수 있다. 이 말은 이름이 같은 함수를 여럿 작성할 수 있다는 뜻이다. 다만 컴파일러가 어떤 함수를 호출해야 할지 구분할 수 있도록 오버로딩한 함수의 파라미터 타입이 모두 달라야 한다. 예를 들어 다음 두 정의는 올바른 오버로딩을 구성한다.


```
fun readInt() = readLine()!!.toInt()
fun readInt(radix: Int) = readLine()!!.toInt(radix)
```

하지만 다음 두 함수는 반환값만 다르기 때문에 컴파일 오류가 발생한다.

```
fun plus(a: String, b: String) = a + b
fun plus(a: String, b: String) = a.toInt() + b.toInt() // error: conflicting overloads:
public final fun plus(a: String, b: String): String defined(이하 생략)
```

주어진 호출 식에 대해 실제 호출할 함수를 결정할 때 컴파일러는 자바 오버로딩 해소(overloading resolution) 규칙과 비슷한 다음 규칙을 따른다.

1. 파라미터의 개수와 타입을 기준으로 호출할 수 있는 모든 함수를 찾는다.
2. 덜 구체적인 함수를 제외시킨다. 규칙 1에서 선택한 후보 목록에서 어떤 함수의 파라미터 타입이 다른 함수의 파라미터 타입의 상위 타입(supertype)인 경우 이 함수는 다른 함수보다 덜 구체적인 함수다. 덜 구체적인 함수가 모두 제외될 때까지 이 단계를 반복한다.
3. 후보가 하나로 압축되면 이 함수가 호출할 함수다. 후보가 둘 이상이면 컴파일 오류가 발생한다.

다음 함수 정의를 살펴보자.

```
fun mul(a: Int, b: Int) = a*b            // 1
fun mul(a: Int, b: Int, c: Int) = a*b*c  // 2
fun mul(s: String, n: Int) = s.repeat(n) // 3
fun mul(o: Any, n: Int) = Array(n) { o } // 4
```

다음은 몇 가지 함수 호출의 오버로딩을 해결한 결과다.

```
mul(1, 2)   // Int가 Any의 하위 타입이므로 1과 4 중에 1을 선택
mul(1, 2L)  // error: none of the following functions can be called with the arguments
supplied
            // 오류: (Int, Long) 타입을 받을 수 있는 함수가 없음
```

```
mul(1L, 2)  // Long, Int 타입을 받을 수 있는 함수는 4번뿐이므로 4를 선택
mul("0", 3) // String이 Any의 하위 타입이기 때문에 3과 4 중에 3을 선택
```

덜 구체적인 함수로 간주될 것 같은 함수를 호출하고 싶은 경우에는 다음 코드처럼 as 타입 캐스팅(type casting) 연산자를 사용해 인자를 상위 타입으로 명시적으로 변환해야 한다.

```
mul("0" as Any, 3) // (Any, Int)를 받을 수 있는 함수는 4뿐이므로 4를 선택
```

as 연산은 **8장 클래스 계층 이해하기**에서 살펴본다. 8장에서는 코틀린의 하위 타입 관계와 상속을 자세히 다룰 것이다.

자바에서는 오버로딩한 메서드들이 똑같은 연산을 수행하는데, 사용자가 함수 인자 중 일부를 생략해 미리 정해진 디폴트 값을 사용할 수 있게 하고자 메서드를 오버로딩해야 하는 경우가 있다. 이번 절 맨 앞에서 정의한 readInt() 함수를 살펴보라. 두 함수 모두 입력 문자열을 정수로 변환하는데 첫 번째 함수는 10진법으로 문자열을 파싱하지만, 두 번째 함수는 다양한 진법으로 문자열을 파싱한다는 점만 다르다. 실제로 다음과 같이 두 번째 함수를 사용해 첫 번째 함수를 작성할 수도 있다.

```
fun readInt() = readInt(10)
```

코틀린에서는 경우에 따라 함수 오버로딩을 쓰지 않아도 된다. 더 우아한 해법인 디폴트 파라미터가 있기 때문이다. 파라미터 뒤에 변수 초기화 식을 추가하면 원하는 파라미터에 디폴트 값을 제공할 수 있다.

```
fun readInt(radix: Int = 10) = readLine()!!.toInt(radix)
```

이제 이 함수를 인자 없이 호출해도 되고 인자를 지정해 호출해도 된다.

```
val decimalInt = readInt()
val decimalInt2 = readInt(10)
val hexInt = readInt(16)
```

디폴트 파라미터 뒤에 디폴트가 지정되지 않은 파라미터가 있는 경우, 디폴트 파라미터를 지정하지 않고 이 함수를 호출하는 유일한 방법은 이름 붙은 인자를 사용하는 것뿐이다.

```
fun restrictToRange(
  from: Int = Int.MIN_VALUE,
  to: Int = Int.MAX_VALUE,
  what: Int
```

```
): Int = Math.max(from, Math.min(to, what))

fun main() {
  println(restrictToRange(10, what = 1))
}
```

하지만 디폴트 값이 있는 파라미터를 함수 인자 목록 뒤쪽에 몰아두는 쪽이 더 좋은 코딩 스타일이다.

디폴트 값이 있으면 인자 개수가 가변적이어서 오버로딩 해소가 복잡해질 수 있다. 다음과 같은 정의가 있을 때,

```
fun mul(a: Int, b: Int = 1) = a*b                // 1
fun mul(a: Int, b: Long = 1L) = a*b              // 2
fun mul(a: Int, b: Int, c: Int = 1) = a*b*c      // 3
```

다음 호출을 보자.

```
mul(10)           // 오류: 1과 2 중에 어느 쪽을 호출할지 결정할 수 없음
mul(10, 20)       // 인자가 더 적기 때문에 1과 3 중에 1을 선택
mul(10, 20, 30)   // 적용 가능한 함수가 3번뿐이므로 3을 선택
```

인자가 두 개인 mul(10, 20) 호출에 대해서는 3번 함수가 덜 구체적인 함수다. 3번 함수는 세 번째 파라미터로 디폴트 값이 있는 c를 추가해서 인자가 두 개인 함수를 확장한 것이기 때문이다. 하지만 1번 함수 정의를 다음과 같이 바꾸면,

```
fun mul(a: Number, b: Int = 1) = a*b
```

이 경우 Number가 Int의 상위 타입이기 때문에 1번 함수가 3번 함수(혹은 3번 함수에서 디폴트를 생략한 경우)보다 덜 구체적인 함수로 간주돼 mul(10, 20)이 세 번째 함수로 해소된다.[2]

3.1.4 vararg

앞에서 인자의 개수가 정해지지 않은 arrayOf() 같은 함수를 살펴봤다. 여러분이 직접 작성한 함수에서도 이런 기능을 쓸 수 있다. 필요한 과정은 파라미터 정의 앞에 vararg 변경자(modifier)를 붙이는 것뿐이다.

2 역주 실제로는 Number에 times() 함수가 정의돼 있지 않기 때문에 fun mul(a: Number, b: Int = 1) = a*b라는 코드가 컴파일되지 않는다. 이 예제는 오버로딩과 디폴트 인자 해소 시 타입을 어떻게 고려하는지 알려주기 위한 사고 실험으로 간주하라.

```
fun printSorted(vararg items: Int) {
  items.sort()
  println(items.contentToString())
}

fun main() {
  printSorted(6, 2, 10, 1) // [1, 2, 6, 10]
}
```

함수 내부에서는 파라미터를 적절한 배열 타입으로 사용할 수 있다. 예를 들어 printSorted() 내부에서 items는 IntArray이다.

또한, 스프레드(spread) 연산자인 *를 사용하면 배열을 가변 인자 대신 넘길 수 있다.

```
val numbers = intArrayOf(6, 2, 10, 1)
printSorted(*numbers)
printSorted(numbers) // Error: passing IntArray instead of Int
```

스프레드는 배열을 복사한다는 점에 유의하라. 따라서 파라미터 배열의 내용을 바꿔도 원본 원소에는 영향을 미치지 않는다.

```
fun main() {
  val a = intArrayOf(6, 2, 10, 1)
  printSorted(*a)              // [1, 2, 6, 10]
  println(a.contentToString()) // [6, 2, 10, 1]
}
```

하지만 이때 얕은(shallow) 복사가 이뤄진다. 즉, 배열 내부에 참조가 들어있는 경우에는 참조가 복사되기 때문에 참조가 가리키는 데이터가 호출하는 쪽과 함수 내부 배열에서 공유된다.

```
fun change(vararg items: IntArray) {
  items[0][0] = 100
}

fun main() {
  val a = intArrayOf(1, 2, 3)
  val b = intArrayOf(4, 5, 6)
  change(a, b)
  println(a.contentToString()) // [100, 2, 3]
  println(b.contentToString()) // [4, 5, 6]
}
```

둘 이상을 vararg 파라미터로 선언하는 것은 금지된다. 하지만 vararg 파라미터에 콤마로 분리한 여러 인자와 스프레드를 섞어서 전달하는 것은 괜찮다. 호출 시 이런 호출은 원래의 순서가 유지되는 단일 배열로 합쳐진다.

```
printSorted(6, 1, *intArrayOf(3, 8), 2) // 6,1,3,8,2 순서로 원소가 들어있는 배열이 전달되고,
[1, 2, 3, 6, 8]이 반환됨
```


vararg 파라미터가 맨 마지막에 있는 파라미터가 아니라면, vararg 파라미터 이후의 파라미터는 이름 붙은 인자로만 전달할 수 있다. 디폴트 값과 비슷하게 vararg 파라미터도 파라미터 목록의 맨 뒤에 위치시키는 것이 좋은 코딩 스타일이다. vararg 파라미터를 이름 붙은 인자로 전달할 수는 없다. 단, 이름 붙은 인자에 스프레드를 사용해서 가변 인자를 전달할 수는 있다.

```
printSorted(items = *intArrayOf(1, 2, 3))
printSorted(items = 1, 2, 3) // Error: assigning single elements to varargs in named
form is forbidden
                              // Error: the integer literal does not conform to the
expected type IntArray
```

디폴트 값이 있는 파라미터와 vararg를 섞어 쓰는 것은 어렵다. 디폴트를 vararg보다 앞에 두면 vararg 파라미터에 첫 번째로 전달돼야 하는 값이 디폴트가 지정된 파라미터에 전달될 값으로 간주된다. 이를 피하려면 vararg 파라미터를 이름 붙은 인자와 스프레드를 사용해 전달해야 한다. 하지만 이런 식으로 전달하는 코드는 원래 vararg를 도입했던 목적에 위배된다.

```
fun printSorted(prefix: String = "", vararg items: Int) { }

fun main() {
  printSorted(6, 2, 10, 1) // Error: 6 is taken as value of prefix
  printSorted(items = *intArrayOf(6, 2, 10, 1)) // 정상
}
```

반면 vararg 파라미터 뒤에 디폴트 파라미터가 있는 경우에는 디폴트 파라미터를 이름 붙은 인자로 호출해야 사용할 수 있다.

```
fun printSorted(vararg items: Int, prefix: String = "") { }

fun main() {
  printSorted(6, 2, 10, 1, "!")             // Error: type mismatch: inferred type is
                                            // String but Int was expected
  printSorted(6, 2, 10, 1, prefix = "!")  // 정상
}
```

vararg는 오버로딩 해소에도 영향을 미친다. 다른 요소가 모두 같다면 vararg 파라미터가 있는 함수는 동일한 타입의 파라미터 수가 고정돼 있는 함수보다 덜 구체적인 함수로 간주된다. 예를 들어 다음과 같이 인자가 세 개 있을 때 컴파일러는 2번 함수를 선택한다.

```
fun printSorted(vararg items: Int) { } // 1

fun printSorted(a: Int, b: Int, c: Int) { } // 2

fun main() {
  printSorted(1, 2, 3) // 2번 함수가 가변 인자 함수가 아니므로 2를 선택
  printSorted(1, 2)    // 적용할 수 있는 함수가 1번밖에 없으므로 1을 선택
}
```

3.1.5 함수의 영역과 가시성

코틀린 함수는 정의된 위치에 따라 세 가지로 구분할 수 있다.

- 파일에 직접 선언된 최상위 함수
- 어떤 타입 내부에 선언된 멤버 함수
- 다른 함수 안에 선언된 지역 함수

이 장에서는 최상위 함수와 지역 함수를 다루고, 멤버 함수는 **4장 클래스와 객체 다루기**에서 코틀린 클래스를 설명하면서 다룰 것이다.

지금까지는 main()과 같은 최상위 함수만 선언했다. 디폴트로 최상위 함수는 공개(public) 함수다. 즉, 디폴트로 선언된 최상위 함수는 함수가 정의된 파일 내부뿐 아니라 프로젝트 어디에서나 쓰일 수 있다. 예를 들어 main.kt와 util.kt라는 두 코틀린 파일을 같은 디렉터리 안에 만들어보자. main.kt에 정의된 main() 함수가 util.kt에 정의된 readInt() 함수를 호출하는 모습을 그림 3-2에서 볼 수 있다.

✔ 그림 3-2 어떤 파일에 정의된 공개 함수를 다른 파일에서 호출하기

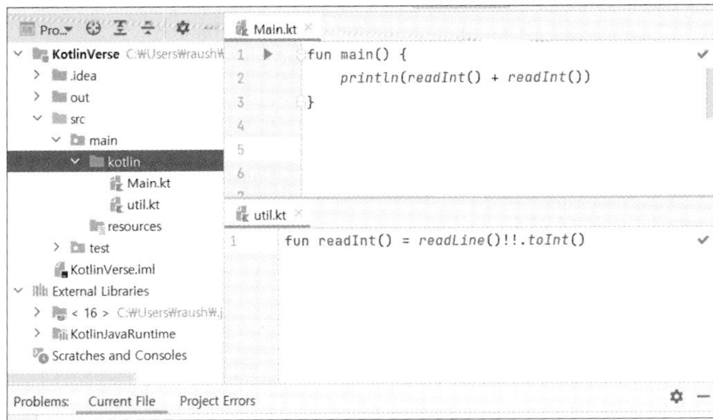

경우에 따라 프로젝트의 나머지 부분으로부터 구현 상세 내용을 숨겨서 보호하고 싶을 때가 있다. 이렇게 하면 함수의 영역을 줄일 수 있고, 코드에서 함수가 쓰일 수 있는 위치를 제한할 수 있다. 이를 위해 최상위 함수 정의 앞에 `private`나 `internal`이라는 키워드를 붙일 수 있다. 이런 키워드를 가시성 변경자(visibility modifier)라고 부른다.

최상위 함수를 비공개(private)로 정의하면 함수가 정의된 파일 안에서만 해당 함수를 볼 수 있다. 예를 들어 `readInt()`를 비공개로 선언하면, util.kt 안에서는 이 함수를 쓸 수 있지만 main.kt에서는 이 함수를 쓸 수 없다(그림 3-3).

✔ 그림 3-3 어떤 파일에 정의된 비공개 함수를 다른 파일에서 호출하기

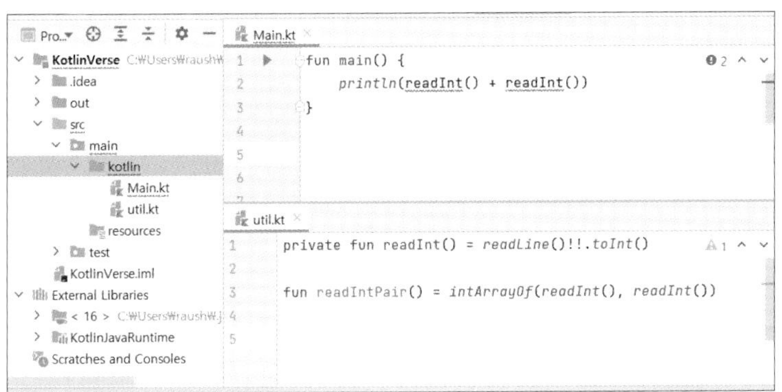

`internal` 변경자를 적용하면 함수가 적용된 모듈 내부에서만 함수를 사용할 수 있게 제한한다. 코틀린에서 모듈은 기본적으로 함께 컴파일되는 파일 전부를 뜻한다. '함께 컴파일된다'라는 말의 구체적인 의미는 프로젝트에서 모듈 내의 파일을 모으는 빌드 시스템에 따라 달라진다. 하지만 인텔리J IDEA의 경우에는 한 IDE 모듈을 뜻한다. 따라서 어떤 함수를 내부(internal) 함수로 선언하면

같은 모듈에 속한 다른 파일에서는 이 함수를 사용할 수 있지만, 같은 프로젝트의 다른 모듈에서는 사용할 수 없다.

> *IDE 팁* ≡ **1장 강력하고 실용적인 코틀린**에서 설명했던 새 프로젝트 마법사와 비슷한 방식으로 File > New > Module 마법사를 사용하면 별도의 모듈을 만들 수 있다.

public(공개)이라는 변경자도 있다. 하지만 최상위 함수는 디폴트로 공개 가시성을 갖기 때문에 이 변경자는 불필요한 중복일 뿐이다.

지역 변수처럼 함수 내부에 지역 함수를 정의할 수 있으며, 이 함수의 영역은 함수를 감싸는 블록으로 한정된다.

```
fun main() {
  fun readInt() = readLine()!!.toInt()
  println(readInt() + readInt())
}

fun readIntPair() = intArrayOf(readInt(), readInt()) // error: unresolved reference:
readInt
```

지역 함수는 자신을 둘러싼 함수, 블록에 선언된 변수나 함수에 접근할 수 있다. 이런 변수에는 지역 함수를 둘러싸고 있는 함수의 파라미터도 포함된다.

```
fun main(args: Array<String>) {

  fun swap(i: Int, j: Int): String {
    val chars = args[0].toCharArray()
    val tmp = chars[i]
    chars[i] = chars[j]
    chars[j] = tmp
    return chars.concatToString()
  }

  println(swap(0, args[0].lastIndex))
}
```

지역 함수와 변수에는 가시성 변경자를 붙일 수 없다는 점에 유의하라.

자바 vs. 코틀린 일반적으로 자바 언어와 JVM에서 모든 메서드는 어떤 클래스 내부에 들어있어야 한다. 따라서 어떻게 코틀린 최상위 함수나 지역 함수를 JVM 플랫폼에서 컴파일할 수 있는지 궁금할 것이다. **1장 강력하고 실용적인 코틀린**에서 JVM이 볼 때 최상위 main() 함수는 코틀린 파일마다 자동으로 만들어지는 특별한 파사드 클래스의 정적 멤버라는 사실을 설명했다. 지역 함수의 경우에도 코틀린 컴파일러는 (최상위 함수와) 비슷한 트릭을 써서 지역 함수를 정의하며, 지역 함수를 둘러싼 영역의 변수나 파라미터 목록 등의 문맥을 포획해주는 특별한 클래스(이를 자바의 지역 클래스와 비교할 수 있다)를 선언한다. 이 말은 지역 함수를 호출할 때마다 이런 특별한 클래스 객체를 생성하는 부가 비용이 는다는 뜻이다. **5장 고급 함수와 함수형 프로그래밍 활용하기**에서 람다를 설명할 때 이 주제를 다시 다루겠다.

3.2 패키지와 임포트

코틀린 패키지는 관련 있는 선언을 묶는 방법이다. 패키지는 이름이 있고, 다른 패키지를 포함할 수 있다. 코틀린의 패키지 개념은 자바의 패키지 개념과 비슷하지만 코틀린만의 특징도 있다. 지금부터 이런 특징을 자세히 살펴보겠다.

3.2.1 패키지와 디렉터리 구조

자바와 마찬가지로, 코틀린 파일에서도 맨 앞에 패키지 이름을 지정하면 파일에 있는 모든 최상위 선언을 지정한 패키지 내부에 넣을 수 있다. 패키지를 지정하지 않으면 컴파일러는 파일이 디폴트 최상위 패키지에 속한다고 가정한다. 디폴트 최상위 패키지는 이름이 없다.

패키지 디렉티브는 package 키워드로 시작하고 점(.)으로 구별된 식별자들로 이뤄진 패키지 전체 이름(qualified name)이 뒤에 온다. 기본적으로 이 전체 이름은 프로젝트의 전체 패키지 계층에서 루트 패키지로부터 지정한 패키지에 도달하기 위한 경로다. 예를 들어 다음 파일은

```
package foo.bar.util
fun readInt(radix: Int = 10) = readLine()!!.toInt(radix)
```

util이라는 패키지에 속하고, util은 다시 bar 패키지에 속하며, bar는 다시 foo 패키지에 속하고, foo 패키지는 루트 패키지에 속한다. 다음 파일은 패키지 계층에서 루트 패키지 바로 아래에 있는 numberUtil에 속한다.

```
package numberUtil
fun readDouble() = readLine()!!.toDouble()
```

같은 패키지 디렉티브를 사용하면 여러 파일을 같은 패키지에 넣을 수 있다. 이런 경우 패키지에는 각 파일의 모든 내용이 함께 포함된다.

패키지를 이루는 최상위 선언에는 타입, 함수, 프로퍼티가 있다. 최상위 함수 정의에 대해서는 이미 살펴봤고, 타입이나 프로퍼티를 정의하는 방법은 4장에서 설명한다. 같은 패키지 안에서는 간단한 이름을 사용해 패키지 내에 있는 다른 정의를 참조할 수 있다. 지금까지 살펴본 예제에서는 선언들이 암시적으로 루트 패키지 안에 속해 있다고 가정하고, (전체 이름을 사용하지 않고) 간단한 이름만으로 코딩을 진행해 왔다. 그림 3-4는 디폴트 패키지를 사용하지 않고 예제를 다시 구성해본 예다.

▼ 그림 3-4 같은 패키지 안에 있는 함수 호출하기[3]

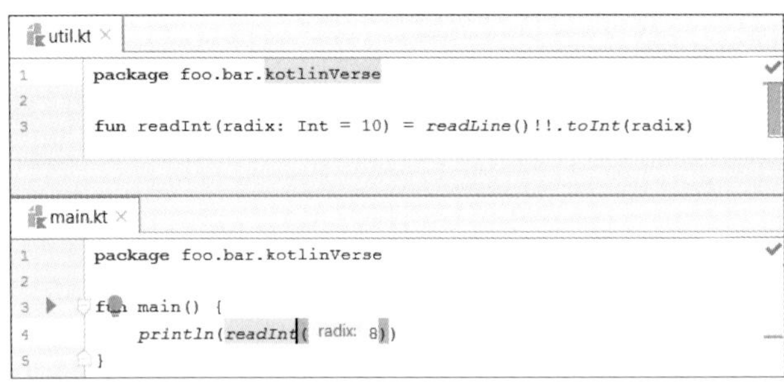

선언이 다른 패키지에 들어있다면 어떻게 해야 할까? 이런 경우 전체 이름을 사용해 선언을 참조할 수 있다. 전체 이름은 기본적으로 간단한 이름 앞에 그 선언이 포함된 패키지의 전체 이름을 덧붙인 것이다(그림 3-5).

3 역주 readInt(radix: 8)에서 흐리게 radix:라고 표시된 부분은 인텔리J의 파라미터 이름 힌트 기능에 의해 인텔리J가 표시해준 부분이다(직접 radix:를 입력하면 구문 분석 오류가 난다). File > Settings > Editor > Inlay Hints > Kotlin에서 Show parameter hints 체크를 해제하면 파라미터 힌트가 사라진다.

▼ 그림 3-5 전체 이름을 사용해 다른 패키지에 있는 함수 호출하기

util.kt

```kotlin
package foo.bar.util

fun readInt(radix: Int = 10) = readLine()!!.toInt(radix)
```

main.kt

```kotlin
package foo.bar.main

fun main() {
    println(foo.bar.util.readInt( radix: 8))
}
```

일반적으로 이런 접근 방법을 사용하면 이름이 너무 길어서 코드를 읽기 어려워진다. 이 때문에 코틀린은 다른 메커니즘을 제공한다. 파일 맨 앞에서 선언의 전체 이름을 import 디렉티브를 사용해 임포트하면 간단한 이름을 사용해 해당 선언에 접근할 수 있다(그림 3-6).

▼ 그림 3-6 임포트 디렉티브 사용법

util.kt

```kotlin
package foo.bar.util

fun readInt(radix: Int = 10) = readLine()!!.toInt(radix)
```

main.kt

```kotlin
package foo.bar.main

import foo.bar.util.readInt

fun main() {
    println(readInt( radix: 8))
}
```

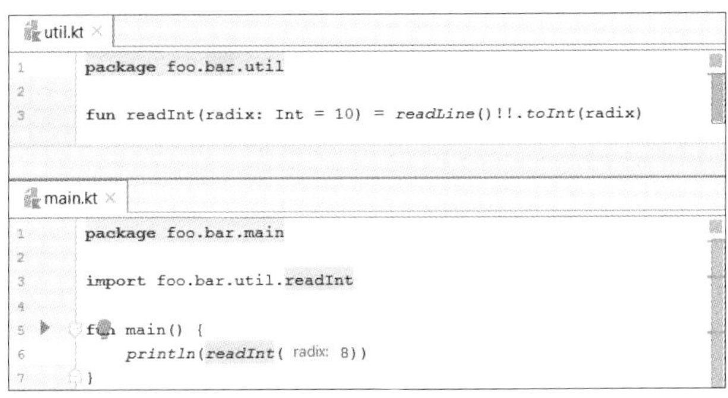

IDE 팁 ≡ 인텔리J 플러그인은 임포트와 관련한 지루한 작업을 대신해준다. 특히 여러분이 다른 패키지에 선언된 이름을 사용하려고 간단한 이름만 타이핑하면, IDE가 자동으로 해당 이름이 들어있는 패키지들을 보여주면서 임포트할 이름을 선택하는 팝업을 띄워준다. 또한, 사용하지 않은 임포트 문을 강조해주고, `Optimize Imports` 명령을 사용해(Ctrl + Alt + O 또는 Cmd + Alt + O 단축키를 사용해도 된다) 사용하지 않은 임포트를 제거하면서 모든 임포트를 정렬해준다.

패키지 계층 구조는 소스 파일에 있는 패키지 디렉티브로부터 구성된 별도의 구조라는 점에 유의하라. 소스 파일 트리와 패키지 계층 구조가 일치할 수도 있지만 꼭 그럴 필요는 없다. 예를 들어 소스 파일은 모두 한 디렉터리 아래에 있지만 각각이 서로 다른 패키지에 포함될 수도 있고, 한 패키지에 포함된 소스 파일들이 모두 서로 다른 디렉터리에 들어갈 수도 있다.

자바 vs. 코틀린 반면, 자바에서는 패키지 구조와 컴파일 대상 루트에 있는 소스 트리 디렉터리 구조가 같아야 한다. 둘의 경로가 다르면 컴파일 오류가 발생한다.

하지만 프로젝트의 여러 부분을 이동할 때 (쉽게 패키지로부터 파일 위치를 알 수 있어서) 좀 더 편하기 때문에 디렉터리와 패키지 구조를 동일하게 하는 편을 더 권장한다.

IDE 팁 ≡ 기본적으로 인텔리J 플러그인은 패키지와 디렉터리 구조를 일치시키고, 그렇지 않은 경우 경고를 표시해준다. 그림 3-6의 패키지 디렉티브가 강조(회색 밑줄)됐다는 사실을 눈치챈 독자도 있을 것이다. 디렉터리 경로와 일치하지 않는 패키지를 지정했기 때문이다. 강조된 영역에서 Alt + Enter를 누르면 디렉티브를 변경하거나 파일을 임포트 디렉티브와 일치하는 디렉터리로 이동시킬 수 있다.

3.2.2 임포트 디렉티브 사용하기

임포트 디렉티브를 사용하면 전체 이름을 사용하지 않아도 되므로 코드가 간단해진다는 사실을 앞에서 살펴봤다. 이번 절에서는 코틀린이 제공하는 여러 가지 임포트 디렉티브를 소개하고 각각 자바의 비슷한 기능과 어떻게 다른지 살펴보겠다.

지금까지 예제에서 봤던 가장 단순한 임포트 형태는 전체 이름을 지정해 어떤 선언을 임포트하는 것이다.

```
import java.lang.Math          // JDK 클래스
import foo.bar.util.readInt    // 최상위 함수
```

임포트 디렉티브가 클래스나 함수 등의 최상위 선언만 임포트할 수 있는 것은 아니다. 클래스 안에 내포된 클래스(nested class)나 다음 예제처럼 이넘 상수(enum constant) 등도 임포트할 수 있다.

```
import kotlin.Int.Companion.MIN_VALUE
fun fromMin(steps: Int) = MIN_VALUE + n // MIN_VALUE를 간단한 이름으로 가리킴
```

4장 클래스와 객체 다루기와 **6장 특별한 클래스 사용하기**에서 이런 경우를 더 자세히 살펴보겠다.

자바 vs. 코틀린 자바와 달리 코틀린은 타입 멤버를 임포트하는 별도의 `import static` 디렉티브가 없다. 코틀린의 모든 선언은 일반적인 임포트 디렉티브 구문을 사용해 임포트할 수 있다.

서로 다른 패키지에 있는 일부 선언의 이름이 똑같을 수도 있다. 이런 이름들을 한 파일에서 쓰려면 어떻게 해야 할까? 예를 들어 `app.util.foo`와 `app.util.bar` 패키지에 `readInt()` 함수가 들어 있다고 하자. 이들을 모두 임포트하는 것은 도움이 되지 않는다.

```
import app.util.foo.readInt
import app.util.bar.readInt

fun main() {
  val n = readInt() // 오류: 두 가지 readInt() 중에 하나를 선택할 수 없음
}
```

이 둘을 구분하려면 항상 전체 이름을 사용해야 한다. 하지만 코틀린은 임포트 별명(alias)이라는 더 나은 해법을 제공한다. 이 기능을 사용하면 임포트한 선언에 새 이름을 부여할 수 있다. 그리고 이 새 이름은 임포트 디렉티브가 있는 파일 전체 영역에서 유효하다.

```
import foo.readInt as fooReadInt
import bar.readInt as barReadInt

fun main() {
  val n = fooReadInt()
  val m = barReadInt()
}
```

또 다른 형태의 임포트로 어떤 영역에 속한 모든 선언을 한꺼번에 임포트할 수 있다. 전체 이름 뒤에 *를 붙이면 된다. 다음과 같이 이 구문은 자바에서 같은 기능을 하는 임포트 문과 꽤 비슷하다.

```
import kotlin.math.* // kotlin.math 패키지 안에 있는 모든 선언을 임포트
```

이런 형태의 필요시 임포트(import-on-demand) 기능은 구체적인 선언을 지정해 임포트하는 디렉티브보다 우선순위가 낮다. 앞의 readInt() 예제에서 한 임포트 디렉티브를 필요시 임포트 디렉티브로 바꾸면 구체적인 임포트 문만 효과를 발휘한다.

```
import app.util.foo.readInt
import app.util.bar.*

fun main() {
  val n = readInt() // 모호하지 않음. app.util.foo.readInt를 사용
}
```

3.3 조건문

조건문을 사용하면 어떤 조건의 값에 따라 둘 이상의 동작 중 하나를 수행할 수 있다. 코틀린에서는 자바의 if, switch와 비슷한 if, when이 조건문을 표현한다.

3.3.1 if 문으로 선택하기

if 문을 사용하면 불(boolean) 식의 결과에 따라 두 가지 대안 중 하나를 선택할 수 있다. 코틀린 if는 자바 if 문과 비슷한 문법을 제공한다.

```
fun max(a: Int, b: Int): Int {
  if (a > b) return a
  else return b
}
```

기본적으로 if 문은 조건이 참일 때 첫 번째 문장을 실행하고, 조건이 거짓일 때 else 다음의 문장을 실행한다. 조건이 거짓일 때 아무 일도 하지 않아도 된다면 else 부분을 생략할 수 있다. if와 else 가지(branch)에 들어가는 문장은 모두 블록이 될 수 있다. 따라서 각 대안 안에서 여러 문장을 실행할 수도 있다.

```
fun main(args: Array<String>) {
  if (args.isNotEmpty()) {
    val message = "Hello, ${args[0]}"
    println(message)
  } else {
    println()
  }
}
```

여기서 조건은 항상 Boolean 타입의 식이어야 한다는 점을 기억하자.

자바의 if 문과 코틀린의 if 문은 무엇이 다를까? 차이점은 코틀린 if를 식으로 사용할 수 있다는 것이다. if 식을 사용하면 max 함수를 더 단순화할 수 있다.

```
fun max(a: Int, b: Int) = if (a > b) a else b
```

if의 두 가지 중 어느 쪽이 블록인 경우에도 마찬가지다. 이 경우에는 블록 맨 끝에 있는 식의 값이 블록 전체의 값이 된다.

```
fun main() {
  val s = readLine()!!
  val i = s.indexOf("/")

  // 10/3 같은 문자열을 /를 기준으로 10과 3으로 나눠서 나눗셈을 수행한다
  val result = if (i>= 0) {
    val a = s.substring(0, i).toInt()
    val b = s.substring(i + 1).toInt()
    (a/b).toString()
  } else ""

  println(result)
}
```

if 문을 식으로 사용할 때는 양 가지가 모두 있어야 한다. else 가지가 없기 때문에 다음 코드는 컴파일되지 않는다.

```
val max = if (a > b) a // error: 'if' must have both main and 'else' branches if used
as an expression
```

자바 vs. 코틀린 코틀린은 자바와 달리 3항 연산자(조건 ? 참일 때_식 : 거짓일 때_식)가 없다. 하지만 if를 식으로 쓸 수 있다는 점이 이 단점을 대부분 상쇄해준다.

if 식에서 return을 사용하면 편리한 경우가 있다. return 문은 존재하지 않는 값을 뜻하는 Nothing이라는 특별한 타입의 값으로 간주된다. 기본적으로 어떤 식이 Nothing 타입이라는 말은 프로그램의 순차적 제어 흐름이 그 부분에서 끝나되 어떤 잘 정의된 값에 도달하지 못한다는 뜻이다. return의 경우는 이 문장을 둘러싼 함수가 끝난다는 뜻이다. Nothing 타입은 모든 코틀린 타입의 하위 타입으로 간주되기 때문에 식이 필요한 위치에 return을 사용해도 타입 오류가 발생하지 않는다. 어떤 전체 이름을 문자열로 받아서 간단한 이름 부분만 다른 이름으로 바꾸면 어떻게 되는지 알아보고 싶다고 하자. 이를 구현하면 다음과 같다.

```
fun renamePackage(fullName: String, newName: String): String {
  val i = fullName.lastIndexOf('.')   // 마지막 . 위치를 찾음
  val prefix = if (i>= 0) fullName.substring(0, i + 1) else return newName
  return prefix + newName
}
```

```
fun main() {
  println(renamePackage("foo.bar.old", "new")) // foo.bar.new
}
```

return e의 e 값은 return 식의 값이 아니라 함수의 반환값이라는 점에 유의하자. return 식 자체는 아무 값이 없고 Nothing 타입에 속한다. 그리고 Unit과 Nothing의 차이를 구분해야 한다. Nothing과 달리 Unit 타입에는 한 가지 인스턴스가 존재하는데, 이 인스턴스는 보통 유용한 값이 없다는 사실을 표현한다. 반면 Nothing은 아예 값이 없다는 사실을 표현한다.

3.3.2 범위, 진행, 연산

코틀린은 순서가 정해진 값 사이의 수열(interval)을 표현하는 몇 가지 타입을 제공한다. for 루프로 어떤 수 범위를 반복해야 할 때는 이런 타입이 유용하다. 코틀린에서는 이런 타입을 범위(range)라고 부른다.

범위를 만드는 가장 간단한 방법은 수 값에 대해 .. 연산자를 사용하는 것이다.

```
val chars = 'a'..'h'      // 'a'부터 'h'까지의 모든 문자
val twoDigits = 10..99    // 10부터 99까지의 모든 수
val zero2One = 0.0..1.0   // 0부터 1까지의 모든 부동소수점 수
```

in 연산을 사용하면 어떤 값이 범위 안에 들어있는지 알 수 있다. 기본적으로는 한 쌍의 비교식을 조합한 것과 같다.

```
val num = readLine()!!.toInt()
println(num in 10..99) // num >= 10 && num <= 99
```

이와 반대 연산인 !in도 있다. !in을 사용하면 !(a in b)를 더 간단하게 쓸 수 있다.

```
println(num !in 10..99) // !(num in 10.99)
```

실제로는 수 타입, Char, Boolean, String 등 모든 비교 가능한(comparable) 타입에 대해 .. 연산을 쓸 수 있다. 기본적으로 <=와 >=를 쓸 수 있는 타입이라면 이 타입에 대해 ..를 사용해 범위를 만들 수 있다.

```
println("def" in "abc".."xyz") // true
println("zzz" in "abc".."xyz") // false
```

.. 연산에 의해 만들어지는 범위는 닫혀 있다(closed). 즉, 시작 값과 끝 값이 범위에 포함된다. 끝 값이 제외된, 반만 닫힌 범위(semi-closed range)를 만드는 다른 연산도 있다. 이 연산은 정수 타입에 대해서만 사용할 수 있고 끝 값보다 1 작은 값까지 들어있는 범위를 만들어낸다. 다음 예제에서 상계(upper bound)인 100은 범위에 포함되지 않는다.


```
val twoDigits = 10 until 100 // 10..99와 같음. 100은 포함되지 않음
```

내장 범위 연산에서 끝 값이 시작 값보다 확실히 더 작으면 빈 범위가 된다.

```
println(5 in 5..5)       // true
println(5 in 5 until 5) // false
println(5 in 10..1)      // false
```

일반적으로 주어진 타입에 대한 비교 연산이 제대로 작동하지 않는 경우 이런 특징이 성립하지 않는다. 특히 비교 연산이 추이적(transitive)[4]이지 않으면 a > b임에도 불구하고 x in a..b가 참이 될 수 있다.

범위와 연관이 있는 개념으로 진행(progression)이 있다. 진행은 정해진 간격(step)만큼 떨어져 있는 정수나 Char 값들로 이뤄진 시퀀스를 말한다. 정수나 Char에 대해 정의된 범위는 실제로는 간격이 1인 진행이라 할 수 있다. 하지만 일반적으로 진행이 범위보다 더 많은 옵션을 제공한다. 예를 들어 다음 코드처럼 downTo 연산을 사용하면 아래로 내려가는(descending) 진행을 만들 수 있다.

```
println(5 in 10 downTo 1) // true
println(5 in 1 downTo 10) // false: 빈 진행임
```

그리고 진행의 간격을 지정할 수도 있다.

```
1..10 step 3          // 1, 4, 7, 10
15 downTo 9 step 2    // 15, 13, 11, 9
```

진행의 간격은 양수여야 한다. 그래서 방금 본 예제처럼 downTo와 step으로 진행을 만들 때도 양수를 써야 한다.

4 역주 어떤 집합 A에 대한 릴레이션(relation) R이 있을 때 a R b와 b R c가 성립하면 a R c도 참인 경우, R이 추이적이라고 말한다.

진행의 원소는 시작 값에 간격을 연속적으로 더해서 만들어진다. 따라서 실제로는 끝 값이 진행에 속한 원소가 아닐 수도 있다. 이런 경우에는 자동으로 끝 값에 가장 가까운 값까지만 진행에 속하게 된다.

```
1..12 step 3          // 1, 4, 7, 10: 1..10 step 3과 같음
15 downTo 8 step 2    // 15, 13, 11, 9: 15 downTo 9 step 2와 같음
```

범위를 사용하면 문자열이나 배열의 일부분을 뽑아낼 수 있다. subString() 함수가 닫힌 정수 범위를 받는 경우에는 두 인덱스 값을 받는 경우와 달리 끝값 위치에 있는 문자가 포함된다는 점에 유의하라.

```
"Hello, World".substring(1..4)              // ello
"Hello, World".substring(1 until 4)         // ell
"Hello, World".substring(1, 4)              // ell: substring(1 until 4)와 같음
IntArray(10) { it*it }.sliceArray(2..5)     // 4, 9, 16, 25
IntArray(10) { it*it }.sliceArray(2 until 5)   // 4, 9, 16
```

범위와 진행 타입은 코틀린 표준 라이브러리에 IntRange, FloatRange, CharProgression, IntProgression 등으로 정의돼 있다. kotlin.ranges 패키지에 대한 문서[5]를 찾아보면 범위나 진행에 관계된 모든 타입과 함수, 프로퍼티 목록을 볼 수 있다.

일반적으로 범위는 동적으로 할당되는 객체이기 때문에 비교 대신 범위를 사용하면 약간의 부가 비용이 든다. 하지만 컴파일러는 꼭 필요할 때만 실제 객체를 만들어내기 위해 노력한다. 예를 들어 다음 프로그램을 실행하면 런타임에 IntRange 인스턴스를 생성하지 않고, 5를 입력한 값과 비교한다.

```
fun main() {
  val a = readLine()!!.toInt()
  val b = readLine()!!.toInt()
  println(5 in a..b)
}
```

따라서 성능 측면에서 볼 때 이 코드는 a <= 5 && 5 <= b라는 조건식과 같다. 범위나 진행을 주로 사용하는 다른 경우로는 for 루프를 들 수 있다.

5 https://kotlinlang.org/api/latest/jvm/stdlib/kotlin.ranges/

IDE 팁 ≡ 인텔리J 플러그인에는 코틀린 코드의 저수준 의미를 알아보고 싶을 때 도움이 되는 JVM 바이트코드 뷰어가 들어있다. 이 뷰어를 열려면 IDE 메뉴에서 **Tools > Kotlin > Show Kotlin Bytecode**를 선택하라. 뷰어는 에디터에 있는 현재 파일의 바이트코드를 반영해 갱신되며, 현재 소스코드에서 캐럿의 위치에 대응되는 바이트코드 부분을 자동으로 미리 선택해준다.

JVM 바이트코드에 익숙하지 않은 독자라면 **Decompile** 버튼을 클릭해서 바이트코드를 자바 코드로 변환할 수 있다. 코틀린 컴파일러가 생성한 바이트코드의 몇몇 세부 사항에 따라서는 디컴파일된 자바 코드가 이상해 보일 수도 있다. 하지만 그런 자바 코드라도 여전히 원래 코틀린 코드가 내부적으로 어떻게 동작하는지 이해하기에는 충분하다.

in/!in 연산을 지원하는 타입이 범위만 있는 것은 아니다. 문자열이나 배열처럼 다른 타입의 원소를 담는 컨테이너 종류의 타입이라면 보통 이 두 연산을 지원한다.

```
val numbers = intArrayOf(3, 7, 2, 1)
val text = "Hello!"
println(2 in numbers)  // true
println(9 !in numbers) // true
println(4 in numbers)  // false
println('a' in text)   // false
println('H' in text)   // true
println('h' !in text)  // true
```

우선순위로 보면 범위 연산인 ..는 덧셈과 중위 연산 사이에 속하며, in과 !in 연산은 중위와 비교 연산 사이에 속한다. 따라서 **2장 코틀린 언어 기초**에서 봤던 연산자 우선순위표를 다음과 같이 바꿔야 한다.

▼ 표 3-1 연산자 우선순위

덧셈	+, -	`a + b..c - d        // (a + b)..(c - d)`
범위	..	`a..b step c         // (a..b) step c` `a in b..c           // a in (b..c)`

중위	이름 붙은 중위 연산자들	`a < b or b < c      // (a < (b or b)) < c`
		`a == b and b == c   // (a == b) and (b == c)`
		`a in b or a in c    // (a in (b or a)) in c`

원소 검사	in !in	`a < b in c          // a < (b in c)` `a !in b > c         // (a !in b) > c`
비교	< > <= >=	`a < b == b < c      // (a < b) == (b < c)` `a < b && b < c      // (a < b) && (b < c)`

until, downTo, step은 다른 이름 붙은 중위 연산자(and, or 등)와 우선순위가 같다.

3.3.3 when 문과 여럿 중에 하나 선택하기

if 문은 두 가지 가능성 중 하나를 선택하게 해준다. 이런 if 문을 연쇄적으로 여러 개 사용하면 관심 대상인 조건을 순차적으로 검사하면서 여럿 중 하나를 선택할 수 있다. 임의의 어떤 정수를 그에 대응하는 16진 숫자로 바꾸고 싶다고 하자.

```
fun hexDigit(n: Int): Char {
  if (n in 0..9) return '0' + n
  else if (n in 10..15) return 'A' + n - 10
  else return '?'
}
```

하지만 코틀린은 여러 대안 중 하나를 선택할 수 있는 더 간결한 대안인 when을 제공한다. 이 기능을 사용하면 앞의 예제를 다음과 같이 다시 쓸 수 있다.

```
fun hexDigit(n: Int): Char {
  when {
    n in 0..9 -> return '0' + n
    n in 10..15 -> return 'A' + n - 10
    else -> return '?'
  }
}
```

기본적으로 when 문은 when 키워드 다음에 블록이 온다. 블록 안에는 조건 -> 문 형태로 된 여러 개의 가지와 else -> 문 형태로 된 한 가지가 있을 수 있다. 각 문장은 다음 규칙에 의해 작동한다. 프로그램은 코드에 쓰여져 있는 순서대로 조건을 검사해서 맨 처음으로 참으로 평가되는 조건을 찾는다. 이런 조건이 있으면 프로그램은 이 조건에 대응하는 문을 실행한다. 만약 모든 조건이 거짓이라면 else 부분을 실행한다(물론 else 가지가 없으면 그냥 when 문이 끝난다).

> **IDE 팁** ≡ 인텔리J 플러그인은 문맥에 따라 내포된 if와 when을 서로 변환해주는 기능을 제공한다. 이를 위해서는 if/when 키워드 위에 캐럿을 위치시킨 후 Alt + Enter를 누르고 if를 when으로 바꿔주는 Replace if with when이나 when을 if로 바꿔주는 Replace when with if 액션을 선택하면 된다.

when 문도 if처럼 식으로 쓸 수 있다. 이때 모든 가능한 경우에 대한 값을 만들어내기 위해 else 가지를 꼭 포함시켜야 한다.

```
fun hexDigit(n: Int) = when {
  n in 0..9 -> '0' + n
```

```
  n in 10..15 -> 'A' + n - 10
  else -> '?'
}
```

자바 vs. 코틀린 코틀린 when은 여러 대안 중 하나를 선택한다는 점에서 자바 switch 문과 비슷하다. 하지만 가장 중요한 차이는 when에서는 임의의 조건을 검사할 수 있지만 switch에서는 주어진 식의 여러 가지 값 중 하나만 선택할 수 있다는 점이다. 추가로 자바의 switch 문은 폴스루(fall-through)라는 의미를 제공한다. 어떤 조건을 만족할 때 프로그램이 해당 조건에 대응하는 문을 실행하고 명시적으로 break를 만날 때까지 그 이후의 모든 가지를 실행하는데, 이를 폴스루라고 한다. 코틀린 when은 조건을 만족하는 가지만 실행하고 절대 폴스루를 하지 않는다.

조건이 어떤 값에 대한 동등성이나 in 연산만 수행하는 경우에는 더 적합한 다른 형태의 when 문이 있다. 다음 함수를 보자.

```
fun numberDescription(n: Int): String = when {
  n == 0 -> "Zero"
  n == 1 || n == 2 || n == 3 -> "Small"
  n in 4..9 -> "Medium"
  n in 10..100 -> "Large"
  n !in Int.MIN_VALUE until 0 -> "Negative"
  else -> "Huge"
}
```

이 코드에서 when의 조건은 한 가지 값인 n을 대상으로 하는 동등성, in, !in뿐이다. 모든 가지에서 연산의 대상이 n뿐이므로 이런 경우 다음과 같이 다시 쓸 수 있다.

```
fun numberDescription(n: Int, max: Int = 100): String = when (n) {
  0 -> "Zero"
  1, 2, 3 -> "Small"
  in 4..9 -> "Medium"
  in 10..max -> "Large"
  !in Int.MIN_VALUE until 0 -> "Negative"
  else -> "Huge"
}
```

IDE 팁 ≡ 인텔리J 코틀린 플러그인은 한 형태의 when 식을 다른 형태로 변환하면서 연산 대상을 필요에 따라 넣어주거나 없애줄 수 있다. when 키워드에 캐럿을 위치시키고 Alt + Enter를 누른 후, when의 대상 값을 추가해주는 Introduce ... as subject of when이나 대상 값을 없애주는 Eliminate argument of when을 선택하면 된다.

이러한 형태의 when 문은 when의 대상이 있다는 점으로부터 앞에서 본 when 식과 구분할 수 있다. 대상은 when 뒤에 오며 괄호로 둘러싸여 있다. when 문의 각 가지에는 in/!in이 오거나 임의의 식이 오거나 else 키워드가 올 수 있다(그리고 **8장 클래스 계층 이해하기**에서 다루게 될 is와 !is도 올 수 있다). when 문을 실행하는 방법은 앞에서 본 첫 번째 형식의 when과 비슷하며 다음과 같다.

- 대상 식을 평가한다. 이렇게 계산한 값이 subj라고 하자.
- 프로그램은 최초로 참인 조건을 찾을 때까지 각 가지의 조건을 코드에 나온 순서대로 평가한다. 이때 in/!in 가지는 subj가 왼쪽 피연산자인 식으로 취급하고, 임의의 식 e는 subj == e로 취급한다.
- 참인 조건을 찾으면 그 가지의 문장을 실행한다. 참인 조건이 없으면 (else 가지가 있는 경우) else 가지의 문장을 실행한다.

대상이 있는 형태에서는 한 가지 안에 여러 조건을 콤마로 분리해 쓸 수 있다(위 예제의 1, 2, 3 -> "small" 절이 이런 경우다). 조건을 평가하는 과정에서 이런 조건은 각각의 조건을 논리 OR(||)한 것처럼 취급한다.

대상이 있는 형태의 가지의 식이 꼭 Boolean일 필요는 없다. 각 식은 적절한 연산(in 또는 !in이나 ==)을 적용할 수 있는 한 어떤 타입이라도 좋다.

자바 vs. 코틀린 자바 12부터는 코틀린의 대상이 있는 when과 아주 비슷한 switch 식이 등장했다. 하지만 자바 switch 식에는 몇 가지 제약이 있는데, 특히 범위 검사(코틀린의 in/!in)를 지원하지 않고 오직 정수, 이넘, 문자열 같은 몇 가지 타입에 대해서만 사용할 수 있다. 그리고 when 가지에서는 상수가 아닌 임의의 식을 사용해도 된다는 점에 유의하라.

코틀린 1.3부터는 다음과 같이 식의 대상을 변수에 연결(binding)할 수 있다.

```
fun readHexDigit() = when(val n = readLine()!!.toInt()) { // n을 정의
  in 0..9 -> '0' + n
  in 10..15 -> 'A' + n - 10
  else -> '?'
}
```

이때 정의한 변수는 when 블록 내부에서만 사용할 수 있고 var로 선언할 수는 없다.

3.4 루프

코틀린에서는 같은 명령 시퀀스를 주어진 데이터에 대해 수행하거나 주어진 조건이 만족될 때까지 수행하는 세 가지 제어 구조를 제공한다. while과 do-while 루프는 자바와 같은 구조이며, for 루프는 자바 for-each와 아주 비슷하다. 코틀린의 모든 루프는 식이 아니고 문이기 때문에 어떤 값으로 평가되지 않으며 부수 효과를 발생시킬 수만 있다.

3.4.1 while과 do-while 루프

사용자가 입력한 정수의 합계를 구하고 싶다고 하자. 사용자가 입력한 값을 읽어서 0이면 루프를 끝내고 합계를 표시하기로 약속하자.

```
fun main() {
  var sum = 0
  var num

  do {
    num = readLine()!!.toInt()
    sum += num
  } while (num != 0)

  println("Sum: $sum")
}
```

do-while 루프는 다음 규칙에 따라 평가된다.

1. do와 while 키워드 사이에 있는 루프 몸통을 실행한다.
2. while 키워드 다음에 있는 조건을 평가한다. 이 값이 참이면 1번 단계로 되돌아가고, 이 값이 거짓이면 루프 문 다음에 있는 문을 실행한다.

루프 몸통을 실행한 다음에 조건을 검사하므로 루프 몸통이 최소 한 번은 실행된다는 사실에 유의하자.

while 문의 경우는 어떤 조건이 참인 동안 루프를 실행하지만 루프 몸통을 실행하기 전에 조건을 먼저 검사한다. 이 경우 처음부터 조건이 거짓이면 루프 몸통이 한 번도 실행되지 않는다.

자, 사용자가 값을 다음과 같은 맞히는 프로그램을 작성한다고 해보자. 어떤 수를 미리 생성하고, 사용자가 추측하는 값을 입력받아서 추측한 값과 생성한 값이 다르면 값에 대한 힌트(~보다 크다, ~보다 작다)를 제공하는 과정을 반복한다.

```
import kotlin.random.*

fun main() {
  val num = Random.nextInt(1, 101)
  var guess = 0

  while (guess != num) {
    guess = readLine()!!.toInt()
    if (guess < num) println("Too small")
    else if (guess > num) println("Too big")
  }
  println("Right: it's $num")
}
```

표준 라이브러리의 Random.nextInt()를 사용해 수를 생성한다. 이 예제는 코틀린 while과 do-while 문을 사용하는 법이 자바와 같다는 사실을 잘 보여준다.

3.4.2 for 루프와 이터러블

코틀린의 for 루프를 사용하면 컬렉션과 비슷하게 여러 값이 들어있을 수 있는 값에 대한 루프를 수행할 수 있다. 예를 들어 배열 원소에 대한 for 루프를 수행해서 원소의 합계를 구할 수 있다.

```
fun main() {
  val a = IntArray(10) { it*it } // 0, 1, 4, 9, 16, …
  var sum = 0

  for (x in a) {
    sum += x
  }

  println("Sum: $sum") // Sum: 285
}
```

루프는 다음 세 부분으로 이뤄진다.

1. 이터레이션 대상을 담을 변수 정의(x)
2. 이터레이션에 사용할 값들이 담겨 있는 컨테이너를 계산하기 위한 식(a)
3. 루프 몸통에 해당하는 문({ sum += 1 }). 이터레이션 시 이 몸통이 실행된다.

이터레이션 변수는 루프 몸통 안쪽에서만 접근할 수 있으며 매 루프마다 자동으로 새로운 값이 들어간다. 일반 변수와 달리 루프 변수에는 val이나 var를 붙이지 않는다는 점과 루프 변수는 자동으로 불변 값이 된다는 점에 유의하라. 즉, 루프 몸통에서 루프 변수를 변경할 수는 없다. 가장 단순한 루프 변수 정의는 간단한 식별자다. 원한다면 루프 변수의 타입을 지정할 수도 있지만, 실전에서는 거의 쓸 일이 없다.

```
for (x: Int in a) {
  sum += x
}
```

자바 vs. 코틀린 코틀린의 for 루프는 Iterable 인스턴스에 대한 루프를 간편하게 작성하도록 해주는 자바 for-each 루프와 꽤 비슷하다. 배열, 리스트, 집합은 Iterable에 속하며, 사용자가 정의한 타입도 Iterable을 상속할 수 있다. 하지만 코틀린에는 선언, 초기화, 검사 및 갱신으로 구성되는 일반 자바 for 루프에 해당하는 언어 구조가 없다. 코틀린에서는 앞에서 살펴본 while 루프로 이런 루프를 표현하거나, 범위와 진행을 사용하는 for 루프를 통해 표현할 수 있다.

for 루프를 사용해 문자열의 각 문자에 대한 루프를 수행할 수도 있다. 예를 들어 이진 양수를 표현하는 문자열을 Int로 파싱하는 함수를 직접 작성한다고 가정하자.

```
fun parseIntNumber(s: String, fallback: Int = -1): Int {
  var num = 0

  if (s.length !in 1..31) return fallback

  for (c in s) {
    if (c !in '0'..'1') return fallback
    num = num*2 + (c - '0')
  }
  return num
}
```

파싱할 문자열이 올바른 2진수 형태가 아니라면 이 함수는 fallback 값을 반환한다.

자바 vs. 코틀린 자바에서는 문자열의 각 문자에 대해 루프를 직접 수행할 수 없다. 따라서 인덱스를 사용한 루프를 돌거나, 문자열을 문자 배열로 바꾸는 등의 대안을 사용해야 한다.

수 범위에 대한 일반적인 루프를 어떻게 수행할 수 있을까? 이런 경우에는 앞 절에서 보여준 진행 타입을 사용해야 한다. 배열에 있는 원소 중에 인덱스가 짝수인 원소들만 두 배로 변경하고 싶다고 하자.

```
val a = IntArray(10) { it*it } // 0, 1, 4, 9, 16, ...

for (i in 0..a.lastIndex) {     // 0, 1, 2, 3, ...
  if (i % 2 == 0) {             // 0, 2, 4, 6, ...
    a[i] *= 2
  }
}
```

이 루프 간격을 사용한 진행으로 더 간편하게 작성할 수도 있다.

```
for (i in 0..a.lastIndex step 2) { // 0, 2, 4, 6, ...
  a[i] *= 2
}
```

문자열과 배열에는 원소나 문자의 인덱스 범위를 제공하는 indices라는 프로퍼티가 들어있다.

```
val a = IntArray(10) { it*it }  // 0, 1, 4, 9, 16, ...
for (i in a.indices step 2) {   // 0, 2, 4, 6, ...
  a[i] *= 2
}
```

for 루프의 진정한 매력은 컴파일러가 수 범위나 컬렉션 등 몇 가지에 대한 용례만 지원하지 않고 다양한 값에 대한 루프를 수행할 수 있는 통일된 메커니즘을 제공한다는 점에 있다. 어떤 컨테이너를 for 루프에 사용하기 위해서는 컨테이너가 iterator() 함수를 지원하기만 하면 된다. 이 iterator() 함수는 원소 값을 추출하는 기능을 제공하는 이터레이터(Iterator 타입)를 반환한다. 이에 대한 구체적인 내용은 **7장 컬렉션과 I/O 자세히 알아보기**에서 살펴보고, 지금은 여러 표준 코틀린 타입이 이런 이터레이터를 기본으로 제공한다는 점만 알면 된다. 그래서 진행, 배열, 문자열 등에 대해 for 루프를 쓸 수 있다. 그리고 나중에 보겠지만, 확장(extension) 메커니즘을 사용하면 원하는 어떤 타입이든 iterator() 함수를 덧붙일 수 있기 때문에 여러분이 원하는 모든 타입을 확장해서 for 루프로 반복하게 만들 수 있다.

자바 vs. 코틀린 자바 for-each 루프는 Iterable의 모든 하위 타입에 사용할 수 있다는 점에서 코틀린 for 문과 비슷하다. 하지만 컨테이너가 특정 타입일 필요가 없으므로 코틀린의 for 루프 관례가 더 유연하다. 단지 어떤 타입이 iterator()라는 함수를 제공하기만 하면 for 루프를 사용할 수 있다.

3.4.3 루프 제어 흐름 변경하기: break와 continue

때로는 일반적인 루프 흐름을 바꾸고 싶을 때가 있다. 예를 들어 루프의 시작이나 끝부분이 아니라 루프 중간에서 종료 조건을 검사하면 편리할 수 있다. 이런 경우를 위해 코틀린은 몇 가지 식을 제공한다.

- break는 즉시 루프를 종료시키고, 실행 흐름이 루프 바로 다음 문으로 이동하게 만든다.
- continue는 현재 루프 이터레이션(iteration)을 마치고 조건 검사로 바로 진행하게 만든다.

즉, 이 두 문장은 자바의 동일한 문장과 같은 기능을 제공한다. 예를 들어 앞에서 본 숫자 추측하기 프로그램을 살펴보자. 다음과 같이 break를 써서 같은 기능을 하는 프로그램을 만들 수 있다.

```
import kotlin.random.*

fun main() {
  val num = Random.nextInt(1, 101)

  while (true) {
    val guess = readLine()!!.toInt()

    if (guess < num) println("Too small")
    else if (guess > num) println("Too big")
    else break
  }

  println("Right: it's $num")
}
```

루프 몸통 중간에서 루프 종료 조건을 검사하기 때문에 루프의 진입 조건이 불필요해졌다. 덕분에 guess 변수를 루프 내부로 옮길 수 있다.

자바 vs. 코틀린 return과 마찬가지로 코틀린의 break, continue 문도 Nothing 타입의 식으로 쓸 수 있다. 예를 들어 앞의 프로그램을 출력하기 전에 메시지를 계산하는 프로그램으로 다시 작성할 수도 있다.

```
import kotlin.random.*

fun main() {
  val num = Random.nextInt(1, 101)

  while (true) {
    val guess = readLine()!!.toInt()
    val message =
      if (guess < num) "Too small"
      else if (guess > num) "Too big"
      else break
    println(message)
  }

  println("Right: it's $num")
}
```

하지만 이런 기능을 남용하면 안 된다. 실제 더 복잡한 코드에서 이런 기능을 사용하면 코드를 이해하기 어려워질 수 있다.

주어진 문자열에서 영어 문자들이 몇 번씩 나오는지 수를 세고 싶다고 하자. 다음 예제에서는 배열에 접근하기 전에 문자가 영어 알파벳인지 검사한 후 그렇지 않은 경우에는 루프를 빠져나오는 continue 식을 사용한다.

```
fun countLetters(text: String): IntArray {
  val counts = IntArray('z' - 'a' + 1)

  for (char in text) {
    val charLower = char.toLowerCase()
    if (charLower !in 'a'..'z') continue
    counts[charLower - 'a']++
  }

  return counts
}
```

자바 vs. 코틀린 자바에서는 switch에서 남은 가지의 실행을 막기 위해 break를 사용하기도 한다. 하지만 코틀린 when 식은 폴스루를 사용하지 않기 때문에 코틀린 break는 자바 break와 같지 않다. 이로 인한 혼동(특히 자바를 사용하던 코틀린 개발자의 혼동)을 막기 위해 코틀린 1.4 이전에는 when 내부에서 continue나 break를 사용하는 것은 금지돼 있었다. 따라서 코틀린 1.4 미만 버전에서 수 추측 프로그램의 if 연쇄를 한 when 식으로 바꾼다면 컴파일러가 오류를 낼 것이다.

```
val message = when {
  guess < num -> "Too small"
  guess > num -> "Too big"
  else -> break // 1.4 이전에는 오류, 1.4부터는 정상
}
```

하지만 코틀린 1.4부터는 when 내에서 사용하는 break나 continue는 when을 둘러싸고 있는 가장 가까운(when의 바로 바깥) 루프로 제어가 이동한다. 한편, continue는 미래의 어느 시점에 나올 코틀린 버전에서 명시적인 폴스루에 사용하기 위해 예약돼 있다.

하지만 when을 둘러싼 가장 가까운 루프가 아니라 그보다 밖의 루프로 제어를 넘기거나 코틀린 1.4 미만 버전을 사용할 때는 레이블이 붙은 break/continue를 사용해야 한다. 이에 대한 내용은 다음 절에서 살펴보자.

3.4.4 내포된 루프와 레이블

루프를 내포시켜 사용하는 경우 앞 절에서 본 간단한 break/continue 식은 가장 안쪽에 내포된 루프에만 적용된다. 경우에 따라 더 밖에 있는 루프의 제어 흐름을 변경하고 싶을 때가 있는데, 이를 위해 코틀린은 자바의 임의 레이블과 비슷하지만 약간 다른 문법의 레이블 기능을 제공한다.

어떤 정수 배열 안에 어떤 정해진 순서로 정수가 배열된 하위 배열이 있는지 찾는 함수를 작성하고 싶다고 하자. 이 함수는 문자열의 indexOf()와 비슷한 역할을 한다.

```
fun indexOf(subarray: IntArray, array: IntArray): Int {
  outerLoop@ for (i in array.indices) {
    for (j in subarray.indices) {
      if (subarray[j] != array[i + j]) continue@outerLoop
    }
    return i
  }
```

```
    return -1
  }
```

여기서는 바깥쪽 루프에 레이블을 붙이고, 하위 배열의 오프셋을 찾는 과정에서 하위 배열과 배열의 원소가 일치하지 않는다는 사실을 발견하자마자 continue@outerLoop를 사용해 바깥쪽 루프의 현재 이터레이션을 끝내고 다음 이터레이션을 시작한다. 이 지점에서 하위 배열의 나머지 원소를 비교할 필요가 없다는 사실을 알기 때문에 바깥쪽 배열의 다음 오프셋부터 하위 배열 비교를 다시 시작해야 한다.

코틀린에서는 어느 문장 앞에든 레이블을 붙일 수 있지만, break와 continue에는 구체적으로 루프 앞에 붙은 레이블만 사용할 수 있다. 그렇지 않으면 컴파일러가 오류를 보고한다. 레이블 이름은 배열이나 함수와 마찬가지로 임의의 식별자가 될 수 있다.

자바 vs. 코틀린 코틀린과 자바는 레이블 정의와 사용 문법이 다르다.

```
loop@ while(true) break@loop // 코틀린
loop: while(true) break loop // 자바
```

레이블을 사용하면 (레이블을 사용하는 다른 경우도 있지만) break와 continue를 when 식 안에서 쓰면서 제어를 옮길 대상 루프를 지정할 수 있다. 이로 인해 앞 절에서 살펴본 수 추측 프로그램을 다음과 같이 작성할 수 있다.

```
import kotlin.random.*

fun main() {
  val num = Random.nextInt(1, 101)

  loop@ while (true) {
    val guess = readLine()!!.toInt()

    val message = when {
      guess < num -> "Too small"
      guess > num -> "Too big"
      else ->break@loop // 정상
    }
    println(message)
  }
  println("Right: it's $num")
}
```

3.4.5 꼬리 재귀 함수

코틀린은 꼬리 재귀(tail recursive) 함수에 대한 최적화 컴파일을 지원한다. 이번에는 어떤 정수 배열에 대한 이진 검색(binary search)을 수행하는 함수를 작성해보자. 배열이 오름차순으로 정렬돼 있다고 가정하고, 검색 함수를 재귀적으로 작성하자.


```
tailrec fun binIndexOf(
  x: Int,
  array: IntArray,
  from: Int = 0,
  to: Int = array.size
): Int {
  if (from == to) return -1
  val midIndex = (from + to - 1) / 2
  val mid = array[midIndex]
  return when {
    mid < x ->binIndexOf(x, array, midIndex + 1, to)
    mid > x ->binIndexOf(x, array, from, midIndex)
    else ->midIndex
  }
}
```

이 정의는 이진 검색의 아이디어를 깔끔하게 보여준다. 하지만 일반적으로 비재귀 버전과 비교해보면, 성능 차원에서 약간의 부가 비용이 발생하고 스택 오버플로(stack overflow)가 발생할 가능성이 있다. 하지만 코틀린에서는 함수에 `tailrec`을 붙이면 컴파일러가 재귀 함수를 비재귀적인 코드로 자동으로 변환해준다. 그 결과 양쪽의 장점, 즉 재귀 함수의 간결함과 비재귀 루프의 성능만을 취할 수 있다. 즉, 앞에서 본 함수는 다음 코드와 같다.

```
// 앞의 binIndexOf 함수를 코틀린 컴파일러가 컴파일한 결과는 이런 식으로 루프로 작동한다
fun binIndexOf(
  x: Int,
  array: IntArray,
  from: Int = 0,
  to: Int = array.size
): Int {
  var fromIndex = from
  var toIndex = to

  while (true) {
    if (fromIndex == toIndex) return -1
    val midIndex = (fromIndex + toIndex - 1) / 2
```

```
      val mid = array[midIndex]

      when {
        mid < x ->fromIndex = midIndex + 1
        mid > x ->toIndex = midIndex
        else -> return midIndex
      }
    }
  }
```

이런 변환을 적용하려면 함수가 재귀 호출 다음에 아무 동작도 수행하지 말아야 한다. 이 말이 바로 꼬리 재귀라는 용어가 뜻하는 바다. 함수에 tailrec을 붙였는데 꼬리 재귀가 아니라는 사실을 컴파일러가 발견하면, 컴파일러는 경고를 표시하고 함수를 일반적인 재귀 함수로 컴파일한다. 예를 들어 다음 합계 함수는 sum (array, from + 1, to)를 호출한 결과에 덧셈을 수행하기 때문에 꼬리 재귀가 아니다.

```
tailrec fun sum(array: IntArray, from: Int = 0, to: Int = array.size): Int {
  // warning: a function is marked as tail-recursive but no tail calls are found
  // warning: recursive call is not a tail call
  return if (from < to) return array[from] + sum(array, from + 1, to) else 0
}
```

함수에 tailrec을 붙였는데 함수가 재귀 함수가 아닌 경우에도 컴파일러가 경고를 표시한다.

```
tailrec fun sum(a: Int, b: Int): Int {
  return a + b // warning: a function is marked as tail-recursive but no tail calls are
found
}
```

KOTLIN IN DEPTH

3.5 예외 처리

코틀린의 예외 처리(exception handling)는 자바의 접근 방법과 아주 비슷하다. 함수는 정상 종료, 즉 어떤 값을 반환(어쩌면 Unit 타입의 뻔한 값을 반환할 수도 있다)하거나 비정상적으로 오류가 발생한 경우 예외를 던질(throw) 수 있다. 예외가 발생한 경우에는 함수를 호출한 쪽에서 예외를 잡아내거나(catch), (잡아내지 않는 경우) 함수 호출 스택의 위로 예외가 전달될 수 있다. 이제 예외 관련 제어 구조를 살펴보자.

3.5.1 예외 던지기

오류 조건을 신호로 보내려면 자바와 마찬가지로 throw 식에 예외 객체를 사용해야 한다. 문자열이 잘못된 경우 어떤 폴백(fallback) 값을 돌려주는 대신 오류를 발생시키도록 앞에서 본 parseIntNumber() 함수를 고쳐보자.

```
fun parseIntNumber(s: String): Int {
  var num = 0

  if (s.length !in 1..31) throw NumberFormatException("Not a number: $s")

  for (c in s) {
    if (c !in '0'..'1') throw NumberFormatException("Not a number: $s")
    num = num*2 + (c - '0')
  }

  return num
}
```

자바 vs. 코틀린 자바와 달리 코틀린에서는 클래스 인스턴스를 생성(여기서는 예외)할 때 new 같은 특별한 구문을 사용하지 않는다. 코틀린에서는 NumberFormatException("Not a number: $s")처럼 생성자 호출도 일반 함수 호출과 똑같이 생겼다.

예외를 던질 때는 다음과 같은 일이 벌어진다.

- 프로그램은 예외를 잡아내는 핸들러(exception handler)를 찾는다. 예외와 일치하는 예외 핸들러가 있다면 예외 핸들러가 예외를 처리한다.
- 현재 함수 내부에서 핸들러를 찾을 수 없으면 함수 실행이 종료되고 함수가 스택에서 제거(pop)된다. 그리고 호출한 쪽의 문맥 안에서 예외 핸들러 검색을 수행한다. 이런 경우 예외를 호출자에게 전파(propagate)했다고 말한다.
- 프로그램 진입점에 이를 때까지 예외를 잡아내지 못하면 현재 스레드가 종료된다.

즉, 코틀린 예외 처리 단계는 기본적으로 자바와 같다.

자바 vs. 코틀린 코틀린에서는 앞에서 봤던 break나 continue와 같이 throws 식도 Nothing 타입의 식이다. 예를 들면 다음과 같다.

```
fun sayHello(name: String) {
  val message =
    if (name.isNotEmpty()) "Hello, $name"
    else throw IllegalArgumentException("Empty name")

  println(message)
}
```

3.5.2 try 문으로 예외 처리하기

코틀린에서 예외를 처리할 때는 기본적으로 자바와 똑같은 문법의 try 문을 사용한다. 입력으로 받은 문자열을 수로 파싱할 수 없는 경우에는 어떤 디폴트 값을 반환하는 다음 함수를 생각해보자.

```
import java.lang.NumberFormatException

fun readInt(default: Int): Int {
  try {
    return readLine()!!.toInt()
  } catch (e: NumberFormatException) {
    return default
  }
}
```

예외가 발생할 수 있는 코드(여기서는 toInt() 호출)를 try 블록으로 감싼다. 방금 본 첫 번째 형태의 try 문에는 최소한 하나 이상 적절한 타입의 예외(여기서는 NumberFormatException)를 잡아내는 catch 블록이 있어야 한다. 처리할 예외는 예외 파라미터로 표현되며, catch 블록의 내부에서는 이 파라미터를 마음대로 쓸 수 있다. try 블록 내부의 코드가 예외를 던지면, 코드 실행이 중단되고 프로그램은 예외를 처리할 수 있는 첫 번째 catch 블록으로 제어를 이동한다. 만약 예외와 일치하는 catch 블록이 없으면 예외가 전파된다.

자바 vs. 코틀린 자바 7부터는 catch (FooException | BarException e) {} 같은 구문을 사용해 한 캐치 블록 안에서 여러 예외를 처리할 수 있다. 코틀린에서는 이런 핸들러를 아직 지원하지 않는다.

catch 블록은 선언된 순서대로 예외 타입을 검사하기 때문에 어떤 타입을 처리할 수 있는 catch 블록을 그 타입의 상위 타입을 처리할 수 있는 catch 블록보다 앞에 작성해야 한다. 그렇지 않으면 상위 타입을 잡아내는 핸들러가 하위 타입인 예외도 모두 잡아내버린다. 다음 코드에서 NumberFormatException은 Exception의 하위 타입이기 때문에 두 번째 catch 블록은 실제로는 죽어있는 코드다.

```
import java.lang.NumberFormatException

fun readInt(default: Int): Int {
  try {
    return readLine()!!.toInt()
  } catch (e: Exception) {
    return 0
  } catch (e: NumberFormatException) {
    return default // 죽은 코드
  }
}
```

자바 vs. 코틀린 자바에서는 도착할 수 없는 코드를 금지하기 때문에 이런 식의 코드는 금지된다.

자바와 코틀린의 try 문에서 가장 크게 다른 점은 코틀린 try가 식이라는 것이다. 이 식의 값은 (예외가 발생하지 않은 경우) try 블록의 값이거나 예외를 처리한 catch 블록의 값이 된다.

```
import java.lang.NumberFormatException

fun readInt(default: Int) = try {
  readLine()!!.toInt()
} catch (e: NumberFormatException) {
  default
}
```

자바 vs. 코틀린 자바와 달리 코틀린에서는 검사 예외(checked exception)와 비검사 예외(unchecked exception)를 구분하지 않는다. 큰 프로젝트에서 발생할 수 있는 예외를 함수에 지정하도록 요구해도 실제로는 생산성이 저하되고 불필요하게 긴 준비 코드를 생성한다는 사실을 (자바를 사용한 경험으로부터) 알았기 때문이다.

try 문의 다른 형태는 finally 블록을 사용한다. finally 블록은 try 블록을 떠나기 전에 프로그램이 어떤 일을 수행하도록 만들어준다.

```
import java.lang.NumberFormatException

fun readInt(default: Int) = try {
  readLine()!!.toInt()
} finally {
  println("Error")
}
```

이런 finally 블록은 try 블록 앞이나 내부에서 할당한 자원을 해제할 때 유용하다. 예를 들어 파일을 닫거나 네트워크 연결을 닫는 등의 일을 할 수 있다. 그리고 catch와 finally를 한 try 문 안에서 함께 사용할 수도 있다.

try 블록을 식으로 사용할 경우, finally 블록의 값은 전체 try 블록의 값에 영향을 미치지 못한다는 점에 유의하라.

자바 vs. 코틀린 자바 7에 도입된 자원을 활용하는 try(try-with-resource)에 익숙한 독자도 있을 것이다. 이를 사용하면 파일 스트림이나 네트워크 연결 등의 자원을 자동으로 정리할 수 있다. 코틀린은 이런 목적에 쓸 수 있는 특별한 언어 구조를 제공하지 않지만, 그 대신에 똑같은 작업을 수행할 수 있는 라이브러리 함수를 제공한다. 이에 대해서는 **7장 컬렉션과 I/O 자세히 알아보기**에서 더 자세히 살펴본다.

3.6 결론

이번 장에서 다룬 내용을 정리해보자. 명령형 프로그래밍의 알고리즘적인 근간을 만들어내는 기초 제어 구조를 배웠고, 공통으로 쓰이는 코드 조각을 편리하게 재사용하기 위해 함수를 어떻게 정의하고 사용하는지 알아봤다. 마지막으로 관련 있는 선언을 패키지로 묶어서 프로그램 구조를 잡는 방법을 살펴봤다. 여러분은 이제 코틀린을 활용해 명령형 프로그래밍과 프로시저 중심의 프로그래밍(procedural programming)[6]을 작성할 때 필요한 모든 지식을 갖췄다.

---

6 역주 'procedural programming'이라는 용어를 '순차적 프로그래밍'이라고 번역하는 경우가 자주 있지만, 이는 오해의 여지가 있다. 실제로 'procedural programming'은 함수 또는 프로시저 호출을 중심으로 코드를 작성하는 방법을 뜻하며, 단순히 명령어를 순차적으로 나열하는 프로그래밍 기법을 의미하지는 않는다. 즉, 코드를 적절한 덩어리로 구분해 적당한 이름을 붙인 함수나 프로시저를 만들고, 이런 추상화를 바탕으로 더 상위의 함수를 작성해 나감으로써 좀 더 이해하기 쉽고 관리하기 쉬운 코드 기반을 만드는 프로시저 중심의 프로그래밍 패러다임을 말한다.

다음 장에서는 객체지향 프로그래밍으로 나아갈 것이다. 클래스와 객체를 정의하는 방법을 살펴보고, 클래스 초기화를 이해하며, 프로퍼티를 선언하고 사용하는 방법을 배우고, 코틀린에서 null 값을 다루는 방법을 알아볼 것이다.

3.7 정리 문제

KOTLIN IN DEPTH

1. 식이 본문인 함수란 무엇인가? 블록이 본문인 함수 대신 식이 본문인 함수를 쓰면 어떤 경우에 더 좋을까?
2. 디폴트 파라미터와 함수 오버로딩 중 어느 쪽을 써야 할지 어떻게 결정할 수 있을까?
3. 이름 붙은 인자를 사용할 경우의 장단점은 무엇인가?
4. 인자 개수가 가변적인 함수를 정의하는 방법은 무엇인가? 코틀린과 자바에서 vararg 함수는 어떻게 다른가?
5. Unit과 Nothing 타입을 어디에 사용하는가? 이들을 자바의 void와 비교해 설명하라. Nothing이나 Unit이 타입인 함수를 정의해 사용할 수 있는가?
6. return 0과 같은 코드의 의미를 설명해보라. 이런 코드가 올바르지만 불필요한 중복이 있는 것으로 여겨지는 이유는 무엇인가?
7. return 문을 사용하지 않는 함수를 정의할 수 있는가?
8. 지역 함수란 무엇인가? 이런 함수를 자바에서는 어떻게 흉내 낼 수 있을까?
9. 공개(public)와 비공개(private) 최상위 함수는 어떤 차이가 있는가?
10. 패키지를 사용해 코드를 어떻게 여러 그룹으로 나눌 수 있는가? 자바와 코틀린 패키지의 가장 핵심적인 차이는 무엇인지 설명하라.
11. 임포트 별명이란 무엇인가? 자바의 정적 임포트와 비슷한 임포트를 코틀린에서는 어떻게 처리하는가?
12. if 문/식은 어떤 일을 하는가? 각각을 자바의 if 문 및 3항 조건 연산자(?:)와 비교해보라.

13. when 문을 처리하는 알고리즘을 설명하라. 자바 switch와 코틀린 when은 어떤 차이가 있는가?

14. 자바 for (int i = 0; i< 100; i++)와 같이 수를 세는 루프를 코틀린에서는 어떻게 구현하는가?

15. 코틀린이 제공하는 루프 문에는 어떤 것이 있는가? while과 do...while의 차이는 무엇인가? 코틀린 for 루프를 사용해야 하는 이유는 무엇인가?

16. break와 continue를 사용해 루프의 제어 흐름을 어떻게 변경할 수 있는가?

17. 예외 처리 과정을 전체적으로 설명하라. 자바와의 차이점은 무엇인가? 자바와 코틀린에서 try 문이 어떻게 다른지 설명하라.

4장

클래스와 객체 다루기

이 장에서는 코틀린의 객체지향 프로그래밍을 맛보고, 클래스를 사용해 우리들만의 타입을 정의하는 방법을 배운다. 클래스 인스턴스 초기화, 가시성을 사용해 구현 상세 사항을 감추는 방법, 객체 선언을 통해 싱글턴을 구현하는 방법, 지연 계산, 지연 초기화, 커스텀 게터 세터를 통한 읽기 쓰기 기능 제어 등 여러 종류의 프로퍼티를 활용해 간단한 데이터 저장을 넘어서 다양한 기능을 제공하는 방법을 배운다. 이 장의 내용과 관련해 배워야 할 다른 내용으로는 타입의 널 가능성이 있다. 코틀린 컴파일러는 널이 될 수 있는 값과 그렇지 않은 값을 타입의 널 가능성을 활용해 구분한다.

배우는 내용

- 클래스 정의와 멤버
- 생성자
- 멤버 가시성
- 내포된 클래스와 지역 클래스
- 널이 될 수 있는 타입
- 단순하지 않은 프로퍼티를 사용하는 방법
- 객체와 동반 객체

이 장의 목표

클래스와 객체를 사용하는 코틀린 객체지향 프로그래밍의 기본을 익히고, 널이 될 수 있는 값을 처리하는 법을 배운다. 또한, 여러 유형의 프로퍼티를 사용하는 방법을 이해한다.

4.1 클래스 정의하기

클래스 정의는 커스텀으로 정의된 연산들이 포함된 새로운 타입을 만들어준다. 자바나 C++ 같은 다른 객체지향 프로그래밍 언어에 익숙하다면 클래스 정의도 익숙할 것이다. 이번 절에서는 기본적인 클래스 구조와 새로 할당된 인스턴스를 초기화하는 방법, 가시성 문제, 다른 클래스나 함수 본문 안에서 선언할 수 있는 특별한 유형의 클래스를 살펴본다.

기본적으로 클래스 선언은 참조 타입(referential type)을 정의한다. 즉, 이런 참조 타입의 값은 특정 클래스 인스턴스(instance)의 실제 데이터 위치를 가리키는 참조다. 자바 인스턴스는 명시적으로 특별한 생성자 호출을 통해 생성되고, 프로그램 내에서 객체를 가리키는 모든 참조가 사라지면 가비지 컬렉터(garbage collector)에 의해 자동으로 해제된다. 코틀린 1.3부터는 값 클래스(value class)라는 개념이 도입됐다. 값 클래스를 사용하면 참조 타입이 아닌 타입을 정의할 수 있다. 이 주제는 **6장 특별한 클래스 사용하기**에서 살펴본다.

4.1.1 클래스 내부 구조

자바와 마찬가지로, 코틀린 클래스도 class 키워드 다음에 클래스 이름이 오고 그다음에 클래스 본문이 오는 형태로 정의된다. 클래스 본문은 멤버 정의가 들어있는 블록이다. 어떤 사람에 대한 정보를 저장하는 클래스를 정의해보자.

```
class Person {
  var firstName: String = ""
  var familyName: String = ""
  var age: Int = 0

  fun fullName() = "$firstName $familyName"

  fun showMe() {
    println("${fullName()}: $age")
  }
}
```

이 정의는 모든 Person 클래스의 인스턴스마다 firstName, familyName, age라는 프로퍼티와 fullName() 및 showMe()라는 두 함수가 들어있음을 알려준다. 여러 가지 프로퍼티 유형 중 가장 단순한 것은 그냥 특정 클래스와 연관된 변수다. 자바 클래스 필드와 비슷하게 생각될 수도 있으며, 더 일반적인 경우에는 프로퍼티에 어떤 계산이 포함될 수 있다. 이럴 경우에는 클래스 인스턴스 내부에 저장되는 대신 그때그때 계산되거나 지연 계산되거나 맵(map)에서 값을 얻어오는 등의 방식으로 프로퍼티의 값을 제공할 수 있다. 모든 프로퍼티에서 일반적으로 쓸 수 있는 기능에는 다음과 같이 마치 변수처럼 프로퍼티를 사용하는 참조 구문이 있다.

```
fun showAge(p: Person) = println(p.age) // 프로퍼티 읽기
fun readAge(p: Person) {
  p.age = readLine()!!.toInt()          // 프로퍼티에 쓰기
}
```

프로퍼티는 어떤 클래스의 구체적인 인스턴스와 엮여 있기 때문에 이 인스턴스를 식으로 지정해야 한다(앞의 코드에서는 p가 이런 인스턴스다). 이런 인스턴스를 수신 객체(receiver)라 부르고, 수신 객체는 프로퍼티에 접근할 때 사용해야 하는 객체를 지정한다. 멤버 함수의 경우에도 똑같이 수신 객체가 있고, 이런 경우 멤버 함수를 메서드(method)라 부른다.

```
fun showFullName(p: Person) = println(p.fullname()) // 메서드 호출하기
```

수신 객체를 모든 클래스 멤버에게 암시적으로 제공되는 사용 가능한 추가 변수라고 생각해도 된다. 클래스 내부에서는 this 식으로 수신 객체를 참조할 수 있다. 대부분의 경우 this를 디폴트로 가정하기 때문에 수신 객체의 멤버 안에서 수신 객체의 멤버를 참조할 때는 this를 생략해도 된다. 예를 들어 첫 번째 예제를 다음과 같이 쓸 수도 있다.

```
class Person {
  var firstName: String = ""
  var familyName: String = ""
  var age: Int = 0

  fun fullName() = "${this.firstName} ${this.familyName}"
  fun showMe() {
    println("${this.fullName()}: ${this.age}")
  }
}
```

하지만 때로는 this가 꼭 필요한 경우도 있다. 예를 들어 어떤 클래스의 프로퍼티와 메서드 파라미터 이름이 같은 경우, 이 둘을 구분하기 위해 프로퍼티 이름 앞에 this를 써야 한다.

```
class Person {
  var firstName: String = ""
  var familyName: String = ""

  fun setName(firstName: String, familyName: String) {
    this.firstName = firstName
    this.familyName = familyName
  }
}
```

자바 vs. 코틀린 자바 필드와 달리, 코틀린에서는 클라이언트 코드를 바꾸지 않아도 원하는 대로 프로퍼티의 구현을 바꿀 수 있기 때문에(예를 들어 커스텀 게터나 세터를 추가해도 클라이언트 소스코드를 바꿀 필요가 없다) 코틀린 프로퍼티는 캡슐화(encapsulation)에 위배되지 않는다. 즉,

firstName이라는 참조는 프로퍼티가 구현되는 방법과 무관하게 항상 올바른 참조로 남을 수 있다. 나음 질에시는 기스텀 프로퍼티를 정의하는 방법을 자세히 살펴본다.

프로퍼티가 사용하는 내부 필드는 항상 캡슐화돼 있고 클래스 정의 밖에서는 이 내부 필드에 접근할 수 없다. 사실은 프로퍼티 정의 자체가 아니면 이런 내부 필드에 접근할 방법이 없다.

클래스 인스턴스의 프로퍼티나 메서드를 사용하려면 우선 인스턴스를 명시적으로 생성해야 한다. 일반 함수 호출과 똑같아 보이는 생성자 호출을 통해 인스턴스를 만들 수 있다. 일반 함수 호출과 생성자 호출의 차이는 함수 이름 대신 클래스 이름을 사용한다는 점뿐이다.

```
fun main() {
  val person = Person() // Person 인스턴스 생성

  person.firstName = "John"
  person.familyName = "Doe"
  person.age = 25

  person.showMe() // John Doe: 25
}
```

생성자 호출을 사용하면 프로그램이 새 인스턴스에 대한 힙 메모리를 할당한 다음, 인스턴스의 상태를 초기화해주는 생성자 코드를 호출해준다. 앞의 예제에서는 아무 인자도 받지 않는 디폴트 생성자를 사용했다. 다음 절에서는 여러분 자신의 초기화 코드를 실행할 수 있는 커스텀 생성자를 작성하는 방법을 살펴본다.

기본적으로 코틀린 클래스는 공개(public) 가시성이다. 이 말은 코드의 어느 부분에서나 클래스를 사용할 수 있다는 뜻이다. 최상위 함수와 마찬가지로 최상위 클래스를 internal이나 private으로 설정할 수 있다. 이렇게 지정하면 클래스의 가시성 범위를 클래스 정의가 들어있는 파일 내부나 컴파일 모듈 내부로 제한할 수 있다.

자바 vs. 코틀린 코틀린과 달리, 자바에서는 기본적인 가시성이 클래스가 포함된 패키지 내부로 제한된다(이런 가시성을 패키지 전용(package private) 가시성이라고 부른다). 자바에서 어떤 정의를 어느 곳에서나 쓸 수 있게 하려면 명시적으로 public 변경자를 정의 앞에 붙여야 한다.

코틀린에서는 소스 파일의 이름을 그 안에 들어있는 공개 클래스 이름과 똑같이 만들 필요가 없다. 한 파일 안에 여러 공개 클래스를 넣을 수도 있다. 그러나 만약 어떤 파일 안에 클래스가 하나만 들어있다면 보통은 클래스 이름과 파일 이름을 같게 한다. 하지만 코틀린에서는 이런 식으로 이름을 짓는 방식이 (자바와 달리) 엄격한 요구 사항이 아니라 단지 취향의 문제다.

클래스 프로퍼티는 지역 변수와 마찬가지로 불변일 수 있다. 하지만 이런 경우 초기화를 하는 동안 프로퍼티의 값을 지정할 수단이 있어야 한다. 그렇지 않다면 모든 클래스가 같은 프로퍼티 값을 사용하게 된다.

```
class Person {
  // 생성자로 초기화할 방법이 없으면 모든 클래스가
  // firstName에 대해 같은 값을 사용하게 됨
  val firstName = "John"
}
```

커스텀 생성자를 사용하면 이런 초기화가 가능하다. 다음 절의 주제가 바로 커스텀 생성자다.

4.1.2 생성자

생성자는 클래스 인스턴스를 초기화해주고 인스턴스 생성 시 호출되는 특별한 함수다. 다음 클래스를 보자.

```
class Person(firstName: String, familyName: String) {
  val fullName = "$firstName $familyName"
}
```

class 키워드 이름 뒤에 덧붙인 파라미터 목록을 살펴보라. 이 파라미터는 프로그램이 클래스의 인스턴스를 생성할 때 클래스에 전달된다. 이 파라미터를 사용해 프로퍼티를 초기화하고 다른 일을 수행할 수 있다.

```
fun main() {
  val person = Person("John", "Doe") // 새 Person 인스턴스 생성
  println(person.fullName)           // John Doe
}
```

자바 vs. 코틀린 코틀린에서는 생성자를 호출할 때 (자바의 new와 같은) 특별한 키워드를 사용하지 않는다.

클래스 헤더의 파라미터 목록을 주생성자(primary constructor) 선언이라고 부른다. 주생성자는 함수와 달리 본문이 하나가 아니다. 대신 주생성자는 클래스 정의 내에서 프로퍼티 초기화와 초기화 블록이 등장하는 순서대로 구성된다. 초기화 블록이란 init이라는 키워드가 앞에 붙은 블록이다.

이 블록 안에서 클래스 초기화 시 필요한 간단하지 않은 초기화 로직을 수행할 수 있다. 예를 들어 다음 클래스는 주생성자가 호출될 때마다 메시지를 표시한다.

```
class Person(firstName: String, familyName: String) {
  val fullName = "$firstName $familyName"

  init {
    println("Created new Person instance: $fullName")
  }
}
```

클래스 안에 init 블록이 여럿 들어갈 수 있다. 이런 경우 각 블록은 프로퍼티 초기화와 함께 순서대로 실행된다.

초기화 블록에는 return 문이 들어가지 못한다는 점에 유의하라.

```
class Person(firstName: String, familyName: String) {
  val fullName = "$firstName $familyName"

  init {
    // error: 'return' is not allowed here
    if (firstName.isEmpty() && familyName.isEmpty()) return
    println("Created new Person instance: $fullName")
  }
}
```

지금까지는 항상 프로퍼티 값을 프로퍼티 정의 시 초기화했다. 하지만 하나의 식으로 표현하기 어려운 복잡한 초기화 로직을 실행해야 프로퍼티를 초기화할 수 있는 경우도 있다. 이런 이유로 코틀린은 init 블록 안에서 프로퍼티를 초기화하는 것도 허용한다.

```
class Person(fullName: String) {
  val firstName: String
  val familyName: String
  init {
    val names = fullName.split(" ")
    if (names.size != 2) {
      throw IllegalArgumentException("Invalid name: $fullName")
    }
    firstName = names[0]
    familyName = names[1]
  }
```

```
}

fun main() {
  val person = Person("John Doe")
  println(person.firstName) // John
}
```

이 예제에서 init 블록은 fullName을 공백으로 분리된 부분 문자열의 배열로 나눈 다음에 이를 사용해 firstName과 familyName 프로퍼티를 초기화한다.

컴파일러는 모든 프로퍼티가 확실히 초기화되는지 확인한다. 컴파일러가 주생성자의 모든 실행 경로가 모든 멤버 프로퍼티를 초기화하거나 (일부 프로퍼티가 초기화되지 않는 경우) 예외를 발생시키는지 확인할 수 없다면 다음과 같은 오류가 발생한다.

```
class Person(fullName: String) {
  // error: property must be initialized or be abstract
  val firstName: String
  val familyName: String
  init {
    val names = fullName.split(" ")
    if (names.size == 2) {
      firstName = names[0]
      familyName = names[1]
    }
  }
}
```

주생성자 파라미터를 프로퍼티 초기화나 init 블록 밖에서 사용할 수는 없다. 예를 들어 멤버 함수 내부에서는 firstName을 사용할 수 없기 때문에 다음 코드는 잘못된 코드다.

```
class Person(firstName: String, familyName: String) {
  val fullName = "$firstName $familyName"
  fun printFirstName() {
    println(firstName) // Error: first name is not available here
  }
}
```

이에 대한 해법은 생성자 파라미터의 값을 저장할 멤버 프로퍼티를 정의하는 것이다.

```
class Person(firstName: String, familyName: String) {
  val firstName = firstName // firstName은 생성자 파라미터를 가리킴
  val fullName = "$firstName $familyName"
```

```
  fun printFirstName() {
    println(firstName) // Ok: 여기서 firstName은 멤버 프로퍼티를 가리킴
  }
}
```

하지만 코틀린은 간단하게 생성자 파라미터의 값을 멤버 프로퍼티로 만들 수 있는 방법을 제공한다.


```
class Person(val firstName: String, familyName: String) {
  // firstName은 생성자 파라미터를 가리킴
  val fullName = "$firstName $familyName"

  fun printFirstName() {
    println(firstName) // firstName은 멤버 프로퍼티를 가리킴
  }
}

fun main() {
  val person = Person("John", "Doe")
  println(person.firstName) // firstName은 프로퍼티를 가리킴
}
```

기본적으로 생성자 파라미터 앞에 val이나 var 키워드를 덧붙이면, 자동으로 해당 생성자 파라미터로 초기화되는 (생성자 파라미터와 이름이 같은) 프로퍼티를 정의한다. 이때 파라미터 이름을 프로퍼티 초기화나 init 블록 안에서 참조하면 생성자 파라미터를 가리키고, 다른 위치에서 참조하면 프로퍼티를 가리키게 된다.

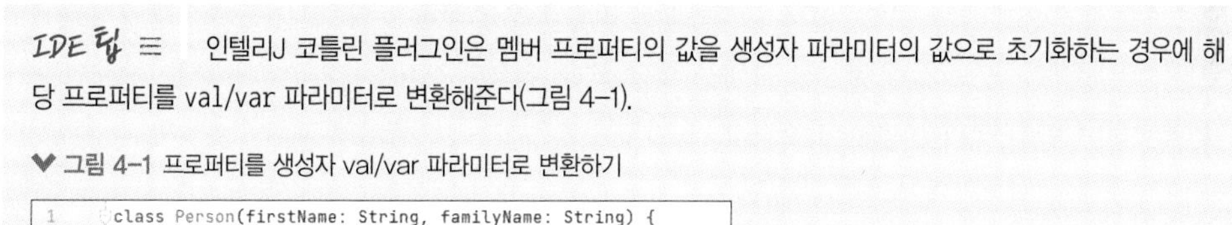

IDE 팁 ☰ 인텔리J 코틀린 플러그인은 멤버 프로퍼티의 값을 생성자 파라미터의 값으로 초기화하는 경우에 해당 프로퍼티를 val/var 파라미터로 변환해준다(그림 4-1).

▼ 그림 4-1 프로퍼티를 생성자 val/var 파라미터로 변환하기

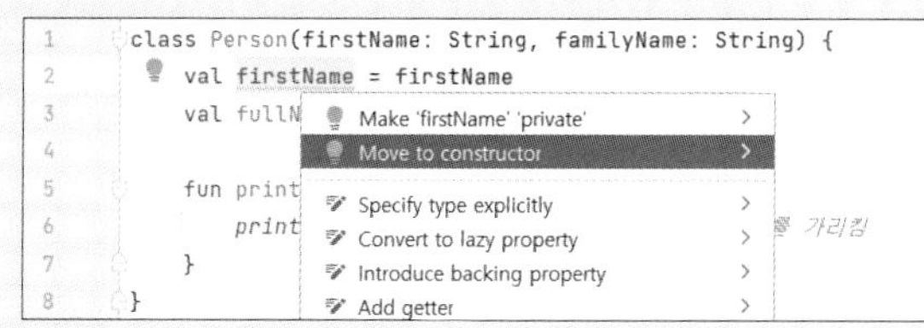

val/var 파라미터를 사용하면 단순하지 않은 멤버가 포함되지만 본문은 비어있는 클래스를 정의할 수 있다.

```
class Person(val firstName: String, val familyName: String = "") {
}
```

이런 경우 코틀린에서는 본문을 아예 생략할 수 있다. 실제 인텔리J 코틀린 플러그인은 이런 코딩 스타일을 권장한다.

```
class Person(val firstName: String, val familyName: String = "")
```

함수와 마찬가지로 디폴트 값과 vararg를 생성자 파라미터에 사용할 수 있다.

```
class Person(val firstName: String, val familyName: String = "") {
  fun fullName() = "$firstName $familyName"
}

class Room(vararg val persons: Person) {
  fun showNames() {
    for (person in persons) println(person.fullName())
  }
}

fun main() {
  val room = Room(Person("John"), Person("Jane", "Smith"))
  room.showNames()
}
```

여러 생성자를 사용해 클래스 인스턴스를 서로 다른 방법으로 초기화하고 싶을 때도 있다. 이런 경우도 대부분은 디폴트 파라미터를 사용하는 주생성자로 해결할 수 있지만, 경우에 따라 주생성자만으로는 충분하지 않을 수도 있다. 코틀린에서는 이런 문제를 부생성자(secondary constructor)를 사용해 해결할 수 있다. 부생성자 문법은 함수 이름 대신에 constructor 키워드를 사용한다는 점을 제외하면 함수 정의 문법과 비슷하다.

```
class Person {
  val firstName: String
  val familyName: String

  constructor(firstName: String, familyName: String) {
    this.firstName = firstName
    this.familyName = familyName
  }

  constructor(fullName: String) {
```

```
    val names = fullName.split(" ")
    if (names.size != 2) {
      throw IllegalArgumentException("Invalid name: $fullName")
    }
    firstName = names[0]
    familyName = names[1]
  }
}
```

부생성자에 반환 타입을 지정할 수는 없지만, 기본적으로 부생성자는 Unit 타입 값을 반환하는 함수와 마찬가지 형태다. 특히 (init 블록과 달리) 부생성자 안에서는 return을 사용할 수 있다.

클래스에 주생성자를 선언하지 않은 경우, 모든 부생성자는 자신의 본문을 실행하기 전에 프로퍼티 초기화와 init 블록을 실행한다. 이렇게 하면 어떤 부생성자를 호출하든지 공통적인 초기화 코드가 정확히 한 번만 실행되게 보장할 수 있다.

다른 방법으로는 부생성자가 생성자 위임 호출을 사용해 다른 부생성자를 호출하는 것이 있다.

```
class Person {
  val fullName: String
  constructor(firstName: String, familyName: String):
    this("$firstName $familyName")
  constructor(fullName: String) {
    this.fullName = fullName
  }
}
```

생성자 파라미터 목록 뒤에 콜론(:)을 넣고 그 뒤에 일반 함수를 호출하는 것처럼 코드를 작성하되, 함수 이름 대신 this를 사용하면 생성자 위임 호출이 된다.

클래스에 주생성자가 있다면, (부생성자가 있는 경우) 모든 부생성자는 주생성자에게 위임을 하거나 다른 부생성자에게 위임을 해야 한다. 예를 들어 앞의 예제에서 두 번째 생성자를 주생성자로 바꿀 수 있다.

```
class Person(val fullName: String) {
  constructor(firstName: String, familyName: String):
    this("$firstName $familyName")
}
```

부생성자의 파라미터 목록에는 val/var 키워드를 쓸 수 없다는 점에 유의하자.

```
class Person {
  // error: 'val' on secondary constructor parameter is not allowed
  constructor(val fullName: String)
}
```

부생성자와 클래스 상속이 결합되는 경우, 상위 클래스 생성자를 호출하는 것과 관련된 다른 문제가 있다. 이에 대해서는 **8장 클래스 계층 이해하기**에서 살펴본다.

4.1.3 멤버 가시성

가시성은 클래스 멤버마다 다르게 지정할 수 있다. 즉, 각각 어떤 영역에서 쓰일 수 있는지 결정할 수 있다. 가시성을 사용해 구현과 관련한 세부 사항을 캡슐화함으로써 외부 코드로부터 구현 세부 사항을 격리시킬 수 있으므로, 가시성 지정은 클래스 정의 시 아주 중요한 부분이다. 코틀린에서는 클래스 멤버의 가시성을 다음과 같은 변경자 키워드로 지정할 수 있다.

- **public**(공개): 멤버를 어디서나 볼 수 있다. 디폴트 가시성이 비로 public이다. 따라서 명시적으로 public을 표기할 필요가 없다.
- **internal**(모듈 내부): 멤버를 멤버가 속한 클래스가 포함된 컴파일 모듈 내부에서만 볼 수 있다.
- **protected**(보호): 멤버를 멤버가 속한 클래스와 멤버가 속한 클래스의 모든 하위 클래스 안에서 볼 수 있다. 이에 대해서는 **8장 클래스 계층 이해하기**에서 상속을 다룰 때 자세히 설명한다.
- **private**(비공개): 멤버를 멤버가 속한 클래스 내부에서만 볼 수 있다.

각 변경자의 뜻은 최상위 함수나 프로퍼티에서 살펴본 내용과 비슷하다.

자바 vs. 코틀린 자바의 기본 가시성은 패키지 전용(package parivate)으로, 어떤 멤버를 이 멤버가 속한 클래스가 들어있는 패키지 내부 어디서나 볼 수 있다. 자바에서 클래스 멤버를 공개 멤버로 정의하고 싶으면 명시적으로 public 변경자를 붙여야 한다. 반대로 코틀린에서는 클래스 멤버(실제로는 지역 선언이 아닌 모든 선언)의 디폴트 가시성이 공개 가시성이다. 또한, 코틀린에는 자바의 패키지 전용에 해당하는 가시성이 없다는 점에 유의하라.[1]

1 역주 자바에서는 패키지만 같으면 기본 가시성의 멤버를 볼 수 있으므로 .jar로 소스코드 없이 클래스 파일만 배포한 경우에도 사용하는 쪽에서 패키지를 똑같이 선언해 기본 가시성 멤버를 사용하는 일이 가능했고, 대부분의 클래스가 공개나 패키지 클래스이므로 모듈 내부에서만 사용하는 클래스와 모듈 밖으로 노출시켜야 하는 클래스를 구분하기 힘들었다. 이런 문제를 해결하기 위해 자바 9에는 JigSaw 모듈 시스템이 도입됐다. 코틀린은 모듈 내부 가시성을 통해 모듈 안에서만 쓸 수 있는 선언과 그렇지 않은 선언을 구분할 수 있어서 이런 문제를 방지할 수 있다.

다음 코드에서 firstName과 familyName 프로퍼티는 private이므로 main() 함수에서 이 둘을 볼 수 없다. 반면 fullName()은 public이다.

```
class Person(private val firstName: String,
             private val familyName: String) {
  fun fullName() = "$firstName $familyName"
}

fun main() {
  val person = Person("John", "Doe")
  // error: cannot access 'firstName': it is private in 'Person'
  println(person.firstName)
  println(person.fullName()) // Ok
}
```


함수와 프로퍼티, 주생성자, 부생성자에 대해 가시성 변경자를 지원한다. 함수와 프로퍼티, 주생성자/부생성자는 모두 클래스 본문에 정의되거나 주생성자 파라미터로 정의된다. 주생성자의 가시성을 지정하려면 constructor 키워드를 꼭 명시해야 한다.

```
class Empty private constructor() {
  fun showMe() = println("Empty")
}

fun main() {
  // error: cannot access '<init>': it is private in 'Empty'
  Empty().showMe()
}
```

Empty 클래스의 유일한 생성자가 private이므로 이 클래스를 클래스 본문 외부에서 인스턴스화할 수 없다는 점에 유의하라. 이어서 **객체**에 대해 살펴볼 텐데, 동반 객체(companion object)에서 팩토리 메서드(factory method)를 제공할 때 생성자를 감추는 방법을 어떻게 함께 조합할지 알아보자.

4.1.4 내포된 클래스

함수, 프로퍼티, 생성자 외에 코틀린 클래스는 다른 클래스도 멤버로 가질 수 있다. 이런 클래스를 내포된 클래스(nested class)라고 부른다. 예를 하나 살펴보자.

```kotlin
class Person (val id: Id, val age: Int) {
  class Id(val firstName: String, val familyName: String)
  fun showMe() = println("${id.firstName} ${id.familyName}, $age")
}

fun main() {
  val id = Person.Id("John", "Doe")
  val person = Person(id, 25)
  person.showMe()
}
```

내포된 클래스를 둘러싸고 있는 클래스의 본문 밖에서는 Person.Id처럼 내포된 클래스 이름 앞에 바깥쪽 클래스의 이름을 덧붙여야만 내포된 클래스를 참조할 수 있다는 점에 유의하라.

다른 멤버와 마찬가지로 내포된 클래스에도 여러 가지 가시성을 지정할 수 있다. 내포된 클래스도 자신을 둘러싼 클래스의 멤버이므로 자신을 포함하는 클래스의 비공개 선언에 접근할 수 있다.

```kotlin
class Person (private val id: Id, private val age: Int) {
  class Id(private val firstName: String,
           private val familyName: String) {
    fun nameSake(person: Person) = person.id.firstName == firstName
  }

    // error: cannot access 'familyName': it is private in 'Id'
  fun showMe() = println("${id.firstName} ${id.familyName}, $age")  }
```

자바 vs. 코틀린 자바와 달리, 바깥쪽 클래스는 자신에게 내포된 클래스의 비공개 멤버에 접근할 수 없다(이전 예제 코드의 오류를 보라).

내포된 클래스에 inner를 붙이면 자신을 둘러싼 외부 클래스의 현재 인스턴스에 접근할 수 있다.

```kotlin
class Person(val firstName: String, val familyName: String) {
  inner class Possession(val description: String) {
    fun showOwner() = println(fullName())
  }
  private fun fullName() = "$firstName $familyName"
}

fun main() {
  val person = Person("John", "Doe")
  // Possession 생성자 호출
  val wallet = person.Possession("Wallet")
```

```
    wallet.showOwner() // John Doe
}
```

여기서 내부(inner)[2] 클래스 생성자를 호출할 때 person.Possession("Wallet")처럼 외부 클래스 인스턴스를 지정해야 한다는 점에 유의하라. 다른 멤버들과 마찬가지로 내부 클래스를 가리킬 때도 this를 생략할 수 있다.


```
class Person(val firstName: String, val familyName: String) {
    inner class Possession(val description: String) {
        fun showOwner() = println(fullName())
    }

    // this.Possession("Wallet")과 같음
    val myWallet = Possession("Wallet")

    fun fullName() = "$firstName $familyName"
}
```

일반적으로 this는 항상 가장 내부의 클래스 인스턴스를 가리킨다. 따라서 내부 클래스 본문에서 this는 내부 클래스 자신을 가리킨다. 내부 클래스 본문에서 외부 클래스 인스턴스를 가리켜야 한다면 한정시킨(qualified) this 식을 사용해야 한다.

```
class Person(val firstName: String, val familyName: String) {
    inner class Possession(val description: String) {
        fun getOwner() = this@Person
    }
}
```

한정시킨 this 식에서 @ 기호 다음에 오는 식별자는 외부 클래스의 이름이다.

자바 vs. 코틀린 코틀린의 내포된 클래스와 자바의 내포된 클래스는 아주 비슷하다. 주된 차이는 코틀린 내부 클래스 앞에 inner 변경자가 붙는다는 점이다. 자바 클래스는 디폴트로 내부 클래스이며, 내부 클래스가 외부 클래스 인스턴스와 연관되길 원하지 않으면 명시적으로 static을 붙여야 한다. 반면 코틀린의 (inner가 없는) 내포된 클래스는 외부 클래스 인스턴스와 연관되지 않는다. 따라서 다음 코틀린 코드는

---

2 **역주** 내포된 클래스와 달리 내부 클래스에는 반드시 자신과 연관된 외부 클래스 인스턴스가 있어야 한다. 내부 클래스가 외부 클래스의 멤버에 접근할 수 있는 이유는 항상 자신과 연관된 외부 클래스 인스턴스가 있기 때문이다. 이를 내부 클래스 안에 컴파일러가 자동으로 정의해주는 외부 클래스 인스턴스를 가리키는 outer 같은 프로퍼티가 있는 것처럼 생각할 수 있다.

```
class Outer {
  inner class Inner

  class Nested
}
```

다음 자바 코드와 같다.

```
class Outer {
  public class Inner {

  }

  public class class Nested {

  }
}
```

4.1.5 지역 클래스

자바처럼 코틀린에서도 함수 본문에서 클래스를 정의할 수 있다. 이런 지역 클래스는 자신을 둘러싼 코드 블록 안에서만 쓰일 수 있다.

```
fun main() {
  class Point(val x: Int, val y: Int) {
    fun shift(dx: Int, dy: Int): Point = Point(x + dx, y + dy)
    override fun toString() = "($x, $y)"
  }
  val p = Point(10, 10)
  println(p.shift(-1, 3)) // (9, 13)
}

fun foo() {
  println(Point(0, 0)) // error: unresolved reference: Point
}
```

지역 함수와 비슷하게 코틀린 지역 클래스도 자신을 둘러싼 코드의 선언에 접근할 수 있다. 특히 지역 클래스는 클래스 본문 안에서 자신이 접근할 수 있는 값을 포획(capture)할 수 있고, 심지어는 변경할 수도 있다.

```
fun main() {
  var x = 1

  class Counter {
    fun increment() {
      x++
    }
  }

  Counter().increment()

  println(x) // 2
}
```

자바 vs. 코틀린 코틀린과 달리 자바에서는 포획한 변수의 값을 변경할 수 없다. 더 나아가 익명 클래스 내부에서 포획한 변수를 사용할 경우에는 명시적으로 final로 선언해야만 한다. 하지만 코틀린이 제공하는 포획 변수를 변경하는 기능은 그에 따른 비용을 수반한다. 익명 객체와 이 객체를 둘러싸고 있는 코드 사이에 변수를 공유하기 위해 코틀린 컴파일러는 (공유되는) 값을 특별한 래퍼(wrapper) 객체로 둘러싼다. 위 Counter 예제를 컴파일한 바이트코드에 해당하는 자바 코드는 다음과 같다.

```
import kotlin.jvm.internal.Ref.IntRef;

class MainKt {
  public static void main(String[] args) {
    final IntRef x = new IntRef(); // 래퍼 생성
    x.element = 1;

    final class Counter {
      public final void increment() {
        x.element++; // 공유된 데이터 변경하기
      }
    }

    (new Counter()).increment();

    System.out.println(x.element); // 공유된 데이터 읽기
  }
}
```

불변 변수는 값이 바뀌지 않기 때문에 래퍼가 필요 없으므로 이런 부가 비용이 없다.

내포된 클래스와 달리 지역 클래스에는 가시성 변경자를 붙일 수 없다. 지역 클래스의 영역은 항상 자신을 둘러싼 블록으로 제한된다. 지역 클래스도 함수, 프로퍼티, 생성자, 내포된 클래스 등 다른 클래스가 포함할 수 있는 모든 멤버를 포함할 수 있다. 하지만 내포된 클래스는 반드시 inner 클래스여야만 한다.

```
fun main(args: Array<String>) {
  class Foo {
    val length = args.size
    inner class Bar {
      val firstArg = args.firstOrNull()
    }
  }
}
```

지역 클래스 안에 내부 클래스가 아닌 내포된 클래스를 허용하지 않는 이유는 무엇일까? 지역 클래스는 자신을 둘러싼 지역적인 상태(이 예제에서는 args)에 접근할 수 있다. 하지만 내포된 클래스의 특성상 지역 클래스 안에 있는 내포된 클래스는 자신의 외부 클래스에서 사용할 수 있는 상태에 접근할 수 없는데, 구문 영역(lexical scope)에 따른 변수 가시성 규칙이 지역 클래스 안의 내포된 클래스에서만 동작하지 않으면 얼핏 혼동을 야기하기 쉽다.

KOTLIN IN DEPTH

4.2 널 가능성

자바와 마찬가지로 코틀린의 참조 값에는 아무것도 참조하지 않는 경우를 나타내는 특별한 null(널)이라는 값이 있다. 이 참조는 그 어떤 할당된 객체도 가리키지 않는 참조를 뜻한다. 널은 다른 참조와 비슷하게 동작하지 않는다. 자바에서는 모든 참조 타입의 변수에 널을 대입할 수 있지만, 이때 이 참조 타입(하지만 값은 널임)에 정의된 메서드나 프로퍼티를 사용하려고 하면 NullPointerException(줄여서 NPE라고 부름)이 발생한다. 이 오류가 최악인 이유는 컴파일러가 정적인 타입 정보만으로는 이런 오류를 잡아낼 수 없어서 런타임에 프로그램을 실행해봐야 이 오류를 찾을 수 있기 때문이다.[3]

3 역주 한 가지 더 심각한 문제는 null 참조가 생기는 시점과 실제 null 참조를 이용하는 시점이 서로 다를 수 있으므로, NPE가 발생한 지점에서 실제 NPE의 원인을 알아내기가 쉽지 않을 수도 있다는 점이다. 이런 문제를 해결할 때 도움이 될 수 있도록 JDK 14부터는 좀 더 개선된 NPE 오류 메시지를 도입했다. https://openjdk.java.net/jeps/358을 살펴보라.

코틀린 타입 시스템에는 널 값이 될 수 있는 참조 타입과 널 값이 될 수 없는 참조 타입을 확실히 구분해주는 큰 장점이 있다. 이 기능은 널 발생 여부를 컴파일 시점으로 옮겨주기 때문에 악명 높은 NullPointerException 예외를 상당 부분 막을 수 있다.

이 절에서는 널이 될 수 있는 값을 표현할 때 쓰이는 타입을 설명하고, 널을 다룰 때 사용하는 기본적인 연산을 살펴본다. 또 **12장 자바 상호 운용성**에서 자바와 코틀린을 상호 운용할 때 생기는 널 가능성 문제를 다룰 것이다.

4.2.1 널이 될 수 있는 타입

코틀린 타입 시스템의 중요한 특징은 널 값을 포함하는 타입과 그렇지 않은 타입을 구분하는 능력이다. 자바에서 모든 참조 타입은 널이 될 수 있는 타입으로 간주된다. 즉, 컴파일러는 어떤 참조 타입의 변수가 null이 아닌 값만 포함한다는 사실을 보장하지 못한다.

하지만 코틀린에서 기본적으로 모든 참조 타입은 널이 될 수 없는 타입이다. 따라서 String 같은 타입에 null 값을 대입할 수 없다. 주어진 문자열에 문자(유니코드에서 문자로 분류되는 코드포인트들)만 들어있는지 검사하는 다음 함수를 살펴보자.

```
fun isLetterString(s: String): Boolean {
  if (s.isEmpty()) return false
  for (ch in s) {
    if (!ch.isLetter()) return false
  }
  return true
}
```

null을 s 파라미터에 넘기면 컴파일 오류가 발생한다.

```
fun main() {
  println(isLetterString("abc")) // Ok
  // error: null can not be a value of a non-null type String
  println(isLetterString(null))
}
```

두 번째 호출의 인자가 널이 될 수 있는 타입의 값이지만, String은 널을 받을 수 있는 타입이 아니기 때문이다. 따라서 이런 호출은 금지된다. isLetterString()에게 널이 전달되지 않는다는 사실을 보장하므로, 함수 자체에서는 널에 대한 검사를 추가로 수행할 필요가 없고 파라미터를 역참조(dereference)할 때 NPE 발생을 걱정할 필요가 없다. 코틀린 컴파일러는 이런 오류를 컴파일 시점에 방지해준다.

자바 vs. 코틀린 이와 반대로 컴파일러 관점에서 볼 때 자바에서 null을 다음 함수에 전달하는 것도 완전히 합법적이다. 하지만 런타임에 NullPointerException이 발생한다.

```
class Test {
  static booleanisLetterString(String s) {
    for (int i = 0; i<s.length; i++) {
      if (!Character.isLetter(s.charAt(i))) return false;
    }
    return true;
  }
  public static void main(String[] args) {
    // 컴파일은 되지만 런타임에 예외가 발생한다
    System.out.println(isEmpty(null))
  }
}
```

코틀린에서 널이 될 수도 있는 값을 받는 함수를 작성하려면 어떻게 해야 할까? 이런 경우 파라미터 타입 뒤에 물음표(?)를 붙여서 타입을 널이 될 수 있는 타입으로 지정해야 한다.

```
fun isBooleanString(s: String?) = s == "false" || s == "true"
```

코틀린에서 String? 같은 타입은 널이 될 수 있는 타입(nullable type)이라고 불린다. 타입 시스템 용어에서 모든 널이 될 수 있는 타입은 원래 타입(?가 붙지 않은 타입)의 상위 타입이며, 원래 타입에 속하는 모든 값으로 이뤄진 집합을 null로 확장한 집합이 값의 집합이 된다. 이 말은 특히 널이 될 수 있는 타입의 변수에 항상 널이 될 수 없는 타입의 값을 대입할 수 있다는 뜻이다. 하지만 물론 반대로 널이 될 수 없는 타입의 변수에 널이 될 수 있는 타입의 값을 대입할 수는 없다.

```
fun main() {
  println(isBooleanString(null)) // Ok
  val s: String? = "abc"         // Ok
  // error: type mismatch: inferred type is String? but String was expected
  val ss: String = s
}
```

앞 예제의 마지막 대입문은 잘못된 문장이다. 변수 s가 런타임에 null 값을 저장할 수 없지만, 우리가 s의 타입을 널이 될 수 있는 타입으로 지정했기 때문에 컴파일러는 이 정적인 타입 정보만 사용해 보수적으로 판단할 수밖에 없다.

런타임에 널이 될 수 없는 값은 실제로 널이 될 수 있는 값과 차이가 없다. 둘 사이 구분은 컴파일 수준에서만 존재한다. 코틀린 컴파일러는 널이 될 수 없는 값을 표현하기 위해 어떤 래퍼(예를 들어 자바 8의 Optional 클래스 같은)도 사용하지 않는다. 따라서 런타임에는 어떠한 부가 비용도 들지 않는다.

Int나 Boolean 같은 원시 타입도 널이 될 수 있는 타입이 존재한다. 하지만 원시 타입의 널이 될 수 있는 타입은 항상 박싱한 값만 표현한다는 점을 명심하라.

```
fun main() {
  val n: Int = 1   // 원시 타입의 값
  val x: Int? = 1  // 박싱한 타입의 값을 참조
}
```

가장 작은 널이 될 수 있는 타입은 Nothing?이다. 이 타입은 널 상수 이외의 어떤 값도 포함하지 않는다. 이 타입은 null 값 자체의 타입이며 다른 모든 널이 될 수 있는 타입의 하위 타입이다. 가장 큰 널이 될 수 있는 타입은 Any?이다. Any?는 코틀린 타입 시스템 전체에서 가장 큰 타입으로, 널이 될 수 있는 모든 타입과 널이 될 수 없는 모든 타입의 상위 타입이다.

널이 될 수 있는 타입은 원래 타입(널이 될 수 있는 타입에 해당하는 널이 될 수 없는 타입)에 들어있는 어떤 프로퍼티나 메서드도 제공하지 않는다. 멤버 함수를 호출하거나 프로퍼티를 읽는 등의 일반적인 연산이 null에서는 의미가 없기 때문이다. isLetterString() 함수의 파라미터 타입을 String?으로 바꾸되, 나머지 부분을 모두 그대로 두면 함수 본문의 모든 s 사용법이 잘못됐다고 컴파일 오류가 발생한다.

```
fun isLetterString(s: String?): Boolean {
  // error: only safe (?.) or non-null asserted (!!.) calls are allowed on a nullable
receiver of type String?
  if (s.isEmpty()) return false

  // error: not nullable value required to call an 'iterator()' method on for-loop
range
  for (ch in s) {
    if (!ch.isLetter()) return false
  }
  return true
}
```

String? 타입에 iterator() 메서드가 없기 때문에 for 루프를 사용해 널이 될 수 있는 문자열에 대한 이터레이션을 수행할 수는 없다.

사실 널이 될 수 있는 타입은 코틀린의 확장 메커니즘을 활용해 자체적인 메서드와 프로퍼티를 제공한다. **5장 고급 함수와 함수형 프로그래밍 활용하기**에서 이 주제를 더 자세히 다룬다. 한 가지 예는 문자열을 이어주는 연산(concatenation)이다. 이 연산은 String? 타입의 값에 대해서도 잘 작동한다.[4]

```
fun exclaim(s: String?) {
  println(s + "!")
}

fun main() {
  exclaim(null) // null!
}
```

그렇다면 isLetterString() 같은 함수가 널이 될 수 있는 값을 제대로 처리하게 바꾸려면 어떻게 해야 할까? 이런 처리를 위해 코틀린은 여러 가지 방법을 제공한다. 이제부터 이 내용을 다뤄보겠다.

4.2.2 널 가능성과 스마트 캐스트

널이 될 수 있는 값을 처리하는 가장 직접적인 방법은 해당 값을 조건문을 사용해 null과 비교하는 것이다.

```
fun isLetterString(s: String?): Boolean {
  if (s == null) return false

  // s는 여기서 널이 될 수 없다
  if (s.isEmpty()) return false

  for (ch in s) {
    if (!ch.isLetter()) return false
  }

  return true
}
```

4 역주 다만, 이로 인해 null+null을 하면 NPE가 발생하지 않고 "nullnull"이라는 문자열이 반환된다. 또한, null.toString()도 NPE를 발생시키지 않고 "null"이라는 문자열을 돌려준다. 이 두 가지 동작으로 인해 값을 문자열로 변환하는 과정에서 널 가능성을 실수로 빼먹어도 컴파일되는 경우가 있고, 이로 인해 가끔 예기치 않은 버그가 생길 수 있다.

s 자체의 타입을 바꾸지는 않았지만 null에 대한 검사를 추가하면 코드가 어떤 이유에서인지 컴파일된다. 스마트 캐스트(smart cast)라고 불리는 코틀린 기능이 이런 일을 가능하게 해준다. 기본적으로 null에 대한 동등성 검사를 수행하면, 컴파일러는 코드 흐름의 가지 중 한쪽에서는 대상 값이 확실히 널이고 다른 가지에서는 확실히 널이 아니라는 사실을 알 수 있다. 그 후 컴파일러는 이 정보를 사용해 값 타입을 세분화함으로써 널이 될 수 있는 값을 널이 될 수 없는 값으로 타입 변환(cast)한다. 이런 기능을 스마트 캐스트라고 부른다. 앞의 예제에서 컴파일러는 s == null이 참인 경우 해당 가지가 return 문으로 끝나기 때문에 s == null을 비교하는 비교문 다음의 문장은 s가 널일 경우 결코 실행되지 않는다는 사실을 알 수 있다. 그 결과 변수 s를 널이 될 수 없는 String 타입으로 가정하고 나머지 함수 본문을 실행한다.

스마트 캐스트는 널 가능성에만 제한되지 않는다. **8장 클래스 계층 이해하기**에서는 클래스 계층 구조 안에서 스마트 캐스트를 통해 안전한 타입 캐스팅을 수행하는 방법을 살펴본다.

IDE 팁 ≡ 인텔리J 플러그인은 스마트 캐스트에 의해 영향을 받는 변수를 특별히 강조해준다. 이로 인해 여러분이 코드를 볼 때 이런 변수를 쉽게 구별할 수 있다. 그리고 참조 툴팁(tooltip)에서는 스마트 캐스트에 의해 세분화된 타입을 보여주기까지 한다(그림 4-2).

▼ 그림 4-2 스마트 캐스트 강조

```
fun isLetterString(s: String?): Boolean {
    if (s == null) return false
    // s 는 여기서 널이 될 수 없다
    if (s.isEmpty()) return false
    for (ch in s) {
        if (!ch.   Smart cast to kotlin.String
    }
                   value-parameter s: String?
    return true
}
```

스마트 캐스트는 when이나 루프 같은 조건 검사가 들어가는 다른 문이나 식 안에서도 작동한다.

```
fun describeNumber(n: Int?) = when (n) {
  null -> "null"
  // 아래에 있는 가지에서 n은 널이 될 수 없다
  in 0..10 -> "small"
  in 11..100 -> "large"
  else -> "out of range"
}
```

||나 && 연산의 오른쪽에서도 같은 일이 벌어진다.

```
fun isSingleChar(s: String?) = s != null && s.length == 1
```

스마트 캐스트를 실행하려면 대상 변수의 값이 검사 지점과 사용 지점 사이에서 변하지 않는다고 컴파일러가 확신할 수 있어야 한다. 특히 지금까지 살펴본 불변 지역 변수는 초기화 후 변경되지 않으므로 항상 제한 없이 스마트 캐스트를 쓸 수 있다. 하지만 널 검사와 사용 지점 사이에서 값이 변경되는 경우에는 스마트 캐스트가 작동하지 않는다.

```
var s = readLine() // String?
if (s != null) {
  s = readLine()
  // 변수 값이 바뀌므로 스마트 캐스트를 쓸 수 없음
  // error: only safe (?.) or non-null asserted (!!.) calls are allowed on a nullable
receiver of type String?
  println(s.length)
}
```

(객체의) 가변 프로퍼티에 대해서는 절대 스마트 캐스트를 적용할 수 없다. 일반적으로 언제든 코드의 다른 부분에서 프로퍼티 값을 바꿀 수 있기 때문이다. **8장 클래스 계층 이해하기**에서 이런 규칙과 규칙의 예외를 자세히 설명한다.

4.2.3 널 아님 단언 연산자

readLine() 함수와 관련해 !! 연산자를 이미 살펴봤다. !! 연산자는 널 아님 단언(not-null assertion)이라고도 부르는데, KotlinNullPointerException 예외(JVM에서 이 클래스는 악명 높은 NullPointerException의 하위 클래스다)를 발생시킬 수 있는 연산자다. 이 연산자가 붙은 식의 타입은 원래 타입의 널이 될 수 없는 버전이다. 기본적으로 널 아님 단언은 자바 프로그램의 널 관련 동작, 즉 널 값을 역참조하려 할 때 예외를 던지는 동작을 부활시킨다. 다음 예제는 이런 동작을 보여준다.

```
val n = readLine()!!.toInt()
```

일반적으로 널이 될 수 있는 값을 사용하려면 그냥 예외를 던지는 방식보다 더 타당한 응답을 제공해야 하기 때문에 이 연산자를 사용하지 말아야 한다. 하지만 이 연산자 사용을 정당화할 수 있는 경우가 있다. 예를 들어 다음 프로그램을 살펴보자.

```
fun main() {
  var name: String? = null

  fun initialize() {
```

```
    name = "John"
  }

  fun sayHello() {
    println(name!!.uppercase()⁵)
  }

  initialize()
  sayHello()
}
```

이 경우 이름에 널이 될 수 없는 값이 할당된 다음에 sayHello() 함수가 호출되므로 널 아님 단언도 적절한 해법이다. 하지만 컴파일러는 이 사용이 안전하다고 인식할 수 없기 때문에 sayHello() 안에서 변수 타입을 String으로 세분화하지 못한다. 따라서 널 아님 단언문을 사용해 컴파일러의 경고를 무시하는 것이 한 가지 해법이다. 하지만 이와 같은 경우라고 해도 널을 다룰 때 쓸 수 있는 덜 무딘 도구를 사용하거나 코드 제어 흐름을 고쳐 써서 컴파일러가 스마트 캐스트를 적용할 수 있게 하는 편이 더 낫다.

널 아님 단언문을 널이 될 수 없는 수신 객체에 대해 사용해도 오류로 간주되지 않는다. 하지만 이런 코드는 불필요하기 때문에 피해야 한다.

> **IDE 팁 ≡** 인텔리J 코틀린 플러그인은 불필요한 !! 연산자를 강조하고 제거할 것을 제안하는 코드 인스펙션(inspection)을 제공한다.

다른 후위 연산자와 마찬가지로 널 아님 단언 연산자도 가장 높은 우선순위로 취급된다.

4.2.4 안전한 호출 연산자

널이 될 수 있는 타입의 값에 대해서는 그에 상응하는 널이 될 수 없는 타입의 값에 있는 메서드를 사용할 수 없다고 이미 설명했다. 하지만 특별한 안전한 호출 연산(safe call)을 사용하면 이런 제약을 피할 수 있다. 앞에서 본 예제를 다시 살펴보자.

```
fun readInt() = readLine()!!.toInt()
```

5 역주 코틀린 1.5부터 toUpperCase(), toLowerCase() 등은 사용 금지 예고(deprecated)됐으므로 그 대신 uppercase() 등을 써야 한다. uppercase()는 로케일과 무관하게 항상 똑같은 방식(영문 대소문자는 변환하지만 다른 문자는 그대로 두는 방식임)으로 대소문자 변환을 보장한다.

여러분의 프로그램이 콘솔을 표준 I/O로 사용하는 한 이 함수는 잘 작동한다. 하지만 프로그램이 파일을 표준 입력에 파이프(pipe)로 연결하면, 파일이 비어있는 경우 이 함수가 KotlinNullPointerException 예외를 발생시키면서 실패할 수 있다. 안전한 호출 연산자를 사용하면 다음 형태로 코드를 다시 작성할 수 있다.

```
fun readInt() = readLine()?.toInt()
```

앞의 코드는 기본적으로 다음 함수와 같다.

```
fun readInt(): Int? {
  val tmp = readLine()

  return if (tmp != null) tmp.toInt() else null
}
```

즉, 안전한 호출 연산자는 수신 객체(왼쪽 피연산자)가 널이 아닌 경우 일반적인 함수 호출처럼 작동한다. 하지만 수신 객체가 널이면 안전한 호출 연산자는 호출을 수행하지 않고 그냥 널을 돌려준다. ||나 &&와 비슷하게 안전한 호출 연산도 지연 연산의 의미를 따른다. 다시 말해 수신 객체가 널이면 안전한 호출 연산자는 함수의 인자를 계산하지 않는다. 우선순위 면에서 ?. 연산자는 일반적인 함수 호출 연산자(.)와 같은 수준이다.

'수신 객체가 널이 아닌 경우에는 의미 있는 일을 하고, 수신 객체가 널인 경우에는 널을 반환하라'라는 패턴은 실전에서 꽤 많이 발생한다. 따라서 안전한 호출을 사용하면 불필요한 if 식과 임시 변수의 사용을 줄여서 코드를 단순화할 수 있다. 한 가지 유용한 숙어는 안전한 호출 연산자를 연쇄시켜 다음과 같이 쓰는 것이다.

```
println(readLine()?.toInt()?.toString(16))
```

안전한 호출 연산자가 널을 반환할 수 있기 때문에 이런 연산이 반환하는 값의 타입은 상응하는 널을 고려하지 않는 연산자 반환 타입의 널이 될 수 있는 버전이 된다. 새로 만든 readInt() 함수를 호출하는 쪽에서도 이런 타입 변화를 염두에 둬야 한다.

```
fun readInt() = readLine()?.toInt()

fun main() {
  val n = readInt() // Int?

  if (n != null) {
```

```
    println(n + 1)
  } else {
    println("No value")
  }
}
```

널 아님 단언과 마찬가지로, 널이 될 수 없는 수신 객체에 안전한 호출을 적용할 수도 있다. 이런 코드는 간단한 점(.) 호출 연산과 똑같기 때문에 불필요한 중복에 불과하다.

IDE 팁 ≡ 인텔리J 코틀린 플러그인은 자동으로 불필요한 ?. 연산자 사용을 강조해주고 일반 호출로 바꿀 것을 제안한다.

4.2.5 엘비스 연산자

널이 될 수 있는 값을 다룰 때 유용한 연산자로 널 복합 연산자(null coalescing operator)인 ?:을 들 수 있다. 이 연산자를 사용하면 널을 대신할 디폴트 값을 지정할 수 있다. 엘비스 프레슬리(Elvis Persley)를 닮았기 때문에 널 복합 연산자를 보통은 엘비스 연산자라고 부른다. 다음 예제를 살펴보자.

```
fun sayHello(name: String?) {
  println("Hello, " + (name ?: "Unknown"))
}

fun main() {
  sayHello("John") // Hello, John
  sayHello(null)   // Hello, Unknown
}
```

이 연산자의 결과는 왼쪽 피연산자가 널이 아닐 경우에는 왼쪽 피연산자의 값이고, 왼쪽 피연산자가 널일 경우에는 오른쪽 피연산자의 값이다. 기본적으로 sayHello() 함수는 다음 코드와 같다.

```
fun sayHello(name: String?) {
  println("Hello, " + (if (name != null) name else "Unknown"))
}
```

4 클래스와 객체 다루기

안전한 연산과 엘비스 연산자를 조합해서 수신 객체가 널일 때의 디폴트 값을 지정하면 유용하다. 다음 코드는 프로그램의 표준 입력이 널을 반환할 경우 0을 n에 대입한다.

```
val n = readLine()?.toInt() ?: 0
```

더 간편한 패턴으로, return이나 throw 같은 제어 흐름을 깨는 코드를 엘비스 연산자 오른쪽에 넣는 방법이 있다. 이렇게 하면 이에 상응하는 if 식을 대신할 수 있다.

```
class Name(val firstName: String, val familyName: String?)

class Person(val name: Name?) {
  fun describe(): String {
    val currentName = name ?: return "Unknown"
    return "${currentName.firstName} ${currentName.familyName}"
  }
}

fun main() {
  println(Person(Name("John", "Doe")).describe()) // John Doe
  println(Person(null).describe()) // Unknown
}
```

IDE 팁 ≡ 인텔리J 코틀린 플러그인은 널을 검사하는 if 식을 감지해서 엘비스 연산자로 바꿔주는 특별한 코드 인스펙션 기능을 제공한다(그림 4-3).

▼ 그림 4-3 엘비스 연산자로 if 식 대신하기

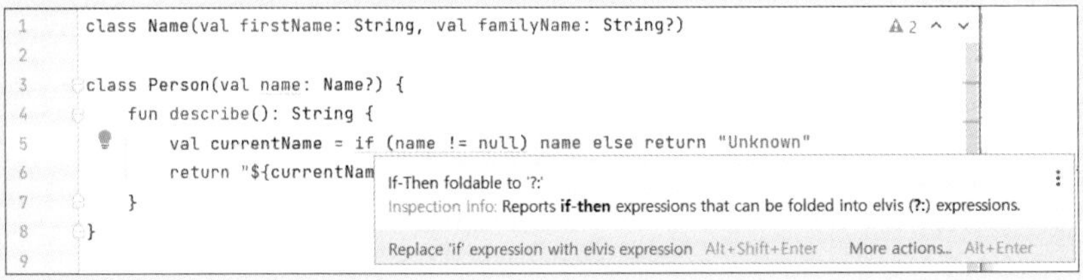

```
class Name(val firstName: String, val familyName: String?)

class Person(val name: Name?) {
    fun describe(): String {
        val currentName = if (name != null) name else return "Unknown"
        return "${currentNam
    }
}
```

If-Then foldable to '?:'
Inspection Info: Reports **if-then** expressions that can be folded into elvis (?:) expressions.
Replace 'if' expression with elvis expression Alt+Shift+Enter More actions... Alt+Enter

우선순위 면에서 엘비스 연산자는 or 등의 중위 연산자와 in, !in 사이에 위치한다. 특히 비교/동등성 연산자나 ||, &&, 대입보다 더 우선순위가 높다.

4.3 단순한 변수 이상인 프로퍼티

첫 번째 절에서는 프로퍼티에 대해 어떤 클래스 인스턴스나 파일 퍼사드(façade)에 묶인 변수이며 자바 필드와 비슷하다고 설명했다. 하지만 일반적으로 코틀린 프로퍼티는 일반 변수를 넘어서, 프로퍼티 값을 읽거나 쓰는 법을 제어할 수 있는 훨씬 더 다양한 기능을 제공한다. 이번 절에서는 단순하지 않은 프로퍼티의 의미들 사세히 실펴본다.

4.3.1 최상위 프로퍼티

클래스나 함수와 마찬가지로 최상위 수준에 프로퍼티를 정의할 수도 있다. 이런 경우 프로퍼티는 전역 변수나 상수와 비슷한 역할을 한다.

```
val prefix = "Hello, " // 최상위 불변 프로퍼티

fun main() {
  val name = readLine() ?: return
  println("$prefix$name")
}
```

이런 프로퍼티에 최상위 가시성(public/internal/private)을 지정할 수 있다. 그리고 임포트 디렉티브에서 최상위 프로퍼티를 임포트할 수도 있다.

```
// util.kt
package util

val prefix = "Hello, "

// main.kt
package main

import util.prefix

fun main() {
  val name = readLine() ?: return
  println("$prefix$name")
}
```

4.3.2 늦은 초기화

클래스를 인스턴스화할 때 프로퍼티를 초기화해야 한다는 요구 사항이 불필요하게 엄격할 때가 있다. 어떤 프로퍼티는 클래스 인스턴스가 생성된 뒤에, 그러나 해당 프로퍼티가 사용되는 시점보다는 이전에 초기화돼야 할 수도 있다. 예를 들어 단위 테스트를 준비하는 코드나 의존 관계 주입에 의해 대입돼야 하는 프로퍼티가 이런 종류에 속한다. 이런 경우 생성자에서는 초기화되지 않은 상태라는 사실을 의미하는 디폴트 값을 대입하고(예 null) 실제 값을 필요할 때 대입할 수도 있다. 예를 들어 다음 코드를 생각해보자.

```
import java.io.File

class Content {
  var text: String? = null

  fun loadFile(file: File) {
    text = file.readText()
  }
}

fun getContentSize(content: Content) = content.text?.length ?: 0
```

여기서 loadFile()은 다른 곳에서 호출되며 어떤 파일의 내용을 모두 문자열로 읽어온다고 가정하자. 이 예제의 단점은 실제 값이 항상 사용 전에 초기화되므로 절대 널이 될 수 없는 값이라는 사실을 알고 있음에도 불구하고 늘 널 가능성을 처리해야 한다는 점이다. 코틀린은 이런 패턴을 지원하는 lateinit 키워드를 제공한다. 앞의 예제에 lateinit을 적용해보자.

```
import java.io.File

class Content {
  lateinit var text: String

  fun loadFile(file: File) {
    text = file.readText()
  }
}

fun getContentSize(content: Content) = content.text.length
```

lateinit 표시가 붙은 프로퍼티는 값을 읽으려고 시도할 때 프로그램이 프로퍼티가 초기화됐는지 검사해서 초기화되지 않은 경우 UninitializedPropertyAccessException을 던진다는 한 가지 차이를 제외하면 일반 프로퍼티와 같다. 이 특성은 때로 암시적인 !! 연산자와 비슷하다.

프로퍼티를 lateinit으로 만들기 위해서는 몇 가지 조건을 만족해야 한다. 첫째, 프로퍼티가 코드에서 변경될 수 있는 지점이 여러 곳일 수 있으므로 프로퍼티를 가변 프로퍼티(var)로 정의해야 한다. 둘째, 프로퍼티의 타입은 널이 아닌 타입이어야 하고 Int나 Boolean 같은 원시 값을 표현하는 타입이 아니어야 한다. 내부에서 lateinit 프로퍼티는 초기화되지 않은 상태를 표현하기 위해 null을 사용하는 널이 될 수 있는 값으로 표현되기 때문이다. 마지막으로, lateinit 프로퍼티를 정의하면서 초기화 식을 지정해 값을 바로 대입할 수 없다. 이런 대입을 허용하면 애초 lateinit을 지정하는 의미가 없기 때문이다.

코틀린 1.2부터 lateinit과 관련한 몇 가지 개선 사항을 도입했다. 특히 이제는 최상위 프로퍼티와 지역 변수에서 늦은 초기화를 사용할 수 있게 됐다.

```
lateinit var text: String

fun readText() {
  text = readLine()!!
}

fun main() {
  readText()
  println(text)
}
```

다른 개선으로는 lateinit 프로퍼티의 값을 읽기 전에 lateinit 프로퍼티가 설정됐는지를 알아보는 기능이 있다. 이 방법은 **10장 애너테이션과 리플렉션**에서 코틀린 리플렉션 API를 다룰 때 살펴본다.

4.3.3 커스텀 접근자 사용하기

지금까지 살펴본 프로퍼티는 근본적으로 어떤 코틀린 클래스의 인스턴스나 어떤 파일 안의 문맥(이런 경우 JVM에서는 특별한 파사드 클래스 인스턴스로 파일 내 문맥을 저장한다) 내에 저장된 일반 변수처럼 작동했다. 하지만 코틀린 프로퍼티의 실제 능력은 변수와 함수의 동작을 한 선언 안에 조합할 수 있는 기능에 있다. 이런 기능은 커스텀 접근자(custom accessor)를 통해 이뤄진다. 커스텀 접근자는 프로퍼티 값을 읽거나 쓸 때 호출되는 특별한 함수다.

다음 예제는 프로퍼티 값을 읽을 때 사용하는 커스텀 게터(getter)를 정의한다.

```
class Person(val firstName: String, val familyName: String) {
  val fullName: String
    get(): String {
      return "$firstName $familyName"
    }
}
```

게터는 프로퍼티 정의 끝에 붙으며 기본적으로 이름 대신 get이라는 키워드가 붙은 함수처럼 보인다. 하지만 이런 프로퍼티를 읽으면 프로그램이 자동으로 게터를 호출한다.

```
fun main() {
  val person = Person("John", "Doe")
  println(person.fullName) // John Doe
}
```

함수와 비슷하게 접근자에도 식이 본문인 형태를 사용할 수 있다.

```
val fullName: String
  get() = "$firstName $familyName"
```

게터에는 파라미터가 없다는 점을 기억하라. 반면 게터의 반환 타입은 (만약 반환 타입을 지정한다면) 프로퍼티의 타입과 같아야 한다.

```
val fullName: Any
  get(): String {
    // error: getter return type must be equal to the type of the property, i.e. 'Any'
    return "$firstName $familyName"
  }
```

코틀린 1.1부터는 프로퍼티와 게터 정의에서 프로퍼티의 타입을 생략하고 타입 추론에 의존하면 된다.

```
val fullName
  get() = "$firstName $familyName" // 타입이 String으로 추론된다
```

앞의 코드처럼 도입한 프로퍼티의 값은 매번 fullName 프로퍼티를 읽을 때마다 다시 계산된다. firstName, familyName과 달리 fullName에는 뒷받침하는 필드(backing field)가 없기 때문에 클래스 인스턴스에서 전혀 메모리를 차지하지 않는다. 즉, 기본적으로 fullName은 프로퍼티 형태인 함수와 같다. 자바에서는 이런 경우 보통 getFullName()으로 게터 이름을 정한다. 뒷받침하는 필드와 관련한 규칙은 다음과 같다. 프로퍼티에 명시적으로 field를 사용하는 디폴트 접근자나 커스텀 접근자가 하나라도 있으면 뒷받침하는 필드가 생성된다. 불변 프로퍼티의 접근자는 읽기 접근자 하나뿐이므로 앞 예제에서 fullName은 직접 뒷받침하는 필드인 field를 참조하지 않는다는 사실을 쉽게 알 수 있다. 따라서 fullName 프로퍼티에는 뒷받침하는 필드가 없다.

직접 뒷받침하는 필드에 접근하는 것은 어떨까? 프로퍼티가 어떤 저장된 값을 사용하지만 프로퍼티에 대한 접근을 커스텀화해야 할 경우, 뒷받침하는 필드에 접근할 수 있으면 유용하다. 예를 들어 프로퍼티를 읽을 때마다 로그를 남기고 싶다면 다음과 같이 할 수 있다.

```
class Person(val firstName: String, val familyName: String, age: Int) {
  val age: Int = age
    get(): Int {
      println("Accessing age")
      return field
    }
}
```

뒷받침하는 필드 참조는 field라는 키워드를 사용하며 접근자의 본문 안에서만 유용하다.

프로퍼티에 뒷받침하는 필드가 없다면 필드를 초기화할 수 없다. 초기화는 기본적으로 클래스를 인스턴스화할 때 값을 뒷받침하는 필드에 직접 대입하는 것이기 때문이다. 그래서 앞 예제에서 본 (뒷받침하는 필드가 없이 게터만 있는) fullName을 초기화하지 않았다. 계산에 의해 값을 돌려주는 프로퍼티의 경우 뒷받침하는 필드가 필요하지 않다.

커스텀 게터가 있는 프로퍼티는 약간의 문법적인 차이에도 불구하고 파라미터가 없는 함수처럼 동작하므로, 어떤 경우 함수를 사용하고 어떤 경우 프로퍼티를 사용할지에 대한 의문이 떠오를 수 있다. 공식 코틀린 코딩 관습은 값을 계산하는 과정에서 예외가 발생할 여지가 없거나, 값을 계산하는 비용이 충분히 싸거나, 값을 캐시해 두거나, 클래스 인스턴스의 상태가 바뀌기 전에는 여러 번 프로퍼티를 읽거나, 함수를 호출해도 항상 똑같은 결과를 내는 경우에는 함수보다 프로퍼티를 사용하는 쪽을 권장한다.

var로 정의하는 가변 프로퍼티에는 값을 읽기 위한 게터와 값을 설정하기 위한 세터(setter)라는 두 가지 접근자가 있다. 예제를 살펴보자.

```
class Person(val firstName: String, val familyName: String) {
  var age: Int? = null
    set(value) {
      if (value != null && value <= 0) {
        throw IllegalArgumentException("Invalid age: $value")
      }
      field = value
    }
}

fun main() {
  val person = Person("John", "Doe")
  person.age = 20      // 커스텀 세터를 호출
  println(person.age) // 20 (커스텀 게터를 호출)
}
```

프로퍼트 세터의 파라미터는 단 하나이며, 타입은 프로퍼티 자체의 타입과 같아야 한다. 보통은 파라미터 타입을 항상 미리 알 수 있기 때문에 세터에서는 파라미터 타입을 생략한다. 관습적으로 파라미터 이름을 value로 정하는 경우가 많지만 원하는 다른 이름을 붙여도 좋다.

프로퍼티를 초기화하면 값을 바로 뒷받침하는 필드에 쓰기 때문에 프로퍼티 초기화는 세터를 호출하지 않는다는 점에 유의하라.

가변 프로퍼티에는 두 가지 접근자가 있으므로 두 접근자를 모두 커스텀화하고 두 접근자가 모두 다 field 키워드를 통해 뒷받침하는 필드를 사용하지 않는 경우를 제외하면 항상 뒷받침하는 필드가 생긴다. 예를 들어 앞의 age 프로퍼티는 디폴트 게터를 사용하고 세터에서 field를 직접 언급하기 때문에 뒷받침하는 필드를 생성한다. 반면 다음 프로퍼티는 그렇지 않기 때문에 뒷받침하는 필드가 생기지 않는다.

```
class Person(var firstName: String, var familyName: String) {

  var fullName: String
    get(): String = "$firstName $familyName"
    set(value) {
      val names = value.split(" ") // 공백으로 구분해 단어를 분리한다
      if (names.size != 2) {
        throw IllegalArgumentException("Invalid full name: '$value'")
      }
```

```
      firstName = names[0]
      familyName = names[1]
    }
  }
```

프로퍼티 접근자에 별도로 가시성 변경자를 붙일 수도 있다. 여러분이 프로퍼티가 포함된 클래스 외부에서는 프로퍼티의 값을 변경하지 못하게 해서 바깥 세계에서 볼 때는 실질적으로 객체가 불변인 것처럼 여겨지게 하고 싶을 때 이런 방식을 사용할 수 있다. 단순한 접근자 구현(뒷받침하는 필드를 비로 돌려주는 게터와 뒷받침하는 필드에 값을 바로 대입하는 세터)만 필요한 경우에는 그냥 get이나 set 키워드만 사용해서 게터와 세터를 정의할 수 있다.

```
import java.util.Date

class Person(name: String) {
  var lastChanged: Date? = null
    private set // Person 클래스 밖에서는 변경할 수 없다

  var name: String = name
    set(value) {
      lastChanged = Date()
      field = value
    }
}
```

자바 vs. 코틀린 JVM의 관점에서 볼 때 코틀린 프로퍼티는 일반적으로 비공개 프로퍼티에 의해 뒷받침되는 한두 개의 접근자나 메서드(getFullName()과 setFullName()처럼)에 대응된다. 이들 메서드 자체는 코틀린 코드에서 호출할 수 없지만 자바 클래스에서는 이런 메서드를 호출할 수 있으며, 이런 점이 자바/코틀린 상호 운용성에서 가장 중요한 부분이다. **12장 자바 상호 운용성**에서 이 주제를 더 자세히 다룬다. 반면 비공개 프로퍼티는 자신이 포함된 클래스 밖에서 사용할 수 없기 때문에 기본적으로 아무 접근자 메서드도 생성되지 않는다. 이런 비공개 프로퍼티에 대한 접근은 직접 필드에 접근함으로써 최적화된다.

lateinit 프로퍼티의 경우 항상 자동으로 접근자가 생성되기 때문에 프로그래머가 직접 커스텀 접근자를 정의할 수 없다. 그리고 주생성자 파라미터로 선언된 프로퍼티에 대한 접근자도 지원하지 않는다. 하지만 이 문제는 앞에서 본 age처럼, 일반적인 프로퍼티가 아닌 생성자 파라미터를 사용하고 클래스 본문 안에서 프로퍼티에 그 값을 대입함으로써 해결할 수 있다.

4.3.4 지연 계산 프로퍼티와 위임

앞 절에서는 lateinit 변경자를 사용해 지연 초기화를 구현하는 방법을 살펴봤다. 하지만 어떤 프로퍼티를 처음 읽을 때까지 그 값에 대한 계산을 미뤄두고 싶을 때가 자주 있다. 코틀린에서는 lazy 프로퍼티를 통해 이를 달성할 수 있다. 예를 살펴보자.

```
import java.io.File

val text by lazy {
  File("data.txt").readText()
}

fun main() {
  while (true) {
    when (val command = readLine() ?: return) {
      "print data" ->println(text)
      "exit" -> return
    }
  }
}
```

앞 예제에서는 text 프로퍼티를 lazy로 정의했다. lazy 다음에 오는 블록 안에는 프로퍼티를 초기화하는 코드를 지정한다. main() 함수에서 사용자가 적절한 명령으로 프로퍼티 값을 읽기 전까지, 프로그램은 lazy 프로퍼티의 값을 계산하지 않는다. 초기화가 된 이후 프로퍼티의 값은 필드에 저장되고, 그 이후로는 프로퍼티 값을 읽을 때마다 저장된 값을 읽게 된다. 예를 들어 간단한 초기화를 통해 다음과 같이 프로퍼티를 정의한 경우에는

```
val text = File("data.txt").readText()
```

프로그램이 시작될 때 바로 파일을 읽는다. 하지만 게터를 사용한 프로퍼티를 사용해 다음과 같이 정의하면

```
val text get() = File("data.txt").readText()
```

프로그램이 프로퍼티 값을 읽을 때마다 파일을 매번 다시 읽어온다.

필요하면 프로퍼티 타입을 명시할 수도 있다.

```
val text: String by lazy { File("data.txt").readText() }
```

이 구문은 사실 프로퍼티 처리에 필요한 데이터를 모아 유지하면서 읽기와 쓰기를 처리하는 위임 객체(delegate object)를 통해 프로퍼티를 구현하게 해주는 위임 프로퍼티(delegate property)라는 기능의 특별한 경우다. 위임 객체는 by라는 키워드 다음에 위치하며, 코틀린이 정한 규약을 만족하는 객체를 반환할 수 있는 임의의 식이 될 수 있다. 우리 예제에서 lazy {}는 코틀린의 내장 구성 요소가 아니라 표준 라이브러리 함수에 람다를 넘기는 식일 뿐이다(**2장 코틀린 언어 기초**에서 배열 인스턴스 생성을 설명할 때 람다를 넘기는 표준 라이브러리 함수를 이미 살펴봤다).

코틀린이 기본으로 제공하는 몇 가지 위임 객체가 있다. 지연 계산을 활성화하는 lazy 외에도, 프로퍼티를 읽거나 쓸 때마다 리스너(listener)에게 통지해주는 위임이나 프로퍼티 값을 필드에 저장하는 대신 맵에 저장하는 위임 등이 기본으로 제공된다. 이 절에서는 지연 계산 프로퍼티라는 맥락에서 여러분이 위임을 간단히 맛볼 수 있게 해주고, 종합적인 처리에 대한 논의는 **7장 컬렉션과 I/O 자세히 알아보기**와 **11장 도메인 특화 언어**에서 코틀린 표준 라이브러리에서의 표준 위임을 설명하고 여러분 자신의 위임 객체를 설계하는 방법을 설명할 때까지 미뤄두겠다.

lateinit 프로퍼티와 달리 lazy 프로퍼티는 가변 프로퍼티가 아니다. lazy 프로퍼티는 일단 초기화된 다음에는 변경되지 않는다.

```
// error: type 'Lazy<String>' has no method 'setValue(Chapter4, KProperty<*>, String)'
and thus it cannot serve as a delegate for var (read-write property)
var text by lazy { "Hello" }
```

디폴트로 lazy 프로퍼티는 스레드 안전(thread-safe)하다. 즉, 다중 스레드 환경에서도 값을 한 스레드 안에서만 계산하기 때문에 lazy 프로퍼티에 접근하려는 모든 스레드는 궁극적으로 같은 값을 얻게 된다.

코틀린 1.1부터는 지역 변수에도 위임을 쓸 수 있게 됐다. 이 기능을 사용하면 함수 본문에서 지연 변수를 정의할 수 있다.

```
fun longComputation(): Int {...}

fun main(args: Array<String>) {
  val data by lazy { longComputation() } // lazy 지역 변수
  val name = args.firstOrNull() ?: return
  println("$name: $data") // name이 널이 아닐 때만 data에 접근할 수 있음
}
```

지금 현재 위임 프로퍼티에 대해서는 스마트 캐스트를 사용할 수 없다는 점에 유의하라. 위임은 구현이 다 다를 수 있기 때문에 커스텀 접근자로 정의된 프로퍼티처럼 다뤄진다. 그리고 이 말은 위임을 사용한 지역 변수의 경우에도 스마트 캐스트를 쓸 수 없다는 뜻이기도 하다.

```
fun main() {
  val data by lazy { readLine() }

  if (data != null) {
    // error: smart cast to 'String' is impossible, because 'data' is a property that
has open or custom getter
    println("Length: ${data.length}")
  }
}
```

lazy 프로퍼티와 lazy 지역 변수는 다르지 않다. 현재로서는 이 둘의 값이 초기화된 다음에 실제로 값이 바뀌지 않더라도 스마트 캐스트를 적용할 수 없다.

4.4 객체

이번 절에서는 객체 선언의 정의에 대해 알아본다. 코틀린에서 객체 선언은 클래스와 상수를 합한 것이며 객체 선언을 통해 싱글턴(singleton), 즉 인스턴스가 단 하나만 존재하는 클래스를 만들 수 있다. 그리고 자바 익명 클래스(anonymous class)와 비슷한 역할을 하는 객체 식도 살펴본다.

4.4.1 객체 선언

코틀린은 어떤 클래스에 인스턴스가 오직 하나만 존재하게 보장하는 싱글턴 패턴을 내장하고 있다. 코틀린에서는 클래스와 비슷한 방법으로 싱글턴을 선언한다. 다만 class 대신 object라는 키워드를 사용한다.

```
object Application {
  val name = "My Application"
```

```
  override fun toString() = name

  fun exit() { }
}
```

이런 객체 선언은 클래스를 정의하는 동시에 클래스의 인스턴스를 정의하는 것이기도 하다. 예를 들어 다음 코드를 보자.

```
fun describe(app: Application) = app.name // Application은 타입임

fun main() {
  println(Application)                    // Application은 값임
}
```

일반적으로 객체의 인스턴스는 단 하나뿐이므로 인스턴스만 가리켜도 어떤 타입을 쓰는지 충분히 알 수 있다. 따라서 객체를 타입으로 사용해도 무의미하다.

객체 정의는 스레드 안전하다. 컴파일러는 실행되는 여러 스레드에서 싱글턴에 접근하더라도 오직 한 인스턴스만 공유되고 초기화 코드도 단 한 번만 실행되도록 보장한다.

초기화는 싱글턴 클래스가 실제 로딩되는 시점까지 지연된다. 보통은 프로그램이 객체 인스턴스에 처음 접근할 때 초기화가 이뤄진다.

자바 vs. 코틀린 자바에서는 비공개 생성자와 정적(static) 상태를 조합한 일반적인 클래스 정의를 사용해 싱글턴을 에뮬레이션한다. 이런 객체 선언은 세부 구현 내용에 따라 특성이 달라지며, 보통은 지연 계산 싱글턴과 즉시 계산 싱글턴, 스레드 안전한 싱글턴과 스레드 안전하지 않은 싱글턴으로 구분할 수 있다. Application 객체의 JVM 바이트코드를 살펴보면 기본적으로 다음 자바 클래스와 같은 양의 코드를 볼 수 있다.

```
public final class Application {
  private static final String name = "My Application";

  public static final Application INSTANCE;

  private Application() { }

  public final String getName() {
    return name;
  }

  public final void exit() { }
```

```
    static {
      INSTANCE = new Application();
      name = "My Application";
    }
  }
```

코틀린 코드에서는 INSTANCE 변수에 접근할 수 없다. 하지만 코틀린의 싱글턴을 참조하는 자바 클래스에서는 이 변수를 사용할 수 있다. **12장 자바 상호 운용성**에서 이 주제를 더 자세히 다룬다.

클래스와 마찬가지로 객체 선언도 멤버 함수와 프로퍼티를 포함할 수 있고, 초기화 블록도 포함할 수 있다. 하지만 객체에는 주생성자나 부생성자가 없다. 객체 인스턴스는 항상 암시적으로 만들어지기 때문에 객체의 경우 생성자 호출이 아무런 의미가 없다.

객체의 본문에 들어있는 클래스에는 inner가 붙을 수 없다. 내부 클래스의 인스턴스는 항상 바깥쪽 클래스의 인스턴스와 연관되는데, 객체 선언은 항상 인스턴스가 하나뿐이므로 inner 변경자가 불필요해진다. 그래서 객체 안에 정의된 클래스에 대해서는 inner 사용을 금지한다.

최상위 선언들과 마찬가지로, 객체의 멤버를 임포트해서 간단한 이름만 사용해 참조할 수 있다. 다음 예에서 Application 객체는 다른 파일에 정의돼 있다.

```
import Application.exit

fun main() {
  println(Application.name) // 전체 이름을 사용
  exit()                    // 간단한 이름을 사용
}
```

하지만 객체의 모든 멤버가 필요할 때 임포트 문으로 임포트할 수는 없다.

```
import Application.* // Error
```

이런 제약을 가하는 이유는 객체 정의 안에는 다른 클래스 정의와 같이 toString()이나 equals()와 같은 공통 메서드 정의가 들어있기 때문이다. 이로 인해 필요시 임포트를 사용하면 이런 공통 메서드까지 임포트돼 문제가 생길 수 있다.

클래스와 마찬가지로 객체도 다른 클래스 안에 내포될 수 있고, 심지어는 다른 객체 안에 내포될 수도 있다. 이렇게 내포된 객체 선언도 싱글턴이며 전체 애플리케이션에서 인스턴스가 단 하나만 생긴다. 객체를 둘러싸고 있는 클래스마다 인스턴스를 별도로 만들어야 한다면 내부 클래스를 사용해야 한다. 하지만 객체를 함수 내부에 넣거나 지역 클래스 또는 내부 클래스 안에 넣을 수 없다. 이런

정의들은 어떤 외부 문맥에 의존하므로 싱글턴이 될 수 없기 때문이다. 객체 식(object expression)을 사용하면 지역 영역의 객체를 만들 수 있다. 이에 대한 내용은 이후에 다시 설명한다.

자바 vs. 코틀린 자바 세상에는 유틸리티 클래스(utility class)가 종종 존재한다. 유틸리티 클래스는 기본적으로 아무 인스턴스를 갖지 않고(보통은 비공개 생성자로 인스턴스 생성을 막는다) 관련 정적 메서드를 모아두는 역할만 하는 클래스다. 이런 패턴은 자바에서는 유용하지만 코틀린에서는 일반적으로 권장되지 않는 패턴이다. 무엇보다 코틀린 클래스에서는 정적 메서드를 정의할 수 없기 때문에 일반 클래스를 통해 자바와 동일한 방식의 유틸리티 클래스를 정의할 방법이 없다. 하지만 코틀린은 자바와 달리 최상위 선언을 패키지 안에 함께 모아둘 수 있으므로 불필요하게 유틸리티 클래스를 선언해야 할 필요가 없다.

4.4.2 동반 객체

내포된 클래스와 마찬가지로 내포 객체도 인스턴스가 생기면 자신을 둘러싼 클래스의 비공개 멤버에 접근할 수 있다. 이런 특성은 예를 들어 팩토리 디자인 패턴을 쉽게 구현하는 경우 유용하게 활용할 수 있다. 생성자를 직접 사용하고 싶지 않을 때가 있다. 예를 들어 생성자를 사용하면 어떤 사전 검사 결과에 따라 널을 반환하거나 (같은 상위 타입에 속하는) 다른 타입의 객체를 반환할 수 없다. 생성자는 항상 자신이 정의된 클래스의 객체를 반환하거나 예외를 던질 수만 있기 때문이다. 이를 해결하는 방법은 생성자를 비공개로 지정해 클래스 외부에서 사용할 수 없게 한 다음, 내포된 객체에 팩토리 메서드 역할을 하는 함수를 정의하고 그 함수 안에서 필요에 따라 객체의 생성자를 호출하는 것이다.

```
class Application private constructor(val name: String) {
  object Factory {
    fun create(args: Array<String>): Application? {
      val name = args.firstOrNull() ?: return null
      return Application(name)
    }
  }
}

fun main(args: Array<String>) {
  // 직접 생성자를 호출하도록 허용하지 않음
  // val app = Application(name)
  val app = Application.Factory.create(args) ?: return
```

```
  println("Application started: ${app.name}")
}
```

이런 경우 별도로 import Application.Factory.create로 팩토리 메서드를 임포트하지 않는 한 매번 내포된 객체의 이름을 지정해야 한다. 코틀린에서는 Factory 메서드를 동반 객체(companion object)로 정의함으로써 이런 문제를 해결할 수 있다. 동반 객체는 companion이라는 키워드를 덧붙인 내포된 객체다. 이 객체는 다른 내포된 객체와 마찬가지로 작동하지만 한 가지 예외가 있다. 동반 객체의 멤버에 접근할 때는 동반 객체의 이름을 사용하지 않고 동반 객체가 들어있는 외부 클래스의 이름을 사용할 수 있다. 동반 객체를 사용하면 앞에서 본 예제를 좀 더 간결하게 작성할 수 있다.

```
class Application private constructor(val name: String) {
  companion object Factory {
    fun create(args: Array<String>): Application? {
      val name = args.firstOrNull() ?: return null
      return Application(name)
    }
  }
}

fun main(args: Array<String>) {
  val app = Application.create(args) ?: return
  println("Application started: ${app.name}")
}
```

불필요한 일이기는 하지만, 여전히 동반 객체의 이름을 사용해 동반 객체 멤버에 접근할 수도 있다.

```
val app = Application.Factory.create(args) ?: return
```

IDE 팁 ≡ 인텔리J 코틀린 플러그인은 불필요하게 동반 객체를 참조하는 경우 경고를 표시하고 코드에서 해당 참조를 제거할 것을 제안한다(그림 4-4).

▼ 그림 4-4 불필요한 동반 객체 이름 참조

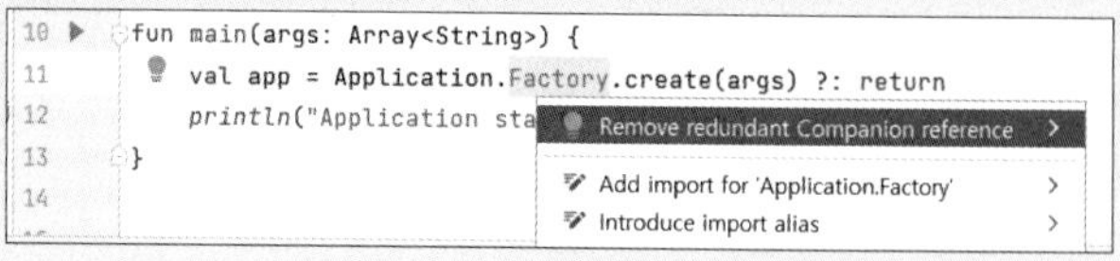

```
fun main(args: Array<String>) {
    val app = Application.Factory.create(args) ?: return
    println("Application sta
}
```

Remove redundant Companion reference
Add import for 'Application.Factory'
Introduce import alias

동반 객체의 경우 정의에서 이름을 아예 생략할 수도 있다. 이런 방식을 더 권장한다.

```
class Application private constructor(val name: String) {
  companion object {
    fun create(args: Array<String>): Application? {
      val name = args.firstOrNull() ?: return null
      return Application(name)
    }
  }
}
```

동반 객체 이름을 생략한 경우 컴파일러는 동반 객체의 디폴트 이름을 Companion으로 가정한다.

동반 객체의 멤버를 임포트하고 싶을 때는 객체 이름을 명시해야만 한다는 점에 유의하라.

```
import Application.Companion.create // OK
import Application.create           // Error
```

클래스에 동반 객체가 둘 이상 있을 수는 없다.

```
class Application {
  companion object Factory
  // error: only one companion object is allowed per class
  companion object Utils
}
```

companion 변경자를 최상위 객체 앞에 붙이거나 다른 객체에 내포된 객체 앞에 붙이는 것은 금지된다. 최상위 객체의 경우 동반 객체를 연결할 클래스 정의가 없기 때문이고, 객체에 내포된 객체의 경우 companion을 붙이는 것이 불필요한 중복이기 때문이다.

자바 vs. 코틀린 코틀린의 동반 객체를 자바의 정적 문맥과 대응하는 것처럼 생각할 수도 있다. 자바 정적 멤버와 마찬가지로 동반 객체의 멤버도 외부 클래스와 똑같은 전역 상태를 공유하며 외부 클래스의 모든 멤버에 멤버 가시성과 무관하게 접근할 수 있다. 하지만 중요한 차이는 코틀린 동반 객체의 문맥은 객체 인스턴스라는 점이다. 이로 인해 자바의 정적 멤버(특히 정적 멤버 클래스)보다 코틀린 동반 객체가 더 유연하다. 코틀린 동반 객체는 다른 상위 타입을 상속할 수도 있고 일반 객체처럼 여기저기에 전달될 수 있기 때문이다. **8장 클래스 계층 이해하기**와 **11장 도메인 특화 언어**에서 동반 객체와 상속 및 코틀린 언어 관습을 조합해 더 표현력이 좋은 코드를 만들어내는 방법을 살펴보겠다.

자바의 static 초기화 블록처럼 동반 객체 안에서도 init 블록을 사용할 수 있다는 점도 알아두라.

4.4.3 객체 식

코틀린은 명시적인 선언 없이 객체를 바로 생성할 수 있는 특별한 식을 제공한다. 객체 식(object expression)은 자바 익명 클래스(anonymous class)와 아주 비슷하다. 다음 코드를 보자.

```
fun main() {
  fun midPoint(xRange: IntRange, yRange: IntRange) = object {
    val x = (xRange.first + xRange.last)/2
    val y = (yRange.first + yRange.last)/2
  }

  val midPoint = midPoint(1..5, 2..6)

  println("${midPoint.x}, ${midPoint.y}") // (3, 4)
}
```

객체 식은 이름이 없는 객체 정의처럼 보인다. 그리고 객체 식도 식이므로 앞의 예제처럼 객체 식이 만들어내는 값을 변수에 대입할 수 있다. 클래스나 객체 식과 달리 객체를 함수 안에 정의할 수는 없다.

```
fun printMiddle(xRange: IntRange, yRange: IntRange) {
  // error: named object 'MidPoint' is a singleton and cannot be local. Try to use
anonymous object instead
  object MidPoint {
    val x = (xRange.first + xRange.last)/2
    val y = (yRange.first + yRange.last)/2
  }

  println("${MidPoint.x}, ${MidPoint.y}")
}
```

코틀린 설계자들이 이렇게 결정한 이유는 객체 선언이 싱글턴을 표현하지만 지역 객체들은 자신을 둘러싼 바깥 함수가 호출될 때마다 매번 다시 생성돼야 하기 때문이다.

midPoint() 함수가 반환하는 객체에 대해 명시적으로 타입을 지정하지 않았으므로, 이 함수의 반환 타입이 무엇인지 궁금할 것이다. 답은 객체 식 안에 정의된 모든 멤버가 들어있는 클래스를 표현하는 익명 객체 타입(anonymous object type)이며, 이런 타입은 단 하나만 존재한다(즉, 멤버가 모두 완전히 똑같은 두 객체 식이 있다고 해도, 둘의 타입은 서로 다르다). 코틀린 언어에서 이런 타입을 표현할 방법은 없다. 이 타입은 단지 코틀린 컴파일러가 객체 식의 타입을 표현하기 위해 사용하는 내부 표현일 뿐이다. 객체 식이 만들어내는 객체도 다른 클래스 인스턴스와 마찬가지로 사용할 수 있다. 예를 들어 앞 예제의 println 호출에서처럼 객체 식에 정의된 멤버에 접근할 수 있다.

IDE 팁 ≡ Show Expression Type 액션(Ctrl + Shift + P/Cmd - Shift - P)을 사용해 객체 식의 타입을 살펴보면 인텔리J는 <anonymous object>라고 표시해준다(그림 4-5).

▼ 그림 4-5 익명 객체 타입

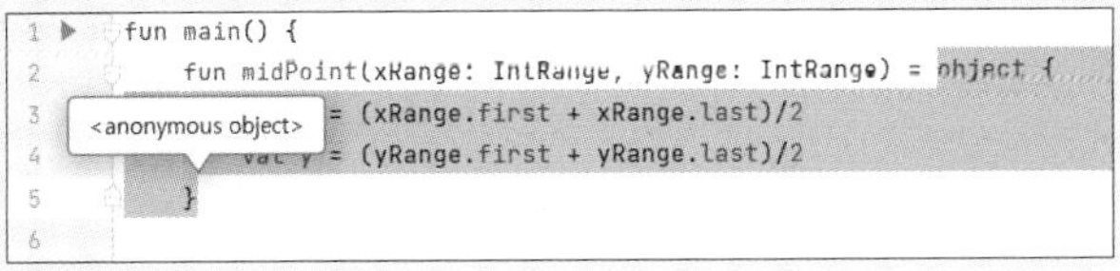

```
fun main() {
    fun midPoint(xRange: IntRange, yRange: IntRange) = object {
                 = (xRange.first + xRange.last)/2
        val y = (yRange.first + yRange.last)/2
    }
<anonymous object>
```

다음 예제는 객체 식의 타입이 익명 객체 타입이며, 지역 변수나 프로퍼티의 타입도 마찬가지일 수 있음을 보여준다.

```
fun main() {
  val o = object {  // 익명 객체 타입이 추론됨
    val x = readLine()!!.toInt()
    val y = readLine()!!.toInt()
  }
  println(o.x + o.y) // 여기서 o 안의 x와 y에 접근할 수 있음
}
```

하지만 익명 객체 타입은 지역 선언이나 비공개 선언에만 전달될 수 있다. 예를 들어 midPoint 함수를 최상위 함수로 정의하면 객체 멤버에 접근할 때 컴파일 오류가 발생한다.

```
fun midPoint(xRange: IntRange, yRange: IntRange) = object {
  val x = (xRange.first + xRange.last)/2
  val y = (yRange.first + yRange.last)/2
}

fun main() {
  val midPoint = midPoint(1..5, 2..6)
  // error: unresolved reference: x
  // error: unresolved reference: y
  println("${midPoint.x}, ${midPoint.y}")
}
```

여기서 midPoint() 함수의 타입은 객체 식에 해당하는 익명 객체 타입이 아니라 객체 식에 지정된 상위 타입이 된다. 하지만 예제 객체 식에는 상위 타입을 명시하지 않았기 때문에 Any를 상위 타입으로 가정한다. 그래서 midPoint.x 참조에서 x를 찾을 수 없는 것이다.

지역 함수나 클래스와 마찬가지로 객체 식도 자신을 둘러싼 코드 영역의 변수를 포획할 수 있다. 이렇게 포획한 가변 변수를 객체 본문에서 변경할 수 있다. 컴파일러는 지역 클래스와 비슷하게 데이터를 공유하기 위해 필요한 래퍼를 생성해준다.

```
fun main() {
  var x = 1

  val o = object {
    fun change() {
      x = 2
    }
  }

  o.change()
  println(x) // 2
}
```

지연 초기화되는 객체 선언과 달리 객체 식이 만들어내는 객체는 객체 인스턴스가 생성된 직후 바로 초기화된다. 다음 코드를 보면, o 정의에서 객체가 생성되는 시점에 이 객체의 a 프로퍼티가 초기화되므로 o.a에 접근하기 전에 x를 표시했음에도 불구하고 x의 값으로 2가 표시된다.

```
fun main() {
  var x = 1

  val o = object {
    val a = x++;
  }

  println("o.a = ${o.a}") // o.a = 1
  println("x = $x")       // x = 2
}
```

자바 익명 클래스와 달리 객체 식은 클래스 상속과 조합했을 때 더 강력해진다. 객체 식은 기존 클래스의 하위 클래스를 선언하지 않고도 기존 클래스를 약간만 변경해 기술하는 간결한 방법을 제공한다. 이에 대해서는 **8장 클래스 계층 이해하기**에서 살펴본다.

4.5 결론

이 장에서 배운 내용을 정리해보자. 코틀린 클래스를 사용해 커스텀 타입을 선언하고 사용하는 방법, 클래스를 제대로 초기화하는 방법, 싱글턴 객체를 사용하는 방법을 배웠다. 그리고 읽기나 쓰기 동작을 원하는 대로 커스텀할 수 있는 여러 가지 프로퍼티 유형도 배웠다. 이제 강력한 타입 널 가능성 메커니즘을 사용해 프로그램의 안전성을 더 향상시킬 수 있다.

코틀린의 객체지향 기능은 이후에 다시 살펴볼 것이다. 특히 **6장 특별한 클래스 사용하기**에서는 일반적인 프로그래밍 패턴을 처리하는 특별한 클래스를 살펴보고, **8장 클래스 계층 이해하기**에서는 클래스 계층을 만드는 방법과 상속에 대해 살펴본다.

다음 장에서는 좀 다른 주제로 방향을 전환해 코틀린 개발에 활용할 수 있는 다른 중요한 패러다임인 함수형 프로그래밍을 배운다. 람다를 소개하고 고차 함수에 대해 논의한 후, 확장 함수와 확장 프로퍼티를 활용해 기존 타입에 새로운 기능을 추가하는 방법을 알아보자.

KOTLIN IN DEPTH

4.6 정리 문제

1. 코틀린 클래스의 기본적인 구조를 설명하라. 자바 클래스와 비교하면 어떤 차이가 있는가?
2. 주생성자란 무엇인가?
3. 부생성자란 무엇인가? 클래스에 어떤 생성자(또는 생성자들)를 포함시킬지와 주생성자 외에 부생성자가 더 필요할지를 어떻게 결정하는가?
4. 코틀린이 지원하는 멤버 가시성은 무엇인가? 자바의 가시성과 어떤 차이가 있는가?
5. 내포된 클래스 중에서 내부 클래스와 비내부 클래스의 차이는 무엇인가? 각각에 해당하는 자바 클래스와는 어떤 차이가 있는가 비교하라.
6. 함수 본문에서 클래스를 정의할 수 있는가? 정의할 수 있다면, 이렇게 정의한 클래스에는 어떤 제약이 있을까?

7. 지연 초기화 메커니즘의 요지는 무엇인가? 널이 될 수 있는 프로퍼티 대신 lateinit 프로퍼티를 사용할 경우 어떤 장점이 있는가?

8. 커스텀 프로퍼티 접근자란 무엇인가? 코틀린 접근자와 자바의 게터/세터를 비교하라.

9. 클래스를 사용하는 클라이언트 입장에서 볼 때 실질적으로 val과 같은 역할을 하는 읽기 전용 프로퍼티를 val을 쓰지 않고 만들 수 있는가? 반대로 쓸 수만 있는 프로퍼티는 어떻게 만들 수 있을까?

10. lazy 프로퍼티를 사용해 지연 계산을 달성하는 방법은 무엇인가? lazy와 lateinit 프로퍼티를 비교해보라.

11. 객체 선언이란 무엇인가? 코틀린 객체와 자바에서 일반적인 싱글턴 구현 패턴을 비교하라.

12. 클래스와 비교할 때 객체 선언은 어떤 제약이 있는가?

13. 일반 객체와 동반 객체의 차이는 무엇인가?

14. 코틀린 동반 객체와 자바의 static 내포 객체를 비교하라.

15. 자바의 익명 클래스에 해당하는 코틀린 기능은 무엇인가? 이런 코틀린 언어의 기능을 어떻게 사용할 수 있을까?

5장

고급 함수와 함수형 프로그래밍 활용하기

이 장에서는 함수와 프로퍼티의 고급 사용법을 다룬다. 앞부분에서는 코틀린을 활용한 함수형 프로그래밍의 기초를 살펴본다. 고차 함수(high order function)의 개념을 소개하고 람다나 익명 함수, 호출 가능 참조를 사용해 함숫값(functional value)을 만드는 방법을 보여주며, 인라인(inline) 함수를 통해 런타임 부가 비용을 들이지 않으면서 함수형 프로그래밍을 하는 방법도 설명한다. 뒷부분에서는 기존 타입을 (그 소스코드를) 변경하지 않고도 새로운 기능을 추가할 수 있게 해주는 확장 함수와 프로퍼티를 다룬다.

배우는 내용

- 람다와 고차 함수
- 함수 타입(functional type)
- 호출 가능 참조
- 인라인 함수
- 지역을 벗어나는(non-local) `return`을 활용한 제어 흐름
- 확장 함수와 프로퍼티
- 확장 람다
- 영역 함수

이 장의 목표

함수형 프로그래밍을 돕는 고차 함수, 람다, 호출 가능 참조 등의 코틀린 언어 기능을 배우고, 기존 타입을 더 보완할 수 있는 확장 함수나 프로퍼티 사용법을 배운다.

5.1 코틀린을 활용한 함수형 프로그래밍

이 절에서는 함수형 패러다임을 지원하는 코틀린 언어 기능을 소개한다. 함수형 프로그래밍은 프로그램 코드를 불변 값을 변환하는 함수의 합성으로 구성할 수 있다는 아이디어를 바탕으로 한다. 함수형 언어는 함수를 일급 시민(first class) 값으로 취급한다. 이 말은 함수를 다른 일반적인 타입

의 값과 똑같이 취급한다는 뜻이다. 특히 일급 시민이라는 말에는 변수에 값을 대입하거나 변수에서 값을 읽을 수 있고 함수에 값을 전달하거나 함수가 값을 반환할 수 있다는 뜻이 들어있다. 이런 성질은 함수인 값을 데이터와 마찬가지로 조작할 수 있는 고차 함수라는 함수를 정의할 수 있게 해주며, 코드 추상화와 합성(composition)이 더 쉽게 가능한 유연성을 제공해준다.

5.1.1 고차 함수

앞에서 이미 람다를 사용해 계산을 수행하는 몇 가지 예제를 살펴봤다. 예를 들어 배열 생성자는 람다를 받았다. 이때 이 람다는 주어진 인덱스에 따라 배열 원소 값을 계산한다.

```
val squares = IntArray(5) { n -> n*n } // 0, 1, 4, 9, 16
```

이 절에서는 람다와 고차 함수를 더 자세히 살펴본다.

어떤 정수 배열의 원소의 합계를 계산하는 함수를 정의하고 싶다고 하자.

```
fun sum(numbers: IntArray): Int {
  var result = numbers.firstOrNull()
    ?: throw IllegalArgumentException("Empty array")

  for (i in 1..numbers.lastIndex) result += numbers[i]

  return result
}

fun main() {
  println(sum(intArrayOf(1, 2, 3))) // 6
}
```

이 함수를 더 일반화해서 곱셈이나 최댓값/최솟값처럼 다양한 집계 함수를 사용하게 하려면 어떻게 해야 할까? 함수 자체의 기본적인 루프 로직은 그대로 두고 중간 값들을 함수의 파라미터로 추출한 다음, 일반화한 함수를 호출할 때 이 파라미터에 적당한 연산을 제공하면 된다.

```
fun aggregate(numbers: IntArray, op: (Int, Int) -> Int): Int {
  var result = numbers.firstOrNull()
    ?: throw IllegalArgumentException("Empty array")

  for (i in 1..numbers.lastIndex) result = op(result, numbers[i])
```

```
  return result
}

fun sum(numbers: IntArray) =
  aggregate(numbers, { result, op -> result + op })

fun max(numbers: IntArray) =
  aggregate(numbers, { result, op -> if (op > result) op else result })

fun main() {
  println(sum(intArrayOf(1, 2, 3))) // 6
  println(max(intArrayOf(1, 2, 3))) // 3
}
```

op 파라미터가 다른 파라미터와 다른 점은 이 파라미터를 표현하는 타입이 함수 타입인 (Int, Int) -> Int라는 점뿐이다. 이 말은 이 op를 함수처럼 호출할 수 있다는 뜻이다. 이 예제에서 op 파라미터는 Int 값을 한 쌍 받아서 Int를 결과로 내놓는 함수다.

sum()과 max() 함수를 보면 aggregate를 호출하는 쪽에서는 함숫값[1]을 표현하는 람다식을 인자로 넘긴다는 사실을 알 수 있다. 람다식은 기본적으로 단순한 형태의 문법을 사용해 정의하는 이름이 없는 지역 함수다. 예를 들어 다음 식을 보자.

```
{ result, op -> result + op }
```

result와 op는 함수 파라미터 역할을 하며 -> 다음에 오는 식은 결과를 계산하는 식이다. 이 경우 명시적인 return이 불필요하다. 그리고 컴파일러는 파라미터 타입을 문맥으로부터 추론해준다.

이제 이런 기능을 좀 더 자세히 살펴보자.

5.1.2 함수 타입

함수 타입은 함수처럼 쓰일 수 있는 값들을 표시하는 타입이다. 문법적으로 이런 타입은 함수 시그니처(signature)와 비슷하며, 다음과 같이 두 가지 부분으로 구성된다.

---

1 역주 (함수형 프로그래밍에 대해 이야기하는 글에서) 영어 'function value'나 'functional value'는 보통 함수가 반환하는 값(return value 나 result)이 아니라 함수인 값을 뜻한다. 이 책에서는 이런 함수 역할을 하는 값을 '함숫값'이라고 번역했다. 함숫값은 실제 런타임에 힙 메모리상에 존재하는 함수처럼 호출할 수 있는 객체란 점에서 일반 함수와 약간 다르다. 다만 함숫값이나 일반 함수나 호출할 수 있고 호출 시 결과를 돌려준다는 점은 동일하다.

1. 괄호로 둘러싸인 파라미터 타입 목록은 함숫값에 전달될 데이터의 종류와 수를 정의한다.

2. 반환 타입은 함수 타입의 함숫값을 호출하면 돌려받게 되는 값의 타입을 정의한다.

반환값이 없는 함수라도 함수 타입에서는 반환 타입을 반드시 명시해야 한다. 따라서 이런 경우 Unit을 반환 타입으로 사용한다.

예를 들어 (Int, Int) -> Boolean이라는 타입은 인자로 정수를 한 쌍 받아서 결과로 Boolean 값을 계산하는 함수를 뜻한다. 함수 정의에서와 달리 함수 타입 표기에서는 인자 타입 목록과 반환 타입 사이를 :이 아닌 ->로 구분한다.

함수 타입인 값도 op(result, numbers[i])와 같이 마치 일반 함수처럼 호출할 수 있다. 함숫값을 호출하는 다른 방법은 invoke() 메서드를 사용하는 것이다. invoke() 메서드도 함수 타입의 (괄호 안에 있는) 파라미터 목록과 똑같은 개수와 타입의 인자를 받는다.

```
result = op.invoke(result, numbers[i])
```

자바 vs. 코틀린 자바 8부터는 단일 추상 메서드(Single Abstract Method, SAM) 인터페이스를 문맥에 따라 적절히 함수 타입처럼 취급하기 때문에 람다식이나 메서드 참조로 SAM 인터페이스를 인스턴스화할 수 있다. 하지만 코틀린에서 함숫값은 항상 (P1, …, Pn) -> R 형태의 함수 타입에 속하기 때문에 임의의 SAM 인터페이스로 암시적으로 변환할 수 없다. 따라서 다음 자바 코드는 올바른 코드이지만,

```
import java.util.function.Consumer;

public class Main {
  public static void main(String[] args) {
    Consumer<String> consume = s ->System.out.println(s);
    consume.accept("Hello");
  }
}
```

이와 비슷한 코틀린 코드는 컴파일되지 않는다.

```
import java.util.function.Consumer

fun main() {
  // Error: type mismatch
  val consume: Consumer<String> = { s ->println(s) }
```

5

고급 함수와 함수형 프로그래밍 활용하기

```
  consume.accept("Hello")
}
```

하지만 자바와의 상호 운용성을 위해 코틀린은 자바에 정의된 SAM 인터페이스 대신 코틀린 함수 타입을 쓸 수 있게 변환해준다. 이런 변환에 대해서는 **12장 자바 상호 운용성**에서 자세히 살펴본다.

코틀린 1.4부터는 코틀린 인터페이스 앞에 fun을 붙이면 코틀린 인터페이스를 SAM 인터페이스로 취급한다. 이 기능을 사용하면 자바의 SAM 인터페이스와 마찬가지로 코틀린 인터페이스를 람다로 인스턴스화할 수 있다. 자세한 내용을 알고 싶다면 https://kotlinlang.org/docs/fun-interfaces.html을 보라.

```
fun interface StringConsumer {
  fun accept(s:String)
}

fun main4() {
  val consume = StringConsumer { s -> println(s) }

  consume.accept("Hello")
}
```

함수가 인자를 받지 않는 경우에는 함수 타입의 파라미터 목록에 빈 괄호를 사용한다.

```
fun measureTime(action: () -> Unit): Long {
  val start = System.nanoTime()

  action()

  return System.nanoTime() - start
}
```

파라미터 타입을 둘러싼 괄호는 필수이므로 함수 타입이 파라미터를 하나만 받거나 전혀 받지 않는 경우에도 괄호를 꼭 쳐야 한다.

```
val inc: (Int) -> Int = { n -> n + 1 }  // Ok
val dec: Int -> Int = { n -> n - 1 }   // Error
```

함수 타입의 값을 함수의 파라미터에만 사용할 수 있는 것도 아니다. 실제로는 이런 함수 타입을 다른 타입이 쓰일 수 있는 모든 장소에 사용할 수 있다. 예를 들어 함숫값을 변수에 저장할 수도 있다.

```
fun main() {
  val lessThan: (Int, Int) -> Boolean = { a, b -> a < b }
  println(lessThan(1, 2)) // true
}
```

변수 타입을 생략하면 정보가 충분하지 못해 컴파일러가 람다 파라미터의 타입을 추론할 수 없다.

```
val lessThan = { a, b -> a < b } // error: cannot infer a type for this parameter.
Please specify it explicitly.
```

이런 경우 파라미터의 타입을 명시하면 된다.

```
val lessThan = { a: Int, b: Int -> a < b } // Ok
```

다른 타입과 마찬가지로 함수 타입도 널이 될 수 있는 타입으로 지정할 수 있다. 이럴 때는 함수 타입 전체를 괄호로 둘러싼 다음에 물음표를 붙인다.

```
fun measureTime(action: (() -> Unit)?): Long {
  val start = System.nanoTime()

  action?.invoke()

  return System.nanoTime() - start
}

fun main() {
  println(measureTime(null))
}
```

괄호로 함수 타입을 둘러싸지 않으면 물음표의 효과가 완전히 달라진다. `() -> Unit?`는 `Unit?` 타입의 값을 반환하는 함수를 표현하는 타입이라는 점에 유의하라.

함수 타입을 다른 함수 타입 안에 내포시켜서 고차 함수의 타입을 정의할 수 있다.

```
fun main() {
  val shifter: (Int) -> (Int) -> Int = { n -> { i ->i + n } }

  val inc = shifter(1)

  val dec = shifter(-1)
```

```
  println(inc(10)) // 11
  println(dec(10)) // 9
}
```

->는 오른쪽 결합(right associative)이다. 따라서 (Int) -> (Int) -> Int는 실제로 (Int) -> ((Int) -> Int)라고 해석된다. 즉, 이 타입은 Int 값을 인자로 받아서 함수를 반환하는 함수를 뜻하며, 이때 이런 타입의 함수가 반환하는 값의 타입은 Int를 받아서 다른 Int를 내놓는 함수 타입이 된다. 만약 Int를 받아서 Int를 내놓는 함수를 인자로 받아서 Int를 결과로 돌려주는 함수를 표현하고 싶다면 다음 예제처럼 괄호를 써야 한다.

```
fun main() {
  val evalAtZero: ((Int) -> (Int)) -> Int = { f -> f(0) }

  println(evalAtZero { n -> n + 1 }) // 1
  println(evalAtZero { n -> n - 1 }) // -1
}
```

함수 타입의 파라미터 목록에 파라미터 이름을 포함시킬 수도 있다. 이런 경우 파라미터 이름은 그냥 문서화를 위한 것이며, 타입이 표현하는 함숫값에는 전혀 영향을 미치지 못한다.

```
fun aggregate(
  numbers: IntArray,
  op: (resultSoFar: Int, nextValue: Int) -> Int
): Int {...}
```

IDE 팁 ≡ 인텔리J IDEA에서 Parameter Info 기능을 통해 이런 파라미터를 볼 수 있다. 따라서 (함수 타입에 파라미터의 이름을 추가하면) 함숫값을 호출하는 부분에서 Ctrl + P(또는 Cmd+ P)를 눌렀을 때 보이는 함수 시그니처에서 더 많은 힌트를 얻을 수 있다(그림 5-1을 보라).

▼ 그림 5-1 Parameter Info에서 함수 파라미터 이름을 표시

```
fun aggregate(numbers: IntArray, op: (resultSoFar: Int, nextValue: Int) -> Int): Int {
    var result = numbers.firstOrNull()
        ?: throw IllegalAccessException("Empty array")
    for (i in 1..numbers.lastIndex) result = op(result, numbers[i])
    return result
}

fun sum(numbers: IntArray) = aggregate(numbers) {result, op -> result + op}
```

numbers: IntArray, op: (resultSoFar: Int, nextValue: Int) -> Int

5.1.3 람다와 익명 함수

함수형 타입의 구체적인 값을 어떻게 만들 수 있을까? 한 가지 방법은 함수를 묘사하되 이름을 지정하지는 않는 람다식을 사용하는 것이다. 예를 들어 앞에서 본 aggregate() 선언을 활용해 합계와 최댓값을 계산하는 함수를 만들어보자.

```
fun sum(numbers: IntArray) =
  aggregate(numbers, { result, op -> result + op })
fun max(numbers: IntArray) =
  aggregate(numbers, { result, op -> if (op > result) op else result })

fun main() {
  println(sum(intArrayOf(1, 2, 3))) // 6
  println(max(intArrayOf(1, 2, 3))) // 3
}
```

{ result, op -> result + op }라는 식을 람다식이고 부른다. 람다식 정의는 함수 정의와 비슷하게 다음과 같은 요소로 이뤄진다.

- **파라미터 목록**: result, op
- **람다식의 몸통(본문)이 되는 식이나 문의 목록**: result + op

함수 정의와 달리 반환 타입을 지정할 필요가 없으며, 람다의 본문으로부터 반환 타입이 자동으로 추론된다. 그리고 람다 본문에서 맨 마지막에 있는 식이 람다의 결괏값이 된다.

람다의 파라미터 목록을 괄호로 둘러싸지 않는다는 점에 유의하라. 람다 정의에서 파라미터를 괄호로 감싸면 구조 분해(destructuring) 선언이 된다. 이에 대해서는 **6장 특별한 클래스 사용하기**에서 살펴본다.

람다가 함수의 마지막 파라미터인 경우, 함수를 호출할 때 인자를 둘러싸는 괄호 밖에 이 람다를 위치시킬 수 있다. 코틀린에서는 이런 스타일의 코드를 권장한다. 이미 배열 생성자 코드와 지연 계산 프로퍼티에서 이런 방식으로 람다를 사용하는 예를 살펴봤다.

```
fun sum(numbers: IntArray) =
  aggregate(numbers) { result, op -> result + op }

fun max(numbers: IntArray) =
  aggregate(numbers) { result, op -> if (op > result) op else result }
```

IDE 팁 ≡ 인텔리J 코틀린 플러그인은 람다를 일반 인자 목록의 밖에 위치시킬 수 있는데, 인자 목록 안에 포함시킨 경우 경고를 표시해주고 자동으로 람다를 인자 목록 밖으로 빼는 코드 변경을 (프로그래머가 요청하면) 자동으로 수행해준다.

람다에 인자가 없으면 화살표 기호(->)를 생략할 수 있다.

```
fun measureTime(action: () -> Unit): Long {
  val start = System.nanoTime()
  action()
  return System.nanoTime() - start
}

val time = measureTime{ 1 + 2 }
```

코틀린은 인자가 하나밖에 없는 람다를 특별히 단순화해 사용할 수 있는 문법을 제공한다. 람다 인자가 하나인 경우에는 파라미터 목록과 화살표 기호를 생략하고, 유일한 파라미터는 미리 정해진 it이라는 이름을 사용해 가리킬 수 있다.

```
fun check(s: String, condition: (Char) -> Boolean): Boolean {
  for (c in s) {
    if (!condition(c)) return false
  }
  return true
}

fun main() {
  println(check("Hello") { c ->c.isLetter() }) // true
  println(check("Hello") { it.isLowerCase() }) // false
}
```

IDE 팁 ≡ 인텔리J 코틀린 플러그인은 it을 사용하는 람다를 명시적인 파라미터를 사용하는 람다로 바꿔주거나 반대 방향으로 바꿔줄 수 있다. 캐럿을 파라미터를 참조하는 부분(또는 it을 사용한 부분)이나 파라미터 목록에 위치시키고 Alt + Enter를 누르면 된다(그림 5-2).

그림 5-2 명시적 파라미터를 it으로 바꾸기

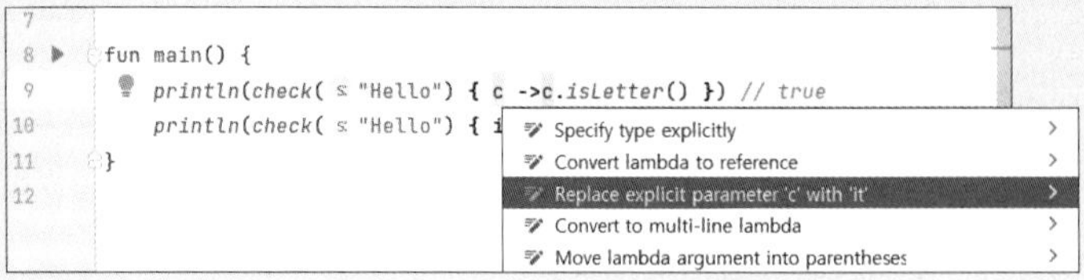

```
fun main() {
  println(check( s: "Hello") { c ->c.isLetter() }) // true
  println(check( s: "Hello") { i
}
```

- Specify type explicitly
- Convert lambda to reference
- Replace explicit parameter 'c' with 'it'
- Convert to multi-line lambda
- Move lambda argument into parentheses

코틀린 1.1부터는 람다의 파라미터 목록에서 사용하지 않는 람다 파라미터를 밑줄 기호(_)로 지정할 수 있다.

```
fun check(s: String, condition: (Int, Char) -> Boolean): Boolean {
  for (i in s.indices) {
    if (!condition(i, s[i])) return false
  }
  return true
}

fun main() {
  println(check("Hello") { _, c ->c.isLetter() })              // true
  println(check("Hello") { i, c ->i == 0 || c.isLowerCase() })  // true
}
```

함숫값을 만드는 다른 방법은 익명 함수를 사용하는 것이다.

```
fun sum(numbers: IntArray) =
  aggregate(numbers, fun(result, op) = result + op)
```

익명 함수의 문법은 일반 함수의 문법과 거의 똑같다. 몇 가지 차이점을 정리하면 다음과 같다.

- 익명 함수에는 이름을 지정하지 않는다. 따라서 fun 키워드 다음에 바로 파라미터 목록이 온다.
- 람다와 마찬가지로 문맥에서 파라미터 타입을 추론할 수 있으면 파라미터 타입을 지정하지 않아도 된다.
- 함수 정의와 달리, 익명 함수는 식이기 때문에 인자로 함수에 넘기거나 변수에 대입하는 등 일반 값처럼 쓸 수 있다(이는 객체 정의와 익명 객체 식의 관계와도 비슷하다).

람다와 달리 익명 함수에서는 반환 타입을 적을 수 있다. 반환 타입 관련해서는 함수 정의 시와 익명 함수 정의 시에 똑같은 규칙을 적용한다. 즉, 함수 본문이 식인 경우에는 반환 타입을 생략할 수 있고(생략 시 컴파일러가 타입을 추론할 수 있다), 함수 본문이 블록인 경우(특히 함수 반환 타입이 Unit 타입이 아닌 경우)에는 명시적으로 반환 타입을 지정해야 한다.

```
fun sum(numbers: IntArray) =
  aggregate(numbers, fun(result, op): Int { return result + op })
```

람다와 달리 익명 함수를 인자 목록의 밖으로 내보낼 수는 없다.

IDE 팁 ≡ 인텔리J 코틀린 플러그인은 람다와 익명 함수 사이를 자동으로 변환해주는 기능을 제공한다. 편집 창의 캐럿을 람다를 여는 중괄호나 익명 함수의 fun에 위치시키고 Alt + Enter를 누르면 이 기능을 쓸 수 있다(그림 5-3)

▼ 그림 5-3 람다 식을 익명 함수로 바꾸기

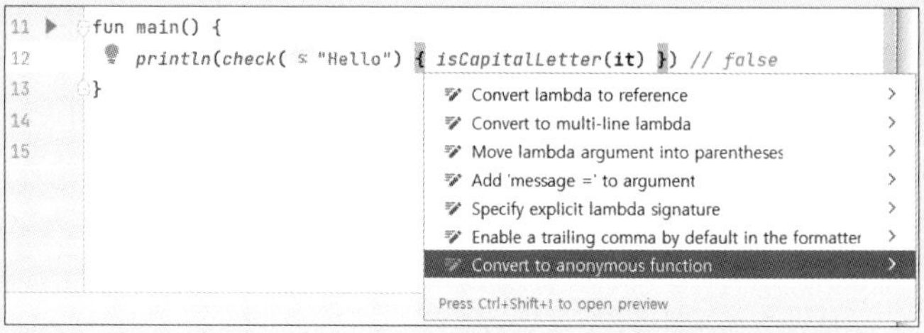

```
fun main() {
    println(check( s: "Hello") { isCapitalLetter(it) }) // false
}
```

Convert lambda to reference
Convert to multi-line lambda
Move lambda argument into parentheses
Add 'message =' to argument
Specify explicit lambda signature
Enable a trailing comma by default in the formatter
Convert to anonymous function
Press Ctrl+Shift+I to open preview

지역 함수와 마찬가지로 람다나 익명 함수도 클로저, 또는 자신을 포함하는 외부 선언에 정의된 변수에 접근할 수 있다. 특히 람다나 익명 함수도 외부 영역의 가변 변수 값을 변경할 수 있다.

```
fun forEach(a: IntArray, action: (Int) -> Unit) {
  for (n in a) {
    action(n)
  }
}

fun main() {
  var sum = 0
  forEach(intArrayOf(1, 2, 3, 4)) {
    sum += it
  }
  println(sum) // 10
}
```

자바 vs. 코틀린 반면, 자바 람다는 외부 변수의 값을 변경할 수 없다. 이는 **4장 클래스와 객체 다루기**에서 본 지역 클래스나 익명 객체에서 외부 변수를 변경하는 경우와 비슷하다.

5.1.4 호출 가능 참조

앞 절에서는 람다나 익명 함수를 사용해 함숫값을 만드는 방법을 살펴봤다. 하지만 이미 함수 정의가 있고, 이 함수 정의를 함숫값처럼 고차 함수에 넘기고 싶다면 어떻게 해야 할까? 물론 이를 다음과 같이 람다식으로 감싸서 전달할 수도 있다.

```
fun check(s: String, condition: (Char) -> Boolean): Boolean {
  for (c in s) {
    if (!condition(c)) return false
  }

  return true
}

fun isCapitalLetter(c: Char) = c.isUpperCase() && c.isLetter()

fun main() {
  println(check("Hello") { c -> isCapitalLetter(c) }) // false
  // 또는
  println(check("Hello") { isCapitalLetter(it) }) // false
}
```

하지만 코틀린에는 이미 존재하는 함수 정의를 함수 타입의 식으로 사용할 수 있는 더 단순한 방법이 있다. 호출 가능 참조(callable reference)를 사용하면 된다.

```
fun main() {
  println(check("Hello", ::isCapitalLetter)) // false
}
```

`::isCapitalLetter`라는 식은 이 식이 가리키는 `isCapitalLetter()` 함수와 같은 동작을 하는 함숫값을 표현해준다.

IDE 팁 ≡ 인텔리J 코틀린 플러그인은 람다식을 (변환이 가능한 경우에) 호출 가능 참조로 바꾸거나, 역으로 바꾸는(호출 가능 참조를 람다로 바꾸는 것은 항상 가능함) 기능을 제공한다. Alt + Enter 메뉴에서 이 기능을 사용할 수 있다(그림 5-4).

▼ 그림 5-4 람다를 호출 가능 참조로 바꾸기

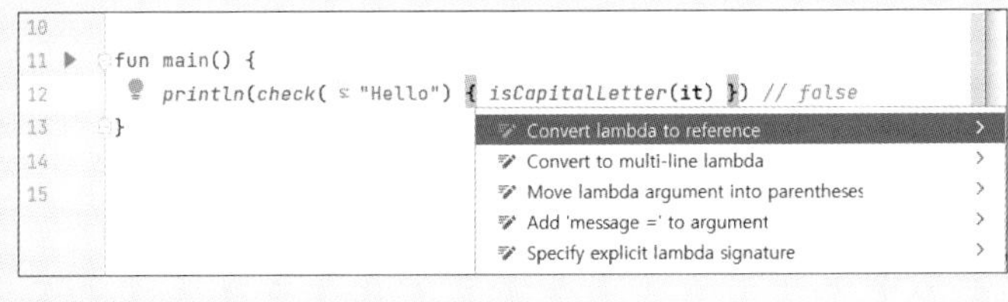

가장 간단한 형태의 호출 가능 참조는 최상위나 지역 함수를 가리키는 참조다. 이런 함수를 가리키는 참조를 만들려면 함수 이름 앞에 `::`을 붙이면 된다.

```
fun evalAtZero(f: (Int) -> Int) = f(0)

fun inc(n: Int) = n + 1
fun dec(n: Int) = n - 1

fun main() {
  fun dec(n: Int) = n - 1
  println(evalAtZero(::inc)) // 1
  println(evalAtZero(::dec)) // -1
}
```

호출 가능 참조를 만들 때는 함수 이름을 간단한 형태로만 써야 한다. 따라서 다른 패키지에 들어 있는 함수의 호출 가능 참조를 만들려면 먼저 함수를 임포트해야 한다.

::을 클래스 이름 앞에 적용하면 클래스의 생성자에 대한 호출 가능 참조를 얻는다.

```
class Person(val firstName: String, val familyName: String)

fun main() {
  val createPerson= ::Person
  createPerson("John", "Doe")
}
```

코틀린 1.1부터는 바인딩된 호출 가능 참조(bound callable reference)라는 :: 사용법이 도입됐다. 주어진 클래스 인스턴스의 문맥 안에서 멤버 함수를 호출하고 싶을 때는 바인딩된 호출 가능 참조를 사용한다.

```
class Person(val firstName: String, val familyName: String) {
  fun hasNameOf(name: String) = name.equals(firstName,
                                            ignoreCase = true)
}

fun main() {
  val isJohn = Person("John", "Doe")::hasNameOf

  println(isJohn("JOHN")) // true
  println(isJohn("Jake")) // false
}
```

특정 인스턴스와 바인딩하지 않고 멤버 함수를 가리키는 다른 형태의 호출 가능 참조도 있다. 이런 참조를 **5.5절 수신 객체가 있는 호출 가능 참조**에서 다룬다.

호출 가능 참조 자체는 오버로딩된 함수를 구분할 수 없다는 점에 유의하라. 오버로딩된 함수 중 어떤 함수를 참조할지 명확히 하려면 컴파일러에게(물론 사람에게도) 타입을 지정해줘야 한다.

```
fun max(a: Int, b: Int) = if (a > b) a else b
fun max(a: Double, b: Double) = if (a > b) a else b

val f: (Int, Int) -> Int = ::max // Ok
val g = ::max                    // error: overload resolution ambiguity
```

호출 가능 참조에서 구체적인 함수 시그니처를 지정할 수 있는 기능이 나중에 코틀린에 추가될 지도 모른다. 이런 이유로 향후 괄호를 사용해 호출 가능 참조를 더 세분화할 수 있는 여지를 남기고자 호출 가능 참조 뒤에 괄호를 바로 붙이는 문법은 현재 예약돼 있다. 호출 가능 참조를 직접 호출하고 싶다면 참조 전체를 괄호로 둘러싼 다음에 인자를 지정해야 한다.

```
fun max(a: Int, b: Int) = if (a > b) a else b

fun main() {
  println((::max)(1, 2)) // 2
  println(::max(1, 2))   // error: this syntax is reserved for future use
}
```

코틀린 프로퍼티에 대한 호출 가능 참조를 만들 수도 있다. 이런 참조 자체는 실제로는 함숫값이 아니고, 프로퍼티 정보를 담고 있는 리플렉션(reflection) 객체다. 이 객체의 getter 프로퍼티를 사용하면 게터 함수에 해당하는 함숫값에 접근할 수 있다. var 선언의 경우에는 리플렉션 객체의 setter 프로퍼티를 통해 세터 함수에 접근할 수 있다.

```
class Person(var firstName: String, var familyName: String)

fun main() {
  val person = Person("John", "Doe")
  val readName = person::firstName.getter      // 게터 참조
  val writeFamily = person::familyName.setter  // 세터 참조

  println(readName())        // John
  writeFamily("Smith")
  println(person.familyName) // Smith
}
```

현재는 지역 변수에 대한 호출 가능 참조를 지원하지 않는다. 하지만 코틀린의 이후 버전에는 이에 대한 지원이 포함될 수도 있다.

자바 vs. 코틀린 자바를 잘 아는 독자라면 코틀린 호출 가능 참조와 자바 8 메서드 참조 사이의 유사성을 눈치챈 사람도 있을 것이다. 둘의 의미는 매우 비슷하지만, 몇 가지 중요한 차이가 있다. 첫째, 자바에는 없는 종류의 선언을 코틀린이 지원하기 때문에 호출 가능 참조는 자바의 메서드 참조보다 종류가 더 많다. 둘째, 코틀린의 호출 가능 참조는 일급 시민 식이지만, 자바 메서드 참조는 함수형 인터페이스 내에서만 의미가 있다. 즉, 자바의 메서드 참조에는 정해진 타입이 없다. 게다가 호출 가능 참조는 단순히 함숫값만이 아니라 런타임에 함수나 프로퍼티의 애트리뷰트를 얻을 때 사용할 수 있는 리플렉션 객체이기도 하다. **10장 애너테이션과 리플렉션**에서 리플렉션 API를 더 자세히 다룬다.

5.1.5 인라인 함수와 프로퍼티

고차 함수와 함숫값을 사용하면 함수가 객체로 표현되기 때문에 성능 차원에서 부가 비용이 발생한다. 더 나아가 익명 함수나 람다가 외부 영역의 변수를 참조하면 고차 함수에 함숫값을 넘길 때마다 이런 외부 영역의 변수를 포획할 수 있는 구조도 만들어서 넘겨야 한다. 함숫값을 호출할 때는 컴파일러가 함숫값의 정적인 타입을 알 수 없기 때문에 동적으로 가상 호출을 사용해 어떤 함수 구현을 사용할지 디스패치해야 한다.

하지만 코틀린은 함숫값을 사용할 때 발생하는 런타임 비용을 줄일 수 있는 해법을 제공한다. 기본적인 아이디어는 함숫값을 사용하는 고차 함수를 호출하는 부분을 해당 함수의 본문으로 대체하는 인라인(inline) 기법을 쓰는 것이다. 인라인될 수 있는 함수를 구별하기 위해 프로그래머는 `inline` 변경자를 함수 앞에 붙여야 한다.

예를 들어 정수 배열에서 주어진 술어(predicate)를 만족하는 값을 찾는 함수가 있다고 하자.

```
inline fun indexOf(numbers: IntArray, condition: (Int) -> Boolean): Int {
  for (i in numbers.indices) {
    if (condition(numbers[i])) return i
  }

  return -1
}

fun main() {
  println(indexOf(intArrayOf(4, 3, 2, 1)) { it < 3 }) // 2
}
```

indexOf() 함수가 인라인됐기 때문에 컴파일러는 함수 호출을 함수의 본문으로 대체한다. 이 말은 main() 함수가 나음 코드와 같이 번역된다는 뜻이다.

```
fun main() {
  val numbers = intArrayOf(4, 3, 2, 1)
  var index = -1

  for (i in numbers.indices) {
    if (numbers[i] < 3) {
      index = i
      break
    }
  }

  println(index)
}
```

인라인 함수를 쓰면 컴파일된 코드의 크기가 커지지만, 지혜롭게 사용하면 성능을 크게 높일 수 있다. 특히, 대상 함수가 상대적으로 작은 경우 성능이 크게 향상된다. **7장 컬렉션과 I/O 자세히 알아보기**에서 살펴볼 코틀린 표준 라이브러리가 제공하는 여러 고차 함수 중 상당수가 실제로 인라인 함수다.

함수 인라인을 지원하는 몇몇 프로그래밍 언어(C++ 등)와 달리, 코틀린의 inline 변경자는 컴파일러가 상황에 따라 무시해도 되는 최적화를 위한 힌트가 아니다. inline이 붙은 코틀린 함수는 가능하면 항상 인라인이 되며, 인라인이 불가능한 경우에는 컴파일 오류로 간주된다.

앞의 예제는 inline 변경자가 붙은 함수뿐 아니라 이 함수의 파라미터로 전달되는 함숫값도 인라인된다는 사실을 보여준다. 이로 인해 이런 인라인 함수에 대한 조작이 제한된다. 예를 들어 인라인 함수는 실행 시점에 별도의 존재가 아니므로 변수에 저장되거나 인라인 함수가 아닌 함수에 전달될 수 없다. 인라인이 될 수 있는 람다를 사용해 할 수 있는 일은 람다를 호출하거나 다른 인라인 함수에 인라인이 되도록 넘기는 두 가지 경우뿐이다.

```
var lastAction: () -> Unit = {}

inline fun runAndMemorize(action: () -> Unit) {
  action()
  lastAction = action // Error
}
```

마찬가지 이유로 인라인 함수가 널이 될 수 있는 함수 타입의 인자를 받을 수도 없다.

```
inline fun forEach(a: IntArray, action: ((Int) -> Unit)?) { // Error
  if (action == null) return
  for (n in a) action(n)
}
```

이런 경우 특정 람다를 인라인하지 말라고 파라미터 앞에 noinline 변경자를 붙일 수 있다.

```
inline fun forEach(a: IntArray, noinline action: ((Int) -> Unit)?) {
  if (action == null) return
  for (n in a) action(n)
}
```

어떤 함수에 인라인할 수 있는 파라미터가 없다면 이 함수를 호출한 지점을 함수 본문으로 대치해도 런타임에 크게 이득이 없으므로, 보통 이런 함수는 인라인할 만한 가치가 없는 것으로 여겨진다. 이 때문에 코틀린 컴파일러는 이런 함수에 대해 경고를 표시한다.

공개 인라인 함수에 비공개 멤버를 넘기려고 하면 어떻게 될까? 인라인 함수의 본문이 호출 지점을 대신하게 되므로, 이런 경우에는 외부에서 캡슐화를 깰 수 있게 된다. 비공개 코드가 외부로 노출되는 일을 방지하기 위해 코틀린은 인라인 함수에 비공개 멤버를 전달하는 것을 금지한다.

```
class Person(private val firstName: String,
             private val familyName: String) {
  inline fun sendMessage(message: () -> String) {
    println("$firstName $familyName: ${message()}") // Error
  }
}
```

만약 sendMessage() 함수나 이 함수를 포함하는 클래스를 private 변경자로 지정한다면, sendMessage()의 본문에 있는 비공개 멤버에 대한 참조도 Person 클래스의 외부로 누출될 수 없다.

코틀린 버전 1.1부터는 프로퍼티 접근자를 인라인하도록 허용한다. 이 기능을 사용하면 함수 호출을 없애기 때문에 프로퍼티를 읽고 쓰는 성능을 향상시킬 수 있다. 다음 코드에서는 fullName 게터에 대한 모든 호출이 인라인된다.

```
class Person(var firstName: String, var familyName: String) {
  var fullName
  inline get() = "$firstName $familyName"    // inline 게터
  set(value) { ... }                         // inline이 아닌 세터
}
```

개별 접근자를 인라인하는 것 외에 프로퍼티 자체에 inline 변경자를 붙일 수도 있다. 이렇게 하면 컴파일러가 게터와 (프로퍼티가 가변 프로퍼티인 경우) 세터를 모두 인라인해준다.

```
class Person(var firstName: String, var familyName: String) {
  inline var fullName // inline 게터와 세터
    get() = "$firstName $familyName"
    set(value) { ... }
}
```

프로퍼티에 대한 인라인은 뒷받침하는 필드가 없는 프로퍼티에 대해서만 가능하다. 그리고 함수와 비슷하게 프로퍼티가 공개 프로퍼티인 경우, 프로퍼티의 게터나 세터 안에서 비공개 선언을 참조하면 인라인이 불가능하다는 점도 기억하라.

```
class Person(private val firstName: String,
             private val familyName: String) {

  inline var age = 0 // Error: property has a backing field
  // Error: firstName and familyName are private
  inline val fullName get() = "$firstName $familyName"
}
```

5.1.6 비지역적 제어 흐름

고차 함수를 사용하면 return 문 등과 같이 일반적인 제어 흐름을 깨는 명령을 사용할 때 문제가 생긴다. 예를 들어 다음 코드를 살펴보자.

```
fun forEach(a: IntArray, action: (Int) -> Unit) {
  for (n in a) action(n)
}

fun main() {
  forEach(intArrayOf(1, 2, 3, 4)) {
    if (it < 2 || it > 3) return
      println(it) // Error
  }
}
```

프로그램의 의도는 어떤 범위 안에 들어있지 않은 수를 출력하기 전에 람다를 return을 사용해 종료하는 것이다. 하지만 이 코드는 컴파일되지 않는다. return 문은 디폴트로 자신을 둘러싸고 있

는 fun, get, set으로 정의된 가장 안쪽 함수로부터 제어 흐름을 반환시킨다. 따라서 앞의 예제는 실제로는 main 함수로부터 반환을 시도하는 코드가 된다. 이런 문을 비지역적 return이라고 부른다. JVM에서는 람다가 효율적으로 자신을 둘러싸고 있는 함수를 반환시킬 방법이 없으므로 이런 문을 금지한다. 이런 경우를 해결하는 방법은 람다 대신 익명 함수를 사용하는 것이다.

```
fun main() {
  forEach(intArrayOf(1, 2, 3, 4), fun(it: Int) {
    if (it < 2 || it > 3) return
    println(it)
  })
}
```

람다 자체로부터 제어 흐름을 반환하고 싶다면 break나 continue에 대해 레이블을 사용했던 것처럼, return 문에 문맥 이름을 추가해야 한다. 일반적으로 함수 리터럴 식에 이름을 붙여서 문맥 이름을 만들 수 있다. 예를 들어 아래 코드는 myFun이라는 레이블을 action 변수 초기화 앞부분에 붙인다.

```
val action: (Int) -> Unit = myFun@ {
  if (it < 2 || it > 3) return@myFun
  println(it)
}
```

하지만 람다를 고차 함수의 인자로 넘기는 경우에는 레이블을 명시적으로 선언하지 않아도 함수 이름을 문맥으로 사용할 수 있다.

```
forEach(intArrayOf(1, 2, 3, 4)) {
  if (it < 2 || it > 3) return@forEach
  println(it)
}
```

이러한 한정시킨(qualified) return을 일반 함수에서도 사용할 수 있다. 불필요한 중복이기는 하지만, 함수 이름을 레이블처럼 쓸 수 있다.

```
fun main(args: Array<String>) {
  if (args.isEmpty()) return@main
  println(args[0])
}
```

람다가 인라인될 경우에는 인라인된 코드를 둘러싸고 있는 함수에서 반환할 때 return 문을 사용할 수 있다. 고차 함수가 인라인 함수라면 고차 함수를 호출하는 코드를 고차 함수 본문과 람다 본문으로 대체하기 때문에 이런 동작이 가능하다. 다음 코드의 return 문은 main()에서 반환되는 것으로 취급된다.

```
inline fun forEach(a: IntArray, action: (Int) -> Unit) { ... }

fun main() {
  forEach(intArrayOf(1, 2, 3, 4)) {
    if (it < 2 || it > 3) return // main에서 반환됨
    println(it)
  }
}
```

고차 함수가 인라인이 될 수 있는 람다를 받는데, 이 고차 함수의 본문에서 람다를 직접 호출하지는 않고 지역 함수나 지역 클래스의 메서드 등의 다른 문맥에서 간접적으로 호출할 수도 있다. 이런 경우에도 람다를 인라인할 수는 있지만, 인라인을 한 이후 람다에서 사용하는 return 문이 고차 함수를 호출하는 쪽의 함수를 반환시킬 수는 없다. 인라인을 했음에도 불구하고 람다의 return과 람다를 실행해주는 함수가 서로 다른 실행 스택 프레임을 차지하기 때문이다. 따라서 이런 식으로 함수 파라미터를 호출하는 일은 디폴트로 금지돼 있다.

```
inline fun forEach(a: IntArray, action: (Int) -> Unit) = object {
  fun run() {
    for (n in a) {
      action(n) // Error
    }
  }
}
```

이런 호출을 허용하려면 함수형 파라미터 앞에 crossinline 변경자를 붙여야 한다. 이 변경자는 함숫값을 인라인시키도록 남겨두는 대신 람다 안에서 비지역 return을 사용하지 못하게 막는 역할을 한다.

```
inline fun forEach(
  a: IntArray, crossinline action: (Int) -> Unit
) = object {
  fun run() {
    for (n in a) {
      action(n) // Ok
```

```
    }
  }
}

fun main() {
  forEach(intArrayOf(1, 2, 3, 4)){
    if (it < 2 || it > 3) return // Error
    println(it)
  }
}
```

break나 continue를 쓸 때도 비지역적 제어 흐름을 만들어낼 수 있다. 이런 경우 비지역적 break나 continue는 람다를 둘러싼 루프를 대상으로 제어 흐름을 변경하게 된다. 현재는 람다가 인라인되더라도 이런 비지역적 break나 continue를 사용하지 못한다. 하지만 나중에는 코틀린에 이런 기능이 추가될 수도 있다.

```
while (true) {
  forEach(intArrayOf(1, 2, 3, 4)) {
    if (it < 2 || it > 3) break // Error
    println(it)
  }
}
```

5.2 확장

KOTLIN IN DEPTH

실무에서는 기존 클래스를 확장해야 하는 경우가 자주 있다. 프로그램이 진화함에 따라 개발자가 클래스에 새 함수나 프로퍼티를 추가해서 해당 클래스가 제공하는 API를 확장하고 싶을 수 있다. 하지만 대상 클래스가 다른 라이브러리에 들어있어서(소스코드에 대한 소유권이 없어서) 코드를 변경할 수 없거나 클래스를 변경하는 비용이 너무 커서 코드를 변경하지 못할 수도 있다. 게다가 한 클래스 안에 속한 메서드를 모두 함께 사용하지 않는데, 모든 가능한 메서드를 다 넣어두면 실용적이지 못할 수도 있다. 이런 경우에는 여러 프로그램 모듈에 함께 사용되는 메서드를 서로 분리해 유지하는 편이 나을 수도 있다.

자바에서는 이런 추가 메서드를 별도의 유틸리티 클래스로 묶곤 한다. 일반적인 예로 Collection 인터페이스의 기능을 확장하는 여러 메서드가 들어있는 java.util.Arrays와 java.util.Collections를 들 수 있다. 이런 클래스의 문제는 불필요한 준비 코드가 너무 많이 필요하다는 점이다. 예를 들어 자바에서 유틸리티 메서드를 사용하는 전형적인 코드는 다음과 비슷하다.

```
int index = Collections.indexOfSubList(
  Arrays.asList("b", "c", "a"),
  Arrays.asList("a", "b")
)
```

소스코드가 지저분하다는 점 외에도 이런 호출을 사용할 때는 인텔리J나 이클립스 같은 주요 IDE에서 자동 완성을 사용할 수 없다는 단점이 있다.

그래서 코틀린은 마치 멤버인 것처럼 쓸 수 있는 함수나 프로퍼티를 클래스 밖에서 선언할 수 있게 해주는 확장이라는 기능을 제공한다. 확장을 사용하면 기존 클래스를 변경하지 않아도 새로운 기능으로 기존 클래스를 확장할 수 있어서 개방/폐쇄 디자인 원칙(OCP)을 지원할 수 있다.

5.2.1 확장 함수

확장 함수는 어떤 클래스의 멤버인 것처럼 호출할 수 있는 (그러나 실제로는 멤버가 아닌) 함수를 뜻한다. 이런 함수를 정의할 때는 함수를 호출할 때 사용할 수신 객체의 클래스 이름을 먼저 표시하고, 점을 추가한 다음에 함수 이름을 표시한다. 예를 들어 String 타입에 문자열의 길이를 지정한 길이 이하로 제한하는 함수를 추가해서 확장하고 싶다고 하자. 가능한 구현은 다음과 같다.

```
fun String.truncate(maxLength: Int): String {
  return if (length <= maxLength) this else substring(0, maxLength)
}
```

일단 정의하고 나면, 다른 String 클래스의 멤버와 마찬가지로 이 함수를 사용할 수 있다.

```
fun main() {
  println("Hello".truncate(10)) // Hello
  println("Hello".truncate(3))  // Hel
}
```

일반 멤버와 비슷하게, 확장 함수의 본문 안에서 수신 객체에 this로 접근할 수 있다는 점을 유의하라. 앞의 예제에서 truncate 함수의 본문에서 substring을 호출할 때와 마찬가지로, this를 명시하지 않아도 암시적으로 this를 사용해 수신 객체의 멤버나 확장 함수에 접근할 수 있다.

하지만 이 점에 주목하라. 확장 함수 자체는 수신 객체가 속한 타입의 캡슐화를 깰 수 없다. 예를 들어 확장 함수는 클래스 밖에 정의된 함수이므로 수신 객체가 속한 클래스의 비공개 멤버에 접근할 수 없다.

```
class Person(val name: String, private val age: Int)

fun Person.showInfo() = println("$name, $age") // Error: can't access age
```

하지만 클래스 본문 안에서 확장 함수를 정의할 수도 있고, 이렇게 정의할 경우에는 확장 함수가 수신 객체의 멤버인 동시에 확장 함수가 된다. 따라서 이런 함수 안에서는 클래스 본문에 들어있는 다른 함수들과 마찬가지로 클래스의 비공개 멤버에 마음대로 접근할 수 있다.

```
class Person(val name: String, private val age: Int) {
  // Ok: age에 접근할 수 있음
  fun Person.showInfo() = println("$name, $age")
}
```

이런 함수가 어떤 경우에 도움이 되는지 이 장 뒷부분에서 살펴보자.

IDE 팁 ≡ 인텔리J 코틀린 플러그인은 클래스 멤버를 확장으로 바꿀 수 있다. 멤버 이름에 캐럿을 위치시키고 Alt + Enter를 누르면 보이는 메뉴에서 Convert member to extension 액션을 선택하면 된다(그림 5-5).

▼ 그림 5-5 멤버 함수를 확장으로 변환하기

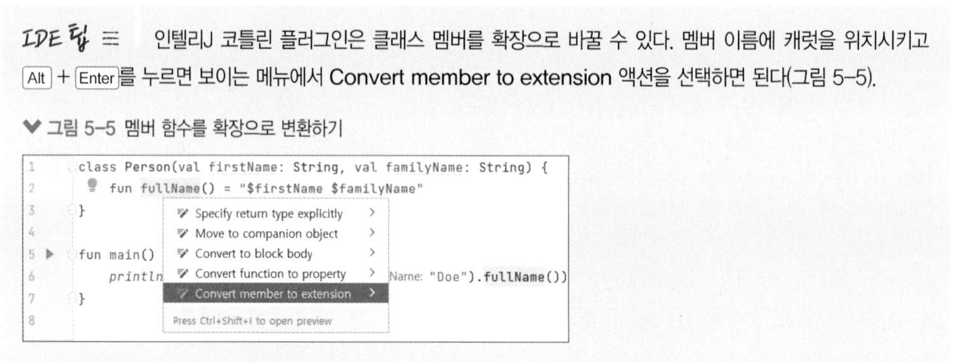

확장 함수는 일반 클래스 멤버와 비슷하게 바인딩된 호출 가능 참조 위치에 사용할 수도 있다.

```
class Person(val name: String, val age: Int)

fun Person.hasName(name: String) = name.equals(this.name,
                                               ignoreCase = true)
```

```
fun main() {
  val f = Person("John", 25)::hasName
  println(f("JOHN")) // true
  println(f("JAKE")) // false
}
```

클래스 멤버와 확장의 시그니처가 같다면 어떻게 될까? 다음 코드를 살펴보라.

```
class Person(val firstName: String, val familyName: String) {
  fun fullName() = "$firstName $familyName"
}

fun Person.fullName() = "$familyName $firstName"

fun main() {
  println(Person("John", "Doe").fullName()) // ???
}
```


이 경우에는 Person 클래스에 대해 정의된 두 개의 fullName() 함수가 있다. 각각은 familyName을 첫 번째에 놓느냐 두 번째에 놓느냐에 따라 다르다. 이런 식으로 호출 지점에서 어떤 함수를 호출할지 모호할 때, 컴파일러는 항상 멤버 함수를 우선적으로 선택한다. 따라서 앞의 예제는 John Doe를 출력한다. 그리고 fullName()이라는 확장 함수가 Person 클래스의 멤버에 의해 가려졌다(shadowing)는 경고가 발생한다. IDE도 적절히 코드를 강조해준다(그림 5-6을 보라).

▼ 그림 5-6 '확장이 가려짐' 경고

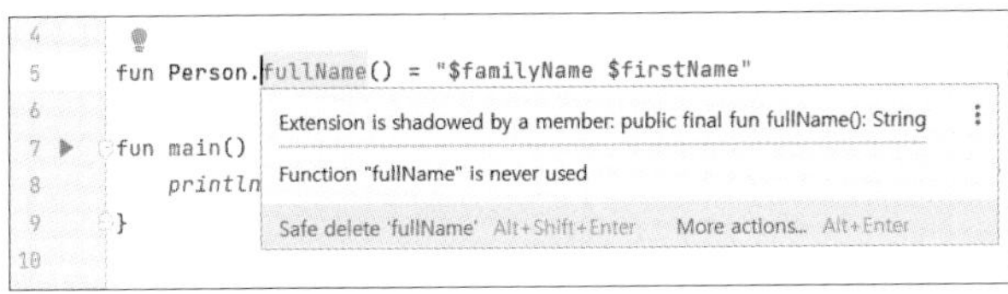

확장보다 멤버를 우선 선택함으로써 기존 클래스의 동작이 사고로 변경되는 것을 방지해준다. 확장을 우선시하면 클래스 동작이 확장에 따라 변경되면서 찾기 어려운 오류가 발생할 수 있다. 예를 들어 다음과 같이 정의한 경우,

```
package bad

fun Person.fullName() = "$familyName $firstName"
```

Person("John", "Doe").fullName() 호출의 의미는 다음 문장을 파일 안에 포함했느냐에 따라 달라진다.

```
import bad.fullName
```

이런 우선순위는 내장된 JDK 클래스의 멤버를 보호하기 위한 것이기도 하다.

확장이 가려짐으로 인한 단점도 있다. 확장 함수를 먼저 정의하고 확장과 똑같은 멤버를 클래스 안에 나중에 추가하면, 확장을 사용하던 모든 호출은 의미가 달라진다. 하지만 클래스의 멤버가 클래스에 제공하는 주된 API를 구성하고 확장 함수보다는 드물게 변경된다는 점에서 이런 단점을 받아들일 만하다. 그리고 이런 우선순위는 확장이 전혀 없는 자바 코드와의 상호 운용성을 단순화해준다.

지역 확장 함수를 정의할 수도 있다. 예를 들어 다른 확장 함수 안에 확장 함수를 내포시킬 수도 있다. 이런 경우 this 식은 가장 안쪽에 있는 함수의 수신 객체를 뜻한다. 바깥쪽 함수의 수신 객체를 참조하고 싶다면 한정시킨 this를 사용해 함수 이름을 명시해야 한다. 이런 성질은 확장 함수 본문에 정의된 지역 클래스나 익명 객체 안에서도 똑같다.

```
interface Truncated {
  val truncated: String
  val original: String
}

private fun String.truncator(max: Int) = object: Truncated {
  override val truncated
    get() = if (length <= max) this@truncator else substring(0, max)

  override val original
    get() = this@truncator
}

fun main() {
  val truncator = "Hello".truncator(3)

  println(truncator.original)  // Hello
  println(truncator.truncated) // Hel
}
```

문법은 내부 클래스를 설명할 때 살펴본 한정시킨 this와 같다.

다른 패키지에 최상위 확장 함수가 정의된 경우, 확장 함수를 호출하기 전에 반드시 확장을 임포트해야만 한다. 예를 들면 다음과 같다.

```
// util.kt
package util

fun String.truncate(maxLength: Int): String {
  return if (length <= maxLength) this else substring(0, maxLength)
}

// main.kt
package main

import util.truncate

fun main() {
  println("Hello".truncate(3))
}
```

확장 함수를 전체 이름으로 호출할 수 없는 이유는 전체 이름에서 패키지 이름과 클래스 이름이 차지할 부분에 수신 객체 식이 오기 때문이다. 하지만 다음과 같이 확장 함수가 아닌 함수는

```
fun truncate(s: String, maxLength: Int): String {
  return if (s.length<= maxLength) s else s.substring(0, maxLength)
}
```

임포트를 하지 않아도 util.truncate("Hello", 3)처럼 전체 이름으로 호출할 수 있다.

자바 vs. 코틀린 JVM에서 확장 함수를 어떻게 표현하는지 궁금한 독자도 있을 것이다. 해답은 상당히 단순하다. 확장 함수는 수신 객체를 가리키는 파라미터가 추가된 정적 메서드로 컴파일된다. 앞에서 본 truncate() 함수를 컴파일한 바이트코드를 살펴보면 다음 자바 코드와 비슷한 내용임을 알 수 있다.

```
public final class UtilKt {
  public static String truncate(String s, int maxLength) {
    return s.length() <= maxLength
           ? s
           : s.substring(0, maxLength)
  }
}
```

이는 다음과 같은 비확장 코틀린 (최상위나 지역) 함수에 해당한다.

```
fun truncate(s: String, maxLength: Int) =
  if (s.length<= maxLength) s else s.substring(0, maxLength)
```

즉, 확장 함수는 근본적으로 (특정 클래스 타입의 객체를 첫 번째 인자로 받는[2]) **일반 함수를 마치 클래스 멤버인 것처럼 쓸 수 있게 해주는 편의 문법일 뿐이다.**

> **IDE 팁** ≡ 인텔리J 코틀린 플러그인은 확장 함수의 수신 객체를 명시적인 파라미터로 변환해서 자동으로 확장 함수를 비확장 함수로 바꿔주는 액션을 제공한다. 이런 변환을 하려면 캐럿을 수신 객체 타입에 놓고 Alt + Enter 메뉴에서 Convert receiver to parameter를 선택하면 된다(그림 5-7). 그리고 반대 방향의 액션인 Convert parameter to receiver도 있다. 이 경우에는 캐럿을 해당 파라미터 타입에 놓고 Alt + Enter를 누르면 이 기능을 사용할 수 있다.
>
> ▼ 그림 5-7 Convert receiver to parameter 액션
>
> ```
> fun String.truncate(maxLength: Int): String {
>     return ... s else substring(0, maxLength)
> }
> ```
> Introduce import alias
> Create test
> Convert receiver to parameter

멤버 함수나 프로퍼티와 달리 널이 될 수 있는 타입에 대해서도 확장을 정의할 수 있다는 점을 알아두면 좋다. 널이 될 수 있는 타입은 자체 멤버를 포함하지 않기 때문에 확장 함수를 바깥에서 정의함으로써 기능을 풍부하게 할 수 있다. 안전한 호출 연산자를 허용하지 않고도 이런 확장을 호출할 수 있다.

```
// 널이 될 수 있는 수신 객체 타입
fun String?.truncate(maxLength: Int): String? {
  if (this == null) return null
  return if (length <= maxLength) this else substring(0, maxLength)
}

fun main() {
```

2 역주 C++나 파이썬을 보면 알 수 있지만(JVM은 invokevirtual 등과 같은 객체지향에 특화된 메서드 호출 명령어가 있어서 약간 다르다. 하지만 JVM 스펙의 invokevitual 정의(https://docs.oracle.com/javase/specs/jvms/se14/html/jvms-6.html#jvms-6.5.invokevirtual)를 살펴보면 스택의 맨 위에 인스턴스에 대한 참조가 있다는 점에서 실제로 동작 측면에서는 이들 언어와 비슷하다고도 할 수 있다), 일반적으로 객체의 메서드도 실제로는 명시적으로 컴파일러가 수신 객체를 첫 번째 인자로 전달해주는 일반 함수에 지나지 않는다. C로 객체지향을 구현하는 경우, 이런 식으로 메서드 맨 앞에 객체에 대한 포인터(또는 참조)를 두는 방식으로 메서드를 대부분 구현한다. 다만 상속 등을 고려해 인스턴스를 동적으로 디스패치하려면 가상 함수 테이블 등을 거쳐 간접적으로 런타임에 실제 호출할 함수를 결정해야 하지만, 확장 함수 같은 경우는 클래스 타입을 기준으로 항상 정적으로 함수가 결정되기 때문에 자바에서는 static 메서드로 컴파일된다.

```
  val s = readLine()     // 널이 될 수 있는 문자열
  println(s.truncate(3))  // 여기서 '?.'를 쓰지 않아도 된다.
}
```

확장 함수의 수신 객체가 널이 될 수 있는 타입인 경우, 널 값을 처리하는 책임은 확장 함수 쪽에 있다.

KOTLIN IN DEPTH

5.3 확장 프로퍼티

코틀린에서는 확장 함수와 비슷하게 확장 프로퍼티를 정의할 수도 있다. 다른 일반 멤버 프로퍼티와 마찬가지 방법으로도 확장 프로퍼티에 접근할 수 있다. 문법도 비슷하다. 확장 프로퍼티를 정의하려면 프로퍼티 이름 앞에 수신 객체의 타입을 지정하면 된다. 다음 예제를 살펴보자.

```
val IntRange.leftHalf: IntRange
  get() = start..(start + endInclusive)/2

fun main() {
  println((1..3).leftHalf) // 1..2
  println((3..6).leftHalf) // 3..4
}
```

이 코드는 IntRange에 대해 leftHalf라는 확장 프로퍼티를 정의한다. 이 확장 프로퍼티는 원래 범위의 왼쪽 절반을 계산한다.

멤버와 확장 프로퍼티의 결정적인 차이는 어떤 클래스의 인스턴스에 안정적으로 상태를 추가할 방법이 없기 때문에 확장 프로퍼티에 뒷받침하는 필드를 쓸 수 없다는 점이다. 이 말은 확장 프로퍼티를 초기화할 수도 없고, 접근자 안에서 field를 사용할 수도 없다는 뜻이다. 그리고 lateinit으로 확장 프로퍼티를 정의할 수도 없다. lateinit은 뒷받침하는 필드에 의존하는 기능이기 때문이다. 마찬가지 이유로 확장 프로퍼티 정의에서는 항상 명시적인 게터를 정의해야 하고, 가변 프로퍼티인 경우에는 세터도 명시해야만 한다.

```
val IntArray.midIndex
  get() = lastIndex/2
```

```
var IntArray.midValue
  get() = this[midIndex]
  set(value) {
    this[midIndex] = value
  }

fun main() {
  val numbers = IntArray(6) { it*it } // 0, 1, 4, 9, 16, 25

  println(numbers.midValue) // 4
  numbers.midValue *= 10
  println(numbers.midValue) // 40
}
```

하지만 확장 프로퍼티에서도 위임을 사용할 수 있다. 다만 위임식이 프로퍼티의 수신 객체에 접근할 수 없다는 점에 유의하라. 따라서 일반적으로 다음과 같이 수신 객체 타입이 같으면 모두 똑같은 인스턴스를 얻기 때문에 lazy 프로퍼티를 확장으로 선언해도 사용상 그다지 이점이 없다.

```
val String.message by lazy { "Hello" }

fun main() {
  println("Hello".message)  // Hello
  println("Bye".message)   // Hello
}
```

인스턴스가 단 하나만 있기 때문에 객체 정의는 예외다.

```
object Messages

val Messages.HELLO by lazy { "Hello" }

fun main() {
  println(Messages.HELLO)
}
```

일반적으로 프로퍼티의 수신 객체에 접근할 수 있는 위임을 만들 수 있다. 이에 대한 내용은 **11장 도메인 특화 언어**에서 다룬다.

5.4 동반 확장

4장 클래스와 객체 다루기에서 동반 객체를 설명했다. 어떤 클래스의 동반 객체는 이 클래스에 내포된 객체 중에서 바깥 클래스의 이름을 통해 객체 멤버에 접근할 수 있는 특별한 객체다. 이런 유용한 성질이 확장의 경우에도 성립한다.

다음 예제에서는 IntRange 클래스의 동반 객체에 대한 확장 함수를 정의한다. 이 함수에 접근할 때는 클래스의 이름을 사용한다.

```
fun IntRange.Companion.singletonRange(n: Int) = n..n

fun main() {
  println(IntRange.singletonRange(5))             // 5..5
  println(IntRange.Companion.singletonRange(3))  // 3..3
}
```

물론 IntRange.Companion.singletonRange(3)처럼 완전한 동반 객체 이름을 사용해 이 함수를 호출할 수도 있다. 확장 프로퍼티도 마찬가지다.

```
val String.Companion.HELLO
  get() = "Hello"

fun main() {
  println(String.HELLO)
  println(String.Companion.HELLO)
}
```

동반 객체가 존재하는 경우에만 동반 객체에 대한 확장을 정의할 수 있다.

```
class Person(val firstName: String, val familyName: String) {
  companion object // 확장 정의를 위해 내용이 없는 동반 객체를 정의함
}

val Person.Companion.UNKNOWN by lazy { Person("John", "Doe") }
```

반대로 Any에는 동반 객체가 존재하지 않으므로 Any의 동반 객체에 대한 확장을 정의할 수는 없다.

```
// error: unresolved reference: Companion
fun Any.Companion.sayHello() = println("Hello")
```

5.4.1 람다와 수신 객체 지정 함수 타입

함수나 프로퍼티와 마찬가지로 코틀린에서는 람다나 익명 함수에 대해서도 확장 수신 객체를 활용할 수 있다. 이런 함숫값들은 수신 객체 지정 함수 타입(functional type with receiver)이라는 특별한 타입으로 표현된다. aggregate() 예제에서 함수 타입 파라미터가 인자를 두 개 받는 대신 수신 객체를 받도록 다시 정의해보자.

```
fun aggregate(numbers: IntArray, op: Int.(Int) -> Int): Int {
  var result = numbers.firstOrNull()
      ?: throw IllegalArgumentException("Empty array")

  for (i in 1..numbers.lastIndex) result = result.op(numbers[i])

  return result
}

fun sum(numbers: IntArray) = aggregate(numbers) { op -> this + op }
```

파라미터 타입 목록 앞에 타입 이름과 점을 추가해서 수신 객체의 타입을 정의한다.

```
Int.(Int) -> Int
```

이렇게 정의한 경우 이 함수에 전달된 람다는 암시적으로 수신 객체를 가진다. this를 사용해 이 객체에 접근할 수 있다.

```
{ op -> this + op }
```

마찬가지로 익명 함수에 대해서도 확장 함수 문법을 사용할 수 있다. 수신 객체 타입을 함수의 파라미터 목록 앞에 추가하면 된다.

```
fun sum(numbers: IntArray) = aggregate(numbers, fun Int.(op: Int) = this + op)
```

확장 함수 정의와 달리, 수신 객체가 있는 함숫값을 호출할 때는 수신 객체를 다른 모든 파라미터 앞에 첫 번째 파라미터로 넣어서 확장 함수가 아닌 일반 함수 형태로 호출할 수도 있다. 예를 들어 다음과 같이 작성할 수도 있다.

```
fun aggregate(numbers: IntArray, op: Int.(Int) -> Int): Int {
  var result = numbers.firstOrNull()
      ?: throw IllegalArgumentException("Empty array")

  for (i in 1..numbers.lastIndex) {
    result = op(result, numbers[i]) // 비확장 함수 호출
  }

  return result
}
```

기본적으로 리터럴이 아닌 함숫값은 자유롭게 수신 객체가 있는 함수 타입 값과 수신 객체가 첫 번째 파라미터인 일반 함수 타입 값의 역할을 할 수 있다. 이렇게 쓸 수 있는 이유는 이 두 타입의 값이 런타임에는 똑같이 표현되기 때문이다.

```
val min1: Int.(Int) -> Int = { if (this < it) this else it }
val min2: (Int, Int) -> Int = min1  // 수신 객체가 첫 번째 파라미터인 일반 함수 타입
val min3: Int.(Int) -> Int = min2   // 수신 객체가 있는 함수 타입
```

수신 객체가 있는 함숫값을 확장 형태나 (수신 객체가 첫 번째 인자인) 비확장 형태 중 어느 쪽으로든 호출할 수 있지만, 수신 객체가 없는 함숫값은 비확장 형태로만 호출할 수 있다.

```
fun main() {
  val min1: Int.(Int) -> Int = { if (this < it) this else it }
  val min2: (Int, Int) -> Int = min1
  println(3.min1(2))  // Ok: min1을 확장 함수로 호출함
  println(min1(1, 2)) // Ok: min1을 비확장 함수로 호출함
  println(3.min2(2))  // error: unresolved reference: min2
  println(min2(1, 2)) // Ok: min2를 비확장 함수로 호출함
}
```

수신 객체가 있는 람다는 DSL과 같은 API를 구축할 때 강력한 도구를 제공한다. 이 주제는 **11장 도메인 특화 언어**에서 다룬다.

5.5 수신 객체가 있는 호출 가능 참조

코틀린에서는 수신 객체가 있는 함숫값을 정의하는 호출 가능 참조를 만들 수 있다. 클래스 멤버를 바탕으로 이런 참조를 만들 수도 있고, 확장 선언을 바탕으로 이런 참조를 만들 수도 있다. 문법적으로 이들은 바인딩된 호출 가능 참조와 비슷하지만, 수신 객체를 계산하는 식 대신 수신 객체 타입이 앞에 붙는다는 점이 다르다.

```
fun aggregate(numbers: IntArray, op: Int.(Int) -> Int): Int {
  var result = numbers.firstOrNull()
      ?: throw IllegalArgumentException("Empty array")

  for (i in 1..numbers.lastIndex) result = result.op(numbers[i])

  return result
}

fun Int.max(other: Int) = if (this > other) this else other

fun main() {
  val numbers = intArrayOf(1, 2, 3, 4)
  println(aggregate(numbers, Int::plus)) // 10
  println(aggregate(numbers, Int::max)) // 4
}
```

이 예제에서 Int::plus는 Int 내장 클래스의 plus() 멤버 함수(plus 멤버 함수는 + 연산자와 같다)를 사용한 반면, Int::max는 같은 파일에 정의된 확장 함수를 사용해 정의됐다. 두 경우 모두 똑같은 구문을 사용한다.

앞 절에서 설명한 확장과 비확장 함수 타입 사이의 암시적 변환으로 인해, 수신 객체가 없는 호출 가능 참조를 수신 객체가 필요한 함수 타입의 값 대신 사용할 수도 있다.

예를 들어 Int.(Int) -> Int 타입의 파라미터를 받는 고차 함수에 인자가 두 개인 호출 가능 참조인 ::max를 전달해도 된다.

```
fun aggregate(numbers: IntArray, op: Int.(Int) -> Int): Int {
  var result = numbers.firstOrNull()
      ?: throw IllegalArgumentException("Empty array")
```

```
  for (i in 1..numbers.lastIndex) result = result.op(numbers[i])

  return result
}

fun max(a: Int, b: Int) = if (a > b) a else b

fun main() {
  println(aggregate(intArrayOf(1, 2, 3, 4), ::max))
}
```

역방향 대입도 가능하다. 수신 객체가 아닌 일반 함수 타입의 파라미터를 받는 함수에 수신 객체가 지정된 호출 가능 참조를 전달할 수도 있다. 다음 예제에서는 멤버에 대한 호출 가능 참조와 확장 함수에 대한 호출 가능 참조를 (Int, Int) -> Int 함수 타입의 파라미터 위치에 인자로 전달한다.

```
fun aggregate(numbers: IntArray, op: (Int, Int) -> Int): Int {
  var result = numbers.firstOrNull()
      ?: throw IllegalArgumentException("Empty array")

  for (i in 1..numbers.lastIndex) result = op(result, numbers[i])

  return result
}

fun Int.max(other: Int) = if (this > other) this else other

fun main() {
  println(aggregate(intArrayOf(1, 2, 3, 4), Int::plus))  // 10
  println(aggregate(intArrayOf(1, 2, 3, 4), Int::max))  // 4
}
```

클래스 멤버인 동시에 확장 함수로 정의된 함수에 대한 호출 가능 참조는 지원하지 않는다. 이런 함수의 경우 타입::함수 이름 형태로는 여러 수신 객체 타입을 지정할 방법이 없기 때문이다.

5.5.1 영역 함수

코틀린 표준 라이브러리에는 어떤 식을 계산한 값을 문맥 내부에서 임시로 사용할 수 있도록 해주는 몇 가지 함수가 들어있다. 때로는 (식을 계산한 결과를 담을) 지역 변수를 명시적으로 선언하지 않고, 식의 값이 들어있는 암시적인 영역을 정의해서 코드를 단순화할 수 있는 경우가 있다. 이런 함수를 보통 영역 함수(scope function)라고 부른다.

영역 함수가 기본적으로 하는 일은 여러분이 인자로 제공한 람다를 간단하게 실행해주는 것이다. 그 차이는 다음과 같은 몇 가지 관점의 조합에 있다.

- 문맥 식을 계산한 값을 영역 함수로 전달할 때 수신 객체로 전달하는가(영역 함수가 확장 함수인 경우), 일반적인 함수 인자로 전달하는가(영역 함수가 일반 함수인 경우)?
- 영역 함수의 람다 파라미터가 수신 객체 지정 람다(확장 람다)인가, 아닌가?
- 영역 함수가 반환하는 값이 람다의 결괏값인가, 컨텍스트 식을 계산한 값인가?

전체적으로는 `run`, `let`, `with`, `apply`, `also`라는 다섯 가지 표준 영역 함수가 있다. 이 절에서는 이런 함수를 사용해 코드를 단순화하는 방법을 배운다. 모든 영역 함수는 인라인 함수이기 때문에 런타임 부가 비용이 없다.

영역 함수는 조심히 사용해야 하며, 남용하면 오히려 코드 가독성이 나빠지고 실수하기도 쉬워진다는 점을 명심하라. 일반적으로 여러 영역 함수를 내포시키면 `this`나 `it`이 어떤 대상을 가리키는지 구분하기 어려워지므로 영역 함수를 여러 겹으로 내포시켜 사용하지 않는 편을 권장한다.

run과 with 함수

`run()` 함수는 확장 람다를 받는 확장 함수이며 람다의 결과를 돌려준다. 기본적인 사용 패턴은 객체 상태를 설정한 다음, 이 객체를 대상으로 어떤 결과를 만들어내는 람다를 호출하는 것이다.

```
class Address {
  var zipCode: Int = 0
  var city: String = ""
  var street: String = ""
  var house: String = ""

  fun post(message: String): Boolean {
    "Message for {$zipCode, $city, $street, $house}: $message"
    return readLine() == "OK"
  }
}

fun main() {
  val isReceived = Address().run {
    // Address 인스턴스를 this로 사용할 수 있다
```

```
    zipCode = 123456
    city = "London"
    street = "Baker Street"
    house = "221b"
    post("Hello!") // 반환값
  }

  if (!isReceived) {
    println("Message is not delivered")
  }
}
```

run 함수가 없으면 Address 인스턴스를 담을 변수를 추가해야 한다. 이로 인해 함수 본문의 나머지 부분에서도 이 변수에 접근할 수 있게 된다. 하지만 이 Address 인스턴스를 post()를 호출할 때 한 번만 써야 한다면, 함수의 나머지 부분에서 이 인스턴스에 마음대로 접근할 수 있는 것은 바람직하지 않다. run()과 같은 함수를 사용하면 지역 변수의 가시성을 좀 더 세밀하게 제어할 수 있다.

결과의 타입이 Unit일 수도 있다는 점에 유의하라.

```
fun Address.showCityAddress() = println(“ $street, $house ”)

fun main() {
  Address().run {
    zipCode = 123456
    city = "London"
    street = "Baker Street"
    house = "221b"
    showCityAddress()
  }
}
```

with() 함수는 run()과 상당히 비슷하다. 유일한 차이는 with()가 확장 함수 타입이 아니므로 문맥 식을 with의 첫 번째 인자로 전달해야 한다는 점뿐이다. 이 함수를 일반적으로 사용하는 경우는 문맥 식의 멤버 함수와 프로퍼티에 대한 호출을 묶어 동일한 영역 내에서 실행하는 경우다.

```
fun main() {
  val message = with (Address("London", "Baker Street", "221b")) {
    "Address: $city, $street, $house"
  }
  println(message)
}
```

앞의 예제에서는 this 인스턴스의 멤버를 전체 이름 대신 간단한 이름만으로 사용할 수 있음을 보여줬다. 영역 함수를 사용하지 않으면 다음과 같이 코드를 작성해야 할 것이다.

```
class Address(val city: String, val street: String, val house: String) {
  fun asText() = "$city, $street, $house"
}

fun main() {
  val addr = Address("London", "Baker Street", "221b")
  val message = "Address: ${addr.city}, ${addr.street}, ${addr.house}"
  println(message)
}
```

즉, 영역 함수가 없으면 변수를 추가로 도입하고 Address의 모든 멤버를 호출할 때마다 추가한 변수(여기서는 addr)를 매번 명시해야 했을 것이다.

문맥이 없는 run

코틀린 표준 라이브러리는 run()을 오버로딩한 함수도 제공한다. 이 함수는 문맥 식이 없고 람다의 값을 반환하기만 한다. 람다 자체에는 수신 객체도 없고 파라미터도 없다.

주로 이 함수를 사용하는 경우는 어떤 식이 필요한 부분에서 블록을 사용하는 것이다. 다음 코드를 생각해보자.

```
class Address(val city: String, val street: String, val house: String) {
  fun asText() = "$city, $street, $house"
}

fun main() {
  val address = Address("London", "Baker Street", "221b")
  println(address.asText())
}
```

표준 입력에서 주소의 각 요소를 읽어오려면 어떻게 해야 할까? 아마도 읽어온 여러 값에 대해 별도로 변수를 정의해야 할 것이다.

```
fun main() {
  val city = readLine() ?: return
  val street = readLine() ?: return
  val house = readLine() ?: return
  val address = Address(city, street, house)
```

```
    println(address.asText())
}
```

하지만 모든 변수가 main()의 다른 지역 변수(예 city)와 같은 영역 안에 있으므로 이 코드는 바람직하지 않다. 아마도 Address 인스턴스만을 처리하기 위한 영역을 따로 만들 수 있으면 더 타당할 것이다. 모든 변수를 인라인하는 것은 다음과 같이 알아보기 힘든 코드가 생기기 때문에 오히려 더 나쁜 선택이다.


```
fun main() {
  val address = Address(readLine() ?: return,
                        readLine() ?: return,
                        readLine() ?: return)
  println(address.asText())
}
```

이 코드를 보자마자 각 readLine()이 어떤 의미인지 알아보기는 쉽지 않다. 코틀린에서 이런 경우를 처리하는 전형적인 방법은 run()을 사용하는 것이다.

```
fun main() {
  val address = run {
    val city = readLine() ?: return
    val street = readLine() ?: return
    val house = readLine() ?: return
    Address(city, street, house)
  }

  println(address.asText())
}
```

run은 인라인 함수이므로 람다 내부에서 바깥쪽 함수의 제어를 반환시키기 위해 return을 사용해도 된다. 이로 인해 run이 다른 일반적인 제어 구조와 똑같아 보인다.

여기서 블록을 사용하면 블록을 람다로 취급하기 때문에 제대로 작동하지 않는다. 그래서 표준 라이브러리에 run()이 추가됐다.

```
fun main() {
  val address = {
    val city = readLine() ?: return // Error: return is not allowed
    val street = readLine() ?: return // Error: return is not allowed
    val house = readLine() ?: return // Error: return is not allowed
    Address(city, street, house)
```

```
    }

    println(address.asText()) // Error: no asText() method
}
```

let 함수

let 함수는 run과 비슷하지만 확장 함수 타입의 람다를 받지 않고 인자가 하나뿐인 함수 타입의 람다를 받는다는 점이 다르다. 따라서 문맥 식의 값은 람다의 인자로 전달된다. let의 반환값은 람다가 반환하는 값과 같다. 외부 영역에 새로운 변수를 도입하는 일을 피하고 싶을 때 주로 이 함수를 사용한다.

```
class Address(val city: String, val street: String, val house: String) {
  fun post(message: String) {}
}

fun main() {
  Address("London", "Baker Street", "221b").let {
    // 이 안에서는 it 파라미터를 통해 Address 인스턴스에 접근할 수 있음
    println("To city: ${it.city}")
    it.post("Hello")
  }
}
```

다른 람다와 마찬가지로 모호함을 없애고 가독성을 높이기 위해 파라미터에 원하는 이름을 부여할 수도 있다.

```
fun main() {
  Address("London", "Baker Street", "221b").let { addr ->
    // 이 안에서는 addr 파라미터를 통해 Address 인스턴스에 접근할 수 있음
    println("To city: ${addr.city}")
    addr.post("Hello")
  }
}
```

let의 일반적인 사용법 중에는 널이 될 수 있는 값을 안전성 검사를 거쳐서 널이 될 수 없는 함수에 전달하는 용법이 있다. 앞 장에서 널이 될 수 있는 수신 객체에 대해 함수를 호출할 수 있게 해주는 안전한 호출 연산자를 배웠다. 하지만 처리해야 하는 값을 무조건 널이 될 수 없는 값으로만 전달해야 한다면 어떻게 널이 될 수 있는 값을 전달할 수 있을까? 다음 예제를 살펴보자.

```
fun readInt() = try {
  readLine()?.toInt()
} catch (e: NumberFormatException) {
  null
}

fun main(args: Array<String>) {
  val index = readInt()
  val arg = if (index != null) args.getOrNull(index) else null
  if (arg != null) {
    println(arg)
  }
}
```

getOrNull() 함수는 주어진 인덱스가 정상이라면 배열 원소를 반환하지만, 그렇지 않으면 null을 반환한다. 이 함수의 파라미터가 널이 될 수 없는 타입이기 때문에 readInt()의 결과를 getOrNull()에 직접 전달할 수는 없다. 그러므로 방금 본 예제에서는 if를 통해 readInt()의 결과를 스마트 캐스트해서 널이 아닌 값을 getOrNull()에 전달했다. 하지만 let을 사용하면 이 코드를 더 단순화할 수 있다.

```
val arg = index?.let { args.getOrNull(it) }
```

let 호출은 index가 널이 아닌 경우에만 호출되기 때문에 컴파일러는 람다 안에서 it 파라미터가 널이 될 수 없는 값임을 알 수 있다.

apply/also 함수

apply() 함수는 확장 람다를 받는 확장 함수이며 자신의 수신 객체를 반환한다. 이 함수는 일반적으로 run()과 달리 반환값을 만들어내지 않고 객체의 상태를 설정하는 경우에 사용한다.

```
class Address {
  var city: String = ""
  var street: String = ""
  var house: String = ""

  fun post(message: String) { }
}

fun main() {
  val message = readLine() ?: return
```

```
    Address().apply {
      city = "London"
      street = "Baker Street"
      house = "221b"
    }.post(message)
}
```

비슷한 함수로 also()가 있다. 이 함수는 apply()와 달리 인자가 하나 있는 람다를 파라미터로 받는다.

```
fun main() {
    val message = readLine() ?: return

    Address().also {
      it.city = "London"
      it.street = "Baker Street"
      it.house = "221b"
    }.post(message)
}
```

5.5.2 클래스 멤버인 확장

앞 절에서는 확장 함수를 클래스 멤버로 선언할 수 있다고 설명했다. 이런 확장을 더 자세히 살펴보자.

클래스 안에서 확장 함수나 프로퍼티를 선언하면 일반적인 멤버나 최상위 확장과 달리 이런 함수나 프로퍼티에는 수신 객체가 두 개 있다. 이때 확장 정의의 수신 객체 타입의 인스턴스를 확장 수신 객체(extension receiver)라 부르고, 확장이 포함된 클래스 타입의 인스턴스를 디스패치 수신 객체(dispatch receiver)라 부른다. 두 수신 객체를 가리킬 때는 this 앞에 클래스 이름(디스패치 수신 객체의 경우)이나 확장 이름(확장 수신 객체의 경우)을 붙여서 한정시킨다. 일반적으로 한정시키지 않은 this는 this를 가장 가깝게 둘러싸는 선언의 수신 객체를 참조한다. 따라서 지역적인 클래스나 수신 객체 지정 람다 또는 내포된 확장 함수 선언이 있지 않는 한, 일반적으로 this는 this가 속한 확장 함수의 확장 수신 객체가 된다.

두 종류의 수신 객체를 모두 보여주는 예제를 살펴보자.

```
class Address(val city: String, val street: String, val house: String)

class Person(val firstName: String, val familyName: String) {
  fun Address.post(message: String) {
    // 암시적 this: 확장 수신 객체(Address)
    val city = city
    // 한정시키지 않은 this: 확장 수신 객체(Address)
    val street = this.city
    // 한정시킨 this: 확장 수신 객체(Address)
    val house = this@post.house
    // 암시적 this: 디스패치 수신 객체(Person)
    val firstName = firstName
    // 한정시킨 this: 디스패치 수신 객체(Person)
    val familyName = this@Person.familyName

    println("From $firstName, $familyName at $city, $street, $house:")
    println(message)
  }

  fun test(address: Address) {
    // 디스패치 수신 객체: 암시적
    // 확장 수신 객체: 명시적
    address.post("Hello")
  }
}
```

test() 안에서 post() 함수를 호출하면 test()가 Person의 멤버이므로 디스패치 수신 객체가 자동으로 제공된다. 반면 확장 수신 객체는 address 식을 통해 명시적으로 전달된다.

이와 비슷하게 Person 클래스 인스턴스가 다른 방식으로 공급되는 경우에도 post() 함수를 호출할 수 있다. 예를 들어 확장 수신 객체나 외부 클래스의 인스턴스로 Person 타입의 값이 공급될 수 있다.

```
class Address(val city: String, val street: String, val house: String)

class Person(val firstName: String, val familyName: String) {
  fun Address.post(message: String) { }
  inner class Mailbox {
    fun Person.testExt(address: Address) {
      address.post("Hello")
    }
  }
```

```
}

fun Person.testExt(address: Address) {
  address.post("Hello")
}
```

Address 타입의 수신 객체가 있다면 어떻게 될까? Address 클래스의 본문 안에서 post()를 호출하고 싶다고 하자.

```
class Address(val city: String, val street: String, val house: String) {
  fun test(person: Person) {
    person.post("Hello") // Error: method post() is not defined
  }
}

class Person(val firstName: String, val familyName: String) {
  fun Address.post(message: String) { }
}
```

Person 타입의 디스패치 수신 객체가 현재 영역에 존재해야만 post()를 호출할 수 있으므로 이 예제에서는 post() 함수를 호출할 수 없다. 이 문제를 해결하려면 post() 호출을 Person 수신 객체를 받는 확장 람다로 감싸야 한다.

```
class Address(val city: String, val street: String, val house: String) {
  fun test(person: Person) {
    with(person) {
      // 암시적 디스패치와 확장 수신 객체
      post("Hello")
    }
  }
}

class Person(val firstName: String, val familyName: String) {
  fun Address.post(message: String) { }
}
```

이 트릭을 Address나 Person 클래스, 혹은 이들의 확장 밖에서 post()를 호출할 때도 사용할 수 있다.

```
class Address(val city: String, val street: String, val house: String)

class Person(val firstName: String, val familyName: String) {
  fun Address.post(message: String) { }
}

fun main() {
  with(Person("John", "Watson")) {
    Address("London", "Baker Street", "221b").post("Hello")
  }
}
```

이 예제들은 함수와 프로퍼티의 이중 수신 객체 규칙이 큰 혼란을 야기할 수도 있음을 보여준다. 이런 이유로 수신 객체의 영역을 자신이 포함된 선언 내부로 제한하는 쪽을 더 권장한다.

```
class Address(val city: String, val street: String, val house: String)

class Person(val firstName: String, val familyName: String) {
  // Person 클래스 밖에서는 쓸 수 없음
  private fun Address.post(message: String) { }
  fun test(address: Address) = address.post("Hello")
}
```

혼란을 야기하고 오류가 생기기 쉬워서 피해야 한다고 언급할 만한 사용 예로는 다음 코드처럼 디스패치와 확장 수신 객체가 똑같은 타입인 경우가 있다.

```
class Address(val city: String, val street: String, val house: String) {
  fun Address.post(message: String) { }
}
```

이중 수신 객체 멤버를 사용하는 흥미로운 예로는 객체(특히 동반 객체) 안에 선언된 확장 함수가 있다. 이런 확장을 최상위로 임포트해서 최상위 확장처럼 사용할 수 있다.

```
import Person.Companion.parsePerson

class Person(val firstName: String, val familyName: String) {
  companion object {
    fun String.parsePerson(): Person? {
      val names = split(" ")
      return if (names.size == 2) Person(names[0], names[1]) else null
    }
  }
```

```
}

fun main() {
  // Person.Companion 인스턴스가 암시적으로 공급됨
  println("John Doe".parsePerson()?.firstName) // John
}
```

하지만 대부분의 경우 최상위 확장이 더 간단하고 읽기 좋은 코드를 만들어내므로, 최상위 확장을 우선적으로 사용하는 편이 더 낫다.

5.6 결론

KOTLIN IN DEPTH

이 장에서 배운 내용을 정리해보자. 함수 타입과 고차 함수를 사용해 코드 조각을 함수 형태로 추상화하고 합성하는 방법을 배웠다. 함숫값을 만드는 여러 가지 방법과 함수 인라인의 가능성도 배웠다. 마지막으로, 기존 타입에 새로운 기능을 추가할 수 있는 확장 함수와 프로퍼티를 어디에 사용하는지 살펴봤다.

다음 장에서는 객체지향 프로그래밍으로 돌아가서 열거형(enumeration)이나 데이터 클래스 등과 같은 일반적인 프로그래밍 패턴을 단순화해주는 특별한 클래스에 대해 논의한다.

5.7 정리 문제

KOTLIN IN DEPTH

1. 고차 함수란 무엇인가?
2. 람다 식의 문법을 설명하라. 자바 람다와 코틀린 람다를 비교하라.
3. 함수 타입이란 무엇인가? 코틀린 함수 타입과 자바 함수형 인터페이스의 차이점은 무엇인가?
4. 수신 객체가 있는 함수 타입과 수신 객체가 없는 함수 타입을 비교해 설명하라.

5. 람다와 익명 함수의 차이는 무엇인가? 람다를 쓰는 것보다 익명 함수를 쓰는 것이 더 좋은 때는 언제인가?

6. 인라인 함수의 장단점을 설명하라. 인라인 함수에는 어떤 제약이 있는가?

7. 호출 가능 참조란 무엇인가? 호출 가능 참조의 여러 가지 형태를 설명하라. 각각의 형태를 자바의 메서드 참조와 비교하라.

8. 람다와 익명 함수 안에서 return이 어떻게 작동하는지 설명하라. 한정시킨 return 문이란 무엇인가?

9. 함수 타입 파라미터의 디폴트 인라인 모드와 noinline, crossinline 모드를 서로 비교하라.

10. 확장 함수를 정의하는 방법은 무엇인가? 확장 함수는 확장이 적용된 함수를 변경하는가?

11. 동반 객체 확장을 사용하는 방법을 설명하라.

12. 확장 프로퍼티에는 어떤 제약이 있는가?

13. 여러 가지 형태의 this 식을 설명하라. 한정시킨 this를 언제 어떻게 사용하는가?

14. 클래스 내부에서 확장 함수를 선언하는 경우 주의해야 할 점을 설명하라.

15. 영역 함수란 무엇인가? 어떤 일을 처리할 때 어떤 영역 함수를 사용할지 판단하는 기준이 무엇인지 설명하라.

6 장

특별한 클래스 사용하기

이 장에서는 몇 가지 일반적인 프로그래밍 패턴을 편리하게 구현하도록 해주는 특별한 종류의 클래스를 배운다. 미리 정해진 인스턴스만 허용하는 이넘(enum) 사용법, 데이터를 data 클래스로 표현하는 방법, 런타임 부가 비용이 거의 없는 경량 래퍼 클래스인 값 클래스를 살펴볼 것이다.

배우는 내용

- 이넘 클래스
- 데이터 클래스
- 값 클래스

이 장의 목표

이넘이나 데이터 클래스 같은 다양한 클래스 유형을 사용해 일반적인 프로그래밍 과업을 수행하는 방법을 배운다. 값 클래스를 이해하고 부호가 없는 정수 타입을 예로 들어 사용법을 익힌다.

6.1 이넘 클래스

KOTLIN IN DEPTH

이넘(enumeration을 줄인 enum의 발음을 음차) 클래스는 미리 정의된 상수들로 이뤄진 제한된 집합을 표현하는 특별한 클래스다. 가장 단순한 형태는 enum class의 본문에 상수를 모아둔 형태다.

```
enum class WeekDay {
  MONDAY, TUESDAY, WEDNESDAY, THURSDAY, FRIDAY, SATURDAY, SUNDAY
}

fun WeekDay.isWeekEnd() =
    this == WeekDay.SATURDAY || this == WeekDay.SUNDAY

fun main() {
    println(WeekDay.MONDAY.isWeekEnd()) // false
    println(WeekDay.SATURDAY.isWeekEnd()) // true
}
```

정수, 문자열 등과 비교할 때 이넘을 사용하면 어떤 값이 가능한 범위 안에 들어가 있는지를 일일이 검사할 필요가 없으므로, 정해진 상수들로 이뤄진 집합을 타입 안전(type-safe)하게 다룰 수 있다. 컴파일러는 이넘 타입의 변수가 이넘 클래스에 정의된 값 중 하나를 사용하는지 검사해준다.

자바 vs. 코틀린 코틀린 이넘은 enum class라는 두 키워드의 조합으로 정의되지만, 자바는 enum만으로 정의된다. enum 키워드 자체는 소프트 키워드이므로 다른 문맥에서는 식별자로 사용할 수 있다.

컴파일 시점 상수이므로 이넘 값을 쓸 때는 보통 대문자를 사용한다.

이넘은 특히 특정 타입에 속하는 미리 정해진 전역 상수를 정의한다는 점에서 객체 정의와도 약간 비슷하다. 객체와 마찬가지로 전역 상수로 사용할 수 있는 방법이 없는 위치에서는 이넘을 정의할 수 없다. 예를 들어 이넘을 내부 클래스나 함수 본문에서 정의할 수 없다.

```
fun main() {
  enum class Direction { NORTH, SOUTH, WEST, EAST } // Error
}
```

6.1.1 빠뜨린 부분이 없는 when 식

다른 타입의 값과 마찬가지로 when을 사용하면 이넘 변수를 각각의 값과 비교할 수 있다. 하지만 이넘을 사용하면 한 가지 장점이 더 있다. when 식에서 모든 이넘 상수를 다룬 경우에는 else 가지를 생략해도 된다.

```
enum class Direction {
  NORTH, SOUTH, WEST, EAST
}

fun rotateClockWise(direction: Direction) = when (direction) {
  Direction.NORTH -> Direction.EAST
  Direction.EAST -> Direction.SOUTH
  Direction.SOUTH -> Direction.WEST
  Direction.WEST -> Direction.NORTH
}
```

빠뜨린 부분이 없는 형태의 when 식을 사용하면, 새 이넘 값을 추가하는 경우에 깨질 수 있는 코드가 생기는 일을 방지할 수 있다. 빠뜨린 부분이 없는 when을 사용하는 대신, else 가지를 추가했다고 가정해보자.

```kotlin
fun rotateClockWise(direction: Direction) = when (direction) {
  Direction.NORTH -> Direction.EAST
  Direction.EAST -> Direction.SOUTH
  Direction.SOUTH -> Direction.WEST
  Direction.WEST -> Direction.NORTH
  else ->
    throw IllegalArgumentException("Invalid direction: $direction")
}
```

새로운 Direction 이넘 값을 추가할 때까지는 이 코드가 잘 작동한다. 하지만 새 값을 추가하면,

```kotlin
enum class Direction {
  NORTH, SOUTH, WEST, EAST,
  NORTH_EAST, NORTH_WEST, SOUTH_EAST, SOUTH_WEST
}
```

rotateClockWise(Direction.NORTH_EAST) 같은 호출이 예외를 발생시킨다. 하지만 else를 사용하지 않는 when 식을 사용하면, 컴파일 시점에 컴파일러가 rotateClockWise() 함수의 when에 빠뜨린 부분이 있다고 경고하기 때문에 이런 오류를 쉽게 방지할 수 있다.

자바 vs. 코틀린 자바의 switch 문의 case 절에서는 이넘 값을 간단한 이름으로만 사용해야 하지만, 코틀린의 when에서는 이넘 상수를 임포트하지 않고 긴 이름으로 사용해도 된다. 앞에서 본 rotateClockWise() 함수를 이와 비슷한 역할을 하는 자바 메서드와 비교해보자.

```java
public Direction rotateClockWise(Direction d) {
  switch (d) {
    case NORTH: return Direction.EAST;
    case EAST: return Direction.SOUTH;
    case SOUTH: return Direction.WEST;
    case WEST: return Direction.NORTH;
  }
  throw new IllegalArgumentException("Unknown value: " + d);
}
```

파일 앞에서 이넘 상수를 임포트하면 한정시키지 않은 짧은 이름으로 이넘 상수를 사용할 수 있다.

```kotlin
import Direction.*

enum class Direction {
  NORTH, SOUTH, WEST, EAST
}
```

```
fun rotateClockWise(direction: Direction) = when (direction) {
  NORTH -> EAST
  EAST -> SOUTH
  SOUTH -> WEST
  WEST -> NORTH
}
```

내부적으로 빠진 부분이 없는 when 식에는 NoWhenBranchMatchedException 타입의 예외를 던지는 else 가지가 암시적으로 추가된다.

IDE 팁 ≡ 인텔리J 코틀린 플러그인은 불필요한 else 가지를 감지해서 빠진 부분이 없는 when 식으로 만들 수 있는 경우 해당 else 가지를 제거할 것을 제안한다(그림 6-1).

▼ 그림 6-1 빠진 부분이 없는 when 식에 있는 불필요한 else 가지

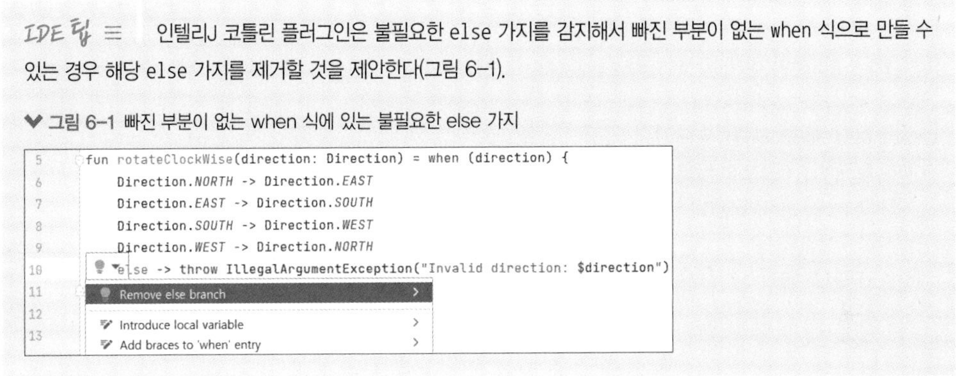

6.1.2 커스텀 멤버가 있는 이넘 정의하기

다른 클래스와 마찬가지로 이넘 클래스도 멤버를 포함할 수 있다. 그 외에도 원한다면, 앞의 예제에서 본 것처럼 이넘에도 확장 함수나 프로퍼티를 붙일 수 있다.

이넘 클래스도 일반 클래스에 허용되는 정의를 포함할 수 있다. 이런 정의에는 함수, 프로퍼티, 주생성자와 부생성자, 초기화 블록, 내부 클래스/내포된 클래스, 객체(동반 내포 객체와 일반 내포 객체) 등이 포함된다. 이넘 클래스에 정의된 이런 요소들은 반드시 이넘 상수 목록 뒤에 와야 한다. 이런 경우에는 상수 목록과 다른 부분을 구분하기 위해 상수 목록을 세미콜론으로 끝내야 한다(코틀린에서 세미콜론을 생략할 수 없는 몇 안 되는 드문 경우 중 하나다). 모든 이넘 클래스 상수에서 이넘 클래스의 본문에 정의된 멤버를 사용할 수 있다.[1]

1 역주 원서에는 lowerCaseName 게터의 코드가 name.toLowerCase()였다. 하지만 코틀린 1.5부터 toLowerCase()는 사용 금지 예고(deprecated)됐고, lowercase()가 추가됐다. 로케일을 고려하지 않고(locale invariant) 영어 알파벳만 처리하고 싶을 때는 그냥 lowercase()를 쓰면 되고, (JVM의 경우) 로케일을 지정하고 싶으면 Locale 객체를 인자로 lowercase()에 넘기면 된다.

```
enum class WeekDay {
  MONDAY, TUESDAY, WEDNESDAY, THURSDAY, FRIDAY, SATURDAY, SUNDAY;

  val lowerCaseName get() = name.lowercase()
  fun isWeekEnd() - this == Day.SATURDAY || this == WeekDay.SUNDAY
}

fun main() {
  println(WeekDay.MONDAY.isWeekEnd())        // false
  println(WeekDay.WEDNESDAY.lowerCaseName) // wednesday
}
```

이넘 클래스에 생성자가 있으면 각 이넘 상수의 정의 뒤에도 적절한 생성자 호출을 추가해야 한다.

```
enum class RainbowColor(val isCold: Boolean) {
  RED(false), ORANGE(false), YELLOW(false),
  GREEN(true), BLUE(true), INDIGO(true), VIOLET(true);

  val isWarm get() = !isCold
}

fun main() {
  println(RainbowColor.BLUE.isCold)  // true
  println(RainbowColor.RED.isWarm)   // true
}
```

이넘 상수에도 자신만의 정의가 들어있는 본문이 포함될 수 있다. 하지만 이런 상수에 의해 생겨나는 익명 타입(**4장 클래스와 객체 다루기**에서 익명 타입을 설명했다)은 코드 밖으로 노출되지 않는다. 따라서 이넘 상수의 본문에 정의된 멤버를 해당 본문이 아닌 부분에서 접근할 수는 없다. 다음 코드는 이런 사실을 보여준다.

```
enum class WeekDay {
  MONDAY { fun startWork() = println("Work week started") },
  TUESDAY, WEDNESDAY, THURSDAY, FRIDAY, SATURDAY, SUNDAY
}

fun main() = WeekDay.MONDAY.startWork() // Error
```

일반적으로 이넘 클래스 자체나 상위 타입에 들어있는 가상 메서드를 구현하는 경우에 이런 식의 상수별 멤버 정의가 유용하다. 이에 대한 예제는 **8장 클래스 계층 이해하기**로 미뤄두자.

지금은 이넘 상수 본문에 정의된 내포된 클래스들이 반드시 내부 클래스여야 한다는 점만 기억하라.

6.1.3 이넘 클래스의 공통 멤버 사용하기

코틀린의 모든 이넘 클래스는 암시적으로 kotlin.Enum 클래스의 하위 타입이다. kotlin.Enum 클래스는 모든 이넘 클래스가 사용할 수 있는 몇 가지 공통 함수와 프로퍼티를 제공한다. 몇 가지 API 차이를 제외하면, 이런 공통 멤버들은 자바 java.lang.Enum에 있는 상응하는 멤버들과 꽤 비슷하다. 실제 JVM에서 코틀린 이넘은 자바 Enum을 통해 표현된다.

모든 이넘 값에는 ordinal과 name이라는 한 쌍의 프로퍼티가 들어있다. ordinal은 이넘 클래스 안에 정의된 이넘 값의 순서에 따른 인덱스이고, name은 이넘 값의 이름이다.

```
enum class Direction {
  NORTH, SOUTH, WEST, EAST;
}

fun main() {
  println(Direction.WEST.name)    // WEST
  println(Direction.WEST.ordinal) // 2
}
```

특정 이넘 클래스의 값을 이넘 본문에 있는 정의의 위치에 따라 서로 비교할 수 있다. 자바와 비슷하게 이넘 값의 동등성은 각각의 식별자에 따라 정해진다.

```
fun main() {
  println(Direction.WEST == Direction.NORTH)    // false
  println(Direction.WEST != Direction.EAST)     // true
  println(Direction.EAST < Direction.NORTH)     // false
  println(Direction.SOUTH >= Direction.NORTH)   // true
}
```

이넘 값에 대한 비교는 ordinal 프로퍼티가 돌려주는 인덱스 값에 의해 정의된다.

자바 vs. 코틀린 자바와 코틀린의 이넘이 모두 Comparable 인터페이스를 암시적으로 구현하기는 하지만, 자바에서는 이넘 값에 대해 <나 > 등의 연산을 적용할 수 없다.

각 이넘 클래스는 마치 동반 객체의 멤버처럼 호출할 수 있는 암시적인 메서드들을 제공한다. valueOf() 메서드는 이넘 값의 이름을 문자열로 넘기면 그에 해당하는 이넘 값을 돌려주거나 이름이 잘못된 경우 예외를 던진다.

```
fun main() {
  println(Direction.valueOf("NORTH"))      // NORTH
  // java.lang.IllegalArgumentException: No enum constant NORTH_EAST
  println(Direction.valueOf("NORTH_EAST"))
}
```

values() 메서드는 정의된 순서대로 모든 이넘 값이 들어있는 배열을 돌려준다. 이 메서드를 호출할 때마다 배열이 새로 생긴다는 점에 유의하라. 따라서 이 메서드에서 얻은 배열의 내용을 바꾸더라도 (또 values() 메서드를 호출해 얻은) 나머지 배열에는 영향이 없다.

```
enum class WeekDay {
  MONDAY, TUESDAY, WEDNESDAY, THURSDAY, FRIDAY, SATURDAY, SUNDAY
}

private val weekDays = WeekDay.values()

val WeekDay.nextDay get() = weekDays[(ordinal + 1) % weekDays.size]
```

코틀린 1.1부터는 values()나 valueOf() 대신에 제네릭(generic) 최상위 메서드인 enumValues()와 enumValueOf()를 사용할 수도 있다.

```
fun main() {
  val weekDays = enumValues<WeekDay>()

  println(weekDays[2])                          // WEDNESDAY
  println(enumValueOf<WeekDay>("THURSDAY"))     // THURSDAY
}
```

6.2 데이터 클래스

코틀린은 데이터를 저장하기 위한 목적으로 주로 쓰이는 클래스를 선언하는 유용한 기능을 제공한다. 이런 기능을 데이터 클래스(data class)라고 부르며, 이 기능을 사용하면 컴파일러가 동등성을 비교하거나 String으로 변환하는 등의 기본 연산에 대한 구현을 자동으로 생성해준다. 그리고 구조 분해 선언(destructuring declaration)을 활용할 수도 있다. 구조 분해를 사용하면 클래스의 프로퍼티를 간단한 한 가지 언어 구성 요소를 사용해 여러 변수에 나눠 넣을 수 있다. 이 절에서는 데이터 클래스의 유용성을 살펴본다.

6.2.1 데이터 클래스와 데이터 클래스에 대한 연산

다음 클래스를 생각해보자.

```
class Person(val firstName: String,
             val familyName: String,
             val age: Int)
```

이 클래스의 두 인스턴스가 동등한지 비교하려면 어떻게 해야 할까? 자바와 마찬가지로 참조 타입의 값은 기본적으로 참조가 가리키는 객체의 정체성(identity)이 같으면 같은데, 이 말은 두 객체가 같은 객체라면(즉, 메모리에서 같은 위치에 있는 객체라면) 같다는 말이다. 이때 인스턴스의 필드 값이 같은지는 고려 대상이 아니다.

```
fun main() {
  val person1 = Person("John", "Doe", 25)
  val person2 = Person("John", "Doe", 25)
  val person3 = person1

  println(person1 == person2) // false, 서로 다른 정체성
  println(person1 == person3) // true, 같은 정체성
}
```

클래스에 커스텀 동등성 비교가 필요하다면, 보통 equals() 메서드와 이와 연관된 hashCode() 메서드를 구현한다(**7장 컬렉션과 I/O 자세히 알아보기**와 **8장 클래스 계층 이해하기**에서 더 자세히 다

룬다). 이 둘을 정의하면 HashMap 등의 컬렉션에서도 클래스 인스턴스를 키로 사용할 수 있게 된다.[2] 데이터 클래스라고 불리는 특정 유형의 클래스에 대해서는 코틀린이 클래스의 프로퍼티 목록을 기반으로 이런 메서드를 자동으로 생성해준다. 앞의 예제를 조금 바꿔보자.

```
data class Person(val firstName: String,
                  val familyName: String,
                  val age: Int)

fun main() {
  val person1 = Person("John", "Doe", 25)
  val person2 = Person("John", "Doe", 25)
  val person3 = person1

  println(person1 == person2) // true
  println(person1 == person3) // true
}
```

이제는 컴파일러가 주생성자에 정의된 프로퍼티의 값을 서로 비교하는 동등성 비교 연산을 자동으로 생성해주기 때문에 두 비교가 모두 true를 반환한다. 마찬가지로 이 클래스의 hashCode() 메서드도 주생성자에 정의된 프로퍼티의 값에 따라 결정된다.

프로퍼티 값의 비교도 equals() 메서드를 통한다는 점에 유의하라. 따라서 깊은 동등성(deep equality) 비교가 이뤄지는지 여부는 프로퍼티의 타입으로 어떤 타입이 들어있느냐에 따라 달라진다. 다음 예를 보자.

```
data class Person(val firstName: String,
                  val familyName: String,
                  val age: Int)

data class Mailbox(val address: String, val person: Person)

fun main() {
  val box1 = Mailbox("Unknown", Person("John", "Doe", 25))
  val box2 = Mailbox("Unknown", Person("John", "Doe", 25))
  println(box1 == box2) // true
}
```

2 역주 해시맵에 넣을 때 hashCode만 정의하면 되는 것으로 생각하는 독자도 있을지 모르겠다. hashCode()로는 해시맵의 버킷만 결정할 수 있으므로, 같은 버킷 안에 들어가는 키 사이에 같은지 여부를 결정할 방법이 없으면 해시맵이 정상적으로 작동할 수 없다. 같은 버킷에 들어가는 키가 여럿인 경우 키에 해당하는 값을 결정하려면 equals로 키를 비교해봐야 한다.

String, Person, MainBox는 모두 내용을 바탕으로 동등성을 구현하기 때문에 MailBox 인스턴스 비교는 address 프로퍼티(문자열) 비교와 person에 들어있는 Person 클래스의 동등성 비교에 따라 결정된다. 하지만 Person 클래스 앞에 있는 data 변경자를 없애면 Person 프로퍼티 비교가 객체의 정체성에 따라 결정되기 때문에 결과가 바뀐다.

```
class Person(val firstName: String,
             val familyName: String,
             val age: Int)

data class Mailbox(val address: String, val person: Person)

fun main() {
  val box1 = Mailbox("Unknown", Person("John", "Doe", 25))
  val box2 = Mailbox("Unknown", Person("John", "Doe", 25))
  // false: 두 Person 인스턴스의 정체성이 다름
  println(box1 == box2)
}
```

hashCode() 메서드 구현도 주생성자에 선언된 모든 프로퍼티의 해시 코드에 의존해 계산한 해시 코드를 반환한다.

데이터 클래스는 equals()나 hashCode() 외에 toString() 메서드의 구현도 생성해준다. 이 메서드는 클래스 인스턴스를 문자열로 변환해준다.

```
data class Person(val firstName: String,
                  val familyName: String,
                  val age: Int)
fun main() {
  val person = Person("John", "Doe", 25)
  println(person) // Person(firstName=John, familyName=Doe, age=25)
}
```

주생성자의 파라미터에서 선언한 프로퍼티만 equals()/hashCode()/toString() 메서드 구현에 쓰인다. 다른 프로퍼티들은 이런 함수들의 생성에 영향을 미치지 못한다.

```
data class Person(val firstName: String, val familyName: String) {
  var age = 0
}

fun main() {
  val person1 = Person("John", "Doe").apply { age = 25 }
```

```
  val person2 = Person("John", "Doe").apply { age = 26 }
  println(person1 == person2) // true
}
```

모든 데이터 클래스는 암시적으로 copy() 함수를 제공한다. 이 함수를 사용하면 현재 인스턴스를 복사하면서 몇몇 프로퍼티를 변경할 수 있다. copy() 함수의 시그니처는 데이터 클래스의 주생성자 시그니처와 같다. 하지만 각 프로퍼티마다 원본 객체의 프로퍼티 값이 디폴트 값으로 지정된다. 코드 가독성을 위해 copy() 함수를 호출할 때는 보통 이름 붙은 인자 구문을 사용한다.

```
data class Person(val firstName: String,
                  val familyName: String,
                  val age: Int)

fun Person.show() = println("$firstName $familyName: $age")

fun main() {
  val person = Person("John", "Doe", 25)

  person.show()                                     // John Doe: 25
  person.copy().show()                              // John Doe: 25
  person.copy(familyName = "Smith").show()          // John Smith: 25
  person.copy(age = 30, firstName = "Jane").show()  // Jane Doe: 30
}
```

인스턴스를 쉽게 복사할 수 있는 기능은 불변 데이터 구조를 더 쉽게 사용하도록 해준다. var 프로퍼티를 쓸 수도 있지만, 일반적으로는 데이터 클래스를 불변 클래스로 설계하는 편이 더 합리적이다. 불변 데이터를 사용하면 코드에 대한 추론이 쉬워지고 실수를 덜 저지르게 된다. 특히 다중 스레드 환경에서 불변성이 더 도움이 된다. 그 외에도 객체를 맵의 키로 제대로 사용하기 위해서는 불변성이 필수 조건이다. 맵의 키 등에서 불변성을 위반하면, **7장 컬렉션과 I/O 자세히 알아보기**에서 나오는 예기치 않은 동작을 보게 될 수도 있다.

코틀린 표준 라이브러리에는 두 가지 범용 데이터 클래스가 들어있다. 이들은 두 값(한 쌍(pair))이나 세 값(트리플렛(triplet))을 저장할 수 있는 데이터 클래스다.

```
fun main() {
  val pair = Pair(1, "two")

  println(pair.first + 1)    // 2
  println("${pair.second}!") // two!
```

```
    val triple = Triple("one", 2, false)

    println("${triple.first}!")     // one!
    println(triple.second - 1)      // 1
    println(!triple.third)          // true
  }
```

중위 연산자를 사용해 Pair 객체를 만들 수도 있다.

```
val pair = 1 to "two"

println(pair.first + 1)     // 2
println("${pair.second}!") // two!
```

대부분의 경우 이 같은 범용 데이터 클래스보다는 커스텀 클래스를 사용하는 편이 더 낫다. 커스텀 클래스를 정의하면 클래스의 프로퍼티에 의미가 있는 이름을 부여할 수 있어서 코드 가독성을 향상시킬 수 있다.

지금까지 살펴본 자동으로 생성한 함수들 외에도 데이터 클래스를 사용하면 인스턴스를 구성하는 프로퍼티들을 한 정의문 안에서 여러 변수에 나눠 추출할 수 있다. 다음 절에서는 구조 분해 선언을 사용해 프로퍼티를 변수에 나눠 담는 방법을 알아본다.

6.2.2 구조 분해 선언

다음 예제를 살펴보자.

```
import kotlin.random.Random

data class Person(val firstName: String,
                  val familyName: String,
                  val age: Int)

fun newPerson() = Person(readLine()!!,
                         readLine()!!,
                         Random.nextInt(100))

fun main() {
  val person = newPerson()
  val firstName = person.firstName
```

```
    val familyName = person.familyName
    val age = person.age

    if (age < 18) {
      println("$firstName $familyName is under-age")
    }
  }
```

이 코드는 Person 인스턴스의 각 프로퍼티를 추출한 다음 계산에 활용하고 있다. 하지만 Person이 데이터 클래스이므로 이를 각각의 프로퍼티에 대응하는 지역 변수를 정의하는 좀 더 간결한 구문으로 대신할 수 있다.

```
val (firstName, familyName, age) = person
```

이런 선언을 구조 분해 선언이라고 하며, 변수 이름을 하나만 사용하는 대신 괄호로 감싼 식별자 목록으로 여러 변수를 한꺼번에 정의할 수 있게 해주는 일반화된 지역 변수 선언 구문이다. 각 이름은 별도의 변수 선언과 같고, = 다음에 적은 데이터 클래스 인스턴스의 프로퍼티에 해당한다.

여기서 각 변수에 어떤 프로퍼티가 매핑되는지는 데이터 클래스의 생성자에 있는 각 프로퍼티의 위치에 따라 결정되며, 선언하는 변수의 이름에 의해 결정되지 않는다는 점에 유의하라. 따라서 다음 코드는

```
val (firstName, familyName, age) = Person("John", "Doe", 25)

println("$firstName $familyName: $age")
```

예상대로 John Doe: 25라는 문자열을 만들어내지만, 다음 코드는

```
val (familyName, firstName, age) = Person("John", "Doe", 25)

println("$firstName $familyName: $age")
```

Doe John: 25를 만들어낸다.

IDE 팁 ☰ 방금 본 예제의 경우 구조 분해에 사용한 변수 이름은 데이터 클래스 선언의 프로퍼티 이름과 일치하지만 순서만 달랐다. 이와 같은 상황에서 인텔리J 코틀린 플러그인은 경고를 표시해 잠재적인 버그를 줄여준다. 이런 경우에는 변수 이름과 프로퍼티 이름이 일치하게 구조 분해 선언 부분을 변경하는 편을 권장한다(그림 6-2).

▼ 그림 6-2 구조 분해 선언에서 변수 순서를 잘못 쓴 경우

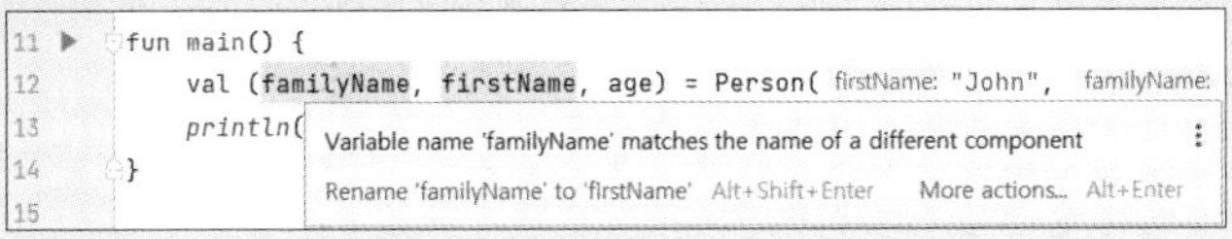

```
fun main() {
    val (familyName, firstName, age) = Person( firstName: "John",  familyName:
    println(  Variable name 'familyName' matches the name of a different component
}             Rename 'familyName' to 'firstName'  Alt+Shift+Enter   More actions...  Alt+Enter
```

구조 분해 선언 전체는 타입이 없다. 하지만 필요하면 구조 분해를 이루는 각 컴포넌트 변수에 타입을 표기할 수는 있다.

```
val (firstName, familyName: String, age) = Person("John", "Doe", 25)
```

구조 분해 선언에 데이터 클래스의 프로퍼티 수보다 적은 수의 변수가 들어갈 수도 있다. 이런 경우 생성자의 뒷부분에 선언된 프로퍼티는 추출되지 않는다.

```
val (firstName, familyName) = Person("John", "Doe", 25)
println("$firstName $familyName")  // John Doe

val (name) = Person("John", "Doe", 25)
println(name)                      // John
```

시작 부분이나 중간 부분에서 몇 가지 프로퍼티를 생략해야 한다면 어떻게 해야 할까? 코틀린 1.1부터는 람다의 사용하지 않는 파라미터와 비슷하게 구조 분해에서 사용하지 않는 부분을 _로 대신할 수 있다.

```
val (_, familyName) = Person("John", "Doe", 25)
println(familyName) // Doe
```

val을 var로 바꾸면 변경할 수 있는 변수들을 얻을 수 있다.

```
var (firstName, familyName) = Person("John", "Doe", 25)
firstName = firstName.lowercase()
familyName = familyName.lowercase()
println("$firstName $familyName") // john doe
```

val/var 지정은 구조 분해 선언의 모든 부분에 적용된다. 따라서 모든 변수를 가변 변수로 정의하거나 모든 변수를 불변 변수로 정의해야만 하며, 둘을 섞어서 정의할 수는 없다.

for 루프에서 구조 분해를 사용할 수도 있다.

```
val pairs = arrayOf(1 to "one", 2 to "two", 3 to "three")

for ((number, name) in pairs) {
  println("$number: $name")
}
```

코틀린 1.1부터는 람다 파라미터에 대해 구조 분해를 사용할 수도 있다.

```
fun combine(person1: Person,
            person2: Person,
            folder: ((String, Person) -> String)): String {
  return folder(folder("", person1), person2)
}

fun main() {
  val p1 = Person("John", "Doe", 25)
  val p2 = Person("Jane", "Doe", 26)

  // 구조 분해를 쓰지 않음
  println(combine(p1, p2) { text, person -> "$text ${person.age}" })

  // 구조 분해를 씀
  println(combine(p1, p2) { text, (firstName) -> "$text $firstName" })
  println(combine(p1, p2) { text, (_, familyName) -> "$text $familyName" })
}
```

일반 람다 파라미터 목록과 달리 구조 분해를 사용하는 파라미터를 괄호로 둘러싸야만 한다.

현재는 지역 변수에서만 구조 분해 선언을 사용할 수 있다. 클래스 본문이나 파일의 최상위에 구조 분해를 사용할 수는 없다.

```
data class Person(val firstName: String,
                  val familyName: String,
                  val age: Int)

val (firstName, familyName) = Person("John", "Doe", 25) // Error
```

아직은 구조 분해 안에 다른 구조 분해를 내포시킬 수 없다.

```
data class Person(val firstName: String,
                  val familyName: String,
                  val age: Int)

data class Mailbox(val address: String, val person: Person)

fun main() {
  val (address, (firstName, familyName, age)) =
        // error: expecting a name 외 여러 가지 오류
        Mailbox("Unknown", Person("John", "Doe", 25))
}
```

데이터 클래스는 선언하기만 하면 자동으로 구조 분해를 지원하지만, 일반적으로 아무 코틀린 타입이나 구조 분해를 사용할 수 있게 구현할 수 있다. **11장 도메인 특화 언어**에서는 연산자 오버로딩 관습을 사용해 구조 분해를 지원하는 방법을 알아본다.

KOTLIN IN DEPTH

6.3 값 클래스(인라인 클래스)

프로그래밍 실무에서는 래퍼(wrapper) 클래스를 만드는 일이 꽤 흔하다. 무엇보다 래퍼 클래스는 잘 알려진 어댑터(adapter) 디자인 패턴의 핵심이기도 하다. 예를 들어 프로그램에서 통화(돈)라는 개념을 처리하고 싶다고 하자. 돈의 수량은 근본적으로 수에 불과하지만, 의미가 다른 통화를 구분 없이 섞어서 사용하고 싶지는 않다. 이럴 때 여러 통화를 서로 다른 클래스(타입)로 정의할 수 있다면 타입 시스템의 도움을 받아 오류를 줄일 수 있다. 따라서 래퍼 클래스와 유틸리티 함수를 도입한다.

```
class Dollar(val amount: Int)  // amount의 단위는 센트
class Euro(val amount: Int)    // amount의 단위는 센트
fun Dollar.toEuro() = ...
fun Euro.toDollar() = ...
```

이 접근 방법의 문제점은 런타임 부가 비용이 든다는 것이다. 새로운 종류의 통화 수량을 만들 때마다 래퍼 클래스를 생성해야 하므로 이런 부가 비용이 생긴다. 방금 본 예에서처럼 감싸야 하는 대상이 원시 타입의 값이면 부가 비용 문제가 더 커진다. 수 값을 직접 다룰 때는 전혀 객체를 생

성할 필요가 없기 때문이다. 원시 타입 대신 래퍼 클래스를 사용하면 프로그램 성능이라는 대가를 지불해야 한다.

이런 문제를 해결하기 위해 코틀린 1.3부터는 값 클래스(value class)라는 새로운 종류의 클래스를 도입했다. 일반적인 원시 타입의 값과 마찬가지로 부가 비용 없이 쓸 수 있기 때문에 값 클래스라고 부른다.

6.3.1 값 클래스 정의하기

값 클래스를 정의하려면 `value class`를 클래스 이름 앞에 붙여야 한다. 코틀린 1.3에서는 `inline`이라는 키워드를 사용했지만, 자바에 값 클래스가 생겼으므로 이에 맞춰 코틀린 1.5에서는 `value`로 키워드가 변경됐다. 또한, JVM 백엔드를 사용하는 경우에는 `@JvmInline`을 `value class` 앞에 반드시 붙여줘야 한다.

```
@JvmInline
value class Dollar(val amount: Int) // amount의 단위는 센트
@JvmInline
value class Euro(val amount: Int)   // amount의 단위는 센트
```

값 클래스(인라인 클래스)의 주생성자에는 불변 프로퍼티를 하나만 선언해야 한다. 런타임에 클래스 인스턴스는 별도의 래퍼 객체를 생성하지 않고 이 프로퍼티의 값으로 표현된다. 그래서 인라인 클래스라는 이름이 붙었다. 런타임에는 호출 지점을 함수 본문으로 인라인하는 인라인 함수처럼 인라인 클래스 객체를 사용하는 위치 대신 인라인 클래스에 들어있는 값이 들어간다.

인라인 클래스도 자체 함수와 프로퍼티를 포함할 수 있다.

```
@JvmInline
value class Dollar(val amount: Int) {
  fun add(d: Dollar) = Dollar(amount + d.amount)
  val isDebt get() = amount < 0
}

fun main() {
  println(Dollar(15).add(Dollar(20)).amount) // 35
  println(Dollar(-100).isDebt) // true
}
```

하지만 인라인 클래스의 프로퍼티는 상태를 포함할 수 없다. 주생성자에 있는 프로퍼티와 함께 상태를 인라인해야 하는데, 현재 코틀린 컴파일러는 오직 한 프로퍼티만 인라인하도록 지원하기 때문이다. 이 말은 뒷받침하는 필드나 lateinit이나 (lazy를 포함하는) 위임 객체 프로퍼티를 사용할 수 없다는 뜻이다. 인라인 클래스 프로퍼티로는 앞 예제의 isDebt처럼 명시적인 접근자만 허용된다.

인라인 클래스의 본문에서 var 프로퍼티를 정의할 수도 있다. 하지만 인라인 클래스 내부에는 가변 상태가 없기 때문에 보통 이런 var 프로퍼티는 거의 의미가 없다.

또 다른 제약으로 초기화 블록을 쓸 수 없다는 점을 들 수 있다. Dollar(15)와 같은 생성자 호출이 단순히 15라는 값을 언급하는 경우와 같아야 하므로, 인라인 클래스는 런타임에 어떠한 커스텀 코드도 실행할 수 없다.

2장 코틀린 언어 기초에서는 프로그램 안에서 널이 될 수 있는 타입의 변수에 원시 값을 대입하는 등의 경우에는 암시적으로 원시 값을 박싱한다고 설명했다. 인라인 클래스도 마찬가지다. 최적화를 위해 컴파일러는 가능하면 박싱하지 않은 값을 사용하려고 한다. 하지만 박싱하지 않은 값을 사용할 수 없는 경우, 컴파일러는 인라인되지 않는 형태로 클래스를 사용하는 편을 택한다. 컴파일러의 동작을 잘 예측하려면, 인라인 클래스 인스턴스는 다른 어떤 타입의 값으로 캐스팅하지 않고도 정확히 상응하는 (프로퍼티) 타입의 값으로 사용될 수 있는 경우에 인라인될 수 있다는 대략적인 규칙을 기억하라. 다음 예제를 살펴보자.

```
fun safeAmount(dollar: Dollar?) = dollar?.amount ?: 0

fun main() {
  println(Dollar(15).amount)       // 인라인됨
  println(Dollar(15))              // Any?로 사용되기 때문에 인라인되지 않음
  println(safeAmount(Dollar(15))) // Dollar?로 사용되기 때문에 인라인되지 않음
}
```

6.3.2 부호 없는 정수

코틀린 버전 1.3부터는 코틀린에 내장된 부호 있는 타입을 기반으로 인라인 클래스로 작성된 부호 없는 정수 타입이 코틀린 표준 라이브러리에 추가됐다. 코틀린 1.5부터는 표준 라이브러리 기능으로 정식 도입됐다.

부호 없는 정수 타입의 이름은 상응하는 부호 있는 정수 타입의 이름 앞에 U를 덧붙인 것이다.

타입	크기(바이트)	범위
UByte	1	0 ~ 255
UShort	2	0 ~ 65535
UInt	4	0 ~ 2^{32}–1
ULong	8	0 ~ 2^{64}–1

부호 없는 값을 표현하려면 정수 리터럴 뒤에 u나 U 접두사를 붙인다. 리터럴의 타입은 리터럴이 대입될 변수의 타입에 따라 결정되지만, 변수에 타입을 지정하지 않은 경우에는 크기에 따라 UInt 나 ULong 중 하나로 결정된다.

```
val uByte: UByte = 1u       // 명시적으로 UByte
val uShort: UShort = 100u  // 명시적으로 UShort
val uInt = 1000u           // 자동으로 UInt로 추론
val uLong: ULong = 1000u   // 명시적으로 ULong
val uLong2 = 1000uL        // L 접미사가 붙었기 때문에 명시적으로 ULong
```

부호가 있는 타입과 부호가 없는 타입은 서로 호환되지 않는다. 예를 들어, 부호가 없는 타입의 값을 부호가 있는 타입의 변수에 저장하거나 그 반대 방향으로 저장할 수 없다.

```
error: the integer literal does not conform to the expected type Long
val long: Long = 1000uL // Error
```

부호가 있는 타입과 부호가 없는 타입의 값을 toXXX()를 통해 반대쪽 타입으로 변환할 수 있다.

```
println(1.toUByte())          // 1, Int -> UByte
println((-100).toUShort())  // 65436, Int -> UShort
println(200u.toByte())        // -56, UInt -> Byte
println(1000uL.toInt())       // 1000, ULong -> Int
```

부호가 없는 타입의 API는 부호가 있는 타입의 API와 매우 비슷하다. 특히 +, -, *, /, % 연산자의 경우 부호가 없는 값을 모든 가능한 방식으로 짝을 지어 사용할 수 있다.

```
println(1u + 2u) // 3
println(1u - 2u) // 4294967295
println(3u * 2u) // 6
println(5u / 2u) // 2
println(7u % 3u) // 1
```

하지만 부호가 없는 타입의 값과 부호가 있는 타입의 값을 섞어서 사용할 수는 없다.

```
//error: conversion of signed constants to unsigned ones is prohibited
//error: none of the following functions can be called with the arguments supplied
println(1u + 2)
println(1 + 2u)
```

그리고 부호가 있는 값과 달리, 부호가 없는 정수는 단항 부호 반전(-) 연산자를 지원하지 않는다. 부호가 없는 정수는 음수를 표현할 수 없으므로 당연하다.

```
// error: unresolved reference. None of the following candidates is applicable because
of receiver type mismatch:
println(-1u)
```

부호가 없는 값에 대해 증가, 감소, 복합 대입 연산자를 쓸 수 있다.

```
var uInt: UInt = 1u
++uInt
uInt -= 3u
```

그리고 비트 반전, AND, OR, XOR과 같은 기본적인 비트 연산을 지원한다.

```
val ua: UByte = 67u   // 01000011
val ub: UByte = 139u  // 10001011
println(ua.inv())     // 10111100: 188
println(ua or ub)     // 11001011: 203
println(ua xor ub)    // 11001000: 200
println(ua and ub)    // 00000011: 3
```

UInt와 ULong은 왼쪽과 오른쪽 비트 시프트를 지원한다.

```
val ua = 67u          // 0..0001000011
println(ua shr 2)     // 0..0000010000: 16
println(ua shl 2)     // 0..0100001100: 268
```

여기서 비트 수를 UInt가 아니라 일반적인 Int 타입의 값으로 지정한다는 점에 유의하라. 그리고 부호가 없는 정수에서는 shr과 ushr이 똑같기 때문에 부호 없는 오른쪽 시프트 연산인 ushr을 별도로 제공하지 않는다.

일반 정수와 마찬가지로 <, >, <=, >=, ==, != 연산을 사용해 부호 없는 값을 비교할 수 있다.

```
println(1u < 2u)            // true
println(2u >= 3u)           // false
println(2u + 2u == 1u + 3u) // true
```

코틀린 표준 라이브러리에는 부호 없는 정수 배열을 표현하는 UByteArray, UShortArray, UIntArray, ULongArray 보조 타입이 있다. 지금까지 봐왔던 배열을 만드는 방법과 비슷한 방식으로 부호 없는 타입의 값으로 이뤄진 배열을 만들 수 있다.

```
val uBytes = ubyteArrayOf(1u, 2u, 3u)
val squares = UIntArray(10) { it.toUInt()*it.toUInt() }
```

UInt 등의 부호 없는 정수 타입과 달리, 이와 같은 지원 타입은 아직 실험 단계다. 이런 타입을 사용하려면 @ExperimentalUnsignedTypes를 코드 앞에 붙이거나 -Xopt-in=kotlin.ExperimentalUnsignedTypes 옵션을 컴파일러 실행 시 추가해서 부호 없는 정수 관련 지원을 활성화해야 한다.

범위와 진행 타입에도 부호 없는 타입이 있다. .. 연산자는 물론 until과 downTo를 사용해서 이런 타입의 값을 만들 수 있다.

```
1u .. 10u              // 1, 2, 3, 4, 5, 6, 7, 8, 9, 10
1u .. 10u step 2       // 1, 3, 5, 7, 9
1u until 10u           // 1, 2, 3, 4, 5, 6, 7, 8, 9
10u downTo 1u          // 10, 9, 8, 7, 6, 5, 4, 3, 2, 1
10u downTo 1u step 3   // 10, 7, 4, 1
```

KOTLIN IN DEPTH

6.4 결론

이 장에서는 특정 프로그래밍 문제를 풀 때 쓸 수 있는 몇 가지 특별한 종류의 클래스를 살펴봤다. 이넘을 사용해 공통 함수와 프로퍼티가 있는 한정된 값의 집합을 기술하는 방법을 살펴보고, 데이터를 간단히 저장할 수 있는 클래스를 간편하게 설계하는 데이터 클래스와 데이터 클래스의 프로퍼티를 추출하는 구조 분해를 배웠다. 마지막으로, 경량 래퍼를 만들 때 사용하기 위해 코틀린 1.3에 도입된 인라인 클래스의 기능을 살펴보고 코틀린 인라인 클래스를 바탕으로 만들어진 부호 없는 정수를 살펴봤다.

다음 장에서는 코틀린 표준 라이브러리를 알아본다. 특히 기본적인 컬렉션 타입을 다루면서 배열과 문자열을 좀 더 살펴보고, I/O와 네트워크 관련 기능, 이와 관련된 여러 유용한 유틸리티 함수 등을 다룰 것이다.

KOTLIN IN DEPTH

6.5 정리 문제

1. 이넘 클래스란 무엇인가? 이넘 클래스에는 어떤 내장된 연산들이 있는가?
2. when 식에서 이넘 클래스를 사용하는 경우를 자세히 설명하라.
3. 커스텀 함수나 프로퍼티가 있는 이넘 클래스를 어떻게 정의하는가?
4. 데이터 클래스란 무엇인가? 데이터 클래스에 대해 컴파일러가 자동으로 생성해주는 연산(함수)은 어떤 것이 있는가? 어떻게 데이터 클래스의 인스턴스를 복사할 수 있는가?
5. 구조 분해 선언이란 무엇인가? 어떤 용도로 구조 분해 선언을 사용할 수 있는가?
6. 인라인 클래스의 목적은 무엇인가? 어떤 클래스를 인라인으로 선언하기 위해 필요한 요구 사항은 무엇인가?
7. 코틀린의 부호 없는 타입과 이런 타입이 제공하는 내장 연산에 대해 설명하라. 부호가 있는 정수와 비교할 때 부호가 없는 정수 타입의 특징은 무엇인가?

7장

컬렉션과 I/O 자세히 알아보기

이 장에서는 코틀린 표준 라이브러리를 구성하는 두 가지 중요한 요소를 살펴본다. 첫 번째 부분은 컬렉션 API로, 일반적인 컬렉션 타입과 기본 연산을 살펴보고 컬렉션이나 컬렉션에 들어있는 원소를 조작하는 다양한 방법, 즉 원소 접근, 컬렉션에 대한 술어 검사, 걸러내기, 컬렉션의 일부를 추출하는 방법, 컬렉션을 집계해 다른 값을 만들어내는 방법, 변환, 순서 지정 등을 전체적으로 살펴본다. 두 번째 부분에서는 I/O API에 초점을 맞춰서 I/O 스트림을 생성하고 I/O 스트림 데이터에 접근하는 방법을 단순화해주는 유틸리티와 공통적인 파일 시스템 연산에 대해 알아본다.

배우는 내용

- 컬렉션
- 파일과 I/O 스트림

이 장의 목표

코틀린 컬렉션 타입을 이해하고, 코틀린 표준 라이브러리를 사용해 컬렉션 데이터를 간결하고 코틀린답게 조작하는 방법을 배우며, I/O 스트림 API 확장을 이해한다.

KOTLIN IN DEPTH

7.1 컬렉션

컬렉션은 엘리먼트들로 이뤄진 그룹을 저장하기 위해 설계된 객체다. **2장 코틀린 언어 기초**에서 이런 객체를 살펴봤다. 같은 타입에 속하는 개수가 정해진 여러 원소를 함께 저장하는 배열이 바로 이런 컬렉션 객체였다. 하지만 코틀린 표준 라이브러리는 훨씬 더 풍부한 컬렉션 기능을 제공한다. 이런 기능에는 여러 가지 데이터 구조(배열, 연결 리스트, 해시 테이블 등)에 기반한 다양한 컬렉션 라이브러리와 컬렉션과 컬렉션 안에 저장된 데이터를 조작하기 위한 종합적인 API가 포함되며 걸러내기, 집계하기, 변환, 순서 지정 등의 데이터 조작이 가능하다. 이 절에서는 컬렉션 라이브러리가 코틀린 개발자에게 제공하는 기능을 자세히 다룬다.

컬렉션을 조작하는 모든 연산이 인라인 함수라는 점에 주목하자. 따라서 이런 연산을 사용해도 함수 호출이나 람다 호출에 따른 부가 비용이 들지 않는다.

7.1.1 컬렉션 타입

코틀린 컬렉션 타입은 기본적으로 네 가지로 분류할 수 있다. 배열, 이터러블(iterable), 시퀀스(sequence), 맵(map)이다. **2장 코틀린 언어 기초**의 주요 주제가 배열이었다. 따라서 이 장에서는 나머지 세 가지 분류에 초점을 맞춘다.

배열과 비슷하게 컬렉션 타입도 제네릭 타입이다. 컬렉션의 타입을 구체적으로 지정하려면 원소의 타입을 지정해야 한다. 예를 들어, `List<String>`은 문자열로 이뤄진 리스트를 뜻하고 `Set<Int>`는 `Int` 타입의 값들로 이뤄진 집합을 뜻한다.

기본적인 컬렉션 타입의 개요는 다음 그림과 같다(그림 7-1).

▼ 그림 7-1 코틀린의 컬렉션 타입들

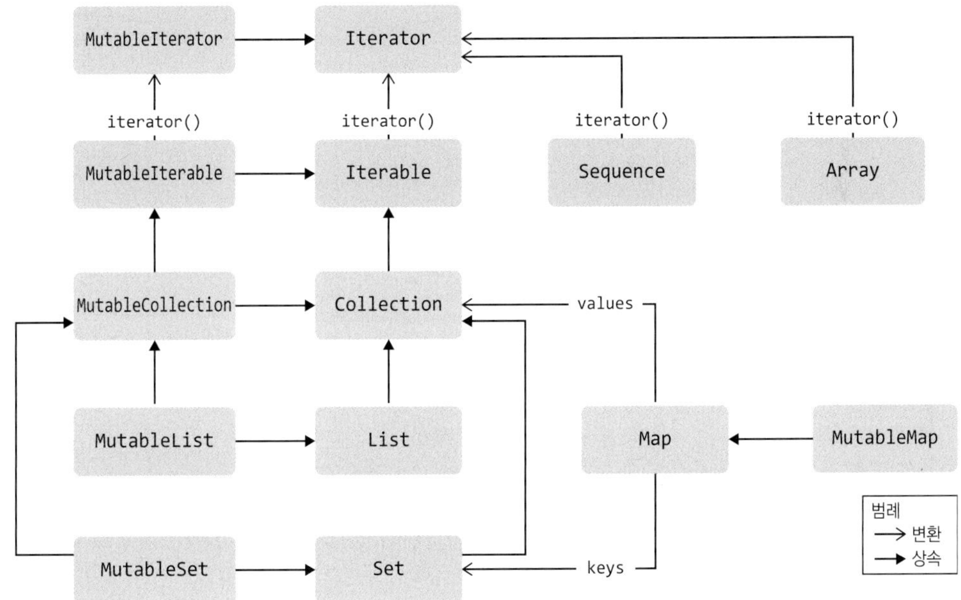

이터러블

이터러블은 `Iterable<T>` 타입으로 표현되며, 일반적으로 즉시 계산(eager)되는 상태가 있는(stateful) 컬렉션을 표현한다. 상태가 있다는 말은 컬렉션이 원소를 필요할 때 생성하는 제네레이터 함수를 유지하지 않고 원소를 저장한다는 뜻이다. 즉시 계산이라는 말은 나중에 어느 필요한 시점에 원소가 초기화되지 않고 컬렉션을 최초로 생성할 때 초기화된다는 뜻이다.

이터러블 타입 자체는 자바의 이터러블 타입과 상당히 비슷하다. 이터러블 타입은 원소를 순회(traverse)할 수 있는 iterator()라는 메서드를 제공한다. 코틀린 for 루프에서는 이 메서드를 통해 모든 이터러블 객체를 활용할 수 있다.

```
val list = listOf("red", "green", "blue") // Create new list

for (item in list) {
  print(item + " ")
} // red green blue 출력함
```

자바 vs. 코틀린 코틀린 Iterator 타입은 기본적으로 자바와 동일하다. 내부에는 이터레이터가 컬렉션의 끝에 도달했는지를 판단하는 hasNext()와 컬렉션의 다음 원소를 반환하는 next() 메서드가 들어있다. 유일한 차이는 remove()가 없다는 점인데, 이 메서드는 MutableIterator로 옮겨졌다.

자바와 비교할 때 코틀린 이터러블의 중요한 특징은 불변 컬렉션과 가변 컬렉션을 구분한다는 점이다. 불변 컬렉션은 생성한 다음에 내용을 바꿀 수 없지만, 가변 컬렉션은 언제든지 원소를 추가하거나 삭제할 수 있다. 컬렉션의 변경 가능성은 컬렉션 인스턴스에 대한 참조를 저장하는 변수의 변경 가능성과 아무런 관계가 없다는 점에 유의하라. 가변 변수가 뜻하는 것은 변수가 가리키는 참조를 다른 참조로 바꿀 수 있다는 것뿐이다. 예를 들어 가변 컬렉션을 불변 변수에 저장할 수 있다. 이런 경우 이 변수가 다른 컬렉션을 가리키게 변경할 수는 없지만, 변수가 가리키는 컬렉션에 원소를 추가하거나 삭제할 수 있다.

```
val list = ArrayList<String>()
list.add("abc")              // Ok: 컬렉션 데이터를 변경
list = ArrayList<String>()  // error: val cannot be reassigned
```

가변 이터러블의 기본 타입은 MutableIterable로 표현된다. 이 인터페이스의 객체는 MutableIterator 인스턴스를 생성할 수 있다.

불변 컬렉션 타입에서 유용한 특징으로는 공변성(covariance)이 있다. 공변성이라는 말은 T가 U의 하위 타입인 경우 Iterable<T>도 Iterable<U>의 하위 타입이라는 뜻이다. Iterator, Collection, List, Set, Map 등과 같은 컬렉션 관련 타입의 경우에도 이런 공변성이 성립한다. 공변성으로 인해 다음과 같은 코드를 작성할 수 있다.

```
fun processCollection(c: Iterable<Any>) {…}

fun main() {
  val list = listOf("a", "b", "c") // List<String>
```

```
  processCollection(list)          // Ok: List<String>을 List<Any>로 전달
}
```

하지만 가변 컬렉션의 경우 이런 코드가 작동하지 않는다. 만약 가변 컬렉션에 대해 이런 식의 코드를 작성할 수 있다면, 정수를 문자열 리스트에 추가하는 것과 같은 일이 벌어질 수 있다.

```
fun processCollection(c: MutableCollection<Any>) { c.add(123) }

fun main() {
  val list = arrayListOf("a", "b", "c") // ArrayList<String>
  processCollection(list)              // 컴파일이 되면 문제가 생기는 코드!!!
}
```

9장 제네릭스에서는 공변성을 더 자세히 다루겠다.

컬렉션, 리스트, 집합

이터러블의 하위 분류 중에는 Collection 인터페이스로 표현되는 타입들과 Collection 타입의 하위 타입인 MutableCollection 인터페이스로 표현되는 타입들이 있다. 이들은 이터러블에 대한 여러 가지 표준적인 구현을 위한 기본 클래스다. Collection을 상속한 클래스는 크게 다음과 같이 분류할 수 있다.

- 리스트(List와 MutableList로 표현됨)는 인덱스를 통한 원소 접근이 가능한, 순서가 정해진 원소의 컬렉션이다. 일반적인 리스트 구현은 인덱스를 통한 임의 접근이 가능한 ArrayList와 원소를 (끝 쪽에) 빠르게 추가하거나 삭제할 수 있지만, 인덱스로 원소에 접근할 때는 선형 시간(선형 시간이라는 말은 O(n) 시간이 걸린다는 말이다)이 걸리는 LinkedList가 있다.
- 집합은 유일한 원소들로 이뤄진 컬렉션이다. 원소의 순서는 구현에 따라 다르다.
  - HashSet은 해시 테이블이 기반인 구현이며, 원소의 해시 코드에 따라 원소 순서가 정해진다. 일반적으로 이 순서는 원소 타입의 hashCode() 메서드 구현에 따라 달라지므로, 예측하기 어렵다.
  - LinkedHashSet은 해시 테이블이 기반이지만 삽입 순서를 유지하기 때문에 원소를 이터레이션하면 집합에 삽입된 순서대로 원소를 순회할 수 있다.
  - TreeSet은 이진 검색 트리(binary search tree)가 기반이며, 어떤 비교 규칙에 따라 일관성 있는 원소 순서를 제공한다. (원소가 Comparable 인터페이스를 상속한 경우) 원소 타입이 이런 비교 규칙을 정의할 수 있고, 별도의 Comparator 객체를 통해 비교 규칙을 제공할 수도 있다.

JVM 플랫폼에서는 이런 코틀린 인터페이스를 구현하는 구체적인 클래스들이 JDK의 컬렉션 클래스에 해당한다. HashMap이나 ArrayList 같은 유명한 자바 클래스는 코틀린 라이브러리에 매끄럽게 통합돼 있다.

자바 vs. 코틀린 코틀린 코드에서는 java.util 패키지의 클래스를 사용할 필요가 없다. kotlin.collections 패키지에 있는 별명을 통해 ArrayList 등과 같은 대부분의 표준 컬렉션을 쓸 수 있다. 코틀린 파일에서는 자동으로 kotlin.collections 패키지가 임포트된다.

시퀀스

이터러블과 비슷하게 시퀀스도 iterator() 메서드를 제공한다. 이 메서드를 통해 시퀀스의 내용을 순회할 수 있다. 하지만 시퀀스는 지연 계산을 가정하기 때문에 iterator()의 의도가 이터러블과 다르다. 대부분의 시퀀스 구현은 객체 초기화 시 원소를 초기화하지 않고 요청에 따라 원소를 계산한다. 대부분의 시퀀스 구현은 상태가 없다. 이 말은 지연 계산한 컬렉션 원소 중에 정해진 개수의 원소만 저장한다는 뜻이다. 반면 이터러블은 원소 개수에 비례해 메모리를 사용한다.

이터러블과 달리 대부분의 시퀀스 구현은 내부적이므로 외부에서 직접 사용할 수 없다. 대신 특별한 함수를 통해 시퀀스를 만들어야 한다. 이에 대해서는 이 장 뒷부분에서 다룬다.

자바 vs. 코틀린 자바에 익숙한 독자라면 자바 8에 도입된 스트림(stream)과 시퀀스가 비슷하다고 느꼈을 것이다. 코틀린 1.2부터 표준 라이브러리는 asSequence()를 확장 함수로 제공하며, 이 함수는 자바 스트림을 감싸서 코틀린 시퀀스로 사용하게 해준다.

맵

맵은 키(key)와 값(value) 쌍으로 이뤄진 집합이다. 여기서 키는 유일해야 한다. 맵 자체는 Collection의 하위 타입이 아니지만 맵에 들어있는 원소들을 컬렉션처럼 사용할 수 있다. 구체적인 예를 들면, 맵으로부터 모든 키로 이뤄진 집합을 얻을 수 있고 모든 키-값 쌍으로 이뤄진 집합이나 모든 값으로 이뤄진 컬렉션을 얻을 수도 있다. 키-값 쌍은 Map.Entry와 MutableMap.MutableEntry 인터페이스로 표현된다.

맵에는 두 가지 종류의 원소(키, 값)가 들어있기 때문에 맵의 타입은 두 가지 타입을 파라미터로 받는 제네릭 타입이다. 예를 들어 Map<Int, String>은 Int 키를 String 값에 연관시켜주는 맵이다.

맵의 표준 구현에는 HashMap, LinkedHashMap, TreeMap 등이 있다. 이들의 성질은 각각에 대응하는 Set 클래스의 성질과 비슷하다.

여러분이 직접 맵을 구현하고 싶다면 AbstractMap과 AbstractMutableMap 클래스를 기반 클래스로 사용할 수 있다.

7.1.2 Comparable과 Comparator

자바처럼 코틀린도 Comparable과 Comparator 타입을 지원하며, 몇몇 컬렉션 연산에 이를 활용한다. 비교 가능(comparable) 인스턴스는 자연적인 순서(natural order)를 지원하며, 이런 타입의 인스턴스들은 모두 동일한 타입의 다른 인스턴스와 순서를 비교할 때 쓸 수 있는 compareTo() 메서드를 포함한다. 여러분의 타입이 Comparable을 상속하면 자동으로 <, > 등의 연산을 쓸 수 있고, 원소 타입이 비교 가능한 타입인 컬렉션의 순서 연산에도 이런 연산이 쓰인다. Person 클래스에 전체 이름을 바탕으로 자연스러운 순서를 부여하고 싶다고 하자. 이런 경우 구현은 다음과 같다.

```
class Person(
  val firstName: String,
  val familyName: String,
  val age: Int
) : Comparable<Person> {
  val fullName get() = "$firstName $familyName"
  override fun compareTo(other: Person) = fullName.compareTo(other.fullName)
}
```

compareTo() 함수의 관례는 자바와 똑같다. 즉, 현재 (수신 객체) 인스턴스가 (인자로 받은) 상대방 인스턴스보다 더 크면 양수, 더 작으면 음수, 같으면 영(0)을 반환한다. compareTo() 구현은 equals() 함수 구현과 서로 의미가 일치해야 한다.

어떤 클래스를 여러 가지 방법으로 비교해야 하는 경우도 많다. 예를 들어 Person의 컬렉션을 성, 이름, 나이 중 하나를 기준으로 정렬하거나, 여러 프로퍼티의 조합을 기준으로 정렬할 수도 있다. 이런 경우에 대비해 코틀린 라이브러리는 비교기(comparator)라는 개념을 제공한다. 자바와 마찬가지로 Comparator<T> 클래스는 타입 T의 인스턴스 객체를 두 개 인자로 받는 compare() 함수를 제공한다. 이 함수는 compareTo()와 동일한 관례를 따라 인자로 받은 두 인스턴스를 비교한 결과를 반환한다. 코틀린에서는 람다 비교 함수를 통해 비교기를 간결하게 작성할 수 있다.

```
val AGE_COMPARATOR = Comparator<Person>{ p1, p2 ->
  p1.age.compareTo(p2.age)
}
```

또는 compareBy()나 compareByDescending() 함수를 통해 대상 객체 대신 사용할 수 있는 비교 가능 객체를 제공하게 함으로써 비교기를 만들 수도 있다.[1]

```
val AGE_COMPARATOR = compareBy<Person>{ it.age }
val REVERSE_AGE_COMPARATOR = compareByDescending<Person>{ it.age }
```

비교기 인스턴스를 sorted()나 max()처럼 순서를 인지하는 함수에 넘길 수 있다. 집계 함수와 컬렉션 순서를 다루는 절에서 이와 관련된 예제를 볼 수 있다.

7.1.3 컬렉션 생성하기

2장 코틀린 언어 기초에서 이미 배열 인스턴스를 생성자를 통해 생성하거나 arrayOf() 같은 표준 함수를 통해 생성할 수 있다는 사실을 배웠다. 또한, 여러 표준 컬렉션 클래스의 인스턴스를 비슷한 방식으로 생성할 수 있다. 예를 들어, 자바와 마찬가지로 ArrayList나 LinkedHashSet 같은 클래스의 인스턴스를 생성자를 호출해 생성할 수 있다.

```
val list = ArrayList<String>()
list.add("red")
list.add("green")
println(list) // [red, green]

val set = HashSet<Int>()
set.add(12)
set.add(21)
set.add(12)
println(set) // [12, 21]

import java.util.TreeMap
val map = TreeMap<Int, String>()
map[20] = "Twenty"
map[10] = "Ten"
println(map) // {10=Ten, 20=Twenty}
```

1 역주 compareBy<Person>{ it.age } 같은 식에서 compareBy의 타입 파라미터로 사용되는 Person은 정렬 대상 객체의 타입이며 Comparable이 아닐 수도 있다. 반면 람다식은 이 Person 객체를 받아서 다른 타입을 반환해야 하는데, 반드시 Comparable의 하위 타입에 속하는 객체를 반환해야 한다. 라이브러리의 compareBy 메서드 시그니처를 보면 이를 더 확실히 알 수 있다.

```
fun <T> compareBy(
    vararg selectors: (T) -> Comparable<*>?
): Comparator<T>
```

그리고 arrayOf()와 비슷하게 가변 길이 인자를 받는 함수를 사용해 몇몇 컬렉션 클래스의 인스턴스를 생성할 수 있다.

- **emptyList()/emptySet()**: 불변인 빈 리스트/집합 인스턴스를 생성한다(자바 컬렉션 클래스의 emptyXXX() 메서드와 비슷함).
- **listOf()/setOf()**: 인자로 제공한 배열(가변 길이 인자)에 기반한 불변 리스트/집합 인스턴스를 만든다(리스트의 경우 listOf()는 기본적으로 자바의 Arrays.asList()와 같다).
- **listOfNotNull()**: 널인 값을 걸러내고 남은 원소들로 이뤄진 새 불변 리스트를 만든다.
- **mutableListOf()/mutableSetOf()**: 가변 리스트/집합의 디폴트 구현 인스턴스를 만든다(내부적으로 ArrayList와 LinkedHashSet을 사용한다).
- **arrayListOf()**: 새로운 ArrayList를 만든다.
- **hashSetOf()/linkedSetOf()/sortedSetOf()**: HashSet/LinkedHashSet/TreeSet의 새 인스턴스를 만든다.

몇 가지 예제를 살펴보자.

```
val emptyList = emptyList<String>()
println(emptyList)   // []
emptyList.add("abc") // Error: add is unresolved

val singletonSet = setOf("abc")
println(singletonSet)      // [abc]
singletonSet.remove("abc") // Error: remove is unresolved

val mutableList = mutableListOf("abc")
println(mutableList) // [abc]
mutableList.add("def")
mutableList[0] = "xyz"
println(mutableList) // [xyz, def]

val sortedSet = sortedSetOf(8, 5, 7, 1, 4)
println(sortedSet) // [1, 4, 5, 7, 8]
sortedSet.add(2)
println(sortedSet) // [1, 2, 4, 5, 7, 8]
```

맵을 만들 때도 비슷한 함수를 쓸 수 있다.

- **emptyMap()**: 빈 불변 맵을 만든다.
- **mapOf()**: 새 불변 맵을 만든다(내부적으로 LinkedHashMap을 만든다).
- **mutableMapOf()**: 가변 맵의 디폴트 구현 인스턴스를 만든다(내부적으로 LinkedHashMap을 사용한다).
- **hashMapOf()/linkedMapOf()/sortedMapOf()**: HashMap/LinkedHashMap/TreeMap의 새 인스턴스를 만든다.

앞에서 보여준 맵 함수들은 Pair 객체들로 이뤄진 가변 인자를 받는다는 점에 유의하라. to 중위 연산자를 사용하면 Pair 객체를 쉽게 만들 수 있다.

```
val emptyMap = emptyMap<Int, String>()
println(emptyMap) // {}
emptyMap[10] = "Ten" // error: unresolved reference: add

val singletonMap = mapOf(10 to "Ten")
println(singletonMap) // {10=Ten}
singletonMap.remove("abc") // error: unresolved reference

val mutableMap = mutableMapOf(10 to "Ten")
println(mutableMap) // {10=Ten}
mutableMap[20] = "Twenty"
mutableMap[100] = "Hundred"
mutableMap.remove(10)
println(mutableMap) // {20=Twenty, 100=Hundred}

val sortedMap = sortedMapOf(3 to "three", 1 to "one", 2 to "two")
println(sortedMap) // {1=one, 2=two, 3=three}
sortedMap[0] = "zero"
println(sortedMap) // {0=zero, 1=one, 2=two, 3=three}
```

또는 Pair를 생성하고 싶지 않다면, 가변 맵을 만들고 set() 메서드나 인덱스 연산자([])를 사용해 맵에 원소를 추가할 수도 있다.

배열과 비슷하게 크기를 지정하고 인덱스로부터 값을 만들어주는 함수를 제공함으로써 새 리스트를 만들 수도 있다.

```
println(List(5) { it*it }) // [0, 1, 4, 9, 16]

val numbers = MutableList(5) { it*2 }
println(numbers) // [0, 2, 4, 6, 8]
```

```
numbers.add(100)
println(numbers) // [0, 2, 4, 6, 8, 100]
```

원소가 알려진 시퀀스를 만드는 가장 단순한 방법은 sequenceOf() 함수를 사용하는 것이다. 이 함수는 가변 인자를 받는다. 또는 배열, 이터러블, 맵 등의 기존 컬렉션 객체에 대해 asSequence() 함수를 호출해서 시퀀스를 얻을 수도 있다.

```
println(sequenceOf(1, 2, 3).iterator().next())          // 1
println(listOf(10, 20, 30).asSequence().iterator().next())  // 10
println(
  mapOf(1 to "One", 2 to "Two").asSequence().iterator().next()
)                                                        // 1=One
```

맵에 대해 asSequence()를 호출하면 맵 엔트리(키, 값 쌍을 감싼 타입)의 시퀀스를 얻는다.

또한, 제너레이터 함수를 바탕으로 시퀀스를 만드는 방법도 있다. 두 가지 generateSequence() 함수를 사용하면 함수를 사용해 시퀀스를 만들 수 있다. 첫 번째 generateSequence()는 시퀀스의 다음 원소를 생성해주는 파라미터가 없는 함수를 인자로 받는다. 이 함수가 널을 반환할 때까지 시퀀스 원소 생성이 계속된다. 예를 들어, 다음 코드는 숫자가 아닌 입력을 받거나 입력이 끝날 때까지 프로그램 입력값을 돌려주는 시퀀스를 만든다.

```
val numbers = generateSequence{ readLine()?.toIntOrNull() }
```

두 번째 generateSequence() 함수는 초깃값과 파라미터가 하나인 함수를 인자로 받는다. 이 함수는 이전 값으로부터 다음 값을 만들어낸다. 첫 번째 generateSequence()와 마찬가지로 이 경우에도 제너레이터 함수가 다음 값으로 널을 반환하면 시퀀스가 끝난다.

```
// 무한 시퀀스(단, 값 오버플로가 발생해서 음수와 양수를 왔다갔다 함): 1, 2, 4, 8, ...
val powers = generateSequence(1) { it*2 }

// 유한 시퀀스: 10, 8, 6, 4, 2, 0
val evens = generateSequence(10) { if (it >= 2) it - 2 else null }
```

코틀린 1.3부터 특별한 빌더를 사용해 시퀀스를 만드는 방법이 추가됐다. 이때 빌더는 시퀀스 원소를 부분 부분 지정한다. SequenceScope가 수신 객체 타입인 확장 람다를 받는 sequence() 함수를 통해 빌더를 구현할 수 있다. SequenceScope 타입은 확장 람다 본문 안에서 시퀀스 뒤에 값을 추가할 수 있는 다음과 같은 함수를 제공한다.

- **yield()**: 원소를 하나 시퀀스에 추가한다.
- **yieldAll()**: 지정한 이터레이터, 이터러블, 시퀀스에 들어있는 모든 원소를 시퀀스에 추가한다.

원소가 지연 계산된다는 점에 유의하라. 시퀀스에서 각 부분에 속한 원소에 접근하는 경우에만 yield(), yieldAll()이 호출된다. 다음 코드를 보자.

```
val numbers = sequence {
  yield(0)
  yieldAll(listOf(1, 2, 3))
  yieldAll(intArrayOf(4, 5, 6).iterator())
  yieldAll(generateSequence(10) { if (it < 50) it*3 else null })
}

println(numbers.toList()) // [0, 1, 2, 3, 4, 5, 6, 10, 30, 90]
```

sequence()/yield()/yieldAll()로 만들어진 이 시퀀스 빌더는 실제로는 유예 가능 계산(suspendable computation)이라는 강력한 코틀린 기능의 예다. 다중 스레드 환경에서는 이 기능이 아주 유용하다. **13장 동시성**에서 이 주제를 다룰 예정이다.

마지막으로, 컬렉션 사이의 변환을 처리하는 함수를 설명한다. 예를 들어 배열 원소를 바탕으로 리스트를 만들거나 시퀀스를 집합으로 만들 수 있다.

```
println(
  listOf(1, 2, 3, 2, 3).toSet()
) // [1, 2, 3]

println(
  arrayOf("red", "green", "blue").toSortedSet()
) // [blue, green, red]

println(
  mapOf(1 to "one", 2 to "two", 3 to "three").toList()
) // [(1, one), (2, two), (3, three)]

println(
  sequenceOf(1 to "one", 2 to "two", 3 to "three").toMap()
) // {1=one, 2=two, 3=three}
```

변환 함수 전체 목록은 표준 라이브러리 참조 문서(http://kotlinlang.org/api/latest/jvm/stdlib)에서 볼 수 있다. 변환 함수는 몇 가지 관례를 따른다. to로 시작하는 함수(예 toList(), toMap())는 원본 컬렉션의 복사본을 생성한다. 반면 as로 시작하는 함수(예 asList())는 원본 컬렉션이 변경되는 경우 이를 반영해주는 뷰(view)를 만들어준다.

IDE 팁 ≡ 변환 함수를 선택하거나 다른 메서드를 선택할 때 IDE의 자동 완성 기능을 사용하는 것을 주저하지 말라(Ctrl + Space/Cmd + Space로 사용 가능). 그림 7-2를 보라.

▼ 그림 7-2 자동 완성을 사용해 함수 호출 코드 완성하기

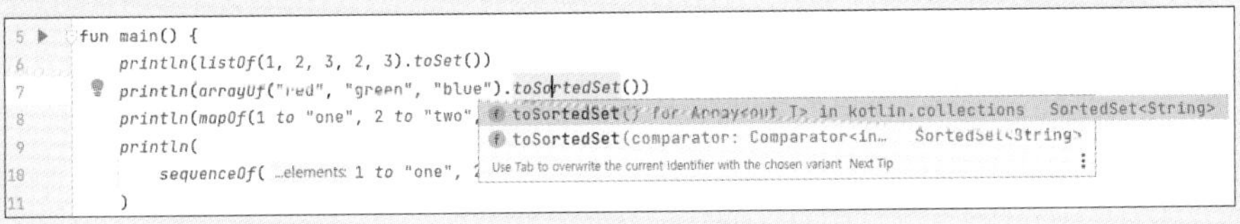

```
fun main() {
    println(listOf(1, 2, 3, 2, 3).toSet())
    println(arrayOf("red", "green", "blue").toSortedSet())
    println(mapOf(1 to "one", 2 to "two",
    println(
        sequenceOf( ...elements: 1 to "one",
    )
```

```
toSortedSet() for Array<out T> in kotlin.collections   SortedSet<String>
toSortedSet(comparator: Comparator<in...   SortedSet<String>
Use Tab to overwrite the current identifier with the chosen variant  Next Tip
```

걸러내기, 변환, 정렬 등의 연산을 통해 기존 컬렉션을 바탕으로 새로운 컬렉션을 만들 수도 있다. 다음 절에서 이런 경우를 살펴보자.

7.1.4 기본 컬렉션 연산

이 절에서는 코틀린 컬렉션 타입이 지원하는 몇 가지 기본 연산을 다룬다.

모든 컬렉션이 기본으로 지원하는 공통 연산으로는 이터레이션이 있다. 배열, 이터러블, 시퀀스, 맵은 iterator() 함수를 지원한다. 이 함수가 반환하는 Iterator 객체를 사용해 컬렉션 원소를 순회할 수는 있지만, 코틀린이 같은 일을 할 수 있는 더 간결한 방법을 제공하므로 실무에서 이 이터레이터를 사용하는 경우는 드물다.

iterator() 함수가 있다는 사실은 **이터러블** 절에서 설명했던 것처럼 모든 컬렉션에 대해 for 루프를 쓸 수 있다는 뜻이다. 다만 map의 iterator() 함수가 반환하는 이터레이터는 Map.Entry 타입의 값을 돌려준다는 사실을 알아두라. 코틀린 맵 원소는 구조 분해를 지원하므로, 다음과 같이 맵 이터레이션을 할 수 있다.

```
val map = mapOf(1 to "one", 2 to "two", 3 to "three")

for ((key, value) in map) {
  println("$key -> $value")
}
```

Map.Entry 타입의 값을 인자로 받는 람다에서도 마찬가지 방식으로 구조 분해를 쓸 수 있다.

for 루프의 대안으로는 forEach() 확장 함수가 있다. 이 함수는 컬렉션의 각 원소를 제공하면서 인자로 받은 람다를 실행해준다.

```
intArrayOf(1, 2, 3).forEach { println(it*it) }

listOf("a", "b", "c").forEach { println("'$it'") }

sequenceOf("a", "b", "c").forEach { println("'$it'") }

mapOf(1 to "one", 2 to "two", 3 to "three").forEach { (key, value) ->
  println("$key -> $value")
}
```

원소 인덱스를 참조해야 한다면 forEachIndexed() 함수를 쓰면 된다.

```
listOf(10, 20, 30).forEachIndexed { i, n ->println("$i: ${n*n}") }
```

컬렉션 타입이 제공하는 기본 기능은 다음과 같다.

- size 프로퍼티는 원소 개수를 돌려준다.
- isEmpty() 함수는 컬렉션에 원소가 없는지 검사한다.
- contains()/containsAll() 함수는 인자로 지정한 원소나 인자로 지정한 컬렉션의 모든 원소가 수신 객체 컬렉션에 들어있는지 검사한다.

contains() 함수 호출을 in 연산자로 대신할 수 있다.

```
val list = listOf(1, 2, 3)

println(list.isEmpty())            // false
println(list.size)                 // 3
println(list.contains(4))          // false
println(2 in list)                 // true
println(list.containsAll(listOf(1, 2))) // true
```

equals() 메서드를 제대로 구현해야 contains()/containsAll()이 잘 작동한다는 점에 유의하라. 여러분이 직접 작성한 클래스의 인스턴스를 컬렉션 원소로 사용하는 경우, 필요에 따라 내용을 기반으로 동등성 비교를 하는 equals()를 반드시 작성해야 한다.

MutableCollection 타입은 원소를 추가하거나 제거할 수 있는 메서드를 제공한다. 다음 예제를 보자.

```kotlin
val list = arrayListOf(1, 2, 3)
list.add(4)                    // 원소 하나 추가: [1, 2, 3, 4]
list.remove(3)                 // 원소 하나 제거: [1, 2, 4]
list.addAll(setOf(5, 6))       // 합집합: [1, 2, 4, 5, 6]
list.removeAll(listOf(1, 2))   // 차집합: [4, 5, 6]
list.retainAll(listOf(5, 6, 7)) // 교집합: [5, 6]
list.clear()                   // 모든 원소 제거: []
```

add()/remove()/addAll()/removeAll() 대신 +=나 -= 복합 연산을 사용할 수도 있다.

```kotlin
list += 4
list -= 3
list += setOf(5, 6)
list -= listOf(1, 2)
```

불변 컬렉션이든 가변 컬렉션이든 +와 - 연산자를 지원한다. 두 연산자 모두 원본을 그대로 두고 새로운 컬렉션을 생성한다.

```kotlin
println(listOf(1, 2, 3) + 4)            // [1, 2, 3, 4]
println(listOf(1, 2, 3) - setOf(2, 5)) // [1, 3]
```

불변 컬렉션에서도 +=나 -=를 사용할 수 있지만, (가변 컬렉션의 경우와) 의미가 많이 다르다. 불변 컬렉션에서 이 두 복합 연산자는 대입문을 단축한 연산으로 취급되기 때문에 가변 변수에 대해서만 +=나 -=를 쓸 수 있다.

```kotlin
val readOnly = listOf(1, 2, 3)
readOnly += 4 // Error: can't assign to val
var mutable = listOf(1, 2, 3)
mutable += 4  // Correct
```

하지만 일반적으로 이런 코드는 피해야 한다. 대입이 일어날 때마다 암시적으로 새로운 컬렉션을 만들기 때문에 프로그램 성능에 영향을 미칠 수 있기 때문이다.

IDE 팁 ≡ 인텔리J 코틀린 플러그인은 이런 대입문에 대해 불변 컬렉션 대신 가변 컬렉션을 쓸 것을 권장한다 (그림 7-3).

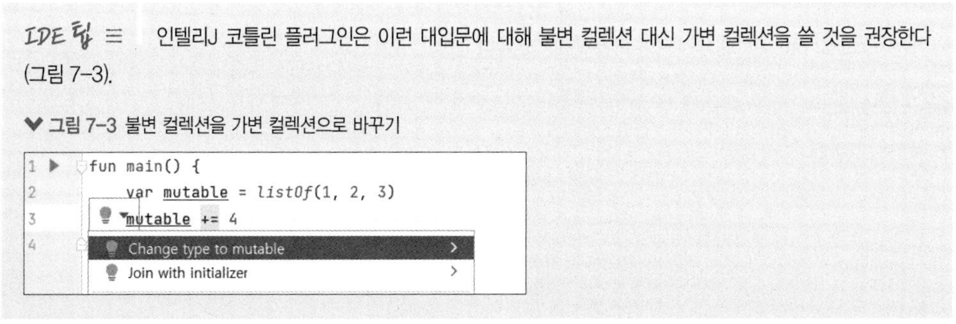

▼ 그림 7-3 불변 컬렉션을 가변 컬렉션으로 바꾸기

리스트도 배열처럼 원소를 인덱스로 접근할 수 있는 메서드를 제공한다.

```
val list = listOf(1, 4, 6, 2, 4, 1, 7)

println(list.get(3))          // 2
println(list[2])              // 6
println(list[10])             // java.lang.ArrayIndexOutOfBoundsException
println(list.indexOf(4))      // 1
println(list.lastIndexOf(4)) // 4
println(list.indexOf(8))      // -1
```

일반적으로 get() 메서드 호출보다 인덱스를 사용하는 쪽을 더 선호한다. 리스트가 가변 리스트인 경우에는 인덱스를 사용해 원소를 변경할 수도 있다.

```
val list = arrayListOf(1, 4, 6, 2, 4, 1, 7)

list.set(3, 0)     // [1, 4, 6, 0, 4, 1, 7]
list[2] = 1        // [1, 4, 1, 0, 4, 1, 7]
list.removeAt(5)  // [1, 4, 1, 0, 4, 7]
list.add(3, 8)     // [1, 4, 1, 8, 0, 4, 7]
```

subList() 함수는 시작 인덱스(포함)와 끝 인덱스(포함하지 않음)로 지정한 리스트의 일부분에 대한 래퍼를 만든다. 이 뷰는 원본 컬렉션의 데이터를 공유하기 때문에 가변 리스트의 경우 뷰와 원본의 변화가 서로 반영된다.

```
val list = arrayListOf(1, 4, 6, 2, 4, 1, 7)
val segment = list.subList(2, 5) // [6, 2, 4, 1]

list[3] = 0
println(segment[1])   // 0
segment[1] = 8
println(list[3])      // 8
```

집합에 추가된 연산은 없다. 집합 구현은 Collection에 있는 공통 메서드만 지원한다. 집합은 컬렉션에 원소를 추가할 때 중복을 허용하지 않는다.

Map 인스턴스는 키를 사용해 값을 얻는 메서드와 모든 키나 값의 컬렉션을 돌려주는 메서드 등을 지원한다. 예제를 살펴보자.

```kotlin
val map = mapOf(1 to "I", 5 to "V", 10 to "X", 50 to "L")

println(map.isEmpty())               // false
println(map.size)                    // 4
println(map.get(5))                  // V
println(map[10])                     // X
println(map[100])                    // null
println(map.getOrDefault(100, "?")) // ?
println(map.getOrElse(100) { "?" }) // ?
println(map.containsKey(10))         // true
println(map.containsValue("C"))      // false
println(map.keys)                    // [1, 5, 10, 50]
println(map.values)                  // [I, V, X, L]
println(map.entries)                 // [1=I, 5=V, 10=X, 50=L]
```

MutableMap 인스턴스는 기본적인 변경 연산과 +, - 연산자를 지원한다.

```kotlin
val map = sortedMapOf(1 to "I", 5 to "V")

map.put(100, "C")              // {1=I, 5=V, 100=C}
map[500] = "D"                 // {1=I, 5=V, 100=C, 500=D}
map.remove(1)                  // {5=V, 100=C, 500=D}
map.putAll(mapOf(10 to "X")) // {5=V, 10=X, 100=C, 500=D}
map += 50 to "L"               // {5=V, 10=X, 50=L, 100=C, 500=D}
map += mapOf(2 to "II",
3 to "III")                    // {2=II, 3=III, 5=V, 10=X, 50=L, 100=C, 500=D}
map -= 100                     // {2=II, 3=III, 5=V, 10=X, 50=L, 500=D}
map -= listOf(2, 3)            // {5=V, 10=X, 50=L, 500=D}
```

불변 컬렉션과 가변 컬렉션에 대한 +=와 -= 연산의 차이는 맵의 경우에도 해당된다. 그리고 + 연산자는 키-값 쌍을 인자로 받지만 - 연산자는 키만 받는다는 점에 유의하라.

7.1.5 컬렉션 원소에 접근하기

기본 컬렉션 연산 외에 코틀린 표준 라이브러리에는 개별 컬렉션 원소에 대한 접근을 편하게 해주는 확장 함수들이 포함돼 있다. 이 절에서는 이런 함수를 다룬다.

first()/last() 함수는 각각 주어진 컬렉션의 첫 번째와 마지막 원소를 반환하며, 컬렉션이 비어있으면 NoSuchElementException을 발생시킨다. 원소가 없으면 널을 반환하는 안전한 버전인 firstOrNull()/lastOrNull()도 있다.

```
println(listOf(1, 2, 3).first())             // 1
println(listOf(1, 2, 3).last())              // 3
println(emptyArray<String>().first())        // Exception
println(emptyArray<String>().firstOrNull()) // null

val seq = generateSequence(1) { if (it > 50) null else it * 3 }

println(seq.first())  // 1
println(seq.last())   // 81
```

주어진 조건을 만족하는 첫 번째나 마지막 원소를 찾기 위해 이런 함수에게 술어를 넘길 수도 있다.

```
println(listOf(1, 2, 3).first { it > 2 })       // 3
println(listOf(1, 2, 3).lastOrNull { it < 0 }) // null
println(intArrayOf(1, 2, 3).first { it > 3 })  // java.util.NoSuchElementException
```

single() 함수는 싱글턴 컬렉션의 원소를 반환한다. 컬렉션이 비어있거나 원소가 두 개 이상이면 single()은 예외를 던진다. 안전한 버전인 singleOrNull()은 동일한 경우 예외 대신 널을 반환한다.

```
println(listOf(1).single())                      // 1
println(emptyArray<String>().singleOrNull())    // null
println(setOf(1, 2, 3).singleOrNull())          // null
// java.lang.IllegalArgumentException: Sequence has more than one element.
println(sequenceOf(1, 2, 3).single())           // Exception
```

elementAt() 함수를 사용하면 인덱스를 사용해 컬렉션 원소를 읽을 수 있다. 이 함수는 리스트의 get() 함수를 일반화한 함수로 배열, 이터러블, 시퀀스 등에 모두 적용할 수 있다. 하지만 일반적으로 이 함수를 임의 접근 컬렉션(random access list)이 아닌 컬렉션에 사용하면 인덱스 값에 비례한 실행 시간이 걸린다는 점에 유의하라.

인덱스가 잘못된 경우 elementAt()은 예외를 던진다. 인덱스가 컬렉션의 인덱스 경계를 벗어날 때 널을 반환하는 안전한 버전인 elementAtOrNull()이나 인덱스가 경계를 벗어난 경우 지정된 람다가 반환하는 원소를 돌려주는 elementAtOrElse()도 있다.

```
println(listOf(1, 2, 3).elementAt(2))                          // 3
println(sortedSetOf(1, 2, 3).elementAtOrNull(-1))              // null
println(arrayOf("a", "b", "c").elementAtOrElse(1) { "???" }) // b

val seq = generateSequence(1) { if (it > 50) null else it * 3 }

println(seq.elementAtOrNull(2))                                // 9
```

```
println(seq.elementAtOrElse(100) { Int.MAX_VALUE })          // 2147483647
// java.lang.IndexOutOfBoundsException
println(seq.elementAt(10))
```

배열이나 리스트에 대한 구조 분해를 통해 앞에서부터 최대 다섯 개의 원소를 추출할 수 있다는 점을 알아두라. 하지만 컬렉션에 있는 원소의 수보다 더 많은 원소를 구조 분해로 가져오려고 하면 예외가 발생한다.

```
val list = listOf(1, 2, 3)

val (x, y) = list         // 1, 2
val (a, b, c, d) = list  // java.lang.IndexOutOfBoundsException
```


7.1.6 컬렉션에 대한 조건 검사

어떤 컬렉션이 주어진 조건을 만족하는지 검사하는 일이 많이 있을 것이다. 코틀린 라이브러리는 컬렉션 원소에 대해 주어진 술어를 테스트하는 등의 기본적인 검사를 구현하는 함수를 제공한다.

all() 함수는 컬렉션의 모든 원소가 주어진 술어를 만족하면 true를 반환한다. 배열, 이터러블, 시퀀스, 맵 등의 모든 컬렉션 객체에 대해 이 함수를 적용할 수 있다. 맵의 경우 맵 엔트리가 술어에 전달된다.

```
println(listOf(1, 2, 3, 4).all { it < 10 })      // true
println(listOf(1, 2, 3, 4).all { it % 2 == 0 }) // false
println(
  mapOf(1 to "I", 5 to "V", 10 to "X")
    .all { it.key == 1 || it.key % 5 == 0 }
)                                              // true
// 1, 3, 9, 27, 81

val seq = generateSequence(1) { if (it < 50) it*3 else null }

println(seq.all { it % 3 == 0 })              // false
println(seq.all { it == 1 || it % 3 == 0 })  // true
```

none() 함수는 all()과 반대다. 컬렉션에 주어진 조건을 만족하는 원소가 하나도 없을 때 true를 반환한다.

```
println(listOf(1, 2, 3, 4).none { it > 5 })   // true
println(
  mapOf(1 to "I", 5 to "V", 10 to "X").none { it.key % 2 == 0 }
)                                            // false
// 1, 3, 9, 27, 81

val seq = generateSequence(1) { if (it < 50) it*3 else null }
println(seq.none { it >= 100 })             // true
```

이런 종류의 함수로 any()도 있다. any()는 컬렉션 원소 중 적어도 하나가 주어진 술어를 만족할 때 true를 반환한다.

```
println(listOf(1, 2, 3, 4).any { it < 0 })      // false
println(listOf(1, 2, 3, 4).any { it % 2 == 0 }) // true
println(
  mapOf(1 to "I", 5 to "V", 10 to "X").any { it.key == 1 }
)                                 // true

// 1, 3, 9, 27, 81로 이뤄진 시퀀스 만들기
val seq = generateSequence(1) { if (it < 50) it*3 else null }

println(seq.any { it % 3 == 0 }) // true
println(seq.any { it > 100 })    // false
```

빈 컬렉션의 경우 all()과 none() 함수는 true를, any() 함수는 false를 반환한다. 드 모르간(De Morgan) 법칙을 사용하면 세 함수를 다른 함수를 사용해 기술할 수 있다.

```
c.all{ p(it) } == c.none { !p(it) }
c.none{ p(it) } == !c.any { p(it) }
```

무한 시퀀스에 all(), none(), any()를 적용하면 실행이 끝나지 않을 수도 있다. 예를 들어 다음 코드는 결코 끝나지 않는다.

```
// 0, 1, 2, 3, 4, 0, 1, 2, 3, 4, 0, ...으로 이뤄진 시퀀스
val seq = generateSequence(0) { (it + 1) % 5 }
println(seq.all { it < 5 }) // 끝나지 않음
```

any()와 none() 함수에는 파라미터를 전혀 받지 않는 오버로딩된 버전이 있다. 이런 함수들은 단순히 컬렉션 객체가 비어있는지만 검사한다.

```kotlin
println(emptyList<String>().any())      // false
println(emptyList<String>().none())     // true
println(listOf(1, 2, 3).any())          // true
println(listOf(1, 2, 3).none())         // false
```

이런 오버로딩된 함수는 배열이나 Collection, Map 타입의 인스턴스에 대해 사용할 수 있는 isNotEmpty()/isEmpty() 함수를 일반화하며, 임의의 이터러블이나 시퀀스에도 사용할 수 있다.

7.1.7 집계

컬렉션 원소의 합계를 계산하거나 최댓값을 찾는 것처럼 컬렉션 내용으로부터 한 값을 계산해내는 경우를 집계(aggregation)라고 부른다. 코틀린 라이브러리는 이런 목적에 사용할 수 있는 몇 가지 함수를 제공한다. 앞 절에서는 any()나 all()처럼 컬렉션에 대한 조건을 검사하는 함수를 살펴봤다. 이런 함수를 Boolean 값을 계산해내는 특별한 집계 함수라고 생각할 수도 있다.

일반적으로는 결코 반환값을 돌려받을 수 없기 때문에 무한 시퀀스에 대해 집계 함수를 적용할 수 없다(다음에 볼 count()는 예외다).

집계 함수는 세 가지 기본 그룹으로 나눌 수 있다. 첫 번째 그룹은 합계, 최솟값, 최댓값 등 자주 쓰이는 집계값을 계산한다. 먼저 이런 함수를 살펴보자.

count()는 컬렉션의 원소 개수를 반환한다. 배열, 이터러블, 시퀀스, 맵을 포함하는 모든 컬렉션 객체에 이 함수를 적용할 수 있다. 따라서 이 함수는 배열, 맵, Collection 인스턴스가 제공하는 size 프로퍼티를 일반화한 함수다.

```kotlin
println(listOf(1, 2, 3, 4).count())                        // 4
println(mapOf(1 to "I", 5 to "V", 10 to "X").count()) // 3

// 1, 3, 9, 27, 81로 이뤄진 시퀀스
val seq = generateSequence(1) { if (it < 50) it*3 else null }

println(seq.count())                                        // 5
```

원소 개수가 Int.MAX_VALUE보다 크면 count()는 예외를 던진다. 특히 무한 시퀀스에 대해 count()를 적용할 때 이런 일이 발생한다.

```
// 0, 1, 2, 3, 4, 0, 1, 2, 3, 4, 0, ...으로 이뤄진 시퀀스
val seq = generateSequence(0) { (it + 1) % 5 }

// Int.MAX_VALUE보다 많은 원소를 방문하자마자 예외를 던짐
// java.lang.ArithmeticException: Count overflow has happened.
println(seq.count())
```

count() 함수에는 컬렉션 원소에 대한 술어를 적용하는 오버로딩된 버전이 있다. 이 경우 count()는 주어진 조건을 만족하는 원소의 개수를 반환한다.

```
println(listOf(1, 2, 3, 4).count { it < 0 })      // 0
println(listOf(1, 2, 3, 4).count { it % 2 == 0 }) // 2
println(
  mapOf(1 to "I", 5 to "V", 10 to "X").count { it.key == 1 }
)                                           // 1

// 1, 3, 9, 27, 81로 이뤄진 시퀀스
val seq = generateSequence(1) { if (it < 50) it*3 else null }

println(seq.count { it % 3 == 0 }) // 4
println(seq.count { it > 100 })    // 0
```

sum() 함수는 수로 이뤄진 배열, 이터러블, 시퀀스의 산술 합계를 구한다.

```
println(listOf(1, 2, 3, 4).sum())            // 10
println(doubleArrayOf(1.2, 2.3, 3.4).sum())  // 6.9

// 1, 3, 9, 27, 81의 합계 구하기
val seq = generateSequence(1) { if (it < 50) it*3 else null }

println(seq.sum()) // 121
```

일반적인 + 연산과 비슷하게 반환값 타입은 원 컬렉션의 원소 타입에 따라 달라진다. 예를 들어 바이트로 이뤄진 컬렉션의 합계는 Int이지만, LongArray에 대해 sum()을 적용하면 Long 값이 나온다.

원소 타입을 수로 변환할 수만 있다면 어떤 타입의 원소로 이뤄진 컬렉션에 대해서도 합계를 구할 수 있다. sumOf()로 이런 합계를 구할 수 있다.[2]

2 역주 sumBy와 sumByDouble이 있었지만, 둘을 구분할 필요가 없어서 sumOf로 통일됐다.

```
println(listOf(1, 2, 3, 4).sumOf { it/4.0 })         // 2.5
println(arrayOf("1", "2", "3").sumOf { it.toInt() }) // 6

// X, XX, XXX, XXXX, XXXXX
val seq = generateSequence("X") {
  if (it.length>= 5) null else it + "X"
}

println(seq.sumOf { it.length })              // 15
```

이와 비슷하게 average() 함수는 수로 이뤄진 배열, 이터러블, 시퀀스의 산술 평균을 구한다. 결과는 항상 Double이다.

```
println(listOf(1, 2, 3, 4).average())           // 2.5
println(doubleArrayOf(1.2, 2.3, 3.4).average())  // 2.3000000000000003

// 1, 3, 9, 27, 81의 평균 구하기
val seq = generateSequence(1) { if (it < 50) it*3 else null }

println(seq.average())                          // 24.2
```

컬렉션이 비어있으면 average() 함수는 항상 Double.NaN을 반환한다. 비어있지 않은 컬렉션 c에 대해 c.average()는 근본적으로 c.sum().toDouble()/c.count()와 같다. count() 함수와 비슷하게 average() 함수도 컬렉션에 Int.MAX_VALUE보다 더 많은 원소가 들어있으면 예외를 발생시킨다.

minOrNull()과 maxOrNull()은 비교 가능한 타입의 값이 들어있는 배열, 이터러블, 시퀀스의 최솟값과 최댓값을 계산한다.[3]

```
println(intArrayOf(5, 8, 1, 4, 2).minOrNull())               // 1
println(intArrayOf(5, 8, 1, 4, 2).maxOrNull())               // 8
println(listOf("abc", "w", "xyz", "def", "hij").minOrNull())  // abc
println(listOf("abc", "w", "xyz", "def", "hij").maxOrNull())  // xyz

// 1, -3, 9, -27, 81
val seq = generateSequence(1) { if (it < 50) -it * 3 else null }

println(seq.min()) // -27
println(seq.max()) // 81
```

3 역주 min()과 max()는 코틀린 1.4부터 사용 금지 처리됐다.

합계와 비슷하게 비교 가능한 값으로 원소를 변환하는 함수를 제공함으로써 비교할 수 없는 원소들로 이뤄진 컬렉션의 최댓값/최솟값을 구할 수도 있다. minByOrNull()[4]과 maxByOrNull() 함수가 이런 동작을 구현한다.

```
class Person(val firstName: String,
             val familyName: String,
             val age: Int) {
  override fun toString() = "$firstName $familyName: $age"
}

fun main() {
  val persons = sequenceOf(
    Person("Brook", "Watts", 25),
    Person("Silver", "Hudson", 30),
    Person("Dane", "Ortiz", 19),
    Person("Val", "Hall", 28)
  )

  println(persons.minByOrNull { it.firstName })  // Brook Watts: 25
  println(persons.maxByOrNull { it.firstName })  // Val Hall: 28
  println(persons.minByOrNull { it.familyName }) // Val Hall: 25
  println(persons.maxByOrNull { it.familyName }) // Brook Watts: 28
  println(persons.minByOrNull { it.age })        // Dane Ortiz: 19
  println(persons.maxByOrNull { it.age})         // Silver Hudson: 30
}
```

또는 minWithOrNull()과 maxWithOrNull()을 사용할 수도 있다. 이 두 함수는 변환 함수 대신 비교기를 받는다. 다음 예제는 성 다음에 이름을 넣어서 비교하는 비교기와 이름 다음에 성을 넣어서 비교하는 비교기를 통해 서로 다른 순서를 지정하는 코드를 보여준다.

```
class Person(val firstName: String,
             val familyName: String,
             val age: Int) {
  override fun toString() = "$firstName $familyName: $age"
}

val Person.fullName get() = "$firstName $familyName"
val Person.reverseFullName get() = "$familyName $firstName"
```

4 역주 minBy와 maxBy는 코틀린 1.4부터 사용 금지 처리됐다.

```
val FULL_NAME_COMPARATOR = Comparator<Person>{ p1, p2 ->
  p1.fullName.compareTo(p2.fullName)
}
val REVERSE_FULL_NAME_COMPARATOR = Comparator<Person>{ p1, p2 ->
  p1.reverseFullName.compareTo(p2.reverseFullName)
}

fun main() {
  val persons = sequenceOf(
    Person("Brook", "Hudson", 25),
    Person("Silver", "Watts", 30),
    Person("Dane", "Hall", 19),
    Person("Val", "Ortiz", 28)
  )

  // Brook Hudson: 25
  println(persons.minWithOrNull(FULL_NAME_COMPARATOR))
  // Val Ortiz: 28
  println(persons.maxWithOrNull(FULL_NAME_COMPARATOR))
  // Dane Hall: 19
  println(persons.minWithOrNull(REVERSE_FULL_NAME_COMPARATOR))
  // Silver Watts: 30
  println(persons.maxWithOrNull(REVERSE_FULL_NAME_COMPARATOR))
}
```

빈 컬렉션에 대해 적용하는 경우 min/max 집계 함수의 모든 변형은 널을 반환한다(이름 뒤에 붙은 OrNull은 이 사실을 명확히 보여준다).

두 번째 집계 함수 그룹은 컬렉션 원소를 문자열로 엮는 일을 담당한다. 기본 함수는 joinToString()이며, 가장 단순한 형태로 사용할 때 다음과 같이 아무 인자도 받지 않는다.

```
println(listOf(1, 2, 3).joinToString()) // 1, 2, 3
```

디폴트로 각 원소를 toString() 메서드를 이용해 문자열로 변환한 후에 구분 문자열로 콤마와 공백(", ")을 사용한다. 하지만 커스텀 변환 함수를 제공해 원소를 다른 형태인 문자열로 변환할 수도 있다. 람다 파라미터를 통해 이런 변환을 제공한다. 다음은 컬렉션 원소를 2진수로 바꿔서 표현하는 경우다.

```
println(listOf(1, 2, 3).joinToString { it.toString(2) }) // 1, 10, 11
```

이 밖에 다음과 같은 파라미터를 선택적으로 지정할 수도 있다.

- **separator**: 인접한 두 원소 사이에 들어갈 구분 문자열(디폴트는 ", ")
- **prefix와 postfix**: 결과 문자열의 맨 앞(prefix)과 맨 뒤(postfix)에 들어갈 문자열(디폴트는 빈 문자열인 "")
- **limit**: 최대로 보여줄 수 있는 원소의 개수(디폴트는 -1로 개수 제한이 없다는 뜻임)
- **truncated**: limit가 양수인 경우, 컬렉션의 원소를 모두 표현하지 못할 때 이 파라미터를 뒤에 추가함(디폴트는 "...")

joinToString() 함수를 어떠한 배열, 이터러블, 시퀀스에도 사용할 수 있다. 다음은 여러 가지 옵션을 사용하는 예다.

```
val list = listOf(1, 2, 3)
println(list.joinToString(prefix = "[", postfix = "]")) // [1, 2, 3]
println(list.joinToString(separator = "|"))             // 1|2|3
println(list.joinToString(limit = 2))                   // 1, 2, ...
println(list.joinToString(
  limit = 1,
  separator = " ",
  truncated = "???"
))                                                      // 1 ???
```

코틀린 라이브러리는 더 일반적인 joinTo() 함수를 제공한다. 이 함수는 문자열을 새로 생성하는 대신 파라미터로 받은 Appendable 객체 뒤에 덧붙여준다. StringBuilder가 Appendable 객체에 속한다.

```
import java.lang.StringBuilder

fun main() {
  val builder = StringBuilder("joinTo: ")
  val list = listOf(1, 2, 3)

  println(list.joinTo(builder, separator = "|")) // joinTo: 1|2|3
}
```

세 번째 집계 함수 그룹은 두 값을 조합하는 함수를 활용해 여러분이 원하는 임의의 집계 방식을 구현하게 해주는 함수다. 이 그룹은 fold()/reduce() 함수와 그 변형으로 이뤄진다.

reduce() 함수는 파라미터가 두 개인 함수를 받는다. 이 함수의 첫 번째 인자는 누적된 값이고, 두 번째 인자는 컬렉션의 현재 값이다. 집계 과정은 다음과 같다.

1. 누적값은 최초에 컬렉션의 첫 번째 원소로 초기화된다.
2. 컬렉션의 매 원소에(두 번째 원소부터) 대해 현재 누적값과 현재 원소를 파라미터로 받은 함수에 적용하고 이 함수 적용의 결과를 누적값에 대입한다.
3. 누적의 결과를 반환한다.

컬렉션이 비어있으면 누적값을 초기화할 수 없으므로 reduce() 함수는 예외를 던진다.

예제를 살펴보자. 다음 코드에서는 reduce() 함수를 사용해 여러 수의 곱을 계산하고 여러 문자열을 서로 연결한다.

```
println(intArrayOf(1, 2, 3, 4, 5).reduce { acc, n -> acc * n })  // 120
println(listOf("a", "b", "c", "d").reduce { acc, s -> acc + s })  // abcd
```

집계 규칙이 원소의 인덱스에 따라 달라진다면 reduceIndexed()를 사용할 수 있다. 이 함수는 현재 인덱스를 집계 연산의 첫 번째 파라미터로 전달해준다. 앞에서 본 예제를 홀수 인덱스에 있는 원소에 대해서만 적용하게 변경하고 싶다고 하자.

```
// 8
println(intArrayOf(1, 2, 3, 4, 5)
  .reduceIndexed { i, acc, n -> if (i % 2 == 1) acc * n else acc })

// abd
println(listOf("a", "b", "c", "d")
  .reduceIndexed { i, acc, s -> if (i % 2 == 1) acc + s else acc })
```

인덱스가 홀수인 원소만 처리하고 싶었지만, 첫 번째 원소가 여전히 처리된다는 사실에 유의하자. 누적값의 초깃값을 원하는 대로 지정하고 싶다면, reduce()/reduceIndexed() 대신 fold()/foldIndexed()를 사용하면 된다. fold()/foldIndexed()를 사용하면 누적값을 컬렉션 원소의 타입과 다른 타입의 값으로 만들 수도 있다.

```
println(
  intArrayOf(1, 2, 3, 4).fold("") { acc, n -> acc + ('a' + n - 1) }
) // abcd

println(
  listOf(1, 2, 3, 4).foldIndexed("") { i, acc, n ->
    if (i % 2 == 1) acc + ('a' + n - 1) else acc
  }
) // bd
```

프로그래머가 항상 누적값의 초깃값을 지정하기 때문에 리스트가 비어있어도 fold()는 reduce()와 달리 예외를 발생시키지 않는다.

배열, 이터러블, 시퀀스에 대해 reduce()/reduceIndexed()나 fold()/foldIndexed() 함수를 쓸 수 있다. 이 네 함수에 대해 컬렉션의 마지막 원소부터 반대 방향으로 계산을 수행해주는 함수도 있다. 배열이나 리스트의 맨 뒤(오른쪽)부터 처리한다는 사실을 알려주기 위해 이런 함수의 이름 뒤에는 Right가 붙는다.

```
println(
  arrayOf("a", "b", "c", "d").reduceRight { s, acc -> acc + s }
) // dcba

println(
  listOf("a", "b", "c", "d").reduceRightIndexed { i, s, acc ->
    if (i % 2 == 0) acc + s else acc
  }
) // dca

println(
  intArrayOf(1, 2, 3, 4).foldRight("") { n, acc -> acc + ('a' + n - 1) }
) // dcba

println(
  listOf(1, 2, 3, 4).foldRightIndexed("") { i, n, acc ->
    if (i % 2 == 0) acc + ('a' + n - 1) else acc
  }
) // ca
```

fold/reduce 함수의 오른쪽과 왼쪽 버전에 전달하는 람다의 파라미터 순서에 주의하라. 왼쪽 버전에서는 누적값이 현재 원소 앞(왼쪽)에 오지만, 오른쪽 버전에서는 반대다.

7.1.8 걸러내기

코틀린 표준 라이브러리는 컬렉션에서 조건을 만족하지 못하는 원소를 걸러내 버리고, 원하는 원소만 남기는 여러 확장 함수를 제공한다. 걸러내기 연산은 원본 컬렉션을 변경하지 않는다. 대신 전혀 새로운 컬렉션을 만들거나 원본 컬렉션과 구별되는 기존 가변 컬렉션에 선택된 원소를 추가한다.

가장 기본적인 걸러내기 연산은 filter() 함수에 의해 제공된다. 이 함수에 전달되는 술어는 현재 원소를 인자로 받아서 원소를 컬렉션에 유지해야 하는 경우 true를 반환하고, 버려야 하는 경우 false를 반환한다. filter() 함수를 배열, 이터러블, 맵, 시퀀스에 적용할 수 있으며, 각각의 반환 타입은 다음과 같이 결정된다.

- Array<T>나 Iterable<T>를 거르면 List<T>를 얻는다.
- Map<K, V>를 거르면 Map<K, V>를 얻는다.
- Sequence<T>를 거르면 Sequence<T>를 얻는다.

filter()를 IntArray와 같은 원시 타입의 배열에도 적용할 수 있다. 다만, 반환 타입은 List<Int>처럼 원시 타입이 아닌 박싱된 타입이 원소인 리스트다. filter()를 원시 타입 배열에 적용할 때는 강제로 방식이 이뤄진다는 점에 유의하라.

filter()를 여러 컬렉션 객체에 적용하는 예를 살펴보자.

```
// List: [green, blue, green]
println(
  listOf("red", "green", "blue", "green").filter { it.length> 3 }
)

// List: [green, blue]
println(setOf("red", "green", "blue", "green").filter { it.length> 3 })

// List: [green, blue, green]
println(
  arrayOf("red", "green", "blue", "green").filter { it.length> 3 }
)

// List: [2, 4]
println(byteArrayOf(1, 2, 3, 4, 5).filter { it % 2 == 0 })

// Map: {X=10, L=50}
println(
  mapOf("I" to 1, "V" to 5, "X" to 10, "L" to 50)
    .filter { it.value> 5 }
)

// Sequence
val seq = generateSequence(100) {
  if (it != 0) it/3 else null
```

```
}.filter { it > 10 }

// 리스트로 변환: [100, 33, 11]
println(seq.toList())
```

맵의 경우 술어 파라미터가 맵 엔트리 타입(Map.Entry)을 인자로 받는다. 키나 값만 걸러내고 싶다면 filterKeys()나 filter(Values) 함수를 사용하면 된다.

```
val map = mapOf("I" to 1, "V" to 5, "X" to 10, "L" to 50)

println(map.filterKeys { it != "L" })  // {I=1, V=5, X=10}
println(map.filterValues { it >= 10 }) // {X=10, L=50}
```

filterNot() 함수는 조건을 부정해 걸러낼 수 있게 해준다. 즉, 술어가 false를 반환할 때만 원소를 남긴다.

```
// [red]
println(listOf("red", "green", "blue").filterNot { it.length> 3 })

// {I=1, V=5}
println(
  mapOf("I" to 1, "V" to 5, "X" to 10, "L" to 50)
    .filterNot { it.value> 5 }
)
```

filterKeys()와 filterValues()에는 filterNot() 같은 부정 변형이 없음에 유의하라.

걸러내는 조건이 원소의 값뿐 아니라 인덱스와도 관련 있다면, 람다가 인덱스 값을 추가로 받는 fitlerIndexed() 함수를 사용하라. 배열, 이터러블, 시퀀스는 filterIndexed()를 제공하지만 맵은 제공하지 않는다.

```
val list = listOf("red", "green", "blue", "orange")

// [green, blue]
println(
  list.filterIndexed { i, v ->v.length> 3 && i<list.lastIndex }
)

val seq = generateSequence(100) { if (it != 0) it/3 else null }

// [33, 11, 3, 1]
println(seq.filterIndexed { i, v -> v > 0 && i> 0 }.toList())
```

표준 라이브러리에는 몇 가지 일반적인 조건을 사용해 원소를 걸러내는 함수도 들어있다. 그중 하나가 filterNotNull()이다. 이 함수는 널인 원소를 걸러낸다. 이 함수는 항상 널이 될 수 없는 타입이 원소인 컬렉션을 만들어준다.

```
val list = listOf("red", null, "green", null, "blue")

// 널이 될 수 있기 때문에 안전한 호출이나 널 아님 단언이 필요함
// error: only safe (?.) or non-null asserted (!!.) calls are allowed
list.forEach { println(it.length) }

// Ok: it이 널이 될 수 없음
list.filterNotNull().forEach { println(it.length) }
```

IDE 팁 ≡ 인텔리J는 컬렉션 원소 타입이 널이 될 수 없는 타입인데, filterNotNull()을 쓸데없이 쓰는 경우를 검사하는 기능을 기본으로 제공한다. Alt + Enter 메뉴를 사용하면 이런 불필요한 걸러내기 함수를 제거할 수 있다(그림 7-4).

▼ 그림 7-4 쓸모없는 filter 제거하기

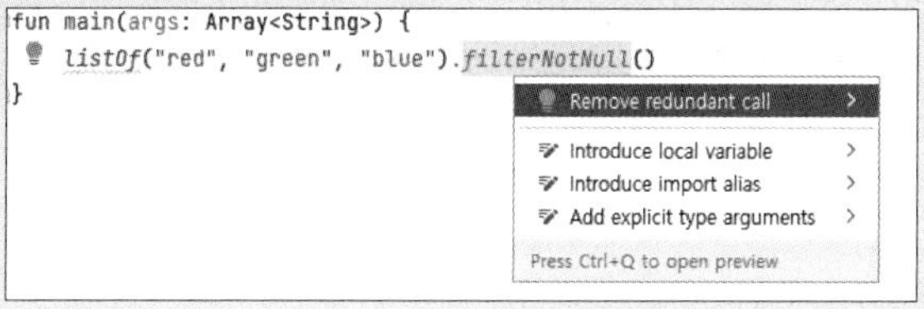

```
fun main(args: Array<String>) {
    listOf("red", "green", "blue").filterNotNull()
}
```

Remove redundant call
Introduce local variable
Introduce import alias
Add explicit type arguments
Press Ctrl+Q to open preview

또 다른 일반적인 경우, 즉 원소 중 특정 타입만 남기는 경우는 filterIsInstance()가 처리한다. 이 함수가 반환하는 컬렉션은 함수의 타입 인자로 넘긴 타입과 동일한 타입의 원소들로만 구성된다.

```
val hotchpotch = listOf(1, "two", 3, "four", 5, "six")
val numbers = hotchpotch.filterIsInstance<Int>()
val strings = hotchpotch.filterIsInstance<String>()

println(numbers.filter { it > 2 })          // [3, 5]
println(strings.filter { it != "two" })    // [four, six]
```

지금까지 살펴본 걸러내기 함수들은 호출될 때마다 새로운 불변 컬렉션을 만들어낸다. 걸러낸 결과를 이미 존재하는 가변 컬렉션에 집어넣고 싶으면 어떻게 할까? 이런 경우를 위해 남겨야 할 원소를 추가하는 대상 컬렉션을 추가 인자로 받는 특별한 걸러내기 함수들이 존재한다. 이런 함수는 이름 끝에 To가 붙어있다.

```kotlin
val allStrings = ArrayList<String>()

// green, blue 추가됨
listOf("red", "green", "blue").filterTo(allStrings) { it.length> 3 }

// one, two, three 추가됨
arrayOf("one", null, "two", null, "three").filterNotNullTo(allStrings)

// abcde, bcde, cde, de, e,
val seq = generateSequence("abcde") {
  if (it.isNotEmpty()) it.substring(1) else null
}

// abcde, bcde, cde 추가됨
seq.filterNotTo(allStrings) { it.length< 3 }

// [green, blue, one, two, three, abcde, bcde, cde]
println(allStrings)
```

filter(), filterNot(), filterIndexed(), filterIsInstance(), filterNotNull() 함수에 대해 To가 붙은 버전이 존재한다. 일반적으로 원본 컬렉션을 이런 함수의 대상 컬렉션으로 지정하면, 컬렉션을 순회하는 중에 컬렉션 내용이 바뀌므로 ConcurrentModificationException 예외가 발생한다.

```kotlin
val list = arrayListOf("red", "green", "blue")
list.filterTo(list) { it.length> 3 } // ConcurrentModificationException
```

여러 가지 걸러내기 외에도 코틀린 표준 라이브러리는 원래 컬렉션을 주어진 술어를 만족하는 부분 컬렉션과 만족하지 않는 부분 컬렉션의 쌍으로 만들어주는 partition() 함수를 제공한다.[5] 다음 예제를 보라.

```kotlin
val (evens, odds) = listOf(1, 2, 3, 4, 5).partition { it % 2 == 0 }
println(evens) // [2, 4]
println(odds)  // [1, 3, 5]
```

filter() 종류의 함수와 달리 partition()은 시퀀스에 적용한 경우에도 리스트의 쌍을 반환한다.

5 역주 이산 수학이나 집합론에서는 어떤 집합을 둘 이상의 부분집합으로 나누되, 각 부분집합 사이에 교집합이 없고(서로소) 부분집합을 모두 합하면 원래의 집합과 같은 경우를 분할(partition)이라 한다.

```
val seq = generateSequence(100) { if (it == 0) null else it/3 }

val (evens, odds) = seq.partition { it % 2 == 0 }

println(evens) // [100, 0]
println(odds)  // [33, 11, 3, 1]
```

맵은 partition()을 제공하지 않는다는 점에 유의하라.

7.1.9 변환

코틀린 표준 라이브러리는 컬렉션의 모든 원소를 주어진 규칙에 따라 변경한 다음, 이를 정해진 방식으로 조합해서 새로운 컬렉션을 만들어내는 변환 함수를 제공한다. 이런 함수는 매핑(mapping), 평평하게 하기(flattening), 연관 짓기(association)라는 세 가지 유형으로 나눌 수 있다.

매핑 변환은 주어진 함수를 원본 컬렉션의 각 원소에 적용한다. 그리고 함수를 적용한 결과는 새로운 컬렉션의 원소가 된다. 이 유형에 속하는 기본 함수는 map()이다. 배열, 이터러블, 시퀀스 맵을 포함하는 모든 컬렉션 객체가 이 함수를 제공한다. map()의 결과는 시퀀스에 적용한 경우에는 시퀀스, 그렇지 않은 경우에는 리스트가 된다.

```
println(setOf("red", "green", "blue").map { it.length })  // [3, 5, 4]
println(listOf(1, 2, 3, 4).map { it*it })                 // [1, 4, 9, 16]
println(byteArrayOf(10, 20, 30).map { it.toString(16) })  // [a, 14, 1e]

// 50, 16, 5, 1, 0
val seq = generateSequence(50) { if (it == 0) null else it / 3 }

println(seq.map { it*3 }.toList())                       // [150, 48, 15, 3, 0]
```

변환 시 인덱스를 고려해야 하는 경우 mapIndexed() 함수를 사용할 수 있다.

```
// [(0, 0), (1, 1), (2, 4), (3, 9), (4, 16), (5, 25)]
println(List(6) { it*it }.mapIndexed { i, n ->i to n })
```

map()과 mapIndexed() 함수도 널이 아닌 값만 선택해 변환해주는 변종이 있다. 의미상 이 함수는 map이나 mapIndexed를 호출한 다음 filterNotNull()을 하는 것과 비슷하다.

```kotlin
println(
  arrayOf("1", "red", "2", "green", "3").mapNotNull { it.toIntOrNull() }
) // [1, 2, 3]

println(
  listOf("1", "red", "2", "green", "3").mapIndexedNotNull { i, s ->
    s.toIntOrNull()?.let { i to it }
  }
) // [(0, 1), (2, 2), (4, 3)]
```

IDE 팁 ≡ 인텔리J는 불필요한 mapNotNull()과 mapIndexedNotNull() 호출을 map()이나 mapIndexed() 호출로 대신할 것을 제안한다(그림 7-5). 그 외에도 map()과 filterNotNull() 호출을 함께 사용하는 경우 코드를 mapNotNull()을 통해 단순화할 수 있다고 알려준다(그림 7-6).

그림 7-5 불필요한 mapNotNull() 함수를 map()으로 바꾸기

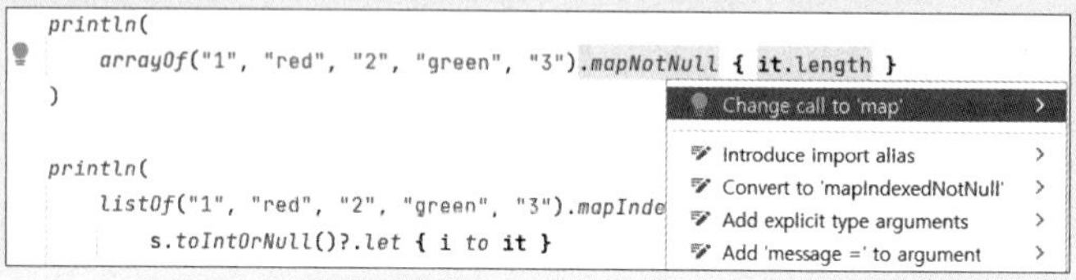

```
println(
    arrayOf("1", "red", "2", "green", "3").mapNotNull { it.length }
)

println(
    listOf("1", "red", "2", "green", "3").mapInde
        s.toIntOrNull()?.let { i to it }
```

- Change call to 'map'
- Introduce import alias
- Convert to 'mapIndexedNotNull'
- Add explicit type arguments
- Add 'message =' to argument

그림 7-6 map과 filterNotNull 연쇄 호출을 합치기

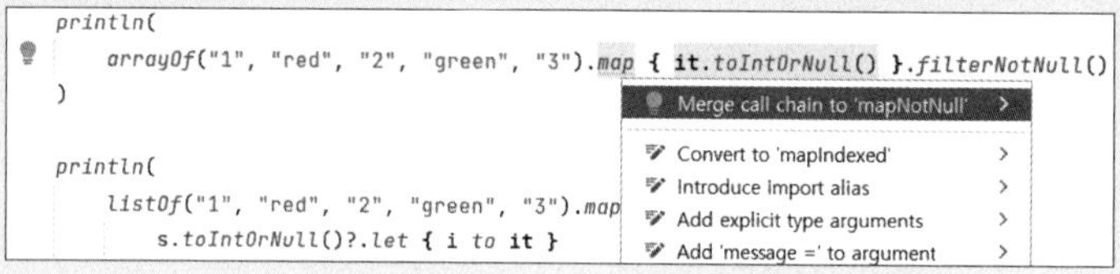

```
println(
    arrayOf("1", "red", "2", "green", "3").map { it.toIntOrNull() }.filterNotNull()
)

println(
    listOf("1", "red", "2", "green", "3").map
        s.toIntOrNull()?.let { i to it }
```

- Merge call chain to 'mapNotNull'
- Convert to 'mapIndexed'
- Introduce import alias
- Add explicit type arguments
- Add 'message =' to argument

map() 함수를 맵에 적용할 수도 있다. 이런 경우 변환 함수는 맵 원소를 입력으로 받고 리스트를 출력으로 내놓는다. 추가로 키와 값만 변환한 새 맵을 돌려주는 mapKeys()와 mapValues() 함수도 있다.

```kotlin
val map = mapOf("I" to 1, "V" to 5, "X" to 10, "L" to 50)

// [I 1, V 5, X 10, L 50]
println(map.map { "${it.key} ${it.value}" })

// {i=1, v=5, x=10, l=50}
println(map.mapKeys { it.key.lowercase() })

// {I=1, V=5, X=a, L=32}
println(map.mapValues { it.value.toString(16) })
```

각 mapXXX() 함수에는 새 컬렉션을 만들지 않고 기존 컬렉션에 원소를 추가해주는 변종이 있다. 필터와 마찬가지로 이런 함수들은 이름 끝에 To가 붙는다.

```
val result = ArrayList<String>()

listOf(1, 2, 3).mapTo(result) { it.toString() }

arrayOf("one", "two", "three").mapIndexedTo(result) { i, s ->
  "${i + 1}: s"
}

sequenceOf("100", "?", "101", "?", "110").mapNotNullTo(result) {
  it.toIntOrNull(2)?.toString()
}

println(result) // [1, 2, 3, 1: s, 2: s, 3: s, 4, 5, 6]
```

평평하게 하는 연산은 원래 컬렉션의 각 원소를 컬렉션으로 변환한 다음, 각 컬렉션을 차례로 이어 붙여서 한 컬렉션으로 합쳐준다. flatMap() 함수를 통해 이런 변환을 구현할 수 있다. flatMap()은 시퀀스에 적용하면 시퀀스를, 다른 컬렉션에 적용하면 리스트를 만든다.

```
// [a, b, c, d, e, f, g, h, i]
println(setOf("abc", "def", "ghi").flatMap { it.asIterable() })

// [1, 2, 3, 4]
println(listOf(1, 2, 3, 4).flatMap { listOf(it) })

// [1, 1, 2, 1, 2, 3]
println(Array(3) { it + 1 }.flatMap { 1..it })
```

flatten() 함수는 원소가 컬렉션인 모든 컬렉션에 적용할 수 있고 각각의 컬렉션을 이어 붙인 한 컬렉션을 내놓는다. 이 함수는 flatMap()에 단순 변환(원소를 그대로 돌려주는 함수)을 적용한 것으로 생각할 수도 있다.

```
println(
  listOf(listOf(1, 2), setOf(3, 4), listOf(5)).flatten()
) // [1, 2, 3, 4, 5]

println(Array(3) { arrayOf("a", "b") }.flatten()) // [a, b, a, b, a, b]

println(
```

```
  sequence {
    yield(sequenceOf(1, 2))
    yield(sequenceOf(3, 4))
  }.flatten().toList()
) // [1, 2, 3, 4]
```

IDE 팁 ≡ 인텔리J 코틀린 플러그인은 `flatMap`에 대한 뻔한 호출을 인식해서 `flatten`으로 변환할 것을 제안한다(그림 7-7).

▼ 그림 7-7 뻔한 flatMap() 호출을 flatten()으로 바꾸기

```
val result = listOf(listOf(1, 2), listOf(3, 4)).flatMap { it }
}
```

Convert 'flatMap' call to 'flatten()'
Introduce import alias
Add explicit type arguments

`map()`과 마찬가지로 `flatMap()` 함수에도 결과 원소를 기존 컬렉션에 추가하는 버전이 있다.

```
val result = ArrayList<String>()

listOf(listOf("abc", "def"), setOf("ghi"))
  .flatMapTo(result) { it }

sequenceOf(sequenceOf(1, 2), sequenceOf(3, 4))
  .flatMapTo(result) { it.map { "$it" } }

println(result) // [abc, def, ghi, 1, 2, 3, 4]
```

이 절에서 또 다른 유형의 변환을 다룰 텐데, 주어진 변환 함수를 바탕으로 원본 컬렉션 원소를 맵의 키나 맵의 값으로 만들 수 있는 변환이다. 첫 번째 경우는 `associateWith()`로 구현하며, 이 함수는 원래 컬렉션을 키의 근원으로 사용해 새로운 맵을 만들어준다.

```
println(
  listOf("red", "green", "blue").associateWith { it.length }
) // {red=3, green=5, blue=4}

println(
  generateSequence(1) { if (it > 50) null else it*3 }
    .associateWith { it.toString(3) }
) // {1=1, 3=10, 9=100, 27=1000, 81=10000}
```

배열에는 associateWith()를 적용할 수 없다.

associateBy() 함수는 associateWith()와 비슷하지만, 컬렉션 원소를 값으로 취급하고 변환 함수를 통해 키를 얻는다는 점이 다르다. 어떤 키에 대해 같은 값이 여럿 존재하는 경우, 오직 한 값만 반환되는 맵에 남는다는 점을 유의하라.

```
// {3=red, 5=green, 4=blue}
println(listOf("red", "green", "blue").associateBy { it.length })

// {1=15, 2=25, 3=35}
println(intArrayOf(10, 15, 20, 25, 30, 35).associateBy { it/10 })

// {1=1, 10=3, 100=9, 1000=27, 10000=81}
println(
  generateSequence(1) { if (it > 50) null else it*3 }
    .associateBy { it.toString(3) }
)
```

마지막으로 associate() 함수는 컬렉션의 원소를 사용해서 키와 값을 만들어낸다.

```
println(
  listOf("red", "green", "blue")
    .associate { it.uppercase() to it.length }
) // {RED=3, GREEN=5, BLUE=4}

println(
  intArrayOf(10, 15, 20, 25, 30, 35).associate { it to it/10 }
) // {10=1, 15=1, 20=2, 25=2, 30=3, 35=3}

println(
  generateSequence(1) { if (it > 50) null else it*3 }
    .associate {
      val s = it.toString(3)
      "3^${s.length - 1}" to s
    }
) // {3^0=1, 3^1=10, 3^2=100, 3^3=1000, 3^4=10000}
```

이와 같은 결과는 associateBy() 함수를 오버로딩한 함수를 사용해 달성할 수도 있다. 오버로딩한 associateBy() 함수는 키와 값을 변환해주는 변환 함수를 별도로 받는다.

```
println(
  listOf("red", "green", "blue").associateBy(
    keySelector = { it.uppercase() },
    valueTransform = { it.length }
  )
) // {RED=3, GREEN=5, BLUE=4}
```

맵을 만드는 연관 함수에도 기존의 가변 맵에 결과 원소를 추가해주는 To가 붙은 변종(예 associateByTo())이 있다.

7.1.10 하위 컬렉션 추출

7.1.8절 걸러내기에서 원 컬렉션의 원소 중에 특정 조건을 만족하는 원소만 남긴 부분 컬렉션을 추출하는 함수를 배웠다. 이 절에서는 비슷한 용도로 쓰이지만 다른 기준에 따라 컬렉션의 일부를 추출하는 함수를 살펴본다.

7.1.4절 기본 컬렉션 연산에서 리스트의 세그먼트에 대한 뷰를 돌려주는 subList() 함수를 살펴봤다. slice() 함수도 비슷한 일을 하지만 정수 쌍 대신 정수 범위를 사용해 세그먼트의 경계를 표현한다. 그리고 slice() 함수는 리스트뿐 아니라 배열에도 적용할 수 있다.

```
// 0, 1, 4, 9, 16, 25
println(List(6) { it*it }.slice(2..4)) // [4, 9, 16]

// 0, 1, 8, 27, 64, 125
println(Array(6) { it*it*it }.slice(2..4)) // [8, 27, 64]
```

리스트의 경우 slice()의 동작은 subList()와 비슷하며, 원 컬렉션을 반영할 수 있는 래퍼 객체를 만들어낸다. 배열의 경우 slice()는 지정한 인덱스들에 속하는 배열 원소가 들어있는 새로운 리스트다.

배열 원소를 다른 배열로 추출하고 싶다면 sliceArray()를 써야 한다.

```
val slice = Array(6) { it*it*it }.sliceArray(2..4).contentToString()
```

정수의 이터러블을 인자로 받아서 선택할 원소의 인덱스를 결정하는 slice()/sliceArray()를 더 일반화한 버전도 있다. 이 버전을 사용하면 원본 배열이나 리스트의 임의의 하위 시퀀스를 추출할 수 있다.

```
println(List(6) { it*it }.slice(listOf(1, 2, 3)))     // [1, 4, 9]
println(Array(6) { it*it*it }.slice(setOf(1, 2, 3)))  // [1, 8, 27]
println(
  Array(6) { it*it*it }.sliceArray(listOf(1, 2, 3)).contentToString()
) // [1, 8, 27]
```

take()와 takeLast() 함수는 이터러블이나 배열에서 원소를 주어진 개수만큼 추출한다. take()는 맨 앞에서부터, takeLast()는 맨 뒤에서부터 개수를 센다.

```
println(List(6) { it*it }.take(2))           // [0, 1]
println(List(6) { it*it }.takeLast(2))       // [16, 25]
println(Array(6) { it*it*it }.take(3))       // [0, 1, 8]
println(Array(6) { it*it*it }.takeLast(3)) // [27, 64, 125]
```

take() 함수를 시퀀스에 적용할 수도 있다. 이 함수를 적용할 경우 원래 시퀀스의 앞부분에 위치한 원소들이 들어있는 새로운 시퀀스를 반환한다.

```
val seq = generateSequence(1) { if (it > 100) null else it*3 }
println(seq.take(3).toList()) // [1, 3, 9]
```

drop()/dropLast() 함수는 take()/takeLast()를 반전시킨 연산이라고 생각할 수 있다. 이들은 주어진 개수만큼 원소를 제거한 나머지 원소들을 돌려준다.

```
println(List(6) { it*it }.drop(2))           // [4, 9, 16, 25]
println(List(6) { it*it }.dropLast(2))       // [0, 1, 4, 9]

println(Array(6) { it*it*it }.drop(3))       // [27, 64, 125]
println(Array(6) { it*it*it }.dropLast(3))  // [0, 1, 8]

val seq = generateSequence(1) { if (it > 100) null else it*3 }
println(seq.drop(3).toList())                // [27, 81, 243]
```

take/drop 연산도 수 대신 술어를 받는 버전이 있다. 이런 버전은 주어진 조건을 만족하지 못하는 첫 번째 원소를 발견할 때까지 원소를 남기거나 제거한다.

```
val list = List(6) { it * it }

println(list.takeWhile { it < 10 })         // [0, 1, 4, 9]
println(list.takeLastWhile { it > 10 })     // [16, 25]
println(list.dropWhile { it < 10 })         // [16, 25]
println(list.dropLastWhile { it > 10 })     // [0, 1, 4, 9]
```

```
val seq = generateSequence(1) { if (it > 100) null else it*3 }

println(seq.takeWhile { it < 10 }.toList())  // [1, 3, 9]
println(seq.dropWhile { it < 10 }.toList())  // [27, 81, 243]
```

코틀린 1.2에 추가된 chunked() 함수를 사용하면 이터러블이나 시퀀스를 주어진 개수를 넘지 않는 작은 리스트(청크(chunk)라고 부름)들로 나눠준다. chunked()의 가장 간단한 형태는 그냥 최대 청크 크기를 인자로 받는다.

```
// 0, 1, 4, 9, 16, 25, 36, 49, 64, 81
val list = List(10) { it*it }

println(list.chunked(3)) // [[0, 1, 4], [9, 16, 25], [36, 49, 64], [81]]

// 1, 3, 9, 27, 81, 243, 729
val seq = generateSequence(1) { if (it > 300) null else it*3 }

println(seq.chunked(3).toList()) // [[1, 3, 9], [27, 81, 243], [729]]
```

chunked()를 이터러블에 적용하면 리스트를 반환하고, 시퀀스에 적용하면 시퀀스를 반환한다는 점에 유의하라.

더 일반적인 버전은 각각의 청크를 임의의 값으로 변환하는 함수를 지정하도록 허용한다. 결과는 변환된 결과들로 이뤄진 리스트나 시퀀스다. 다음은 앞의 예제에서 만든 청크를 각 청크의 합계로 변환하는 코드다.

```
// 0, 1, 4, 9, 16, 25, 36, 49, 64, 81
val list = List(10) { it*it }

println(list.chunked(3) { it.sum() }) // [5, 50, 149, 81]

// 1, 3, 9, 27, 81, 243, 729
val seq = generateSequence(1) { if (it > 300) null else it*3 }

println(seq.chunked(3) { it.sum() }.toList()) // [13, 351, 729]
```

마찬가지로 코틀린 1.2에 도입된 windowed() 함수를 사용하면 일정한 간격으로 청크를 연속적으로 얻어낸 슬라이딩 윈도우(sliding window)를 얻을 수 있다. chunked()와 마찬가지로 windowed()도 이터러블에서는 리스트를 만들고 시퀀스에서는 리스트의 시퀀스를 만든다.

```
// 0, 1, 4, 9, 16, 25
val list = List(6) { it*it }

// [[0, 1, 4], [1, 4, 9], [4, 9, 16], [9, 16, 25]]
println(list.windowed(3))

// 1, 3, 9, 27, 81, 243
val seq = generateSequence(1) { if (it > 100) null else it*3 }

// [[1, 3, 9], [3, 9, 27], [9, 27, 81], [27, 81, 243]]
println(seq.windowed(3).toList())
```


chunked()와 마찬가지로 각 윈도우에 속한 원소를 집계하는 변환 함수를 전달할 수도 있다.

```
// 0, 1, 4, 9, 16, 25
val list = List(6) { it*it }

println(list.windowed(3) { it.sum() }) // [5, 14, 29, 50]

// 1, 3, 9, 27, 81, 243
val seq = generateSequence(1) { if (it > 100) null else it*3 }

println(seq.windowed(3) { it.sum() }.toList()) // [13, 39, 117, 351]
```

추가로 슬라이딩 윈도우를 생성하는 규칙을 정하는 선택적인 파라미터를 지정할 수도 있다.

- **step**: 서로 인접한 윈도우의 첫 번째 원소 사이의 거리(디폴트는 1)
- **partialWindows**: 컬렉션의 마지막 부분에서 지정한 윈도우 크기보다 작은 크기의 윈도우를 포함시킬지 여부(디폴트는 false)

이런 옵션을 사용한 예제를 살펴보자.

```
// 0, 1, 4, 9, 16, 25
val list = List(6) { it*it }

// 짝수 인덱스(0, 2) 원소만 윈도우 시작 원소가 된다
// [[0, 1, 4], [4, 9, 16]]
println(list.windowed(3, step = 2))

// 맨 뒤에 두 가지 부분 윈도우(크기가 3보다 작음)를 포함시킨다
// [[0, 1, 4], [1, 4, 9], [4, 9, 16], [9, 16, 25], [16, 25], [25]]
println(list.windowed(3, partialWindows = true))
```

원소가 두 개뿐인 윈도우를 만드는 zipWithNext()라는 별도의 함수가 있다. windowed()와 달리 zipWithNext()는 리스트가 아니라 쌍(Pair)의 시퀀스나 리스트를 만들어낸다.

```
// 0, 1, 4, 9, 16, 25
val list = List(6) { it*it }

// [(0, 1), (1, 4), (4, 9), (9, 16), (16, 25)]
println(list.zipWithNext())

// 1, 3, 9, 27, 81, 243
val seq = generateSequence(1) { if (it > 100) null else it*3 }

// [(1, 3), (3, 9), (9, 27), (27, 81), (81, 243)]
println(seq.zipWithNext().toList())
```

이런 타입 차이에 따라 집계 함수를 적용하는 버전도 리스트가 아니라 쌍을 인자로 받는 람다를 취한다.

```
// [0, 4, 36, 144, 400]
println(List(6) { it*it }.zipWithNext { a, b -> a * b })
```

7.1.11 순서

표준 라이브러리에는 컬렉션 원소를 정해진 순서에 따라 정렬(sorting)하는 함수가 들어있다. 가장 간단한 형태는 sorted() 함수로, 원소 타입이 비교 가능한 배열/이터러블/시퀀스에 적용할 수 있고 원소들의 자연스러운 순서에 따라 오름차순(ascending)으로 원소를 정렬한다. sortedDescending() 함수는 sorted()와 비슷하지만 오름차순이 아니라 역순인 내림차순(descending)으로 원소를 정렬한다.

```
println(intArrayOf(5, 8, 1, 4, 2).sorted())        // [1, 2, 4, 5, 8]

println(
  intArrayOf(5, 8, 1, 4, 2).sortedDescending()
)                                                  // [8, 5, 4, 2, 1]

println(
  listOf("abc", "w", "xyz", "def", "hij").sorted()
)                                                  // [abc, def, hij, w, xyz]
```

```
println(
  listOf("abc", "w", "xyz", "def", "hij").sortedDescending()
)                                               // [xyz, w, hij, def, abc]

// 1, -3, 9, -27, 81
val seq = generateSequence(1) { if (it < 50) -it * 3 else null }

println(seq.sorted().toList())                  // [-27, -3, 1, 9, 81]
println(seq.sortedDescending().toList())        // [81, 9, 1, -3, -27]
```

이런 함수를 시퀀스에 적용하면 시퀀스를 반환한다. 하지만 반환되는 시퀀스는 상태가 있는 시퀀스이며 원소에 최초로 접근할 때 전체 컬렉션을 정렬한다.

정렬 함수를 배열이나 이터러블에 대해 적용하면 항상 List가 나온다. 배열의 경우 배열을 반환하는 sortedArray()/sortedArrayDescending()과 유사한 함수가 있다.

컬렉션 원소가 비교 가능하지 않아도, 순서를 제공함으로써 sorted()를 대체할 수 있는 sortedBy()나 sortedWith() 함수를 통해 컬렉션을 정렬할 수 있다. 이 경우 관례는 min()이나 max() 집계 함수와 비슷하다. sortedBy()는 컬렉션 원소를 비교 가능한 타입의 값으로 변환하는 함수를 인자로 받고, sortedWith()는 비교기 인스턴스를 인자로 받는다. 그리고 sortedBy()와 반대 방향으로 정렬해주는 함수를 sortedByDescending()이라 부른다.

```
class Person(val firstName: String,
             val familyName: String,
             val age: Int) {
  override fun toString() = "$firstName $familyName: $age"
}

val Person.fullName get() = "$firstName $familyName"
val Person.reverseFullName get() = "$familyName $firstName"

val FULL_NAME_COMPARATOR = Comparator<Person>{ p1, p2 ->
  p1.fullName.compareTo(p2.fullName)
}
val REVERSE_FULL_NAME_COMPARATOR = Comparator<Person>{ p1, p2 ->
  p1.reverseFullName.compareTo(p2.reverseFullName)
}

fun main() {
  val persons = listOf(
    Person("Brook", "Hudson", 25),
    Person("Silver", "Watts", 30),
```

```
    Person("Dane", "Hall", 19),
    Person("Val", "Ortiz", 28)
  )

  println(persons.sortedWith(FULL_NAME_COMPARATOR))
  println(persons.sortedWith(FULL_NAME_COMPARATOR))
  println(persons.sortedWith(REVERSE_FULL_NAME_COMPARATOR))
  println(persons.sortedWith(REVERSE_FULL_NAME_COMPARATOR))
  println(persons.sortedBy { it.age })
  println(persons.sortedByDescending { it.age })
}
```

지금까지 살펴본 모든 정렬 함수는 원본 컬렉션을 그대로 두고 새로운 컬렉션을 반환한다. 하지만 배열이나 가변 리스트의 경우에는 원본 컬렉션을 변경할 수 있으므로 제자리(in place) 정렬을 수행할 수 있다. sort()와 sortDescending() 함수는 제자리 정렬을 수행해준다.

```
val array = intArrayOf(4, 0, 8, 9, 2).apply { sort() }
println(array.contentToString())  // [0, 2, 4, 8, 9]

val list = arrayListOf("red", "blue", "green").apply { sort() }
println(list)                     // [blue, green, red]
```

이터러블이나 배열을 역순으로 뒤집어주는 함수들이 있다. 원본 컬렉션의 원소를 역순으로 나열한 새 리스트를 반환하는 reversed() 함수가 가장 기본적인 경우를 처리해준다.

```
println(intArrayOf(1, 2, 3, 4, 5).reversed())       // [5, 4, 3, 2, 1]
println(listOf("red", "green", "blue").reversed())  // [blue, green, red]
```

배열의 경우 reversedArray()를 쓸 수 있다. 이 함수는 배열 대신 리스트를 반환한다.

새 컬렉션을 만들지 않고 제자리에서 가변 리스트나 배열의 원소 순서를 뒤집을 때는 reverse()를 쓸 수 있다(sort()와 sorted()/sortedArray()의 관계를 떠올려보라).

```
val array = intArrayOf(1, 2, 3, 4, 5).apply { reverse() }.contentToString()
println(array) // [5, 4, 3, 2, 1]

val list = arrayListOf("red", "green", "blue").apply { reverse() }
println(list)  // [blue, green, red]
```

asReversed() 함수는 새로운 리스트를 반환한다는 점에서 reversed()와 비슷하다. 하지만 asReversed()가 만들어내는 리스트는 원본에 대한 래퍼일 뿐이다. 원본과 반환된 리스트가 같은 데이터를 공유하기 때문에 asReversed()가 메모리를 더 효율적으로 활용한다. 가변 컬렉션에 asReversed()를 적용하면 가변 래퍼를 돌려준다. 원본이나 래퍼 중 어느 쪽을 변경해도 다른 쪽에 변경 내용이 반영된다(reversed() 함수로 만든 컬렉션은 그렇지 않다).

```
val list = arrayListOf("red", "green", "blue")
val reversedCopy = list.reversed()
val reversedMirror = list.asReversed()

list[0] = "violet"

println(list)           // [violet, green, blue]
println(reversedCopy)   // [blue, green, red]
println(reversedMirror) // [blue, green, violet]
```

asReversed()는 리스트에만 적용할 수 있다는 점에 유의하라.

마지막으로 shuffled()를 언급하고 싶다. 이터러블에 shuffled()를 적용하면 원본의 원소를 임의의 순서로 재배치한 새 리스트를 돌려준다.

```
println(listOf(1, 2, 3, 4, 5).shuffled())
```

가변 리스트에는 제자리에서 원소를 섞어주는 shuffle()이 있다.

```
arrayListOf(1, 2, 3, 4, 5).shuffle()
```

시퀀스나 배열은 이 두 함수를 모두 지원하지 않는다.

7.2 파일과 I/O 스트림

이 절에서는 입력/출력 연산을 처리하는 코틀린 표준 라이브러리 기능을 다룬다. 여기서 다룰 기능은 자바에 있는 파일과 I/O 스트림, URL 관련 API를 기반으로 만들어졌다. 이런 측면에서 볼 때, 코틀린 표준 라이브러리는 JDK에 이미 있는 I/O 관련 클래스를 더 쉽게 사용할 수 있도록 해주는 확장 함수와 확장 프로퍼티를 제공한다고 할 수 있다.

7.2.1 스트림 유틸리티

코틀린 표준 라이브러리는 자바 I/O 스트림에 대한 도우미 확장을 다수 제공한다. 이런 도우미 확장 함수들은 스트림 콘텐츠에 대한 접근을 단순화해주고 복사, 자동 스트림 정리 등과 같은 복잡한 사용 패턴을 구현해준다. 이 절에서는 이런 기능을 자세히 살펴본다.

다음 함수를 사용하면 스트림의 전체 콘텐츠를 읽어올 수 있다.

```
fun InputStream.readBytes(): ByteArray
fun Reader.readText(): String
fun Reader.readLines(): Line<String>
```

끝의 두 함수와 BufferedReader 클래스에 있는 readLine() 메서드의 차이를 기억하라. readLine()은 스트림에서 한 줄을 가져오지만, readText()/readLines()는 스트림 끝까지 콘텐츠를 읽어서 전체를 한 문자열이나 각 줄을 나타내는 문자열의 리스트로 반환한다. 다음 예제를 보자.

```
import java.io.*

fun main() {
  FileWriter("data.txt").use { it.write("One\nTwo\nThree") }

  // One
  FileReader("data.txt").buffered().use { println(it.readLine()) }

  // One Two Three
  FileReader("data.txt").use { println(it.readText().replace('\n', ' ')) }

  // [One, Two, Three]
  println(FileReader("data.txt").readLines())
}
```

readText()와 달리 readLines() 함수는 값을 반환하면서 스트림을 닫아준다.

코틀린은 버퍼가 있는 스트림에 대한 직접 이터레이션을 허용한다. 다만 이진 데이터와 텍스트 데이터에 대한 API는 조금 다르다. BufferedOutputStream의 경우에는 iterator()가 있기 때문에 for 루프에서 스트림을 사용해 개별 바이트에 대해 이터레이션할 수 있다.

```
FileInputStream("data.bin").buffered().use {
  var sum = 0
  for (byte in it) sum += byte
}
```

반면 BufferedReader에는 각 줄로 이뤄진 시퀀스를 돌려주는 lineSequence()가 있다.

```
FileReader("data.bin").buffered().use {
  for (line in it.lineSequence()) println(line)
}
```

비록 좀 더 간접적인 형태이지만, 임의의 Reader 인스턴스에 대해 비슷한 기능을 제공한다. forEachLine()과 useLines() 함수는 줄 단위 이터레이션을 허용한다. 이 두 함수는 스트림을 자동으로 닫기 때문에 스트림을 닫는 일을 신경 쓰지 않아도 된다.

```
import java.io.*

fun main() {
  FileWriter("data.txt").use { it.write("One\nTwo\nThree") }

  // One, Two, Three
  FileReader("data.txt").useLines { println(it.joinToString()) }

  // One/Two/Three
  FileReader("data.txt").forEachLine { print("$it/") }
}
```

forEachLine()에 전달되는 람다는 이터레이션이 진행되면서 한 줄씩 데이터를 인자로 전달받는 반면, useLines()에 전달되는 람다는 모든 라인에 대한 시퀀스를 인자로 받는다는 점이 다르다.

copyTo() 함수를 사용하면 한 스트림에서 다른 스트림으로 데이터를 전달할 수 있다. 이 함수는 이진 데이터와 텍스트 데이터를 처리하는 오버로딩된 버전이 존재한다.

```
fun InputStream.copyTo(
  out: OutputStream,
  bufferSize: Int = DEFAULT_BUFFER_SIZE
): Long

fun Reader.copyTo(out: Writer,
  bufferSize: Int = DEFAULT_BUFFER_SIZE): Long
```

두 함수의 반환값은 실제 복사된 바이트나 문자의 수를 뜻한다. 다음 코드에서 copyTo() 사용법을 보자.

```
import java.io.*

fun main() {
```

```
  FileWriter("data.txt").use { it.write("Hello") }

  val writer = StringWriter()
  FileReader("data.txt").use { it.copyTo(writer) }
  println(writer.buffer)           // Hello

  val output = ByteArrayOutputStream()
  FileInputStream("data.txt").use { it.copyTo(output) }
  println(output.toString("UTF-8")) // Hello
}
```

이 절에서 다룰 다른 함수로, 명시적으로 정리해야 하는 스트림이나 다른 자원을 안전하게 처리할 수 있는 방법을 제공하는 use() 함수가 있다. use() 함수는 자바 java.io.Closeable 타입의 값에 대해 호출할 수 있으며(코틀린 1.2부터는 java.lang.AutoCloseable에도 적용할 수 있다), 인자로 전달받은 람다를 실행하고 나서 마지막에 자원을 적절히 정리해준 후(람다에서 예외가 발생하든 발생하지 않든 자원 정리를 실행해준다) 람다의 결과를 돌려준다.

```
val lines = FileReader("data.bin").use { it.readLines() }
```

자바 vs. 코틀린 이 함수는 자바 7에 도입된 try-with-resources와 같은 역할을 한다.

방금 본 코드는 대략 다음의 try 블록과 같다.

```
val reader = FileReader("data.bin")

val lines = try {
  reader.readLines()
} finally {
  reader.close()
}
```

IDE 팁 ≡ 인텔리J는 본문과 같은 일을 하는 try 블록을 감지해 use() 함수 호출로 바꿀 것을 제안한다. try 키워드에 캐럿을 위치시키고 Alt + Enter 메뉴를 사용하면 코드를 변화시킬 수 있다(그림 7-8).

▼ 그림 7-8 명시적 try 블록을 use() 함수로 바꾸기

```
fun main() {
    val reader = FileReader( fileName: "data.bin")
    val lines = try {
        reader.rea  Replace 'try-finally' with 'use()' >
    } finally {     Press Ctrl+Shift+I to open preview
        reader.close()
    }
```

7.2.2 스트림 생성

코틀린 표준 라이브러리는 자바 I/O 스트림을 편하게 만들 수 있는 함수들을 제공한다. 이 절에서는 몇 가지 기본적인 경우를 살펴본다.

bufferedReaders()/bufferedWriter() 확장 함수를 사용하면 지정한 File 객체에 대해 BufferedReader/BufferedWriter 인스턴스를 만들 수 있다.

```
import java.io.File

fun main() {
  val file = File("data.txt")

  file.bufferedWriter().use { it.write("Hello!") }
  file.bufferedReader().use { println(it.readLine()) } // Hello!
}
```

비슷한 함수로 reader()/writer() 확장 함수도 있다. 이들은 각각 버퍼가 없는 FileReader/FileWriter 객체를 만든다.

printWriter() 함수는 형식화된 출력에 적합한 PrintWriter 인스턴스를 만든다.

리더(reader)/라이터(writer) 관련 함수를 사용할 때는 선택적으로 인코딩 문자 집합(디폴트는 UTF-8)을 지정할 수도 있다. 버퍼를 사용하는 버전에는 버퍼 크기를 지정하는 선택적인 추가 파라미터도 있다. 디폴트 버퍼 크기는 DEFAULT_BUFFER_SIZE 상수에 들어있는데, 현재는 8킬로바이트다.

```
file.writer(charset = Charsets.US_ASCII).use { it.write("Hello!") }

file.bufferedReader(
  charset = Charsets.US_ASCII,
  bufferSize = 100
).use { println(it.readLine()) }
```

Charsets 객체에는 US-ASCII나 UTF의 변종 등과 같은 여러 표준 문자 집합 상수가 정의돼 있다.

이진 파일을 처리하고 싶다면 inputStream()/outputStream()을 사용해 적절한 스트림을 생성하면 된다.

```
import java.io.File

fun main() {
  val file = File("data.bin")
  file.outputStream().use { it.write("Hello!".toByteArray()) }
  file.inputStream().use {
    println(String(it.readAllBytes()))
  } // Hello!
}
```

String이나 ByteArray의 내용에 대한 I/O 스트림을 만드는 함수도 여럿 있다. byteInputStream() 함수는 주어진 문자열을 원본으로 하는 ByteArrayInputStream 인스턴스를 만든다.

```
println("Hello".byteInputStream().read().toChar())                    // H
println("Hello".byteInputStream(Charsets.US_ASCII).read().toChar()) // H
```

이와 비슷하게 reader() 함수는 StringReader 인스턴스를 만든다.

```
println("One\nTwo".reader().readLines()) // [One, Two]
```

inputStream() 함수는 주어진 바이트 배열을 원본으로 하는 ByteArrayInputStream 인스턴스를 만든다.

```
println(byteArrayOf(10, 20, 30).inputStream().read())
```

inputStream()이 오버로딩된 버전을 사용하면 오프셋과 크기를 지정해서 바이트 배열 중 일부분만 사용해 스트림을 만들 수도 있다.

```
val bytes = byteArrayOf(10, 20, 30, 40, 50)

println(
  bytes.inputStream(2, 2).readBytes().contentToString()
) // [30, 40]
```

코틀린 표준 라이브러리에는 스트림의 연결을 단순화해주는 몇 가지 확장 함수도 들어있다. 다음과 같은 함수를 사용하면 일반적인 InputStream 클래스의 인스턴스를 바탕으로 Reader, BufferedReader, BufferedInputStream 객체를 만들 수 있다.

```
fun InputStream.reader(
  charset: Charset = Charsets.UTF_8
): InputStreamReader
```

```
fun InputStream.bufferedReader(
  charset: Charset = Charsets.UTF_8
): BufferedReader

fun InputStream.buffered(
  bufferSize: Int = DEFAULT_BUFFER_SIZE
): BufferedInputStream
```

OutputStream을 Wrtier, BufferedWriter, BufferedOutputStream에 연결할 때 사용할 수 있는 비슷한 함수(이름은 writer(), bufferedWriter(), buffered())도 있다. 이런 함수를 어떻게 사용하는지 다음 예제를 보자.

```
import java.io.FileInputStream
import java.io.FileOutputStream

fun main() {
  val name = "data.txt"
  FileOutputStream(name).bufferedWriter().use { it.write("One\nTwo") }
  val line = FileInputStream(name).bufferedReader().use {
    it.readLine()
  }

  println(line) // One
}
```

Reader와 Writer에 대해 정의된 buffered() 함수도 있다.

```
fun Reader.buffered(bufferSize: Int = DEFAULT_BUFFER_SIZE): BufferedReader

fun Writer.buffered(bufferSize: Int = DEFAULT_BUFFER_SIZE): BufferedWriter
```

7.2.3 URL 유틸리티

코틀린 표준 라이브러리는 URL 객체의 주소로부터 네트워크 연결을 통해 데이터를 읽어오는 몇 가지 도우미 함수를 제공한다.

```
fun URL.readText(charset: Charset = Charsets.UTF_8): String

fun URL.readBytes(): ByteArray
```

readText() 함수는 URL 인스턴스에 해당하는 입력 스트림의 콘텐츠를 전부 읽어온다. readBytes() 함수도 비슷하게 입력 이진 스트림의 콘텐츠를 바이트 배열로 읽어온다.

두 함수 모두 전체 스트림 콘텐츠를 읽어오는 작업이 완료될 때까지 스레드를 블럭시키므로, 큰 파일을 다운로드할 때는 이 두 함수를 사용하면 안 된다.

7.2.4 파일 콘텐츠 접근하기

코틀린 표준 라이브러리는 명시적으로 I/O 스트림을 쓰지 않고도 파일 콘텐츠를 읽을 수 있는 특별한 함수를 제공한다. 이런 함수는 전체 파일을 읽고 쓰거나, 데이터를 기존 파일 뒤에 추가하거나, 한 줄씩 파일을 처리해야 할 때 유용하다.

텍스트 콘텐츠를 처리할 때는 다음 함수를 쓸 수 있다.

- **readText()**: 파일 콘텐츠 전부를 한 문자열로 읽어온다.
- **readLines()**: 파일 콘텐츠 전부를 줄 구분 문자를 사용해 줄 단위로 나눠 읽어서 문자열의 리스트를 반환한다.
- **writeText()**: 파일 콘텐츠를 주어진 문자열로 설정한다. 필요하면 파일을 덮어 쓴다.
- **appendText()**: 주어진 문자열을 파일의 콘텐츠 뒤에 추가한다.

이런 함수를 어떻게 사용하는지 다음 예제를 보자.

```
import java.io.File

fun main() {
  val file = File("data.txt")

  file.writeText("One")
  println(file.readText()) // One

  file.appendText("\nTwo")
  println(file.readLines()) // [One, Two]

  file.writeText("Three")
  println(file.readLines()) // [Three]
}
```

텍스트와 연관된 각 함수는 텍스트 인코딩 방법을 지정하는 Charset 타입의 값을 선택적인 파라미터로 받을 수 있다.

이진 파일의 경우에도 텍스트 파일과 비슷한 방식으로 접근이 가능하지만, 문자열 대신 바이트 배열을 사용한다는 점이 다르다.

```
import java.io.File

fun main() {
  val file = File("data.bin")

  file.writeBytes(byteArrayOf(1, 2, 3))
  println(file.readBytes().contentToString()) // [1, 2, 3]

  file.appendBytes(byteArrayOf(4, 5))
  println(file.readBytes().contentToString()) // [1, 2, 3, 4, 5]

  file.writeBytes(byteArrayOf(6, 7))
  println(file.readBytes().contentToString()) // [6, 7]
}
```

파일 콘텐츠를 처리하게 해주는 다른 함수들은 파일을 전부 읽지 않고 블록 안에서 조금씩 처리할 수 있게 해준다. 메모리에 모두 다 읽어올 수 없는 큰 파일을 다루는 경우 이런 함수가 유용하다.

forEachLine() 함수를 사용하면 파일 전체를 읽지 않고 텍스트 콘텐츠를 한 줄씩 처리할 수 있다. 이 함수의 동작은 다음과 같다.

```
import java.io.File

fun main() {
  val file = File("data.txt")

  file.writeText("One\nTwo\nThree")
  file.forEachLine { print("/$it") } // /One/Two/Three
}
```

useLines() 함수는 주어진 람다에 줄의 시퀀스를 전달해준다. 람다는 이렇게 받은 시퀀스를 사용해 어떤 결과를 계산하고, 이 결과는 다시 useLines()의 결과로 반환된다.

```
import java.io.File

fun main() {
```

```
  val file = File("data.txt")

  file.writeText("One\nTwo\nThree")
  println(file.useLines { lines ->lines.count { it.length> 3 } }) // 1
}
```

다른 텍스트 관련 파일 함수와 마찬가지로 forEachLine()과 useLines()에도 선택적인 Charset 파라미터를 전달할 수 있다.

이진 파일을 처리할 때는 forEachBlock() 함수를 사용한다. 이 함수가 받는 람다는 ByteArray 버퍼와 현재 이터레이션에서 몇 바이트가 버퍼 안에 들어있는지 알려주는 정수를 파라미터로 받는다. 예를 들어 다음 코드는 data.bin 파일에 있는 모든 바이트의 합계를 출력한다.

```
import java.io.File

fun main() {
  val file = File("data.bin")
  var sum = 0

  file.forEachBlock { buffer, bytesRead ->
    (0 until bytesRead).forEach { sum += buffer[it] }
  }
  println(sum)
}
```

디폴트 버퍼 크기는 구현에 따라 다르지만, 선택적으로 blockSize 파라미터를 지정할 수 있다. 구현에 따라서는 버퍼 크기를 일정 크기 이상으로 제한할 수도 있다는 점에 유의하라. 코틀린 1.3에서 디폴트 크기는 4096바이트, 최소 크기는 512바이트다.

7.2.5 파일 시스템 유틸리티

이 절에서는 파일 복사, 삭제, 디렉터리 계층 구조 순회 등을 쉽게 해주는 코틀린 표준 라이브러리 함수를 다룬다.

deleteRecursively() 함수를 사용하면 파일이나 디렉터리를 자신에게 포함된 자손들까지 포함해 쉽게 지울 수 있다. 이 함수는 삭제가 성공하면 true를, 그렇지 않으면 false를 반환한다. 이 함수가 false를 반환한 경우, 자식 디렉터리는 안 지워지는 등 파일 중 일부만 지워졌을 수도 있다. 이 함수는 자바 API가 제공하는 mkdirs() 메서드의 역할을 한다고 볼 수 있다.

```kotlin
import java.io.File

fun main() {
  File("my/nested/dir").mkdirs()
  val root = File("my")

  println("Dir exists: ${root.exists()}")                 // true
  println("Simple delete: ${root.delete()}")              // false
  println("Dir exists: ${root.exists()}")                 // true
  println("Recursive delete: ${root.deleteRecursively()}") // true
  println("Dir exists: ${root.exists()}")                 // false
}
```

copyTo() 함수는 자신의 수신 객체를 다른 파일에 복사하고 복사본을 가리키는 파일 객체를 돌려준다.

```kotlin
import java.io.File

fun main() {
  val source = File("data.txt")
  source.writeText("Hello")

  val target = source.copyTo(File("dataNew.txt"))
  println(target.readText()) // Hello
}
```

디폴트로 대상 파일을 덮어 쓰지는 않는다. 따라서 대상 파일이 이미 존재하는 경우 copyTo() 함수는 FileAlreadyExistsException을 발생시킨다. 하지만 파일을 강제로 복사하도록 overwrite(덮어 쓰기) 파라미터를 지정할 수 있다.

```kotlin
import java.io.File

fun main() {
  val source = File("data.txt").also { it.writeText("One") }
  val target = File("dataNew.txt").also { it.writeText("Two") }
  source.copyTo(target, overwrite = true)
  println(target.readText()) // One
}
```

copyTo() 함수를 디렉터리에 적용할 수도 있다. 하지만 디렉터리의 경우 copyTo()는 하위 디렉터리나 디렉터리에 들어있는 파일을 복사하지는 않고 대상 경로에 맞춰 빈 디렉터리만 만들어준다. 디렉터리와 내용물을 모두 복사하고 싶다면 copyRecursively() 함수를 사용해야 한다.

```
import java.io.File

fun main() {
  File("old/dir").mkdirs()
  File("old/dir/data1.txt").also { it.writeText("One") }
  File("old/dir/data2.txt").also { it.writeText("Two") }

  File("old").copyRecursively(File("new"))

  println(File("new/dir/data1.txt").readText()) // One
  println(File("new/dir/data2.txt").readText()) // Two
}
```

copyTo()와 마찬가지로 copyRecursively()에도 overwrite 파라미터를 통해(true나 false로 지정) 넓어 쓸지 여부를 정해줄 수 있다. 추가로 어떤 파일을 복사하다가 IOException이 발생하면 호출할 액션을 설정할 수도 있다. 선택적인 OnError 파라미터를 통해 (File, IOException) -> OnErrorAction 타입의 람다를 넘기면 된다. 람다의 결괏값은 copyRecursively() 함수가 문제가 되는 파일을 어떻게 처리할지를 결정한다.

- **SKIP**: 파일을 무시하고 복사를 계속 진행한다.
- **TERMINATE**: 복사를 중단한다.

마지막 파라미터이기 때문에 onError 람다를 인자 목록 괄호 다음에 위치시킬 수 있다.

```
File("old").copyRecursively(File("new")) { file, ex -> OnErrorAction.SKIP }
```

디폴트 동작은 잡아낸 IOException 인스턴스를 copyRecursively()를 호출한 호출자 쪽으로 재발생시키는 것이다.

walk() 함수는 깊이 우선(depth first) 디렉터리 구조 순회를 구현한다. 다음과 같이 순회 방향을 결정하는 선택적인 파라미터가 있다.

- **TOP_DOWN**: 자식보다 부모를 먼저 방문(디폴트 값)
- **BOTTOM_UP**: 자식을 부모보다 먼저 방문

반환값은 File 인스턴스의 시퀀스다. 다음 예제는 여러 순회 방식의 사용법을 보여준다.

```
import java.io.File
import kotlin.io.FileWalkDirection.*

fun main() {
  File("my/dir").mkdirs()
  File("my/dir/data1.txt").also { it.writeText("One") }
  File("my/dir/data2.txt").also { it.writeText("Two") }

  println(File("my").walk().map { it.name }.toList())
  println(File("my").walk(TOP_DOWN).map { it.name }.toList())
  println(File("my").walk(BOTTOM_UP).map { it.name }.toList())
}
```

또한, walk(TOP_DOWN) 대신 walkTopDown()을 쓸 수 있고 walk(BOTTOM_UP) 대신 walkBottomUp()을 쓸 수 있다.

walk() 함수가 반환하는 시퀀스는 특별한 FileTreeWalk 클래스에 속한다. 이 클래스는 일반적인 시퀀스 기능과 더불어 별도의 순회 옵션을 지정할 수 있게 해준다. maxDepth() 함수는 순회할 하위 트리의 최대 깊이를 지정한다.

```
println(
  File("my").walk().maxDepth(1).map { it.name }.toList()
) // [my, dir]
```

onEnter()와 onLeave() 함수는 순회가 디렉터리에 들어가거나 디렉터리에서 나올 때 호출할 동작을 지정한다. onEnter() 호출은 (File) -> Boolean 람다를 파라미터로 받고, 이 람다의 반환값은 디렉터리(그리고 이 디렉터리의 자식)를 방문할지 여부를 결정한다. onLeave() 호출은 (File) -> Unit 람다를 받는다. onFail() 함수를 통해 디렉터리의 자식에 접근할 때 IOException이 발생하는 경우에 호출될 액션을 정할 수 있다. 이 액션은 (File, IOException) -> Unit 타입의 람다이며, 문제가 되는 디렉터리와 발생한 예외를 인자로 받는다.

이 네 함수가 모두 FileTreeWalk의 현재 인스턴스를 반환하기 때문에 다음 예제처럼 각 함수 호출을 서로 연쇄할 수 있다.

```
println(
  File("my")
    .walk()
    .onEnter { it.name != "dir" }
    .onLeave { println("Processed: ${it.name}") }
    .map { it.name }
    .toList())
```

이 코드는 다음과 같은 내용을 출력한다.

```
Processed: my
[my]
```

그 이유를 살펴보면, onEnter() 함수 안에서 dir이라는 이름의 디렉터리 방문을 거부하기 때문이다.

디폴트 액션은 다음과 같다. onEnter()는 항상 true를 반환하고, onLeave()는 아무 일도 하지 않으며, onFail()은 예외를 다시 던진다. 최대 트리 깊이는 Int.MAX_VALUE이며 실질적으로 제한이 없다고 볼 수 있다.

createTempFile()/createTempDir() 함수를 사용해 임시 파일이나 디렉터리를 만들 수 있다.[6]

```
val tmpDir = createTempDir(prefix = "data")
val tmpFile = createTempFile(directory = tmpDir)
```

두 함수 모두 같은 순서와 타입으로 이뤄진 파라미터 목록을 받는다.

```
fun createTempDir(
  prefix: String = "tmp",
  suffix: String? = null,
  directory: File? = null
): File
```

createTempFile() 함수는 JDK의 File.createTempFile() 메서드와 같다.

6 역주 createTempFile()과 createTempDir()은 사용 금지 예고 처리됐으며, 각각 kotlin.io.path 패키지에 있는 createTempFile()과 createTempDirectory()로 대치될 예정이다. 다만, 명령줄 코틀린 컴파일러에서 kotlin.io.path 패키지의 멤버를 사용하기는 어렵다. 그레이들을 사용하는 프로젝트에서는 코틀린 플러그인 1.4 이상을 쓰면 자동으로 필요한 라이브러리를 적재해주며, 스크립트에서는 @file:DependsOn("org.jetbrains.kotlin:kotlin-stdlib-jdk8:1.4.0")이라는 문장을 파일 맨 앞에 추가하면 관련 의존 관계가 추가된다. 다만, 이럴 경우에는 라이브러리 버전이 고정된다는 단점이 있다.

7.3 결론

이 절에서는 코틀린 표준 라이브러리에서 컬렉션을 다루는 중요한 부분을 살펴봤다. 배열, 이터러블, 시퀀스, 맵 등의 컬렉션 타입을 설명했으며, 이런 컬렉션 타입의 기본 API와 연산을 알아보고 원소 접근, 하위 컬렉션, 걸러내기, 집계, 변환, 정렬 등 여러 가지 컬렉션의 용례를 살펴봤다. 이 장의 뒷부분에서는 스트림 생성, 스트림 데이터 접근, 삭제 및 복사 같은 일반적인 파일 시스템 연산 등을 더 쉽게 해주는 I/O 유틸리티를 다뤘다.

다음 장에서는 객체지향 프로그래밍이라는 주제로 다시 돌아가서 클래스 상속과 위임을 코틀린 애플리케이션에서 사용하는 방법을 배운다.

7.4 정리 문제

1. 코틀린 컬렉션 타입의 개요를 설명하라. 자바 컬렉션 라이브러리와 코틀린 컬렉션 라이브러리의 가장 중요한 차이는 무엇인가?
2. 컬렉션 타입이 제공하는 기본 연산은 무엇인가?
3. 컬렉션 원소를 이터레이션하는 여러 가지 방법을 설명하라.
4. 컬렉션 원소에 접근할 때 쓸 수 있는 공통 함수를 나열하고 설명하라.
5. 코틀린 라이브러리가 제공하는 공통 집계 함수를 설명하라.
6. `fold()`와 `reduce()` 연산을 설명하라.
7. `all()`/`any()`/`none()` 함수의 목적은 무엇인가?
8. 컬렉션의 걸러내기 함수를 설명하라.
9. 하위 컬렉션을 추출하는 방법을 설명하라.
10. 컬렉션에 적용할 수 있는 표준 변환 함수들을 설명하라. 매핑(예 `map` 등), 평평하게 하기(예 `flatten` 등), 연관 짓기(예 `associateBy` 등)를 설명하라.

11. 코틀린 표준 라이브러리가 제공하는 컬렉션 순서 지정 및 정렬 유틸리티를 설명하라.

12. 스트림 생성과 변환 유틸리티를 설명하라.

13. 파일이나 I/O 스트림의 콘텐츠에 접근하기 위해 사용할 수 있는 함수를 나열하고 설명하라.

14. 파일 시스템 유틸리티 함수를 설명하라.

8장

클래스 계층 이해하기

이 장에서는 **4장 클래스와 객체 다루기**와 **6장 특별한 클래스 사용하기**에서 소개한 코틀린의 객체지향 측면을 계속해서 다룬다. 클래스 상속 개념을 소개하고 하위 클래스를 정의하는 방법을 설명하며, 추상 클래스, 인터페이스, 클래스 위임을 통해 복잡한 클래스 계층 구조를 설계하는 방법도 살펴본다. 또한, 클래스 계층 구조를 제한하고 코틀린의 강력한 스마트 캐스팅을 사용할 수 있는 타입 검사를 가능하게 해주는 대수적 데이터 타입(Algebraic Data Type, ADT) 개념을 구현하는 봉인된 클래스도 알아본다.

배우는 내용

- 상속과 오버라이딩
- 타입 검사와 캐스트
- 추상 클래스
- 인터페이스
- 봉인된 클래스
- 위임

이 장의 목표

코틀린에서 상속과 오버라이딩이 어떻게 작동하는지 이해하고, 코틀린 객체지향 기능을 사용해 클래스 계층 구조를 구축하는 방법을 배운다.

8.1 상속

KOTLIN IN DEPTH

도메인 개념에 있는 is-a 관계('자동차는 교통수단이다'와 같이 A는 B의 일종이라는 관계)를 표현하기 위해 대부분의 객체지향 언어는 상속(inheritance)이라는 개념을 사용한다. 클래스 A(하위 클래스(subclass)나 파생 클래스(derived class)라고 부름)가 클래스 B(상위 클래스(superclass)나 기반 클래스(base class)라고 부름)를 상속하면, A의 모든 인스턴스는 자동으로 B의 인스턴스로 간주된다. 이로 인해 클래스 A는 B에 정의된 모든 멤버와 확장을 자동으로 얻는다. 이 관계는 추이적(transitive)이다. 즉, 클래스 B가 어떤 클래스 C를 상속하면 A는 C의 (간접적인) 하위 클래스가 된다.

자바와 마찬가지로 코틀린 클래스는 단일 상속만을 지원한다. 이 말은 어떤 클래스의 상위 클래스가 최대 하나뿐이라는 뜻이다. 어떤 클래스의 상위 클래스를 명시하지 않으면 컴파일러는 자동으로 이 클래스가 내장 클래스인 Any를 상속하는 것으로 가정한다. 따라서 프로그램의 모든 클래스는 잘 정의된 상속 트리를 구성하게 된다. 이런 트리를 클래스 계층(class hierarchy)이라고 부른다.

다음 절부터는 코틀린의 상속에 대한 기본적인 내용을 다룬다. 하위 클래스를 정의하는 방법, 상위 클래스의 멤버를 상속하고 오버라이드(override)하는 방법, Any 클래스를 통해 모든 클래스에 제공되는 공통 메서드 등을 다룬다.

8.1.1 하위 클래스 선언

어떤 클래스를 상속하려면, 클래스를 정의하면서 주생성자 뒤에 :을 넣고 그 뒤에 상위 클래스가 될 클래스의 이름을 넣으면 된다.

```
open class Vehicle {
  var currentSpeed = 0

  fun start() {
    println("I'm moving")
  }

  fun stop() {
    println("Stopped")
  }
}

open class FlyingVehicle : Vehicle() {
  fun takeOff() {
    println("Taking off")
  }
  fun land() {
    println("Landed")
  }
}

class Aircraft(val seats: Int) : FlyingVehicle()
```

자바 vs. 코틀린 자바와 달리 코틀린에서는 extends나 implements와 같은 특별한 키워드를 사용하지 않는다. 상속은 항상 콜론(:)으로 표시된다.

Vehicle과 FlyingVehicle의 하위 클래스를 정의하면서 이 두 클래스의 이름 뒤에 괄호를 붙인 이유는 상위 클래스 생성자를 호출하기 위해서다. 상위 클래스 초기화에 필요한 인자가 있으면 이 괄호 사이에 넣으면 된다.

Vehicle과 FlyingVehicle 부근에서 open 키워드를 발견했을 것이다. 이 변경자는 해당 클래스가 상속에 대해 열려 있다는 뜻이다. 즉, 해당 클래스를 상위 클래스로 지정할 수 있다는 말이다. 반면 Aircraft는 아무 변경자도 붙어있지 않으므로, 디폴트로 상속할 수 없는 (자바) final 클래스로 간주된다. 따라서 이런 클래스를 상속하면 컴파일러가 오류를 발생시킨다.

```
// error: this type is final, so it cannot be inherited from
class Airbus(seats: Int) : Aircraft(seats)
```

자바 vs. 코틀린 자바와 코틀린 클래스의 디폴트 동작 차이(상속에 대해 열려 있는지 여부)에 주의하라.

자바에서는 모든 클래스가 디폴트로 열려 있으며, 상속을 금지하려면 final을 명시해야 한다. 하지만 코틀린에서는 디폴트가 final이다. 따라서 어떤 클래스를 상속할 수 있게 허용하려면 open을 붙여서 선언해야 한다.

그동안의 (자바) 실전 경험을 살펴보면, 설계 시 상속을 염두에 두지 않고 만들어진 클래스들은 깨지기 쉬운 기반 클래스(fragile base class) 문제를 야기하는 경우가 많다. 이 문제는 기반 클래스를 변경했는데 하위 클래스에서 올바르지 못한 동작이 발생하는 경우를 말한다. 따라서 상속할 수 있는 클래스를 주의 깊게 설계하고 기반 클래스가 하위 클래스들이 지키리라 가정하고 있는 내용을 명시적으로 문서화하는 것을 적극 권장한다.

하위 클래스의 인스턴스는 상위 클래스의 인스턴스이기도 하다. 하위 클래스 인스턴스는 상위 클래스의 멤버를 모두 상속한다.

```
val aircraft = Aircraft(100)
val vehicle: Vehicle = aircraft // 상위 타입으로 암시적으로 변환
vehicle.start()                 // Vehicle의 메서드 호출
vehicle.stop()                  // Vehicle의 메서드 호출
aircraft.start()                // Vehicle의 메서드 호출
aircraft.takeOff()              // FlyingVehicle의 메서드 호출
aircraft.land()                 // FlyingVehicle의 메서드 호출
aircraft.stop()                 // Vehicle의 메서드 호출
println(aircraft.seats)         // Aircraft 자체 프로퍼티 접근
```

어떤 종류의 클래스들은 상속을 제한적으로 지원한다. 예를 들어 데이터 클래스는 항상 final이며, open으로 선언할 수 없다.

```
// error: modifier 'open' is incompatible with 'data'
open data class Person(val name: String,val age: Int)
```

처음에는 데이터 클래스가 다른 클래스를 상속하는 것도 금지돼 있었다. 하지만 이 제한은 코틀린 1.1부터 사라졌다.

반면 현재 인라인 클래스는 다른 클래스를 상속할 수도 없고, 다른 클래스의 상위 클래스 역할을 할 수도 없다.

```
class MyBase
// error: inline classes can be only final
open value class MyString(val value: String)
// error: inline class cannot extend classes
value class MyStringInherited(val value: String): MyBase()
```

객체(동반 객체 포함)는 자유롭게 열린 클래스를 상속할 수 있다.

```
open class Person(val name: String, val age: Int) {
  companion object : Person("Unknown", 0)
}

object JohnDoe : Person("John Doe", 30)
```

하지만 객체를 상속하거나 객체를 open으로 선언할 수는 없다. 모든 객체는 인스턴스가 단 하나뿐이기 때문이다.

상속이 제공하는 강력한 기능은 임의 다형성(ad-hoc polymorphism)이다. 임의 다형성은 상위 클래스 멤버의 여러 다른 구현을 하위 클래스에서 제공하고, 런타임에 실제 인스턴스가 속한 클래스에 따라 구현을 선택해주는 기능을 말한다. 코틀린에서는 상위 클래스의 멤버를 오버라이드해서 임의 다형성을 달성할 수 있다. 다음 클래스들을 살펴보자.

```
open class Vehicle {
  open fun start() {
    println("I'm moving")
  }
  fun stop() {
    println("Stopped")
  }
```

```
}

class Car : Vehicle() {
  override fun start() {
    println("I'm riding")
  }
}

class Boat : Vehicle() {
  override fun start() {
    println("I'm sailing")
  }
}
```

Vehicle 클래스는 start() 메서드의 공통 구현을 제공한다. 그리고 Vehicle을 상속한 클래스인 Car와 Boat는 start()를 오버라이드한다. 여기서 Vehicle 클래스의 start() 메서드를 open으로 지정했다는 점에 유의하라. 메서드를 open으로 지정하면 하위 클래스에서 오버라이드할 수 있다. 하위 클래스인 Car와 Boat에서는 상위 클래스의 메서드를 오버라이드해 구현하는 메서드 앞에 override를 붙여야 한다. Vehicle 타입에 대한 메서드 호출은 런타임에 그 인스턴스의 클래스가 무엇인지에 따라 달라진다. 다음 코드를 실행하면

```
fun startAndStop(vehicle: Vehicle) {
  vehicle.start()
  vehicle.stop()
}

fun main() {
  startAndStop(Car())
  startAndStop(Boat())
}
```

다음과 같은 결과를 볼 수 있다.

```
I'm riding
Stopped
I'm sailing
Stopped
```

반면 stop() 메서드는 final이다. 이 메서드 앞에 명시적으로 open이 표시돼 있지 않으므로 이 메서드를 오버라이드할 수는 없고, 하위 클래스는 이 메서드를 단순히 상속하기만 한다.

자바 vs. 코틀린 코틀린과 자바 상속의 두 가지 중요한 차이를 설명할 필요가 있다. 우선, 코틀린 함수와 프로퍼티는 기본적으로 final이며, 하위 클래스에서 오버라이드하게 허용하려면 open을 명시해야 한다. 하지만 자바에서 메서드나 프로퍼티는 암시적으로 open이기 때문에 오버라이드를 막으려면 final 변경자를 사용해 이 사실을 명시해야 한다. 둘째로, 코틀린에서는 멤버를 오버라이드하는 경우에 override 키워드를 앞에 붙여야만 한다. 이 키워드를 붙이지 않으면 컴파일러가 오류를 발생시킨다. 반면 자바에서는 @Override 애너테이션을 붙이는 편을 권장하기는 하지만, 오버라이드하는 메서드에 꼭 표시를 하지 않아도 된다. 코틀린에서 오버라이드하는 멤버 앞에 override를 붙이게 강제하는 이유는 실수로 상위 클래스의 함수를 오버라이드하는 일을 막기 위해서다. 여러분이 어떤 멤버를 추가했는데, 우연히 이 멤버의 이름이 상위 클래스 멤버 이름과 같아서 구현을 오버라이드한다면 런타임 시 프로그램의 동작이 예상과 달라지고 찾기 어려운 버그가 생길 수 있다.

멤버와 확장의 중요한 차이점에 주목하자. 클래스 멤버는 (final이 아니라면) 오버라이드할 수 있고 그에 따라 런타임에 인스턴스의 구체적인 타입에 따라 어떤 구현이 호출될지 결정할 수 있지만, 확장은 항상 정적으로 호출할 대상이 결정된다. 즉, 컴파일러는 항상 정적으로 알려진 수신 객체 타입을 기반으로 호출할 확장을 선택한다. 다음 예제를 보자.

```
open class Vehicle {
  open fun start() {
    println("I'm moving")
  }
}

fun Vehicle.stop() {
  println("Stopped moving")
}

class Car : Vehicle() {
  override fun start() {
    println("I'm riding")
  }
}

fun Car.stop() {
  println("Stopped riding")
}

fun main() {
  val vehicle: Vehicle = Car()
```

```
  vehicle.start() // I'm riding
  vehicle.stop() // Stopped moving
}
```

프로그램이 Car 클래스에 정의된 start()를 호출한다는 사실은 명확하다. 이 메서드 호출은 vehicle 변수의 런타임 타입에 의해 동적으로 결정되기 때문이다(여기서는 Car). 반면 stop()은 vehicle 변수의 정적 타입(여기서는 Vehicle)에 의해 결정되기 때문에 Vechicle.stop()이 호출된다.

오버라이드를 하는 멤버의 시그니처가 상위 클래스의 (오버라이드당하는) 멤버 시그니처와 일치해야 한다.

```
open class Vehicle {
  open fun start(speed: Int) {
    println("I'm moving at $speed")
  }
}

class Car : Vehicle() {
  // 시그니처가 달라서 다른 메서드를 오버라이딩하려는 것으로 인식됨
  override fun start() { // error: 'start' overrides nothing
    println("I'm riding")
  }
}
```

하지만 반환 타입을 더 하위 타입으로 바꿀 수 있다.

```
open class Vehicle {
  open fun start(): String? = null
}

open class Car : Vehicle() {
  final override fun start() = "I'm riding a car"
}
```

오버라이드하는 멤버를 final로 선언하면 더 이상 하위 클래스가 이 멤버를 오버라이드할 수 없다.

```
open class Vehicle {
  open fun start() {
    println("I'm moving")
```

```kotlin
    }
}

open class Car : Vehicle() {
    final override fun start() {
        println("I'm riding a car")
    }
}

class Bus : Car() {
    // error: 'start' in 'Car' is final and cannot be overridden
    override fun start() {
        println("I'm riding a bus")
    }
}
```

프로퍼티도 오버라이드할 수 있다. 하위 클래스 본문에 구현을 넣는 방법 외에 주생성자 파라미터로 오버라이드할 수도 있다.

```kotlin
open class Entity {
    open val name: String get() = ""
}

class Person(override val name: String) : Entity()
```

불변 프로퍼티를 가변 프로퍼티로 오버라이드할 수 있다.[1]

```kotlin
open class Entity {
    open val name: String get() = ""
}

class Person() : Entity() {
    override var name: String = ""
}
```

자바와 마찬가지로 코틀린도 멤버의 영역을 하위 클래스의 영역으로만 제한하는 특별한 접근 변경자를 제공한다. 이런 멤버에는 protected라는 키워드가 붙는다.

1 역주 제공하는 연산의 관점에서 본다면 하위 클래스의 구현이 상위 클래스의 정의를 포함하는 더 많은 기능을 제공하므로 이상하지 않다고 생각할 수도 있지만, 불변성과 가변성을 놓고 생각해보면 상위 클래스에서는 불변 값으로 가정하고 있는 프로퍼티를 하위 클래스에서 마음대로 바꿔 쓰게 하므로 문제가 발생할 수 있다. 따라서 꼭 필요한 경우가 아니라면 이런 식의 오버라이딩을 피해야 한다.

```
open class Vehicle {
  protected open fun onStart() { }
  fun start() {
    println("Starting up...")
    onStart()
  }
}

class Car : Vehicle() {
  override fun onStart() {
    println("It's a car")
  }
}

fun main() {
  val car = Car()
  car.start()    // Ok
  // error: cannot access 'onStart': it is protected in 'Car'
  car.onStart()
}
```

자바 vs. 코틀린 코틀린과 자바의 protected 변경자가 어떻게 다른지를 잘 알아둬야 한다. 두 언어 모두 하위 클래스에서 상위 클래스의 protected 멤버 접근을 허용하지만, 자바는 같은 패키지에 속한 아무 코드에서나 이런 멤버에 접근할 수 있다. 반면 코틀린에서는 이런 접근이 금지된다. 현재 코틀린에는 선언의 영역을 선언이 들어있는 패키지로 제한하는 변경자가 없다.

때때로 함수나 프로퍼티를 오버라이드한 버전이 원래 버전을 재사용해야 하는 경우가 있다. 이런 경우 멤버 참조 앞에 super 키워드를 붙이면 원래 버전을 참조할 수 있다(이 구문은 this를 사용하는 구문과 비슷하다. 다만 현재 클래스의 멤버가 아니라 상위 클래스에서 상속받은 멤버에 접근한다는 점이 다르다).

```
open class Vehicle {
  open fun start(): String? = "I'm moving"
}

open class Car : Vehicle() {
  override fun start() = super.start() + " in a car"
}

fun main() {
  println(Car().start()) // I'm moving in a car
}
```

IDE 팁 ≡ 인텔리J 코틀린 플러그인은 오버라이드하는 멤버에 대한 골격 코드를 자동으로 생성해주는 기능이 있다. 이 기능을 사용하려면 하위 클래스(여기서는 Car)의 본문 안에서 Ctrl + O나 Cmd + O를 눌러야 한다. 이 단축키를 누르면 IDE가 대화창을 띄우고, 그 대화창에서 오버라이드하고 싶은 상위 클래스 멤버를 선택할 수 있다(그림 8-1).

▼ 그림 8-1 멤버 오버라이드 대화창

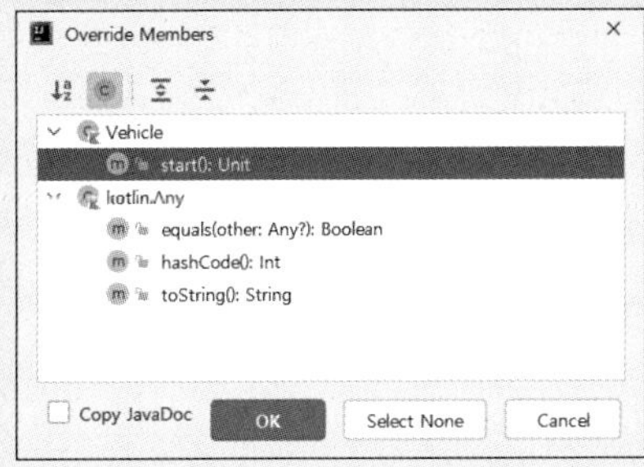

8.1.2 하위 클래스 초기화

4장 클래스와 객체 다루기에서는 생성자를 사용해 어떤 클래스의 인스턴스 상태를 초기화하는 방법을 배웠다. 프로그램은 하위 클래스의 인스턴스를 생성하는 동안에 상위 클래스에 정의된 초기화 코드를 호출해야 한다. 상위 클래스에서 초기화하는 상태가 하위 클래스 코드가 사용할 환경이 되기 때문에 항상 상위 클래스 초기화를 먼저 시행해야 한다. 코틀린에서는 이 순서가 자동으로 지켜진다. 여러분의 프로그램이 어떤 클래스 A의 인스턴스를 생성하려고 시도하면 A는 자신의 생성자를 처리하기 전에 상위 클래스 생성자를 호출하고, 다시 이 상위 클래스 생성자는 자신의 상위 클래스 생성자를 호출하며, 이런 호출이 최상위(즉, Any 클래스) 클래스에 이를 때까지 연쇄적으로 일어난다. 그 결과 처음에는 Any의 초기화 코드가 실행되고, 그다음에는 Any를 바로 상속한 조상 클래스의 초기화 코드가 실행되며, 이런 초기화 코드 실행은 A 초기화 코드가 실행되면서 끝난다. 초기화 순서를 보여주는 예제를 살펴보자.

```
open class Vehicle {
  init {
    println("Initializing Vehicle")
  }
}

open class Car : Vehicle() {
  init {
```

```
    println("Initializing Car")
  }
}

class Truck : Car() {
  init {
    println("Initializing Truck")
  }
}

fun main() {
  Truck()
}
```

실행하면 이 코드는 다음을 출력한다.

```
Initializing Vehicle
Initializing Car
Initializing Truck
```

이 결과는 상위 클래스로부터 하위 클래스 순서로 초기화가 진행된다는 사실을 확인해준다.

앞에서 상위 클래스 이름 뒤에 있는 괄호가 생성자 호출을 구성한다고 설명했다. 지금까지 사용한 모든 상위 클래스는 디폴트 생성자를 사용했으므로 예제에서 인자를 상위 클래스 생성자에 넘기지 않았다. 하지만 데이터를 상위 클래스 생성자에게 전달해야 한다면 어떻게 해야 할까? 가장 간단한 경우는 상위 클래스에 생성자가 하나뿐인 경우다.

```
open class Person(val name: String, val age: Int)

class Student(name: String, age: Int, val university: String) :
    Person(name, age)

fun main() {
  Student("Euan Reynolds", 25, "MIT")
}
```

이 예제에서 Student 클래스의 주생성자는 위임 호출(delegating call)이라고 하는 Person(firstName, familyName, age) 호출을 사용해 자신의 파라미터 중 세 가지를 Person 상위 클래스에게 넘긴다.

일반 생성자 호출과 마찬가지로 위임 호출도 주생성자나 부생성자에 모두 적용할 수 있다.

```
open class Person {
  val name: String
  val age: Int

  constructor(name: String, age: Int) {
    this.name = name
    this.age = age
  }
}

class Student(name: String, age: Int, val university: String) :
    Person(name, age)
```

Student 클래스에서 부생성자를 사용하고 싶다면 어떻게 해야 할까? 이 경우에는 위임 호출을 생성자 시그니처 바로 뒤에 위치시켜야 한다.

```
open class Person(val name: String, val age: Int)

class Student : Person {
  val university: String
  constructor(name: String, age: Int, university: String) :
    super(name, age) {
    this.university = university
  }
}
```

super 키워드는 부생성자가 상위 클래스의 생성자를 위임 호출한다는 사실을 컴파일러에게 알려준다. 이 구문은 같은 클래스의 다른 생성자를 호출하는 this 키워드 사용법과 비슷하다(**4장 클래스와 객체 다루기**를 보라). 주생성자를 호출하는 경우와 비교할 때, 차이점은 상위 클래스 이름 다음에 괄호가 없다는 것이다. 즉, Person() 대신 Person을 사용한다. 이렇게 하는 이유는 우리가 정의하고 있는 클래스에 주생성자가 없으므로 부생성자에서 위임 호출을 해야만 하기 때문이다.

자바 vs. 코틀린 자바와 달리 생성자 간의 호출(생성자가 같은 클래스에 속했든 상위 클래스에 속했든 관계없이)이 생성자 본문에 들어가는 일은 결코 없다. 코틀린에서는 이를 위해 항상 위임 호출 구문을 사용해야 한다.

클래스에 주생성자가 있으면 부생성자가 상위 클래스를 위임 호출할 수 없다는 점에 유의하라.

```
open class Person(val name: String, val age: Int)

// error: this type has a constructor, and thus must be initialized here
class Student() : Person {
  val university: String

  constructor(name: String, age: Int, university: String) :
      super(name, age) {         // error: primary constructor call expected
    this.university = university
  }
}
```

흥미로운 경우로, 상위 클래스가 여러 생성자를 제공하고 하위 클래스에서 상위 클래스의 생성자 중 둘 이상을 지원하고 싶을 때를 생각해보자. 이 경우에는 주생성자를 아예 정의하지 않고 부생성자를 사용하는 것이 유일한 해법이다.

```
open class Person {
  val name: String
  val age: Int

  constructor(name: String, age: Int) {
    this.name = name
    this.age = age
  }

  constructor(firstName: String, familyName: String, age: Int) :
      this("$firstName $familyName", age) {
  }
}

class Student : Person {
  val university: String

  constructor(name: String, age: Int, university: String) :
      super(name, age) {
    this.university = university
  }

  constructor(
```

```
    firstName: String,
    familyName: String,
    age: Int,
    university: String
  ) :
      super(firstName, familyName, age) {
    this.university = university
  }
}

fun main() {
  Student("Euan", "Reynolds", 25, "MIT")
  Student("Val Watts", 22, "ETHZ")
}
```

사실은 방금 본 경우가 코틀린 언어가 부생성자를 추가한 여러 가지 이유 중 하나다. 특히 주생성자와 부생성자를 구별하지 않는 자바 코드와의 상호 운용성을 고려한다면 이런 방식이 중요해진다.

이 절에서 강조하고 싶은 또 다른 문제로 this 누출(leaking this) 문제를 들 수 있다. 다음 코드를 보자.

```
open class Person(val name: String, val age: Int) {
  open fun showInfo() {
    println("$name, $age")
  }

  init {
    showInfo()
  }
}

class Student(
  name: String,
  age: Int,
  val university: String
) : Person(name, age) {
  override fun showInfo() {
    println("$name, $age (student at $university)")
  }
}
```

```
fun main() {
  Student("Euan Reynolds", 25, "MIT")
}
```

이 프로그램을 실행하면 다음과 같은 출력을 볼 수 있다.

```
Euan Reynolds, 25 (student at null)
```

왜 university 변수가 null일까? showInfo()가 상위 클래스의 초기화 코드에서 호출되기 때문이다. 이 함수는 가상 함수(virtual function)이므로, 프로그램은 런타임 객체의 실제 타입인 Student 클래스가 오버라이드한 shoInfo()를 호출한다. 하지만 Person 초기화 코드는 Student가 초기화되기 전에 실행되므로 shoInfo()가 호출되는 시점에 university 변수는 아직 초기화되지 않은 상태다. 이런 상황을 this 누출이라고 부르는 이유는 상위 클래스가 현재의 인스턴스를 코드에 누출하는데, 현재 인스턴스는 일반적으로 아직 초기화되지 않은 인스턴스의 상태에 의존할 수 있기 때문이다. 더 명확한 예제는 다음과 같다.

```
open class Person(val name: String, val age: Int) {
  override fun toString() = "$name, $age"

  init {
    println(this) // 잠재적인 위험 요소
  }
}

class Student(
  name: String,
  age: Int,
  val university: String
) : Person(name, age) {
  override fun toString() = super.toString() + " (student at $university)"
}

fun main() {
  // Euan Reynolds, 25 (student at null)
  Student("Euan Reynolds", 25, "MIT")
}
```

this 누출 문제는 코틀린의 널이 될 수 없는 타입의 변수 값이 널이 될 수도 있는 아주 드문 경우다.

IDE 팁 ≡ 인텔리J 코틀린 플러그인은 코드를 분석해 본문에서 설명한 것처럼 잠재적으로 안전하지 않은 호출을 알려주며 적절한 경고를 표시해준다(그림 8-2).

▼ 그림 8-2 생성자 안에서 final이 아닌 함수를 호출한 경우에 대한 경고

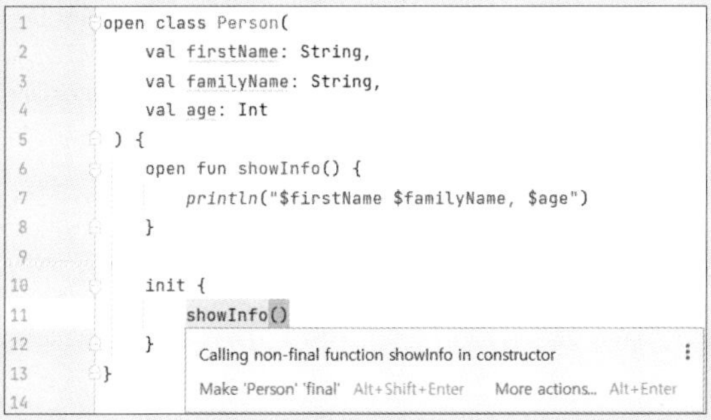

```
open class Person(
    val firstName: String,
    val familyName: String,
    val age: Int
) {
    open fun showInfo() {
        println("$firstName $familyName, $age")
    }

    init {
        showInfo()
    }
}
```

Calling non-final function showInfo in constructor

Make 'Person' 'final' Alt+Shift+Enter More actions... Alt+Enter

8.1.3 타입 검사와 캐스팅

어떤 클래스의 변수가 런타임에는 해당 클래스의 하위 타입 중에서 아무 타입의 객체나 가리킬 수 있으므로, 어떤 인스턴스가 더 구체적인 타입에 속하는지 검사하고 필요할 때 타입을 변환할 수 있는 방법이 있으면 편리하다. 예를 들어 다음 코드를 살펴보자.

```
val objects = arrayOf("1", 2, "3", 4)
```

컴파일러 관점에서 보면, Any가 문자열과 정수를 아우르는 최소한의 공통 상위 타입이기 때문에 이 코드의 objects는 Any로 이뤄진 배열이다. 하지만 String이나 Int에만 사용할 수 있는 연산을 이 배열의 원소에 사용하고 싶다면 어떻게 해야 할까? 연산을 배열 원소에 직접 적용하면 원소 타입이 이런 연산을 지원하지 않는 Any 타입이므로 컴파일되지 않는다.

```
for (obj in objects) {
  println(obj*2) // error: unresolved reference
}
```

코틀린은 타입 검사와 캐스팅 연산을 통해 이런 경우를 처리할 수 있는 해법을 제공한다. is 연산자는 왼쪽 피연산자가 오른쪽에 주어진 타입인 경우 true를 반환한다. 앞에서 본 예제를 조금 바꿔보자.

```
for (obj in objects) {
  println(obj is Int)
}
```

이 프로그램을 실행하면 다음과 같은 출력을 볼 수 있다.

```
false
true
false
true
```

예상대로 null 값은 모든 널이 될 수 있는 타입의 인스턴스로 간주되지만, 모든 널이 될 수 없는 타입의 인스턴스는 아닌 것으로 간주된다.

```
println(null is Int)      // false
println(null is String?) // true
```

코틀린은 !is 연산자를 통해 is와 반대인 연산을 제공한다.

```
val o: Any = ""
println(o !is Int)     // true
println(o !is String) // false
```

is나 !is 연산자의 왼쪽 피연산자의 정적 타입이 오른쪽에 오는 타입의 상위 타입인 경우에만 두 연산자를 사용할 수 있다. Int 타입(또는 그 하위 타입) 값의 타입을 String 타입과 비교하는 것은 의미가 없기 때문에 컴파일러는 정적으로 String이 Int의 하위 타입이 아니라는 사실을 알고 컴파일 오류를 발생시킨다.

```
println(12 is String) // error: incompatible types: String and Int
```

is와 !is 연산은 in이나 !in과 똑같은 우선순위에 속한다.

자바 vs. 코틀린 is 연산자는 자바의 instanceof 연산자와 매우 비슷하다. 하지만 이 두 연산이 널을 취급하는 방법은 아주 다르다는 점을 명심하라. instanceof 연산자는 null에 대해 항상 false를 반환하지만, is의 결과는 연산자 오른쪽에 있는 타입이 널이 될 수 있는지 여부에 따라 결과가 달라진다.

4장 클래스와 객체 다루기에서는 널이 될 수 있는 타입의 값을 null과 비교한 경우, 값의 타입을 자동으로 세분화해서 널이 될 수 없는 타입으로 바꿔주는 스마트 캐스트를 설명했다. 이런 유용한 기능을 is/!is에도 사용할 수 있다. 다음 예를 보자.

```
val objects = arrayOf("1", 2, "3", 4)

var sum = 0

for (obj in objects) {
  if (obj is Int) {
    sum += obj // 여기서는 obj의 타입을 'Int'로 세분화한다
  }
}
println(sum) // 6
```

is/!is 검사를 in이나 !in처럼 특별한 조건으로 사용할 수 있는 식 내부에서도 스마트 캐스트가 지원된다.

```
val objects = arrayOf("1", 2, "3", 4)
var sum = 0

for (obj in objects) {
  when (obj) {
    is Int -> sum += obj                // 여기서 obj는 Int 타입이다
    is String -> sum += obj.toInt()     // 여기서 obj는 String 타입이다
  }
}
println(sum) // 10
```

앞에서 이미 말했지만, 컴파일러는 검사 시점과 사용 시점 사이에 변수가 변경되지 않는다고 확신할 수 있을 때만 스마트 캐스트를 허용한다. 이제 스마트 캐스트 규칙을 좀 더 정확하게 표현할 수 있다.

먼저 프로퍼티나 커스텀 접근자가 정의된 변수에 대해서는 스마트 캐스트를 쓸 수 없다. 컴파일러가 해당 변수를 검사한 다음에 값이 바뀌지 않는다고 보장할 수 없기 때문이다. 이런 유형의 변수에는 위임을 사용하는 프로퍼티나 지역 변수도 포함된다.

```
class Holder {
  val o: Any get() = ""
}

fun main() {
  val o: Any by lazy { 123 }

  if (o is Int) {
```

```
    println(o*2)              // error: smart cast to 'Int' is impossible
  }

  val holder = Holder()

  if (holder.o is String) {
    println(holder.o.length)  // error: smart cast to 'String' is impossible
  }
}
```

열린 멤버 프로퍼티의 경우, 하위 타입에서 이런 프로퍼티를 오버라이드하면서 커스텀 접근자를 추가할 수 있기 때문에 스마트 캐스트를 할 수 없는 범주에 속한다.

```
open class Holder {
  open val o: Any = ""
}

fun main() {
  val holder = Holder()
  if (holder.o is String) {
    println(holder.o.length) // error: smart cast to 'String' is impossible
  }
}
```

가변 지역 변수의 경우 검사하는 시점과 변수를 읽는 시점 사이에 값을 명시적으로 변경하거나 어떤 람다 안에서 변수를 변경하면 스마트 캐스트가 되지 않는다(람다 내부에서 변수를 변경하는 코드의 경우, 일반적으로 런타임의 어느 시점에 변수가 변경될지 예측할 수 없다).

```
fun main() {
  var o: Any = 123
  if (o is Int) {
    println(o + 1)     // Ok: Int로 스마트 캐스트
    o = ""
    println(o.length)  // Ok: String으로 스마트 캐스트
  }
  if (o is String) {
    val f = { o = 123 }
    println(o.length)  // Error: 스마트 캐스트 불가능
  }
}
```

반면 다른 코드에서 언제든 변경이 가능한 가변 프로퍼티는 스마트 캐스트 대상이 아니다.

위임이 없는 불변 지역 변수는 항상 스마트 캐스트가 가능하며, 이 사실이 불변 변수를 가변 변수보다 더 선호해야 하는 이유이기도 하다는 점을 명심하라.

하지만 스마트 캐스트를 쓸 수 없는 경우에도 명시적인 연산자를 사용해 어떤 값의 타입을 강제로 변환(coerce)할 수 있다. 코틀린은 이런 연산자로 안전하지 않은 as와 안전한 버전인 as?를 제공한다. 이 둘의 차이는 객체의 실제 타입이 변환하려는 대상 타입과 일치하지 않을 때 이를 어떻게 처리하느냐에 있다. as는 예외를 던지지만 as?는 null을 돌려준다.

```
val o: Any = 123
println((o as Int) + 1)              // 124
println((o as? Int)!! + 1)           // 124
println((o as? String ?: "").length)  // 0
println((o as String).length)         // java.lang.ClassCastException
```

o as String?과 o as? String 식의 차이를 구분하라. o가 String? 타입의 값이라면 이 두 식이 똑같은 값을 가질 수 있지만(null을 포함함), o가 널이 될 수 없는 타입의 값이라면 그렇지 않다.

```
val o: Any = 123
println(o as? String) // null
println(o as String?) // java.lang.ClassCastException
```

널을 널이 될 수 없는 타입으로 변환하려고 하면 런타임에 오류가 발생한다.

```
println(null as String) // java.lang.NullPointerException
```

자바 vs. 코틀린 as 연산자는 자바의 캐스팅 식과 같지만 null 처리가 다르다. 자바에서는 캐스팅을 해도 항상 널은 널로 남지만, 코틀린에서는 대상 타입의 널 가능성에 따라 예외가 발생할 수도 있고 널이 될 수도 있다.

8.1.4 공통 메서드

kotlin.Any 클래스는 코틀린 클래스 계층 구조의 루트다. 즉, 다른 모든 클래스는 Any를 직간접적으로 상속한다. 클래스를 정의하면서 상위 클래스를 명시하지 않으면 컴파일러가 자동으로 상위 클래스를 Any로 가정한다. 따라서 Any의 멤버는 모든 코틀린 값에 존재한다. Any의 정의를 살펴보자.

```
open class Any {
  public open operator fun equals(other: Any?): Boolean
  public open fun hashCode(): Int
  public open fun toString(): String
}
```

operator 키워드는 equals() 메서드가 연산자 형태(==나 !=)로 호출될 수 있다는 뜻이다. 이에 대해서는 **11장 도메인 특화 언어**에서 살펴본다.

이 메서드들은 널이 될 수 없는 타입의 값에 대해 적용할 수 있는 기본 연산을 정의한다.

- 구조적 동등성(==와 !=)
- 해시 코드 계산. HashSet, HashMap 등의 일부 컬렉션 타입이 해시 코드를 사용한다.
- String으로 변환하는 기본적인 방법

자바 vs. 코틀린 자바를 잘 안다면 Any 정의가 java.lang.Object를 최소화한 버전이라는 점을 눈치챘을 것이다. 실제로 JVM에서 Any의 런타임 값은 Object 인스턴스로 표현된다.

6장 특별한 클래스 사용하기에서 데이터 클래스를 설명하면서 참조 동등성(referential equality)과 구조적 동등성의 예제를 살펴봤다. 컴파일러는 클래스에 대한 참조 동등성과 데이터 클래스에 대한 구조적 동등성을 제공한다. 이제 임의의 코틀린 클래스에 대한 커스텀 동등성 연산을 구현해보자. 다음 코드를 보라.

```
class Address(
  val city: String,
  val street: String,
  val house: String
)

open class Entity(
  val name: String,
  val address: Address
)

class Person(
  name: String,
  address: Address,
  val age: Int
): Entity(name, address)

class Organization(
```

```
    name: String,
    address: Address,
    val manager: Person
) : Entity(name, address)
```

디폴트로 여기에 정의된 모든 클래스에는 Any에서 상속받은 참조 동등성만 구현한다. 예를 들어, 컬렉션 객체로 이런 클래스들의 인스턴스를 사용하면 프로퍼티가 똑같더라도 두 인스턴스가 같은 객체로 간주되지 않는다.

```
fun main() {
  val addresses = arrayOf(
    Address("London", "Ivy Lane", "8A"),
    Address("New York", "Kingsway West", "11/B"),
    Address("Sydney", "North Road", "129")
  )

  // -1
  println(addresses.indexOf(Address("Sydney", "North Road", "129")))
}
```

equals() 메서드를 오버라이드해서 내용을 바탕으로 동등성을 비교하게 하면 이 문제를 해결할 수 있다. 간단히 다음과 같이 구현할 수 있다.

```
// Address에 정의한 equals 함수
override fun equals(other: Any?): Boolean {
  if (other !is Address) return false
  return city == other.city &&
    street == other.street &&
    house == other.house
}
```

이제 앞의 예제에서 index() 호출은 Address 객체를 찾을 수 있고 2를 반환한다.

==와 != 연산자가 공통으로 equals() 메서드를 사용한다는 점에 유의하라. 이 두 연산자를 널이 될 수 있는 값에도 적용할 수 있다. 연산자의 왼쪽 피연산자가 null인 경우에는 참조 동등성을 사용해 널과 비교하면 된다. 원래의 참조 동등성은 ===와 !==를 사용해 구현돼 있다. ==나 !=와 달리 이 참조 동등성 연산자의 동작을 사용자가 작성한 코드가 오버라이드할 수는 없다.

```
val addr1 = Address("London", "Ivy Lane", "8A")
val addr2 = addr1                                  // 같은 인스턴스
val addr3 = Address("London", "Ivy Lane", "8A")    // 다른 인스턴스이지만, 동등함
```

```
println(addr1 === addr2) // true
println(addr1 == addr2)  // true
println(addr1 === addr3) // false
println(addr1 == addr2)  // true
```

자바 vs. 코틀린 자바에서 ==와 != 연산자는 참조 동등성을 구현하며, 내용을 기반으로 하는 동등성은 equals() 호출을 통해 구현된다. 그리고 자바에서는 NPE를 방지하기 위해 equals()에서도 수신 객체가 널인 경우에 대한 보호를 추가해야 한다.

자바와 마찬가지로 equals() 메서드의 커스텀 구현은 대응하는 hashCode()와 서로 잘 조화돼야 한다. 두 구현은 서로 연관이 있어야 하고, equals()가 같다고 보고하는 두 객체는 항상 같은 hashCode()를 반환해야 한다. 이렇게 해야 하는 이유는 일부 컬렉션(HashSet 등)이 hashCode()를 사용해 해시 테이블에서 원소가 들어갈 슬롯을 먼저 찾고 그 후에 equals()를 통해 해시 코드가 같은 모든 후보를 검색하기 때문이다. (equals() 입장에서 볼 때) 동등한 두 객체가 서로 다른 해시 코드를 반환하면, 이런 컬렉션은 두 객체에 대해 equals()를 호출하기도 전에 서로 다르다고 인식하고 검색에서 제외시켜 버리게 된다. 위에서 본 equals() 메서드와 호환되는 hashCode() 구현은 다음과 같을 수 있다.

```
override fun hashCode(): Int {
  var result = city.hashCode()
  result = 31 * result + street.hashCode()
  result = 31 * result + house.hashCode()
  return result
}
```

IDE 팁 인텔리J 코틀린 플러그인은 equals() 구현을 제공하는데 hashCode()를 제공하지 않거나, equals() 구현을 제공하지 않는데 hashCode() 구현을 제공하는 경우에 경고를 표시한다. 그리고 어느 정도 타당한 구현을 자동으로 생성해주기도 한다(그림 8-3).

▼ 그림 8-3 IDE 기능을 활용해 빠진 hashCode() 메서드 구현하기

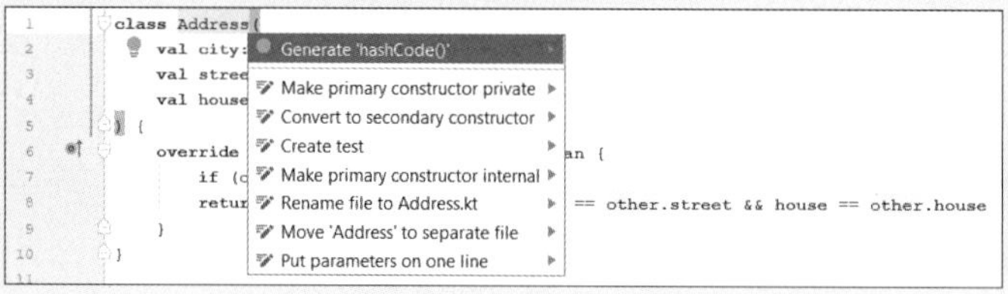

equals() 구현의 일반적인 요구 사항은 기본적으로 자바와 같다.

- 널이 아닌 객체가 널과 같을 수 없다.
- 동등성 연산은 반사적(reflexive)이어야 한다. 즉, 모든 객체는 자기 자신과 동등해야 한다.
- 동등성 연산은 대칭적(symmetric)이어야 한다. 즉, a == b이면 b == a여야 한다.
- 동등성 연산은 추이적(transitive)이어야 한다. 즉, a == b이고 b == c이면 a == c여야 한다.

IDE 팁 인텔리J 코틀린 플러그인은 자동으로 클래스의 프로퍼티를 기반으로 equals()와 hashCode() 메서드 구현을 생성해준다. 이 메서드들은 데이터 클래스에 대해 컴파일러가 제공하는 메서드와 상당히 비슷하며, 대부분의 경우 타당한 동등성 동작을 보여준다. 이런 식으로 생성한 메서드로는 부족한 경우라 할지라도, 여러분 자신의 구현을 작성하기 위한 출발점으로 자동 생성된 메서드를 사용하는 것도 좋다.

메서드를 생성하려면, 클래스 정의 안에서 Alt + Insert를 누르면 나오는 Generate 메뉴에서 equals()와 hashCode()를 선택하라(그림 8-4).

▼ 그림 8-4 equals()와 hashCode() 메서드 자동 생성 메뉴

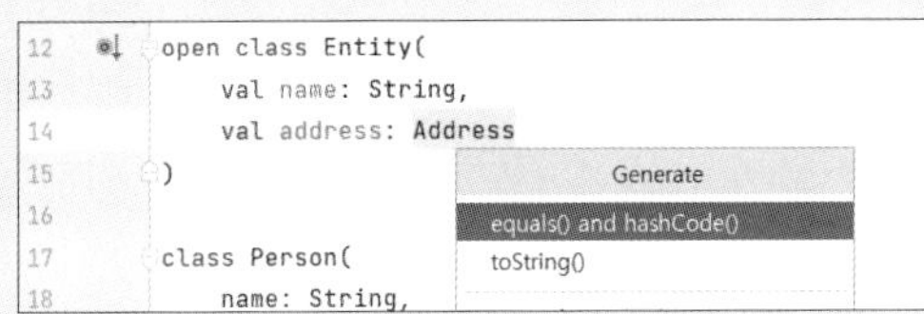

이때 클래스가 열린 클래스면 IDE가 하위 클래스의 인스턴스까지 서로 같은지 비교해주는 메서드를 생성할 것을 제안한다. 이 제안에 동의하면 서로 다른 하위 클래스의 인스턴스들이 서로 같아질 수 있다. 하지만 이런 동작이 항상 바람직하지는 않다. 우리 예제에서는 Person과 Organization의 인스턴스를 서로 구분하고 싶기 때문에 이 옵션을 사용하지 않을 것이다.

그 후 (그림 8-5와 같이) 생성할 메서드에서 사용할 프로퍼티를 선택한다. equals()에서 선택한 프로퍼티들만 hashCode()에서 사용할 수 있다. 이렇게 하면, 서로 동등한 두 객체의 해시 코드가 항상 같아야 한다는 점에서 두 메서드가 서로 호환된다.

▼ 그림 8-5 equals() 메서드 구현에 사용할 프로퍼티 선택하기

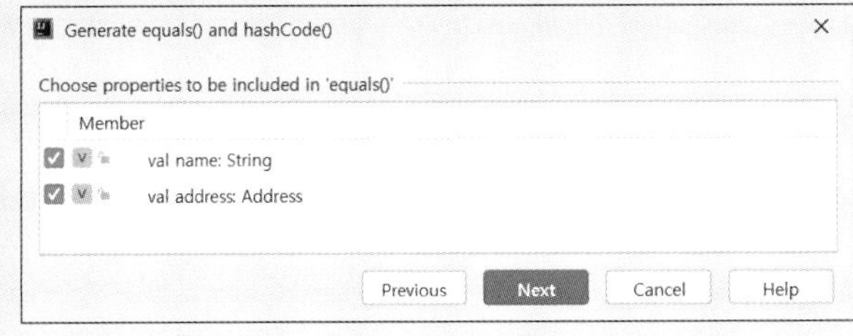

8 클래스 계층 이해하기

이 동작을 Entity 클래스에 대해 적용하면 다음과 같은 코드가 만들어진다.[2]

```
open class Entity(
  val name: String,
  val address: Address
) {
  override fun equals(other: Any?): Boolean {
    if (this === other) return true
    if (javaClass != other?.javaClass) return false

    other as Entity
    if (name != other.name) return false
    if (address != other.address) return false

    return true
  }

  override fun hashCode(): Int {
    var result = name.hashCode()

    result = 31 * result + address.hashCode()

    return result
  }
}
```

프로퍼티는 각자의 equals()와 hashCode() 구현에 위임해 해시와 동등성을 계산한다. 배열 타입은 예외다. 배열에는 자체적인 내용 기반 동등성 구현이 없기 때문에 생성된 코드가 contentEquals()와 contentHashCode()를 사용한다(또는 다차원 배열인 경우 contentDeepEquals()와 contentDeepHashCode()를 사용한다).

상위 클래스가 커스텀 equals()/hashCode() 구현을 제공한다면, IDE에 의해 자동으로 생성되는 equals()/hashCode()는 해당 구현을 equals()/hashCode() 구현에서 호출해준다. 예를 들어 Person 클래스에 대해 Generate equals()/hashCode()를 적용하면 다음과 같은 코드를 얻는다.

2 역주 중간의 other as Entity는 other를 Entity 타입으로 캐스팅하고 문제가 생기면 오류를 발생시킨다. 따라서 컴파일러는 이 구문 뒤부터는 안전하게 other를 Entity 타입으로 가정할 수 있다. 한편, 혹시라도 여기서 캐스팅 예외가 발생하는 것은 아닌지 걱정하는 독자도 있을 것이다. 하지만 이 as 구문 바로 위에서 이미 this와 other의 자바 클래스가 같다는 것을 확인했으므로 이 부분에서 ClassCastException이 발생할 가능성은 없다. 따라서 이런 식의 구문이 if 문이나 안전한 as? 문보다 더 짧고 이해하기도 쉽다.

```
class Person(
  name: String,
  address: Address,
  val age: Int
): Entity(name, address) {
  override fun equals(other: Any?): Boolean {
    if (this === other) return true
    if (javaClass != other?.javaClass) return false
    if (!super.equals(other)) return false

    other as Person
    if (age != other.age) return false
    return true
  }

  override fun hashCode(): Int {
    var result = super.hashCode()
    result = 31 * result + age
    return result
  }
}
```

자바와 마찬가지로 모든 코틀린 클래스에는 toString() 메서드가 들어있다. 이 메서드는 주어진 인스턴스의 기본 문자열 표현을 제공한다. 디폴트 표현은 클래스 이름 뒤에 객체 해시 코드를 조합하는 방식이다. 따라서 대부분의 경우 이를 좀 더 읽기 좋은 표현으로 오버라이드하는 편이 좋다.

```
class Address(
  val city: String,
  val street: String,
  val house: String
) {
  override fun toString() = "$city, $street, $house"
}

open class Entity(
  val name: String,
  val address: Address
)

class Person(
  name: String,
  address: Address,
```

```
  val age: Int
): Entity(name, address) {
  override fun toString() = "$name, $age at $address"
}

class Organization(
  name: String,
  address: Address,
  val manager: Person?
) : Entity(name, address) {
  override fun toString() = "$name at $address"
}

fun main() {
  // Euan Reynolds, 25 at London, Ivy Lane, 8A
  println(Person("Euan Reynolds", Address("London", "Ivy Lane", "8A"), 25))

  // Thriftocracy, Inc. at Perth, North Road, 129
  println(
    Organization(
      "Thriftocracy, Inc.",
      Address("Perth", "North Road", "129"),
      null
    )
  )
}
```

IDE 팁 ≡ 인텔리J는 equals()/hashCode() 메서드와 마찬가지로 간단한 toString() 구현을 생성해준다. 생성하려면 Generate 메뉴에서 toString()을 선택하고(그림 8-4 참조), toString()에서 사용할 프로퍼티를 선택하면 된다. 결과 문자열을 단일 문자열 템플릿으로 만들 수도 있고, 문자열을 이어 붙일 수도 있다. 상위 클래스에 커스텀 toString()이 있으면 super.toString() 호출을 추가할지 결정할 수 있다.

다음은 Generate toString() 액션을 Person 클래스에 적용한 결과다.

```
class Person(
  val name: String,
  val age: Int,
  address: Address
): Entity(address) {
  override fun toString(): String {
    return "Person(name='$name', age=$age) ${super.toString()}"
  }
}
```

코틀린 표준 라이브러리에는 Any? 타입에 대한 toString() 확장 정의가 들어있다. 이 함수는 수신 객체가 널이 아니면 단순히 수신 객체의 toString()에게 문자열 생성을 위임하고, 널인 경우에는 "null"이라는 문자열을 반환한다. 이를 통해 널이 될 수 있는 값과 널이 될 수 없는 값 양쪽에 (안전한 호출을 사용하지 않더라도 NPE 발생을 걱정할 필요 없이) toString()을 사용할 수 있다.

8.2 추상 클래스와 인터페이스

지금까지 살펴본 모든 상위 클래스는 자기 자신에 대한 인스턴스를 만들 수 있는 타입들이었다. 하지만 별도의 인스턴스가 있을 수 없고 구체적인 경우를 구현한 다른 클래스의 인스턴스만 만들 수 있는 추상적인 개념을 표현하는 클래스라면 인스턴스 생성은 바람직하지 않다. 예를 들어 우리가 살펴본 예제 중에는 Person과 Organization이 상속한 Entity 클래스가 있다. 하지만 엔티티 자체는 추상적인 개념이다. 따라서 구체적인 하위 클래스의 인스턴스가 아닌 Entity 인스턴스를 생성하는 것은 의미가 없다. 이제부터 코틀린에서 이런 추상적인 타입을 정의하고 사용하는 방법을 살펴보자.

8.2.1 추상 클래스와 추상 멤버

자바와 마찬가지로 코틀린도 추상(abstract) 클래스를 지원한다. 추상 클래스는 직접 인스턴스화할 수 없고 다른 클래스의 상위 클래스 역할만 할 수 있는 클래스를 뜻한다. 클래스를 추상 클래스로 만들려면 abstract라는 변경자 키워드를 붙여야 한다.

```
abstract class Entity(val name: String)

// Ok: 하위 클래스에서 위임 호출
class Person(name: String, val age: Int) : Entity(name)

// error: cannot create an instance of an abstract class
val entity = Entity("Unknown")
```

앞의 예제를 보면 알 수 있듯이 추상 클래스에도 생성자가 있을 수 있다. 추상 클래스와 비추상클래스의 차이는 추상 클래스의 생성자가 오직 하위 클래스의 생성자에서 위임 호출로만 호출될 수 있다는 점이다. 다음 코드에서 부생성자는 추상 클래스의 생성자를 위임 호출한다.

```
abstract class Entity(val name: String)

class Person : Entity {
  constructor(name: String) : super(name)
  constructor(
    firstName: String,
    familyName: String
  ) : super("$firstName $familyName")
}
```

추상 클래스의 또 다른 특징은 추상 멤버를 정의할 수 있다는 것이다. 추상 멤버는 타입, 파라미터, 반환 타입 등 함수나 프로퍼티의 기본적인 모습을 정의하지만 세부 구현을 생략한 멤버다. 비추상 클래스가 추상적인 부모 클래스로부터 이런 멤버를 상속할 때는 반드시 멤버를 오버라이드해서 구현을 제공해야 한다.

```
import kotlin.math.PI

abstract class Shape {
  abstract val width: Double
  abstract val height: Double
  abstract fun area(): Double
}

class Circle(val radius: Double) : Shape() {
  val diameter get() = 2*radius
  override val width get() = diameter
  override val height get() = diameter
  override fun area() = PI*radius*radius
}

class Rectangle(
  override val width: Double,
  override val height: Double
) : Shape() {
  override fun area() = width*height
}
```

```
fun Shape.print() {
  println("Bounds: $width*$height, area: ${area()}")
}

fun main() {
  // Bounds: 20.0*20.0, area: 314.1592653589793
  Circle(10.0).print()

  // Bounds: 3.0*5.0, area: 15.0
  Rectangle(3.0, 5.0).print()
}
```

추상 멤버 자체는 구현을 가질 수 없으므로 (추상 클래스에) 추상 멤버를 정의할 때는 몇 가지 제약이 있다.

- 추상 프로퍼티를 초기화할 수 없고 명시적인 접근자나 by 절을 추가할 수 없다.
- 추상 함수에는 본문이 없어야 한다.
- 추상 프로퍼티와 함수 모두 명시적으로 반환 타입을 적어야 한다. 본문이나 초기화 코드가 없으므로 타입을 추론할 수 없기 때문이다.

추상 멤버는 암시적으로 열려 있다는 점에 유의하라. 따라서 명시적으로 open을 지정할 필요가 없다.

IDE 팁 ≡ 인텔리J는 Overriding Class Members 부분에 보이는 Override Members 액션과 비슷한, Implement Members라는 액션을 제공한다. Ctrl + I 단축키를 누르면 Override Members와 비슷한 대화창이 열리면서 이 기능을 사용할 수 있다. 이 대화창에는 구현하지 않은 추상 멤버만 표시된다(그림 8-6의 Circle 클래스 예제를 보라).

▼ 그림 8-6 Implement Members 대화창

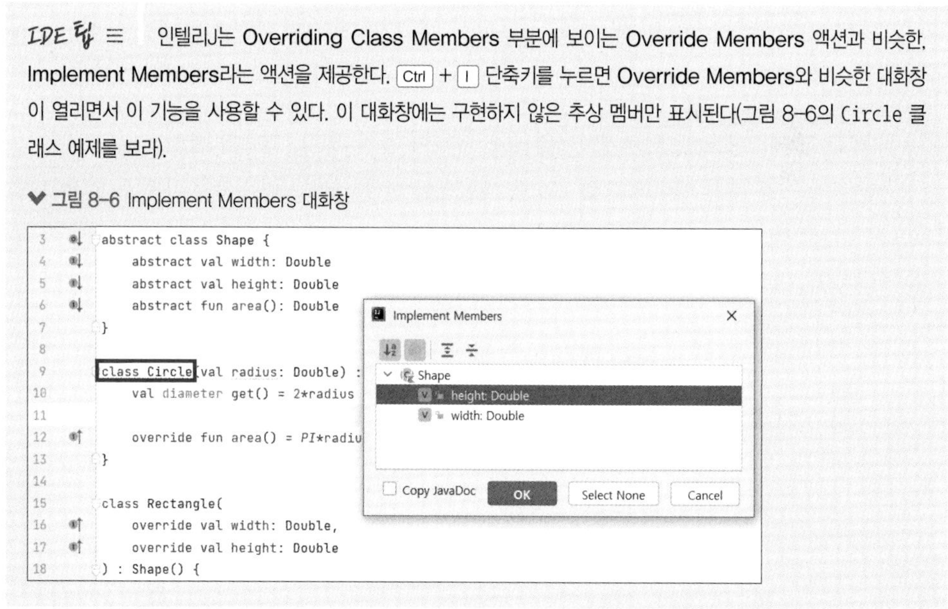

다른 방법으로는 클래스 이름이나 키워드에서 Alt + Enter를 누르면 나오는 퀵픽스를 사용하는 방법이 있다(그림 8-6에서 네모 상자로 강조된 부분). 퀵픽스를 사용하면, 추상 프로퍼티를 구현하는 메뉴가 생성자 파라미터를 추가하거나 현재 클래스를 추상 클래스로 표시하는 등의 여러 가지(문맥에 따라 적절한) 해결 방법과 함께 표시된다(예제의 Rectangle 클래스 참조).

8.2.2 인터페이스

코틀린 인터페이스 개념은 자바의 인터페이스와 상당히 비슷하다. 특히 자바 8에 디폴트 메서드가 도입된 이후로는 코틀린 인터페이스와 자바 인터페이스가 더 많이 비슷해졌다. 근본적으로 인터페이스는 (추상 또는 비추상) 메서드나 프로퍼티를 포함하지만 자체적인 인스턴스 상태나 생성자를 만들 수는 없는 타입이다.

클래스와 달리 인터페이스 정의는 interface라는 키워드로 시작한다.

```
interface Vehicle {
  val currentSpeed: Int
  fun move()
  fun stop()
}
```

인터페이스 멤버는 디폴트가 추상 멤버다. 따라서 (앞의 코드처럼) 구현을 제공하지 않으면 abstract 변경자가 자동으로 붙은 것처럼 간주된다. 명시적으로 abstract를 붙일 수도 있지만 불필요하다.

인터페이스는 클래스나 다른 인터페이스의 상위 타입이 될 수 있다. 비추상 클래스가 인터페이스를 상속할 때는 모든 추상 멤버에 대한 구현을 제공해야 한다(그리고 비추상 멤버를 오버라이드할 수 있다). 마찬가지로 클래스가 인터페이스를 상속한 클래스에 있는 인터페이스 멤버를 상속해 구현할 때도 override 키워드를 추가해야 한다.

```
interface FlyingVehicle : Vehicle {
  val currentHeight: Int
  fun takeOff()
  fun land()
}

class Car : Vehicle {
  override var currentSpeed = 0
```

```
      private set

  override fun move() {
    println("Riding...")
    currentSpeed = 50
  }

  override fun stop() {
    println("Stopped")
    currentSpeed = 0
  }
}

class Aircraft :FlyingVehicle {
  override var currentSpeed = 0
      private set

  override var currentHeight = 0
      private set

  override fun move() {
    println("Taxiing...")
    currentSpeed = 50
  }

  override fun stop() {
    println("Stopped")
    currentSpeed = 0
  }

  override fun takeOff() {
    println("Taking off...")
    currentSpeed = 500
    currentHeight = 5000
  }

  override fun land() {
    println("Landed")
    currentSpeed = 50
    currentHeight = 0
  }
}
```

세 가지 타입 정의에서 모두 상위 타입 이름 뒤에 괄호를 붙이지 않았다는 점에 유의하라. 그 이유는 클래스와 달리 인터페이스에는 생성자가 없어서 하위 클래스를 초기화할 때 호출해야 할 코드가 없기 때문이라고 설명할 수 있다.

자바 vs. 코틀린 인터페이스를 상속할 때는 implements 키워드를 쓰고 클래스를 상속할 때는 extends를 써야만 하는 자바와 달리, 코틀린에서는 모든 상속(클래스가 클래스를 상속, 인터페이스가 인터페이스를 상속, 클래스가 인터페이스를 상속)을 똑같은 기호(:)를 사용해 표시한다.

자바와 마찬가지로 코틀린 인터페이스가 다른 클래스를 상속할 수는 없다. 단, 모든 코틀린 클래스와 인터페이스가 암시적으로 상속하는 것으로 간주되는 Any 클래스는 예외다.

인터페이스 안의 함수와 프로퍼티에 구현을 추가할 수도 있다.

```
interface Vehicle {
  val currentSpeed: Int

  val isMoving get() = currentSpeed != 0

  fun move()

  fun stop()

  fun report() {
    println(if (isMoving) "Moving at $currentSpeed" else "Still")
  }
}
```

이런 구현은 암시적으로 열려 있는 것으로 간주된다. 따라서 상속하는 클래스에서 이런 멤버를 오버라이드할 수 있다. 인터페이스 멤버를 final로 정의하면 컴파일 오류가 발생한다.

```
interface Vehicle {
  // error: modifier 'final' is not applicable inside 'interface'
  final fun move() {}
}
```

하지만 확장 함수나 프로퍼티를 사용하면 final 멤버를 대신할 수 있다.

```
fun Vehicle.relativeSpeed(vehicle: Vehicle) =
  currentSpeed - vehicle.currentSpeed
```

인터페이스를 인터페이스로 상속할 때도 메서드를 오버라이드할 수 있다.

```
interface Vehicle {
  fun move() {
    println("I'm moving")
  }
}

interface Car : Vehicle {
  override fun move() {
    println("I'm riding")
  }
}
```

> *IDE 팁* ≡ 앞 절에서 설명한 Override Members와 Implement Members 액션을 인터페이스 본문에서도 사용할 수 있다.

인터페이스 내부에 상태를 정의할 수 없으므로, 인터페이스 안에는 뒷받침하는 필드가 들어있는 프로퍼티를 정의할 수 없다. 초기화 코드나 위임이 붙은 프로퍼티는 금지된다.

```
interface Vehicle {
  val currentSpeed = 0          // Error
  val maxSpeed by lazy { 100 }  // Error
}
```

인터페이스는 암묵적으로 추상 타입이다. 하지만 추상 클래스와 달리 인터페이스에 대한 생성자는 금지돼 있다.

```
// error: property initializers are not allowed in interfaces
interface Person(val name: String)

interface Vehicle {
  // error: delegated properties are not allowed in interfaces
  constructor(name: String)
}
```

자바와 마찬가지로 코틀린 인터페이스도 다중 상속을 지원한다. 예제를 하나 살펴보자.

```
interface Car {
  fun ride()
}

interface Aircraft {
```

```
  fun fly()
}

interface Ship {
  fun sail()
}

interface FlyingCar : Car, Aircraft

class Transformer :FlyingCar, Ship {
  override fun ride() {
    println("I'm riding")
  }
  override fun fly() {
    println("I'm flying")
  }
  override fun sail() {
    println("I'm sailing")
  }
}
```

FlyingCar 인터페이스와 Transformer 클래스는 모두 둘 이상의 인터페이스를 상속하며, 따라서 이들의 멤버를 모두 상속받는다. 비추상 Transformer 클래스는 상속받은 멤버를 모두 구현해야 한다.

한 타입이 동일한 시그니처를 가지는 멤버가 들어있는 다른 인터페이스를 둘 이상 상속할 때 흥미로운 문제가 생긴다. 이 경우 이런 멤버들이 한 멤버로 합쳐지고 하위 타입은 이를 상속하는 것 같은 효과가 일어난다. 다음 예에서 Car와 Ship은 Any를 제외한 공통 상위 타입이 없다고 하자.

```
interface Car {
  fun move()
}

interface Ship {
  fun move()
}

class Amphibia : Car, Ship {
  override fun move() {
    println("I'm moving")
  }
}
```

위 코드에서 move() 메서드는 추상 메서드다. 따라서 비추상 클래스인 Amphibia에서는 이 메서드를 구현해야 한다. 하지만 상위 타입의 메서드 중에 구현이 존재하는 경우라 할지라도, 컴파일러는 모호성을 해결하기 위해 반드시 메서드를 명시적으로 구현하도록 강제한다.

```
interface Car {
  fun move(){
    println("I'm riding")
  }
}

interface Ship {
  fun move()
}

class Amphibia : Car, Ship {
  override fun move() {
    super.move() // Car에서 상속받은 메서드를 호출
  }
}

fun main() {
  Amphibia().move() // I'm riding
}
```

이런 식으로 합쳐지는 멤버에 대한 구현이 둘 이상의 상위 타입에 존재하는 경우, super 호출 자체가 모호해진다. 이럴 때는 super를 상위 타입으로 한정시킨 키워드를 사용해야 한다.

```
interface Car {
  fun move(){
    println("I'm riding")
  }
}

interface Ship {
  fun move() {
    println("I'm sailing")
  }
}

class Amphibia : Car, Ship {
  override fun move() {
```

```
    super<Car>.move() // Car에서 상속받은 메서드를 호출
    super<Ship>.move() // Ship에서 상속받은 메서드를 호출
  }
}

fun main() {
  /*
      I'm riding
      I'm sailing
  */
  Amphibia().move()
}
```

자바 vs. 코틀린 자바 8도 같은 목적으로 Ship.super.move()처럼 한정시킨 super를 사용한다.

코틀린 버전 1.1부터는 컴파일러가 자바 8의 디폴트 메서드 형태로 비추상 인터페이스 멤버 코드를 생성할 수 있다. **12장 자바 상호 운용성**에서 이런 상호 운용 관련 문제를 살펴본다.

인터페이스에 생성자나 상태를 사용할 수 없다는 제약은 다중 상속을 지원하기 위한 것으로, 주목적은 악명 높은 다이아몬드 상속(diamon inheritance) 문제를 방지하는 데 있다. 다음 코드를 보자.

```
interface Vehicle {
  val currentSpeed: Int
}

interface Car : Vehicle

interface Ship : Vehicle

class Amphibia : Car, Ship {
  override var currentSpeed = 0
  private set
}
```

인스턴스의 상태를 허용하면 Vehicle 인터페이스에서 상태 변수로 currentSpeed를 정의할 수 있다. 그 결과 Amphibia 클래스에는 currentSpeed의 두 가지 복사본이 존재하게 된다. 하나는 Ship에서, 다른 하나는 Car에서 상속한 것인데 두 가지 모두 Vehicle에서 물려받은 것이다. 코틀린 설계는 인터페이스에서 상태를 허용하지 않음으로써 이런 문제를 회피한다. 프로그램 상태를 초기화하는 순서를 예측할 수 있으려면 생성자 사용 금지가 중요하다. 인터페이스에 생성자를 허용하면 초기화 순서 규칙(**8.1.2절 하위 클래스 초기화**에서 살펴봤다)이 다중 상속도 제대로 처리할 수

있게 확장해야 한다.[3] 이런 규칙을 따라서 초기화 순서를 (프로그래머가) 알아내기는 상당히 힘들다. 특히 상위 타입 관계 그래프에서 같은 인터페이스가 여러 번 나타난 경우에는 더욱더 힘들어진다(앞에서 다룬 예제의 Vehicle을 보라).

8.2.3 봉인된 클래스와 인터페이스

때로는 우리가 프로그램에서 표현하고 싶은 개념이 몇 가지 정해진 변종의 집합으로 구성될 때가 있다. **6장 특별한 클래스 사용하기**에서는 똑같은 타입을 공유하는 미리 정의된 상수 집합을 표현하는 enum 클래스를 소개했다. 예를 들어 이넘 클래스를 사용해 어떤 계산이 성공인지 실패인지를 표현할 수 있다.

```
enum class Result {
  SUCCESS, ERROR
}

fun runComputation(): Result {
  try {
    val a = readLine()?.toInt() ?: return Result.ERROR
    val b = readLine()?.toInt() ?: return Result.ERROR

    println("Sum: ${a + b}")

    return Result.SUCCESS
  } catch (e: NumberFormatException) {
    return Result.ERROR
  }
}

fun main() {
  val message = when (runComputation()) {
    Result.SUCCESS -> "Completed successfully"
    Result.ERROR -> "Error!"
  }
```

3 역주 이런 식으로 인터페이스까지 포함한 상속 그래프의 생성자 초기화 순서를 정의해 사용하는 언어도 있다. 대표적으로 스칼라에는 인터페이스에 해당하는 트레이트(trait)가 있는데, 클래스 선언 시 확장한 클래스와 트레이트들을 미리 정해진 규칙에 따라 줄을 세워주는 선형화(linearization)를 통해 생성자 호출 순서를 유일하게 결정해준다.

```
    println(message)
  }
```

하지만 어떤 경우에는 각 종류별로 애트리뷰트가 다를 수 있다. 예를 들어 성공인 경우에는 생성된 결과가 들어있고, 실패인 경우에는 실패 이유에 대한 정보가 들어있을 수 있다. 이는 이 장에서 이미 설명했던 예제와 비슷하다. 이와 같은 개념은 클래스 계층을 활용해 모델링할 수 있다. 클래스 계층의 루트에 있는 추상 클래스는 전체 개념을 표현하고, 하위 클래스들은 특정 변종을 표현한다. 앞에서 본 예제를 다듬으면서 Success와 Error의 경우를 표현하는 클래스를 추가해보자.

```
abstract class Result {
  class Success(val value: Any) : Result() {
    fun showResult() {
      println(value)
    }
  }

  class Error(val message: String) : Result() {
    fun throwException() {
      throw Exception(message)
    }
  }
}

fun runComputation(): Result {
  try {
    val a = readLine()?.toInt()
        ?: return Result.Error("Missing first argument")
    val b = readLine()?.toInt()
        ?: return Result.Error("Missing second argument")

    return Result.Success(a + b)
  } catch (e: NumberFormatException) {
    return Result.Error(e.message ?: "Invalid input")
  }
}

fun main() {
  val message = when (val result = runComputation()) {
    is Result.Success -> "Completed successfully: ${result.value}"
    is Result.Error -> "Error: ${result.message}"
    else -> return
```

```
    }
    println(message)
  }
```

이 구현에는 흠이 있다. 이 구현은 Result의 변종을 Success나 Error로 제한하지 못한다. 다른 클라이언트 코드가 다음과 같이 새로운 하위 클래스를 추가해도 막을 방법이 없다.

```
class MyStatus: Result()
```

그리고 이런 서브 클래싱이 가능하다는 점이 when 식에서 else가 필요한 이유이기도 하다. 컴파일러는 result 변수가 Success나 Error 인스턴스만 담는다는 사실을 알 수 없기 때문에 else 절을 추가하라고 강제한다.

코틀린에서는 봉인된 클래스(sealed class)나 인터페이스(코틀린 1.5 이상)를 통해 이런 문제를 극복할 수 있다. 클래스 정의에 sealed 변경자를 추가하자.

```
sealed class Result {
  class Success(val value: Any) : Result() {...}
  class Error(val message: String) : Result() {...}
}
```

어떤 클래스를 sealed로 지정하면, 이 클래스를 상속하는 클래스는 내포된 클래스 또는 객체로 정의되거나 같은 파일 안에서 최상위 클래스로 정의돼야만 한다. 코틀린 1.5부터는 같은 컴파일 단위 안의 같은 패키지에 있는 봉인된 클래스나 인터페이스를 상속할 수 있게 됐다. 이런 영역 밖에서 봉인된 클래스는 final 클래스와 동일한 효과를 지니며, 아무도 봉인된 클래스를 상속할 수 없다.

봉인된 클래스는 직접 인스턴스를 만들 수 없으므로 추상 클래스이기도 하다는 점에 유의하라. 봉인된 클래스의 인스턴스를 만들 때는 봉인된 클래스의 하위 클래스 중 하나를 선택해 만들어야 한다.

```
// error: sealed types cannot be instantiated
val result = Result()
```

실제로 봉인된 클래스의 생성자는 디폴트로 비공개(private)이고, 가시성을 다른 값으로 변경하면 컴파일 시점에 오류로 간주된다.

이넘과 마찬가지로 봉인된 클래스도 불필요한 else를 쓰지 않아도 되는, 빠진 부분이 없는 when 형태를 지원한다.

```
val message = when (val result = runComputation()) {
  is Result.Success -> "Completed successfully: ${result.value}"
  is Result.Error -> "Error: ${result.message}"
}
```

상속 제한은 봉인된 클래스를 직접 상속한 클래스에 대해서만 성립한다. 하위 클래스가 final이 아니라면 이를 상속한 하위 클래스가 있을 수 있다.

```
// Result.kt
sealed class Result {
  class Success(val value: Any) : Result()
  open class Error(val message: String) : Result()
}

// util.kt
class FatalError(message: String): Result.Error(message)
```

코틀린 1.1부터 봉인된 클래스가 다른 클래스를 상속할 수도 있다. 이로 인해 봉인된 클래스의 하위 클래스가 다시 봉인된 클래스가 될 수도 있다.

```
sealed class Result

class Success(val value: Any) : Result()

sealed class Error : Result() {
  abstract val message: String
}

class ErrorWithException(val exception: Exception): Error() {
  override val message: String get() = exception.message ?: ""
}

class ErrorWithMessage(override val message: String): Error()
```

코틀린 1.1부터 허용된 데이터 클래스의 상속 기능으로 인해, 데이터 클래스가 봉인된 클래스 계층에 속할 수도 있다. 이를 통해 데이터 클래스와 봉인된 클래스의 장점을 함께 취할 수 있다. 예를 들어, 간단한 연산식의 구문 트리(syntactic tree)를 표현하는 클래스를 생각해보자.

```
sealed class Expr

data class Const(val num: Int): Expr()
```

```kotlin
data class Neg(val operand: Expr): Expr()
data class Plus(val op1: Expr, val op2: Expr): Expr()
data class Mul(val op1: Expr, val op2: Expr): Expr()

fun Expr.eval(): Int = when (this) {
  is Const -> num
  is Neg -> -operand.eval()
  is Plus -> op1.eval() + op2.eval()
  is Mul -> op1.eval() * op2.eval()
}

fun main() {
  // (1 + 2) * 3
  val expr = Mul(Plus(Const(1), Const(2)), Const(3))

  // Mul(op1=Plus(op1=Const(num=1), op2=Const(num=2)), op2=Const(num=3))
  println(expr)
  println(expr.eval()) // 9

  // 2 * 3
  val expr2 = expr.copy(op1 = Const(2))

  // Mul(op1=Const(num=2), op2=Const(num=3))
  println(expr2)
  println(expr2.eval()) // 6
}
```

sealed 변경자를 인터페이스에 적용할 수 없다는 점에 유의하라. 코틀린에서 클래스를 다중 상속할 수는 없으므로, 이 말은 봉인된 클래스 계층을 이루는 하위 클래스가 봉인된 클래스 외의 다른 클래스를 상속할 수는 없다는 뜻이다.

봉인된 클래스를 객체로 구현할 수도 있다. Result의 결과를 세분화해서 실제 만들어진 값이 없이 성공한 경우를 표현하고 싶다고 하자.

```kotlin
sealed class Result {
  object Completed : Result()
  class ValueProduced(val value: Any) : Result()
  class Error(val message: String) : Result()
}
```

모든 직접적인 상속자가 객체인 경우 봉인된 클래스는 결과적으로 이넘 클래스처럼 동작한다.

IDE 팁 ≡ 이넘 클래스를 봉인된 클래스로 리팩터링하고 싶다면 Alt + Enter 메뉴에 있는 봉인된 클래스로 변환하는 액션이 좋은 출발점이 될 수 있다(그림 8-7). 이렇게 변환한 결과에서 이넘의 각 상수는 추상 봉인 클래스를 구현하는 싱글턴 객체들로 변환된다.

▼ 그림 8-7 이넘 클래스를 봉인된 클래스 계층 구조로 바꾸기

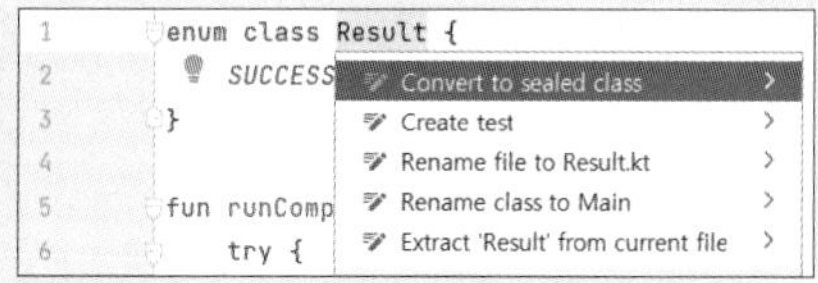

인텔리J는 역방향 변환도 제공한다. 봉인된 클래스를 직접 상속한 모든 상속자가 객체라면, 이들의 구현을 이넘 상수로 변경함으로써 봉인된 클래스를 이넘 클래스로 만들 수 있다(그림 8-8).

▼ 그림 8-8 봉인된 클래스를 이넘으로 바꾸기

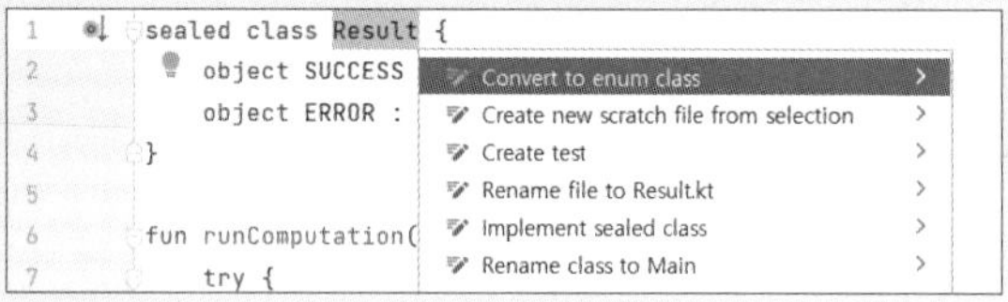

```
sealed class Result {
    object SUCCESS
    object ERROR :
}

fun runComputation(
    try {
```

Convert to enum class
Create new scratch file from selection
Create test
Rename file to Result.kt
Implement sealed class
Rename class to Main

8.2.4 위임

앞 절에서 코틀린 클래스가 기본적으로 final이라는 사실을 배웠다. 이렇게 정한 목적은 상속 가능한 클래스를 좀 더 심사숙고한 후 설계해서 하위 클래스를 만들 수 없는 클래스를 실수로 상속하는 일을 없애기 위함이다. 이런 성질은 앞에서 살펴본 깨지기 쉬운 기반 클래스 문제를 완화시켜준다.

하지만 기존 클래스를 확장하거나 변경해야 하는데, 이 클래스를 상속할 수는 없다면 어떻게 해야 할까? 이런 경우 기존 클래스를 재사용하는 잘 알려진 패턴인 위임 패턴을 사용할 수 있다. 어떤 인터페이스의 구현을 만들고 싶다면 이미 있는 구현의 인스턴스를 가져와서 우리가 만드는 클래스로 감싸고, 필요할 때 인터페이스 메서드 구현을 이 기존 구현 인스턴스에 위임할 수 있다.

예를 하나 살펴보자. 다음과 같은 타입들이 있다고 하자.

```
interface PersonData {
  val name: String
  val age: Int
}
```

```
open class Person(
  override val name: String,
  override val age: Int
): PersonData

data class Book(val title: String, val author: PersonData) {
  override fun toString() = "'$title' by ${author.name}"
}

fun main() {
  val valWatts = Person("Val Watts", 30)
  val introKotlin = Book("Introduction to Kotlin", valWatts)

  println(introKotlin) // 'Introduction to Kotlin' by Val Watts
}
```

이제 작가들이 필명을 사용할 수 있게 허용하자. 이를 통해 작가는 다른 사람인 것처럼 가장할 수 있다.

```
class Alias(
  private val realIdentity: PersonData,
  private val newIdentity: PersonData
): PersonData {
  override val name: String
    get() = newIdentity.name

  override val age: Int
    get() = newIdentity.age
}
```

이제 이 클래스를 사용해 어떤 사람의 가명을 만들 수 있다.

```
fun main() {
  val valWatts = Person("Val Watts", 30)
  val johnDoe = Alias(valWatts, Person("John Doe", 25))
  val introJava = Book("Introduction to Java",johnDoe)

  println(introJava) // 'Introduction to Java' by John Doe
}
```

이 접근 방법의 문제는 필요한 메서드나 프로퍼티를 다른 객체에 위임하기 위해 작성해야 하는 준비 코드가 너무 많다는 것이다. 다행히도 코틀린은 이런 위임을 처리하는 기능을 내장하고 있다.

여러분이 해야 할 일은 상위 인터페이스 이름 바로 뒤에 by 키워드를 붙이고 그다음에 위임할 인스턴스를 쓰는 것뿐이다.

```
class Alias(
  private val realIdentity: PersonData,
  private val newIdentity: PersonData
): PersonData by newIdentity
```

이제 Alias가 PersonData 인터페이스에서 상속한 모든 멤버는 newIdentity 인스턴스에 있는 이름과 시그니처가 같은 메서드를 통해 구현된다. 구현을 바꾸고 싶으면 직접 멤버를 오버라이드할 수도 있다.

```
class Alias(
  private val realIdentity: PersonData,
  private val newIdentity: PersonData
): PersonData by newIdentity {
  override val age: Int get() = realIdentity.age
}

fun main() {
  val valWatts = Person("Val Watts", 30)
  val johnDoe = Alias(valWatts, Person("John Doe", 25))
  println(johnDoe.age) // 30
}
```

일반적으로 클래스 초기화 시 사용할 수 있는 대부분의 일을 위임으로 처리할 수 있다. 컴파일러는 위임된 값을 저장하는 필드를 자동으로 만들어준다. 예를 들어, 앞의 정의에서 newIdentity 파라미터에 붙은 val을 없애고 간단한 생성자 파라미터로 바꿔도 된다.

```
class Alias(
  private val realIdentity: PersonData,
  newIdentity: PersonData
): PersonData by newIdentity
```

하지만 클래스 본문에 정의된 프로퍼티를 클래스 위임에 사용할 수는 없다.

```
class Alias(
  private val realIdentity: PersonData
): PersonData by newIdentity { error: unresolved reference: newIdentity
  val newIdentity = Person("John Doe", 30)
}
```

위임과 객체 식을 조합하면 원래 객체와 약간 다른 구현을 만들 때 유용할 수 있다.

```
fun PersonData.aliased(newIdentity: PersonData) =
  object : PersonData by newIdentity {
    override val age: Int get() = this@aliased.age
  }

fun main() {
  val valWatts = Person("Val Watts", 30)
  val johnDoe = valWatts.aliased(Person("John Doe", 25))

  println("${johnDoe.name}, ${johnDoe.age}") // John Doe, 30
}
```


클래스는 인터페이스 멤버를 구현할 때만 위임을 쓸 수 있다. 예를 들어 앞의 코드에서 Person이 클래스라면 오류가 발생한다.

```
class Alias(
  private val realIdentity: PersonData,
  private val newIdentity: PersonData
): Person by newIdentity // error: only interfaces can be delegated to
```

여기서 핵심은 다음과 같다.

클래스 위임을 사용하면 번거로운 준비 코드를 사용하지 않고도 객체 합성(composition)과 상속의 이점을 살릴 수 있다. 따라서 코틀린의 위임은 '상속보다는 합성(composition over inheritance)'이라는 잘 알려진 객체지향 설계 원칙을 사용하도록 장려한다.

8.3 결론

이 장에서는 코틀린 타입 시스템이 제공하는 강력한 상속 메커니즘을 살펴봤다. 하위 클래스를 어떻게 설계하는지 살펴보고, 클래스 초기화가 클래스 계층 구조 전체와 어떻게 들어맞는지 확인했으며, 기반 클래스의 동작을 하위 클래스에서 변경하기 위해 멤버를 오버라이드하는 방법도 배웠다. 그리고 추상적인 개념을 표현하기 위한 도구인 추상 클래스나 인터페이스를 다루는 방법도 살펴봤다. 마지막으로, 상속과 관련한 두 가지 유용한 패턴을 구현해주는 봉인된 클래스와 위임을 살펴봤다.

다음 장에서는 제네릭스에 초점을 맞춘다. 제네릭스는 코틀린 타입 시스템의 특별한 기능으로, 여러분의 클래스 선언을 미지의 타입으로 파라미터화해서 나중에 사용할 때 구체적인 타입을 지정한 클래스로 활용할 수 있게 해준다.

8.4 정리 문제

1. 코틀린에서 하위 클래스를 어떻게 정의하는가? 클래스를 상속할 수 있게 만들려면 어떤 조건을 만족시켜야 하는가?
2. 자바와 코틀린 클래스 상속의 차이점을 설명하라.
3. 어떤 클래스가 다른 클래스를 상속할 때, 이 클래스의 인스턴스가 초기화되는 과정을 설명하라. 상위 클래스 초기화를 자바에서는 어떻게 강제하는가? 코틀린의 상위 클래스 초기화 방식과 자바의 방식을 비교하라.
4. is/as/as? 연산자의 목적을 설명하라. 자바의 타입 체크 및 타입 캐스트와 이들을 비교하라.
5. Any 클래스에 정의된 공통 메서드 이름을 나열하라. 각 메서드를 구현할 때 지켜야 할 기본 지침을 설명하라.
6. 추상 클래스와 추상 클래스 멤버란 무엇인가? 추상 클래스나 추상 클래스 멤버를 처리하는 규칙은 무엇인가?
7. 추상 클래스와 인터페이스는 어떤 차이가 있는가? 코틀린과 자바 인터페이스를 비교하라.
8. 인터페이스 상속을 어떤 식으로 하는지 설명하라. 클래스 멤버를 오버라이딩할 때와 인터페이스 멤버를 오버라이딩할 때는 어떤 차이가 있는지 설명하라.
9. 봉인된 클래스 계층은 무엇인가? 자바를 사용한다면 봉인된 클래스 계층을 어떤 식으로 상속할 수 있겠는가?
10. 코틀린에서 클래스 위임이 어떻게 작동하는지 설명하라.

9장

제네릭스

이 장에서는 제네릭스(generics)를 설명한다. 제네릭스는 여러분이 알지 못하는 타입의 데이터를 조작하는 코드를 작성할 수 있게 해주는 코틀린 타입 시스템이 제공하는 강력한 기능이다. 어떻게 제네릭 선언을 정의하고 사용하는지 살펴보고, 런타임 타입 소거(type erasure)와 구체화(reification)로 인해 제네릭스 사용 시 어떤 문제가 생기는지 논의한 후, 같은 제네릭 타입에 대해 타입 파라미터 값이 달라지는 경우까지 하위 타입 관계를 확장함으로써 제네릭스의 유연성을 향상시켜주는 중요한 개념인 변성(variance)을 설명한다. 이와 연관된 주제로 기존 타입에 대해 새로운 이름을 부여할 수 있는 타입 별명(type alias) 개념도 다룬다.

배우는 내용

- 제네릭 선언
- 타입 바운드(type bound)와 타입 제약(type constraint)
- 타입 소거와 구체화된 타입 파라미터
- 선언 지점 변성(declaration site variance)
- 프로젝션(projection)
- 타입 별명

이 장의 목표

코틀린 제네릭스 선언의 기초를 배우고 자바 제네릭스와 코틀린 제네릭스가 어떤 차이가 있는지 살펴본다. 그리고 구체화한 타입 파라미터와 변성을 사용해 더 유연한 제네릭 API를 만드는 방법을 배운다.

9.1 타입 파라미터

앞 장에서 배열과 여러 컬렉션 클래스 같은 제네릭 타입이나 `map()`, `filter()`, `sorted()` 등의 제네릭 함수를 이미 살펴봤다. 이 절에서는 여러분의 코드를 더 일반화해서 더 유연하게 만드는 방법과 코틀린 타입 시스템의 고급 기능을 사용하는 방법을 설명한다.

9.1.1 제네릭 선언

어떤 선언을 제네릭 선언으로 만들려면 하나 이상의 타입 파라미터를 추가해야 한다. 이렇게 추가한 타입 파라미터를 선언 내부에서는 일반적인 타입 대신 사용할 수 있다. 선언을 사용할 때는(예를 들어 클래스 인스턴스를 만들거나 함수를 호출할 때는) 타입 파라미터를 대신할 실제 타입을 지정해야 한다.

```
val map = HashMap<Int, String>()
val list = arrayListOf<String>()
```

컴파일러가 문맥에서 타입 인자의 타입을 추론할 수 있으면 타입 인자를 생략할 수 있는 경우도 있다.

```
// map의 타입을 명시했기 때문에 HashMap 클래스의 타입 인자를 추론할 수 있음
val map: Map<Int, String> = HashMap()

// arrayListOf()에 전달된 인자의 타입(모두 String)으로부터 타입 인자를 추론할 수 있음
val list = arrayListOf("abc", "def")
```

자바 vs. 코틀린 코틀린과 자바의 제네릭 메서드에 타입 인자를 전달하는 방식의 차이에 유의하라. 자바에서는 `Collections.<String>emptyList()`처럼 점 바로 뒤에 각괄호를 사용해 타입을 전달하지만, 코틀린에서는 `emptyList`처럼 함수 이름 바로 뒤에 타입을 전달한다. 다만 자바에서는 `new ArrayList()` 같은 스타일을 사용하고 코틀린에서는 `ArrayList()` 같은 방식을 사용하기 때문에 클래스 생성자를 호출하는 방법은 비슷하다.

자바도 클래스 생성자를 호출할 때 타입 추론을 지원하지만, 코틀린과 달리 다이아몬드 연산자(<>)를 추가해야 한다.

```
Map<Int, String> map = new HashMap<>() // new HashMap()이 아님!!!
```

이유는 제네릭스가 추가된 자바 5 이전 코드와의 하위 호환성을 유지하기 위해서다.

이제 직접 제네릭 선언을 만들어보자.

어떤 주어진 타입의 값을 저장할 수 있는 트리를 표현하는 클래스를 정의하고 싶다고 하자.

```
class TreeNode<T>(val data: T) {
  private val _children = arrayListOf<TreeNode<T>>()
  var parent: TreeNode<T>? = null
```

```
    private set

  val children: List<TreeNode<T>> get() = _children

  fun addChild(data: T) = TreeNode(data).also {
    _children += it
    it.parent = this
  }

  override fun toString() =
    _children.joinToString(prefix = "$data {", postfix = "}")
}

fun main() {
  val root = TreeNode("Hello").apply {
    addChild("World")
    addChild("!!!")
  }

  println(root) // Hello {World {}, !!! {}}
}
```

클래스의 타입 파라미터를 각괄호 안에 써야 한다. 타입 파라미터는 클래스 이름 바로 뒤에 온다. 타입 파라미터 이름은 아무 이름이나 가능하지만, 관습적으로 T, U, V 등의 (짧은) 대문자를 사용한다. 클래스 안에서는 타입 파라미터를 변수나 프로퍼티, 함수의 타입이나 다른 제네릭 선언의 타입 인자로 쓸 수 있다.

자바 vs. 코틀린 제네릭 클래스나 인터페이스를 사용해 데이터의 타입을 지정할 때는 반드시 타입 인자를 명시해야 한다. TreeNode처럼 타입 파라미터를 지정하지 않은 로타입(raw type)을 사용할 수 있는 자바와 달리, 코틀린에서는 이를 허용하지 않는다. 코틀린에서는 TreeNode<String>처럼 구체적인 타입을 지정하거나, TreeNode<U>처럼 타입 인자로 받은 타입을 반드시 지정해야 한다.

제네릭 클래스 생성자를 호출할 때는 타입 인자가 불필요한 경우가 자주 있다. 대부분의 경우 컴파일러가 문맥에서 타입 인자를 추론해준다. 그러므로 앞의 예제 코드에서 TreeNode("Hello")처럼 생성자를 호출할 수 있다. 다만 상위 클래스 생성자에 대한 위임 호출은 예외다. 예제 코드를 약간 바꿔보자.

```
open class DataHolder<T>(val data: T)

// 실제 타입을 상위 타입의 타입 인자로 넘김
```

```
class StringDataHolder(data: String) : DataHolder<String>(data)

// 타입 인자를 상위 타입의 타입 인자로 넘김
class TreeNode<T>(data: T) : DataHolder<T>(data) { ... }
```

컴파일러는 일반 생성자 호출과 달리 생성자 위임 호출의 타입 인자를 추론해주지 못한다. 따라서 항상 위임 호출의 타입 인자를 명시해야 한다. 이 두 가지 경우를 비교해보자.

```
// error: one type argument expected for class DataHolder<T>
class StringDataHolder(data: String) : DataHolder(data)

// Ok: DataHolder<String>을 컴파일러가 추론함
fun stringDataHolder(data: String) = DataHolder(data)
```

타입 파라미터를 상속하지 않는다는 사실에 유의하라. 생성자 파라미터를 상위 타입 생성자의 인자로 전달하는 것과 비슷하게, 타입 파라미터를 상위 타입의 타입 인자로 전달해야 한다. 따라서 TreeNode의 T와 DataHolder의 T는 서로 다른 선언이다. 실제로 두 제네릭 타입 정의가 서로 다른 타입 파라미터 이름을 사용해도 문제가 없다.

```
class TreeNode<U>(data: U) : DataHolder<U>(data) { ... }
```

앞의 예제 코드에 있는 addChild()나 children 정의를 보면 알 수 있는 것처럼 제네릭 클래스에 정의된 함수와 프로퍼티에서 클래스의 타입 파라미터를 사용할 수 있다. 또한, 프로퍼티나 함수에 타입 파라미터를 추가하면 프로퍼티나 함수 자체를 제네릭으로 만들 수 있다.

```
fun <T> TreeNode<T>.addChildren(vararg data: T) {
  data.forEach { addChild(it) }
}

fun <T> TreeNode<T>.walkDepthFirst(action: (T) -> Unit) {
  children.forEach { it.walkDepthFirst(action) }
  action(data)
}

val <T> TreeNode<T>.depth: Int
  get() = (children.asSequence().map { it.depth }.maxOrNull() ?: 0) + 1

fun main() {
  val root = TreeNode("Hello").apply {
    addChildren("World", "!!!")
```

```
    }

    println(root.depth) // 2
}
```

제네릭 클래스에서와 달리 프로퍼티나 함수를 제네릭으로 선언할 때는 타입 파라미터를 fun이나 val/var 바로 뒤에 위치시킨다는 점에 유의하라.

클래스 멤버 프로퍼티는 타입 파라미터를 가질 수 없고, 오직 확장 프로퍼티만 타입 파라미터를 가질 수 있다. 일반 멤버 프로퍼티에 대한 타입 파라미터를 허용하지 않는 이유는 이런 프로퍼티를 사용할 때 지정한 타입 인자에 따라 여러 값을 제공하는 일이 불가능하기 때문이다. 일반 프로퍼티는 근본적으로 한 값만 제공한다.

```
// error: type parameter of a property must be used in its receiver type
var <T> root: TreeNode<T>? = null
```

같은 이유로 객체 선언에 타입 파라미터를 추가하는 것도 금지된다.

```
object EmptyTree<T> // error: type parameters are not allowed for objects
```

프로퍼티 참조는 타입 인자를 지원하지 않는다. 따라서 제네릭 프로퍼티의 타입 파라미터는 수신 객체 타입으로부터 추론돼야 한다. 제네릭 (확장) 프로퍼티를 선언하면서 타입 파라미터를 사용하지 않는 경우에도 마찬가지 이유로 컴파일 시점 오류가 된다.

```
// error: expression 'depth' of type 'Int' cannot be invoked as a function.
val minDepth = TreeNode("").depth<String>

// error: type parameter of a property must be used in its receiver type
val <T> TreeNode<String>.upperCaseDataget() = data.toUpperCase()
```

9.1.2 바운드와 제약

기본적으로 타입 인자로 들어갈 수 있는 타입에는 아무런 제약이 없다. 따라서 타입 파라미터들은 Any? 타입과 동의어인 것처럼 처리된다. 하지만 제네릭 클래스를 구현하면서 다뤄야 할 데이터의 타입에 좀 더 많은 정보가 필요한 경우가 많다. TreeNode 예제를 확장해서 모든 트리 노드에 저장된 값들의 평균을 계산하는 함수를 선언하고 싶다고 하자. 이런 종류의 연산은 수를 저장한 트리에만 적용할 수 있기 때문에 트리 원소가 Number 타입(또는 그 하위 타입)의 값이길 바란다. 이런 특성을 표현하기 위해 타입 파라미터의 상위 바운드(upper bound)로 Number를 선언할 수 있다.

```
fun <T : Number>TreeNode<T>.average(): Double {
  var count = 0
  var sum = 0.0
  walkDepthFirst {  // 깊이 우선으로 노드를 방문하면서 함수 수행
    count++
    sum += it.toDouble()
  }
  return sum/count
}
```

타입 파라미터에 상위 바운드가 있으면, 컴파일러는 이 타입 파라미터에 공급된 타입 인자의 타입이 상위 바운드의 하위 타입인지 검사한다. 디폴트 상위 바운드는 Any?로 간주되므로 이를 명시할 필요는 없고, 이런 경우 이 타입 파라미터는 모든 코틀린 타입을 타입 인자로 받을 수 있다. Int와 Double이 Number의 하위 타입이기 때문에 다음 코드는 올바른 코드다.

```
val intTree = TreeNode(1).apply {
  addChild(2).addChild(3)
  addChild(4).addChild(5)
}
println(intTree.average()) // 3.0

val doubleTree = TreeNode(1.0).apply {
  addChild(2.0)
  addChild(3.0)
}
println(doubleTree.average()) // 2.0
```

average()를 문자열 트리에 대해 호출하면 컴파일 오류가 발생한다.

```
val stringTree = TreeNode("Hello").apply {
  addChildren("World", "!!!")
}
// error: unresolved reference. None of the following candidates is applicable because
of receiver type mismatch
println(stringTree.average())
```

final 클래스를 상위 바운드로 사용하면 한 가지 타입만 지정할 수 있기 때문에 이런 바운드는 쓸모가 없다. 따라서 이런 경우 컴파일러가 경고를 표시한다.

```
// 제네릭이 아닌 함수로 대신할 수 있다
// fun TreeNode<Int>.sum(): Int {...}
// warning: 'Int' is a final type, and thus a value of the type parameter is
predetermined
fun <T : Int> TreeNode<T>.sum(): Int {   var sum = 0
  walkDepthFirst{ sum += it }
  return sum
}
```

타입 파라미터 바운드로 타입 파라미터를 사용할 수도 있으며, 이런 경우를 재귀적 타입 파라미터라고 말한다. 예를 들어 트리 안에 Comparable 인터페이스의 인스턴스만 들어있다면, 최댓값이 들어있는 노드를 찾을 수 있다.

```
fun <T : Comparable<T>> TreeNode<T>.maxNode(): TreeNode<T> {
  val maxChild = children.maxByOrNull { it.data } ?: return this

  return if (data >= maxChild.data) this else maxChild
}

fun main() {
  // Double은 Comparable<Double>의 하위 타입임
  val doubleTree = TreeNode(1.0).apply {
    addChild(2.0)
    addChild(3.0)
  }
  println(doubleTree.maxNode().data) // 3.0

  // String은 Comparable<String>의 하위 타입임
  val stringTree = TreeNode("abc").apply {
    addChildren("xyz", "def")
  }
  println(stringTree.maxNode().data) // xyz
}
```

바운드가 자신보다 앞에 있는 타입 파라미터를 가리킬 수도 있다. 이런 바운드를 사용해 트리 원소를 가변 리스트에 추가하는 함수를 정의할 수 있다.

```
fun <T, U : T> TreeNode<U>.toList(list: MutableList<T>) {
  walkDepthFirst{ list += it }
}
```

U가 T의 하위 타입이므로 위 함수는 트리 원소의 타입보다 더 일반적인 타입의 리스트를 인자로 받을 수 있다. 예를 들어, Int 트리나 Double 트리에 있는 원소들을 (이 두 타입의 공통 상위 타입인) Number 타입의 리스트에 추가할 수 있다.

```
fun main() {
  val list = ArrayList<Number>()

  TreeNode(1).apply {
    addChild(2)
    addChild(3)
  }.toList(list)

  TreeNode(1.0).apply {
    addChild(2.0)
    addChild(3.0)
  }.toList(list)
}
```

자바 vs. 코틀린 코틀린 타입 파라미터의 상위 바운드는 자바의 상위 바운드와 비슷하다. 표현하는 방식이 자바에서는 T extends Number이지만 코틀린에서는 T: Number라는 점이 다르다.

아주 흔한 경우로 타입 파라미터를 널이 아닌 타입으로 제한하는 경우가 있다. 이를 위해서는 상위 바운드로 널이 될 수 없는 타입을 지정해야 한다.

```
fun <T: Any> notNullTreeOf(data: T) = TreeNode(data)
```

타입 파라미터 구문을 사용하면 상위 바운드를 하나만 지정할 수 있다. 하지만 한 타입 파라미터에 여러 제약을 가할 필요가 있을 때도 있다. 이럴 때는 좀 더 복잡한 타입 제약 구문을 통해 타입을 제한할 수 있다. 예를 들어 다음과 같은 인터페이스가 있다고 하자.

```
interface Named {
  val name: String
}

interface Identified {
  val id: Int
}
```

이름과 식별자가 모두 있는 객체 레지스트리를 정의하고 싶다고 가정하자.

```kotlin
class Registry<T> where T : Named, T : Identified {
  val items = ArrayList<T>()
}
```

where 절을 클래스 선언 본문 앞에 추가하고 바운드할 타입 목록을 표시한다.

제네릭스의 문법을 맛봤으니 지금부터는 런타임에 제네릭스의 표현을 어떻게 처리할지 살펴보자.

9.1.3 타입 소거와 구체화

앞 예제에서는 타입 파라미터를 사용해 제네릭 선언 안의 변수, 프로퍼티, 함수 타입을 지정하는 것을 살펴봤다. 하지만 타입 파라미터가 항상 실제 타입을 대신할 수 있는 것은 아니다. 예를 들어 다음 코드를 살펴보자.

```kotlin
fun <T>TreeNode<Any>.isInstanceOf(): Boolean =
  // error: cannot check for instance of erased type: T
  data is T && children.all{ it.isInstanceOf<T>() }
```

의도는 주어진 트리의 노드나 자식의 노드가 모두 지정한 타입 T를 만족하는지 검사하는 것이다. 하지만 컴파일러는 data is T라는 식에 오류를 표시한다. 오류가 발생하는 이유는 타입 소거 때문이다.

자바에 익숙하다면 자바 제네릭스에도 비슷한 제약이 있다는 점을 떠올릴 것이다. 이런 제약은 자바 제네릭스가 자바 5부터 도입됐기 때문이다. 따라서 새 버전 자바 컴파일러와 가상 머신은 기존(자바 5 이전) 코드와의 하위 호환성을 위해 기존 타입 표현 방식을 유지해야 했다. 그 결과 JVM에서 타입 인자에 대한 정보는 코드에서 지워지고(그래서 타입 소거라는 용어가 나왔다), 소스코드에서 List<String>이나 List<Number>와 같은 타입은 JVM에서 List라는 동일한 타입으로 합쳐진다.

코틀린은 1.0 버전부터 제네릭스가 있었지만, JVM이 주요 플랫폼이었기 때문에 자바와 같은 타입 소거 문제가 생겼다. 런타임에 제네릭 코드는 파라미터 타입의 차이를 인식할 수 없고, 앞에서 본 data is T와 같은 검사는 기본적으로 아무 의미도 없다. isInstance() 함수가 런타임에 호출될 때 T가 어떤 타입을 뜻할지 알 방법이 없다. 마찬가지 이유로 제네릭 타입에 대해 is 연산자를 적용하는 것도 의미가 없다. 다만 이런 경우에는 컴파일러가 타입 인자와 타입 파라미터가 서로 일치하는지를 살펴보고, 그에 따라 경고나 오류를 보고한다.

```
val list = listOf(1, 2, 3) // List<Int>
list is List<Number> // OK
// error: cannot check for instance of erased type: List<String>
list is List<String>
```

원소 타입에는 관심이 없고 어떤 값이 리스트인지만 확인하고 싶다면 어떨까? 코틀린의 제네릭 타입은 항상 타입 인자를 포함해야 하기 때문에 이런 경우에도 List만 쓸 수는 없다. 올바른 검사는 다음과 같다.

```
list is List<*>
map is Map<*, *>
```

여기서 *는 기본적으로 알지 못하는 타입을 뜻하며, 타입 인자 하나를 대신한다. 이 구문은 실제로는 프로젝션이라는 특별한 경우에 속한다. 프로젝션은 나중에 설명하겠다.

어떤 경우에는 컴파일러가 타입 검사가 맞는지 알 수 있는 정보를 충분히 갖고 있어서 경고/오류를 표시하지 않을 수도 있다. 다음 예제에서 타입 검사는 근본적으로 List<Int>나 Collection<Int> 같은 타입 파라미터의 구체적인 타입과 무관하게 List와 Collection 인터페이스의 관계에 따라 결정된다.

```
val collection: Collection<Int> = setOf(1, 2, 3)

if (collection is List<Int>) {
  println("list")
}
```

어떤 값을 *가 아닌 타입 인자가 붙은 제네릭 타입으로 캐스트하는 것이 허용되지만, 이런 캐스트에는 위험이 따르기 때문에 항상 경고가 표시된다. 이런 식으로 타입을 캐스팅하면 제네릭스의 한계를 우회할 수는 있지만, 런타임까지 실제 타입 오류를 미루는 효과가 있다. 예를 들어 다음 두 식은 모두 경고가 표시되면서 컴파일되지만, 첫 번째 식은 정상적으로 끝나는 반면 두 번째 식은 예외가 발생한다.

```
val n = (listOf(1, 2, 3) as List<Number>)[0] // OK
val s = (listOf(1, 2, 3) as List<String>)[0] // java.lang.ClassCastException
```

후자의 예외는 리스트 원소의 값(이 경우에는 Int)을 String 타입의 (정적으로 알려진) 변수에 대입하기 때문에 생긴다.

자바에서는 캐스트를 활용하거나 리플렉션(reflection)을 통해 타입 소거를 우회해야 한다. 두 방식 모두 단점이 있다. 캐스트는 문제를 (컴파일이 되도록) 덮어버려서 나중에 오류가 발생한다. 반대로 리플렉션 API를 사용하면 성능에 영향을 미칠 수 있다. 코틀린은 이 두 가지 약점을 모두 극복할 수 있는 세 번째 해법을 제공한다.

구체화는 타입 파라미터 정보를 런타임까지 유지한다는 뜻이다. 어떻게 컴파일러가 타입 소거를 우회할 수 있을까? 해답은 인라인한 함수에 대해서만 구체화한 타입 파라미터를 쓸 수 있다는 데 있다. 함수 본문을 호출 위치로 인라인시키기 때문에 컴파일러가 인라인된 함수에 제공되는 타입 인자의 실제 타입을 항상 알 수 있다.

파라미터를 구체화하려면 `reified` 키워드로 해당 타입 파라미터를 지정해야 한다. 이 기능을 활용해 `isInstanceOf()` 함수를 고쳐보자. 인라인 함수는 재귀 함수일 수 없으므로 먼저 구현을 약간 수정해야 한다.

```
fun <T>TreeNode<T>.cancellableWalkDepthFirst(
  onEach: (T) -> Boolean
): Boolean {
  // 자바 LinkedList는 Deque를 구현하고 있어서 스택으로도 사용 가능함
  // 자바 Stack 사용은 권장하지 않음
  val nodes = java.util.LinkedList<TreeNode<T>>()

  nodes.push(this)

  while (nodes.isNotEmpty()) {
    val node = nodes.pop()
    if (!onEach(node.data)) return false
      node.children.forEach { nodes.push(it) }
  }

  return true
}

inline fun <reified T> TreeNode<*>.isInstanceOf() =
  cancellableWalkDepthFirst{ it is T }
```

이 코드는 별도의 `cancellableWalkDepthFirst()`라는 인라인되지 않는 함수로 트리 순회 로직을 추출해 사용한다. 예를 들어 이 함수를 다음과 같이 호출할 수 있다.

```
fun main() {
  val tree = TreeNode<Any>("abc").addChild("def").addChild(123)
  println(tree.isInstanceOf<String>())
}
```

컴파일러는 isInstanceOf()를 인라인해서 T 대신 실제 타입인 String을 넣는다. 따라서 코드가 다음과 같아진다.

```
fun main() {
  val tree = TreeNode<Any>("abc").addChild("def").addChild(123)
  println(tree.cancellableWalkDepthFirst { it is String })
}
```

자바에서 사용했던 접근 방식과 달리, 구체화한 타입 파라미터를 사용하는 해법은 안전하고(검사하지 않는 캐스트를 쓰지 않음) 빠르다(코드가 인라인됨). 하지만 인라인 함수를 사용하면 컴파일된 코드의 크기가 커지는 경향이 있다는 점을 조심해야 한다. 하지만 (앞의 코드에서 사용한 cancellableWalkDepthFirst()처럼) 코드에서 분량이 많은 부분을 별도의 인라인되지 않는 함수로 뽑아내면 코드 크기가 줄어드는 정도를 줄일 수 있다. 그리고 인라인 함수 안에서만 구체화한 타입 파라미터를 쓸 수 있기 때문에 구체화한 타입을 클래스나 프로퍼티와 함께 쓸 수는 없다.

구체화한 타입 파라미터도 한계가 있다. 이로 인해 구체화한 타입과 완전한 타입이 서로 구분된다. 현재는 구체화한 타입 파라미터를 통해 생성자를 호출하거나 동반 객체 멤버에 접근할 수 없다.

```
// error: type parameter T cannot be called as function
inline fun <reified T> factory() = T()
```

그리고 구체화한 타입 파라미터를 구체화하지 않은 타입 파라미터로 대신할 수는 없다.

```
fun <T, U> TreeNode<*>.isInstanceOfBoth() =
  isInstanceOf<T>() && sInstanceOf<U>()
```

이렇게 할 수 없는 이유 역시 타입 소거다. 이 코드에서 T나 U의 실제 타입을 알 수 없기 때문에 인라인된 instanceOf() 함수를 안전하게 호출할 방법을 찾을 수 없다.

이상으로 코틀린 제네릭스에 대한 기본적인 설명을 마친다. 이제 더 고급 주제인 변성을 다룰 것이다. 변성은 타입이 생산자와 소비자 중에서 어떤 역할을 하는지를 제어함으로써 더 유연하게 제네릭 타입을 선언할 수 있게 해준다.

9.2 변성

변성은 타입 파라미터가 달라질 때 제네릭 타입의 하위 타입 관계가 어떻게 달라지는지를 설명하는 제네릭 타입의 한 측면이다. 앞 장에서 이미 변성이 다른 제네릭 타입의 예를 본 적이 있다. 예를 들어 배열과 가변 컬렉션은 타입 인자의 하위 타입 관계를 유지하지 않는다. 예를 들어 String은 Any의 하위 타입이지만, Array<String>은 Array<Any>의 하위 타입으로 간주되지 않는다(그렇다고 Array<Any>가 Array<String>의 하위 타입으로 간주되지도 않는다). 반대로 List나 Set 같은 불변 컬렉션의 경우, 타입 파라미터의 하위 타입 관계가 컬렉션 타입에서도 유지된다. 예를 들어 List<String>은 List<Any>의 하위 타입이다.

```
val objects: List<Any> = listOf("a", "b", "c") // 맞음
```

변성을 합리적으로 사용하면 타입 안전성을 해치지 않으면서 API 유연성을 향상시킬 수 있다. 이제부터는 변성의 의미와 코틀린 제네릭스에서 변성을 사용하는 방법을 설명하겠다.

9.2.1 변성: 생산자와 소비자 구분

제네릭 클래스와 인터페이스의 타입 파라미터를 다른 타입 인자로 대치함으로써 무한히 많은 타입을 만들어낼 수 있다. 디폴트로 어떤 제네릭 타입의 타입 인자를 서로 다른 타입으로 대치한 타입들은 서로 하위 타입 관계가 없는 것으로 간주된다. 타입 인자들 사이에 하위 타입 관계가 있는 경우에도 역시 서로 아무 관계도 없는 타입인 것으로 간주된다. 이런 경우 해당 제네릭 타입이 무공변(invariant)이라고 말한다(공변이라는 말은 타입 파라미터의 상하위 타입 관계에 따라 제네릭 타입의 상하위 타입 관계가 함께 변한다는 뜻이다. 이런 경우 타입 파라미터의 상하위 타입 관계에 따라 제네릭 타입의 상하위 타입 관계가 정해진다. 그러므로 무공변이라는 말은 타입 파라미터에서 하위 타입 관계가 성립해도 제네릭 타입 사이에는 하위 타입 관계가 생기지 않는다는 뜻이다). 예를 들어 내장 Array 클래스나 가변 컬렉션 클래스, 또는 우리가 만든 TreeNode 클래스는 모두 무공변이다. 다음 예제는 TreeNode<String>이 TreeNode<Any>의 하위 타입으로 간주되지 않는다는 사실을 보여준다.

```
val node: TreeNode<Any> = TreeNode<String>("Hello") // error: type mismatch
```

반면 불변 컬렉션 같은 어떤 제네릭 타입들은 타입 인자 사이의 하위 타입 관계가 그대로 제네릭 타입에서도 유지된다. 다음 절에서는 타입 인자의 하위 타입 관계가 여러분이 만든 제네릭 타입의 하위 타입 관계에 미치는 영향을 제어하는 방법을 배울 것이다. 하지만 우선은 왜 어떤 제네릭 타입은 타입 인자 사이의 하위 타입 관계를 그대로 유지하고 어떤 타입은 그렇지 못한지를 이해해야 한다.

이런 구분은 어떤 제네릭 타입이 자신의 타입 파라미터(T라고 하자)를 취급하는 방법에 달려 있다. 모든 제네릭 타입은 세 가지로 나뉜다.

1. T 타입의 값을 반환하는 연산만 제공하고 T 타입의 값을 입력으로 받는 연산은 제공하지 않는 제네릭 타입인 생산자
2. T 타입의 값을 입력으로 받기만 하고 결코 T 타입의 값을 반환하지는 않는 제네릭 타입인 소비자
3. 위 두 가지 경우에 해당하지 않는 나머지 타입들

마지막 그룹에 있는 일반적인 타입(즉, 생산자도 소비자도 아닌 타입들)의 경우 타입 안전성을 깨지 않고는 하위 타입 관계를 유지할 수 없다. 왜 이런 일이 벌어지는지 이해하기 위해 TreeNode 클래스를 예제로 살펴보자. 일단은 타입 파라미터의 하위 타입 관계가 그대로 TreeNode에 타입 인자를 넣은 경우에도 성립한다고 가정하자. 하위 타입 관계가 성립하므로 TreeNode<String>을 TreeNode<Any>에 대입할 수 있다. 다음 코드를 보자.

```
val stringNode = TreeNode<String>("Hello")
val anyNode: TreeNode<Any> = stringNode
anyNode.addChild(123)
val s = stringNode.children.first() // ???
```

이제 문제가 명확히 보인다. Any 타입의 값을 TreeNode<Any>의 자식으로 추가할 수 있기 때문에 stringNode를 anyNode에 대입하고 나면 Int를 String 타입의 트리에 대입할 수 있게 된다. 이런 대입을 허용하면 stringNode.children.first()를 String으로 캐스트할 때 예외가 발생한다. 즉, TreeNode<String>의 자식으로 정숫값을 넣을 수 있으므로 TreeNode<String>의 계약을 위반할 수 있게 된다.

자바 vs. 코틀린 자바에 익숙하다면 배열 대입으로 인해 발생할 수 있는 악명 높은 ArrayStoreException 예외를 떠올릴 것이다. 실제로 코틀린 배열 타입이 자바 배열과 달리 원소의 하위 타입 관계를 그대로 유지하지 않는 이유가 바로 이것이다.

A 타입을 B 타입의 하위 타입이라고 간주한다는 말은 A 타입의 값을 B 타입의 값이 쓰일 수 있는 모든 문맥에서 사용할 수 있다는 뜻이다. 하지만 방금 본 경우는 이 말이 성립하지 않는 상황이다. TreeNode<Any> 타입의 값은 어떤 타입의 값이든 자식으로 받을 수 있는 능력이 있지만, TreeNode<String>은 String 타입의 값만 자식으로 받을 수 있다. 따라서 TreeNode<String>은 TreeNode<Any>의 하위 타입이 될 수 없다.

그렇다면 왜 List<T> 같은 불변 컬렉션 타입의 변성이 배열과 다를까? 불변 컬렉션에는 addChild() 같은 함수가 없기 때문이다. 불변 컬렉션은 T 타입의 값을 만들어내기만 하고 결코 소비하지 않는다. 따라서 List<Any>의 기본적인 계약은 Any 타입의 값을 돌려주는 것이다. 마찬가지로 List<String>의 계약은 String 타입의 값을 돌려주는 것이다. String이 Any의 하위 타입이기 때문에 String 타입의 값을 돌려주는 List<String>은 자동적으로 Any 타입의 값을 돌려주는 능력도 갖게 된다. 이를 다른 말로 하면, 컴파일러가 List<String>이 타입 안전성을 해치지 않고 List<Any> 대신 쓰일 수 있도록 허용할 수 있다는 의미다. 이런 경우를 제네릭 타입이 타입 인자에 대해 공변적(covariant)이라고 말한다. 코틀린에서 생산자 역할을 하는 타입은 모두 공변적이다.

Pair, Triple, Iterable, Iterator 등과 같은 대부분의 내장 불변 타입은 공변적이다. 추가로 함수 타입은 반환 타입에 대해 공변적이다.

```
val stringProducer: () -> String = { "Hello" }
val anyProducer: () -> Any = stringProducer
println(anyProducer()) // Hello
```

하지만 공변성이 불변성과 같지 않다는 점에 유의하라. 공변성(타입 파라미터 T에 대한)은 단지 T를 입력으로 사용하지 못하게 방지할 뿐이다. 따라서 가변 타입을 공변적으로 만들 수도 있다. 예를 들어, 특정 인덱스에 있는 원소를 삭제할 뿐 원소를 새로 추가할 수는 없는 리스트를 생각해보자.

```
interface NonGrowingList<T> {
  val size: Int
  fun get(index: Int): Int
  fun remove(index: Int)
}
```

이 타입은 분명 가변 타입이지만 공변적으로 동작한다. 예를 들어 NonGrowingList<String>은 NonGrowingList<Any>가 할 수 있는 일을 모두 할 수 있다.

역도 참이다. 즉, 불변 객체를 표현하는 타입이 공변적이지 않을 수도 있다. 예를 들어 다음을 보자.

```
interface Set<T> {
  fun contains(element: T): Boolean
}
```

위 타입은 불변적이지만 생산자가 아니기 때문에 T의 하위 타입 관계를 유지하지 않는다. Set<Any>는 아무 값이나 입력을 받을 수 있지만 Set<String>은 문자열만 입력으로 받을 수 있다.

소비자와 같은 타입은 어떨까? 앞에서 논의한 내용에 비춰보면, 소비자 역할을 하는 타입은 분명 타입 파라미터의 하위 타입 관계를 유지해주지 못한다. 하지만 이런 타입은 타입 파라미터의 하위 타입 관계를 역방향으로 유지해준다는 사실이 밝혀졌다. 이 말의 뜻을 이해하기 위해 앞에서 본 Set<T>의 T를 바꾼 두 가지 타입인 Set<Int>와 Set<Number>를 살펴보자. Set<T>의 계약은 contains() 함수에 의해 T 타입인 원소를 처리할 수 있어야 한다는 것이다. Set<Number>는 아무 Number 값이나 처리할 수 있고, Set<Int>는 아무 Int 값이나 처리할 수 있다. 하지만 Int는 Number의 하위 타입이다. 따라서 Set<Number>는 아무 Int나 처리할 수 있다. 즉, Set<Number>는 Set<Int>의 하위 타입처럼 동작한다. 이런 경우를 반공변적(contravariant)이라고 말하며, 실제 코틀린에서는 T를 반공변적이라고 선언함으로써 이런 식의 하위 타입 관계를 지정할 수 있다.

예를 들어 함수 타입은 인자 타입에 대해 반공변적이다.

```
val anyConsumer: (Any) -> Unit = { println(it) }
val stringConsumer: (String) -> Unit = anyConsumer
stringConsumer("Hello") // Hello
```

지금까지 어떤 주어진 제네릭 타입 X<T,...>이 타입 파라미터 T에 대해 다음과 같은 변성 중 하나임을 살펴봤다.

- X가 생산자 역할을 한다. 이 경우 T를 공변적으로 선언할 수 있고, A가 B의 하위 타입이면 X<A>도 X<B>의 하위 타입이 된다.
- X가 소비자 역할을 한다. 이 경우 T를 반공변적으로 선언할 수 있고, B가 A의 하위 타입이면 X<A>가 X<B>의 하위 타입이 된다.
- 나머지 경우, X는 T에 대해 무공변이다.

다음 절에서는 코틀린에서 변성을 표현하는 방법을 살펴보자.

9.2.2 선언 지점 변성

변성을 표현하는 데는 두 가지 방법이 있다. 코틀린에서는 타입 파라미터의 변성을 선언 자체에 지정하거나 타입 인자를 치환하는 사용 지점에서 지정할 수 있다. 이 절에서는 첫 번째 방식인 '선언 지점 변성'을 다룬다.

디폴트로 타입 파라미터는 무공변으로 취급된다. 이 말은 제네릭 타입이 타입 파라미터의 하위 타입 관계를 유지하지 않는다는 뜻이다(물론 타입 파라미터의 하위 타입 관계의 역방향을 유지하지도 않는다). 예를 들어 List 타입을 단순화한 인터페이스와 배열 기반의 불변 구현을 생각해보자.

```
interface List<T> {
  val size: Int
  fun get(index: Int): T
}

class ListByArray<T>(private vararg val items: T) : List<T> {
  override val size: Int get() = items.size
  override fun get(index: Int) = items[index]
}
```

이제 한 쌍의 리스트를 받아서 두 리스트의 모든 원소를 담은 리스트를 돌려주는 concat 함수를 만들자. 이 함수는 원소를 따로 저장하지 않고 원래의 두 리스트를 활용해 원소를 가져온다.

```
fun <T> concat(list1: List<T>, list2: List<T>) = object : List<T> {
  override val size: Int
    get() = list1.size + list2.size

  override fun get(index: Int): T {
    return if (index < list1.size) {
      list1.get(index)
    } else {
      list2.get(index - list1.size)
    }
  }
}
```

이제 모든 것이 잘 작동한다. 하지만 List<Number>와 List<Int>처럼 서로 연관이 있는 두 타입의 리스트를 합치려는 경우 문제가 생긴다.

```
val numbers = ListByArray<Number>(1, 2.5, 3f)
val integers = ListByArray(10, 30, 30)
val result = concat(numbers, integers) // error: type mismatch
```

이유는 이 리스트가 타입 파라미터 T에 대해 무공변이기 때문이다. 이로 인해 List<Int>는 List<Number>의 하위 타입이 아닌 것으로 간주된다(역방향의 하위 타입 관계도 성립하지 않는다). 따라서 List<Number>를 원하는 함수의 인자로 List<Int>를 넘길 수 없다.

하지만 이런 제약은 너무 심하다. 리스트 인터페이스를 빠르게 훑어보면 이 타입이 실제로는 생산자 타입처럼 동작한다는 점을 알 수 있다. 이 인터페이스의 모든 연산은 T 타입의 값을 반환하기만 할 뿐 입력으로 받지 않는다. 즉, 이 타입은 안전하게 T에 대해 공변적이 될 수 있다. 이를 위해 티입 파라미터 T 앞에 out이라는 키워드를 붙인다.

```
interface List<out T> {
  val size: Int
  fun get(index: Int): T
}
```

이제 컴파일러가 List<Int>가 List<Number>의 하위 타입이라는 사실을 이해하므로 concat() 호출은 예상대로 동작한다.

여기서 컴파일러가 다른 장소에서 파라미터를 공변적으로 선언할 수 있게 허용하지 않으므로, 생산자를 지정하는 부분이 중요하다. 가변 버전인 List를 살펴보자.

```
interface MutableList<T> : List<T> {
  fun set(index: Int, value: T)
}
```

MutableList의 T를 공변적으로 만들면 컴파일 오류가 발생한다.

```
interface MutableList<out T> : List<T> {
  // error: type parameter T is declared as 'out' but occurs in 'in' position in type T
  fun set(index: Int, value: T)
}
```

T 타입의 값을 입력으로 받아서 소비자처럼 동작하는 set() 함수로 인해 이런 일이 발생한다. 기본적인 규칙은 다음과 같다.

어떤 타입 파라미터가 항상 out 위치에서 쓰이는 경우에만 이 타입 파라미터를 공변적으로 선언할 수 있다. out 위치는 기본적으로 값을 만들어내는 위치다. 프로퍼티나 함수의 반환값 타입이나 제네릭 타입의 공변적인 타입 파라미터 위치가 out 위치다. 예를 들어 다음 타입 정의의 경우 타입 파라미터 T가 항상 out 위치에만 사용되기 때문에 올바른 타입 정의다.[1]

```
interface LazyList<out T> {
  // 반환 타입으로 쓰임
  fun get(index: Int): T

  // 반환 타입의 out 타입 파라미터로 쓰임
  fun subList(range: IntRange): LazyList<T>

  // 함수 타입의 반환값 부분도 out 위치임
  fun getUpTo(index: Int): () -> List<T>
}
```

마찬가지로 in 위치는 값을 함수 인자나 제네릭 타입의 반공변 타입 인자로 소비하는 경우를 뜻한다.

이런 검사에서 생성자 파라미터는 예외라는 점에 유의하라. 생성자는 제네릭 타입의 인스턴스가 존재하기 전에 호출되기 때문이다(생성자는 인스턴스를 생성하기 위해 최초 한 번만 호출된다). 이로 인해 ListByArray 구현도 공변적이라고 선언할 수 있다.

```
class ListByArray<out T>(private vararg val items: T) : List<T> { ... }
```

out과 마찬가지로, 반공변인 타입 파라미터 앞에 in 키워드를 붙일 수 있다. 제네릭 타입이 소비자 역할을 할 때 타입 파라미터를 in으로 표시할 수 있다. 이 말은 타입 파라미터가 out 위치에 전혀 사용되지 않는다는 뜻이다. 예를 살펴보자.

```
class Writer<in T> {
  // 함수 인자로 쓰임
  fun write(value: T) {
    println(value)
  }

  // in 위치에 사용된 Iterable 제네릭 타입의 out 위치 인자로 T를 사용함
  // 이런 경우 위치가 in 위치로 인정됨
```

1 역주 함수 타입의 반환값으로 타입 파라미터 T가 직접 쓰인 경우에는 out 위치이지만, 함수의 반환 타입이 제네릭 타입이고 T가 이 타입의 인자로 쓰인 경우에는 제네릭 타입의 out 위치에 T가 쓰인 경우에만 공변적이다. 예를 들어, 이 예제의 getUpTo가 배열을 반환하면 배열 타입은 인자에 대해 무공변이기 때문에 LazyList 정의에서 T를 공적으로 선언할 수 없다. (fun getUpTo(index: Int): () -> Array<T> // error: type parameter T is declared as 'out' but occurs in 'invariant' position in type () -> Array<T>)

```
  fun writeList(values: Iterable<T>) {
    values.forEach { println(it) }
  }
}

fun main() {
  val numberWriter = Writer<Number>()

  // 맞음: Writer<Number>가 Int도 처리 가능
  val integerWriter: Writer<Int> = numberWriter

  integerWriter.write(100)
}
```

앞에서 본 예제의 TreeNode 클래스는 공변으로도 반공변으로도 정의할 수 없다. 타입 파라미터를 in 위치(예 addChild() 함수)와 out 위치(예 data나 children 프로퍼티)에 모두 사용하기 때문이다. 이런 경우에는 타입 파라미터를 디폴트인 무공변으로 지정하는 수밖에 없다. 하지만 모든 자식을 포함하는 트리의 복사본을 만들고 싶다면 어떻게 해야 할까? 이럴 경우 이 작업에 필요한 멤버 연산들은 data나 children 프로퍼티를 가져오는 것뿐이므로 TreeNode 인스턴스는 오직 생산자 역할만 수행할 것이다. 이럴 때 TreeNode를 공변적으로만 사용한다고 코틀린 컴파일러를 납득시킬 방법은 없을까? 물론 이런 방법이 있다. 이때 사용할 수 있는 코틀린 언어 도구가 바로 사용 지점 변성이다. 사용 지점 변성을 프로젝션이라고도 한다.

9.2.3 프로젝션을 사용한 사용 지점 변성

변성을 지정하는 다른 방법으로 제네릭 타입을 사용하는 위치에서 특정 타입 인자 앞에 in/out을 붙이는 방법이 있다. 이 방식을 프로젝션이라고 하는데, 일반적으로는 무공변인 타입이지만 문맥에 따라 생산자나 소비자로만 쓰이는 경우에 유용하다.

기존 트리의 복사본을 다른 트리에 추가하는 함수를 구현한다고 하자. 먼저 무공변인 함수로부터 시작하자.

```
fun <T> TreeNode<T>.addSubtree(node: TreeNode<T>): TreeNode<T> {
  val newNode = addChild(node.data)
  node.children.forEach { newNode.addSubtree (it) }
  return newNode
}
```

이 함수는 잘 작동한다. 다만 두 트리의 원소 타입이 서로 같은 타입일 때만 작동한다.

```
fun main() {
  val root = TreeNode("abc")
  val subRoot = TreeNode("def")

  root.addSubtree(subRoot)
  println(root) // abc {def {}}
}
```

하지만 Int 트리를 Number로 이뤄진 트리에 추가하고 싶은 경우에는 어떻게 해야 할까? Int가 Number의 하위 타입이기 때문에, Int 타입이 들어있는 트리 노드를 Number 트리에 추가해도 트리가 원소 타입에 대해 가정하는 내용에 위배되지 않으므로 이 연산은 잘 정의된 연산이다. 하지만 TreeNode<T>는 무공변 타입이므로 addSubtree() 함수에서 인자 타입과 수신 객체 타입이 똑같이 T라고 쓸 수밖에 없었다. 이로 인해 컴파일러는 Int 트리를 Number 트리에 추가하는 연산을 허용하지 않는다.

```
val root = TreeNode<Number>(123)
val subRoot = TreeNode(456.7)
root.addSubtree(subRoot) // error: type mismatch
```

TreeNode<T> 타입에는 (data 프로퍼티처럼) T 타입의 값을 돌려주는 멤버와 (addChild() 함수처럼) T 타입의 값을 입력으로 사용하는 멤버가 모두 들어있기 때문에 TreeNode<T> 타입 자체는 무공변으로 남을 수밖에 없다. 하지만 addSubtree() 함수 내부 맥락에서는 인자로 전달된 트리를 오직 소비자로만 사용한다. 이를 통해 필요한 타입 인자를 out으로 표시하면 우리가 원하는 목표를 달성할 수 있다.

```
fun <T> TreeNode<T>.addSubtree(node: TreeNode<out T>): TreeNode<T> {
  val newNode = addChild(node.data)

  node.children.forEach { newNode.addSubtree(it) }
  return newNode
}

fun main() {
  val root = TreeNode<Number>(123)
  val subRoot = TreeNode(456.7)

  root.addSubtree(subRoot)
```

```
  println(root) // 123 {456.7 {}}
}
```

또는 추가되는 트리의 원소를 표현하기 위해 첫 번째 타입에 의해 바운드되는 두 번째 타입 파라미터를 도입할 수도 있다.

```
fun <T, U : T> TreeNode<T>.addSubtree(node: TreeNode<U>): TreeNode<T> {
  val newNode = addChild(node.data)

  node.children.forEach { newNode.addSubtree(it) }
  return newNode
}
```

out 프로젝션을 사용하면 타입 파라미터를 추가할 필요 없이 문제를 더 간결하게 해결할 수 있다. TreeNode<out T>를 프로젝션한 타입이라고 부른다. 프로젝션인 out T는 TreeNode의 실제 타입 인자를 알지는 못하지만 이 타입 인자가 T의 하위 타입이어야만 한다는 뜻이다. TreeNode<out T>를 TreeNode<T>에 속하지만 T에 대해 생산자 역할만 하는 연산만 노출시킨 타입이라고 생각할 수도 있다. 예를 들어 data, children, depth 등의 프로퍼티나 walkDepthFirst() 등의 함수는 입력으로 T 타입의 값을 받지 않기 때문에 생산자 역할만 한다고 할 수 있다. 이런 프로젝션 타입 내에 addChild()와 같은 연산이나 addChildren() 확장과 같이 소비자 역할을 하는 연산이 들어있기는 하지만, 실제로 이런 연산을 사용할 수는 없다. 이런 연산을 사용하려고 시도하면 컴파일 오류가 발생한다.

```
fun processOut(node: TreeNode<out Any>) {
  node.addChild("xyz") // error: type mismatch
}
```

이와 비슷하게 in 프로젝션을 통해 타입을 소비자로만 사용하게 할 수도 있다. 예를 들어 다음과 같은 형태로 트리 추가 함수를 작성할 수도 있다.

```
fun <T> TreeNode<T>.addTo(parent: TreeNode<in T>) {
  val newNode = parent.addChild(data)

  children.forEach { it.addTo(newNode) }
}
```

이번에는 추가할 노드들이 들어있는 원본 트리가 수신 객체이고, 노드를 추가할 대상 트리가 함수의 인자다. in 프로젝션으로 인해 TreeNode<T>에 대해 정의된 이 함수는 T의 상위 타입이 들어있는 트리만 허용한다.

```
fun main() {
  val root = TreeNode<Number>(123)
  val subRoot = TreeNode(456.7)

  subRoot.addTo(root)

  println(root) // 123 {456.7 {}}
}
```

자바 vs. 코틀린 코틀린 프로젝션은 근본적으로 자바의 extends/super 와일드카드와 같은 역할을 한다. 예를 들어 TreeNode<out Number>와 TreeNode<in Number>는 순서대로 자바의 TreeNode<? extends Number>와 TreeNode<? super Number>에 해당한다.

프로젝션을 사용하면 프로젝션이 적용된 타입 인자에 해당하는 선언 지점 변성이 의미가 없다는 점에 유의하라. 프로젝션이 타입 파라미터의 변성과 일치하면 프로젝션이 불필요하기 때문에 컴파일러가 경고를 표시한다. 반대로 프로젝션과 타입 파라미터의 변성이 일치하지 않으면 컴파일러는 컴파일 오류를 낸다. 다음 예제를 보자.

```
interface Producer<out T>{
  fun produce(): T
}

interface Consumer<in T> {
  fun consume(value: T)
}

fun main() {
  // error: projection is conflicting with variance of the corresponding type parameter
of Producer
  val inProducer: Producer<in String>
  // warning: projection is redundant: the corresponding type parameter of Producer has
the same variance
  val outProducer: Producer<out String>
  // warning: projection is redundant: the corresponding type parameter of Consumer has
the same variance
  val inConsumer: Consumer<in String>
```

```
  // error: projection is conflicting with variance of the corresponding type parameter
of Consumer
  val outConsumer: Consumer<out String>
}
```

자바 와일드카드와 마찬가지로 프로젝션을 사용하면 타입을 생산자나 소비자로만 사용하라고 제약을 가할 수 있어서 무공변 타입을 더 유용하게 쓸 수 있다. 추가로 코틀린은 제네릭 타입 파라미터를 아무 타입으로나 치환할 수 있게 해주는 특별한 방법도 제공한다. 바로 스타 프로젝션이다.

9.2.4 스타 프로젝션

*로 표시되는 스타 프로젝션은 타입 인자가 타입 파라미터의 바운드 안에서 아무 타입이나 될 수 있다는 사실을 표현한다. 코틀린 타입 파라미터는 상위 바운드만 허용하기 때문에 타입 인자에 스타 프로젝션을 사용하면 타입 인자가 해당 타입 파라미터를 제한하는 타입의 하위 타입 중 어떤 것이든 관계없다는 뜻이다. 예를 살펴보자.

```
// List의 원소 타입은 'Any?'에 의해 제한되므로 아무 리스트나 가능함
val anyList: List<*> = listOf(1, 2, 3)

// 자기 자신과 비교 가능한 아무 객체나 가능(T : Comparable<T> 바운드에 의해)
val anyComparable: Comparable<*> = "abcde"
```

즉, 스타 프로젝션은 out 프로젝션을 타입 파라미터 바운드에 적용한 것과 같이 동작한다.

자바 vs. 코틀린 코틀린의 스타 프로젝션은 자바의 ? 와일드카드에 대응한다. 따라서 코틀린 TreeNode<*>는 자바 TreeNode<?>에 해당한다.

9.1.3절 타입 소거와 구체화에서 이미 스타 프로젝션을 한 타입을 타입 검사 연산에 쓸 수 있다는 사실을 살펴봤다.

```
val any: Any = ""
any is TreeNode<*>
```

TreeNode의 타입 파라미터는 Any?에 의해 바운드되므로 이를 명시적인 out 프로젝션을 써서 다음과 같이 쓸 수도 있다.

```
any is TreeNode<out Any?> // Ok
```

9 제네릭스

하지만 Any?를 다른 타입으로 치환하려고 하면 타입 소거로 인해 타입 체크가 불가능해지므로 컴파일러가 오류를 표시한다.

```
any is TreeNode<out Number> // error: cannot check for instance of erased type
```

TreeNode<*>와 TreeNode<Any?>처럼 *를 사용하는 경우와 타입 파라미터 바운드를 비프로젝션(non-projection) 타입으로 타입 파라미터에 사용하는 경우의 차이를 구분하는 것이 중요하다. TreeNode<Any>는 아무 타입의 값이나 노드 값으로 들어갈 수 있는 트리를 뜻하지만, TreeNode<*>는 모든 노드가 어떤 공통 타입 T에 속하나 T가 어떤 타입인지 알려져 있지 않은 트리를 뜻한다. 이런 이유로 TreeNode 연산은 T 타입의 값을 소비하는 소비자로 작동한다. 다만 실제 타입을 알지는 못하기 때문에 어떤 값을 트리가 받아들일지도 알 수 없다. 이 말은 바로 앞에서 out 프로젝션의 뜻에 대해 논의했던 내용과 똑같다.

간단히 설명해서, 스타 프로젝션을 사용하면 타입 인자가 중요하지 않거나 알려져 있지 않은 제네릭 타입을 간결하게 표현할 수 있다.

만약 타입 파라미터에 바운드가 둘 이상 있다면 *로 명시적인 out 프로젝션을 대신할 수 없다는 점에도 유의하라. 스타 프로젝션으로 어떤 값의 타입을 지정할 경우 컴파일러가 아예 타입 파라미터의 바운드를 무시하기 때문에 해당 값을 사용할 때 컴파일러가 정확한 타입 바운드를 유추하지 못한다.

```
interface Named {
  val name: String
}

interface Identified {
  val id: Int
}

class Registry<T> where T : Named, T : Identified

// Registry의 타입 파라미터의 바운드는 Named와 Identified의 교집합이다
var registry: Registry<*>? = null
println(registry?.id ?: "")    // error: unresolved reference: id
println(registry?.name ?: "")  // error: unresolved reference: name
```

*와 명시적인 out의 또 다른 차이는 *를 선언 지점 변성이 붙은 타입 파라미터를 대신할 때 쓸 수 있다는 점에 있다. 이런 경우 컴파일러가 오류나 경고를 표시하지 않는다.

```
interface Consumer<in T> {
  fun consume(value: T)
}

interface Producer<out T> {
  fun produce(): T
}

fun main() {
  val starProducer: Producer<*> // Producer<Any?>와 같음
  val starConsumer: Consumer<*> // Consumer<Nothing>과 같음
}
```

반공변 위치(Consumer<*>)에 적용한 스타 프로젝션은 Nothing 타입을 인자로 지정한 것과 같다. Nothing은 모든 타입의 하위 타입이므로, consume() 함수에 아무 타입의 값이나 넣어도 문제가 없다.

9.3 타입 별명

마지막으로, 제네릭스와 직접적인 연관은 없지만 복잡한 제네릭 타입을 다룰 때 도움이 될 수 있는 언어 기능을 하나 소개한다. 바로 타입 별명(type alias)이다.

코틀린 1.1에 타입 별명을 도입한 이유는 기존 타입의 이름을 대신할 수 있는 새 이름을 도입할 수 있게 하기 위해서였다. 주목적은 제네릭 타입이나 함수 타입처럼 긴 이름을 짧게 부를 수 있도록 해주는 것이다. 타입 별명 정의는 typealias 키워드로 이뤄지며, 그다음에 별명이 오고 = 기호 다음에 실제 타입이 온다.

```
typealias IntPredicate = (Int) -> Boolean
typealias IntMap = HashMap<Int, Int>
```

이제 이렇게 정의한 이름을 =의 오른쪽에 있는 타입 대신 쓸 수 있다.

```
fun readFirst(filter: IntPredicate) =
  generateSequence{ readLine()?.toIntOrNull() }.firstOrNull(filter)
```

```
fun main() {
  val map = IntMap().also {
    it[1] = 2
    it[2] = 3
  }
}
```

내포된 클래스를 더 짧은 이름으로 가리키는 사용법도 있다.

```
sealed class Status {
  object Success : Status()
  class Error(val message: String) : Status()
}

typealias StSuccess = Status.Success
typealias StError = Status.Error
```

타입 별명도 제네릭 타입처럼 타입 파라미터를 포함할 수 있다. 특히 제네릭 클래스와 비슷한 방식으로 타입 별명을 정의할 수 있다.

```
typealias ThisPredicate<T> = T.() -> Boolean
typealias MultiMap<K, V> = Map<K, Collection<V>>
```

그리고 가시성을 사용해 타입 별명이 보이는 영역을 제한할 수도 있다.

```
private typealias MyMap = Map<String, String> // 현재 파일 내부에서만 볼 수 있음
```

현재(코틀린 1.5)는 타입 별명을 최상위에만 선언할 수 있다. 예를 들어 함수나 클래스 내부에서 타입 별명을 선언할 수는 없다.

```
fun main() {
  // error: nested and local type aliases are not supported
  typealias A = Int
}
```

또 다른 제약도 있다. 제네릭 타입 별명에 대해 제약이나 바운드를 선언할 수는 없다.

```
// error: bounds are not allowed on type alias parameters
typealias ComparableMap<K : Comparable<K>, V> = Map<K, V>
```

타입 별명이 새 타입을 도입하는 것이 아니고, 기존 타입을 가리키는 새로운 방법을 추가해주는 것뿐이라는 점을 기억하라. 이 말은 타입 별명과 원래의 타입을 자유롭게 바꿔 쓸 수 있다는 뜻이다.

```
typealias A = Int

fun main() {
  val n = 1
  val a: A = n
  val b: Int = a
}
```

여러분도 이미 알고 있듯이 타입 별명이 기존 타입에 대한 새 이름을 제공하는 유일한 방법은 아니다. 따라서 비슷한 목적으로 사용할 수 있는 여러 언어 기능의 차이를 이해하면 유용하다.

예를 들어 임포트 별명을 사용하면 임포트 디렉티브의 일부분으로 별명을 도입할 수 있다. 임포트 별명은 함수나 프로퍼티에 대한 별명도 지원하지만, 제네릭 별명을 허용하지는 않는다. 게다가 임포트 별명의 영역은 항상 임포트 디렉티브가 포함된 파일 안으로 제한된다. 반면 공개(public) 타입 별명은 더 넓은 영역에 쓰일 수 있다.

제네릭 타입이나 함수 타입을 상속해서 새로운 타입 이름을 제공할 수도 있다. 이 방법을 사용하면 제네릭 타입도 정의할 수 있고, 새 이름의 가시성도 제어할 수 있다. 이 방법과 타입 별명의 가장 중요한 차이는 이런 방식의 정의는 원래 타입의 하위 타입인 새로운 타입을 만들어낸다는 점에 있다. 따라서 이렇게 만든 이름은 원래 이름과 한 방향으로밖에 호환되지 않는다.

```
class MyMap<T> : HashMap<T, T>()

fun main() {
  val map: Map<String, String> = MyMap() // Ok, MyMap은 Map의 하위 타입
  val myMap: MyMap<String> = map // error: type mismatch
}
```

게다가 `final` 클래스는 상속할 수 없지만, 이런 클래스에 대한 별명은 만들 수 있다.

인라인 클래스도 원래 타입과 동일한 표현을 사용한다는 점에서는 타입 별명과 같다. 하지만 인라인 클래스는 원래 타입과 호환되지 않는 새로운 타입을 만들어낸다는 중요한 차이가 있다. 예를 들어 명시적인 변환을 사용하지 않으면 `UInt` 값을 `Int` 타입의 변수에 대입할 수는 없다(역방향 대입도 안 된다).

9.4 결론

이 장에서는 코틀린 코드에서 추상화를 설계하는 또 다른 도구인 제네릭스의 개념을 배웠다. 이제는 여러분 자신만의 제네릭 API를 설계할 수 있고, 구체화한 타입 파라미터나 변성 등의 고급 개념을 더 간결하고 효율적이며 타입 안전한 코드를 작성하기 위해 활용할 수 있어야 한다. 그리고 어떤 타입 이름을 대신할 수 있는 별명을 도입하게 해주는 타입 별명이라는 유용한 개념도 소개했다. 타입 별명을 사용하면 복잡한 제네릭 타입이나 함수 타입을 더 쉽게 처리할 수 있다.

다음 장에서는 두 가지 서로 연관된 개념을 자세히 살펴본다. 첫 번째로 살펴볼 내용은 애너테이션(annotation)이다. 애너테이션을 사용하면 프로그램 요소에 여러 가지 메타데이터(metadata)를 지정할 수 있다. 코틀린에서는 애너테이션을 다른 기능들과 함께 사용해 코드의 상호 운용성을 세밀하게 조절한다. 이에 대한 내용은 **12장 자바 상호 운용성**에서 다룬다. **10장 애너테이션과 리플렉션**에서 살펴볼 두 번째 주요 내용은 프로그램 내부 구조를 살펴보고 동적으로 코드를 호출할 수 있게 해주는 API를 제공하는 리플렉션이다.

9.5 정리 문제

KOTLIN IN DEPTH

1. 코틀린에서 제네릭 클래스, 함수, 프로퍼티를 정의하는 방법은 무엇인가?
2. 타입 파라미터에 대해 제약을 거는 방법을 설명하라. 자바와 코틀린의 타입 파라미터 제약 기능을 비교해 설명하라.
3. 타입 소거란 무엇인가? 타입 파라미터의 한계를 일반 타입과 비교해 설명하라.
4. 구체화한 타입 파라미터를 사용해 어떻게 타입 소거를 우회할 수 있는가? 구체화한 타입 파라미터의 한계는 무엇인가?
5. 변성이란 무엇인가? 제네릭 코드에서 변성이 중요한 이유는 무엇인가?
6. 코틀린에서 선언 지점 변성을 어떻게 사용하는지 설명하라.

7. 코틀린 사용 지점 변성과 자바 와일드카드를 비교해 설명하라.

8. 스타 프로젝션의 목적이 무엇인지 설명하라.

9. 타입 별명 구문을 설명하라. 임포트 별명이나 상속과 같은 (기존 타입 이름에 대한 새로운 타입 이름을 소개하는) 언어 기능과 타입 별명을 비교하라.

10장

애너테이션과 리플렉션

이 장에서는 두 가지 주요 주제를 다룬다. 첫 번째 부분은 코틀린 선언에 메타데이터를 엮어서 나중에 활용할 수 있게 해주는 애너테이션을 다룬다. 여러분 스스로 애너테이션을 정의하고 적용하는 방법을 설명하며, 코틀린 소스코드 컴파일에 영향을 미치는 코틀린 내장 애너테이션을 설명한다.

두 번째 부분은 리플렉션 API를 다룬다. 리플렉션은 런타임에 코틀린 선언이 표현되는 방식에 따라 구성된 몇 가지 타입으로 이뤄진다. 리플렉션 객체를 얻는 방법, 리플렉션 객체의 애트리뷰트나 호출 가능한 객체를 사용하는 방법, 동적으로 함수나 프로퍼티를 호출하는 방법을 설명한다.

배우는 내용

- 애너테이션 클래스를 정의하고 사용하는 방법
- 내장 애너테이션
- 클래스 리터럴과 호출 가능 참조
- 리플렉션 API

이 장의 목표

코틀린 소스코드에 애너테이션을 적용하는 방법과 여러분이 직접 애너테이션 클래스를 만드는 방법을 배운다. 그리고 코틀린 리플렉션 API를 사용해 런타임에 코틀린 선언에 대한 정보를 얻고, 동적으로 함수와 프로퍼티를 호출하는 방법을 이해한다.

KOTLIN IN DEPTH

10.1 애너테이션

애너테이션은 커스텀 메타데이터를 정의하고 이 메타데이터를 소스코드상의 선언, 식, 전체 파일 등의 요소에 엮는 방법을 제공한다. 자바 애너테이션과 마찬가지로 코틀린 애너테이션도 런타임에 접근할 수 있다. 여러 가지 프레임워크나 처리 도구들이 애너테이션을 광범위하게 사용하고 있다. 이런 도구들은 애너테이션을 사용해 코드에 필요한 정보를 채워 넣는다.

10.1.1 애너테이션 클래스 정의하고 사용하기

애너테이션을 사용하는 문법은 자바와 비슷하다. 가장 기본적인 경우는 어떤 선언의 앞쪽에 변경자 위치에 @이 붙은 애너테이션 이름을 놓는 것이다. 예를 들어 제이유닛(JUnit) 등의 테스트 프레임워크를 사용한다면 @Test라는 애너테이션을 통해 테스트 함수를 지정할 수 있다.[1]

```
import org.junit.Test

class MyTestCase {
  @Test
  fun testOnePlusOne() {
    assert(1 + 1 == 2)
  }
}
```

자바 vs. 코틀린 자바와 달리 코틀린 애너테이션을 식에 적용할 수도 있다. 예를 들어 내장 @Suppress 애너테이션을 사용하면 소스 파일의 특정 식에 대한 컴파일러 경고를 끌 수 있다.

```
val s = @Suppress("UNCHECKED_CAST") objects as List<String>
```

같은 구성 요소에 애너테이션을 여럿 붙이고 싶다면 각괄호([])로 애너테이션들을 감쌀 수 있다.

```
@[Synchronized Strictfp] // @Synchronized @Strictfp와 같은 역할을 함
fun main() { }
```

애너테이션을 주생성자에 적용하고 싶을 때는 명시적으로 주생성자의 인자 목록 앞에 constructor 키워드를 붙여야 한다.

```
class A @MyAnnotation constructor ()
```

4장 클래스와 객체 다루기에서 주생성자를 private으로 정의하기 위해 이와 비슷한 구문을 사용했다.

애너테이션을 정의하려면 클래스 앞에 annotation이라는 변경자를 붙여야 한다.

```
annotation class MyAnnotation

@MyAnnotation fun annotatedFun() { }
```

1 역주 예제 코드는 제이유닛을 사용하도록 프로젝트 환경을 설정한 경우에만 정상 작동한다는 점에 유의하라. 보통은 IDE에서 프로젝트를 생성할 때 테스트 프레임워크를 선택하는 화면이 나오므로 거기서 설정하면 된다.

자바 vs. 코틀린 코틀린과 자바의 애너테이션 정의 차이에 유의하라. 자바 애너테이션은 인터페이스로 구성되지만, 코틀린 애너테이션은 특별한 종류의 클래스로 구성된다.

일반 클래스와 달리 애너테이션 클래스에는 멤버나 부생성자, 초기화 코드가 없다.

```
annotation class MyAnnotation {
  val text = "???" // Error
}
```

하지만 코틀린 1.3부터는 내포된 클래스, 인터페이스, 객체(동반 객체 포함)를 애너테이션 본문에 넣을 수 있다.

```
annotation class MyAnnotation {
  companion object {
    val text = "???"
  }
}
```

애너테이션에 커스텀 애트리뷰트를 추가하고 싶나면 생성자 파라미터를 통해야만 한다. 이와 같은 애너테이션을 사용할 때는 클래스 생성자를 호출할 때처럼 이런 파라미터에 실제 인자를 제공해야 한다.

```
annotation class MyAnnotation(val text: String)

@MyAnnotation("Some useful info") fun annotatedFun() { }
```

애너테이션 파라미터를 항상 val로 선언해야 한다는 점에 유의하라.

자바 vs. 코틀린 자바 애너테이션에서는 애트리뷰트를 파라미터가 없는 메서드 형태로 지정해야 한다. 하지만 코틀린에서는 생성자 파라미터가 프로퍼티 역할을 함께 담당한다.

일반적인 생성자와 마찬가지로 디폴트 값이나 가변 인자를 사용할 수도 있다.

```
annotation class Dependency(val arg:String, val componentNames: String="Core")
annotation class Component(val name: String = "Core")

@Component("I/O")
class IO

@Component("Log")
@Dependency("I/O")
class Logger
```

```kotlin
@Component
@Dependency("I/O", "Log")
class Main
```

코틀린 애너테이션은 클래스의 일종이기는 하지만, 일반적인 클래스와 마찬가지 방식으로 이 클래스의 인스턴스를 만들 수는 없다.

```kotlin
annotation class Component(val name: String = "Core")

val ioComponent = Component("IO") // error: annotation class cannot be instantiated
```

앞에서 설명한 것처럼 @ 구문을 사용해야만 애너테이션 인스턴스를 생성할 수 있다. (런타임까지 유지되는 애너테이션인 경우) 실제 애너테이션 인스턴스를 얻기 위해서는 리플렉션 API를 사용할 수 있다. 리플렉션은 나중에 다룰 것이다.

애너테이션 클래스에는 상위 타입을 명시할 수도, 애너테이션 클래스를 상속하는 클래스를 정의할 수도 없다. 애너테이션은 Any 클래스와 빈 Annotation 인터페이스를 자동으로 상속하며, 이 둘은 모든 애너테이션 클래스의 공통 상위 타입 역할을 한다.

애너테이션 인자는 컴파일 시에만 평가되므로 애너테이션 인자에 임의의 식을 넣을 수는 없다. 더 나아가 컴파일러는 애너테이션 파라미터로 사용할 수 있는 타입의 종류를 다음과 같이 제한한다.

- Int, Boolean, Double 등 원시 타입
- String
- 이넘
- 다른 애너테이션
- 클래스 리터럴
- 위에 나열한 타입들로 이뤄진 배열

JVM에서는 애너테이션 애트리뷰트에 널을 저장할 수 없으므로 이와 같은 파라미터는 널이 될 수 없다.

다른 애너테이션을 인자로 사용하는 경우에는 @ 접두사를 안 붙여도 된다. 대신 일반 생성자 호출처럼 애너테이션을 써라. 앞의 예제를 다시 살펴보자.

```kotlin
annotation class Dependency(vararg val componentNames: String)

annotation class Component(
```

```
  val name: String = "Core",
  val dependency: Dependency = Dependency()
)

@Component("I/O")
class IO

@Component("Log", Dependency("I/O"))
class Logger

@Component(dependency = Dependency("I/O", "Log"))
class Main
```

애너테이션 파라미터로 vararg 대신 명시적인 배열 타입을 사용할 수도 있다. 이와 같은 애너테이션을 쓸 때는 표준 arrayOf() 함수를 통해 배열을 만들 수 있다.

```
annotation class Dependency(val componentNames: Array<String>)

@Component(dependency = Dependency(arrayOf("I/O", "Log")))
class Main
```

코틀린 1.2부터는 애너테이션 인자로 각괄호([])를 사용해 더 간결하게 배열을 만들 수 있다.

```
annotation class Dependency(val componentNames: Array<String>)

@Component(dependency = Dependency(["I/O", "Log"]))
class Main
```

각괄호를 사용한 배열 표현의 경우 현재는 애너테이션에서만 사용할 수 있다.

클래스 리터럴을 사용하면 KClass 타입의 리플렉션 객체로 클래스에 대한 표현을 얻을 수 있다. 이 KClass 타입은 자바 언어의 Class 타입에 해당하는 코틀린 클래스다. 클래스 이름 뒤에 ::class를 붙여서 클래스 리터럴을 만든다. 앞의 컴포넌트/의존 관계 예제를 이름 대신 클래스 리터럴을 사용하는 형태로 바꾸자.

```
import kotlin.reflect.KClass

annotation class Dependency(vararg val componentClasses: KClass<*>)

annotation class Component(
  val name: String = "Core",
```

```
  val dependency: Dependency = Dependency()
)

@Component("I/O")
class IO

@Component("Log", Dependency(IO::class))
class Logger

@Component(dependency = Dependency(IO::class, Logger::class))
class Main
```

자바 vs. 코틀린 java.lang.Class의 인스턴스를 코틀린 애너테이션에 쓸 수도 있다. 하지만 JVM을 타깃으로 코틀린 클래스를 컴파일한 경우에는 자바 클래스로 자동 변환된다.

코틀린 소스코드에서 여러 언어 요소가 함축돼 있는 선언에 대해 애너테이션이 붙을 수도 있다. 예를 들어 다음 클래스를 생각해보자.

```
class Person(val name: String)
```

이 코드의 val name: String은 생성자 파라미터와 게터가 있는 클래스 프로퍼티, 그리고 프로퍼티 값을 저장하기 위한 뒷받침하는 필드 선언을 짧게 줄인 코드다. 이런 요소 각각에 대해 애너테이션을 붙일 수 있으므로, 코틀린에서는 애너테이션을 사용하는 시점에 어떤 대상에 대해 애너테이션을 붙이는지 지정할 수 있다.

이런 사용 지점 대상은 특별한 키워드를 통해 지정한다. 이 키워드는 애너테이션 이름 앞에 붙으며 :(콜론)으로 애너테이션 이름과 구분된다. 예를 들어 프로퍼티 게터에 대한 애너테이션을 붙이고 싶다면 get 키워드를 사용하면 된다.

```
class Person(@get:A val name: String)
```

대부분의 사용 지점 대상은 다양한 프로퍼티 구성 요소와 연관돼 있다. 최상위나 클래스 수준의 프로퍼티는 물론이고, 주생성자의 val/var 파라미터에 대해서도 이런 대상을 지정할 수 있다.

- **property**: 프로퍼티 자체를 대상으로 한다.
- **field**: 뒷받침하는 필드를 대상으로 한다(뒷받침하는 필드가 있는 프로퍼티에 대해서만 작동한다).
- **get**: 프로퍼티 게터를 대상으로 한다.

- **set**: 프로퍼티 세터를 대상으로 한다.
- **param**: 생성자 파라미터를 대상으로 한다(val/var가 붙은 파라미터만 대상으로 삼을 수 있다).
- **setparam**: 프로퍼티 세터의 파라미터를 대상으로 한다(가변 프로퍼티에만 사용할 수 있다).
- **delegate**: 위임 객체를 저장하는 필드를 대상으로 한다(위임 프로퍼티에만 사용할 수 있다. **11장 도메인 특화 언어**를 보라).

코드상에 명시적으로 프로퍼티 접근자가 없더라도, get/set 대상(바로 앞 예제의 val 파라미터를 보라)을 사용하면 접근자에 애너테이션을 붙일 수 있다. setparam 대상도 마찬가지다. 이 경우에는 세터의 파라미터에 대해 애너테이션을 직접 붙인 것과 마찬가지 역할을 한다.

사용 지점 대상을 사용하는 애너테이션을 [] 구문으로 묶을 수 있다. 이런 경우에는 대상을 모든 애너테이션에 적용하게 된다. 따라서 다음과 같은 정의는

```
class Person(@get:[A B] val name: String)
```

다음과 같다.

```
class Person(@get:A @get:B val name: String)
```

receiver라는 대상을 사용하면 확장 함수나 프로퍼티의 수신 객체에 애너테이션을 붙일 수 있다.

```
class Person(val firstName: String, val familyName: String)

fun @receiver:A Person.fullName() = "$firstName $familyName"
```

마지막으로, file이라는 대상을 사용해 전체 파일에 대해 애너테이션을 붙일 수 있다. 다른 패키지 임포트나 패키지 지시자보다 더 앞인 파일의 시작 부분에 이런 애너테이션을 붙여야 한다.

```
@file:JvmName("MyClass")          // 이 줄은 파일 맨 앞에 있어야 함
...
fun main() {
  println("main() in MyClass")
}
```

런타임에 최상위 함수와 프로퍼티가 들어가는 파일 퍼사드 클래스 안에 파일 애너테이션이 남는다. **12장 자바 상호 운용성**에서는 (앞의 @JvmName처럼) 퍼사드 클래스를 자바에서 볼 수 있게 해주는 파일 수준의 애너테이션을 살펴본다.

이제 몇 가지 내장 애너테이션을 살펴보자. 이런 애너테이션들은 코틀린 코드 안에서 특별한 의미를 가진다.

10.1.2 내장 애너테이션

코틀린은 몇 가지 내장 애너테이션을 제공한다. 이들은 컴파일러 수준에서 특별한 의미를 가진다. 이런 애너테이션 중 일부는 애너테이션 클래스 자체에 적용 가능하며, 이런 애너테이션을 통해 대상 애너테이션의 사용 방법을 바꿀 수 있다. 이런 애너테이션 중 상당수는 자바 언어의 메타 애너테이션과 비슷한 역할을 한다.

`@Retention` 애너테이션은 애너테이션이 저장되고 유지되는 방식을 제어한다. 자바의 `@Retention` 인터페이스와 마찬가지로, 코틀린에서도 `AnnotationRetention` 이넘 클래스에 적용된 세 가지 중 한 가지 저장 방식을 지정할 수 있다.

- **SOURCE**: 이 애너테이션은 컴파일 시점에만 존재하며 컴파일러의 바이너리 출력(JVM의 경우 바이트코드가 저장된 클래스 파일)에는 저장되지 않는다.
- **BINARY**: 이 애너테이션은 컴파일러의 바이너리 출력에 저장되지만, 런타임에 리플렉션 API로 관찰할 수는 없다.
- **RUNTIME**: 이 애너테이션은 컴파일러의 바이너리 출력에 저장되며 런타임에 리플렉션 API를 통해 관찰할 수도 있다.

디폴트로 코틀린 애너테이션은 `RUNTIME`으로 유지 시점이 정의된다. 따라서 리플렉션 API에서 코틀린 애너테이션을 찾지 못할 염려는 없다. 하지만 현재는 식에 대해 붙은 애너테이션의 경우 런타임까지 유지되지 못한다는 점에 유의하라. 따라서 식에 붙는 애너테이션에 대해 `BINARY`나 `RUNTIME`을 지정하는 것은 금지돼 있다.

```
//error: expression annotations with retention other than SOURCE are prohibited
@Target(AnnotationTarget.EXPRESSION)
annotation class NeedToRefactor
```

이런 경우에는 명시적으로 `SOURCE` 유지 시점을 지정해야 한다.

```
@Target(AnnotationTarget.EXPRESSION)
@Retention(AnnotationRetention.SOURCE)
annotation class NeedToRefactor // Ok
```

자바 vs. 코틀린 자바와 코틀린의 디폴트 유지 시점 차이를 기억하라. 자바에서는 디폴트가 RetentionPolicy.CLASS(이는 코틀린의 AnnotationRetention.BINARY)이며, 이 말은 명시적으로 RUNTIME으로 지정하지 않으면 자바 애너테이션을 리플렉션에서 관찰할 수 없다는 뜻이다.

@Repeatable이 붙은 애너테이션을 같은 언어 요소에 두 번 이상 반복 적용할 수 있다.

```
@Repeatable
@Retention(AnnotationRetention.SOURCE)
annotation class Author(val name: String)

@Author("John")
@Author("Harry")
class Services
```

기본적으로 애너테이션을 반복 적용할 수는 없다. 반복 적용할 수 없는 애너테이션을 여러 번 적용하면 오류가 발생한다.

```
@Deprecated("Deprecated")
@Deprecated("Even more deprecated") error: this annotation is not repeatable
class OldClass
```

현재는 반복할 수 있는 애너테이션을 런타임까지 유지할 수 없다. 따라서 반복할 수 있는 애너테이션의 유지 시점을 반드시 SOURCE로 명시해야 한다.

@MustBeDocumented는 애너테이션을 문서에 꼭 포함시키라는 뜻이다. 애너테이션도 공개 API의 일부인 경우 이 애너테이션을 붙인다. 이 애너테이션은 자바 @Documented와 같은 역할을 하며 코틀린 표준 문서화 엔진인 Dokka에 의해 지원된다(자바독 도구가 @Documented를 지원하는 것과 마찬가지다).

@Target은 애너테이션을 어떤 언어 요소에 붙일 수 있는지 지정한다. AnnotationTarget 이넘에 정의된 다음 상수들을 vararg로 지정하면 된다.

- **CLASS**: 클래스, 인터페이스, 객체에 붙일 수 있다(애너테이션 클래스도 포함).
- **ANNOTATION_CLASS**: 애너테이션 클래스에 붙일 수 있다.
- **TYPEALIAS**: 타입 별명 정의에 붙일 수 있다.
- **PROPERTY**: 주생성자에 정의된 val/var 프로퍼티를 포함해, 프로퍼티에 붙일 수 있다(지역 변수에는 붙일 수 없다).

- **FIELD**: 프로퍼티를 뒷받침하는 필드에 붙일 수 있다.
- **LOCAL_VARIABLE**: 지역 변수에 붙일 수 있다(파라미터는 제외).
- **VALUE_PARAMETER**: 생성자, 함수, 프로퍼티 세터의 파라미터에 붙일 수 있다.
- **CONSTRUCTOR**: 주생성자나 부생성자에 붙일 수 있다.
- **FUNCTION**: 람다나 익명 함수를 포함해, 함수에 붙일 수 있다(하지만 생성자나 프로퍼티 접근자에는 붙일 수 없다).
- **PROPERTY_GETTER/PROPERTY_SETTER**: 프로퍼티 게터/프로퍼티 세터에 붙일 수 있다.
- **FILE**: 파일에 붙일 수 있다.
- **TYPE**: 타입 지정에 붙일 수 있다. 변수의 타입이나 함수의 파라미터 타입, 반환 타입 등을 포함한다.
- **EXPRESSION**: 식에 붙일 수 있다.

TYPE_PARAMETER라는 상수를 현재는 지원하지 않지만, 미래에 대비해 예약돼 있다. 따라서 제네릭 선언의 타입 파라미터에 애너테이션을 적용할 수는 없다.

@Target을 지정하지 않으면 타입 별명, 타입 파라미터, 타입 지정, 식, 파일을 제외한 언어 요소에 애너테이션을 적용할 수 있다. 예를 들어 파일에 적용할 수 있는 애너테이션을 원한다면 이를 명시해야만 한다.

자바 vs. 코틀린 AnnotationTarget 클래스는 JDK에 있는 ElementType 이넘과 비슷하다. 하지만 TYPE이라는 상수가 서로 다른 의미라는 점에 유의하라. 코틀린의 AnnotationTarget.TYPE은 타입 지정(자바의 ElementType.TYPE_USAGE에 해당)을 뜻하지만, 자바의 ElementType.TYPE은 실제 클래스나 인터페이스 선언(코틀린의 AnnotationTarget.CLASS에 해당)을 뜻한다.

그리고 자바와 달리 코틀린은 패키지 수준의 애너테이션을 지원하지 않는다(따라서 ElementType.PACKAGE에 대응하는 상수는 없다). 하지만 소스 파일 수준에서 애터네이션을 정의할 수 있다. **12장 자바 상호 운용성**에서는 자바-코틀린 상호 운용성을 세밀하게 조정하기 위해 파일 애너테이션을 사용하는 방법을 살펴본다.

다음 애너테이션은 이름이 같은 자바 변경자와 같은 역할을 한다.

- **@StrictFp**: 부동소수점 연산의 정밀도를 제한해서 여러 다른 플랫폼 간의 부동소수점 연산 이식성을 높여준다.
- **@Synchronized**: 애너테이션이 붙은 함수나 프로퍼티 접근자의 본문에 진입하기 전에 모니터(monitor)를 획득하고 본문 수행 후 모니터를 해제하게 한다.

- **@Volatile**: 애너테이션이 붙은 뒷받침하는 필드를 변경한 내용을 즉시 다른 스레드에서 관찰할 수 있게 해준다.
- **@Transient**: 애네테이션이 붙은 필드를 직렬화 메커니즘이 무시한다.

@Synchronized와 @Volatile은 동시성 지원과 관련이 있으므로 **13장 동시성**에서 자세히 다룬다.

@Suppress 애너테이션을 사용하면 지정한 이름의 컴파일러 경고를 표시하지 않게 할 수 있다. 이 애너테이션은 식이나 파일을 포함하는 모든 대상에 붙일 수 있다. 예를 들어, 여러분이 코드가 맞다고 확신한다면 이 애너테이션을 사용해 타입 캐스팅과 관련한 불필요한 경고를 막을 수 있다.

```
val strings = listOf<Any>("1", "2", "3")
val numbers = listOf<Any>(1, 2, 3)

// 경고 표시되지 않음
val s = @Suppress("UNCHECKED_CAST") (strings as List<String>)[0]

// warning: unchecked cast: List<Any> to List<Number>
val n = (numbers as List<Number>)[1]
```

이 애너테이션은 자신이 적용된 요소 내부에 있는 모든 코드에 적용된다. 예를 들어 어떤 함수의 코드 안쪽에서 발생하는 모든 경고를 제거할 수도 있다.

```
@Suppress("UNCHECKED_CAST")
fun main() {
  val strings = listOf<Any>("1", "2", "3")
  val numbers = listOf<Any>(1, 2, 3)
  val s = (strings as List<String>)[0]      // 경고 표시되지 않음
  val n = (numbers as List<Number>)[1]      // 경고 표시되지 않음

  println(s + n) // 12
}
```

파일을 사용 지점 대상으로 지정하면 파일 전체에서 경고를 없앨 수도 있다.

```
@file:Suppress("UNCHECKED_CAST")
val strings = listOf<Any>("1", "2", "3")
val numbers = listOf<Any>(1, 2, 3)

fun takeString() = (strings as List<String>)[0]    // 경고 표시되지 않음
fun takeNumber() = (numbers as List<Number>)[1]    // 경고 표시되지 않음
```

```
@Suppress("UNCHECKED_CAST")
fun main() {
  println(takeString() + takeNumber()) // 12
}
```

IDE 팁 ☰ 경고 이름을 찾아보거나 외울 필요는 없으며, 인텔리J가 @Suppress 애너테이션을 자동으로 삽입할 수 있다. 경고가 발생할 수 있는 지점에 캐럿을 위치시킨 다음 Alt + Enter를 누른 후(그림 10-1), Annotator 하위 메뉴의 Suppress... 액션 중 하나를 선택하라. IDE가 코드를 검사해 보고하는 경고에 대해서도 같은 액션을 사용할 수 있다.[2]

▼ 그림 10-1 컴파일러 경고 없애기

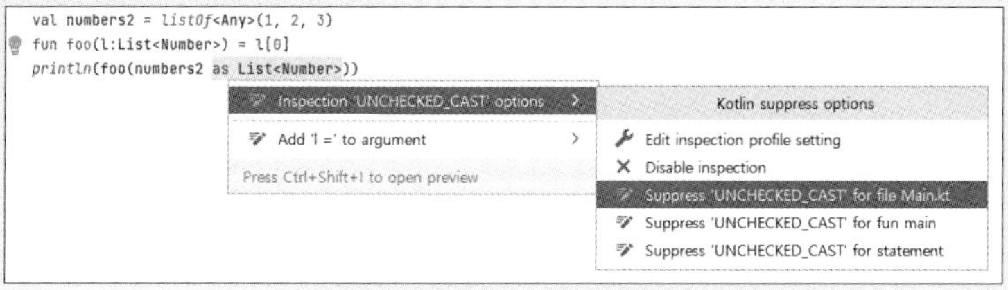

```
val numbers2 = listOf<Any>(1, 2, 3)
fun foo(l:List<Number>) = l[0]
println(foo(numbers2 as List<Number>))
```

Inspection 'UNCHECKED_CAST' options >
Add 'l =' to argument >
Press Ctrl+Shift+I to open preview

Kotlin suppress options
Edit inspection profile setting
Disable inspection
Suppress 'UNCHECKED_CAST' for file Main.kt
Suppress 'UNCHECKED_CAST' for fun main
Suppress 'UNCHECKED_CAST' for statement

다른 유용한 애너테이션인 @Deprecated는 자바의 동일한 애너테이션과 같은 역할을 한다. 어떤 선언을 사용 금지 예정(deprecated)이라고 선언하면, 이 선언을 사용하지 않는 것을 클라이언트 코드에게 권장한다. IDE에서 사용 금지 예정인 선언을 사용하면 취소선이 들어간 글자체로 표시된다(그림 10-2와 같음). @Deprecated를 사용할 때는 왜 이 선언이 사용 금지 예정인지 알려주고, 이 선언 대신 쓸 수 있는 대안을 알려주는 메시지를 추가하는 것이 일반적이다.

▼ 그림 10-2 사용 금지 예정으로 지정된 선언

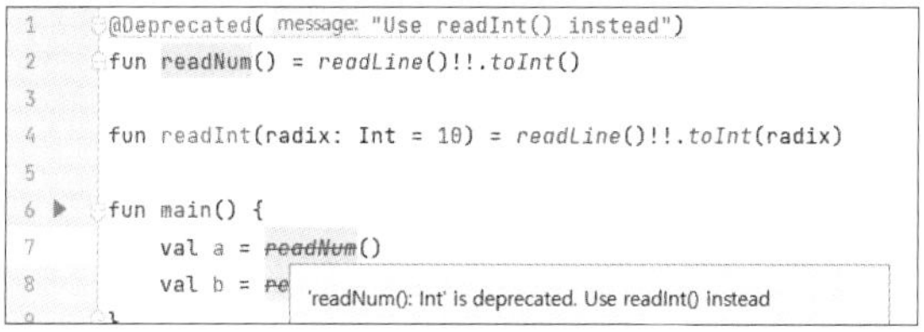

```
@Deprecated( message: "Use readInt() instead")
fun readNum() = readLine()!!.toInt()

fun readInt(radix: Int = 10) = readLine()!!.toInt(radix)

fun main() {
    val a = readNum()
    val b = re
}
```

'readNum(): Int' is deprecated. Use readInt() instead

2 역주 원서의 예제는 실제로는 그냥 list[0] as Number와 같은 식으로 리스트 타입이 아니라 얻어낸 원소의 타입을 캐스팅하면 되는 경우라서 인텔리J가 Suppress 옵션을 보여주지 않는다. 하지만 List<Number> 타입의 리스트를 인자로 얻는 함수를 정의하고, 이 함수에 List<Any> 타입의 값을 넘기는 경우처럼 UNCHECKED_CAST가 항상 발생할 수 있는 상황을 만들면 이 액션을 볼 수 있다. 그림에 보이는 foo 함수의 시그니처를 확인하라.

코틀린 @Deprecated는 자바에서 제공하지 않는 다른 기능도 제공한다. 이 기능을 사용하려면 사용 금지 예정 대상을 대신할 수 있는 식을 문자열로 지정해야 한다. 사용 금지 예정인 선언을 사용하는 코드에서 Alt + Enter를 눌러 퀵픽스를 시도하면 사용 금지된 식을 이 문자열에 해당하는 식으로 변경해준다(그림 10-3). 앞에서 본 readNum()을 readInt()로 대신하고 싶다고 하자. 이런 경우 다음과 같이 코드를 작성할 수 있다.

```
@Deprecated(
  "Use readInt() instead", // 메시지
  ReplaceWith("readInt()") // 대안
)

fun readNum() = readLine()!!.toInt()
```

그림 10-3 사용 금지 예정인 부분을 퀵픽스하기

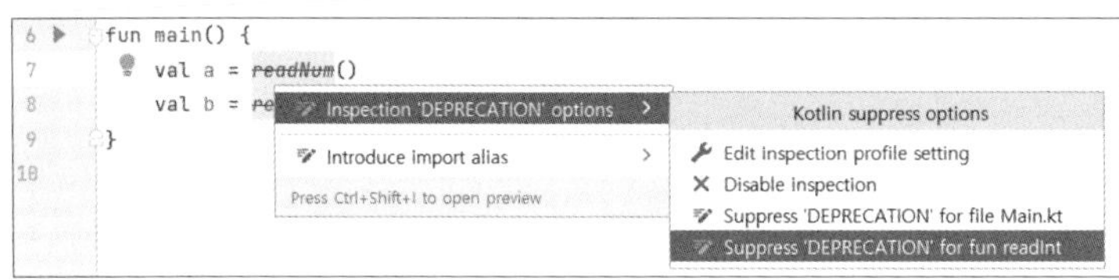

ReplaceWith도 애너테이션이라는 점에 유의하라. 그래서 @Deprecated를 사용하면서 그 안에 ReplaceWith를 지정할 수 있다. 하지만 @ReplaceWith를 단독으로 사용할 수는 없다. 이 애너테이션의 정의를 살펴보자.

```
@Target()
@Retention(AnnotationRetention.BINARY)
@MustBeDocumented
public annotation class ReplaceWith(
  val expression: String,
  vararg val imports: String
)
```

코드를 보면 알 수 있듯이 이 애너테이션은 아무 대상도 지원하지 않는다. 따라서 @Deprecated와 같은 다른 애너테이션 내부에서만 이 애너테이션을 사용할 수 있다.

ReplaceWith가 추가로 받는 vararg 파라미터는 사용 금지 예정인 식을 대신할 때 필요한 임포트 문 목록을 지정하기 위한 것이다. 대체할 코드가 디폴트로 임포트되는 패키지나 사용 금지 예정인 식이 속한 패키지 안에 있지 않다면 이 파라미터가 유용하다.

다른 기능으로, 사용 금지 예정의 심각성을 지정할 수도 있다. 이때 DeprecationLevel 이넘을 사용한다.

- **WARNING**: 사용 금지 예정이 붙은 선언을 사용하면 경고를 표시한다. 이 동작이 디폴트다.
- **ERROR**: 사용 금지 예정이 붙은 선언을 사용하면 컴파일 오류로 처리한다.
- **HIDDEN**: 사용 금지 예정이 붙은 선언에 접근하지 못하게 막는다.

심각성 수준을 지정함으로써 사용 금지 정책을 유연하게 설정할 수 있다. 팀 개발 시 이런 유연성이 중요하다. 처음에는 디폴트 수준에서 선언을 사용 금지 예정으로 지정해 기존의 용례에 대해 경고가 표시되게 한다. 이를 통해 기존 코드를 컴파일하지 못하는 일 없이 다른 개발자들이 기존 코드를 변경할 수 있는 기회를 제공한다. 그 후 사용 금지 예정 수준을 ERROR로 올린다. 이제부터는 사용 금지된 코드를 새로 도입할 수 없게 된다. 누구도 기존 방식을 사용하지 않는다고 확신한 다음에는 안전하게 코드 기반(code base)에서 해당 선언을 제거할 수 있다.

그림 10-4는 readNum() 함수의 심각성을 ERROR로 정의한 경우를 보여준다.

▼ 그림 10-4 ERROR 수준으로 정의한 사용 금지 예정 선언

```
@Deprecated( message: "Use readInt() instead",
    ReplaceWith( expression: "readInt()"),
    DeprecationLevel.ERROR
)
fun readNum() = readLine()!!.toInt()

fun readInt(radix: Int = 10) = readLine()!!.toInt(radix)

fun main() {
    val a = readNum()
    val b = readNum()
    println(a + b)
}
```

자바/코틀린 상호 운용성을 조정하기 위해 @Throws, @JvmName, @NotNull 등의 애너테이션을 사용한다. 이에 대해서는 **12장 자바 상호 운용성**에서 다룰 것이다.

10.2 리플렉션

리플렉션 API는 클래스, 함수, 프로퍼티의 런타임 표현에 접근할 수 있게 해주는 타입, 함수, 프로퍼티 모음이다. 여러분이 작성한 프로그램이 컴파일 시점에 알 수 없는 클래스를 다뤄야 하는데, 어떤 정해진 공통의 계약을 준수해야만 하는 경우에는 리플렉션이 유용하다. 예를 들어 플러그인으로 클래스를 동적으로 적재할 수 있고, 멤버들의 시그니처를 알면 이렇게 적재한 클래스에 속한 멤버를 호출할 수 있다.

이제부터는 코틀린 리플렉션 API를 구성하는 여러 요소와 각각의 사용법을 설명한다.

자바 vs. 코틀린 코틀린 리플렉션 자체로는 완결성이 없음에 유의하라. 클래스 검색이나 적재와 같은 몇몇 기능은 자바 리플렉션 API가 제공하는 기능을 사용해야 한다. 코드에서 코틀린에 관련된 측면(프로퍼티나 객체 등)을 처리할 때는 코틀린 API를 사용하면 런타임에 훨씬 더 깔끔하고 코틀린답게 해당 기능에 접근할 수 있다.

10.2.1 리플렉션 API 개요

리플렉션 관련 클래스는 `kotlin.reflect` 패키지에 들어있고, 크게 두 가지 그룹으로 나눌 수 있다. 호출 가능 그룹은 프로퍼티와 함수(생성자 포함)를 표현하며, 지정자 그룹은 클래스나 타입 파라미터의 런타임 표현을 제공한다. 그림 10-5는 기본적인 리플렉션 타입들을 보여준다.

▼ 그림 10-5 기본적인 리플렉션 타입들

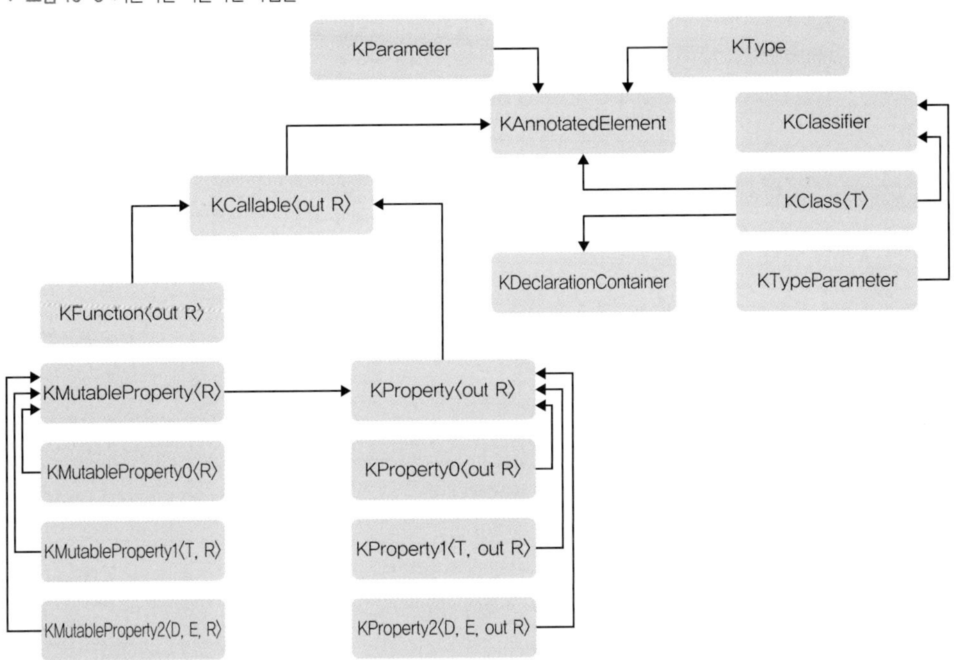

모든 리플렉션 타입은 KAnnotatedElement의 자손이다. KAnnotatedElement는 함수, 프로퍼티, 클래스 등 구체적인 언어 요소에 정의된 애너테이션에 접근하는 기능을 제공한다. KAnnotatedElement에는 프로퍼티가 하나뿐이다. 이 프로퍼티는 애너테이션 인스턴스로 이뤄진 리스트다.

```
public val annotations: List<Annotation>
```

앞에서 본 @Component/@Dependency 예제를 다시 살펴보자.

```
import kotlin.reflect.KClass

annotation class Dependency(vararg val componentClasses: KClass<*>)

annotation class Component(
  val name: String = "Core",
  val dependency: Dependency = Dependency()
)

@Component("I/O")
class IO
```

```
@Component("Log", Dependency(IO::class))
class Logger

@Component(dependency = Dependency(IO::class, Logger::class))
class Main
```

이제 Main 클래스와 연관된 애너테이션을 가져오고 싶다. 클래스 리터럴의 annotations 프로퍼티를 통해 정보를 얻을 수 있다.

```
fun main() {
  val component = Main::class.annotations
    .filterIsInstance<Component>()
    .firstOrNull() ?: return

  println("Component name: ${component.name}")

  val depText = component.dependency.componentClasses
    .joinToString { it.simpleName ?: "" }

  println("Dependencies: $depText")
}
```

이 코드를 실행하면 다음이 출력된다.

```
Component name: Core
Dependencies: IO, Logger
```

이제 리플렉션 API에서 지정자와 호출 가능에 관련한 여러 구체적인 타입을 살펴보자.

10.2.2 지정자와 타입

코틀린 리플렉션에서 지정자는 타입을 정의하는 선언을 뜻한다. 이런 선언은 KClassifier 인터페이스에 의해 표현되며, 이 인터페이스에는 두 가지 구체적인 변종이 있다.

- KClass<T>는 컴파일 시점에 T 타입인 클래스나 인터페이스, 객체 선언을 런타임에 표현한다.
- KTypeParameter는 어떤 제네릭 선언의 타입 파라미터를 표현한다.

현재 타입 별명을 표현하는 리플렉션 API가 없다는 점에 유의하라. 특히 여러분이 타입 별명에 애너테이션을 적용해도 런타임에 이를 얻을 수 없다는 뜻이다. 타입 별명에 대한 리플렉션 지원은 향후 코틀린에 추가될 예정이다.

KClassifier 자체에는 아무 멤버도 들어있지 않으므로, 클래스를 표현하는 KClass<T>와 타입 파라미터를 표현하는 KTypeParameter 각각의 세부 사항을 바로 살펴보자.

KClass 인스턴스를 얻는 방법은 두 가지다. 첫 번째는 애너테이션을 설명할 때 이야기한 클래스 리터럴 구문을 사용하는 방법이다.

```
println(String::class.isFinal) // true
```

이 구문은 클래스뿐 아니라 구체화한 타입 파라미터도 지원한다. **9장 제네릭스**에서 제네릭 인라인 함수의 타입 파라미터를 구체화할 수 있다고 설명했다. 이 말은 컴파일러가 함수 호출 지점에 함수 본문을 인라인해주면서 이런 타입 파라미터의 타입을 실제 타입으로 대치해준다는 뜻이다. 예를 들어 cast() 함수를 정의해보자.

```
inline fun <reified T> Any.cast() = this as? T
```

이 함수를 다음과 같이 호출한다.

```
val obj: Any = "Hello"
println(obj.cast<String>())
```

내부에서 컴파일러는 다음과 같은 코드를 생성한다.

```
val obj: Any = "Hello"
println(obj as? String)
```

::class 구문을 사용하면 임의의 식의 결괏값에 대한 런타임 클래스를 얻을 수 있다.

```
println((1 + 2)::class)  // class kotlin.Int
println("abc"::class)    // class kotlin.String
```

KClass를 얻는 다른 방법은 kotlin 확장 프로퍼티를 사용해 java.lang.Class의 인스턴스를 KClass로 변환하는 것이다. 전체 이름을 갖고 클래스를 동적으로 찾을 때 이런 방법이 유용하다. 코틀린 리플렉션은 클래스를 검색하는 API를 제공하지 않으므로 플랫폼에 따라 적절한 클래스 검색 방식을 사용해야 한다.

```
val stringClass = Class.forName("java.lang.String").kotlin
println(stringClass.isInstance("Hello")) // true
```

java 확장 프로퍼티를 사용하면 반대 방향으로도 변환이 가능하다.

```
println(String::class.java) // class java.lang.String
```

이제 KClass API를 살펴보자. KClass의 멤버 중 첫 번째 그룹은 대상 클래스에 어떤 변경자가 붙어있는지를 알아낼 수 있게 해준다.

```
val isAbstract: Boolean
val isCompanion: Boolean
val isData: Boolean
val isFinal: Boolean
val isInner: Boolean
val isOpen: Boolean
val isSealed: Boolean
```

이 그룹에 속한 visibility라는 프로퍼티는 KVisibility 이넘으로 클래스 선언의 가시성 수준을 돌려준다.

```
enum class Kvisibility {
  PUBLIC,
  PROTECTED,
  INTERNAL,
  PRIVATE
}
```

코틀린 소스코드에서 가시성을 표현할 수 없다면 visibility 값이 null이라는 점에 유의하라. 예를 들어 지역 클래스를 표현하는 KClass의 visibility는 null이다.

프로퍼티 중 다음 그룹은 클래스 이름을 제공한다.

```
val simpleName: String?
val qualifiedName: String?
```

simpleName 프로퍼티는 소스코드에서 사용되는 간단한 이름을 반환한다. 클래스 이름이 없다면 (예 객체 식을 표현하는 클래스) 결과는 null이다.

마찬가지로 qualifiedName 프로퍼티를 사용하면 클래스의 전체 이름을 얻을 수 있다. 전체 이름에는 클래스가 포함된 패키지의 전체 경로가 들어간다. 클래스가 지역 클래스이거나 로컬 클래스 안에 내포된 클래스인 경우, 최상위 경로에서 접근할 방법이 없으므로 이런 클래스에는 전체 이름이 없다. 따라서 이 프로퍼티는 null을 돌려준다. 소스코드에서 이름이 없는 클래스의 경우도 마찬가지로 qualifiedName이 null을 돌려준다.

jvmName 확장 프로퍼티[3]를 사용하면 자바 관점에서 보는 클래스 전체 이름을 돌려준다. 이 이름은 qualifiedName이 돌려주는 이름과 다를 수 있다. 일부 내장 코틀린 타입은 상응하는 JVM 표현이 없고 자바 클래스에만 의존하는 경우도 있다. 예를 들어 Any 클래스는 독립적인 자바 클래스로 존재하지 않고, JVM 환경에서는 java.lang.Object와 같다.

```
println(Any::class.qualifiedName)    // kotlin.Any
println(Any::class.jvmName)          // java.lang.Object
```

isInstance() 함수는 주어진 객체가 이 함수의 수신 객체가 표현하는 클래스의 인스턴스인지 알려준다. 널이 될 수 없는 타입에 대해 이 함수를 호출하면 is 연산과 비슷하게 작동한다.

```
println(String::class.isInstance(""))     // true
println(String::class.isInstance(12))     // false
println(String::class.isInstance(null))   // false
```

다음 그룹으로, 아래 KClass 프로퍼티들은 멤버 선언에 접근할 수 있게 해준다.

- **constructors**: 주생성자와 부생성자들을 KFunction 타입의 인스턴스로 돌려준다.
- **members**: KCallable 인스턴스로 표현되는 멤버 함수와 프로퍼티 표현의 컬렉션을 돌려준다. 이 컬렉션 안에는 상위 타입에서 상속한 모든 멤버도 함께 포함된다.
- **nestedClasses**: 내포된 클래스와 객체들로 이뤄진 컬렉션이다. 동반 객체도 포함된다.
- **typeParameters**: KTypeParameter에 의해 표현되는 타입 파라미터로 이뤄진 리스트다(대상 클래스가 제네릭 타입이 아닌 경우 이 리스트는 빈 리스트다).

예를 들어 다음 코드는 리플렉션을 사용해 Person 클래스의 인스턴스를 만들고, 그 인스턴스의 fullName() 함수를 호출한다.

```
class Person(val firstName: String, val familyName: String) {
  fun fullName(familyFirst: Boolean): String = if (familyFirst) {
      "$familyName $firstName"
```

3 역주 jvmName을 사용하려면 import kotlin.reflect.jvm.jvmName을 해야 한다. 그리고 IDE에 프로젝트라면 코틀린 플러그인을 사용하고 의존 관계에 아무 표준 라이브러리 관련 의존 관계를 추가하지 않아서 코틀린 플로그인이 자동으로 필요한 런타임 라이브러리를 추가하게 하거나, 직접 kotlin-reflect에 대한 의존 관계를 빌드 파일에 추가해야 한다.

```
    } else {
      "$firstName $familyName"
    }
}

fun main() {
  val personClass = Class.forName("Person").kotlin
  val person = personClass.constructors.first().call("John", "Doe")
  val fullNameFun = personClass.members.first { it.name == "fullName" }

  println(fullNameFun.call(person, false)) // John Doe
}
```

KClass가 객체 선언을 표현하는 경우 constructors 프로퍼티는 항상 빈 컬렉션을 반환한다. 실제 인스턴스를 얻고 싶으면 objectInstance 프로퍼티를 사용해야 한다.

```
object O {
  val text = "Singleton"
}

fun main() {
  println(O::class.objectInstance!!.text) // Singleton
}
```

KClass 인스턴스가 객체를 표현하지 않으면 objectInstance 프로퍼티도 null이다.

마지막으로, 봉인된 클래스(isSealed == true)의 경우 sealedSubclasses 프로퍼티를 통해 직접적인 상속자로 이뤄진 리스트를 얻을 수 있다.

KClass에서 얻을 수 있는 다른 종류의 정보로 supertypes 프로퍼티를 통해 얻을 수 있는 KType 인스턴스의 리스트를 들 수 있다. 뒤에서 KType API를 설명하므로 여기서는 간단한 예제만 살펴보자.

```
open class GrandParent
open class Parent :GrandParent()
interface IParent
class Child : Parent(), IParent

fun main() {
  println(Child::class.supertypes) // [Parent, IParent]
}
```

supertype 프로퍼티는 클래스가 직접 상속한 상위 타입만 돌려준다(따라서 예제의 출력에 GrandParent가 빠져 있다). 따라서 간접적인 상위 클래스도 모두 포함하고 싶다면 별도의 상속 그래프 순회를 수행해야 한다.

KClassifier의 변종 중 KClass 외의 것으로 KTypeParameter 인터페이스로 표현되는 정보가 있다. KClass와 비교할 때 KTypeParameter는 상당히 단순하며 프로퍼티를 네 개만 제공한다.

```
// KTypeParameter의 프로퍼티
val isReified: Boolean
val name: String
val upperBounds: List<KType>
val variance: KVariance
```

upperBounds는 KClass의 supertypes 프로퍼티와 비슷하게 상위 바운드 타입으로 이뤄진 리스트를 돌려준다. 모든 타입 파라미터에는 최소한 디폴트 바운드인 Any?가 바운드로 있기 때문에 이 리스트는 절대로 빈 리스트가 될 수 없다. 그리고 타입 파라미터를 타입 제약에 사용하는 경우에는 바운드가 둘 이상일 수도 있다. 예를 살펴보자.

```
interface MyMap<K : Any, out V>

fun main() {
  val parameters = MyMap::class.typeParameters
  // K: [kotlin.Any], V: [kotlin.Any?]
  println(parameters.joinToString { "${it.name}: ${it.upperBounds}" })
}
```

variance 프로퍼티는 KVariance 이넘으로 변성을 돌려준다. 이 이넘은 타입 파라미터의 선언 지점 변성 종류를 표현한다.

```
enum class KVariance{ INVARIANT, IN, OUT }
```

이제 코틀린 리플렉션이 KType 인터페이스를 통해 어떻게 타입을 표현하는지 살펴보자. 코틀린 타입은 다음과 같은 세 가지 성격을 지닌다.

- isMarkedNullable 프로퍼티가 제공하는 널 가능성. 예를 들면 이를 통해 List<String>과 List<String>?를 구분할 수 있다.
- classifier 프로퍼티를 통해 제공하는 지정자. 지정자는 타입을 정의하는 클래스, 인터페이스나 객체 선언을 가리킨다. 예를 들어 List<String>에서 List 부분을 가리키는 리플렉션 요소가 지정자다.

- 타입 프로퍼티에 전달된 실제 타입 인자 목록. 예를 들어 List<String>이면 <String>, Map<Int, Boolean>이면 <Int, Boolean>이 타입 인자 목록이다.

타입 인자가 타입 자체와 타입의 사용 지점 변성을 함께 포함하는 KTypeProjection 인터페이스에 의해 표현될 수도 있다.

```
val type: kotlin.reflect.KType?
val variance: kotlin.reflect.KVariance?
```

스타 프로젝션의 경우 두 프로퍼티 모두 null을 돌려준다.

여기까지가 지정자 타입에 대한 소개다. 지금부터는 리플렉션 API에서 호출 가능 부분을 살펴보겠다.

10.2.3 호출 가능

호출 가능(callable) 요소라는 개념은 어떤 결과를 얻기 위해 호출할 수 있는 함수나 프로퍼티를 함께 묶어준다. 리플렉션 API에서는 KCallable<out R>이라는 제네릭 인터페이스를 통해 호출 가능 요소를 표현한다. 여기서 R은 함수의 반환 타입이거나 프로퍼티의 타입에 해당한다.

KCallable 인스턴스를 얻는 방법으로는 **5장 고급 함수와 함수형 프로그래밍 활용하기**에서 설명한 호출 가능 참조를 사용하는 방식이 있다.

```
fun combine(n: Int, s: String) = "$s$n"

fun main() {
  println(::combine.returnType) // kotlin.String
}
```

KClass 인스턴스로부터 멤버 프로퍼티나 함수를 얻을 수도 있다. 하지만 현재는 리플렉션 API에서 이런 방식을 통해 최상위 호출 가능 인스턴스를 얻을 수는 없다.

이제 KCallable이 제공하는 멤버를 살펴보자. KClass와 마찬가지로 어떤 변경자가 붙어있는지 알아낼 수 있는 프로퍼티들이 존재한다.

```
val isAbstract: Boolean
val isFinal: Boolean
val isOpen: Boolean
```

```
val isSuspend: Boolean
val visibility: KVisibility?
```

isSuspend에 해당하는 suspend 변경자는 아직 설명하지 않았다. 이 변경자는 일시 중단 가능한 계산(suspendable computation)을 지원하는 호출 가능 객체에 사용된다. **13장 동시성**에서 이 주제를 자세히 다룰 것이다.

다음으로 프로퍼티나 함수의 시그니처를 표현하는 프로퍼티가 속한 그룹이 있다.

```
val name: String
val typeParameters: List<KTypeParameter>
val parameters: List<KParameter>
val returnType: KType
```

멤버와 확장의 경우 첫 번째 파라미터는 수신 객체로 예약돼 있다는 점에 유의하라. 호출 가능 요소가 멤버인 동시에 확장이라면 두 번째 파라미터도 다른 수신 객체로 예약돼 있다. 예를 살펴보자.

```
import kotlin.reflect.KCallable

val simpleVal = 1
val Int.extVal get() = this

class A {
  val Int.memberExtVal get() = this
}

fun main() {
  fun printParams(callable: KCallable<*>) {
    println(
      callable.parameters.joinToString(prefix = "[", postfix = "]") {
        it.type.toString()
      }
    )
  }

  // []
  printParams(::simpleVal)

  // [kotlin.Int]
  printParams(Int::extVal)
```

```
  // [A, kotlin.Int]
  printParams(A::class.members.first { it.name == "memberExtVal" })
}
```

KParameter 인터페이스는 멤버 및 확장 선언의 수신 객체나 함수/생성자의 파라미터에 대한 정보를 포함한다.

```
val index: Int
val isOptional: Boolean
val isVararg: Boolean
val name: String?
val type: KType
val kind: KParameter
```

isOptional 프로퍼티는 파라미터에 디폴트 값이 있는지 여부를 돌려준다. 하지만 아직 리플렉션을 통해 디폴트 값 자체를 알 수는 없다. 파라미터 이름이 없거나 소스코드상에서 파라미터 이름을 표현할 수 없는 경우에는 name이 null일 수도 있다는 점에 유의하라. 예를 들어 수신 객체를 표현하는 파라미터의 경우 name이 null이다.

kind 프로퍼티는 KParameter 인스턴스가 일반적인 값에 해당하는지, 아니면 디스패치나 확장의 수신 객체인지를 알려준다. 이 프로퍼티는 KParameter.Kind 이넘에 정의된 상수 중 하나를 반환한다.

- **INSTANCE**: 멤버 선언의 디스패치 수신 객체
- **EXTENSION_RECEIVER**: 확장 선언의 확장 수신 객체
- **VALUE**: 일반적인 값

KCallable에는 이 호출 가능 요소가 표현하는 호출 가능한 선언을 동적으로 호출할 수 있게 해주는 call() 멤버 함수가 들어있다.

```
fun call(vararg args: Any?): R
```

함수로부터 만들어진 호출 가능 요소인 경우 call()은 함수를 호출한다. 호출 가능 요소가 프로퍼티라면 게터가 호출된다. call()을 사용해 생성자나 멤버 함수를 호출하는 예제는 이미 살펴봤다. 여기서는 프로퍼티 예제를 살펴보자. 생성자 호출 예제와 똑같이 Person 클래스를 사용한다.

```
fun main() {
  val person = Person("John", "Doe")
  val personClass = person::class
```

```
    val firstName = personClass.members.first { it.name == "firstName" }

    println(firstName.call(person)) // John
  }
```

호출 가능 요소를 호출하는 다른 방법으로 callBy() 함수가 있다. 이 함수를 사용하면 맵 형태로 인자를 넘길 수 있다.

```
fun callBy(args: Map<KParameter, Any?>): R
```

이제 더 구체적인 호출 가능 요소를 살펴보자. KProperty 인터페이스는 프로퍼티에만 있는 변경자를 검사하는 프로퍼티를 추가로 제공한다.

```
val isConst: Boolean
val isLateinit: Boolean
```

프로퍼티 게터를 KFunction 타입의 인스턴스를 통해 접근할 수도 있다.

```
val myValue = 1

fun main() {
  println(::myValue.getter()) // 1
}
```

KMutableProperty는 KProperty에 세터를 추가해준다.

```
var myValue = 1

fun main() {
  ::myValue.setter(2)
  println(myValue) // 2
}
```

KProperty에도 KProperty0, KProperty1, KProperty2라는 하위 타입이 있다. 이들은 각각 순서대로 수신 객체가 없는 경우, 수신 객체가 하나인 경우(디스패치이거나 확장인 경우), 수신 객체가 둘인 경우(멤버인 확장의 경우)를 표현한다. 이런 하위 타입은 자신이 속한 유형에 따라 다른 함수 타입으로 게터 타입을 세분화해준다. 이로 인해 방금 봤던 예제처럼 ::myValue.getter를 함수로 쓸 수 있다. 비슷한 하위 타입을 통해 KMutableProperty도 역시 세터에 대한 세분화한 타입을 제공해준다.

마지막으로 다룰 리플렉션 타입은 KFunction이다. 이름에서 예상할 수 있는 것처럼 이 타입은 함수나 생성자를 표현한다. 이 인터페이스에 추가된 멤버는 모두 함수에 적용 가능한 변경자 검사를 위한 프로퍼티들뿐이다.

```
val isInfix: Boolean
val isInline: Boolean
val isOperator: Boolean
val isSuspend: Boolean
```

isInfix와 isOperator 검사는 연산자 함수와 관련이 있다. 이에 대해서는 **11장 도메인 특화 언어**에서 자세히 다룬다.

KFunction 자체는 다양한 인자 개수를 지원해야 하므로 어떤 함수 타입도 상속하지 않는다는 점에 유의하라. 하지만 일부 함수 타입은 좀 더 구체적인 KFunction의 하위 타입을 통해 구현될 수 있다. 이런 하위 타입의 예로 KProperty0/KProperty1/KProperty2에 정의된 접근자를 앞에서 이미 살펴봤다. 또 다른 중요한 점으로 호출 가능 참조가 항상 적절한 함수 타입을 준수한다는 것을 들 수 있다. 예를 살펴보자.

```
import kotlin.reflect.KFunction2

fun combine(n: Int, s: String) = "$s$n"

fun main() {
  val f: KFunction2<Int, String, String> = ::combine
  println(f(1, "2")) // 21
}
```

이 예제의 호출 가능 참조는 KFunction2<Int, String, String>이며, 이는 (Int, String) -> String의 하위 타입이다. 하지만 KProperty0나 다른 비슷한 타입들과 달리 KFunction0/KFunction1/... 등의 타입은 컴파일 시점에만 존재한다. 런타임에 이들은 합성 클래스에 의해 표현되며, 이는 람다를 표현하기 위해 합성 객체를 사용하는 것과도 비슷하다.

한 가지 더 주목할 점은 리플렉션을 통하면 가시성이 제한된 호출 가능 요소에 접근할 수도 있다는 것이다. 경우에 따라 비공개 함수를 리플렉션을 통해 호출해야 할 때가 있다. 자바에서 이런 시도를 하면 예외가 발생한다. 따라서 이럴 때는 미리 setAccessible(true)를 호출해서 해당 요소에 접근할 수 있게 설정해야 한다. 코틀린에서는 isAccessible 프로퍼티를 같은 목적에 사용한다.

```
import kotlin.reflect.KProperty1
import kotlin.reflect.jvm.isAccessible

class SecretHolder(private val secret: String)

fun main() {
  val secretHolder = SecretHolder("Secret")
  val secretProperty = secretHolder::class.members
    .first { it.name == "secret" } as KProperty1<SecretHolder, String>

  secretProperty.isAccessible = true
  println(secretProperty.get(secretHolder))
}
```


10.3 결론

이 장에서는 애너테이션과 리플렉션을 살펴봤다. 코틀린 코드에 애너테이션을 붙이고 런타임까지 메타데이터를 유지하는 방법을 살펴봤다. 주요 내장 애너테이션을 살펴보고 여러분이 직접 애너테이션 클래스를 작성하는 방법도 설명했다. 그리고 코틀린 리플렉션 API를 소개했다. 이제는 지정자나 호출 가능 리플렉션 객체에 있는 애트리뷰트에 접근하는 방법을 알았으므로, 이를 동적으로 활용할 수 있다.

다음 장에서는 자신의 API를 영역 특화 언어처럼 설계하는 방법을 살펴보겠다. 이를 통해 여러분의 코드 기반에 선언적인 프로그래밍을 가미할 수 있다.

10.4 정리 문제

1. 새로운 애너테이션을 어떻게 정의하는가? 코틀린 애너테이션 구문과 자바 구문을 비교하라.
2. 코틀린 코드에 애너테이션을 어떻게 붙일 수 있는가?
3. 코틀린이 제공하는 내장 애너테이션을 설명하라.
4. 애너테이션의 사용 지점 대상은 무엇인가? (애너테이션 정의의) `@Target` 메타 애너테이션과 사용 지점 대상 사이에는 어떤 연관이 있는가?
5. 코틀린 리플렉션 API를 구성하는 기본 타입들은 무엇인가?
6. 클래스 리터럴과 호출 가능 참조 구문을 설명하라.
7. `KClass` API를 설명하라. `KClass`와 자바의 `Class` 인스턴스를 어떻게 상호 변환하는가?
8. `KCallable` API를 설명하라.

11장

도메인 특화 언어

11.1 연산자 오버로딩

11.2 위임 프로퍼티

11.3 고차 함수와 DSL

11.4 결론

11.5 정리 문제

도메인 특화 언어(Domain-Specific Language, DSL)는 특정 기능이나 영역을 위해 만들어진 언어를 뜻한다. 이런 언어는 소프트웨어를 개발하는 동안 다양한 작업에 활용하곤 한다. 예를 들어 소프트웨어 설정을 묘사하거나, 테스트 명세를 지정하거나, 작업 흐름 규칙을 정의하거나, UI를 설계하거나, 데이터를 조작하는 등의 작업에 쓰인다. DSL의 주된 장점은 단순성이다. 자바 같은 범용 언어가 제공하는 저수준 기능에 의존하는 대신에 더 문제 영역에 적합한 기본 요소를 활용할 수 있으므로 문제를 문제가 속한 영역 자체의 용어로 기술할 수 있게 된다. 하지만 이런 접근 방식을 사용하면 DSL 코드를 범용 프로그램 내부에 내장시키기 어렵다. 그래서 보통은 DSL 프로그램을 호스트 언어 코드 외부에 저장하거나 문자열 형태로 호스트 언어 코드에 내장시키곤 한다. 하지만 두 가지 방식 모두 컴파일 시간 검증과 IDE 코드 지원 기능 활용이 어려워진다는 문제가 있다.

하지만 코틀린은 이런 문제에 대한 해법을 제공한다. 이 장에서는 나머지 코틀린 코드와 매끄럽게 통합될 수 있는 DSL을 설계하고 싶을 때 도움이 될 수 있는 몇 가지 코틀린 기능을 소개한다. 아이디어는 코틀린으로 도메인 특화 언어를 닮은 특별한 API를 설계하는 것이다. 이렇게 하면 여러분의 코드가 다른 언어로 작성한 코드처럼 보이지만, 여전히 올바른 코틀린 코드로 남아있을 수 있다. 즉, 이런 기능을 활용하면 강력한 타입 안전성 보장 등을 포함하는 컴파일 언어의 능력과 도메인 특화 언어를 사용한 접근 방식의 장점을 모두 취할 수 있다.

배우는 내용

- 연산자 오버로딩
- 위임 프로퍼티
- 고차 함수와 DSL

이 장의 목표

코틀린의 고급 기능을 배우고, 이를 통해 영역 특화 언어 형태의 API를 설계할 수 있다.

11.1 연산자 오버로딩

연산자 오버로딩은 +, -, *, / 등 코틀린 내장 연산자에 대해 새로운 의미를 부여할 수 있게 해주는 언어 기능이다. 앞에서 + 연산의 의미가 연산이 적용된 타입에 따라 달라진다는 사실을 이미 살펴봤다. +는 수 타입에 대해서는 덧셈 연산이지만, 문자열의 경우에는 연결 연산이고, 컬렉션의 경우에는 원소를 맨 뒤에 덧붙이는 연산이 되는 식이다. 이런 일이 벌어질 수 있는 이유는 +가 오버로딩돼 있어서 다양한 구현을 제공하기 때문이다.

코틀린에서 연산 식은 단지 함수 호출에 대한 편의 문법일 뿐이다. 연산자를 구현하고 싶다면, 정해진 관습에 따라 확장 함수나 멤버 함수를 정의하고 operator 키워드를 붙이면 된다. 예를 들어 다음 정의는

```
operator fun String.times(n: Int) = repeat(n)
```

* 연산자(이 연산자는 times() 함수에 해당된다)를 String과 Int의 쌍에 대해 확장함으로써 정의한다. 이로 인해 다음과 같은 코드를 작성할 수 있다.

```
println("abc" * 3) // abcabcabc
```

이런 식으로 연산자를 미리 정해진 몇 가지 함수를 통해 뒷받침하기 때문에 항상 연산 식을 일반 함수 호출로 바꿀 수 있다. 예를 들어 바로 앞의 코드는 다음 코드와 같다.

```
println("abc".times(3))
```

덧셈 연산자 같은 내장 연산자까지도 이런 형태로 작성할 수 있다. 하지만 성능을 위해 원시 타입의 경우에는 컴파일러가 덧셈, 뺄셈 등의 연산을 함수를 호출하지 않고 계산할 수 있게 최적화해 준다.

```
val x = 1.plus(2) // 1 + 2와 같음
```

> **IDE 팁 ≡** 인텔리J 코틀린 플러그인은 연산자 함수를 명시적으로 호출한 부분을 그에 대응하는 단항/이항 연산 식으로 바꿀 수 있다. 연산자 토큰이나 함수 이름에 캐럿을 위치시키고 Alt + Enter를 눌러서 적절한 변환을 택하면 된다. 그림 11-1은 times()를 이항 *로 바꾸는 변환을 보여준다.

▼ 그림 11-1 명시적인 호출을 연산자 형태로 바꾸기

```
operator fun String.times(n: Int) = repeat(n)

fun main(){
    println("abc".times( n: 3)) // abcabcabc
}
```

```
Replace with '*'                    >
Introduce import alias              >
Add names to call arguments         >
Add 'message =' to argument         >
```

다음 절에서는 코틀린 연산자와 관련한 관습을 알아보고, 연산자 함수 구현 방법을 몇 가지 살펴보겠다.

11.1.1 단항 연산

오버로딩할 수 있는 단항 연산자로는 전위 +나 -, ! 연산자가 있다. 컴파일러는 이런 연산자를 적절한 함수 호출로 펼쳐준다(표 11-1).

▼ 표 11-1 단항 연산자 관습

식	의미
+e	e.unaryPlus()
-e	e.unaryMinus()
!e	e.not()

이런 함수를 인자 식의 타입에 대해 멤버 함수나 확장 함수로 정의할 수 있다. 단항 연산자에 해당하는 함수는 아무 파라미터도 받지 않고, 함수의 반환 타입이 전체 단항 연산의 반환 타입이 된다.

예를 들어 RGB와 RGB의 조합으로 표현할 수 있는 색을 표현하는 이넘 클래스를 생각해보자.

```
enum class Color {
  BLACK, RED, GREEN, BLUE, YELLOW, CYAN, MAGENTA, WHITE;
}
```

not() 관습을 사용하면 보색 관계를 ! 연산자로 표현할 수 있다.

```
enum class Color {
  BLACK, RED, GREEN, BLUE, YELLOW, CYAN, MAGENTA, WHITE;

  operator fun not() = when (this) {
```

```
    BLACK -> WHITE
    RED -> CYAN
    GREEN -> MAGENTA
    BLUE -> YELLOW
    YELLOW -> BLUE
    CYAN -> RED
    MAGENTA -> GREEN
    WHITE -> BLACK
  }
}

fun main() {
  println(!Color.RED) // CYAN
  println(!Color.CYAN) // RED
}
```

연산자 함수를 확장 함수로 정의함으로써 임의의 타입에 대한 연산자를 오버로딩할 수 있다. 예를 들면 다음과 같다.

```
operator fun <T> ((T) -> Boolean).not(): (T) -> Boolean = { !this(it) }
```

위 함수 정의를 사용하면 ! 연산자를 파라미터가 하나뿐인 술어에 적용할 수 있다.[1]

```
fun isShort(s: String) = s.length <= 4
fun String.isUpperCase() = all { it.isUpperCase() }  // 역주 참조

fun main() {
  val data = listOf("abc", "abcde", "ABCDE", "aBcD", "ab")

  println(data.count(::isShort)) // 3
  println(data.count(!::isShort)) // 2
  println(data.count(String:: isUpperCase)) // 1
  println(data.count(!String:: isUpperCase)) // 4
}
```

1 역주 이 예제를 코틀린 소스코드로 저장해 컴파일하면 정상 작동하지만, 코틀린 스크립트에 넣어서 실행할 경우 "error: 'isUpperCase' is a member and an extension at the same time"이라는 오류가 발생한다. 코틀린 컴파일러가 스크립트에 정의된 멤버들을 모두 별도의 클래스에 넣기 때문이다.

11.1.2 증가와 감소

증가(++)와 감소(--) 연산자도 피연산자 타입에 대한 파라미터가 없는 inc()와 dec() 함수로 오버로딩할 수 있다. 이런 함수의 반환 티입은 항상 증기 이후의 값이나 증기 이전의 값과 같은 타입이어야 한다. inc()/dec()가 사용되는 방법은 연산자가 전위 연산자 형태로 쓰이느냐 후위 연산자 형태로 쓰이느냐에 따라 달라진다. 예를 들어 무지개 색을 표현하는 이넘 클래스를 보자.

```
enum class RainbowColor {
  RED, ORANGE, YELLOW, GREEN, BLUE, INDIGO, VIOLET;
}
```

위에 정의된 색의 순서에 따라 inc()와 dec()를 정의해보자. 맨 마지막 색과 맨 앞 색의 경우에는 목록의 맨 뒤나 맨 앞으로 돌아간다. 즉, VIOLET의 다음은 RED이고, RED의 앞은 VIOLET이다.

```
enum class RainbowColor {
  RED, ORANGE, YELLOW, GREEN, BLUE, INDIGO, VIOLET;
  operator fun inc() = values[(ordinal + 1) % values.size]
  operator fun dec() = values[(ordinal + values.size - 1) % values.size]
  companion object {
    private val values = enumValues<RainbowColor>()
  }
}
```

이제 이 클래스의 증가/감소 연산이 어떻게 작동하는지 살펴보자. **2장 코틀린 언어 기초**에서 본 것처럼 ++/-- 연산의 후위 형태는 변수를 갱신하지만 갱신 이전의 값을 반환한다. 오버로딩한 연산자의 경우에도 마찬가지다. 다음 코드를 생각해보자.

```
var color = RainbowColor.INDIGO
println(color++)
```

실제 이 코드는 다음과 같은 효과를 나타낸다.

```
var color = RainbowColor.INDIGO
val _oldColor = color
color = color.inc()
println(_oldColor) // INDIGO
```

전위 형태의 경우 증가/감소 식의 결과가 갱신된 값과 똑같다. 다음 예는

```
var color = RainbowColor.INDIGO
println(color++)
```

실제로 다음과 같이 변환된다.

```
var color = RainbowColor.INDIGO
color = color.inc()
println(color) // VIOLET
```

여기서 color = color.inc() 같은 대입문이 있다는 것은 다음 두 가지를 암시한다.

- 가변 변수에만 ++와 --를 적용할 수 있다.
- inc()/dec()의 반환 타입은 수신 객체 타입의 하위 타입이어야 한다.

11.1.3 이항 연산

코틀린에서는 대부분의 이항 연산자를 오버로딩할 수 있다. 단항 연산과 마찬가지로 정해진 이름의 연산자 함수를 정의하면 된다. 가장 큰 차이는 이항 연산자 함수는 대부분의 경우 왼쪽 피연산자를 수신 객체로, 오른쪽 피연산자를 일반적인 인자로 받는다는 점이다.

표 11-2는 산술 연산자, .., in, !in을 대신하는 함수의 관습적인 이름이다.

▼ 표 11-2 이항 연산자 관습

식	의미
a + b	a.plus(b)
a - b	a.minus(b)
a * b	a.times(b)
a / b	a.div(b)
a % b	a.rem(b)
a .. b	a.rangeTo(b)
a in b	b.contains(a)
a !in b	!b.contains(a)

처음에는 % 연산자에 해당하는 이름이 mod() 연산자 함수였지만, 현재는 rem()이 %를 대신한다. 현재도 mod() 관습을 사용할 수는 있지만, 사용 금지 예정이다.

예를 들어 기본 산술 연산을 지원하는 간단한 유리수(rational number) 시스템의 프로토타입을 생각해보자.

```
import kotlin.math.abs

class Rational private constructor(
  val sign: Int,
  val num: Int,
  val den: Int
) {
  operator fun unaryMinus() = Rational(-sign, num, den)

  operator fun plus(r: Rational): Rational {
    val gcd = gcd(den, r.den)
    val newDen = den/gcd*r.den
    val newNum = newDen/den*num*sign + newDen/r.den*r.num*r.sign
    val newSign = newNum.sign()

    return Rational(newSign, abs(newNum), newDen)
  }

  operator fun minus(r: Rational) = this + (-r)

  operator fun times(r: Rational): Rational {
    return of(sign*r.sign*num*r.num, den*r.den)
  }

  operator fun div(r: Rational): Rational {
    return of(sign*r.sign*num*r.den, den*r.num)
  }

  override fun toString(): String {
    return "${sign*num}" + if (den != 1) "/$den" else ""
  }

  companion object {
    private fun Int.sign() = when {
      this > 0 -> 1
      this < 0 -> -1
      else -> 0
    }

    private tailrec fun gcd(a: Int, b: Int): Int {
```

```
      return if (b == 0) a else gcd(b, a % b)
    }

    fun of(num: Int, den: Int = 1): Rational {
      if (den == 0) throw ArithmeticException("Denominator is zero")

      val sign = num.sign() * den.sign()
      val numAbs = abs(num)
      val denAbs = abs(den)
      val gcd = gcd(numAbs, denAbs)

      return Rational(sign, numAbs/gcd, denAbs/gcd)
    }
  }
}
```

연산자 관습을 사용하면 Rational 인스턴스의 산술 연산을 편하게 사용할 수 있다.

```
fun r(num: Int, den: Int = 1) = Rational.of(num, den)

fun main() {
  // 1/2 - 1/3
  println(r(1, 2) - r(1, 3))       // 1/6

  // 2/3 + (1/3)/2
  println(r(2, 3) + r(1, 3)/r(2))  // 5/6


  // 3/4 * 8/9 / (2/3)
  println(r(3, 4)*r(8, 9)/r(2, 3)) // 1

  // (1/10)*2 - 2/6
  println(r(1, 10)*r(2) - r(2, 6)) // -2/15
}
```

일부 연산자 함수를 추가할 수도 있다. 이를 통해 Rational 객체와 Int 등의 다른 수를 혼용할 수 있다.

```
operator fun Rational.plus(n: Int) = this + Rational.of(n)

operator fun Int.plus(r: Rational) = r + this

operator fun Rational.minus(n: Int) = this - Rational.of(n)
```

```
operator fun Int.minus(r: Rational) = Rational.of(this) - r

fun main() {
  // -1/3 + 2
  println(r(-1, 3) + 2) // 5/3

  // 1 - (1/4)*(1/2)
  println(1 - r(1, 4)*r(1, 2)) // 7/8
}
```

.. 연산자 사용을 보여주기 위해 두 유리수 사이의 구간을 표현하는 RationalRange 클래스를 정의해보자.

```
class RationalRange(val from: Rational, val to: Rational) {
  override fun toString() = "[$from, $to]"
}
```

이제 rangeTo() 함수를 정의할 수 있다. 이 함수는 RationalRange 인스턴스를 만들어준다.

```
operator fun Rational.rangeTo(r: Rational) = RationalRange(this, r)

fun main() {
  println(r(1, 4)..r(1)) // [1/4, 1]
}
```

in/!in 연산은 contains() 연산자 함수에 의해 표현된다. 여기서 다른 이항 연산과 contains()의 인자 방향이 반대라는 사실에 유의하라. RationalRange 클래스를 주어진 수가 구간 안에 들어있는지 검사할 수 있게 개선해보자.

```
private fun Rational.isLessOrEqual(r: Rational): Boolean {
  return sign*num*r.den <= r.sign*r.num*den
}

class RationalRange(val from: Rational, val to: Rational) {
  override fun toString() = "[$from, $to]"

  operator fun contains(r: Rational): Boolean {
    return from.isLessOrEqual(r) &&r.isLessOrEqual(to)
  }

  operator fun contains(n: Int) = contains(r(n))
```

```
}

operator fun Rational.rangeTo(r: Rational) = RationalRange(this, r)

fun main() {
  // 1/2 in [1/4, 1]
  println(r(1, 2) in r(1, 4)..r(1)) // true

  // 1 not in [5/4, 7/4]
  println(1 !in r(5, 4)..r(7, 4))   // true
}
```

<나 >처럼 비교와 관련된 오버로딩 가능 연산자도 있다. 이 연산자들은 서로 다른 함수에 대응하지 않는다. 대신 compareTo()라는 함수를 사용해 주어진 피연산자 타입에 대한 모든 비교 연산을 구현한다. compareTo() 함수는 비교 결과를 알려주는 Int 값을 반환한다. compareTo() 함수로부터 파생되는 모든 비교 연산을 표 11-3에 정리해뒀다.

▼ 표 11-3 비교 연산자 관습

식	의미
a < b	a.compareTo(b) < 0
a <= b	a.compareTo(b) <= 0
a > b	a.compareTo(b) > 0
a >= b	a.compareTo(b) >= 0

이제 앞의 예제에서 isLessThan() 함수를 없애고 더 일반적인 compareTo() 구현으로 바꿀 수 있다.[2]

```
operator fun Rational.compareTo(r: Rational): Int {
  val left = sign * num * r.den
  val right = r.sign * r.num * den  // 역주 참조

  return when {
    left < right -> -1
    left > right -> 1
    else -> 0
```

2 역주 원 소스에서는 저자가 부호를 고려하지 않아서 비교 대상인 두 유리수의 부호가 다르면 비교 결과가 잘못될 수 있는 버그가 있었다. 이런 버그는 쉽게 찾기 어렵다. 언제나 테스트 케이스에서 모든 경우를 다룰 수 있게 만들거나, 되도록 (실수나 논리적 오류로 테스트에서 특정 경우를 제외하는 일이 없도록 하기 위해) 특성 기반 테스팅(property based testing)을 사용해 자동으로 가능한 모든 경우를 테스트하게 해야 한다는 점을 명심하라.

```
  }
}

operator fun Rational.compareTo(n: Int) = compareTo(r(n))

operator fun Int.compareTo(r: Rational) = -r.compareTo(this)

class RationalRange(val from: Rational, val to: Rational) {
  override fun toString() = "[$from, $to]"

  operator fun contains(r: Rational) = r >= from && r <= to

  operator fun contains(n: Int) = contains(r(n))
}

fun main() {
  println(-1 > r(1, 3))       // false
  println(r(3/4) <= r(7/8))  // true
}
```

이제 한 가지 이항 연산자 관습이 남아있는데, 이전에 다룬 동등성 관련 연산이다. ==나 !=를 사용하면 컴파일러는 equals() 함수를 호출해준다. 여기서 equals() 구현이 Any 클래스에 정의된 기반 구현을 상속하기 때문에 명시적인 operator 변경자를 붙이지 않아도 된다는 점에 유의하라. 같은 이유로 equals()를 항상 멤버 함수로 정의해야 한다. 확장 함수로 ==나 != 연산자를 대신하는 equals()를 정의하더라도 항상 시그니처가 같은 멤버 함수가 확장 함수보다 우선하기 때문에 새로 정의한 확장 함수가 가려져버린다.

코틀린에서는 &&와 ||를 오버로딩할 수 없다. 이들은 Boolean 값에 대해서만 지원되는 내장 연산이다. 참조 동등성 연산자인 ===나 !==도 마찬가지로 오버로딩할 수 없는 내장 연산이다.

여러분이 원하는 이름으로 이항 연산을 정의하고 싶다면 어떻게 해야 할지 생각해보라. 코틀린은 프로그래머가 새 연산자를 정의하도록 허용하지는 않지만, 이름으로 쓰일 수 있는 일반적인 식별자를 중위 연산자로 사용하도록 허용한다. 이에 대해서는 다음 절에서 살펴보겠다.

11.1.4 중위 연산

중위 연산으로 쓸 수 있는 to나   같은 연산을 앞에서 이미 본 적이 있다.

```
val pair1 = 1 to 2   // 중위 호출
val pair2 = 1.to(2)  // 일반적인 호출
```

이런 호출을 가능하게 하려면 함수 앞에 infix 변경자를 붙여야 한다. 이항 연산자와 마찬가지로 infix를 붙일 수 있는 함수는 파라미터가 하나인 멤버나 확장 함수여야 한다. 예를 들어 표준 to 함수 구현은 다음과 같다.

```
infix fun <A, B> A.to(that: B): Pair<A, B> = Pair(this, that)
```

앞에서 살펴본 술어 함수를 조금 바꿔서 술어의 논리곱(conjunction)과 논리합(disjunction)을 표현하는 중위 연산을 정의하자.

```
infix fun <T> ((T) -> Boolean).and(
  other: (T) -> Boolean
): (T) -> Boolean {
  return { this(it) && other(it) }
}

infix fun <T> ((T) -> Boolean).or(
  other: (T) -> Boolean
): (T) -> Boolean {
  return { this(it) || other(it) }
}
```

이제 함수 리터럴을 좀 더 간결하게 조합해 새로운 술어를 만들 수 있다.

```
// 11장 앞부분에서 정의한 ! 연산자 확장 함수와 String.isUpperCase 확장 함수
operator fun <T> ((T) -> Boolean).not(): (T) -> Boolean = { !this(it) }
fun String.isUpperCase() = all { it.isUpperCase() }

fun main() {
  val data = listOf("abc", "abcde", "ABCDE", "aBcD", "ab")

  println(data.count(::isShort and String::isUpperCase))     // 0
  println(data.count(::isShort or String::isUpperCase))      // 4
  println(data.count(!::isShort or String::isUpperCase))     // 2
  println(data.count(!(::isShort and String::isUpperCase)))  // 5
}
```

이렇게 정의한 모든 중위 연산의 우선순위가 같다는 점에 유의하라. 예를 들어, 바로 앞 예제에 있는 and와 or를 사용하는 복잡한 연산은 내장 ||와 && 연산자를 사용하는 비슷한 의미의 식과는 다른 방식으로 파싱된다. 예를 들어 다음 식은

```
!::isShort or String::isEmpty and String::isUpperCase
```

다음과 같은 의미다.

```
(!::isShort or String::isEmpty) and String::isUpperCase
```

반면 다음 불 식은

```
!s.isShort() || s.isEmpty() &&s.isUpperCase()
```

다음 식과 의미가 같다.

```
!s.isShort() || (s.isEmpty() &&s.isUpperCase())
```

이유는 &&의 우선순위가 ||보다 더 높기 때문이다.

11.1.5 대입

또 다른 이항 연산 그룹으로 +=와 같은 복합 대입 연산이 있다. **7장 컬렉션과 I/O 자세히 알아보기**에서는 가변 컬렉션과 불변 컬렉션에 따라 이런 연산의 동작이 달라진다고 설명했다. 정리하면, +=를 불변 컬렉션 타입의 변수에 적용하면 새로운 컬렉션 객체가 생기고 이 객체를 변수에 대입해 변수 값이 바뀐다. 따라서 이런 경우에는 변수가 가변이어야 한다.

```
var numbers = listOf(1, 2, 3)
numbers += 4
println(numbers) // [1, 2, 3, 4]
```

하지만 +=를 가변 컬렉션에 적용하면 컬렉션의 내용은 바뀌는 반면에 객체 자체의 정체성은 바뀌지 않는다.

```
val numbers = mutableListOf(1, 2, 3)
numbers += 4
println(numbers) // [1, 2, 3, 4]
```

가변 컬렉션을 가변 변수에 넣으면, 컴파일러가 어떤 관습을 따라야 할지 결정할 수 없기 때문에 += 연산에서 오류가 발생한다는 점에 유의하라.

```
var numbers = mutableListOf(1, 2, 3)
// 변수에 저장된 참조를 바꿔야 할까, 객체 내부를 바꿔야 할까?
numbers += 4 // Error
println(numbers)
```

임의의 타입에 대해 이 두 가지 관습을 적용할 수 있다. 이때 += 같은 연산자를 복합 대입 연산자(augmented assignment operator)라고 부르며, 정해진 관습에 따라 연산자에 대응하는 함수(표 11-4)를 정의해야 한다. 복합 대입 연산자를 해석하는 방식은 다음과 같다.

- 커스텀 복합 대입 함수가 있으면 그 함수를 사용함: 복합 대입 함수의 존재 여부(+=의 경우 plusAssign()이 있는지, -=의 경우 minusAssign()이 있는지 등)에 따라 복합 대입문을 대응하는 복합 대입 함수로 변환해 컴파일한다.
- plusAssign() 등의 복합 대입 연산자 함수가 없는 경우 복합 대입문을 이항 연산자와 대입을 사용한 연산으로 해석함: 예를 들어 a+=b의 경우 plus()가 있으면 a=a.plus(b)로, a-=b의 경우 minus()가 있으면 a=a.minus(b)로 복합 대입문을 해석한다.
- 복합 대입 연산자의 왼쪽 피연산자가 불변인 경우 변수에 새 값을 대입할 수 없으므로 a=a.plus(b)와 같이 일반 대입문과 이항 연산을 활용한 방식으로 대입문을 해석할 수 없다.

▼ 표 11-4 대입 연산자 관습

식	의미	의미
a += b	a = a.plus(b)	a.plusAssign(b)
a -= b	a = a.minus(b)	a.minusAssign(b)
a *= b	a = a.times(b)	a.timesAssign(b)
a /= b	a = a.div(b)	a.divAssign(b)
a %= b	a = a.rem(b)	a.remAssign(b)

한 가지 경우를 생각해보자. 왼쪽 피연산자에 대응하는 연산자(예 plus())가 있지만 커스텀 대입 연산자 함수는 없는 경우, 복합 대입 연산은 단순한 연산식으로 변환된다. 불변 컬렉션이나 원시 타입에 대해서도 이런 일이 발생한다. 우리가 만든 Rational 객체는 이미 +나 - 등을 지원하므로 이 객체에 대해 복합 대입문을 거저 사용할 수 있다.

```
// 11장 앞에서 정의한 Rational 객체와 r 함수 정의를 여기에 포함시켜야 함

var r = r(1, 2) // 1/2

// r = r + r(1, 3)과 같음
r += r(1, 3)    // 1/2 + 1/3

println(r)      // 5/6
```

이때 Rational에 적용할 수 있는 plusAssign() 등의 복합 대입 연산자 함수 정의가 없으므로 대입 연산자의 왼쪽 피연산자는 반드시 가변 변수여야 컴파일된다는 점에 유의하라.

대입 연산자의 왼쪽 피연산자에 대한 커스텀 대입 함수가 있는 경우(예 plusAssign()가 있는 경우. plus()는 있든 없든 관계없음)에는 복합 대입문이 이 커스텀 대입 함수 호출로 바뀐다. **9장 제네릭스**에서 소개한 TreeNode 클래스의 API를 약간 변경해 다시 살펴보면서 이 관습에 대해 알아보자.

```
class TreeNode<T>(val data: T) {
  private val _children = arrayListOf<TreeNode<T>>()

  var parent: TreeNode<T>? = null
    private set

  // 복합 대입 연산자 함수들
  operator fun plusAssign(data: T) {
    val node = TreeNode(data)
    _children += node
    node.parent = this
  }
  operator fun minusAssign(data: T) {
    val index = _children.indexOfFirst { it.data == data }
    if (index < 0) return
    val node = _children.removeAt(index)
    node.parent = null
  }

  // -=의 동작을 확인하기 위해 단순 이항 연산자 함수를 정의함
  operator fun minus(data: T):TreeNode<T> = TODO("Comming soon")

  override fun toString() =
    _children.joinToString(prefix = "$data {", postfix = "}")
}
```

이제 TreeNode 인스턴스에 대해 +=와 -= 연산자를 사용해서 트리 원소를 추가하고 제거해보자.

```
val tree = TreeNode("root")
tree += "child 1"              // plus()가 없어도 복합 대입 연산이 적용됨
tree += "child 2"
println(tree) // root {child 1 {}, child 2 {}}

tree -= "child 2"
println(tree) // root {child 1 {}}  // minus()가 있지만 복합 대입 연산 쪽이 적용됨
```

한편, 커스텀 대입 함수의 반환 타입은 Unit이어야 한다는 점에 유의하라.

코틀린 가변 컬렉션 클래스인 리스트나 집합이 방금 설명한 동작을 잘 보여준다. 이들은 모두 불변 컬렉션에서 상속받은 plus()/minus() 함수가 있고, 자체적으로 plusAssign()/minusAssign()도 정의하고 있다.

11.1.6 호출과 인덱스로 원소 찾기

호출 관습을 사용하면 값을 함수처럼 호출 식에서 사용할 수 있다. 필요한 파라미터와 함께 invoke() 함수를 정의하면 된다. 함수 타입의 값은 자동으로 invoke() 멤버가 생긴다. 하지만 원한다면 임의의 타입에 대해 invoke()를 정의할 수 있다. 예를 들어 다음 함수를 생각해보자.

```
operator fun <K, V> Map<K, V>.invoke(key: K) = get(key)
```

이렇게 정의하면, 키를 넣으면 값이 나오는 함수처럼 Map 인스턴스를 사용할 수 있다.

```
val map = mapOf("I" to 1, "V" to 5, "X" to 10)
println(map("V")) // 5
println(map("L")) // null
```

유용한 용례로, invoke() 함수를 동반 객체에 넣어서 동반 객체를 팩토리로 만드는 방법을 들 수 있다. 예를 들어 Rational 함수를 확장해 팩토리를 보충할 수 있다.

```
operator fun Rational.Companion.invoke(num: Int, den: Int = 1) =
  of(num, den)
```

이제 클래스 이름을 참조해 Rational 인스턴스를 만들 수 있다.

```
val r = Rational(1, 2)
```

이 코드는 마치 직접적인 생성자 호출처럼 보인다. 하지만 사실은 다음과 같은 호출 경로를 거친다.

```
invoke() → of() → Rational의 비공개 생성자
```

문자열, 배열, 리스트 등의 여러 객체에 대해 인넥스 연산자 []를 적용할 수 있는 것도 비슷한 관습 덕분이다. 인덱스 연산자 호출에 대한 내부적인 번역은 인덱스 연산자 식이 값으로 쓰이느냐 대입의 왼쪽에 있느냐에 따라 달라진다. 전자의 경우 컴파일러는 데이터 읽기 접근을 가정하므로 인덱스 연산자를 get() 함수 호출로 변환하고 인자에 인덱스를 넣어준다.

```
val array = arrayOf(1, 2, 3)
println(array[0]) // println(array.get(0))과 같음
```

하지만 인덱스 식이 대입 연산의 왼쪽에 있으면 컴파일러는 이를 set() 함수 호출로 만들어준다. 이 경우에는 인덱스를 첫 번째 인자로, 설정하려는 값을 두 번째 인자로 set()에 전달한다.

```
val array = arrayOf(1, 2, 3)
array[0] = 10 // array.set(0, 10)과 같음
```

인덱스가 꼭 정수일 필요도 없고, 어떤 타입의 값이든 문제없다. 예를 들어 맵의 인덱스 연산은 키 값을 인자로 받는다.

예를 들어 TreeNode 클래스에 자식에 접근할 수 있는 get()과 set() 연산자를 추가해보자.

```
class TreeNode<T>(var data: T) {
  private val _children = arrayListOf<TreeNode<T>>()

  var parent: TreeNode<T>? = null
    private set

  operator fun plusAssign(data: T) {
    val node = TreeNode(data)
    _children += node
    node.parent = this
  }

  operator fun minusAssign(data: T) {
    val index = _children.indexOfFirst { it.data == data }
    if (index < 0) return
    val node = _children.removeAt(index)
    node.parent = null
  }
```

```
    operator fun get(index: Int) = _children[index]

    operator fun set(index: Int, node: TreeNode<T>) {
      node.parent?._children?.remove(node)
      node.parent = this
      _children[index].parent = null
      _children[index] = node
    }
  }

  fun main() {
    val root = TreeNode("Root")

    root += "Child 1"
    root += "Child 2"
    println(root[1].data) // Child 2

    root[0] = TreeNode("Child 3")
    println(root[0].data) // Child 3
  }
```


더 복잡한 경우는 인덱스 연산자를 복합 대입 연산자에 사용하는 경우다. 이때 만들어지는 결과 코드는 왼쪽 피연산자가 속한 타입의 대입 연산자의 의미에 따라 달라지는데, 보통 이 (왼쪽 피연산자의) 타입은 get() 연산자 함수의 결과 타입과 같다. 예를 들어 plusAssign() 함수가 없는 Rational 객체의 배열에 대한 코드를 생각해보자. 다음 코드는

```
val array = arrayOf(r(1, 2), r(2, 3))
array[0] += Rational(1, 3)
```

다음을 의미하거나

```
val array = arrayOf(r(1, 2), r(2, 3))
array[0] = array[0] + r(1, 3)
```

모든 연산을 함수 호출로 바꾸면 다음을 의미한다.

```
val array = arrayOf(r(1, 2), r(2, 3))
array.set(0, array.get(0) + r(1, 3))
```

그러나 plus()는 없지만 plusAssign() 함수가 정의돼 있는 TreeNode 객체의 배열을 사용하는 경우 다음 코드는

```
val array = arrayOf(TreeNode("Root 1"), TreeNode("Root 2"))
array[0] += TreeNode("Child 1")
```

다음과 같이 변환된다.

```
val array = arrayOf(TreeNode("Root 1"), TreeNode("Root 2"))
array.get(0).plusAssign(TreeNode("Child 1"))
```

어느 경우든 get() 함수가 필요하다는 점에 주의하라.

11.1.7 구조 분해

데이터 클래스 인스턴스로부터 한 번에 여러 프로퍼티를 읽어서 여러 가지 변수에 대입해주는 구조 분해 선언을 이미 살펴봤다. 연산자 오버로딩을 사용하면 임의의 타입에 대해 구조 분해를 제공할 수 있다. 여러분이 해야 할 일은 파라미터가 없는 componentN()이라는 이름의 컴포넌트 함수를 멤버 함수나 확장 함수로 정의하는 것뿐이다. 여기서 N은 1부터 시작하는 정수다. 이 함수를 정의하고 나면, 구조 분해 선언의 각 변수는 각각의 순서에 따라 (1부터 정해지는) componentN() 함수의 반환값과 타입으로 정해진다.

이 관습을 알아보겠다. 앞에서 살펴본 RationalRange 클래스에 대해 컴포넌트 함수를 정의하자.

```
operator fun RationalRange.component1() = from
operator fun RationalRange.component2() = to
```

이제 RationalRange 인스턴스에 대해 구조 분해를 사용할 수 있다.

```
// 11장 앞부분에서 정의한 Rational, RationalRange 클래스와 r 함수 정의 필요
fun main() {
  val (from, to) = r(1, 3)..r(1, 2)

  println(from) // 1/3
  println(to)   // 1/2
}
```

데이터 클래스도 이런 측면에서는 예외가 아니다. 단지 여러분이 직접 컴포넌트 함수를 명시하지 않아도 컴파일러가 알아서 함수들을 생성해주는 것뿐이다. 코틀린 표준 라이브러리에는 몇 가지 확장 컴포넌트 함수가 들어있다. 예를 들어 이런 함수로 맵 원소 타입(키/값 쌍)을 구조 분해할 수 있다.

```
val map = mapOf("I" to 1, "V" to 5, "X" to 10)
for ((key, value) in map) {
  println("$key = $value")
}
```

또는 리스트나 배열에서 몇 가지 원소를 추출할 수 있다.

```
val numbers = listOf(10, 20, 30, 40, 50)
val (a, b, c) = numbers
println("$a, $b, $c") // 10, 20, 30
```

11.1.8 이터레이션

3장 함수 정의하기에서 for 루프를 설명했으며, 문자열이나 범위, 컬렉션 등의 객체에 for 루프를 적용할 수 있다. 이런 식으로 for 루프를 적용할 수 있는 타입들의 공통점은 바로 iterator() 함수가 들어있다는 점이다. iterator() 함수는 Iterator 타입의 이터레이터 인스턴스를 반환하거나, next()와 hasNext() 연산자 함수를 제공하는 객체를 반환해야 한다. 여러분도 원하는 타입에 대해 iterator() 함수를 멤버나 확장으로 정의하면 for 루프를 사용할 수 있다.

예를 들어 앞에서 본 TreeNode 클래스에 대한 이터레이션을 지원해보자.

```
operator fun <T>TreeNode<T>.iterator() = children.iterator()
```

이제 children 멤버를 명시적으로 참조하지 않아도 TreeNode 인스턴스를 for 루프에 사용해서 자식 노드를 다룰 수 있다.

```
fun main() {
  val content = TreeNode("Title").apply {
    addChild("Topic 1").apply {
      addChild("Topic 1.1")
      addChild("Topic 1.2")
    }
    addChild("Topic 2")
    addChild("Topic 3")
  }
  for (item in content) {
    println(item.data)
  }
}
```

11 도메인 특화 언어

이 코드를 실행하면 다음과 같은 출력을 볼 수 있다.

```
Topic 1
Topic 2
Topic 3
```

이것으로 코틀린 연산자 오버로딩에 대한 설명을 마친다. 다음 절에서는 위임 메커니즘에 대해 논의할 것이다. 위임을 사용하면 새로운 종류의 프로퍼티를 코틀린 코드에 도입할 수 있다.

11.2 위임 프로퍼티

위임 프로퍼티를 사용하면 간단한 문법적인 장식 뒤에 커스텀 프로퍼티 접근 로직을 구현할 수 있다. 이미 lazy 위임을 통해 최초 접근 시까지 프로퍼티 계산을 지연시키는 경우를 살펴봤다.

```
val result by lazy { 1 + 2 }
```

프로퍼티 위임을 알아두면 사용하기 편한 API와 DSL을 설계할 때 도움이 된다.

앞 절에서 설명한 연산자와 마찬가지로 위임 프로퍼티 구현도 몇 가지 관습에 따라 이뤄진다. 이 관습을 통해 여러분은 프로퍼티를 읽고 쓰는 방법을 정의할 수 있고, 위임 객체 자체의 생성을 제어할 수 있다. 이 절에서는 이런 관습을 자세히 다루고 코틀린 표준 라이브러리가 제공하는 위임 기능도 설명하겠다.

11.2.1 표준 위임들

코틀린 표준 라이브러리에는 다양한 용례를 지원하는 바로 써먹을 수 있는 몇 가지 위임 구현이 들어있다. **4장 클래스와 객체 다루기**에서 이런 위임의 예로 지연 계산 프로퍼티를 표현하는 위임을 이미 살펴봤다.

```
val text by lazy { File("data.txt").readText() }
```

사실 lazy() 함수는 다중 스레드 환경에서 지연 계산 프로퍼티의 동작을 미세하게 제어하기 위해 세 가지 다른 버전을 갖고 있다. 디폴트 lazy()는 스레드 안전한 구현을 만들어낸다. 이 구현은 동기화를 사용해 지연 계산된 값이 항상 한 가지 스레드에 의해서만 초기화되도록 보장한다. 이 경우 위임 인스턴스가 동기화 객체 역할까지 수행한다.

필요하다면 다른 lazy() 버전을 사용해서 여러분이 원하는 동기화 객체를 지정할 수도 있다.

```
private val lock = Any()
val text by lazy(lock) { File("data.txt").readText() }
```

그리고 LazyThreadSafetyMode 이넘 상수를 통해 세 가지 기본 구현 중 하나를 선택할 수 있다.

- **SYNCHRONIZED**: 프로퍼티 접근을 동기화한다. 따라서 한 번에 한 스레드만 프로퍼티 값을 초기화할 수 있다(이 구현이 디폴트다).
- **PUBLICATION**: 초기화 함수가 여러 번 호출될 수 있지만 가장 처음 도착하는 결과가 프로퍼티 값이 되도록 프로퍼티 접근을 동기화한다.
- **NONE**: 프로퍼티 접근을 동기화하지 않는다. 이 방식을 선택하면 다중 스레드 환경에서 프로퍼티의 올바른 동작을 보장할 수 없다.

초기화 함수에 부수 효과가 있는 경우 SYNCHRONIZED와 PUBLICATION의 차이가 명확해진다. 예를 들어 다음과 같은 프로퍼티가 있다면

```
val myValue by lazy {
  println("Initializing myValue")
  123
}
```

메시지가 최대 한 번만 출력된다. (디폴트인) SYNCHRONIZED 모드의 경우 초기화 함수가 여러 번 호출되지 않게 보장하기 때문이다. 하지만 스레드 안전성 모드를 PUBLICATION으로 바꾸면

```
val myValue by lazy(LazyThreadSafetyMode.PUBLICATION) {
  println("Initializing myValue")
  123
}
```

프로퍼티 값은 그대로지만 여러 스레드가 myValue 값을 초기화하려고 시도하면서 메시지가 여러 번 출력될 수 있다.

NONE 모드는 가장 빠르며, 초기화 코드가 한 스레드에서만 불린다고 확신할 수 있는 경우 유용하다. 일반적인 경우로는 lazy인 지역 변수를 들 수 있다.

```
fun main() {
  val x by lazy(LazyThreadSafetyMode.NONE) { 1 + 2 }
  println(x) // 3
}
```

초기화 함수가 예외를 던지면 프로퍼티가 초기화되지 않는다는 사실에 유의하라. 이런 경우 이 프로퍼티에 다시 접근하려 시도하면 또 다시 초기화 함수가 호출된다.

kotlin.properties.Delegates의 멤버를 통해 몇 가지 표준 위임을 사용할 수 있다. notNull() 함수는 프로퍼티 초기화를 미루면서 널이 아닌 프로퍼티를 정의할 수 있게 해준다.

```
import kotlin.properties.Delegates.notNull

var text: String by notNull()
fun readText() {
  text = readLine()!!
}

fun main() {
  readText()
  println(text)
}
```

notNull()의 의미는 기본적으로 lateinit 프로퍼티와 같다. 내부에서는 null 값을 사용해 초기화되지 않은 프로퍼티를 표시하지만, notNull() 위임 프로퍼티를 초기화하지 않고 읽으면 java.lang.IllegalStateException이 발생한다. 보통은 lateinit 쪽이 더 간결하고 성능도 좋기 때문에 notNull()보다는 lateinit 프로퍼티를 사용하는 편이 낫다. 예외는 원시 타입인 변수의 경우다. 이런 경우에는 lateinit을 적용할 수 없다.

```
import kotlin.properties.Delegates.notNull

var num: Int by notNull() // lateinit을 쓸 수 없음

fun main() {
  num = 10
  println(num) // 10
}
```

observable() 함수를 사용하면 프로퍼티 값이 변경될 때 통지를 받을 수 있다. observable()은 초깃값과 람다를 인자로 받는다. 프로퍼티 값이 바뀔 때마다 람다가 호출된다. 관례적으로 람다에서 사용하지 않을 파라미터를 _(밑줄)로 받는다는 점에 유의하라.

```
import kotlin.properties.Delegates.observable

class Person(name: String, val age: Int) {
  var name: String by observable(name) { _, old, new ->
    println("Name changed: $old to $new")
  }
}

fun main() {
  val person = Person("John", 25)

  person.name = "Harry"   // Name changed: John to Harry
  person.name = "Vincent" // Name changed: Harry to Vincent
  person.name = "Vincent" // Name changed: Vincent to Vincent
}
```

새 값이 이전 값과 같더라도 통지가 온다는 점에 유의하라. 필요하다면 두 값이 같은지 람다가 직접 검사해야 한다.

vetoable() 함수도 비슷한 위임을 만든다. 이 함수는 초깃값과 Boolean을 반환하는 람다를 인자로 받는다. 프로퍼티 값을 변경하려고 시도할 때마다 값을 변경하기 직전에 이 람다가 호출되고, 람다가 true를 반환하면 실제 값 변경이 일어난다. 람다가 false를 반환하면 값이 바뀌지 않고 그대로 남는다.

```
import kotlin.properties.Delegates.vetoable

var password: String by vetoable("password") { _, old, new ->
  if (new.length< 8) {
    println("Password should be at least 8 characters long")
    false
  } else {
    println("Password is Ok")
    true
  }
}
```

```
fun main() {
  password = "pAsSwOrD"  // Password is Ok
  password = "qwerty"    // Password should be at least 8 characters long 표시됨
}
```

observable()과 vetoable()이 제공하는 변경 전과 변경 후 통지를 함께 조합하고 싶다면 ObservableProperty를 상속해서 beforeChange()와 afterChange() 함수를 오버라이드하면 된다.

표준 라이브러리는 맵에 프로퍼티 값을 설정하고 읽어올 수 있는 위임 기능도 제공한다. 맵에 값을 저장하고 읽을 때는 프로퍼티 이름을 키로 사용한다. map 인스턴스를 위임 객체로 사용하면 이런 기능을 활용할 수 있다.

```
class CartItem(data: Map<String, Any?>) {
  val title: String by data
  val price: Double by data
  val quantity: Int by data
}

fun main() {
  val item = CartItem(mapOf(
    "title" to "Laptop",
    "price" to 999.9,
    "quantity" to 1
  ))

  println(item.title)    // Laptop
  println(item.price)    // 999.9
  println(item.quantity) // 1
}
```

프로퍼티에 접근할 때는 맵에서 값을 가져온 후 (프로퍼티의 타입에 따라) 원하는 타입으로 값을 캐스팅한다. Map 위임은 타입 안전성을 해칠 수도 있으므로 조심해서 사용해야 한다. 특히 맵에 저장된 값이 원하는 타입의 값이 아니면 프로퍼티 접근이 캐스트 예외와 함께 끝나버린다.

맵을 위임 객체로 사용할 수 있으므로, 변경 가능한 맵을 통해 가변 프로퍼티를 정의할 수도 있다.[3]

3 역주 생성자 인자의 타입이 MutableMap<String, Any>로 바뀌었으므로, 이렇게 변경한 CartItem()을 생성하고 싶을 때는 mapOf()가 아니라 mutableMapOf()로 생성한 가변 맵을 생성자에게 넘겨야 한다.

```
class CartItem(data: MutableMap<String, Any?>) {
  var title: String by data
  var price: Double by data
  var quantity: Int by data
}
```

표준 위임만으로 충분하지 않다면 어떻게 해야 할까? 이런 때는 코틀린의 위임 관련 관습을 활용해 커스텀 위임을 구현할 수 있다. 이에 대해서는 다음 절에서 설명한다.

11.2.2 커스텀 위임 만들기

커스텀 위임을 만들려면 특별한 연산자 함수(또는 함수들)를 정의하는 타입이 필요하다. 이 함수들은 프로퍼티 값을 읽고 쓰는 방법을 구현한다. 읽기 함수의 이름은 getValue여야 하고, 다음 두 가지 파라미터를 받는다.

1. receiver: 수신 객체 값이 들어있고, 위임된 프로퍼티의 수신 객체와 같은 타입(또는 상위 타입)이어야 한다.
2. property: 프로퍼티 선언을 표현하는 리플렉션이 들어있다. KProperty<*>이거나 상위 타입이어야 한다.

두 파라미터의 이름은 실제로는 중요하지 않고 타입만 중요하다. getValue() 함수의 반환 타입은 반드시 위임 프로퍼티의 타입과 같아야(또는 하위 타입이어야) 한다.

예를 들어 프로퍼티 값과 수신 객체를 연관시켜 기억하는 일종의 캐시 역할을 하는 위임을 만들어 보자.

```
import kotlin.reflect.KProperty

class CachedProperty<in R, out T : Any>(val initializer: R.() -> T) {
  private val cachedValues = HashMap<R, T>()

  operator fun getValue(receiver: R, property: KProperty<*>): T {
    return cachedValues.getOrPut(receiver) { receiver.initializer() }
  }
}

fun <R, T : Any> cached(initializer: R.() -> T) = CachedProperty(initializer)
```

```
class Person(val firstName: String, val familyName: String)

val Person.fullName: String by cached { "$firstName $familyName" }

fun main() {
  val johnDoe = Person("John", "Doe")
  val harrySmith = Person("Harry", "Smith")

  // johnDoe에 저장된 수신 객체에 최초 접근. 값을 계산해 캐시에 담음
  println(johnDoe.fullName)  // John Doe

  // harrySmith에 저장된 수신 객체에 최초 접근. 값을 계산해 캐시에 담음
  println(harrySmith.fullName) // Harry Smith

  // johnDoe에 저장된 수신 객체에 재접근. 캐시에서 값을 읽음
  println(johnDoe.fullName)  // John Doe

  // harrySmith에 저장된 수신 객체에 재접근. 캐시에서 값을 읽음
  println(harrySmith.fullName) // Harry Smith
}
```

fullName은 최상위 확장 프로퍼티이므로 위임도 전역 상태에 속하게 된다. 따라서 프로퍼티의 값은 수신 객체마다 단 한 번만 초기화된다(다중 스레드 문제는 여기서는 무시한다).

읽기 전용 커스텀 위임을 정의하고 싶다면 kotlin.properties 패키지의 ReadOnlyProperty 인터페이스를 사용하면 편리하다. 이 인터페이스는 getValue() 연산자를 추상화한 버전을 정의해준다. 따라서 여러분의 클래스에서 이 연산자를 구현해주면 된다.

```
interface ReadOnlyProperty<in R, out T> {
  operator fun getValue(thisRef: R, property: KProperty<*>): T
}
```

var 프로퍼티에 해당하는 읽고 쓸 수 있는 프로퍼티의 경우, getValue() 외에도 프로퍼티에 값을 저장할 때 호출될 setValue() 함수를 정의해야 한다. 이 함수의 반환 타입은 Unit이어야 하며, 세 가지 파라미터를 받는다.

1. receiver: getValue()와 동일하다.
2. property: getValue()와 동일하다.
3. newValue: 프로퍼티에 저장할 새 값이다. 프로퍼티 자체와 같은 타입(또는 상위 타입)이어야 한다.

다음 예제는 lateinit 프로퍼티의 final 버전인 위임 클래스를 정의한다. 즉, 이 프로퍼티는 초기화를 단 한 번만 허용한다.

```
import kotlin.reflect.KProperty

class FinalLateinitProperty<in R, T : Any> {
  private lateinit var value: T
  operator fun getValue(receiver: R, property: KProperty<*>): T {
    return value
  }
  operator fun setValue(receiver: R,
                        property: KProperty<*>,
                        newValue: T) {
    if (this::value.isInitialized) throw IllegalStateException(
          "Property ${property.name} is already initialized"
        )
      value = newValue
  }
}

fun <R, T : Any> finalLateInit() = FinalLateinitProperty<R, T>()

var message: String by finalLateInit()

fun main() {
  message = "Hello"
  println(message) // Hello
  message = "Bye"  // Exception: Property message is already initialized
}
```

코틀린 표준 라이브러리에는 ReadOnlyProperty 외에도 값을 변경할 수 있는 위임을 표현하는 인터페이스가 들어있다. 이 인터페이스의 이름은 ReadWriteProperty이다. 여러분이 정의할 위임 클래스에서 이 인터페이스를 구현할 수 있다.

```
public interface ReadWriteProperty<in R, T> {
  operator fun getValue(thisRef: R, property: KProperty<*>): T
  operator fun setValue(thisRef: R, property: KProperty<*>, value: T)
}
```

getValue()/setValue() 함수를 멤버 함수로 정의할 수도 있지만 확장 함수로 정의해도 된다는 점을 기억하라. 확장 함수를 사용하면 원하는 객체를 언제든지 일종의 위임 객체로 바꿀 수 있다. 특히 코틀린 라이브러리에서 Map/MutableMap 인스턴스를 사용하는 위임은 확장 함수로 정의돼 있다.

```
inline operator fun <V, V1 : V> Map<in String, V>.getValue(
  thisRef: Any?,
  property: KProperty<*>
): V1 {...}
```

코틀린 1.1부터는 provideDelegate() 함수를 통해 위임 인스턴스화를 제어할 수 있다. 기본적으로는 프로퍼티 선언 뒤의 by 키워드 다음에 오는 식을 통해 위임 인스턴스를 정의한다. 또는 일종의 위임 팩토리 역할을 하는 중간 인스턴스를 provideDelegate()를 통해 넘길 수도 있다. getValue()와 비슷하게 이 함수는 프로퍼티 수신 객체와 리플렉션 객체를 파라미터로 받고, 프로퍼티 값 대신 실제 위임 객체를 돌려준다. 위임을 제대로 초기화하기 위해 프로퍼티의 메타데이터가 필요한 경우에는 이런 기능이 유용하다.

예를 들어 @NoCache라는 애너테이션을 도입하고 싶다고 하자. 이 애너테이션은 프로퍼티 캐시를 방지한다. 여기서는 이전에 정의한 CachedProperty 구현이 (이 애너테이션이 붙은 프로퍼티에) 실제 접근이 일어나는 시점까지 오류 발생을 미루지 않고, 프로퍼티를 초기화하는 단계에서 예외를 빨리 던지길 바란다. 위임을 제공하는 위임 객체를 도입함으로써, 위임을 생성하기 전에 대상 프로퍼티를 검증해서 이런 기능을 구현할 수 있다.

```
@Target(AnnotationTarget.PROPERTY)
annotation class NoCache

class CachedPropertyProvider<in R, out T : Any>(
  val initializer: R.() -> T
) {
  operator fun provideDelegate(
    receiver: R?,
    property: KProperty<*>
  ): CachedProperty<R, T> {
    if (property.annotations.any{ it is NoCache }) {
      throw IllegalStateException("${property.name} forbids caching")
    }
    return CachedProperty(initializer)
  }
}
```

```
class CachedProperty<in R, out T : Any>(val initializer: R.() -> T) {
  private val cachedValues = HashMap<R, T>()
  operator fun getValue(receiver: R, property: KProperty<*>): T {
    return cachedValues.getOrPut(receiver) { receiver.initializer() }
  }
}

fun <R, T : Any> cached(initializer: R.() -> T) =
  CachedPropertyProvider(initializer)
```

이제 @NoCache 애너테이션이 붙은 프로퍼티에 대해 캐시를 제공하는 위임을 적용하려고 시도하면 오류가 발생하면서 프로그램이 실패한다.

```
class Person(val firstName: String, val familyName: String)

@NoCache val Person.fullName: String by cached {
  if (this != null) "$firstName $familyName" else ""
}

fun main() {
  val johnDoe = Person("John", "Doe")
  println(johnDoe.fullName) // Exception: java.lang.ExceptionInInitializerError
}
```

위임 접근자와 마찬가지로 provideDelegate()도 멤버 함수나 확장 함수로 정의할 수 있다.

11.2.3 위임 표현

위임 프로퍼티에 대한 설명을 마무리하면서 런타임에 위임이 어떻게 표현되고 이를 어떻게 접근할 수 있는지 살펴보겠다.

런타임에 위임은 별도의 필드에 저장된다. 반면 프로퍼티 자체에 대해서는 접근자가 자동으로 생성된다. 이 접근자는 위임에 있는 적절한 메서드를 호출한다. 예를 들어 다음 코드는

```
class Person(val firstName: String, val familyName: String) {
  var age: Int by finalLateInit()
}
```

다음과 같은 효과를 나타내는 코드로 변환된다. 다만, 코틀린 코드에서는 age$delegate 같은 위임 필드를 직접 명시적으로 사용할 수 없다.

```
class Person(val firstName: String, val familyName: String) {
  private val `age$delegate` = finalLateInit<Person, Int>()

  var age: Int
    get() = `age$delegate`.getValue(this, this::age)
    set(value) {
      `age$delegate`.setValue(this, this::age, value)
    }
}
```

리플렉션 API를 사용하면 getDelegate() 멤버를 통해 얻을 수 있는 프로퍼티 객체를 이용해 위임 값에 접근할 수 있다. 시그니처는 수신 객체의 수에 따라 달라진다. 예제를 하나 보자.

```
import kotlin.reflect.jvm.isAccessible

class Person(val firstName: String, val familyName: String) {
  val fullName by lazy { "$firstName $familyName" }
}

fun main() {
  val person = Person("John", "Doe")

  // KProperty0: 모든 수신 객체가 엮여 있음
  println(
    person::fullName
      .apply { isAccessible = true }
      .getDelegate()!!::class.qualifiedName
  ) // kotlin.SynchronizedLazyImpl

  // KProperty1: 수신 객체가 엮여 있지 않아서 수신 객체를 따로 지정해야 함
  println(
    Person::fullName
      .apply { isAccessible = true }
      .getDelegate(person)!!::class.qualifiedName
  ) // kotlin.SynchronizedLazyImpl
}
```

위임 인스턴스가 저장된 비공개 필드에 접근하려면 isAccessible = true를 사용해야만 한다.

확장으로 정의된 프로퍼티는 어떨까? 이런 경우 모든 수신 가능 객체에 대해 위임이 공유되며, getExtensionDelegate() 함수를 사용하면[4] 특정 수신 객체를 지정하지 않아도 위임을 얻을 수 있다.

```
import kotlin.reflect.full.getExtensionDelegate

class Person(val firstName: String, val familyName: String)
val Person.fullName: String by cached { "$firstName $familyName" }

// 조금 전에 정의했던 NoCache(애너테이션) 클래스, CachedPropertyProvider 클래스,
// CachedProperty 클래스, cached 함수가 여기에 들어가야 함

fun main() {
  println(
    Person::fullName
      .apply { isAccessible = true }
      .getExtensionDelegate()!!::class.qualifiedName
  ) // CachedProperty
}
```


11.3 고차 함수와 DSL

KOTLIN IN DEPTH

이 절에서는 타입 안전한 빌더(type-safe builder)를 통해 DSL을 설계하는 방법을 알아본다. 이 작업에 새로운 지식은 필요하지 않다. 코틀린의 고차 함수에 대해 이미 배운 내용을 잘 활용하면 된다.

4 역주 명령줄 컴파일러에서는 임포트 문만 제대로 넣으면 잘 작동하고, 인텔리J 아이디어 얼티밋 에디션에서는 임포트 문을 빼먹은 경우 임포트 문을 넣을 것을 제대로 제안하지만, 커뮤니티 에디션에서는 제대로 경로를 찾지 못하고 임포트를 제안하지도 못한다. 아마도 사용하는 코틀린 플러그인이 달라서 그럴 것이다. 커뮤니티 버전 사용자의 경우 빌드 파일(build.gradle.kts)의 dependeicies 안에 있는 implementation(kotlin("stdlib")) 다음 줄에 implementation(kotlin("reflect"))를 추가하라.

11.3.1 중위 함수를 사용해 플루언트 DSL 만들기

첫 번째 예제를 통해 중위 함수를 사용하는 플루언트(fluent) API를 만드는 방법을 알아본다. 컬렉션 데이터에 대한 질의에 사용할 수 있는 SQL과 비슷한 문법을 사용하는 간단한 DSL을 정의할 것이다.

즉, 다음과 같은 식으로 코드를 작성할 수 있게 허용하고 싶다(C#에 익숙한 독자는 LINQ와 비슷하다는 사실을 눈치챘을 것이다).

```
val nums = listOf(2, 8, 9, 1, 3, 6, 5)
val query = from(nums) where { it > 3 } select { it*2 } orderBy { it }
println(query.items.toList())
```

기본적으로 우리가 만들 질의는 다음 요소로 구성된다.

1. from 절은 대상 컬렉션을 지정한다.
2. 다음으로는 선택적으로 where 절이 온다. 이 절은 걸러낼 조건을 기술한다.
3. 다음으로는 선택적으로 select 절이 온다. 이 절은 원래 데이터를 출력값으로 매핑해준다.
4. select 절이 있는 경우, 원한다면 orderBy 절을 추가할 수도 있다. 이 절은 결과의 순서를 정할 때 사용할 키를 지정한다.

이 같은 API를 어떻게 구현할 수 있을까? 먼저 질의의 중간 구조를 표현하는 몇 가지 클래스를 정의하자. 대부분의 중간 구조는 원래의 컬렉션이나 걸러낸 결과 등과 같은 일종의 데이터 집합을 표현하므로, 원소의 시퀀스를 돌려주는 기능을 제공하는 공통 인터페이스를 정의할 것이다.

```
interface ResultSet<out T> {
  val items: Sequence<T>
}
```

이제 질의 구성 요소를 표현하는 클래스를 정의할 수 있다.

```
class From<out T>(private val source: Iterable<T>) : ResultSet<T> {
  override val items: Sequence<T>
    get() = source.asSequence()
}

class Where<out T>(
  private val from: ResultSet<T>,
```

```
  private val condition: (T) -> Boolean
) :ResultSet<T> {
  override val items: Sequence<T>
    get() = from.items.filter(condition)
}

class Select<out T, out U>(
  private val from: ResultSet<T>,
  private val output: (T) -> U
) :ResultSet<U> {
  override val items: Sequence<U>
    get() = from.items.map(output)
}

class OrderBy<out T, in K : Comparable<K>>(
  private val select: ResultSet<T>,
  private val orderKey: (T) -> K
) :ResultSet<T> {
  override val items: Sequence<T>
    get() = select.items.sortedBy(orderKey)
}
```


기본적인 구성 요소가 준비됐으므로, DSL의 요구 사항에 맞게 이들을 엮어줄 중위 연산자 함수를 정의할 수 있다.

```
// from 뒤에 where이 올 수 있음
infix fun <T> From<T>.where(condition: (T) -> Boolean) =
  Where(this, condition)

// from이나 where 뒤에 select가 올 수 있음
infix fun <T, U> From<T>.select(output: (T) -> U) =
  Select(this, output)

infix fun <T, U> Where<T>.select(output: (T) -> U) =
  Select(this, output)

// select 뒤에 orderBy가 올 수 있음
infix fun <T, K : Comparable<K>> Select<*, T>.orderBy(
  orderKey: (T) -> K
) = OrderBy(this, orderKey)
```

마지막 조각은 from() 함수다. 이 함수는 질의를 시작한다.

```
fun <T>from(source: Iterable<T>) = From(source)
```

이제 원래의 예제는 다음과 같다.

```
val nums = listOf(2, 8, 9, 1, 3, 6, 5)
val query = from(nums) where { it > 3 } select { it*2 } orderBy { it }
println(query.items.toList())
```

제대로 컴파일되고 다음과 같은 결과를 내놓는다.

```
[10, 12, 16, 18]
```

타입 안전성으로 인해 우리가 의도한 문법 구조에 맞지 않는 질의는 거부된다. 예를 들어 where 절이 하나만 있어야 하기 때문에 다음 코드는 컴파일되지 않는다.

```
val query = from(nums) where { it> 3 } where { it < 10 }
```

하지만 여러 where 절을 허용하고 싶다면 infix 함수를 하나 더 추가하면 된다.

```
infix fun <T> Where<T>.where(condition: (T) -> Boolean) =
  Where(this, condition)
```

이제 구조 내에 다른 구조를 내포하는 좀 더 복잡한 예제를 살펴보자.

11.3.2 타입 안전한 빌더 사용하기

DSL을 설계할 때 일반적으로 필요한 기능으로, 도메인 객체가 다른 도메인 객체 안에 내포되는 계층적 구조를 표현하는 방법이 있다. 코틀린에는 빌더 함수와 확장 람다를 결합해 이런 계층적인 구조를 선언적인 방식으로 기술할 수 있게 도와주는 강력한 도구가 들어있다. 간단한 컴포넌트 레이아웃 DSL 예제를 통해 계층적 구조를 구현하는 방법을 알아보자.

목표는 다음과 같은 방식으로 프로그램의 UI를 기술할 수 있게 해주는 API다.

```
fun main() {
  val form = dialog("Send a message") {
    borderLayout {
      south = panel {
```

```
            +button("Send")
            +button("Cancel")
        }
        center = panel {
            verticalBoxLayout {
                +filler(0, 10)
                +panel {
                    horizontalBoxLayout {
                        +filler(5, 0)
                        +label("Message: ")
                        +filler(10, 0)
                        +textArea("")
                        +filler(5, 0)
                    }
                }
                +filler(0, 10)
            }
        }
    }
  }
  form.size = Dimension(300, 200)
  form.isVisible = true
}
```

기본적으로 다음을 제공하는 DSL을 만들고 싶다.

- UI 컴포넌트를 구성하는 계층적인 구조를 기술한다.
- BorderLayout, BoxLayout 등의 표준 레이아웃 관리자를 지원한다.
- 버튼, 텍스트 필드, 패널(panel), 윈도우(window) 등의 공통 컴포넌트를 생성하고 초기화할 수 있는 도우미 함수를 제공한다.

그림 11-2는 방금 본 코드로부터 생성한 윈도우다.

▼ 그림 11-2 레이아웃 DSL로 생성한 윈도우

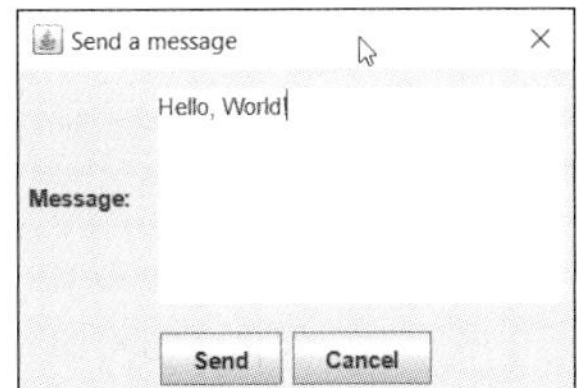

이런 종류의 언어를 어떻게 구현할 수 있을까? 먼저 UI를 기술할 때 어떤 종류의 객체들이 필요한지 생각해보자.

- **버튼이나 텍스트 필드 등의 간단한 컴포넌트**: 간단한 컴포넌트 내부에는 내포된 구조가 없다.
- **패널이나 윈도우 등의 컨테이너**: 컨테이너에는 레이아웃을 추가하고 내부에 + 연산을 통해 컴포넌트를 내포시켜야 한다.
- **컨테이너의 자식 컴포넌트의 위치를 지정하기 위한 레이아웃**: 레이아웃은 구체적인 배치를 결정한다. 예를 들어 보더(border) 레이아웃은 자식을 미리 정해진 영역(NORTH, SOUTH 등)에 연동시키지만, 박스 레이아웃은 컴포넌트를 추가한 순서대로 행이나 열로 배치하게 해준다.

button() 함수는 가장 단순한 부분이다. 아무런 추가 처리가 필요하지 않고, 단지 컴포넌트 생성자를 감싸주기만 한다.

```
fun label(text: String) = JLabel(text)
fun button(text: String) = JButton(text)
fun textArea(text: String) = JTextArea(text)
```

더 흥미로운 경우는 panel() 함수다. 이 함수는 내포된 컴포넌트 정의를 포함하는 람다를 인자로 받는다. 컨테이너의 상태를 유지하기 위해 ContainerBuilder 클래스를 도입한다. 이 ContainerBuilder 클래스를 통해 내포시킬 컴포넌트를 추가하고 레이아웃을 정의할 수 있다.

```
class ContainerBuilder(private val container: Container) {
  operator fun Component.unaryPlus() = apply { container.add(this) }

  fun borderLayout(body: BorderLayoutBuilder.() -> Unit) {
    BorderLayoutBuilder(container).body()
  }

  fun horizontalBoxLayout(body: BoxLayoutBuilder.() -> Unit) {
    BoxLayoutBuilder(container, BoxLayout.LINE_AXIS).body()
  }

  fun verticalBoxLayout(body: BoxLayoutBuilder.() -> Unit) {
    BoxLayoutBuilder(container, BoxLayout.PAGE_AXIS).body()
  }
}
```

이제 이 빌더를 사용해 panel()과 dialog() 함수를 정의할 수 있다.

```
fun panel(body: ContainerBuilder.() -> Unit) = JPanel().apply {
  ContainerBuilder(this).body()
}

fun dialog(
  title: String,
  body: ContainerBuilder.() -> Unit
): JDialog = JDialog().apply {
  this.title = title
  pack()
  defaultCloseOperation = JDialog.DISPOSE_ON_CLOSE
  ContainerBuilder(contentPane).body()
}
```

코드를 보면 두 함수가 람다를 받고, 이 람다는 ContainerBuilder의 확장 함수 역할을 한다는 점을 알 수 있다. 이렇게 하면 람다 내부에서 this 수신 객체로 ContainerBuilder가 암시적으로 지정되기 때문에 직접 ContainerBuilder의 멤버를 호출할 수 있다. 예를 들어 다음과 같은 코드는

```
panel {
  horizontalBoxLayout {
    +filler(5, 0)
    ...
  }
}
```

실제로 다음과 같은 뜻이다.

```
panel {
  this.horizontalBoxLayout {
    // BoxLayoutBuilder 타입의 디스패치 수신 객체를 암시적으로 가정한다
    filler(5, 0).unaryPlus()
    ...
  }
}
```

레이아웃은 어떻게 처리할 수 있을까? 비슷한 방법으로 레이아웃 빌더를 만들 수 있다. 이때 여러 가지 레이아웃 사이의 API 차이를 감안해야 한다. 예를 들면 다음과 같다.

```
class BoxLayoutBuilder(private val container: Container, direction: Int) {
  init {
    container.layout = BoxLayout(container, direction)
  }
```

```
  operator fun Component.unaryPlus() = apply { container.add(this) }

  fun filler(width: Int, height: Int) =
    Box.createRigidArea(Dimension(width, height))
}
```

패널 같은 컨테이너의 경우 자식을 순서대로 추가하고 싶기 때문에 이를 위해 BoxLayoutBuilder에 unaryPlus()를 추가했다. BorderLayoutBuilder의 경우, 추가된 자식 컴포넌트를 유지했다가 컨테이너에 연결해주는 north, south, west 등의 프로퍼티를 설정해야 한다. 이 로직을 observable 위임을 사용해 별도의 로직으로 처리한다.

```
fun constrained(
  container: Container,
  constraint: Any?
) = observable<Component?>(null) { _, _, value ->
  container.add(value, constraint)
}

class BorderLayoutBuilder(container: Container) {
  init {
    container.layout = BorderLayout()
  }

  var north by constrained(container, BorderLayout.NORTH)
  var south by constrained(container, BorderLayout.SOUTH)
  var west by constrained(container, BorderLayout.WEST)
  var east by constrained(container, BorderLayout.EAST)
  var center by constrained(container, BorderLayout.CENTER)
}
```

다양한 코틀린 DSL이 비슷한 방식으로 구현된다. 이 책의 뒷부분에서는 테스트 명세, 안드로이드 UI 기술, 웹 애플리케이션 처리 규칙, 타입 안전한 HTML 생성 등 여러 가지 공통 분야에 쓰이는 DSL을 자세히 살펴볼 것이다. 지금은 빌더 함수의 영역을 어떻게 제어할 것인지를 더 논의해보자.

11.3.3 @DslMarker

앞 절에서 논의했던 것 같은 계층적인 DSL을 사용하는 경우 외부 블록의 멤버가 내부 영역에 누출된다는 사실을 눈치챘는가? 예를 들어 레이아웃 DSL에 다음과 같은 코드를 써도 문제가 없다.

```
val myPanel = panel {
  borderLayout {
    borderLayout {
    }
  }
}
```

물론 이런 구조는 우리 의도를 벗어난다. 레이아웃 안에 다른 레이아웃을 포함시키고 싶지 않기 때문이다. 하지만 여기서 보여준 코드는 여전히 올바른 코드이고, 이때 두 `borderLayout()` 함수 호출의 수신 객체는 가장 밖의 `ContainerBuilder` 객체로 똑같다. 문제는 각 수신 객체를 그 자신을 정의한 영역뿐 아니라 (확장 함수 내부에) 내포된 모든 영역에서 접근할 수 있다는 데 있다. 수신 객체를 명시하면 코드가 다음과 같은 모습이 될 것이다.

```
val myPanel = panel {
  this@panel.borderLayout {
    this@panel.borderLayout {
    }
  }
}
```

이 코드를 보면 두 수신 객체가 같다는 점을 명확히 알 수 있다.

따라서 암시적 수신 객체가 내포된 영역에 누출되는 것이 타입 안전성을 해치지는 못하지만, 원치 않는 코드를 작성할 수 있게 되므로 오류가 발생하기 쉽다. 이 문제는 특히 우리가 작성하는 코드가 내포된 확장 람다가 많이 있는 DSL인 경우 더 큰 문제가 된다. 따라서 코틀린 1.1에서는 `@DslMarker`를 도입해 DSL 설계자들이 암시적 수신 객체의 영역을 제한할 수 있게 허용했다.

`@DslMarker`는 여러분이 애너테이션을 작성할 때 쓸 수 있는 메타 애너테이션이다. 이 말은 `@DslMarker`가 특정 DSL을 구분하는 마커(marker) 역할을 하는 애너테이션을 정의할 때 쓰인다는 뜻이다. 이 목적으로 `@LayoutDsl`을 만들어보자.

```
@DslMarker
annotation class LayoutDsl
```

이제 DSL 블록 안에서 수신 객체로 쓰일 수 있는 클래스에 `@LayoutDsl` 애너테이션을 붙일 수 있다. 우리가 만든 DSL에서는 `ContainerBuilder`, `BorderLayoutBuilder`, `BoxLayoutBuilder`가 수신 객체 역할을 할 수 있는 클래스다.

```
@LayoutDsl
class ContainerBuilder(private val container: Container) {...}

@LayoutDsl
class BorderLayoutBuilder(container: Container) {...}

@LayoutDsl
class BoxLayoutBuilder(private val container: Container, direction: Int)
{...}
```

대상 클래스에 상위 타입이 있다면 이 상위 타입에 마커를 붙일 수도 있다. DSL 마커는 자동으로 모든 하위 타입에도 영향을 미친다.

이렇게 하고 나면, 컴파일러가 어떤 클래스가 같은 DSL에 속하는지 구분할 수 있다. 따라서 컴파일러는 내포된 영역 내부에서 (더 밖에 있는) 같은 DSL에 상응하는 수신 객체를 사용하지 못하게 금지한다. 예를 들어 앞에서 보여준 이중 레이아웃 예제는 이제 컴파일 오류를 발생시킨다.

```
val myPanel = panel {
  borderLayout {
    borderLayout{ // Error: DSL 영역 위반
    }
  }
}
```

여기서 @DslMarker는 암시적 수신 객체의 누출만 막을 수 있다는 점에 유의하라. 필요한 경우에는 명시적인 this를 써서 외부 수신 객체를 가져와 사용할 수 있다.

```
val myPanel = panel {
  borderLayout {
    this@panel.borderLayout{ // 문제없이 컴파일됨
    }
  }
}
```

11.4 결론

이 장에서는 코틀린 프로그램에 내포시킬 수 있는 도메인 특화 언어를 설계할 때 도움이 되는 고급 코틀린 언어 기능을 살펴봤다. DSL을 사용하면 코틀린 컴파일러가 제공하는 타입 안전성과 DSL이 주는 사용 편의를 함께 누릴 수 있다. 개발자가 오버로딩한 연산자를 정의할 수 있게 허용하는 언어 관습을 살펴보고, 위임 프로퍼티의 표준 구현을 알아봤으며, 여러분이 직접 위임 프로퍼티를 작성하는 방법을 설명했다. 마지막으로, 함수형 프로그래밍과 타입 안전한 빌더가 계층적인 DSL을 설계할 때 얼마나 도움이 되는지 살펴봤다.

다음 장에서는 자바/코틀린 상호 운용성을 다룬다. 코틀린 선언을 자바 코드에서 사용하는 방법과 자바 선언을 코틀린 코드에서 사용하는 방법을 살펴보고, 코틀린 기반 API를 자바 클라이언트가 사용할 수 있게 미세 조정하는 방법과 코틀린 도구로 자바 코드를 코틀린 코드로 자동 변환해 주는 방법을 알아보자.

11.5 정리 문제

KOTLIN IN DEPTH

1. 연산자 오버로딩이란 무엇이고, 코틀린에서는 어떤 관습을 사용해 연산자 오버로딩을 사용하는가?
2. 표준 위임 구현을 설명하라.
3. 프로퍼티 위임의 관습은 무엇인가? 커스텀 위임 구현의 한 가지 예를 들어보라.
4. 런타임에 (리플렉션을 써서) 위임 값에 접근하는 방법을 설명하라.
5. 고차 함수를 사용해 DSL을 설계하는 방법을 설명하라.
6. `@DslMarker`의 의미를 설명하라.

12장

자바 상호 운용성

이 장에서는 자바와 코틀린 코드의 상호 운용성에 관한 여러 가지 주제를 소개한다. 이런 주제들은 자바 코드와 코틀린 코드가 공존해야 하는 프로젝트에서 중요한 역할을 한다. JVM 상호 운용성이 좋기 때문에 코틀린 코드를 기존 프로젝트에 쉽게 추가할 수 있고, 자바로 구성된 프로젝트 코드를 주변 환경을 거의 변화시키지 않고도 점진적으로 코틀린으로 변환할 수 있다.

코틀린과 자바 타입이 서로 어떻게 매핑되는지 살펴보고, 코틀린 선언을 자바에서 보면 어떤 식으로 보이는지, 반대로 자바 선언을 코틀린에서 어떻게 바라보는지 설명한다. 그리고 자바/코틀린 상호 운용성을 제어할 때 도움이 되는 언어적 특징을 소개한다.

배우는 내용

- 자바 코드를 코틀린에서 사용하기
- 코틀린 코드를 자바에서 사용하기

이 장의 목표

코틀린 선언과 타입이 어떻게 자바로 매핑되는지 배우고, 코틀린과 자바를 한 코드 기반에서 혼용하는 방법을 배운다.[1]

12.1 자바 코드를 코틀린에서 사용하기

KOTLIN IN DEPTH

코틀린은 JVM을 주 대상으로 설계됐기 때문에 상당히 쉽게 자바 코드를 코틀린에서 사용할 수 있다. 주로 발생하는 문제들은 자바에 없는 코틀린 기능으로 인한 것이다. 예를 들어 자바는 널 안전성을 타입 시스템을 통해 제공하지 않지만, 코틀린에서는 항상 어떤 타입이 널이 될 수 있는 타입인지 아닌지 지정해야 한다. 자바 타입은 보통 이런 정보가 부족하다. 이 절에서는 자바와 코틀린 양쪽에서 이런 문제를 어떻게 해결할 수 있는지 살펴본다.

1 역주 명령줄에서 kotlinc와 javac를 사용해 빌드할 수도 있지만, 명령줄 컴파일러와 자바 클래스 파일 검색 경로, 코틀린 런타임 라이브러리 등의 다양한 요소를 이해해야 제대로 명령줄에서 자바와 코틀린을 혼용하는 프로그램을 컴파일하고 실행할 수 있다. 12장을 실습해보는 가장 편한 방법은 인텔리J 등과 같은 IDE에서 그레이들 코틀린 프로젝트를 생성하고, src/main/kotlin과 src/main/java 밑에 자바와 코틀린 파일을 넣은 후 컴파일하고 실행하는 것이다. 이 책의 예제 리포지터리(https://github.com/gilbutITbook/08025)의 12장 부분을 참조하라.

12.1.1 자바 메서드와 필드

대부분의 경우 자바 메서드를 아무 문제 없이 코틀린 함수처럼 노출시킬 수 있다. 캡슐화되지 않은 자바 필드를 코틀린에서는 뻔한 접근자가 있는 프로퍼티처럼 쓸 수 있다. 하지만 각 언어의 구체적인 내용에 따라 생기는 약간의 뉘앙스 차이에 유의해야 한다.

12.1.2 Unit과 void

코틀린에는 반환값이 없음을 나타내는 void 키워드가 없다. 따라서 자바 void 함수는 코틀린에서 Unit을 반환하는 함수로 보인다. 이런 함수를 호출하고 호출 결과를 저장하며(예 변수에 대입) 컴파일러가 Unit 객체에 대한 참조를 생성한 후 저장해줄 것이다.

연산자 관습

Map.get() 같은 몇몇 자바 메서드는 코틀린의 연산자 관습을 만족한다. 이런 자바 메서드에는 operator 키워드가 붙어있지 않지만, 코틀린에서는 이들을 마치 연산자 함수인 것처럼 연산자를 통해 사용할 수 있다. 예를 들어, 자바 리플렉션 API의 Method 클래스에는 invoke() 메서드가 있기 때문에 이 클래스를 마치 함수처럼 호출할 수 있다.

```
val length = String::class.java.getDeclaredMethod("length")
println(length("abcde")) // 5
```

하지만 중위 호출 문법을 자바 메서드에 적용할 수는 없다.

12.1.3 합성 프로퍼티

자바에는 합성 프로퍼티가 없고, 게터와 세터를 사용하는 일이 많다. 이로 인해 코틀린 컴파일러는 자바 게터나 세터를 일반적인 코틀린 프로퍼티처럼 쓸 수 있게 합성 프로퍼티를 노출시켜준다. (컴파일러가 합성 프로퍼티를 만들어줄 수 있으려면) 접근자는 다음 관습을 따라야만 한다.

- 게터는 파라미터가 없는 메서드여야 하며, 메서드 이름이 get으로 시작해야 한다.
- 세터는 파라미터가 하나만 있는 메서드여야 하며, 메서드 이름이 set으로 시작해야 한다.

예를 들어 다음 자바 클래스가 있다고 하자.

```
public class Person {
  private String name;
  private int age;

  public Person(String name, int age) {
    this.name = name;
    this.age = age;
  }

  public String getName() {
    return name;
  }

  public void setName(String name) {
    this.name = name;
  }

  public int getAge() {
    return age;
  }

  public void setAge(int age) {
    this.age = age;
  }
}
```

코틀린에서는 이 클래스의 인스턴스를 마치 name과 age라는 가변 프로퍼티가 정의된 것처럼 쓸 수 있다.

```
fun main() {
  val person = Person("John", 25)
  person.name = "Harry"
  person.age = 30

  println("${person.name}, ${person.age}") // Harry, 30
}
```

이 관습은 게터 메서드만 있는 경우에도 동작한다. 이 경우 자동으로 만들어지는 프로퍼티는 불변 프로퍼티가 된다. 현재 코틀린은 쓰기 전용 필드를 제공하지 않으므로, 자바 클래스에 세터 메서드는 있지만 게터가 없는 경우에는 아무 프로퍼티도 노출되지 않는다.

다른 관습으로, 게터 이름이 is로 시작할 수도 있다. 이런 경우 합성 프로퍼티는 게터와 이름이 같다. Person 클래스를 변경해서 접근자가 있는 boolean 필드를 추가해보자.

```
public class Person {
  ...

  private boolean isEmployed;

  public boolean isEmployed() {
    return isEmployed;
  }
  public void setEmployed(boolean employed) {
    isEmployed = employed;
  }
}
```

코틀린 코드는 이 접근자를 isEmployed 프로퍼티로 사용할 수 있다.

IDE 팁 ≡ 합성 프로퍼티 대신 일반 메서드를 사용할 수도 있다. 하지만 일반 메서드 사용은 불필요한 중복으로 간주된다. 기본적으로 인텔리J 코틀린 플러그인은 이런 호출을 감지해서 합성 프로퍼티 접근으로 변경할 것을 제안한다(그림 12-1).

▼ 그림 12-1 명시적인 세터 호출을 프로퍼티 대입문으로 변경하기

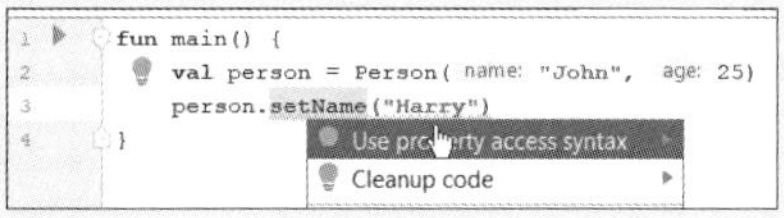

```
fun main() {
    val person = Person( name: "John",  age: 25)
    person.setName("Harry")
}       Use property access syntax
        Cleanup code
```

합성 프로퍼티 구문은 코틀린이 아닌 코드로 작성된 메서드에 대해서만 사용할 수 있다. 코틀린 소스코드에서 get/set으로 선언한 메서드를 합성 프로퍼티로 사용할 수는 없다.

12.1.4 플랫폼 타입

자바가 널이 될 수 있는 타입과 그렇지 않은 타입을 구분하지 않기 때문에 일반적으로 코틀린 컴파일러는 자바 코드에서 비롯된 객체가 널인지 여부에 대해 아무런 가정도 할 수 없다. 하지만 이런 값을 널이 될 수 있는 타입으로 노출시키면 코틀린 코드에서 널 검사를 일일이 수행해야만 하므로 그리 실용적이지 않다. 따라서 코틀린 컴파일러는 자바 코드가 노출하는 타입에 대한 널 안전성 검사를 완화시켜서, 자바 타입을 명확한 널 가능성이 지정되지 않은 타입인 것처럼 취급

한다. 코틀린에서 자바 코드로부터 비롯된 객체는 플랫폼 타입(platform type)이라는 특별한 타입에 속한다. 플랫폼 타입은 널이 될 수 있는 타입이기도 하고 널이 될 수 없는 타입이기도 하며, 이런 타입에 대한 타입 안전성 보증은 기본적으로 자바와 동일하다. 플랫폼 타입의 값을 널이 될 수 있는 문맥에서 사용해도 되고 널이 될 수 없는 문맥에서 사용해도 된다. 하지만 널이 될 수 없는 문맥에서 플랫폼 타입을 사용할 경우 런타임에 NPE(NullPointerException)가 발생할 수도 있다.

다음 자바 클래스를 보자.

```
public class Person {
  private String name;
  private int age;

  public Person(String name, int age) {
    this.name = name;
    this.age = age;
  }

  public String getName() { return name; }
  public void setName(String name) { this.name = name; }
  public int getAge() { return age; }
  public void setAge(int age) { this.age = age; }
}
```

코틀린 코드에서 이 클래스를 사용해보자.

```
fun main() {
  val person = Person("John", 25)
  println(person.name.length) // 4
}
```

이 코드에서 person.name은 컴파일러가 널 가능성을 판단할 수 없는 플랫폼 타입이다. 그래서 코드는 컴파일이 잘되지만, 프로그램이 length에 접근하는 부분에 대한 널 검사는 런타임으로 미뤄진다. 이 코드를 다음 예제처럼 바꾸면 프로그램이 여전히 컴파일되지만, 런타임에 실패하게 된다.

```
fun main() {
  val person = Person(null, 25)
  println(person.name.length) // Exception: java.lang.NullPointerException
}
```

플랫폼 타입을 코틀린 소스코드에서 명시할 수는 없다는 점에 유의하라. 컴파일러만 플랫폼 타입을 구성할 수 있다. 하지만 인텔리J IDEA 플러그인을 통해 플랫폼 타입을 살펴볼 수 있다. 예를 들어 Show expression type 액션(Ctrl + Shift + P나 Cmd + Shift + P)을 person.name 식에서 실행해보면 String!이라는 타입을 볼 수 있다(그림 12-2). 이 표기는 표시된 타입이 String?일 수도 있고 String일 수도 있다는 뜻이다.

▼ 그림 12-2 인텔리J IDEA의 플랫폼 타입 표현

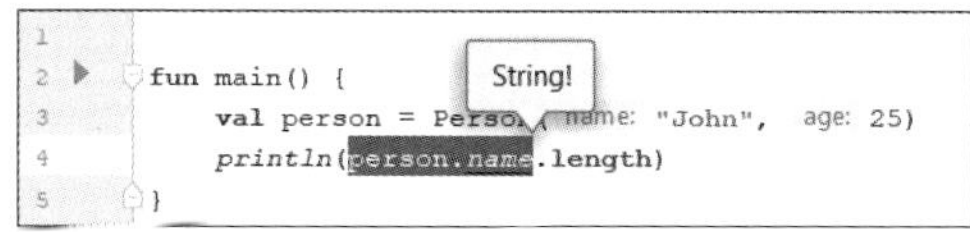

플랫폼 타입의 식을 변수에 대입하거나 명시적인 타입을 지정하지 않고 함수에서 반환하면 플랫폼 타입이 전파된다. 예를 들어 다음 코드를 보자.

```
import java.math.BigInteger

// BigInteger! 반환 타입
fun Int.toBigInt() = BigInteger.valueOf(toLong())

val num = 123.toBigInt() // BigInteger! 타입
```

타입을 명시적으로 지정하면 플랫폼 타입을 널이 될 수 있는 타입이나 널이 될 수 없는 타입으로 강제로 지정할 수 있다.

```
import java.math.BigInteger

// BigInteger(널이 될 수 없음) 반환 타입
fun Int.toBigInt(): BigInteger = BigInteger.valueOf(toLong())

val num = 123.toBigInt() // BigInteger(널이 될 수 없음) 타입
```

IDE 팁 ≡ 인텔리J 코틀린 플러그인은 플랫폼 타입이 암시적으로 전파되는 경우를 찾아서 타입을 명시적으로 지정해야 한다는 것을 경고해준다(그림 12-3).

▼ 그림 12-3 플랫폼 타입 전파를 없애기

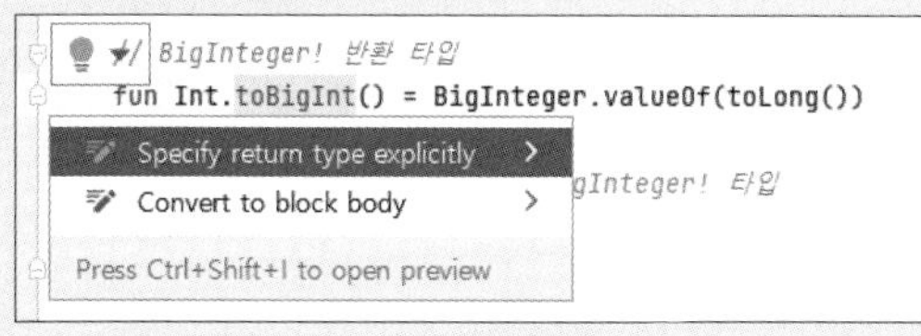

플랫폼 타입을 널이 아닌 타입으로 강제로 변환하면 컴파일러가 단언문을 자동으로 생성해준다. 이를 통해 런타임에 널 값이 계속 전파돼 이후 해당 값에 접근하는 시점에 NPE가 발생하지 않고 플랫폼 값을 널이 될 수 없는 값으로 대입하거나 변환하는 순간에 프로그램이 실패하게 된다.

코틀린은 자바 컬렉션 타입을 표현할 때도 플랫폼 타입을 쓴다. 그 이유는 널이 될 수 있는 타입의 경우와 비슷하다. 코틀린과 달리 자바는 가변 컬렉션과 불변 컬렉션을 구분하지 않는다. 따라서 코틀린에서 List, Set, Map 등의 표준 자바 컬렉션 인스턴스는 불변으로 생각될 수도 있고 가변으로 생각될 수도 있다. IDE는 (Mutable)이라는 접두사를 붙여서 이런 타입을 나타낸다(그림 12-4).

▼ 그림 12-4 변경 가능한 플랫폼 타입

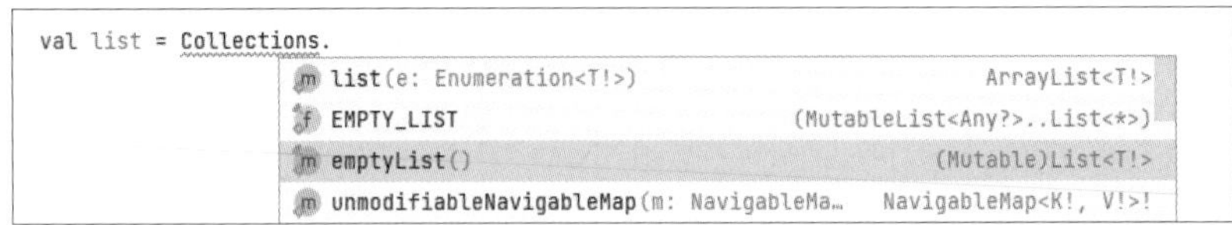

12.1.5 널 가능성 애너테이션

자바 세계에서 널 안전성을 보장하는 일반적인 방법은 특별한 애너테이션을 쓰는 것이다. 인텔리J IDEA 같은 현대적인 개발 환경은 이런 애너테이션을 참조해서 널 가능성에 대한 계약을 잠재적으로 위반하는 코드를 경고해준다. 코틀린 컴파일러도 이런 애너테이션 중 일부를 지원한다. 이 경우 해당 자바 타입은 코틀린에서 (자바 코드에 붙은 애너테이션에 따라) 널이 될 수 있거나 널이 될 수 없는 타입 중 하나로 정해지며, 플랫폼 타입으로 지정되지 않는다. 예를 들어 앞에서 살펴본 Person 클래스 예제에 애너테이션을 붙일 수도 있다.

```
import org.jetbrains.annotations.NotNull;

public class Person {
  @NotNull private String name;
  private int age;

  public Person(@NotNull String name, int age) {
    this.name = name;
    this.age = age;
  }
```

```
    @NotNull public String getName() { return name; }
    public void setName(@NotNull String name) { this.name = name; }
    public int getAge() { return age; }
    public void setAge(int age) { this.age = age; }
}
```

이 코드에 대응하는 타입을 코틀린 코드에서 살펴보면 그림 12-5처럼 바뀐다.

▼ 그림 12-5 @NotNull 애너테이션이 붙은 자바 타입 노출하기

```
fun main() {
    val person = Person(name: "John", age: 25)
    println(person.name.length)
}
```

String

코틀린 컴파일러가 지원하는 널 가능성 애너테이션으로는 다음과 같은 것이 있다(더 완전한 목록을 kotlinlang.org의 코틀린 문서에서 볼 수 있다).

- 젯브레인즈의 @Nullable과 @NotNull(org.jetbrains.annotations 패키지)
- 안드로이드 SDK의 여러 가지 @Nullable과 @NotNull 변종들
- @Nonnull 등의 JSR-350 널 가능성 애너테이션(javax.annotation 패키지)

IDE 팁 ≡ 젯브레인즈 애너테이션 라이브러리는 자동으로 프로젝트 의존 관계에 추가되지 않지만 쉽게 설정에 추가할 수 있다. @Nullable/@NotNull 애너테이션을 사용할 수 없다면 사용할 수 없는 애너테이션 이름에 캐럿을 위치시키고 Alt + Enter를 눌러서 그림 12-6처럼 Add 'annotations' to the classpath 액션을 선택하라.

▼ 그림 12-6 젯브레인즈 annotations 라이브러리 설정하기

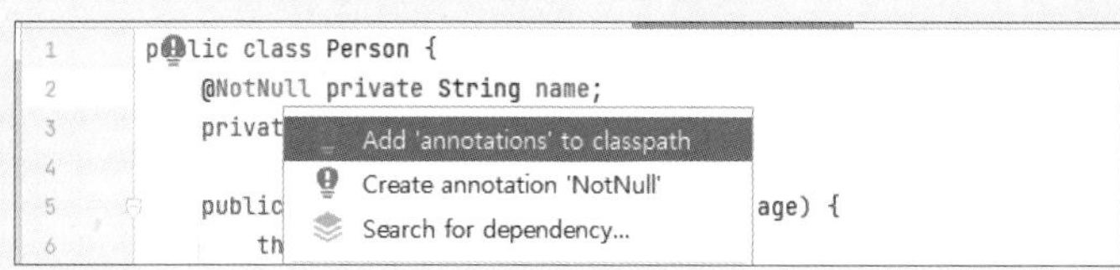

여러분이 사용하는 널 가능성 애너테이션이 ElementType.TYPE_USE 대상을 지정하면, 자바 8부터 제네릭 선언의 타입 파라미터에 대해 이 애너테이션을 붙일 수 있다. 예를 들어 젯브레인즈의 @Nullable과 @NotNull 애너테이션은 버전 15부터 이 대상을 지원하기 때문에 다음과 같이 코드를 작성할 수 있다.

```
public class Person {
    ...
    @NotNull private Set<@NotNull Person> friends = new HashSet<>();
    @NotNull public Set<@NotNull Person>getFriends() { return friends; }
}
```

계속

이 경우 코틀린에서 getFriends() 메서드의 반환 타입은 (Mutable)Set<Person>처럼 보인다.

▼ 그림 12-7 널이 될 수 없는 타입 파라미터

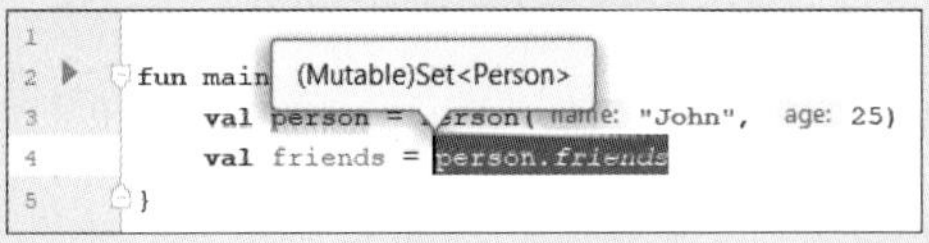

```
fun main  (Mutable)Set<Person>
    val person = Person( name: "John",  age: 25)
    val friends = person.friends
}
```

타입 파라미터에 애너테이션이 붙지 않으면 코틀린 컴파일러는 플랫폼 타입을 사용한다. 따라서 다음 코틀린 예제 코드의 person.friends는 (Mutable)Set<Person!>이 된다.

```
public class Person {
  ...
  @NotNull private Set<Person> friends = new HashSet<>();
  @NotNull public Set<Person>getFriends() { return friends; }
}
```

12.1.6 자바/코틀린 타입 매핑

자바와 코틀린에서 비슷한 의미를 가지는 타입도 있다. 예를 들어 자바 원시 타입인 int, boolean 등은 코틀린의 내장 타입인 Int, Boolean 등에 해당하며, java.util.List 타입은 (Mutable)List에 해당한다. 코틀린 컴파일러는 JVM 플랫폼에서 실행되도록 컴파일하는 경우, 자바 코드에 선언된 내용을 코틀린 코드에서 사용하거나 코틀린 코드에 선언된 타입을 자바 코드에서 사용할 때 서로 상응하는 타입을 상호 변환해준다. 이 절에서는 기본적인 자바/코틀린 타입 매핑 규칙을 알아보자.

우선 자바 원시 타입이나 원시 타입에 상응하는 박싱 타입은 코틀린의 기본 타입에 대응한다.

자바 타입	코틀린 타입
byte/Byte	Byte
short/Short	Short
int/Integer	Int
long/Long	Long
char/Character	Char
float/Float	Float
double/Double	Double

이 매핑은 역방향으로도 적용된다. JVM에서 기본 코틀린 타입의 값은 값이 사용되는 방식에 따라 JVM 원시 타입이거나 원시 타입에 상응하는 박싱 타입이다. 예를 들어 Int? 같은 타입은 자바의 int에서는 널을 표현할 방법이 없기 때문에 java.lang.Integer 인스턴스로 표현된다.

java.lang 패키지에 들어있는 원시 타입이 아닌 내장 클래스 중 일부도 kotlin 패키지에 있는 상응하는 코틀린 클래스로 매핑된다(역방향도 성립함). 이런 경우에는 자바와 코틀린의 클래스 이름이 같다. 유일한 차이는 코틀린 Any로 매핑되는 자바 Object뿐이다.

- Object
- Cloneable
- Comparable
- Enum
- Annotation
- CharSequence
- String
- Number
- Throwable

코틀린으로 매핑된 자바 클래스의 정적 멤버(예 Long.valueOf())를 코틀린 쪽 동반 객체에서 직접 접근할 수 없다는 점에 유의하라. 정적 멤버를 사용하려면 해당 자바 클래스의 전체 이름을 언급해야 한다.

```
val n = java.lang.Long.bitCount(1234)
```

코틀린 표준 컬렉션 타입(불변과 가변 모두)은 java.util 패키지에 있는 상응하는 컬렉션 타입으로 매핑된다. 하지만 자바에서 코틀린 방향으로의 매핑은 앞에서 설명한 것처럼 플랫폼 타입을 만들어낸다. 자바 컬렉션은 불변과 가변 구현이 같은 API를 사용하기 때문이다. 매핑되는 타입은 다음과 같다.

- Iterable/Iterator/ListIterator
- Collection
- Set

- List
- Map/Map.Entry

제네릭 타입의 매핑은 양 언어 제네릭 구문의 차이 때문에 단순하지만은 않은 변환이 필요하다.

- 자바의 extends 와일드카드는 코틀린 공변 프로젝션으로 변환된다. 예를 들어 TreeNode<? extends Person>은 TreeNode<out Person>으로 바뀐다.
- 자바의 super 와일드카드는 코틀린 반공변 프로젝션으로 변환된다. 예를 들어 TreeNode<? super Person>은 TreeNode<in Person>으로 바뀐다.
- 자바의 로우 타입(raw type)은 코틀린 스타 프로젝션으로 바뀐다. 예를 들어 TreeNode는 TreeNode<*>가 된다.

원시 타입으로 이뤄진 자바 배열(int[] 등)은 박싱/언박싱을 피하기 위해 상응하는 특화된 코틀린 배열 클래스(예 IntArray)로 매핑된다. 다른 모든 배열은 Array<(out)T>라는 특별한 플랫폼 타입의 배열 인스턴스로 변환된다(또는 Array<(out) String>! 같은 널이 될 수 있는 플랫폼 타입이 될 수도 있다). 특히 이런 변환으로 인해 상위 타입의 배열을 받으리라 예상하는 자바 메서드에게 하위 타입의 배열을 넘길 수 있다. 예를 들어 다음 코드는 Object[] 파라미터의 값으로 String으로 이뤄진 배열을 전달한다.

```
import java.util.*

fun main() {
  val strings = arrayOf("a", "b", "c")
  println(Arrays.deepToString(strings))
}
```

이런 동작은 배열 타입이 공변적인 자바의 의미와 맞아떨어진다. 하지만 코틀린 배열은 무공변이므로 코틀린 메서드에 대해서는 이런 기법을 사용할 수 없다. 원한다면 Array 타입을 직접 Array<out Any>로 out 프로젝션시켜야 한다.

12.1.7 단일 추상 메서드 인터페이스

추상 메서드가 하나뿐인 자바 인터페이스가 있다면(이런 인터페이스를 단일 추상 메서드(SAM) 인터페이스라고 줄여 부른다), 이 인터페이스는 기본적으로 코틀린 함수 타입처럼 작동한다. 이는 자동으로 람다와 적절한 SAM 타입 인스턴스 사이의 변환을 지원해주는 자바 8+와 비슷하다. 코틀린은 자바 SAM 인터페이스가 필요한 위치에 람다를 넘길 수 있게 지원한다. 이를 SAM 변환이라고 한다. 예를 들어 비동기 계산을 등록할 수 있는 JDK ExecutorService 클래스를 생각해보자. 이 클래스의 execute() 메서드는 Runnable 객체를 인자로 받는다.

```
public interface Runnable {
  public void run();
}
```

코틀린은 Runnable을 SAM 인터페이스로 판정하기 때문에 코틀린 코드에서 execute() 메서드에게 람다를 넘길 수 있도록 해준다.

```
import java.util.concurrent.ScheduledThreadPoolExecutor

fun main() {
  val executor = ScheduledThreadPoolExecutor(5)

  executor.execute {
    println("Working on asynchronous task...")
  }
  executor.shutdown()
}
```

이런 호출을 지원하지 않는다면 더 번잡한 코드를 써야 할 것이다.

```
import java.util.concurrent.ScheduledThreadPoolExecutor

fun main() {
  val executor = ScheduledThreadPoolExecutor(5)

  executor.execute(object : Runnable {
    override fun run() {
      println("Working on asynchronous task...")
    }
  })
  executor.shutdown()
}
```

IDE 팁 ≡ 인텔리J 코틀린 플러그인은 방금 본 것처럼 불필요한 객체 식을 자동으로 암시적인 SAM 변환을 사용하는 람다로 바꿔준다(그림 12-8).

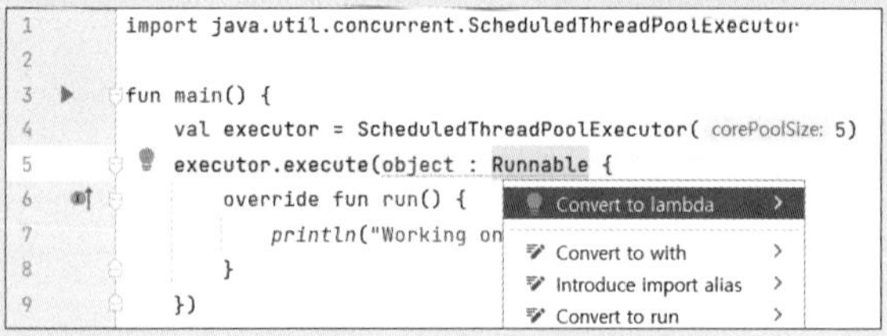

▼ 그림 12-8 객체 식을 람다로 변환하기

```
import java.util.concurrent.ScheduledThreadPoolExecutor

fun main() {
    val executor = ScheduledThreadPoolExecutor( corePoolSize: 5)
    executor.execute(object : Runnable {
        override fun run() {
            println("Working on
        }
    })
```

Convert to lambda >
Convert to with >
Introduce import alias >
Convert to run >

때로는 컴파일러가 문맥을 충분히 파악할 수 없어서 적절한 변환을 찾지 못할 수도 있다. 예를 들어 자바 ExecutorService에는 미래에 수행할 계산을 표현하는 객체를 인자로 받는 submit() 메서드가 몇 가지 들어있다. 계산은 Runnable이나 Callable 인터페이스의 인스턴스일 수 있다. Callable은 다음과 같다.

```
public interface Callable<V> {
  V call() throws Exception;
}
```

Runnable과 Callable 모두 SAM 인터페이스이므로, 코틀린 코드에서 람다를 submit() 메서드에 전달하면 컴파일러는 Runnable을 선택한다. 왜냐하면 Runnable 타입이 가장 구체적인 시그니처를 가졌기 때문이다.

```
import java.util.concurrent.ScheduledThreadPoolExecutor

fun main() {
  val executor = ScheduledThreadPoolExecutor(5)
  // 암시적으로 Runnable로 변환됨
  val future = executor.submit { 1 + 2 }

  println(future.get()) // null
  executor.shutdown()
}
```

대신 Callable을 전달하고 싶다면 어떻게 해야 할까? 이 경우에는 대상 타입을 지정해서 변환을 명시해야 한다.

```
import java.util.concurrent.Callable
import java.util.concurrent.ScheduledThreadPoolExecutor
fun main() {
  val executor = ScheduledThreadPoolExecutor(5)
  val future = executor.submit(Callable { 1 + 2 })

  println(future.get()) // 3
  executor.shutdown()
}
```

이런 식을 SAM 생성자라고 부른다.

SAM 변환은 인터페이스에 대해서만 적용되고, 메서드가 하나뿐인 클래스에는 적용될 수 없다. 그리고 자바와 달리 코틀린 인터페이스에 대해서도 SAM 변환을 쓸 수 없다. 코틀린에서는 보통 적절한 함수 타입을 사용할 수 있으므로 SAM 변환이 거의 불필요하지만, 가끔 자바의 SAM 변환을 코틀린에서 정의한 인터페이스로도 사용하고 싶을 때가 있다. 예를 들어 코틀린에서 정의한 인터페이스를 자바와 공유하는 경우 자바에서는 SAM 변환을 활용해 람다를 쓸 수 있는데, 코틀린에서는 객체 식을 써야 한다면 불편할 것이다. 코틀린 1.4부터는 함수형 인터페이스를 선언하면 코틀린에서도 인터페이스 인스턴스 대신 람다를 쓸 수 있다. 함수형 인터페이스는 추상 메서드가 하나뿐인 인터페이스 정의의 interface 앞에 fun 키워드를 붙인 인터페이스다. 예를 들어 다음과 같은 인터페이스를 정의한다면,

```
fun interface SomeCallback {
  fun execute(arg: Any): Unit
}
```

다음과 같이 SAM 변환을 활용해 이 인터페이스의 인스턴스 대신 람다를 전달할 수 있다.

```
fun callWithString(arg: String, callback: SomeCallback) = callback.execute(arg)

fun main() {
  callWithString("World!"){println("Hello,$it")}  // Hello, World!
}
```

12.1.8 자바를 코틀린으로 변환하는 변환기 사용하기

인텔리J 플러그인에는 자바 소스 파일을 동등한 코틀린 코드로 변환해주는 도구가 들어있다. 이 기능은 자바/코틀린 상호 운용성과 더불어 기존 자바 코드 기반을 점진적으로 코틀린으로 마이그레이션할 때 도움이 되는 기능이다.

파일을 변환하려면 Ctrl + Alt + Shift + K를 누르거나 Code 메뉴에서 Convert Java File to Kotlin File 액션을 선택하면 된다. IDE는 파일을 처리해서 코틀린으로 변환해주고, 필요하면 외부에서 이 코틀린 코드를 사용하는 코드도 변경해준다.

또는 Project View 패널에서 여러 자바 파일을 선택한 다음에 같은 쇼트컷(shortcut)을 적용해 한꺼번에 파일을 변경할 수도 있다.

자동 변환은 코틀린다운 코드를 생성해내도록 만들어졌다. 항상 이상적인 결과를 만들어내는 것은 아니지만, 기존 자바 코드 기반을 코틀린으로 마이그레이션할 때 이 도구로 시작하면 좋을 것이다.

12.2 코틀린 코드를 자바에서 사용하기

코틀린을 설계할 때 기존 자바 코드 기반과 부드럽게 상호 운용할 수 있어야 한다는 가이드라인이 있었다. 대부분의 코틀린 코드는 크게 신경 쓰지 않고 자바 코드와 통합할 수 있다. 하지만 자바에 직접적으로 대응하는 코틀린 기능이 없을 때도 있다. 이 절에서는 이런 기능을 설명하고, 자바 관점에서 코틀린 코드가 노출하는 내용을 미세하게 조정하는 방법을 설명한다.

12.2.1 프로퍼티 접근

자바나 JVM에는 프로퍼티라는 개념이 없으므로 코틀린 프로퍼티를 자바에서 직접 접근할 수는 없다. 하지만 컴파일된 JVM 바이트코드에서는 각 프로퍼티가 접근자 메서드로 표현되기 때문에 자바 클라이언트는 다른 일반적인 메서드와 마찬가지 방법으로 이 접근자 메서드를 통해 프로퍼티에 접근할 수 있다. 접근자의 시그니처는 다음 규칙에 따라 프로퍼티의 정의에서 만들어진다.

- 게터는 파라미터가 없는 메서드이며 게터의 반환 타입은 원래의 프로퍼티 타입과 같다. 게터의 이름은 프로퍼티 이름의 첫 번째 글자를 대문자로 바꾼 다음, 앞에 get을 붙여서 생성된다.
- 세터는 새로운 값에 해당하는 파라미터를 하나만 받는 메서드다. 세터의 이름은 프로퍼티 이름의 첫 번째 글자를 대문자로 바꾼 다음, 앞에 set을 붙여서 생성된다.

예를 들어 다음 코틀린 클래스를 살펴보자.

```
class Person(var name: String, val age: Int)
```

이 클래스는 (자바 관점에서 보면) 다음과 같다.

```
public class Person {
  @NotNull
  public String getName() {...}
  public void setName(@NotNull String value) {...}
  public int getAge() {...}
}
```

따라서 자바 클라이언트 코드는 접근자 메서드를 통해 프로퍼티에 접근할 수 있다.

```
public class Main {
  public static void main(String[] args) {
    Person person = new Person("John", 25);
    System.out.println(person.getAge()); // 25

    person.setName("Harry");
    System.out.println(person.getName()); // Harry
  }
}
```

프로퍼티 이름이 is로 시작하는 경우 코틀린 컴파일러는 다른 명명 규칙을 사용한다.

- 게터 이름은 프로퍼티와 같다.
- 세터 이름은 맨 앞의 is를 set으로 바꾼 이름이다.

예를 들어 Person 클래스에 isEmployed 프로퍼티를 추가했다고 하자.

```
class Person(var name: String, val age: Int, var isEmployed: Boolean)
```

새 프로퍼티에 접근하는 자바 코드는 다음과 같다.

```
public class Main {
  public static void main(String[] args) {
    Person person = new Person("John", 25, false);
    person.setEmployed(true);
    System.out.println(person.isEmployed()); // true
  }
}
```

이 관습은 이름만 살펴본다는 점에 유의하라. Boolean 타입과는 아무 관계가 없다(하지만 혼동을 막기 위해 is로 시작하는 이름은 오직 Boolean 프로퍼티에만 사용할 것을 강력히 권장한다).

코틀린 프로퍼티에 뒷받침하는 필드가 필요한 경우, 컴파일러가 접근자 메서드와 함께 필드도 만들어준다. 하지만 기본적으로 이 필드는 비공개이기 때문에 게터 세터 코드 밖에서 필드에 접근할 수는 없다. 경우에 따라 자바 클라이언트 쪽에 이 프로퍼티 필드를 노출시켜야 할 때가 있으며, 이런 경우에는 @JvmField 애너테이션을 프로퍼티 앞에 넣으면 된다. 예를 들어 Person 클래스의 생성자 파라미터 앞에 @JvmField를 붙여보자.

```
class Person(@JvmField var name: String, @JvmField val age: Int)
```

이렇게 하면 자바 소스코드에서 컴파일러가 생성해주는 필드에 접근할 수 있다.

```
public class Main {
  public static void main(String[] args) {
    Person person = new Person("John", 25);
    System.out.println(person.age); // 25

    person.name = "Harry";
    System.out.println(person.name); // Harry
  }
}
```

이 경우 접근자 메서드는 생성되지 않고 뒷받침하는 필드가 프로퍼티 자체와 동일한 가시성으로 만들어진다는 점에 유의하라. 프로퍼티 접근자가 뻔하지(게터는 필드 값을 그대로 돌려주기만 하고, 세터는 받은 값을 그대로 필드에 저장하기만 하며 다른 처리를 하지 않음) 않다면 @JvmField를 사용할 수 없다.

```
class Person(val firstName: String, val familyName: String) {
  // Error: This annotation is not applicable to target 'member property without backing
```

```
field or delegate'
  @JvmField val fullName get() = "$firstName $familyName"
}
```

@JvmField를 추상 프로퍼티나 열린 프로퍼티에 적용할 수도 없다. 이 프로퍼티를 오버라이드하는 쪽에서 커스텀 접근자를 만들 수도 있기 때문이다.

```
open class Person(val firstName: String, val familyName: String) {
  // Error: JvmField can only be applied to final property
  @JvmField open var description: String = "Hello"
}
```

이름 붙은 객체의 프로퍼티 대해 @JvmField를 적용하면 인스턴스 필드가 아니라 정적 필드를 만들어낸다. 예를 들어 다음 코틀린 객체를 보자.

```
object Application {
  @JvmField val name = "My Application"
}
```

자바 코드는 Application.name이라는 이름의 정적 필드를 통해 name 프로퍼티에 직접 접근할 수 있다.

```
public class Main {
  public static void main(String[] args) {
    System.out.println(Application.name);
  }
}
```

const 변경자가 붙은 프로퍼티도 마찬가지로 정적 필드를 생성한다.

```
object Application {
  const val name = "My Application"
}
```

뒷받침하는 필드를 노출하는 다른 방법으로 lateinit 프로퍼티를 활용하는 방법이 있다.

```
class Person(val firstName: String, val familyName: String) {
  lateinit var fullName: String

  fun init() {
    fullName = "$firstName $familyName"
```

```
  }
}
```

이 경우 접근자와 뒷받침하는 필드가 모두 프로퍼티와 동일한 가시성을 가진다.

```
public class Main {
  public static void main(String[] args) {
    Person person = new Person("John", "Doe");
    person.init();

    // 필드에 직접 접근
    System.out.println(person.fullName); // John Doe

    // 접근자 호출
    System.out.println(person.getFullName()); // John Doe
  }
}
```

객체에서 lateinit은 @JvmField 애너테이션이 붙은 필드와 비슷한 정적 필드를 생성한다. 하지만 lateinit 프로퍼티의 접근자는 인스턴스 메서드로 남는다. 예를 들어 싱글턴 객체를 하나 정의해 보자.

```
object Application {
  lateinit var name: String
}
```

다음 자바 코드는 lateinit 프로퍼티의 필드에 접근하는 경우와 접근자 메서드에 접근하는 경우의 차이를 보여준다.

```
public class Main {
  public static void main(String[] args) {
    // 직접 프로퍼티 접근(정적 접근). 초기화하기 전이라서 null이 출력됨
    println(Application.name) // null
    // 접근자 호출(정적 접근이 아님)
    Application.INSTANCE.setName("Application1");

    // 직접 프로퍼티 접근(정적 접근)
    Application.name = "Application2"
  }
}
```

lateinit 프로퍼티에 @JvmField를 붙일 수 없다는 점에 유의하라.

12.2.2 파일 퍼사드와 최상위 선언

코틀린에서는 다른 선언 내부가 아니라 패키지 바로 아래에 두는 최상위 선언을 자주 사용한다. 자바와 JVM 플랫폼에서 일반적으로 모든 메서드는 어떤 클래스에 속해야만 한다. 이런 요구 사항을 만족시키기 위해 코틀린 컴파일러는 최상위 함수와 프로퍼티를 자동으로 생성된 파일 퍼사드(file facade)라는 클래스에 넣는다. 기본적으로 퍼사드 클래스 이름은 소스코드 이름 뒤에 Kt를 덧붙인 이름이 된다. 예를 들어 다음 파일을 컴파일하면,

```
// util.kt
class Person(val firstName: String, val familyName: String)

val Person.fullName
  get() = "$firstName $familyName"

fun readPerson(): Person? {
  val fullName = readLine() ?: return null
  val p = fullName.indexOf(' ')
  return if (p >= 0) {
    Person(fullName.substring(0, p), fullName.substring(p + 1))
  } else {
    Person(fullName, "")
  }
}
```

다음과 같은 퍼사드 클래스가 만들어진다.

```
public class UtilKt {
  @NotNull
  public static String getFullName(@NotNull Person person) {...}

  @Nullable
  public static Person readPerson() {...}
}
```

퍼사드 클래스에는 최상위에 선언된 클래스가 들어가지 않는다. 클래스는 JVM과 자바에서 최상위 수준에 존재할 수 있다.

퍼사드 클래스에 생성된 메서드가 정적 메서드이므로 자바 코드에서 최상위 메서드에 접근할 때 퍼사드 클래스를 인스턴스화할 필요가 없다.

```
public class Main {
  public static void main(String[] args) {
    Person person = UtilKt.readPerson();
    if (person == null) return;
    System.out.println(UtilKt.getFullName(person));
  }
}
```

코틀린 컴파일러는 생성된 퍼사드의 몇몇 세부 사항을 조정할 수 있게 허용한다. 우선 파일 수준의 @JvmName 애너테이션을 통해 퍼사드 클래스 이름을 지정할 수 있다.

```
@file:JvmName("MyUtils")
class Person(val firstName: String, val familyName: String)

val Person.fullName
  get() = "$firstName $familyName"
```

이제 자바 클라이언트는 MyUtils라는 이름을 통해 이 파일에 선언된 최상위 함수와 프로퍼티에 접근할 수 있다.

```
public class Main {
  public static void main(String[] args) {
    Person person = new Person("John", "Doe");
    System.out.println(MyUtils.getFullName(person));
  }
}
```

또 다른 유용한 기능은 여러 파일에 있는 최상위 선언을 한 클래스로 모으는 것이다. 이렇게 하려면, 합치려는 파일마다 @JvmMultifileClass라는 애너테이션을 붙이고 @JvmName으로 클래스 이름을 지정해야 한다. 그러면 코틀린 컴파일러가 자동으로 파사드 클래스 이름이 같은 파일들의 선언을 한데 모아준다. 예를 들어 조금 전에 본 예제의 모든 선언을 별도의 파일에 넣어보자.

```
// Person.kt
class Person(val firstName: String, val familyName: String)

// utils1.kt
@file:JvmMultifileClass
@file:JvmName("MyUtils")

val Person.fullName
  get() = "$firstName $familyName"
```

```
// utils2.kt
@file:JvmMultifileClass
@file:JvmName("MyUtils")

fun readPerson(): Person? {
  val fullName = readLine() ?: return null
  val p = fullName.indexOf(' ')

  return if (p >= 0) {
    Person(fullName.substring(0, p), fullName.substring(p + 1))
  } else {
    Person(fullName, "")
  }
}
```

@JvmMultifile과 @JvmName 덕분에 두 선언을 계속 MyUtil 클래스 안에서 찾을 수 있다.

```
public class Main {
  public static void main(String[] args) {
    Person person = MyUtils.readPerson();
    if (person == null) return;
    System.out.println(MyUtils.getFullName(person));
  }
}
```


코틀린 코드에서는 퍼사드 클래스에 접근할 수 없고 오직 JVM 쪽 클라이언트에서만 퍼사드에 접근할 수 있다는 점에 유의하라.

12.2.3 객체와 정적 멤버

JVM에서 코틀린 객체 선언은 정적인 INSTANCE 필드가 있는 일반적인 클래스로 컴파일된다. 예를 들어 다음과 같은 코틀린 선언이 있다고 하자.

```
object Application {
  val name = "My Application"
  fun exit() { }
}
```

자바 코드에서는 Application.INSTANCE 필드를 통해 이 객체의 멤버에 접근할 수 있다.

```
public class Main {
  public static void main(String[] args) {
    System.out.println(Application.INSTANCE.getName());
    Application.INSTANCE.exit();
  }
}
```

앞 절에서 @JvmField를 객체 프로퍼티에 적용하면 프로퍼티가 자바 입장에서 볼 때 정적 필드로 바뀐다고 설명했다. 때로는 객체 함수나 프로퍼티 접근자를 정적 메서드로 만들면 편리할 때가 있다. 이 경우 @JvmStatic 애너테이션을 사용한다.

```
import java.io.InputStream

object Application {
  @JvmStatic var stdin: InputStream = System.`in`
  @JvmStatic fun exit() { }
}
```

이제 자바 코드에서 구체적인 인스턴스를 지정하지 않아도 이런 함수나 프로퍼티에 접근할 수 있다.

```
import java.io.ByteArrayInputStream;

public class Main {
  public static void main(String[] args) {
    Application.setStdin(new ByteArrayInputStream("hello".getBytes()));
    Application.exit();
  }
}
```

12.2.4 노출된 선언 이름 변경하기

@JvmName을 사용해 최상위 선언이 들어가는 퍼사드 클래스의 이름을 바꿀 수 있다는 점을 살펴봤다. 실제 @JvmName 애너테이션은 파일에만 적용할 수 있는 것이 아니라, 함수나 프로퍼티 접근자에도 적용할 수 있다. 이를 통해 함수나 프로퍼티 접근자 이름을 변경할 수 있다.

이 기능의 주된 용도는 코틀린에서는 올바른 선언이지만 자바에서는 금지된 선언이 되는 시그니처 충돌을 막는 것이다. 다음 코틀린 코드를 보라.

```
class Person(val firstName: String, val familyName: String)

val Person.fullName
  get() = "$firstName $familyName"

// error: Platform declaration clash: The following declarations have the same JVM
signature (getFullName(LPerson;)Ljava/lang/String;):
fun getFullName(person: Person): String {
  return "${person.familyName}, ${person.firstName}"
}
```

코틀린에서는 프로퍼티와 함수를 쉽게 구분할 수 있음에도 불구하고 이 코드는 컴파일 오류가 발생한다. JVM상에서 프로퍼티와 함수가 똑같은 시그니처의 메서드를 만들어내고, 이로 인해 모호성이 생기기 때문에 컴파일러는 오류를 낼 수밖에 없다.

```
@NotNull
public static String getFullName(@NotNull Person person) {...}
```

@JvmName을 사용하면 충돌이 일어나는 이름을 바꿔서 문제를 해결할 수 있다.

```
@JvmName("getFullNameFamilyFirst")
fun getFullName(person: Person): String { // Ok
  return "${person.familyName}, ${person.firstName}"
}
```

이제 자바 클라이언트는 이 함수를 getFullNameFamilyFirst라는 이름으로 호출할 수 있지만, 코틀린 코드는 여전히 원래의 getFullName을 사용해야 한다.

마찬가지로 프로퍼티의 접근자에 대해 @JvmName 애너테이션을 붙이면 JVM의 접근자 이름을 지정할 수 있다.

```
val Person.fullName
  @JvmName("getFullNameFamilyLast")
  get() = "$firstName $familyName"
```

또는 프로퍼티 자체에 애너테이션을 붙일 수도 있다(이때 사용 지점 대상을 지정한다).

```
@get:JvmName("getFullNameFamilyLast")
val Person.fullName
  get() = "$firstName $familyName"
```

특히 @JvmName을 사용하면 프로퍼티 접근자에 적용되는 표준 명명 방식을 우회할 수 있다.

```
class Person(@set:JvmName("changeName") var name: String, val age: Int)
```

자바 코드에서 볼 때 Person 클래스에는 setName()이 아니라 changeName()이라는 메서드가 포함된다.

```
public class Main {
  public static void main(String[] args) {
    Person person = new Person("John", 25);
    person.changeName("Harry");
    System.out.println(person.getName());
  }
}
```

@JvmName은 코틀린 함수 이름이 자바 키워드와 우연히 겹쳐서 자바 클라이언트가 이 함수를 쓸 수 없는 경우에도 유용하다. 예를 살펴보자.

```
class Person(val firstName: String, val familyName: String) {
  @JvmName("visit")
  fun goto(person: Person) {
    println("$this is visiting $person")
  }

  override fun toString() = "$firstName $familyName"
}
```

goto가 예약된 키워드이므로 자바에서는 goto() 함수를 호출할 수 없다. 이 문제는 커스텀 JVM 이름을 지정하면 해결할 수 있다.

12.2.5 오버로딩한 메서드 생성하기

코틀린 함수에 디폴트 값이 지정된 경우, 함수 인자 중 일부를 생략할 수 있기 때문에 함수를 호출할 때 인자의 수가 달라질 수 있다.

```
// util.kt
fun restrictToRange(
  what: Int,
  from: Int = Int.MIN_VALUE,
```

```
  to: Int = Int.MAX_VALUE
): Int {
  return Math.max(from, Math.min(to, what))
}

fun main() {
  println(restrictToRange(100, 1, 10)) // 10
  println(restrictToRange(100, 1))     // 100
  println(restrictToRange(100))        // 100
}
```

하지만 자바에는 디폴트 값이라는 개념이 없으므로 이 예제의 함수는 다음과 같이 보인다.

```
public int restrictToRange(int what, int from, int to) {...}
```

결과적으로 자바 클라이언트는 디폴트 값을 사용하고 싶더라도 항상 모든 인자를 넘겨야만 한다.

```
public class Main {
  public static void main(String[] args) {
    System.out.println(UtilKt.restrictToRange(100, 1, 10));
    System.out.println(UtilKt.restrictToRange(100, 1)); // Error
    System.out.println(UtilKt.restrictToRange(100));    // Error
  }
}
```

코틀린은 이에 대한 해법으로 @JvmOverloads 애너테이션을 제공한다.

```
@JvmOverloads
fun restrictToRange(
  what: Int,
  from: Int = Int.MIN_VALUE,
  to: Int = Int.MAX_VALUE
): Int {
  return Math.max(from, Math.min(to, what))
}
```

@JvmOverloads를 적용하면 원래 코틀린 함수 외에 오버로딩된 함수를 추가로 생성해준다.

- 오버로딩된 첫 번째 함수는 마지막 파라미터를 제외한 나머지 인자를 받는 함수이며, 이 함수는 원래 함수의 마지막 파라미터를 디폴트 값으로 지정해준다.

- 오버로딩된 두 번째 함수는 마지막 두 파라미터를 제외한 나머지 인자를 받는 함수이며, 이 함수는 원래 함수의 마지막 두 파라미터를 디폴트 값으로 지정해준다. 세 번째, 네 번째 함수도 이런 식으로 점점 파라미터 수를 줄여나가면서 디폴트 값을 적용해준다.
- 오버로딩된 마지막 함수는 파라미터를 하나만 받고, 나머지 파라미터를 디폴트 값으로 적용해준다.

예를 들어 앞의 restrictToRange 함수는 자바에서 볼 때 세 가지 오버로딩 함수가 생긴다.

```
public int restrictToRange(int what, int from, int to) {...}
public int restrictToRange(int what, int from) {…}
public int restrictToRange(int what) {...}
```

추가된 오버로딩 함수들은 원래 함수를 호출하면서 생략된 파라미터에 대해 디폴트 값을 전달해준다. 이제 오버로딩이 제대로 해결되므로 처음의 자바 코드에서 오류가 발생했던 함수 호출 부분이 모두 제대로 컴파일된다.

```
public class Main {
  public static void main(String[] args) {
    System.out.println(UtilKt.restrictToRange(100, 1, 10)); // 10
    System.out.println(UtilKt.restrictToRange(100, 1));     // 100
    System.out.println(UtilKt.restrictToRange(100));        // 100
  }
}
```

@JvmOverloads 애너테이션에 의해 생성되는 오버로딩된 함수들이 컴파일된 바이너리상에 존재하기는 하지만, 코틀린에서 이런 함수를 호출할 수는 없다는 점에 유의하라. 이런 오버로딩된 함수는 오직 자바와 상호 운용하려는 목적으로 추가된 것이다.

12.2.6 예외 선언하기

3장 함수 정의하기에서 코틀린이 검사 예외와 비검사 예외를 구분하지 않는다고 설명했다. 함수나 프로퍼티는 예외의 유형과 무관하게 (throws 절 등의) 코드를 추가할 필요 없이 예외를 그냥 던지면 된다. 반면 자바에서는 명시적으로 함수 본문에서 처리하지 않고 외부로 던져지는 검사 예외 목록을 함수에 추가해야 한다. 이로 인해 자바 코드가 코틀린 선언을 호출하면서 코틀린 선언에서 발생하는 검사 예외를 처리하고 싶을 때 문제가 생긴다. 예를 들어 다음과 같은 코틀린 함수가 있다고 하자.

```
// util.kt
fun loadData() = File("data.txt").readLines()
```

이 함수를 자바 쪽에서 사용한다.

```
public class Main {
  public static void main(String[] args) {
    for (String line :UtilKt.loadData()) {
      System.out.println(line);
    }
  }
}
```

data.txt 파일을 읽을 수 없으면 loadData()는 IOException을 던지고, 이 예외는 조용히 main() 스레드를 중단시킨다. main()에 예외 처리를 추가하려고 시도하면 다른 문제가 생긴다.

```
import java.io.IOException;

public class Main {
  public static void main(String[] args) {
    try {
      for (String line :UtilKt.loadData()) {
        System.out.println(line);
      }
    } catch (IOException e) { // Error
      System.out.println("Can't load data");
    }
  }
}
```

자바는 try 블록 안의 코드에서 발생하는 것으로 선언되지 않은 검사 예외를 catch로 처리하는 것을 금지하므로 이 코드는 컴파일 오류가 난다. 문제는 자바 관점에서 loadData() 함수가 다음과 같이 보인다는 점이다.

```
@notNull
public List<String>loadData() {...}
```

따라서 이 함수는 자신이 던지는 예외에 대해 아무 정보도 제공하지 않는다. 해결 방법은 @Throws 애너테이션을 사용해 예외 클래스를 지정하는 것이다.

```
// util.kt
@Throws(IOException::class)
fun loadData() = File("data.txt").readLines()
```

이제 자바 try-catch 블록에서 이 예외를 제대로 처리할 수 있다. 이 함수 또는 명시적으로 throws IOException이 붙은 함수를 예외 핸들러 밖에서 호출하면 예상대로 컴파일 오류가 발생한다.

```
public class Main {
  public static void main(String[] args) {
    // Error: Unhandled IOException
    for (String line :UtilKt.loadData()) {
      System.out.println(line);
    }
  }
}
```

코틀린 컴파일러는 기반 클래스의 멤버와 이 멤버를 오버라이딩한 자식 클래스의 멤버에 붙은 @Throws 애너테이션의 예외 선언의 일관성을 검증하지 않는다. 예를 들어 다음과 같이 써도 된다.

```
import java.io.File
import java.io.IOException

abstract class Loader {
  abstract fun loadData(): List<String>
}

class FileLoader(val path: String) : Loader() {
  @Throws(IOException::class)
  override fun loadData() = File(path).readLines()
}
```

하지만 자바 언어 명세가 오버라이드한 메서드에서 throws에 검사 예외를 추가하는 것을 금지하기 때문에 자바 소스코드에서는 이런 선언을 사용할 수 없다.

12.2.7 인라인 함수

자바에는 인라인 함수가 없기 때문에 코틀린에서 inline 변경자가 붙은 함수는 일반 메서드로 자바 쪽에 노출된다. 자바 코드에서 이런 메서드를 호출할 수 있지만, 이 경우 인라인 함수의 본문이 호출하는 자바 코드로 인라인되지는 않는다.

특별한 경우로 구체화한 타입 파라미터가 있는 제네릭 인라인 함수를 들 수 있다. 현재는 인라인을 사용하지 않고 타입 구체화를 구현할 방법이 없으므로, 자바 코드에서 이런 함수를 호출하는 것이 불가능하다. 예를 들어 다음 cast() 함수는 자바 클라이언트에서 쓸모가 없다.

```
inline fun <reified T : Any> Any.cast(): T? = this as? T
```

이 함수는 퍼사드 클래스의 비공개 멤버로 노출된다. 따라서 외부에서는 이 함수를 호출할 방법이 없다.

```
public class Main {
  public static void main(String[] args) {
    UtilKt.<Integer>cast(""); // error: Cannot resolve method 'cast'
  }
}
```

12.2.8 타입 별명

코틀린 타입 별명은 자바 코드에서 쓸 수 없다. 자바에서 볼 때 타입 별명을 참조하는 선언은 모두 원래 타입을 가리키는 것으로 보인다. 예를 들어 JVM 관점에서 보면, 다음 Person 정의는 Name이라는 별명을 String으로 치환한 Person 클래스로 보인다.

```
typealias Name = String
class Person(val firstName: Name, val familyName: Name)
```

자바 코드에서 Person 클래스의 인스턴스를 생성하고 사용하면 이 사실을 쉽게 알 수 있다.

```
public class Main {
  public static void main(String[] args) {
    Person person = new Person("John", "Doe");
    System.out.println(person.getFamilyName()); // Doe
  }
}
```

12.3 결론

이 장에서는 코틀린과 자바 코드를 공통 코드 기반 내에서 엮는 방법을 설명했으며, 코틀린과 자바 선언이 서로에게 어떤 식으로 노출되는지 살펴봤다. 노출 방식의 차이로 인해 자바 선언을 코틀린 코드에서 사용하려고 하거나 코틀린 선언을 자바 코드에서 사용하려고 하면 여러 가지 공통적인 문제가 발생하는데, 이러한 문제를 해결하는 기본적인 해법을 알아보고 JVM 플랫폼에서 자바와 코틀린의 상호 운용성을 세밀하게 조정하는 방법을 설명했다.

다음 장에서는 동시성 애플리케이션에 초점을 맞춘다. 자바 동시성 기본 요소들을 코틀린에서 사용하는 방법을 살펴보고, 일시 중단 가능한 계산을 프로그래밍할 수 있게 해주는 강력한 언어 기능인 코루틴의 여러 측면을 다룬다.

KOTLIN IN DEPTH

12.4 정리 문제

1. 합성 프로퍼티란 무엇인가? 자바 접근자 메서드를 코틀린에서 사용할 때 적용되는 규칙은 무엇인가?
2. 플랫폼 타입이란 무엇인가? 코틀린이 지원하는 플랫폼 타입의 종류를 설명하라.
3. 자바 코드의 널 가능성 애너테이션이 코틀린 타입에 어떤 영향을 미치는가?
4. 코틀린 타입이 자바 타입으로 매핑되는 방식과 자바 타입이 코틀린 타입으로 매핑되는 방식을 설명하라.
5. 코틀린의 SAM 변환과 SAM 생성자를 설명하라. 코틀린의 함수형 인터페이스를 설명하라.
6. 코틀린 프로퍼티를 자바 코드에서 어떻게 접근할 수 있는가?
7. 자바 코드 쪽에서 코틀린 프로퍼티를 뒷받침하는 필드에 접근할 수 있는 경우는 언제인가?
8. 파일 퍼사드란 무엇인가? 코틀린 최상위 함수와 프로퍼티를 자바에서 사용하는 방법을 설명하라.

9. 여러 코틀린 파일을 한 파사드 클래스로 합치는 방법은 무엇인가?

10. @JvmName 애너테이션 사용법을 설명하라.

11. 코틀린 객체 선언의 인스턴스가 자바 코드에 어떤 식으로 노출되는지 설명하라.

12. 코틀린 객체 멤버를 자바에서 정적 멤버로 접근할 수 있게 하려면 어떻게 해야 하는가?

13. @JvmOverloads 애너테이션은 어떤 효과가 있는가?

14. 코틀린 함수에서 발생할 수 있는 검증 오류를 어떻게 기술할 수 있는가?

13장

동시성

이 장에서는 동시성(concurrent) 코드 작성이라는 중요한 주제를 다룬다. 목표는 코루틴을 이해하는 것이다. 코루틴은 코틀린의 뛰어난 기능 중 하나로 버전 1.1부터 도입됐고 1.3부터 정식으로 릴리스(release) 상태로 격상됐다.

먼저 코틀린 코루틴을 뒷받침하는 일시 중단 가능한 함수(suspending function)와 구조적인 복잡성을 살펴보고 동시성 흐름 제어, 코루틴의 생명 주기에 따른 상태 변화, 코루틴 취소나 코루틴의 예외 처리, 동시성 작업이 스레드를 할당받는 방법 등과 같은 주제로 조금씩 나아간다.

그 후 동시성 작업 사이에 통신을 구현하거나 스레드 안전한(thread-safe) 방식으로 변경 가능한 상태를 공유하고 싶을 때 사용할 수 있는 채널이나 액터와 같은 주제도 살펴본다.

마지막으로 스레드 생성, 동기화(synchronization)와 락(lock) 사용 등 자바 동시성 API를 코틀린에서 사용할 때 도움이 되는 유틸리티들에 대해 논의해보겠다.

배우는 내용

- 코루틴
- 동시성 통신
- 자바 동시성 사용

이 장의 목표

코루틴 라이브러리가 제공하는 동시성 기본 요소들을 사용하는 방법을 배우고, 이를 통해 규모를 가변적으로 조절할 수 있는 반응형(responsive) 코드를 작성한다.

13.1 코루틴

코틀린 프로그램에서도 자바 동시성 기본 요소를 쉽게 사용해 스레드 안전성을 달성할 수 있다. 하지만 자바 동시성 요소를 사용해도 대부분의 동시성 연산이 블러킹(blocking) 연산이므로 여전히 몇 가지 문제가 남는다. 다른 말로 설명하면 `Thread.sleep()`, `Thread.join()`, `Object.wait()`는 실행이 끝날 때까지 블럭된다. 스레드를 블럭하고 나중에 실행을 재개하려면 시스템 수준에서 계산 비용이 많이 드는 문맥 전환(context switch)을 해야 하므로 프로그램 성능에 부정적인 영향을 미칠 수 있다. 설상가상으로 스레드마다 상당한 양의 시스템 자원을 유지해야 하기 때문에 동시성 스레드를 아주 많이 사용하는 것은 비실용적이거나 (운영체제나 시스템 종류에 따라) 아예 불가능할 수도 있다.

더 효율적인 접근 방법은 비동기(asynchronous) 프로그래밍이다. 동시성 연산에 대해 해당 연산이 완료될 때 호출될 수 있는 람다를 제공할 수 있고, 원래 스레드는 블럭된 상태로 작업 완료를 기다리는 대신 (고객 요청을 처리하거나 UI 이벤트를 처리하는 등의) 다른 유용한 작업을 계속 수행할 수 있다. 이런 접근 방법의 가장 큰 문제점은 일반적인 명령형 제어 흐름을 사용할 수 없어서 코드 복잡도가 엄청나게 늘어난다는 것이다.

코틀린에서는 두 접근 방법의 장점을 함께 취할 수 있다. 코루틴이라는 강력한 메커니즘 덕분에 우리에게 익숙한 명령형 스타일로 코드를 작성하면 컴파일러가 코드를 효율적인 비동기 계산으로 자동 변환해준다. 이런 메커니즘은 실행을 잠시 중단했다가 나중에 중단한 지점부터 실행을 다시 재개할 수 있는 일시 중단 가능한 함수라는 개념을 중심으로 이뤄진다.

대부분의 코루틴 기능이 별도 라이브러리로 제공되기 때문에 명시적으로 프로젝트 설정에 이를 추가해야 한다. 이 책에서 사용하는 버전은 `org.jetbrains.kotlinx:kotlinx-coroutines-core:1.4.3`이라는 메이븐 좌표(Maven coordinate)를 통해 사용할 수 있다.

IDE 팁 ≡ 메이븐이나 그레이들 같은 빌드 시스템을 채택하지 않고 인텔리J IDEA를 사용하고 있다면 다음과 같은 단계를 거쳐 코루틴 라이브러리를 추가할 수 있다.[1]

1. Project View 패널의 루트 노드에서 F4를 누르거나 마우스 오른쪽 클릭을 해서 Open Module Settings를 선택하라.
2. 왼쪽의 Libraries를 클릭하고 맨 위에 있는 툴바에서 + 버튼을 클릭한 다음, From Maven ... 옵션을 선택하라.
3. 라이브러리의 메이븐 아티팩트 좌표를 입력하고(예 `org.jetbrains.kotlinx:kotlinx-coroutines-core:1.4.3`) OK를 클릭하라(그림 13-1).

계속

1 인텔리J IDEA 버전 2021.2.1에서 확인한 결과, 커뮤니티 에디션이나 얼티밋 에디션 모두 여기서 설명한 방법으로는 IDEA가 코루틴 모듈을 정상적으로 인식해 처리하지 못한다. 그래서 빌드 도구로 그레이들을 사용하고 코틀린 그레이들 플러그인에 의존 관계를 추가해 사용하는 방식을 권장한다. 코틀린 플러그인을 사용할 경우 의존 관계 설정은 다음과 같다. 2021년 10월 초 현재, 코틀린 언어는 1.5.30이 최신 버전이지만 코루틴 라이브러리는 1.5.2가 최신이다.

```
dependencies {
    implementation(kotlin("stdlib"))  // 코틀린 표준 라이브러리
    implementation("org.jetbrains.kotlinx:kotlinx-coroutines-core-jvm:1.5.2") // 코루틴
}
```

4. IDE는 여러분이 지정한 라이브러리와 관련된 의존 관계 라이브러리를 함께 다운로드해서 프로젝트 모듈에 추가해 준다. OK를 눌러서 변경된 내용을 적용하라.

▼ 그림 13-1 코틀린 코루틴 라이브러리 다운로드하기

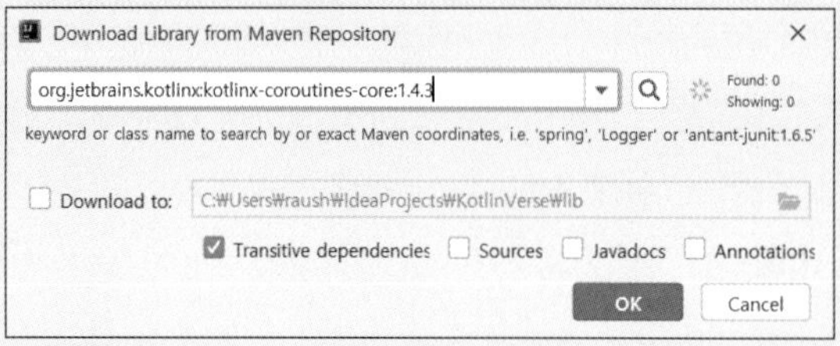
Download Library from Maven Repository
org.jetbrains.kotlinx:kotlinx-coroutines-core:1.4.3
Found: 0
Showing: 0
keyword or class name to search by or exact Maven coordinates, i.e. 'spring', 'Logger' or 'ant:ant-junit:1.6.5'
Download to:
C:₩Users₩raush₩IdeaProjects₩KotlinVerse₩lib
Transitive dependencies
Sources
Javadocs
Annotations
OK
Cancel

이제부터는 코루틴 라이브러리에서 쓰이는 기본 개념을 설명하고 이런 개념을 동시성 프로그래밍에 어떻게 적용하는지 살펴본다.

13.1.1 코루틴과 일시 중단 함수

전체 코루틴 라이브러리를 뒷받침하는 기본 요소는 일시 중단 함수다. 이 함수는 일반적인 함수를 더 일반화해 함수 본문의 원하는 지점에서 함수에 필요한 모든 런타임 문맥을 저장하고 함수 실행을 중단한 다음, 나중에 필요할 때 다시 실행을 계속 진행할 수 있게 한 것이다. 코틀린에서는 이런 함수에 suspend라는 변경자를 붙인다.

```
suspend fun foo() {
  println("Task started")
  delay(100)
  println("Task finished")
}
```

delay() 함수는 코루틴 라이브러리에 정의된 일시 중단 함수다. 이 함수는 Thread.sleep()과 비슷한 일을 한다. 하지만 delay()는 현재 스레드를 블럭시키지 않고 자신을 호출한 함수를 일시 중단시키며 스레드를 (다른 일시 중단된 함수를 다시 계속 실행하는 등의) 다른 작업을 수행할 수 있게 풀어준다.

일시 중단 함수는 일시 중단 함수와 일반 함수를 원하는 대로 호출할 수 있다. 일시 중단 함수를 호출하면 해당 호출 지점이 일시 중단 지점이 된다. 일시 중단 지점은 임시로 실행을 중단했다가 나중에 재개할 수 있는 지점을 말한다. 반면 일반 함수 호출은 (지금까지 우리가 다뤄온) 일반 함

수처럼 작동해서 함수 실행이 다 끝난 뒤 호출한 함수로 제어가 돌아온다. 반면에 코틀린은 일반 함수가 일시 중단 함수를 호출하는 것을 금지한다.

```
fun foo() {
  println("Task started")
  delay(100) // error: delay is a suspend function
  println("Task finished")
}
```

IDE 팁 ≡ 인텔리J 코틀린 플러그인을 사용하면, 일시 중단을 호출하는 소스코드 줄의 왼쪽에 특별한 아이콘이 표시되므로 쉽게 일시 중단 함수 호출을 구분할 수 있다(그림 13-1).

▼ 그림 13-2 IDE에서 본 일시 중단 호출

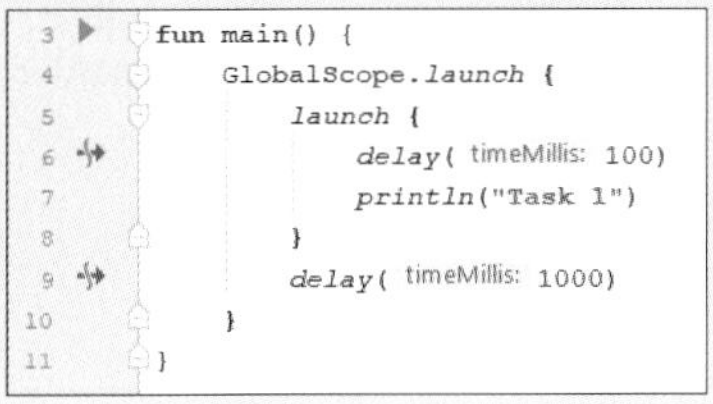

```
fun main() {
    GlobalScope.launch {
        launch {
            delay( timeMillis: 100)
            println("Task 1")
        }
        delay( timeMillis: 1000)
    }
}
```


일시 중단 함수를 일시 중단 함수에서만 호출할 수 있다면, 어떻게 일반 함수에서 일시 중단 함수를 호출할 수 있을까? 가장 분명한 방법은 main()을 suspend로 표시하는 것이다.

```
import kotlinx.coroutines.delay

suspend fun main() {
  println("Task started")
  delay(100)
  println("Task finished")
}
```

이 코드를 실행하면 예상대로 다음 두 문장이 100밀리초 간격으로 표시되는 것을 볼 수 있다.

```
Task started
Task finished
```

그러나 현실적인 경우 동시성 코드의 동작을 제어하고 싶기 때문에 공통적인 생명 주기(life cycle)와 문맥이 정해진 몇몇 작업(task)이 정의된 구체적인 영역 안에서만 동시성 함수를 호출한다. (이런 구체적 영역을 제공하기 위해) 코루틴을 실행할 때 사용하는 여러 가지 함수를 코루틴 빌더

(coroutine builder)라고 부른다. 코루틴 빌더는 CoroutineScope 인스턴스의 확장 함수로 쓰인다. CoroutineScope에 대한 구현 중 가장 기본적인 것으로 GlobalScope 객체가 있다. GlobalScope 객체를 사용하면 독립적인 코루틴을 만들 수 있고, 이 코루틴은 자신만의 작업을 내포할 수 있다. 이제 자주 사용하는 launch(), async(), runBlocking()이라는 코루틴 빌더를 살펴보자.

13.1.2 코루틴 빌더

launch() 함수는 코루틴을 시작하고, 코루틴을 실행 중인 작업의 상태를 추적하고 변경할 수 있는 Job 객체를 돌려준다. 이 함수는 CoroutineScope.() -> Unit 타입의 일시 중단 람다를 받는다. 이 람다는 새 코루틴의 본문에 해당한다. 간단한 예제를 보자.

```
import kotlinx.coroutines.*
import java.lang.System.*

fun main() {   // main이 suspend 함수가 아님에 유의
  val time = currentTimeMillis()

  GlobalScope.launch {
    delay(100)
    println("Task 1 finished in ${currentTimeMillis() - time} ms")
  }

  GlobalScope.launch {
    delay(100)
    println("Task 2 finished in ${currentTimeMillis() - time} ms")
  }

  Thread.sleep(200)
}
```

이 코드를 실행하면 다음과 같은 동작을 볼 수 있다.

```
Task 2 finished in 176 ms
Task 1 finished in 176 ms
```

두 작업이 프로그램을 시작한 시점을 기준으로 거의 동시에 끝났다는 점에서 알 수 있는 것처럼 두 작업이 실제로 병렬적으로 실행됐다는 점에 주목해보자. 다만 실행 순서가 항상 일정하게 보장되지는 않으므로 상황에 따라 둘 중 어느 한쪽이 더 먼저 표시될 수 있다. 코루틴 라이브러리

는 필요할 때 실행 순서를 강제할 수 있는 도구도 제공한다. 이는 동시성 통신에 관련한 절에서 설명한다.

main() 함수 자체는 Thread.sleep()을 통해 메인 스레드 실행을 잠시 중단한다. 이를 통해 코루틴 스레드가 완료될 수 있도록 충분한 시간을 제공한다. 코루틴을 처리하는 스레드는 데몬 모드(daemon mode)로 실행되기 때문에 main() 스레드가 이 스레드보다 빨리 끝나버리면 자동으로 실행이 종료된다.

일시 중단 함수의 내부에서 sleep()과 같은 스레드를 블럭시키는 함수를 실행할 수도 있지만, 그런 식의 코드는 코루틴을 사용하는 목적에 위배된다는 점을 염두에 둬야 한다. 그래서 동시성 작업의 내부에서는 일시 중단 함수인 delay()를 사용해야 한다.

> **IDE 팁** ≡ 인텔리J 코틀린 플러그인은 Thread.sleep()이나 Thread.join() 같은 잠재적인 블러킹 함수를 호출하면 경고를 표시해준다.

코루틴은 스레드보다 훨씬 가볍다. 특히 코루틴은 유지해야 하는 상태가 더 간단하며 일시 중단되고 재개될 때 완전한 문맥 전환을 사용하지 않아도 되므로 엄청난 수의 코루틴을 충분히 동시에 실행할 수 있다.

launch() 빌더는 동시성 작업이 결과를 만들어내지 않는 경우 적합하다. 그래서 이 빌더는 Unit 타입을 반환하는 람다를 인자로 받는다. 하지만 결과가 필요한 경우에는 async()라는 다른 빌더 함수를 사용해야 한다. 이 함수는 Deferred의 인스턴스를 돌려주고, 이 인스턴스는 Job의 하위 타입으로 await() 메서드를 통해 계산 결과에 접근할 수 있게 해준다. await() 메서드를 호출하면 await()는 계산이 완료되거나(따라서 결과가 만들어지거나) 계산 작업이 취소될 때까지 현재 코루틴을 일시 중단시킨다. 작업이 취소되는 경우 await()는 예외를 발생시키면서 실패한다. async()를 자바의 퓨처(future)에 해당하는 코루틴 빌더라고 생각할 수 있다. 예제를 살펴보자.

```
import kotlinx.coroutines.*

suspend fun main() {
  val message = GlobalScope.async {
    delay(100)
    "abc"
  }

  val count = GlobalScope.async {
    delay(100)
```

```
    1 + 2
  }

  delay(200)

  val result = message.await().repeat(count.await())
  println(result)
}
```

이 경우에는 main()을 suspend로 표시해서 두 Deferred 작업에 대해 직접 await() 메서드를 호출했다. 출력은 기대한 대로 다음과 같다.

```
abcabcabc
```

launch()와 async() 빌더의 경우 (일시 중단 함수 내부에서) 스레드 호출을 블럭시키지는 않지만, 백그라운드 스레드를 공유하는 풀(pool)을 통해 작업을 실행한다. 앞에서 살펴본 launch() 예제에서는 메인 스레드가 처리할 일이 별로 없었기 때문에 sleep()을 통해 백그라운드 스레드에서 실행되는 작업이 완료될 때까지 기다려야 했다. 반대로 runBlocking() 빌더는 디폴트로 현재 스레드에서 실행되는 코루틴을 만들고 코루틴이 완료될 때까지 현재 스레드의 실행을 블럭시킨다. 코루틴이 성공적으로 끝나면 일시 중단 람다의 결과가 runBlocking() 호출의 결괏값이 된다. 코루틴이 취소되면 runBlocking()은 예외를 던진다. 반면에 블럭된 스레드가 인터럽트되면 runBlocking()에 의해 시작된 코루틴도 취소된다. 예를 살펴보자.

```
import kotlinx.coroutines.*

fun main() {
  GlobalScope.launch {
    delay(100)
    println("Background task: ${Thread.currentThread().name}")
  }
  runBlocking {
    println("Primary task: ${Thread.currentThread().name}")
    delay(200)
  }
}
```

이 프로그램을 실행하면 다음과 비슷한 결과를 볼 수 있다.

```
Primary task: main
Background task: DefaultDispatcher-worker-1
```

runBlocking() 내부의 코루틴은 메인 스레드에서 실행된 반면, launch()로 시작한 코루틴은 공유 풀에서 백그라운드 스레드를 할당받았음을 알 수 있다.

이런 블러킹 동작 때문에 runBlocking()을 다른 코루틴 안에서 사용하면 안 된다. runBlocking()은 블러킹 호출과 넌블러킹 호출 사이의 다리 역할을 하기 위해 고안된 코루틴 빌더이므로, 테스트나 메인 함수에서 최상위 빌더로 사용하는 등의 경우에만 runBlocking()을 써야 한다.

13.1.3 코루틴 영역과 구조적 동시성

지금까지 살펴본 예제 코루틴은 전역 영역(global scope)에서 실행됐다. 전역 영역이란 코루틴의 생명 주기가 전체 애플리케이션의 생명 주기에 의해서만 제약되는 영역이다. 경우에 따라서는 코루틴이 어떤 연산을 수행하는 도중에만 실행되길 바랄 수도 있다. 동시성 작업 사이의 부모 자식 관계로 인해 이런 실행 시간 제한이 가능하다. 어떤 코루틴을 다른 코루틴의 문맥에서 실행하면 후자가 전자의 부모가 된다. 이 경우 자식의 실행이 모두 끝나야 부모가 끝날 수 있도록 부모와 자식의 생명 주기가 연관된다.

이런 기능을 구조적 동시성(structured concurrency)이라고 부르며, 지역 변수 영역 안에서 블럭이나 서브루틴을 사용하는 경우와 구조적 동시성을 비교할 수 있다. 예제를 살펴보자.

```
import kotlinx.coroutines.*

fun main() {
  runBlocking {
    println("Parent task started")

    launch {
      println("Task A started")
      delay(200)
      println("Task A finished")
    }

    launch {
      println("Task B started")
      delay(200)
      println("Task B finished")
    }

    delay(100)
```

```
    println("Parent task finished")
  }
  println("Shutting down...")
}
```

이 코드는 최상위 코루틴을 시작하고 현재 CoroutineScope 인스턴스 안에서 launch를 호출(영역 객체는 일시 중단 람다의 수신 객체로 전달된다)해 두 가지 자식 코루틴을 시작한다. 이 프로그램을 실행하면 다음 결과를 볼 수 있다.

```
Parent task started
Task A started
Task B started
Parent task finished
Task A finished
Task B finished
Shutting down...
```

지연을 100밀리초만 줬기 때문에 runBlocking() 호출의 일시 중단 람다로 이뤄진 부모 코루틴의 주 본문이 더 빨리 끝난다. 하지만 부모 코루틴 자체는 이 시점에 실행이 끝나지 않고 일시 중단 상태로 두 자식이 모두 끝날 때까지 기다린다. runBlocking()이 메인 스레드를 블럭하고 있었기 때문에 부모 스레드가 끝나야 메인 스레드의 블럭이 풀리고 마지막 메시지가 출력된다.

coroutineScope() 호출로 코드 블럭을 감싸면 커스텀 영역을 도입할 수도 있다. runBlocking()과 마찬가지로 coroutineScope() 호출은 람다의 결과를 반환하고, 자식들이 완료되기 전까지 실행이 완료되지 않는다. coroutineScope()와 runBlocking()의 가장 큰 차이는 coroutineScope()가 일시 중단 함수라 현재 스레드를 블럭시키지 않는다는 점이다.

```
import kotlinx.coroutines.*

fun main() {
  runBlocking {
    println("Custom scope start")

    coroutineScope {
      launch {
        delay(100)
        println("Task 1 finished")
      }

      launch {
```

```
        delay(100)
        println("Task 2 finished")
      }
    }

    println("Custom scope end")
  }
}
```

두 자식 코루틴 실행이 끝날 때까지 앞의 coroutineScope() 호출이 일시 중단되므로 Custom scope end 메시지가 마지막에 표시된다.

일반적으로 부모 자식 관계는 예외 처리와 취소 요청을 공유하는 영역을 정의하는 더 복잡한 코루틴 계층 구조를 만들어낼 수 있다. 이 주제는 코루틴 잡(job)과 취소를 설명할 때 다시 다루겠다.

13.1.4 코루틴 문맥

코루틴마다 CoroutineContext 인터페이스로 표현되는 문맥이 연관돼 있으며, 코루틴을 감싸는 변수 영역의 coroutineContext 프로퍼티를 통해 이 문맥에 접근할 수 있다. 문맥은 키-값 쌍으로 이뤄진 불변 컬렉션이며, 코루틴에서 사용할 수 있는 여러 가지 데이터가 들어있다. 이 데이터 중 일부는 코루틴 장치에서 특별한 의미를 가지며, 런타임에 코루틴이 실행되는 방식에 영향을 미친다. 두 가지 요소에 주목해보자.

- 코루틴이 실행 중인 취소 가능한 작업을 표현하는 잡(job)
- 코루틴과 스레드의 연관을 제어하는 디스패처(dispatcher)

일반적으로 문맥은 CoroutineContext.Element를 구현하는 아무 데이터나 저장할 수 있다. 특정 원소에 접근하려면 get() 메서드나 인덱스 연산자에 키를 넘겨야 한다.

```
GlobalScope.launch {
  // 현재 잡을 얻고 "Task is active: true"를 출력
  println("Task is active: ${coroutineContext[Job.Key]!!.isActive}")
}
```

기본적으로 launch(), async() 등의 표준 코루틴 빌더에 의해 만들어지는 코루틴은 현재 문맥을 이어받는다. 필요하면 빌더 함수에 context 파라미터를 지정해서 새 문맥을 넘길 수도 있다. 새

문맥을 만들려면 두 문맥의 데이터를 합쳐주는 plus() 함수/+ 연산자를 사용하거나, 주어진 키에 해당하는 원소를 문맥에서 제거해주는 minusKey() 함수를 사용하면 된다.

```
import kotlinx.coroutines.*

private fun CoroutineScope.showName() {
  println("Current coroutine: ${coroutineContext[CoroutineName]?.name}")
}

fun main() {
  runBlocking {
    showName() // Current coroutine: null
    launch(coroutineContext + CoroutineName("Worker")) {
      showName() // Current coroutine: Worker
    }
  }
}
```

코루틴을 실행하는 중간에 withContext()에 새 문맥과 일시 중단 람다를 넘겨서 문맥을 전환시킬 수도 있다. 예를 들어 어떤 코드 블록을 다른 스레드에서 실행하고 싶을 때 이런 기능이 유용하다. 스레드 건너뛰기 기능에 관한 예제는 코루틴 디스패처를 다룰 때 살펴보겠다.

13.2 코루틴 흐름 제어와 잡 생명 주기

잡은 동시성 작업의 생명 주기를 표현하는 객체다. 잡을 사용하면 작업 상태를 추적하고 필요할 때 작업을 취소할 수 있다. 그림 13-3을 보면 잡이 취할 수 있는 상태에 대해 알 수 있다. 그림에서 각 상태가 무엇을 의미하고 잡의 상태가 한 상태에서 다른 상태로 어떻게 전이되는지를 자세히 살펴보자.

▼ 그림 13-3 잡 상태

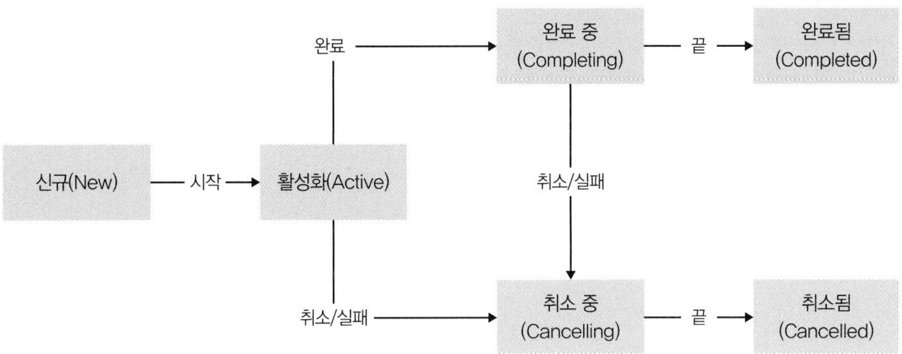

활성화 상태는 작업이 시작됐고 아직 완료나 취소로 끝나지 않았다는 뜻이다. 이 상태가 보통 디폴트 상태다. 즉, 잡은 생성되자마자 활성화 상태가 된다. launch()나 async()는 CoroutineStart 타입의 인자를 지정해서 잡의 초기 상태를 선택하는 기능을 제공하기도 한다.

- CoroutineStart.DEFAULT는 디폴트 동작이며, 잡을 즉시 시작한다.
- CoroutineStart.LAZY는 잡을 자동으로 시작하지 말라는 뜻이다. 이 경우에는 잡이 신규 상태가 되고 시작을 기다리게 된다.

신규 상태의 잡에 대해 start()나 join() 메서드를 호출하면 잡이 시작되면서 활성화 상태가 된다. 다음 예제를 보자.

```
import kotlinx.coroutines.*

fun main() {
  runBlocking {
    val job = launch(start = CoroutineStart.LAZY) {
      println("Job started")
    }

    delay(100)

    println("Preparing to start...")
    job.start()
  }
}
```

이 예제는 자식 코루틴의 시작을 부모 코루틴이 메시지를 호출한 뒤로 미룬다. 출력은 다음과 같다.

```
Preparing to start...
Job started
```

활성화 상태에서는 코루틴 장치가 잡을 반복적으로 일시 중단하고 재개시킨다. 잡이 다른 잡을 시작할 수도 있는데, 이 경우 새 잡은 기존 잡의 자식이 된다. 따라서 잡의 부모 자식 관계는 동시성 계산 사이에 트리 형태의 의존 구조를 만든다. children 프로퍼티를 통해 완료되지 않은 자식 잡들을 얻을 수 있다. 다음 코드를 보자.

```
import kotlinx.coroutines.*

fun main() {
  runBlocking {
    val job = coroutineContext[Job.Key]!!

    launch { println("This is task A") }
    launch { println("This is task B") }

    // 2 children running
    println("${job.children.count()} children running")
  }
}
```

코루틴이 일시 중단 람다 블록의 실행을 끝내면 잡의 상태는 '완료 중' 상태로 바뀐다. 이 상태는 기본적으로 자식들의 완료를 기다리는 상태다. 잡은 모든 자식이 완료될 때까지 이 상태를 유지하고, 모든 자식이 완료되면 잡의 상태가 '완료 중'에서 '완료됨'으로 바뀐다.

잡의 join() 메서드를 사용하면 조인 대상 잡이 완료될 때까지 현재 코루틴을 일시 중단시킬 수 있다. 다음 프로그램은 루트 코루틴의 메시지가 두 자식 메시지의 실행이 끝난 후에 출력되도록 보장해준다.

```
import kotlinx.coroutines.*

fun main() {
  runBlocking {
    val job = coroutineContext[Job.Key]!!
    val jobA = launch { println("This is task A") }
    val jobB = launch { println("This is task B") }

    jobA.join()
    jobB.join()
```

```
        println("${job.children.count()} children running")
    }
}
```

결과는 다음과 같다.

```
This is task A
This is task B
0 children running
```

예상한 대로 job.children.count()를 평가하는 시점에는 활성화된 자식이 없다.

현재 잡 상태를 잡의 isActive, isCancelled, isComplete 프로퍼티로부터 추적할 수 있다. 이들의 의미를 다음 표에 정리했다. 이에 대한 정보는 Job 인터페이스 문서에서 볼 수 있다.

▼ 표 13-1 잡 프로퍼티로부터 잡 현재 상태 결정하기

잡 상태	isActive	isCompleted	isCancelled
신규	false	false	false
활성화	true	false	false
완료 중	true	false	false
취소 중	false	false	true
취소됨	false	true	true
완료됨	false	true	false

상태가 '완료됨', '취소됨'인 잡의 isCompleted가 true라는 점에 유의하라. isCancelled 프로퍼티를 검사하면 이들을 구분할 수 있다. 반면 잡 외부에서 활성화된 작업과 완료 중인 작업을 구분할 수는 없다.

13.2.1 취소

잡의 cancel() 메서드를 호출하면 잡을 취소할 수 있다. 이 메서드는 더 이상 필요 없는 계산을 중단시킬 수 있는 표준적인 방법을 제공한다. 취소에는 협력해야 한다. 즉, 취소 가능한 코루틴이 스스로 취소가 요청됐는지 검사해서 적절히 반응해줘야 한다. 다음 프로그램을 살펴보자.

```
import kotlinx.coroutines.*

suspend fun main() {
  val squarePrinter = GlobalScope.launch(Dispatchers.Default) {
    var i = 1
    while (true) {
      println(i++)
    }
  }

  delay(100) // 자식 잡이 어느 정도 실행될 시간을 준다
  squarePrinter.cancel()
}
```

이 코드는 정수를 계속 출력하는 코루틴을 시작한다. 이 코루틴이 100밀리초 실행된 다음에 중단되게 했는데, 프로그램을 실행하면 squarePrinter가 계속 실행되는 모습을 볼 수 있다. 이 코루틴이 취소를 위해 협력하지 않기 때문이다. 이런 문제를 해결하는 방법으로, 다음 작업을 수행하기 전에 코루틴이 취소됐는지 검사하는 방법이 있다.

```
import kotlinx.coroutines.*

suspend fun main() {
  val squarePrinter = GlobalScope.launch(Dispatchers.Default) {
    var i = 1
    while (isActive) {
      println(i++)
    }
  }

  delay(100) // 자식 잡이 어느 정도 실행될 시간을 준다
  squarePrinter.cancel()
}
```

isActive 확장 프로퍼티는 현재 잡이 활성화된 상태인지 검사한다. CoroutineScope(일시 중단 람다의 수신 객체가 이 타입임)의 이 프로퍼티를 살펴보면 단순히 현재 잡의 isActive에게 위임하고 있다. 이제 부모 코루틴이 cancel() 메서드를 호출하면 squarePrinter의 상태가 '취소 중'으로 바뀌고, 그다음 isActive 검사를 통해 루프를 종료시킬 수 있다. 코루틴이 실행을 끝내면 상태가 '취소됨'으로 바뀐다. 이 코드를 실행해보면 대략 100밀리초 이후 코루틴이 중단되는 모습을 볼 수 있다.

다른 방법은 상태를 검사하는 대신에 CancellationExcption을 발생시키면서 취소에 반응할 수 있게 일시 중단 함수를 호출하는 것이다. 이는 잡을 취소하는 과정이 진행 중이라는 사실을 전달하는 토큰 역할을 하기 위해 코루틴 라이브러리 내부에서 쓰이는 예외다. 코루틴 라이브러리에 정의된 delay()나 join() 등의 모든 일시 중단 함수가 이 예외를 발생시켜준다. 한 가지 예를 추가하면, yield()를 들 수 있다. 이 함수는 실행 중인 잡을 일시 중단시켜서 자신을 실행 중인 스레드를 다른 코루틴에게 양보한다(마치 Thread.yield()를 호출하면 현재 스레드를 일시 중단시키고 다른 스레드가 실행될 수 있는 기회를 부여하는 것과 비슷하다).

```
import kotlinx.coroutines.*

suspend fun main() {
  val squarePrinter = GlobalScope.launch(Dispatchers.Default) {
    var i = 1
    while (true) {
      yield()
      println(i++)
    }
  }
  delay(100) // 자식 잡이 어느 정도 실행될 시간을 준다
  squarePrinter.cancel()
}
```

부모 코루틴이 취소되면 자동으로 모든 자식의 실행을 취소한다. 이 과정은 부모에게 속한 모든 잡 계층이 취소될 때까지 계속된다. 다음 예제를 살펴보자.

```
import kotlinx.coroutines.*

fun main() {
  runBlocking {
    val parentJob = launch {
      println("Parent started")

      launch {
        println("Child 1 started")
        delay(500)
        println("Child 1 completed")
      }

      launch {
        println("Child 2 started")
```

```
            delay(500)
            println("Child 2 completed")
          }

          delay(500)
          println("Parent completed")
        }

        delay(100)
        parentJob.cancel()
      }
    }
```

이 프로그램은 한 쌍의 자식을 시작하는 코루틴을 실행한다. 이렇게 만들어진 세 가지 작업은 모두 완료 메시지를 표시하기 전에 500밀리초를 기다린다. 하지만 부모 잡이 100밀리초 만에 취소된다. 그 결과 세 잡 중 어느 하나도 완료 상태에 도달하지 못하며, 프로그램은 다음과 같이 출력된다.

```
Parent started
Child 1 started
Child 2 started
```

13.2.2 타임아웃

경우에 따라 작업이 완료되기를 무작정 기다릴 수 없어서 타임아웃을 설정해야 할 때가 있다. 코루틴 라이브러리는 정확히 이럴 때 사용할 수 있는 `withTimeout()`이라는 함수를 제공한다. 다음 예제는 파일을 읽는 도중에 타임아웃이 걸린 코루틴을 시작한다.

```
import kotlinx.coroutines.*
import java.io.File

fun main() {
  runBlocking {
    val asyncData = async { File("data.txt").readText() }
    try {
      val text = withTimeout(50) { asyncData.await() }
      println("Data loaded: $text")
    } catch (e: Exception) {
      println("Timeout exceeded")
```

```
        }
    }
}
```

파일을 50밀리초 안에 읽을 수 있다면 withTimeout()은 결과를 돌려주기만 한다. 하지만 50밀리초 안에 읽을 수 없으면 TimeoutCancellationException을 던지기 때문에 파일을 읽는 코루틴이 취소된다.

비슷한 함수로 withTimeoutOrNull()이라는 것도 있다. 이 함수는 타임아웃이 발생하면 예외를 던지는 대신 널 값을 돌려준다.

13.2.3 코루틴 디스패치하기

코루틴은 스레드와 무관하게 일시 중단 가능한 계산을 구현할 수 있게 해주지만, 코루틴을 실행하려면 여전히 스레드와 연관시켜야 한다. 코루틴 라이브러리에는 특정 코루틴을 실행할 때 사용할 스레드를 제어하는 작업을 담당하는 특별한 컴포넌트가 있다. 이 컴포넌트를 코루틴 디스패처(dispatcher)라고 부른다.

디스패처는 코루틴 문맥의 일부다. 따라서 launch()나 runBlocking() 등의 코루틴 빌더 함수에서 이를 지정할 수 있다. 디스패처는 그 자체로 원소가 하나뿐인 문맥이기도 하므로, 코루틴 빌더에 디스패처를 넘길 수 있다.

```
import kotlinx.coroutines.*

fun main() {
  runBlocking {
    // 전역 스레드 풀 디스패처를 사용해 코루틴을 실행한다
    launch(Dispatchers.Default) {
      println(Thread.currentThread().name) // DefaultDispatcher-worker-1
    }
  }
}
```

코루틴 디스패처는 병렬 작업 사이에 스레드를 배분해주는 자바 실행기(executor)와 비슷하다. 실제로 asCoroutineDispatcher() 확장 함수를 사용하면 기존 실행기 구현을 그에 상응하는 코루틴 디스패처로 쉽게 바꿀 수 있다. 다음 예제는 실행하는 스레드에 WorkerThread1, WorkerThread2 등과 같은 이름을 부여하는 커스텀 스레드 팩토리를 사용하는 풀 기반의 실행기 서비스를 정의한다.

명시적으로 작업자 스레드를 데몬 스레드로 지정해서 코루틴 실행이 끝난 후에 프로그램이 종료되지 못하는 일이 없게 했다는 점에 유의하라.

```
import kotlinx.coroutines.*
import java.util.concurrent.ScheduledThreadPoolExecutor
import java.util.concurrent.atomic.AtomicInteger

fun main() {
  val id = AtomicInteger(0)

  val executor = ScheduledThreadPoolExecutor(5) { runnable ->
    Thread(
      runnable,
      "WorkerThread-${id.incrementAndGet()}"
    ).also { it.isDaemon = true }
  }

  executor.asCoroutineDispatcher().use { dispatcher ->
    runBlocking {
      for (i in 1..3) {
        launch(dispatcher) {
          println(Thread.currentThread().name)
          delay(1000)
        }
      }
    }
  }
}
```

delay()는 실행기가 별도의 스레드를 만들게 한다. 따라서 이 코드는 다음과 같은 결과를 출력한다.

```
WorkerThread-1
WorkerThread-2
WorkerThread-3
```

하지만 구체적인 스레드 순서는 다를 수 있다.

ExecutorService의 인스턴스에 대해 asCoroutineDispatcher()를 호출하면 ExecutorCoroutineDispatcher를 반환하는데, 이 디스패처는 Closeable 인스턴스도 구현한다. 이 디스패처의 바탕이 되는 실행기 서비스를 종료하고 스레드를 유지하기 위해 할당했던 시스템 자원을 해제하려면 close() 함수를 직접 호출하거나, 방금 본 코드처럼 use() 함수 블록 안에서 디스패처를 사용해야 한다.

코루틴 라이브러리에는 기본적으로 몇 가지 디스패처 구현을 제공한다. 그중 일부를 Dispatchers 객체를 통해 사용할 수 있다.

- **Dispatchers.Default**: 공유 스레드 풀로, 풀 크기는 디폴트로 사용 가능한 CPU 코어 수이거나 2다(둘 중 큰 값). 이 구현은 일반적으로 작업 성능이 주로 CPU 속도에 의해 결정되는 CPU 위주의 작업에 적합하다.
- **Dispatchers.IO**: 스레드 풀 기반이며 디폴트 구현과 비슷하지만, 파일을 읽고 쓰는 것처럼 잠재적으로 블러킹될 수 있는 I/O를 많이 사용하는 작업에 최적화돼 있다. 이 디스패처는 스레드 풀을 디폴트 구현과 함께 공유하지만, 필요에 따라 스레드를 추가하거나 종료시켜 준다.
- **Dispatchers.Main**: 사용자 입력이 처리되는 UI 스레드에서만 배타적으로 작동하는 디스패처다.

newFixedThreadPoolContext()나 newSingleThreadPoolContext()를 사용하면 직접 만든 스레드 풀을 사용하거나 심지어는 스레드를 하나만 사용하는 디스패처도 만들 수 있다. 예를 들어 Executor를 기반으로 예제를 다시 작성할 수 있다.

```
import kotlinx.coroutines.*

@Suppress("EXPERIMENTAL_API_USAGE")
fun main() {
  newFixedThreadPoolContext(5, "WorkerThread").use { dispatcher ->
    runBlocking {
      for (i in 1..3) {
        launch(dispatcher) {
          println(Thread.currentThread().name)
          delay(1000)
        }
      }
    }
  }
}
```

newFixedThreadPoolContext()나 newSingleThreadPoolContext()가 실험적인 기능으로 표시돼 있고 향후 공유 스레드 풀을 기반으로 하는 더 새로운 함수로 대치될 예정이기 때문에 경고를 피하기 위해 @Suppress 애너테이션을 사용했다.

(이 장 앞부분의 예제에서 했던 것처럼) 디스패처를 명시적으로 지정하지 않으면 여러분이 코루틴을 시작한 영역으로부터 디스패처가 자동으로 상속된다. 다음 예제를 생각해보자.

```
import kotlinx.coroutines.*

fun main() {
  runBlocking {
    println("Root: ${Thread.currentThread().name}")

    launch {
      println("Nested, inherited: ${Thread.currentThread().name}")
    }

    launch(Dispatchers.Default) {
      println("Nested, explicit: ${Thread.currentThread().name}")
    }
  }
}
```

이 코드는 메인 스레드에서 실행되는 최상위 코루틴을 시작한다. 이 코루틴은 내부에 두 가지 코루틴을 포함한다. 첫 번째 코루틴은 문맥을(그리고 그에 따라 코루틴 디스패처도) 부모 코루틴으로부터 물려받고, 두 번째 코루틴은 명시적으로 문맥을 전달받는다. 따라서 이 코드는 다음과 같은 출력을 내놓는다.

```
Root: main
Nested, explicit: DefaultDispatcher-worker-1
Nested, inherited: main
```

부모 코루틴이 없으면 암시적으로 Dispatchers.Default로 디스패처를 가정한다. 다만 runBlocking() 빌더는 현재 스레드를 사용한다.

코루틴이 생명 주기 내내 같은 디스패처를 사용할 필요도 없다. 디스패처가 코루틴 문맥의 일부이므로 withContext() 함수를 사용해 디스패처를 오버라이드할 수 있다.

```
import kotlinx.coroutines.*

@Suppress("EXPERIMENTAL_API_USAGE")
fun main() {
  newSingleThreadContext("Worker").use { worker ->
    runBlocking {
      println(Thread.currentThread().name)   // main
      withContext(worker) {
```

```
        println(Thread.currentThread().name) // Worker
      }
      println(Thread.currentThread().name)   // main
    }
  }
}
```

이 기법은 중단 가능 루틴의 일부를 한 스레드에서만 실행하고 싶을 때 유용하다.

13.2.4 예외 처리

예외 처리의 경우, 코루틴 빌더들은 두 가지 기본 전략 중 하나를 따른다. 첫 번째는 launch() 같은 빌더가 선택한 전략으로, 예외를 부모 코루틴에게 전달하는 것이다. 이 경우 예외는 다음과 같이 전파된다.

- 부모 코루틴이 (자식에게서 발생한 오류와) 똑같은 오류로 취소된다. 이로 인해 부모의 나머지 자식도 모두 취소된다.
- 자식들이 모두 취소되고 나면 부모는 예외를 코루틴 트리의 윗부분으로 전달한다.

전역 영역에 있는 코루틴에 도달할 때까지 이 과정이 반복된다. 그 후 예외가 CoroutineExceptionHandler.Consider에 의해 처리된다. 예를 들어 다음 코드를 보자.

```
import kotlinx.coroutines.*

fun main() {
  runBlocking {
    launch {
      throw Exception("Error in task A")
      println("Task A completed")
    }

    launch {
      delay(1000)
      println("Task B completed")
    }

    println("Root")
  }
}
```

최상위 코루틴은 한 쌍의 내부 작업을 시작한다. 그중 첫 번째 코루틴은 예외를 던진다. 이로 인해 최상위 작업이 취소되고, 최상위의 자식인 두 작업도 취소된다. 그리고 최상위에서 아무 커스텀 핸들러도 지정하지 않았기 때문에 프로그램은 Thread.uncaughtExceptionHandler에 등록된 디폴트 동작을 실행한다. 그에 따라 다음과 같은 메시지가 표시되고, 그 뒤에 예외에 대한 스텍 트레이스(trace)가 출력된다.

```
Root
Exception in thread "main" java.lang.Exception: Error in task A
```

CoroutineExceptionHandler는 현재 코루틴 문맥(CoroutineContext)과 던져진 예외를 인자로 전달받는다.

```
fun handleException(context: CoroutineContext, exception: Throwable)
```

핸들러를 만드는 가장 간단한 방법은 인자가 두 개인 람다를 받는 CoroutineExceptionHandler() 함수를 쓰는 것이다.

```
val handler = CoroutineExceptionHandler{ _, exception ->
  println("Caught $exception")
}
```

이 핸들러의 인스턴스가 예외를 처리하도록 지정하려면 코루틴 문맥에 인스턴스를 넣어야 한다. 핸들러도 그냥 코루틴 문맥이므로 그냥 코루틴 빌더의 context 인자로 핸들러를 넘길 수 있다.

```
import kotlinx.coroutines.*

suspend fun main() {
  val handler = CoroutineExceptionHandler{ _, exception ->
    println("Caught $exception")
  }

  GlobalScope.launch(handler) {
    launch {
      throw Exception("Error in task A")
      println("Task A completed")
    }

    launch {
      delay(1000)
      println("Task B completed")
```

```
    }

    println("Root")
  }.join()
}
```

이 프로그램이 다음 메시지를 출력한다. 이 말은 프로그램이 예외에 대한 디폴트 동작을 오버라이드했다는 뜻이다.

```
Root
Caught java.lang.Exception: Error in task A
```

문맥에 핸들러 인스턴스 정의가 없는 경우, 코루틴 라이브러리는 JVM ServiceLoader 장치를 통해 설정된 모든 전역 핸들러를 호출하고 현재 스레드에 대해서는 uncaughtExceptionHandler를 발생시킨다.

CoroutineExceptionHandler는 전역 영역에서 실행된 코루틴에 대해서만 정의할 수 있고, CoroutineExceptionHandler가 정의된 코루틴의 자식에 대해서만 적용된다. 그래서 runBlocking() 코드를 GlobalScope.launch()로 변경하고 main() 함수를 suspend로 표시하고 join() 호출을 사용해야 한다. 원래 예제에서 runBlocking()을 그대로 사용하는 대신 핸들러만 추가한다고 해도, 코루틴이 전역 영역에서 실행되지 않으므로 프로그램은 여전히 디폴트 핸들러를 사용하게 된다.

```
import kotlinx.coroutines.*

fun main() {
  val handler = ...
  runBlocking(handler) {
    ...
  }
}
```

예외를 처리하는 다른 방법은 async() 빌더에서 사용하는 방법으로, 던져진 예외를 저장했다가 예외가 발생한 계산에 대한 await() 호출을 받았을 때 다시 던지는 것이다. 앞의 예제를 조금 바꿔보자.

```
import kotlinx.coroutines.*

fun main() {
  runBlocking {
```

```
        val deferredA = async {
          throw Exception("Error in task A")
          println("Task A completed")
        }
        val deferredB = async {
          println("Task B completed")
        }
        deferredA.await()
        deferredB.await()
        println("Root")
      }
    }
```

출력은 다음과 같다.

```
Exception in thread "main" java.lang.Exception: Error in task A
```

deferredA.await()에서 예외가 다시 던져지므로 프로그램이 println("Root") 문장을 실행하지 못하기 때문이다.

코루틴 데이터에 접근할 때 예외를 다시 던지는 방식을 채용하는 async와 유사한 빌더들의 경우 CoroutineExceptionHandler를 사용하지 않는다. 따라서 코루틴 문맥에 CoroutineException Handler 인스턴스를 설정했더라도 아무 효과가 없다. 그냥 전역 디폴트 핸들러가 호출된다.

내포된 코루틴에서 발생한 예외를 전역 핸들러를 통하지 않고 부모 수준에서 처리하고 싶으면 어떻게 해야 할까? try-catch 블록으로 예외를 처리하려고 시도하면 어떤 일이 벌어지는지 살펴보자.

```
import kotlinx.coroutines.*

fun main() {
  runBlocking {
    val deferredA = async {
      throw Exception("Error in task A")
      println("Task A completed")
    }

    val deferredB = async {
      println("Task B completed")
    }
```

```
    try {
      deferredA.await()
      deferredB.await()
    } catch (e: Exception) {
      println("Caught $e")
    }
    println("Root")
  }
}
```

이 코드를 실행하면 핸들러가 실제 호출되는 모습을 볼 수 있다. 하지만 프로그램은 여전히 예외와 함께 중단된다.

```
Caught java.lang.Exception: Error in task A
Root
Exception in thread "main" java.lang.Exception: Error in task A
```

자식(여기서는 deferredA)이 실패한 경우에는 부모를 취소시키기 위해 자동으로 예외를 다시 던지기 때문이다. 이 동작을 변경하려면 슈퍼바이저(supervisor) 잡을 사용해야 한다.

슈퍼바이저 잡이 있으면 취소가 아래 방향으로만 전달된다. 여러분이 슈퍼바이저를 취소하면 슈퍼바이저 잡은 자동으로 자신의 모든 자식을 취소한다. 하지만 슈퍼바이저가 아니라 자식이 취소된 경우, 슈퍼바이저나 슈퍼바이저의 다른 자식들은 아무 영향을 받지 않는다.

부모 코루틴을 슈퍼바이저로 변환하려면 coroutineScope() 대신 supervisorScope() 함수를 사용해 새로운 영역을 정의해야 한다. 앞의 예제를 변경해보자.

```
import kotlinx.coroutines.*

fun main() {
  runBlocking {
    supervisorScope {
      val deferredA = async {
        throw Exception("Error in task A")
        println("Task A completed")
      }

      val deferredB = async {
        println("Task B completed")
      }

      try {
```

```
        deferredA.await()
      } catch (e: Exception) {
        println("Caught $e")
      }
      deferredB.await()
      println("Root")
    }
  }
}
```

이제 예외가 발생하더라도 B 작업과 루트 코루틴이 완료된다.

```
Task B completed
Caught java.lang.Exception: Error in task A
Root
```

슈퍼바이저의 동작은 일반적인 취소에도 적용된다는 점에 유의하라. 슈퍼바이저의 자식 중 하나에 cancel()을 호출해도 해당 코루틴의 형제자매나 슈퍼바이저 자신에는 아무 영향이 없다.

13.3 동시성 통신

KOTLIN IN DEPTH

이 절에서는 스레드 안전성을 유지하면서 여러 동시성 작업 사이에 효율적으로 데이터를 공유할 수 있게 해주는 코루틴 라이브러리의 고급 기능을 이야기한다. 정확히 말해, 여기서는 코루틴과 액터 사이에서 동기화나 락을 사용하지 않고도 변경 가능한 상태를 안전하게 공유할 수 있는 데이터 스트림을 제공하는 메커니즘인 채널(channel)을 다룰 것이다.

13.3.1 채널

채널은 임의의 데이터 스트림을 코루틴 사이에 공유할 수 있는 편리한 방법이다. Channel 인터페이스가 제공하는 채널에 대한 기본 연산은 데이터를 보내는 send() 메서드와 데이터를 받는 receive() 메서드다. 이런 메서드들이 자신의 작업을 완료할 수 없을 때, 예를 들어 채널 내부 버퍼가 꽉 찼는데 데이터를 채널에 보내려고 하면, 채널은 현재 코루틴을 일시 중단시키고 나중에 처리가 가능할 때 재개한다. 이 부분이 자바의 동시성 API에서 채널과 비슷한 역할을 하는 블러킹 큐(blocking queue)와 채널의 가장 큰 차이다. 블러킹 큐는 스레드를 블럭시킨다.

제네릭 Channel() 함수를 사용해 채널을 만들 수 있다. 이 함수는 채널의 용량을 지정하는 정숫값을 받는다. 채널 기본 구현은 크기가 정해진 내부 버퍼를 사용한다. 버퍼가 꽉 차면 최소 하나 이상의 채널 원소가 상대방에 의해 수신될 때까지 send() 호출이 일시 중단된다. 이와 비슷하게, 버퍼가 비어있으면 누군가 최소 하나 이상의 원소를 채널로 송신할 때까지 receive() 호출이 일시 중단된다. 예제를 살펴보자.

```
import kotlinx.coroutines.channels.Channel
import kotlinx.coroutines.*
import kotlin.random.Random

fun main() {
  runBlocking {
    val streamSize = 5
    val channel = Channel<Int>(3)  // 채널 용량 = 3

    launch {
      for (n in 1..streamSize) {
        delay(Random.nextLong(100))
        val square = n*n
        println("Sending: $square")
        channel.send(square)
      }
    }

    launch {
      for (i in 1..streamSize) {
        delay(Random.nextLong(100))
        val n = channel.receive()
        println("Receiving: $n")
      }
    }
  }
}
```

첫 번째 코루틴은 정수 제곱 값의 스트림을 만들어내고, 원소를 세 개 저장할 수 있는 채널에 이 스트림을 전송한다. 이와 동시에 두 번째 코루틴이 생성된 수를 수신한다. 두 코루틴 중 어느 한

쪽이 뒤처져 채널 버퍼가 꽉 차거나 비는 경우가 생겨서 일시 중단이 발생할 수 있게 일부러 지연 시간을 난수로 지정했다. 다양한 출력이 생길 수 있는데, 그중 하나는 다음과 같다.

```
Sending: 1
Receiving: 1
Sending: 4
Receiving: 4
Sending: 9
Sending: 16
Receiving: 9
Sending: 25
Receiving: 16
Receiving: 25
```

출력이 실제 지연 시간 값이나 다른 환경에 의해 달라질 수 있지만, 채널은 모든 값이 송신된 순서 그대로 수신되도록 보장한다.

Channel() 함수는 채널의 동작을 바꿀 수 있는 여러 특별한 값을 받을 수 있다. 이러한 값은 Channel 인터페이스의 동반 객체에 상수로 정의돼 있다.

- **Channel.UNLIMITED (= Int.MAX_VALUE)**: 이 경우 채널의 용량은 제한이 없고, 내부 버퍼는 필요에 따라 증가한다. 이런 채널은 send() 시에 결코 일시 중단되는 일이 없다. 다만 receive()를 하는 경우 버퍼가 비어있으면 일시 중단될 수 있다.
- **Channel.RENDEZVOUS (= 0)**: 이 경우 채널은 아무 내부 버퍼가 없는 랑데부 채널이 된다. send() 호출은 다른 어떤 코루틴이 receive()를 호출할 때까지 항상 일시 중단된다. 마찬가지로 receive() 호출은 다른 어떤 코루틴이 send()를 호출할 때까지 일시 중단된다. 채널 생성 시 용량을 지정하지 않으면 이 방식의 채널이 생성된다.
- **Channel.CONFLATED (= -1)**: 이 경우에는 송신된 값이 합쳐지는 채널(conflated channel)이다. 이 말은 send()로 보낸 원소를 최대 하나만 버퍼에 저장하고 이 값이 누군가에 의해 수신되기 전에 다른 send() 요청이 오면 기존의 값을 덮어 쓴다는 뜻이다. 따라서 수신되지 못한 원소 값은 소실된다. 이 채널의 경우 send() 메서드는 결코 일시 중단되지 않는다.
- Channel.UNLIMITED보다 작은 임의의 양수를 지정하면 버퍼 크기가 일정하게 제한된 채널이 생긴다.

랑데부 채널은 생산자와 소비자 코루틴이 교대로 활성화되도록 보장한다. 예를 들어 Channel<Int>(Channel.RENDEZVOUS)처럼 앞 예제의 채널 크기를 0으로 바꾸면 딜레이 시간과 관계없이 안정적인 동작 순서를 볼 수 있다.

```
Sending: 1
Receiving: 1
Sending: 4
Receiving: 4
Sending: 9
Receiving: 9
Sending: 16
Receiving: 16
Sending: 25
Receiving: 25
```

값이 합쳐지는 채널은 스트림에 기록한 모든 원소가 도착할 필요가 없고 소비자 코루틴이 뒤처지면 생산자가 만들어낸 값 중 일부를 버려도 되는 경우 쓰인다. 첫 번째 예제의 소비자 지연 시간을 생산자 지연 시간의 두 배로 설정해보자.

```
import kotlinx.coroutines.channels.Channel
import kotlinx.coroutines.*

fun main() {
  runBlocking {
    val streamSize = 5
    val channel = Channel<Int>(Channel.CONFLATED)

    launch {
      for (n in 1..streamSize) {
        delay(100)
        val square = n*n
        println("Sending: $square")
        channel.send(square)
      }
    }

    launch {
      for (i in 1..streamSize) {
        delay(200)
        val n = channel.receive()
        println("Receiving: $n")
      }
    }
  }
}
```

13
동시성

실행해본 결과, 생산된 값 중 대략 절반만 수신돼 처리되며 다음과 같은 출력이 나올 수 있다.

```
Sending: 1
Receiving: 1
Sending: 4
Sending: 9
Receiving: 9
Sending: 16
Sending: 25
Receiving: 25
```

앞의 프로그램을 실행하면 마지막 줄을 출력한 다음에도 프로그램이 끝나지 않는다. 수신자 코루틴이 1부터 streamSize까지 이터레이션하므로 수신할 것으로 기대하는 원소 개수가 다섯 개이기 때문이다. 하지만 실제 수신되는 원소는 streamSize/2 근처이므로 이 기대는 결코 충족될 수 없다. 이 상황에서 필요한 것은 채널이 닫혀서 더 이상 데이터를 보내지 않는다는 사실을 알려주는 일종의 신호다. Channel API는 생산자 쪽에서 close() 메서드를 사용해 이런 신호를 보낼 수 있게 해준다. 소비자 쪽에서는 이터레이션 횟수를 고정하는 대신 채널에서 들어오는 데이터에 대해 이터레이션을 할 수 있다.

```
import kotlinx.coroutines.channels.Channel
import kotlinx.coroutines.*

fun main() {
  runBlocking {
    val streamSize = 5
    val channel = Channel<Int>(Channel.CONFLATED)
    launch {
      for (n in 1..streamSize) {
        delay(100)
        val square = n*n
        println("Sending: $square")
        channel.send(square)
      }
      channel.close()
    }
    launch {
      for (n in channel) {
        println("Receiving: $n")
        delay(200)
      }
    }
```

```
    }
  }
```

이제 데이터 교환이 완료된 후 프로그램이 제대로 끝난다.

소비자 쪽에서는 명시적인 이터레이션을 사용하지 않고 consumeEach() 함수를 통해 모든 채널 콘텐츠를 얻어서 사용할 수 있다.

```
channel.consumeEach {
  println("Receiving: $it")
  delay(200)
}
```

채널이 닫힌 후 send()를 호출하면 ClosedSendChannelException 예외가 발생하며 실패한다. 채널이 닫힌 후 receive()를 호출하면 버퍼에 있는 원소가 소진될 때까지 정상적으로 원소가 반환되지만, 그다음에는 마찬가지로 ClosedSendChannelException 예외가 발생한다.

채널 통신에 참여하는 생산자와 소비자가 꼭 하나씩일 필요는 없다. 예를 들어 한 채널을 여러 코루틴이 동시에 읽을 수도 있다. 이런 경우를 팬 아웃(fan out)이라고 한다.


```
import kotlinx.coroutines.channels.Channel
import kotlinx.coroutines.*
import kotlin.random.Random

fun main() {
  runBlocking {
    val streamSize = 5
    val channel = Channel<Int>(2)

    launch {
      for (n in 1..streamSize) {
        val square = n*n
        println("Sending: $square")
        channel.send(square)
      }
      channel.close()
    }

    for (i in 1..3) {
      launch {
        for (n in channel) {
          println("Receiving by consumer #$i: $n")
```

```
            delay(Random.nextLong(100))
          }
        }
      }
    }
  }
```

생산자 코루틴이 생성한 데이터 스트림을 세 소비자 코루틴이 나눠 받는다. 따라서 다음과 같은 출력이 나올 수 있다.

```
Sending: 1
Sending: 4
Sending: 9
Receiving by consumer #1: 1
Receiving by consumer #2: 4
Receiving by consumer #3: 9
Sending: 16
Sending: 25
Receiving by consumer #3: 16
Receiving by consumer #1: 25
```

마찬가지로 여러 생산자 코루틴이 한 채널에 써넣은 데이터를 한 소비자 코루틴이 읽는 팬 인(fan in)도 있다. 좀 더 일반적인 경우라면, 여러 생산자와 여러 소비자가 여러 채널을 공유할 수도 있다. 일반적으로 채널의 동작은 공정(fair)하다. 즉, 어떤 채널에 대해 receive()를 맨 처음 호출한 코루틴이 다음 원소를 읽게 된다.

13.3.2 생산자

앞에서 컬렉션 API를 설명할 때 보여준 sequence() 함수와 비슷하게 동시성 데이터 스트림을 생성할 수 있는 produce()라는 특별한 코루틴 빌더가 있다. 이 빌더는 채널과 비슷한 send() 메서드를 제공하는 ProducerScope 영역을 도입해준다.

```
import kotlinx.coroutines.channels.*
import kotlinx.coroutines.*

fun main() {
  runBlocking {
    val channel = produce {
      for (n in 1..5) {
```

```
        val square = n*n
        println("Sending: $square")
        send(square)
      }
    }

    launch {
      channel.consumeEach { println("Receiving: $it") }
    }
  }
}
```

이 경우 채널을 명시적으로 닫을 필요가 없다. 코루틴이 종료되면 produce() 빌더가 채널을 자동으로 닫아준다.

예외 처리 관점에서 볼 때 produce()는 async()/await()의 정책을 따른다. produce() 안에서 예외가 발생하면 예외를 저장했다가 해당 채널에 대해 receive()를 가장 처음 호출한 코루틴 쪽에 예외가 다시 던져진다.

13.3.3 티커

coroutines 라이브러리에는 티커(ticker)라고 하는 특별한 랑데부 채널이 있다. 이 채널은 Unit 값을 계속 발생시키되 한 원소와 다음 원소의 발생 시점이 주어진 지연 시간만큼 떨어져 있는 스트림을 만든다. 이 채널을 만들려면 ticker() 함수를 사용해야 한다. 이 함수를 호출할 때 다음을 지정할 수 있다.

- **delayMillis**: 티커 원소의 발생 시간 간격을 밀리초 단위로 지정한다.
- **initialDelayMillis**: 티커 생성 시점과 원소가 최초로 발생하는 시점 사이의 시간 간격이다. 디폴트 값은 delayMillis와 같다.
- **context**: 티커를 실행할 코루틴 문맥이다(디폴트는 빈 문맥이다).
- **mode**: 티커의 행동을 결정하는 TickerMode 이넘이다.
  - **TickerMode.FIXED_PERIOD**: 생성되는 원소 사이의 시간 간격을 지정된 지연 시간에 최대한 맞추기 위해 실제 지연 시간을 조정한다.
  - **TickerMode.FIXED_DELAY**: 실제 흘러간 시간과 관계없이 delayMillis로 지정한 지연 시간만큼 시간을 지연시킨 후 다음 원소를 송신한다.

티커 모드의 차이를 알아보기 위해 다음 코드를 살펴보자.

```
import kotlinx.coroutines.*
import kotlinx.coroutines.channels.*

fun main() = runBlocking {
  val ticker = ticker(100)
  println(withTimeoutOrNull(50) { ticker.receive() })
  println(withTimeoutOrNull(60) { ticker.receive() })
  delay(250)
  println(withTimeoutOrNull(1) { ticker.receive() })
  println(withTimeoutOrNull(60) { ticker.receive() })
  println(withTimeoutOrNull(60) { ticker.receive() })
}
```

실행하면 다음 출력을 볼 수 있다.

```
null
kotlin.Unit
kotlin.Unit
kotlin.Unit
null
```

이 코드의 실행 과정을 단계별로 살펴보자.

1. 50밀리초 간격으로 티커 신호를 받으려고 시도한다. 티커 지연 시간이 100밀리초이므로 withTimeoutOrNull()은 신호를 받지 못하고 타임아웃이 걸려서 널을 반환한다.
2. 그 후 다음 60밀리초 안에 신호를 받으려고 시도한다. 이번에는 티커가 시작하고 나서 100밀리초가 확실히 지날 것이므로 분명히 널이 아닌 결괏값을 얻는다. receive()가 호출되면 티커가 재개된다.
3. 그 후 소비자 코루틴이 약 250밀리초 동안 일시 중단된다. 100밀리초 후에 티커는 다른 신호를 보내고 신호가 수신될 때까지 일시 중단된다. 이후 소비자와 티커 코루틴 모두 150밀리초 동안 일시 중단 상태로 남는다.
4. 소비자 코루틴이 재개되고 신호를 요청하려고 시도한다. 신호가 이미 보내졌기 때문에 receive()는 즉시 결과를 반환한다(그래서 타임아웃을 1밀리초로 작게 잡았다). 이제 티커는 마지막 신호를 보내고 나서 얼마나 시간이 지났는지 검사하고, 250밀리초가 지났다는 사실을 알게 된다. 이는 두 번의 완전한 주기(200밀리초)와 50밀리초의 나머지에 해당한다. 티커는

자신의 대기 시간을 조정해서 다음 신호를 보낼 때까지의 지연 시간을 100 - 50 = 50밀리초로 줄인다. 이렇게 줄이는 이유는 한 주기에 해당하는 지연 시간(100밀리초)이 지난 후 새 신호를 보내기 위해서다.

5. 소비자는 50밀리초 타임아웃 안에 신호를 받으려고 시도한다. 다음 신호가 50밀리초 이전에 보내졌기 때문에 이 시도는 거의 확실히 성공할 것이다.

6. 마지막으로, 신호를 받으려는 `receive()` 호출이 거의 즉시 일어난다. 따라서 티커는 전체 지연 시간(100밀리초)을 다시 기다린다. 그 결과, 마지막 `receive()` 호출은 60밀리초 타임아웃 안에 티커로부터 신호를 받지 못히기 때문에 널을 반는다.

티커 모드를 `FIXED_RATE`로 고정하면 결과가 다음과 같이 바뀐다.

```
null
kotlin.Unit
kotlin.Unit
null
kotlin.Unit
```

초반부는 앞의 예제(디폴트 티커 모드 `FIXED_PERIOD`)와 거의 비슷하게 진행된다. 하지만 250밀리초의 긴 지연 이후 소비자 코루틴이 재개될 때부터는 동작이 달라진다. 티커가 250밀리초 지연 사이에 이미 신호를 보냈기 때문에 세 번째 `receive()` 호출은 즉시 반환된다. 하지만 이제 티커는 실제 흐른 시간을 고려하지 않고 그냥 100밀리초를 기다린다. 따라서 네 번째 `receive()`는 60밀리초 안에 신호를 받지 못하고 널을 반환한다. 반대로 다섯 번째 호출의 경우에는 중간에 신호가 발생하므로 신호를 정상적으로 받는다.

티커 관련 API는 현재 실험 단계에 있으며 미래의 코루틴 라이브러리 버전에서는 언제든 다른 내용으로 바뀔 수 있다는 점에 유의하라.

13.3.4 액터

가변 상태를 스레드 안전하게 공유하는 방법을 구현하는 일반적인 방법으로 액터(actor) 모델이 있다. 액터는 내부 상태와 다른 액터에게 메시지를 보내서 동시성 통신을 진행할 수 있는 수단을 제공하는 객체다. 액터는 자신에게 들어오는 메시지를 리슨(listen)하고, 자신의 상태를 바꾸면서 메시지에 응답할 수 있으며, 다른 메시지를 (자기 자신이나 다른 액터에게) 보낼 수 있고, 새로운 액터를 시작할 수 있다. 액터의 상태는 액터 내부에 감춰져 있으므로 다른 액터가 직접 이 상태에 접근할 수 없다. 다른 액터는 단지 메시지를 보내고 응답을 받아서 상태를 알 수 있을 뿐이다. 따라서 액터 모델은 락 기반의 동기화와 관련한 여러 가지 문제로부터 자유로울 수 있다.

코틀린 코루틴 라이브러리에서는 actor() 코루틴 빌더를 사용해 액터를 만들 수 있다. 액터는 특별한 영역(ActorScope)을 만들며, 이 영역은 기본 코루틴 영역에 자신에게 들어오는 메시지에 접근할 수 있는 수신자 채널이 추가된 것이다. actor() 빌더는 결과를 생성해내는 것이 목적이 아닌 잡을 시작한다는 점에서는 launch()와 비슷하지만 CoroutineExceptionHandler에 의존하는 launch()와 같은 예외 처리 정책을 따른다.

액터 API의 기본적인 사용법을 알아보겠다. 다음 예제를 통해 은행 계좌 잔고를 유지하고 어떤 금액을 저축하거나 인출할 수 있는 액터를 살펴보자. 우선, 메시지를 표현하는 클래스를 몇 가지 정의해야 한다.

```
sealed class AccountMessage

class GetBalance(
  val amount: CompletableDeferred<Long>
) : AccountMessage()

class Deposit(val amount: Long) : AccountMessage()

class Withdraw(
  val amount: Long,
  val isPermitted: CompletableDeferred<Boolean>
) : AccountMessage()
```

봉인된 클래스를 사용하면 AccountMessage 타입을 처리하는 when 식에서 else를 쓰지 않아도 된다.

GetBalance 인스턴스에는 CompletableDeferred라는 타입의 프로퍼티가 있다. 액터는 이 프로퍼티를 사용해서 GetBalance 메시지를 보낸 코루틴에게 현재 잔고를 돌려준다. Withdraw 클래스에도 인출에 성공하면 true를 돌려주고 그렇지 않으면 false를 돌려주기 위한 isPermitted라는 비슷한 프로퍼티가 있다.

이제 계좌 잔고를 유지하는 액터를 구현할 수 있다. 기본 로직은 단순하다. 메시지가 들어오는 채널을 계속 폴링(polling)하면서 수신한 메시지의 종류에 따라 적절한 동작을 수행한다.

```
fun CoroutineScope.accountManager(
  initialBalance: Long
) = actor<AccountMessage> {
```

```
    var balance = initialBalance

    for (message in channel) {
      when (message) {
        is GetBalance ->message.amount.complete(balance)

        is Deposit -> {
          balance += message.amount
          println("Deposited ${message.amount}")
        }

        is Withdraw -> {
          val canWithdraw = balance >= message.amount
          if (canWithdraw) {
            balance -= message.amount
            println("Withdrawn ${message.amount}")
          }
          message.isPermitted.complete(canWithdraw)
        }
      }
    }
  }
```


actor() 빌더는 produce()에 대응한다고 할 수 있다. 두 빌더 모두 통신에 채널을 사용하지만, 액터는 데이터를 받기 위해 채널을 사용하고 생산자는 소비자에게 데이터를 보내기 위해 채널을 생성한다. 액터는 기본적으로 랑데부 채널을 사용한다. 하지만 actor() 함수를 호출하면서 용량을 변경하면 채널의 성격을 바꿀 수 있다.

CompletableDeferred에서 complete() 메서드를 사용하는 부분에 유의하라. 액터 클라이언트에게 요청 결과를 돌려줄 때는 이 방법을 사용한다.

이제 이 액터와 통신하는 코루틴을 한 쌍 만들자.

```
private suspend fun SendChannel<AccountMessage>.deposit(
  name: String,
  amount: Long
) {
  send(Deposit(amount))
  println("$name: deposit $amount")
}

private suspend fun SendChannel<AccountMessage>.tryWithdraw(
```

```
  name: String,
  amount: Long
) {
  val status = CompletableDeferred<Boolean>().let {
    send(Withdraw(amount, it))
    if (it.await()) "OK" else "DENIED"
  }
  println("$name: withdraw $amount ($status)")
}

private suspend fun SendChannel<AccountMessage>.printBalance(
  name: String
) {
  val balance = CompletableDeferred<Long>().let {
    send(GetBalance(it))
    it.await()
  }
  println("$name: balance is $balance")
}

fun main() {
  runBlocking {
    val manager = accountManager(100)
    withContext(Dispatchers.Default) {
      launch {
        manager.deposit("Client #1", 50)
        manager.printBalance("Client #1")
      }

      launch {
        manager.tryWithdraw("Client #2", 100)
        manager.printBalance("Client #2")
      }
    }

    manager.tryWithdraw("Client #0", 1000)
    manager.printBalance("Client #0")
    manager.close()
  }
}
```

액터에게 메시지를 보내려면 액터가 사용하는 채널에 대해 send() 메서드를 호출해야 한다. 가능한 출력의 예는 다음과 같다.

```
Client #1: deposit 50
Deposited 50
Withdrawn 100
Client #2: withdraw 100 (OK)
Client #2: balance is 50
Client #1: balance is 50
Client #0: withdraw 1000 (DENIED)
Client #0: balance is 50
```

연산 순서는 달라질 수 있지만(특히 병렬 처리가 관련되면 순서가 다를 수 있다), 결과는 일관성이 있다. 공개적으로 접근 가능한 가변 상태가 없기 때문에 락이나 임계 영역 같은 동기화 요소를 사용하지 않아도 된다.

한 가지 더, 액터 빌더도 현재 실험적인 API이므로 향후 변경될 여지가 있다는 점을 언급해둔다.

13.4 자바 동시성 사용하기

코틀린에서만 사용할 수 있는 코루틴 라이브러리 외에도 JVM 플랫폼에서는 JDK가 제공하는 동기화 요소를 활용할 수 있다. 이 절에서는 스레드 생성이나 동기화 등과 관련한 작업을 좀 더 편하게 할 수 있도록 코틀린 표준 라이브러리가 제공하는 여러 가지 도우미 함수를 살펴보자.[2]

13.4.1 스레드 시작하기

범용 스레드를 시작하려면, 스레드에서 실행하려는 실행 가능(Runnable) 객체에 대응하는 람다와 스레드 프로퍼티들을 지정해서 thread() 함수를 사용하면 된다.

- **start**: 스레드를 생성하자마자 시작할지 여부(디폴트는 true)
- **isDaemon**: 스레드를 데몬 모드로 시작할지 여부(디폴트는 false). 데몬 스레드는 JVM의 종료를 방해하지 않고 메인 스레드가 종료될 때 자동으로 함께 종료된다.

2 역주 이 부분은 코틀린 표준 라이브러리만으로 실행할 수 있다. 따라서 코루틴 라이브러리를 의존 관계에 추가할 필요가 없다는 점을 기억하라.

- **contextClassLoader**: 스레드 코드가 클래스와 자원을 적재할 때 사용할 클래스 로더(디폴트는 널)
- **name**: 커스텀 스레드 이름. 디폴트는 널인데, 이는 JVM이 이름을 자동으로 지정한다는 뜻이다(Thread-1, Thread-2 등으로 정해진다).
- **priority**: Thread.MIN_PRIORITY(=1)부터 Thread.MAX_PRIORITY(=10) 사이의 값으로 정해지는 우선순위로, 어떤 스레드가 다른 스레드에 비해 얼마나 많은 CPU 시간을 배정받는지 결정한다. 디폴트 값은 -1이며, 이 값은 자동으로 우선순위를 정하라는 뜻이다.
- **block**: () -> Unit 타입의 함숫값으로 새 스레드가 생성되면 실행할 코드다.

예를 들어 다음 프로그램은 매 150밀리초마다 메시지를 출력하는 스레드를 시작한다.

```
import kotlin.concurrent.thread

fun main() {
  println("Starting a thread...")

  thread(name = "Worker", isDaemon = true) {
    for (i in 1..5) {
      println("${Thread.currentThread().name}: $i")
      Thread.sleep(150)
    }
  }

  Thread.sleep(500)
  println("Shutting down...")
}
```

새 스레드가 데몬 모드로 시작했으므로, 메인 스레드가 500밀리초 동안 슬립한 다음 실행을 끝낼 때 이 스레드도 함께 끝나기 때문에 메시지가 네 개만 출력된다. 이 프로그램을 실행한 결과는 다음과 같다.

```
Starting a thread...
Worker: 1
Worker: 2
Worker: 3
Worker: 4
Shutting down...
```

다른 함수로는 어떤 지정한 시간 간격으로 동작을 수행하는 자바 타이머 관련 함수가 있다. timer() 함수는 어떤 작업을 이전 작업이 끝난 시점을 기준으로 고정된 시간 간격으로 실행하는 타이머를 설정한다. 그 결과, 어떤 작업이 시간이 오래 길리면 이후의 모든 실행이 연기된다. 따라서 이 타이머는 FIXED_RATE 모드로 작동하는 코틀린 티커에 비유할 수 있다. 타이머를 timer() 호출로 설정할 때 다음 옵션을 지정할 수 있다.

- **name**: 타이머 스레드의 이름(디폴트는 널)
- **daemon**: 타이머 스레드를 데몬 스레드로 할지 여부(디폴트는 false)
- **startAt**: 최초로 타이머 이벤트가 발생하는 시간을 나타내는 Date 객체
- **period**: 연속된 타이머 이벤트 사이의 시간 간격(밀리초 단위)
- **action**: 타이머 이벤트가 발생할 때마다 실행될 TimeTask.() -> Unit 타입의 람다

또는 이 방법을 사용하는 대신, 최초 이벤트가 몇 밀리초 뒤에 시작할지를 나타내는 initalDelay 파라미터가 있는(이 값의 디폴트는 0이다) 오버로딩된 다른 timer()를 사용할 수도 있다.

앞의 예제를 타이머를 써서 다시 작성해보자.

```
import kotlin.concurrent.timer

fun main() {
  println("Starting a thread...")
  var counter = 0

  timer(period = 150, name = "Worker", daemon = true) {
    println("${Thread.currentThread().name}: ${++counter}")
  }

  Thread.sleep(500)
  println("Shutting down...")
}
```

또한, 두 타이머 이벤트 사이의 시간 간격을 최대한 일정하게 맞춰주는 fixedRateTimer() 함수들도 있다. 이 함수들은 장기적으로 타이머 이벤트 사이의 시간 간격을 일정하게 유지하기 위해 지연 시간을 조정해준다는 점에서 FIXED_PERIOD 모드의 티커에 비유할 수 있다.

13.4.2 동기화와 락

동기화는 특정 코드 조각이 한 스레드에서만 실행되도록 보장하기 위한 공통적인 기본 요소다. 이런 코드 조각을 다른 스레드가 실행하고 있다면 해당 코드에 진입하려고 시도하는 다른 스레드들은 모두 대기해야 한다. 자바에서는 코드에 동기화를 도입하는 두 가지 방법이 있다. 첫째, 락으로 사용하려는 어떤 객체를 지정하는 특별한 동기화 블록을 사용해 동기화해야 하는 코드를 감쌀 수 있다. 코틀린에서도 이런 동기화 구문은 자바 구문과 상당히 비슷하다. 다만 언어에 내장된 구조를 사용하는 대신, 표준 라이브러리 함수를 사용해야 한다.

```
import kotlin.concurrent.thread

fun main() {
  var counter = 0
  val lock = Any()

  for (i in 1..5) {
    thread(isDaemon = false) {
      synchronized(lock) {
        counter += i
        println(counter)
      }
    }
  }
}
```

개별 덧셈의 결과는 달라질 수 있어서 중간 결과가 바뀔 수 있지만, 동기화로 인해 전체 합계는 항상 15가 된다. 다음은 출력의 예다.

```
1
4
8
13
15
```

일반적으로 synchronized() 함수는 람다의 반환값을 반환한다. 예를 들어 호출되는 시점의 중간 카운터 값을 읽을 때 synchronized()를 사용할 수도 있다.

```
import kotlin.concurrent.thread

fun main() {
```

```
  var counter = 0
  val lock = Any()

  for (i in 1..5) {...} // 앞의 예제에서 본 스레드를 생성하는 부분

  val currentCounter = synchronized(lock) { counter }
  println("Current counter: $currentCounter")
}
```

출력되는 중간 결과는 다를 수 있지만, 이 모든 값은 다섯 개의 덧셈 스레드 중 하나가 만들어낸 값에 해당한다.

자바에서 동기화에 사용하는 다른 방법은 메서드에 synchronized 변경자를 붙이는 것이다. 이럴 경우 메서드 본문 전체가 현재의 클래스 인스턴스(메서드가 인스턴스 메서드인 경우)나 Class 인스턴스 자체(메서드가 정적 메서드인 경우)에 의해 동기화된다. 코틀린에서는 @Synchronized 애너테이션을 통해 같은 목적을 달성할 수 있다.

```
import kotlin.concurrent.thread

class Counter {
  private var value = 0
  @Synchronized fun addAndPrint(value: Int) {
    this.value += value
    println(value)
  }
}

fun main() {
  val counter = Counter()
  for (i in 1..5) {
    thread(isDaemon = false) { counter.addAndPrint(i) }
  }
}
```

표준 라이브러리에는 동기화 블록과 비슷한 어떤 Lock 객체(java.util.concuirrent.locks 패키지에 있음)를 사용해 주어진 람다를 실행하게 해주는 withLock() 함수도 있다. withLock()을 사용하면 함수가 알아서 락을 풀어주므로, 예외가 발생할 때 락을 푸는 것을 신경 쓰지 않아도 된다. 예를 들어 Counter 클래스에 이 함수를 적용해보자.

```
class Counter {
  private var value = 0
```

```
    private val lock = ReentrantLock()

    fun addAndPrint(value: Int) {
      lock.withLock {
        this.value += value
        println(value)
      }
    }
  }
```

그 외에 ReentrantReadWriteLock의 읽기와 쓰기 락을 사용해 주어진 작업을 수행하는 read()와 write() 함수도 있다. write() 함수는 기존 읽기 락을 쓰기 락으로 자동 승격시켜줌으로써 재진입 가능한(reentrant)[3] 락의 의미를 유지한다.

자바 vs. 코틀린 자바의 Object 클래스에 정의된 wait(), notify(), notifyAll() 메서드는 코틀린 Any에 없다. 필요하다면 명시적으로 객체를 java.lang.Object 값으로 캐스팅해서 이런 함수를 쓸 수 있다.

```
(obj as Object).wait()
```

다른 블러킹 메서드와 마찬가지로 wait()도 일시 중단 함수 안에서 호출하지 말아야 한다는 점에 유의하라.

13.5 결론

KOTLIN IN DEPTH

이 장에서는 코틀린 코루틴 기반 동시성의 기초를 다뤘다. 일시 중단 함수를 통해 동시성 코드를 작성할 수 있는 이유를 살펴보고, 코루틴 빌더와 영역 및 문맥을 사용해 코루틴의 생명 주기를 관리하는 방법을 설명했다. 여러 동시성 작업 사이에 데이터를 효율적으로 공유하기 위해 채널과 액터 기반의 통신을 사용하는 방법도 살펴봤다.

3 역주 락을 이미 획득한 스레드가 다시 같은 락을 요청해도 문제없이 작동할 때 이런 락을 재진입 가능하다고 말한다.

추가로 JVM 플랫폼에서 사용할 수 있는 동시성 API를 코틀린에서 활용할 때 도움이 되는 코틀린 표준 라이브러리 함수를 살펴봤다.

다음 장에서는 테스트를 중점적으로 살펴본다. 코틀린 테스트 코드를 처리할 수 있는 몇 가지 테스트 프레임워크를 소개하고, 코틀린 언어의 특징은 무엇이고 DSL이 여러 가지 테스트 케이스를 작성할 때 어떻게 유용한지를 살펴보겠다.

13.6 정리 질문

1. 일시 중단 함수란 무엇인가? 일시 중단 함수의 동작과 일반적인 함수의 동작이 어떻게 다른가?
2. `launch()`와 `async()` 빌더로 코루틴을 만드는 방법은 무엇인가? `launch()`와 `async()`의 차이는 무엇인가?
3. `runBlocking()` 빌더의 목적을 설명하라.
4. 구조적 동시성이란 무엇인가?
5. 동시성 잡의 생명 주기를 설명하라. 코루틴 트리에서 잡 취소가 어떻게 전파되는지 설명하라.
6. 코루틴 디스패처란 무엇인가? 코루틴 라이브러리가 제공하는 공통적인 디스패처 구현을 설명하라.
7. 코루틴 내부에서 디스패처를 바꾸는 방법은 무엇인가?
8. 코루틴 라이브러리가 사용하는 예외 처리 메커니즘을 설명하라. `CoroutineExceptionHandler`의 역할은 무엇인가?
9. 슈퍼바이저 잡이란 무엇인가? 내포된 코루틴에서 발생한 예외를 처리할 때 어떻게 슈퍼바이저 잡을 활용할 수 있는가?
10. 채널이란 무엇인가? 코루틴 라이브러리가 지원하는 채널에는 어떤 종류가 있는가?
11. `produce()` 함수를 사용해 채널을 만드는 방법은 무엇인가?
12. 티커 채널의 동작을 설명하라.

13. 액터 모델의 기본 개념을 설명하라. 액터를 코루틴 동시성 라이브러리에서 활용하는 방법은 무엇인가?

14. 코틀린 표준 라이브러리가 제공하는 스레드 생성 유틸리티 함수를 설명하라.

15. 코틀린 코드에서 스레드 간의 동기화와 락을 어떻게 사용하는지 설명하라.

14장

코틀린 테스팅

테스트 프레임워크는 소프트웨어 개발 생태계에서 중요한 역할을 한다. 테스트 프레임워크는 소프트웨어 개발 생명 주기 전반에서 소프트웨어 품질을 유지할 수 있도록 도움을 주는, 재사용 가능한 테스트 코드의 작성을 돕는다. 잘 설계된 자바 상호 운용성 덕분에 코틀린 개발자는 JVM 플랫폼을 대상으로 하는 JUnit, TestNG, Mockito 등의 수많은 테스트 도구를 활용할 수 있다.

하지만 코틀린 생태계에도 코틀린 언어를 활용해 간결하면서 표현력이 좋은 테스트 코드를 작성할 수 있게 도움을 주는 몇몇 프레임워크가 생기기 시작했다. 이 장에서는 강력한 오픈 소스 테스트 프레임워크인 코테스트(koTest)[1](https://kotest.io/)에 주목해 다음 세 가지 주제를 살펴보겠다.

- 코테스트의 여러 명세 스타일(specification style)을 사용해 테스트 코드를 구성하는 방법
- 매처(matcher), 인스펙터(inspector), 속성 기반 테스트를 위해 자동 생성된 테스트 데이터셋(data set) 등을 사용해서 테스트 단언문을 작성하는 방법
- 테스트 환경을 제대로 초기화하고 정리하는 방법과 테스트 설정을 제대로 제공하는 방법

먼저 인텔리J IDEA 프로젝트에서 코테스트를 설정하는 방법부터 살펴본다.

배우는 내용

- 코테스트 명세
- 단언문
- 픽스처와 설정

이 장의 목표

코테스트 프레임워크가 제공하는 기능을 활용해 테스트 명세를 작성하는 방법을 배운다.

1 역주 원서에는 코틀린 테스트(KotlinTest)로 돼 있지만, 버전 4.2부터 코테스트로 이름이 변경됐다.

14.1 코테스트 명세

이 절에서는 인텔리J IDEA 프로젝트에서 코테스트를 설정하는 방법과 코테스트 테스트 프레임워크가 제공하는 여러 가지 테스트 레이아웃을 살펴본다. 이 장의 모든 예제는 코테스트 4.5.0을 기준으로 작성했다.

14.1.1 코테스트 시작하기

코테스트를 사용하려면 프로젝트 의존성에 코테스트를 추가해야 한다. 외부 의존성을 추가하는 방법은 **13장 동시성**에서 코틀린 코루틴 라이브러리를 추가하는 방법을 통해 이미 살펴봤다.[2] 우선 Project Structure 대화창에서 추가할 의존성의 메이븐 좌표를 추가해야 한다. 메이븐 좌표로는 `io.kotest:kotest-runner-junit5:4.5.0`을 사용한다(그림 14-1 참조).[3]

메이븐이나 그레이들 같은 빌드 자동화 시스템을 사용 중이라면 해당 빌드 파일에 의존 관계를 추가함으로써 코테스트를 사용할 수 있다.

▼ 그림 14-1 코테스트 라이브러리 추가하기

Download Library from Maven Repository

io.kotest:kotest-runner-junit5:4.5.0 Found: 0 Showing: 0

keyword or class name to search by or exact Maven coordinates, i.e. 'spring', 'Logger' or 'ant:ant-junit:1.6.5'

Download to: C:₩Users₩raush₩IdeaProjects₩KotlinVerse₩lib

Transitive dependencies Sources Javadocs Annotations

OK Cancel

라이브러리를 추가하면 IDE가 프로젝트에 새 라이브러리 모듈을 추가할 것을 권장한다. 다음 단계는 의존 관계의 영역을 설정하는 것이다. 왼쪽의 뷰를 Modules로 바꾼 다음, 관심 대상 모듈을 선택하고 Dependencies 탭을 열라. 의존 관계로 새로 추가한 라이브러리의 영역이 Compile임을 알 수 있다. Compile은 프로덕션과 테스트 코드를 빌드할 때, 그리고 IDE에서 프로그램을 실행할

2 역주 인텔리J IDEA 2021.2.1에서는 이런 식으로 라이브러리를 추가해도 제대로 인식하지 못한다. 아마도 버그인 것 같은데, 버그가 수정될 때까지 그레이들 빌드 도구를 사용하라.

3 역주 2021년 10월 초 기준으로 최신 버전은 4.6.3이다. 4.6.3을 써도 크게 차이는 없다.

때 클래스패스 안에 라이브러리가 들어간다는 뜻이다. 코테스트는 테스트를 할 때만 사용하므로 영역을 Test로 바꿔야 한다(그림 14-2).

▼ 그림 14-2 의존 관계 영역을 Test로 바꾸기

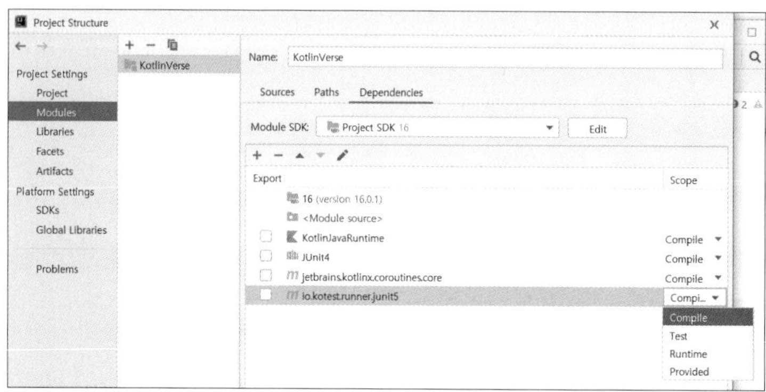

마지막 준비 단계는 테스트 소스코드가 들어갈 디렉터리를 설정하는 것이다. 자바 프로젝트에서 기본적으로 사용하는 디렉터리 구조에 맞춰 이미 src/main과 src/test 디렉터리가 생성된 경우에는 별다른 조치가 필요없다. 하지만 이미 설정된 테스트 소스코드 디렉터리가 없다면, Project 뷰에서 New > Directory를 선택해 새 디렉터리(예 test)를 프로덕션 소스코드가 들어가는 src와 나란히 만들어라. 다음으로 IDE에 테스트 소스코드의 루트를 지정한다. 새로 추가한 디렉터리를 마우스 오른쪽 버튼으로 클릭해서 Mark Directory as > Test Sources Root를 선택하라. IDEA가 해당 디렉터리 안의 내용을 테스트에 사용할 소스 파일로 인식하면 테스트 디렉터리의 색이 녹색으로 바뀐다.

코테스트와 인텔리J의 통합을 향상시켜주는 특별한 플러그인을 설치하면 좋다. Settings 대화창(File > Settings)의 Plugins 탭에서 kotest를 검색해 설치할 수 있다(그림 14-3). Install을 클릭한 후 다운로드와 설치가 끝나면 IDE를 재시작한다.

▼ 그림 14-3 인텔리J IDEA용 코테스트 플러그인 설치하기

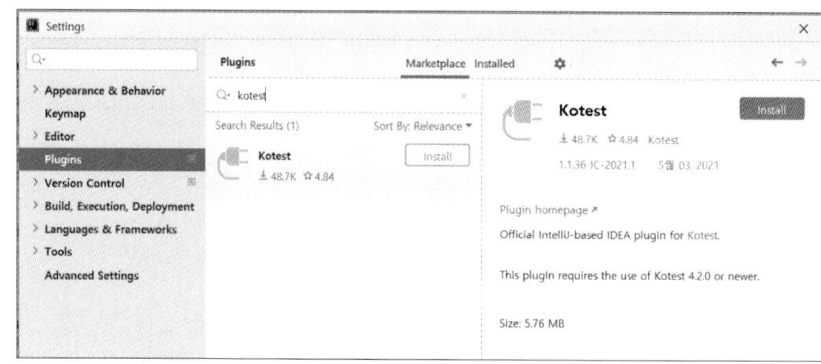

이제 13장까지 해왔던 것처럼 코드를 작성할 수 있다. test 디렉터리 안에 새 파일을 만들고 간단한 테스트 명세를 작성해보자.

```
import io.kotest.matchers.shouldBe
import io.kotest.core.spec.style.StringSpec

class NumbersTest : StringSpec({
  "2 + 2 should be 4" { (2 + 2) shouldBe 4 }
  "2 * 2 should be 4" { (2 * 2) shouldBe 4 }
})
```

이 정의의 의미는 나중에 설명하겠지만, 이 테스트가 무슨 의미인지는 알아볼 수 있을 것이다. "2 + 2 should be 4"나 "2 * 2 should be 4"라는 이름으로 몇몇 산술 계산의 결과가 같은지 검사하는 테스트다. 코드 왼쪽에 있는 녹색 삼각형을 찾아 테스트를 실행해보자.[4] 녹색 삼각형 중 하나를 클릭하면 클릭한 위치에 있는 테스트만 실행하거나 전체 명세를 실행할 수 있다(그림 14-4).

▼ 그림 14-4 코테스트 명세를 인텔리J에서 실행하기

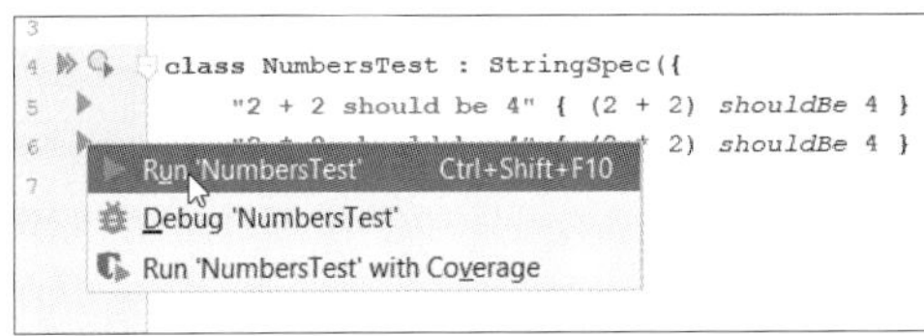

이제 코테스트 기능을 살펴볼 준비가 됐다. 첫 번째 주제는 테스트 케이스를 구성할 때 사용하는 다양한 테스트 명세 스타일이다.

14.1.2 명세 스타일

코테스트는 여러 명세 스타일을 지원한다. 어떤 스타일을 택하느냐에 따라 테스트 코드를 구성하는 방법이 달라진다. 프로젝트에서 여러 스타일을 섞어 쓰거나 AbstractSpec 클래스 또는 AbstractSpec 클래스의 하위 클래스 중 하나인 AbstractStringSpec과 같은 클래스를 구현함으로써 여러분만의 명세 스타일을 만들 수도 있다. 이 절에서는 코테스트를 프로젝트에 추가하면 바로 쓸 수 있는 테스트 명세 스타일을 살펴본다.

4 역주 코테스트에 대한 의존 관계를 제대로 설정하고 코테스트 플러그인이 설치된 경우에만 코테스트가 제공하는 여러 가지 스펙의 테스트를 IDEA가 인식해 테스트를 실행할 수 있는 부분에 녹색 화살표를 표시해준다.

테스트 케이스를 정의하려면 명세 클래스 중 하나를 상속해야 한다. 그 후 클래스 생성자에 테스트를 추가하거나 상위 클래스 생성자에 전달하는 람다 안에 테스트를 추가한다. 테스트 자체를 정의하는 방법은 스타일에 따라 달라지며, 대부분의 경우 DSL과 비슷한 API를 통해 테스트를 정의한다. StringSpec 클래스를 사용하는 간단한 예제를 살펴보자.

```
import io.kotest.matchers.shouldBe
import io.kotest.core.spec.style.StringSpec

class NumbersTest : StringSpec({
  "2 + 2 should be 4" { (2 + 2) shouldBe 4 }
  "2 * 2 should be 4" { (2 * 2) shouldBe 4 }
})
```

StringSpec에서는 테스트에 대한 설명이 들어있는 문자열 뒤에 람다를 추가해서 개별 테스트를 작성한다. 예상했겠지만, 이는 StringSpec이 정의한 String.invoke() 확장 함수를 호출하는 것에 지나지 않는다. 예제에서 실제 검증 코드는 shouldBe 중위 연산자 함수를 사용하며, 이 함수는 수신 객체로 받은 값과 인자로 받은 값이 일치하지 않으면 예외를 던진다. 이 함수는 매처 DSL에 속해 있으며, 이에 대해서는 다음 절에서 살펴보겠다.

StringSpec은 모든 테스트가 한 클래스 안에 들어가고 모든 테스트가 같은 수준에 정의돼 있는 평평한 구조를 만들어낸다. 테스트 블록을 다른 블록 안에 넣으려고 시도하면 프레임워크가 런타임에 예외를 발생시키면서 실패한다.

WordSpec 클래스를 사용하면 더 복잡한 테스트 레이아웃을 만들 수 있다. WordSpec을 가장 단순한 형태로 사용하면 테스트를 정의하는 부분에서 2단계로 이뤄진 계층 구조를 만들 수 있다. 이때 각 테스트는 StringSpec과 비슷하며, should() 함수 호출에 의해 각각의 그룹으로 묶인다.

```
import io.kotest.matchers.shouldBe
import io.kotest.core.spec.style.WordSpec

class NumbersTest2 : WordSpec({
  "1 + 2" should {
    "be equal to 3" { (1 + 2) shouldBe 3 }
    "be equal to 2 + 1" { (1 + 2) shouldBe (2 + 1) }
  }
})
```

should() 호출을 When() 또는 `when`()[5]으로 감싸면 테스트 계층을 3단계로 구성할 수도 있다.

```
import io.kotest.matchers.shouldBe
import io.kotest.core.spec.style.WordSpec

class NumbersTest2 : WordSpec({
  "Addition" When {
    "1 + 2" should {
      "be equal to 3" { (1 + 2) shouldBe 3 }
      "be equal to 2 + 1" { (1 + 2) shouldBe (2 + 1) }
    }
  }
})
```

테스트 계층을 원하는 만큼 깊게 만들고 싶다면 어떻게 해야 할까? FunSpec 클래스는 테스트 코드를 test() 함수 호출로 묶는다. 이 함수는 테스트에 대한 설명과 실행할 일시 중단 함수를 인자로 받는다. StringSpec과 달리 이 스타일은 context 블록으로 테스트를 한 그룹으로 묶을 수 있다.

```
import io.kotest.matchers.shouldBe
import io.kotest.core.spec.style.FunSpec

class NumbersTest3 : FunSpec({
  test("0 should be equal to 0") { 0 shouldBe 0 }
  context("Arithmetic") {
    context("Addition") {
      test("2 + 2 should be 4") { (2 + 2) shouldBe 4 }
    }
    context("Multiplication") {
      test("2 * 2 should be 4") { (2 * 2) shouldBe 4 }
    }
  }
})
```

test와 context 블록을 어떤 깊이에서도 사용할 수 있다. 단, test 블록을 test 블록 안에 쓸 수는 없다.

5 역주 소문자로 시작하는 when은 코틀린 키워드이기 때문에 그냥 쓸 수 없고 반드시 작은역따옴표를 사용해야 한다.

IDE 팁 ≡ IDE에서 실행하면 이런 다단계 테스트의 결과도 명세 블록의 구조와 일치하는 계층적인 구조로 표시된다. 그림 14-5는 방금 본 테스트 코드를 인텔리J IDEA에서 실행한 결과를 보여준다.

▼ 그림 14-5 인텔리J가 다단계 테스트 결과를 표시해주는 방법

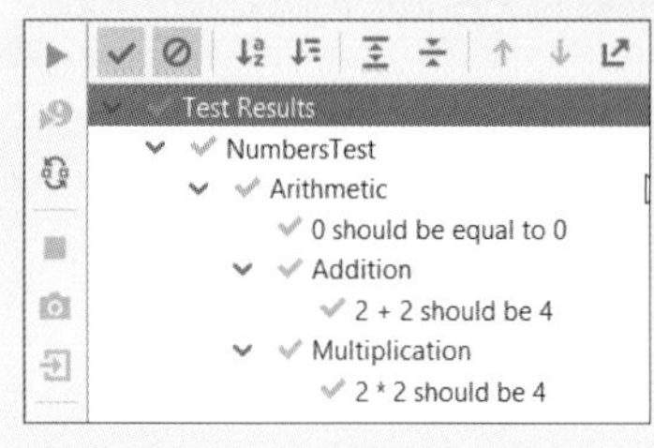

ExpectSpec도 기본적으로 동일하다. 하지만 test() 대신 expect()를 사용하고, 추가로 최상위에 테스트를 위치시키지 못하게 한다(즉, 모든 테스트는 context() 블록 안에 들어가야 한다).

DescribeSpec은 describe()/context() 블록을 그룹 짓는 데 사용하고, it()은 내부에 테스트를 담기 위해 사용한다.

```
import io.kotest.matchers.shouldBe
import io.kotest.core.spec.style.DescribeSpec

class NumbersTest4 : DescribeSpec({
  describe("Addition") {
    context("1 + 2") {
      it("should give 3") { (1 + 2) shouldBe 3 }
    }
  }
})
```

ShouldSpec은 FunSpec과 비슷한 레이아웃을 만들어낸다. 이 명세는 문맥 블록을 그룹 짓는 데 사용하고, 말단에 테스트 블록을 위치시킨다. 차이가 있다면 순전히 구문 차이일 뿐이다. 문맥 블록을 만들 때는 (DescribeSpec의 문맥 블록과 비슷하게) 테스트를 설명하는 문자열에 대해 context() 호출을 사용하고, 테스트 블록 자체는 should() 함수 호출로 정의한다.

```
import io.kotest.matchers.shouldBe
import io.kotest.core.spec.style.ShouldSpec

class NumbersTest5 : ShouldSpec({
  should("be equal to 0") { 0 shouldBe 0 }
  context("Addition") {
    context("1 + 2") {
```

```
        should("be equal to 3") { (1 + 2) shouldBe 3 }
        should("be equal to 2 + 1") { (1 + 2) shouldBe (2 + 1) }
      }
    }
})
```

비슷한 유형의 명세를 FreeSpec 클래스를 통해 구성할 수 있다. 이 명세도 StringSpec과 마찬가지로 문자열에 대한 invoke()를 사용해 테스트를 정의하며, - 연산자(minus() 연산자 함수)를 통해 문맥을 소개한다.

```
import io.kotest.matchers.shouldBe
import io.kotest.core.spec.style.FreeSpec

class NumbersTest6  : FreeSpec({
  "0 should be equal to 0" { 0 shouldBe 0 }
  "Addition" - {
    "1 + 2" - {
      "1 + 2 should be equal to 3" { (1 + 2) shouldBe 3 }
      "1 + 2 should be equal to 2 + 1" { (1 + 2) shouldBe (2 + 1) }
    }
  }
})
```

코테스트는 거킨(Gherkin) 언어에서 영감을 얻은 BDD(행동 주도 개발) 명세 스타일도 지원한다. FeatureSpec에서는 feature 블록에 의해 계층의 루트가 만들어지고, 그 안에는 구체적인 테스트를 구현하는 시나리오 블록이 들어간다. feature 안에서 여러 시나리오(또는 그룹)를 묶어 그룹으로 만들 때도 feature() 호출을 사용한다.

```
import io.kotlintest.shouldBe
import io.kotlintest.specs.FeatureSpec

class NumbersTest7 : FeatureSpec({
  feature("Arithmetic") {
    val x = 1
    scenario("x is 1 at first") { x shouldBe 1 }
    feature("increasing by") {
      scenario("1 gives 2") { (x + 1) shouldBe 2 }
      scenario("2 gives 3") { (x + 2) shouldBe 3 }
    }
  }
})
```

BehaviorSpec 클래스도 비슷한 스타일을 구현하는데, given()/Given(), `when`()/When(), then()/Then()이라는 함수로 구분되는 세 가지 수준을 제공한다. and()와 And()를 통해 여러 when/then 블록을 묶어서 그룹 수준을 추가할 수도 있다.

```
import io.kotest.matchers.shouldBe
import io.kotest.core.spec.style.BehaviorSpec

class NumbersTest8 : BehaviorSpec({
  Given("Arithmetic") {
    When("x is 1") {
      val x = 1
      And("increased by 1") {
        Then("result is 2") { (x + 1) shouldBe 2 }
      }
    }
  }
})
```

이러한 블록을 사용하면 자연어(영어)에 가까운 테스트 설명을 작성할 수 있다('when x is 1 and increased by 1 then result is 2').

마지막으로 살펴볼 명세 스타일은 AnnotationSpec이다. 이 스타일은 DSL 같은 테스트 명세를 사용하지 않고, 테스트 클래스 메서드에 붙인 @Test 애너테이션에 의존한다. 이 애너테이션은 JUnit이나 TestNG와 비슷하다.

```
import io.kotest.matchers.shouldBe
import io.kotest.core.spec.style.AnnotationSpec

class NumbersTest9 : AnnotationSpec() {
  @Test fun `2 + 2 should be 4`() { (2 + 2) shouldBe 4 }
  @Test fun `2 * 2 should be 4`() { (2 * 2) shouldBe 4 }
}
```

테스트에 @Ignore를 붙이면 어떤 테스트를 비활성화할 수도 있다.

14.2 단언문

14.2.1 매처

앞에서 예제 코드를 통해 여러 명세 스타일을 사용하는 방법을 살펴봤다. 예제에서는 단순히 수신 객체와 인자가 같은지 비교하는 단언 함수인 shouldBe를 사용했는데, 이 함수는 코테스트 라이브러리가 제공하는 수많은 매처 중 한 가지 예일 뿐이다.

매처는 일반 함수 호출이나 중위 연산자 형태로 사용할 수 있는 확장 함수로 정의된다. 모든 매처 이름은 shouldBe로 시작한다. 이 관습은 테스트 코드에서 shouldBeGreaterThanOrEqual처럼 읽기 좋은 이름을 지정하게 도와준다. 코테스트 문서에서는 전체 내장 매처 목록을 볼 수 있다. 대부분의 매처 이름이 매처 자신의 역할을 잘 설명하고 매처를 직관적으로 사용할 수 있기 때문에 여기서는 매처 개개에 대한 예제를 다루지 않을 것이다. 이 절에서는 여러분이 직접 매처를 작성해 테스트 프레임워크를 확장하는 등의 더 고급화된 주제를 다룰 것이다.

커스텀 매처를 정의하려면 Matcher 인터페이스를 구현하고 이 인터페이스의 test() 메서드를 오버라이드해야 한다.

```
abstract fun test(value: T): MatcherResult
```

MatcherResult 객체는 매칭 결과를 표현한다. 이 클래스는 데이터 클래스로 다음과 같은 프로퍼티가 들어있다.

- **passed**: 단언문을 만족하는지(true) 만족하지 않는지(false)를 나타냄
- **failureMessage**: 단언문 실패를 보여주고 단언문을 성공시키려면 어떤 일을 해야 하는지 알려주는 메시지
- **negatedFailureMessage**: 매처를 반전시킨 버전을 사용했는데 매처가 실패하는 경우 표시해야 하는 메시지

예를 들어, 주어진 수가 홀수인지 검사하는 매처를 만들어보자.

```
import io.kotest.matchers.Matcher
import io.kotest.matchers.MatcherResult
```

```
fun beOdd() = object : Matcher<Int> {
  override fun test(value: Int): MatcherResult {
    return MatcherResult(
      value % 2 != 0,
      "$value should be odd",
      "$value should not be odd"
    )
  }
}
```

이제 이 매처를 should()/shouldNot() 등의 내장 확장 함수에 넘겨서 단언문에 사용할 수 있다.

```
import io.kotest.core.spec.style.StringSpec
import io.kotest.matchers.*

class NumbersTestWithOddMatcher : StringSpec({
  "5 is odd" { 5 should beOdd() }
  "4 is not odd" { 4 shouldNot beOdd() }
})
```

만들어진 단언문을 읽을 때 자연스럽게 읽을 수 있도록 beOdd라는 이름을 선택했다('should be odd'/'should not be odd').

Matcher 인터페이스의 구현은 자동으로 and/or/invert 연산을 지원한다. 이 연산들은 불 연산 규칙에 따라 매처를 합성해준다. 이런 연산을 활용해 복잡한 술어로 구성된 단언문을 구성할 수 있다. 다음 예제는 beOdd()/매처와 내장 positive() 매처를 합성한다.

```
"5 is positive odd" { 5 should (beOdd() and positive()) }
```

매처가 지원하는 또 하나의 연산으로 compose()이 있다. 이 연산을 사용하면 기존 매처에 타입 변환 함수를 추가함으로써 새로운 타입에 대한 매처를 만들어준다. 다음 함수는 beOdd() 매처를 재사용해 주어진 컬렉션의 길이가 홀수인지 검사한다.

```
fun beOddLength() = beOdd().compose<Collection<*>> { it.size }
```

모든 매처를 should()/shouldNot() 함수를 통해 호출할 수 있지만, 내장 매처 중 대부분은 should로 시작하는 특화된 함수를 함께 제공한다. 예를 들어 다음 두 단언문은 같은 역할을 한다.

```
5 should beLessThan(10)
5 shouldBeLessThan(10)
```

14.2.2 인스펙터

코테스트는 매처 외에도 매처와 관련된 인스펙터라는 개념을 지원한다. 인스펙터는 컬렉션 함수에 대한 확장 함수로, 주어진 단언문이 컬렉션 원소 중 어떤 그룹에 대해 성립하는지 검증할 수 있게 해준다.

- **forAll()/forNone()**: 단언문을 모든 원소가 만족하는지(forAll()), 어느 원소도 만족하지 않는지(forNone()) 검사한다.
- **forExactly(n)**: 단언문을 정확히 n개의 원소가 만족하는지 검사한다. n = 1인 경우에 특화된 forOne() 함수도 있다.
- **forAtLeast(n)/forAtMost(n)**: 단언문을 최소 n개의 원소가 만족하는지(forAtLeast(n)), 최대 n개의 원소가 만족하는지(forAtMost(n)) 검사한다. n = 1이라면 forAtLeastOne()/forAtMostOne()을 쓸 수 있고, forAny()도 쓸 수 있다. forAny()는 forAtLeastOne()과 같다.
- **forSome()**: 단언문을 만족하는 원소가 존재하되, 모든 원소가 단언문을 만족하지는 않음을 검사한다.

위 인스펙터를 사용하는 예제를 살펴보자.

```
import io.kotest.core.spec.style.StringSpec
import io.kotest.inspectors.*
import io.kotest.matchers.ints.shouldBeGreaterThanOrEqual
import io.kotest.matchers.shouldBe

class NumbersTestWithInspectors : StringSpec({
  val numbers = Array(10) { it + 1 }

  "all are non-negative" {
    numbers.forAll { it shouldBeGreaterThanOrEqual 0 }
  }

  "none is zero" { numbers.forNone { it shouldBe 0 } }

  "a single 10" { numbers.forOne { it shouldBe 10 } }

  "at most one 0" { numbers.forAtMostOne { it shouldBe 0 } }

  "at least one odd number" {
    numbers.forAtLeastOne { it % 2 shouldBe 1 }
  }
```

```
  "at most five odd numbers" {
    numbers.forAtMost(5) { it % 2 shouldBe 1 }
  }

  "at least three even numbers" {
    numbers.forAtLeast(3) { it % 2 shouldBe 0 }
  }

  "some numbers are odd" { numbers.forAny { it % 2 shouldBe 1 } }

  "some but not all numbers are even" {
    numbers.forSome { it % 2 shouldBe 0 }
  }

  "exactly five numbers are even" {
    numbers.forExactly(5) { it % 2 shouldBe 0 }
  }
})
```

14.2.3 예외 처리

코테스트는 어떤 코드가 특정 예외에 의해 중단됐는지 검사하는 shouldThrow() 단언문을 제공한다. 이 단언문은 try/catch로 예외를 잡아내는 방식을 간편하게 대신할 수 있다. 성공적인 경우 shouldThrow()는 여러분이 활용할 수 있도록 잡아낸 예외를 반환한다.

```
import io.kotest.matchers.string.shouldEndWith
import io.kotest.assertions.throwables.shouldThrow
import io.kotest.core.spec.style.StringSpec

class ParseTest: StringSpec({
  "invalid string" {
    val e = shouldThrow<NumberFormatException>{ "abc".toInt() }
    e.message shouldEndWith "\"abc\""
  }
})
```

코테스트에서 예외와 관련해 유용한 기능은 실패한 단언문이 던진 예외를 일시적으로 무시하는 기능이다. 이를 소프트 단언문(soft assertion)이라고 부른다. 여러분의 테스트가 여러 단언문으로 이뤄져 있고 실패한 단언문을 모두 보고 싶은 경우 소프트 단언문이 유용하다. 일반적으로는 맨 처음 예외(단언문 실패 예외)가 발생한 시점에 테스트가 종료되므로 모든 실패한 단언문을 볼 수는 없다. 코테스트에서는 assertSoftly 블록을 사용해 이런 기본 동작을 우회할 수 있다. 이 블록은 내부에서 발생한 AssertionError 예외를 잡아낸 후 누적시키면서 모든 단언문을 실행한다(다른 예외로 코드가 끝나는 경우는 제외). 블록이 끝나면 assertSoftly는 누적시킨 모든 예외를 한 AssertionError에 넣고 호출한 쪽에 던진다. 예제를 살펴보자.

```
import io.kotest.assertions.assertSoftly
import io.kotest.core.spec.style.StringSpec
import io.kotest.inspectors.forAll
import io.kotest.matchers.ints.shouldBeGreaterThan
import io.kotest.matchers.ints.shouldBeLessThan

class NumberTestWithForAll : StringSpec({
  val numbers = Array(10) { it + 1 }
  "invalid numbers" {
    assertSoftly {
      numbers.forAll { it shouldBeLessThan 5 }
      numbers.forAll { it shouldBeGreaterThan 3 }
    }
  }
})
```

assertSoftly()가 없다면, 첫 번째 forAll()이 실패하기 때문에 두 번째 forAll() 단언문은 아예 실행되지도 않는다. 하지만 이 코드에서는 assertSoftly()가 있으므로 두 단언문이 모두 실행되고 테스트가 예외와 함께 종료된다.

```
io.kotlintest.tables.MultiAssertionError:
The following 9 assertions failed
...
```

결과 메시지가 모든 실패를 나열하는 모습을 볼 수 있다.

14.2.4 비결정적 코드 테스트하기

여러 번 시도해야 테스트를 통과하곤 하는 비결정적 코드를 다뤄야 한다면 타임아웃과 반복 실행을 편리하게 처리할 수 있는 대안이 있다. eventually() 함수는 정해진 기간 안에 주어진 단언문을 만족시키는 경우가 한 번이라도 생기는지 검사한다.

```
import io.kotest.assertions.timing.eventually
import io.kotest.core.spec.style.StringSpec
import io.kotest.matchers.shouldBe
import java.io.File
import kotlin.time.Duration
import kotlin.time.ExperimentalTime
import kotlin.time.seconds

@ExperimentalTime
class StringSpecWithEventually : StringSpec({
  "10초 안에 파일의 내용이 단 한 줄인 경우가 있어야 함" {
    eventually(Duration.seconds(10)) {  // Duration.seconds(10)을 권장
      // 주어진 기간 동안 파일이 한 줄만 들어있는 순간이 올 때까지 검사(최대 10초)
      File("data.txt").readLines().size shouldBe 1
    }
  }
})
```

continually() 함수는 단언문이 최초 호출 시 성립하고 그 이후 지정한 기간 동안 계속 성립한 채로 남아있는지 검사한다.

```
// import는 앞의 StringSpecWithEventually 예제와 동일함

@ExperimentalTime
class StringSpecWithEventually : StringSpec({
  "10초 동안 파일의 내용이 계속 한 줄로 유지돼야 함" {
    continually(10.seconds) {
      File("data.txt").readLines().size shouldBe 1
    }
  }
})
```

14.2.5 속성 기반 테스트

코테스트는 여러분이 술어를 지정하면 코테스트가 자동으로 술어를 검증하기 위한, 임의의 테스트 데이터를 생성해주는 속성 기반 테스트(property based test)를 지원한다. 이 기법은 수동으로 준비하고 유지하기 어려운 큰 데이터 집합에 대해 성립해야 하는 조건을 테스트해야 하는 경우 유용하다. 단, 속성 기반 테스트를 사용하려면 kotest-property 모듈을 의존 관계에 추가해야 한다. 메이븐 좌표는 "testImplementation 'io.kotest:kotest-property:4.5.0"이다.

예를 들어 두 수의 최솟값을 구하는 함수를 정의한다고 하자.

```
infix fun Int.min(n: Int) = if (this < n) this else n
```

결과가 두 객체(수신 객체와 인자로 받은 객체)보다 항상 작거나 같은지 검사하고 싶다. 이를 위해 단언문을 checkAll로 감쌀 수 있다.

```
import io.kotest.core.spec.style.StringSpec
import io.kotest.matchers.and
import io.kotest.matchers.ints.beLessThanOrEqualTo
import io.kotest.matchers.should
import io.kotest.property.checkAll

class NumberTestWithAssertAll : StringSpec({
  "min" {
    checkAll { a: Int, b: Int ->
      (a min b).let {
        it should (beLessThanOrEqualTo(a) and beLessThanOrEqualTo(b))
      }
    }
  }
}
```

코드를 실행하면 코테스트는 Int 쌍의 스트림을 생성하고 모든 쌍을 테스트의 단언문이나 식을 사용해 검사한다. 기본적으로 1,000개의 테스트 데이터 집합 원소가 생성된다. 하지만 checkAll()에 원하는 데이터 집합의 크기를 넘길 수도 있다.

단언문 대신 불 값을 반환하는 식을 사용할 수도 있다. 이 경우 forAll 안에 불 값을 반환하는 람다를 넣으면 된다. 이 경우 생성한 모든 테스트 데이터에 대해 람다가 true를 반환해야 테스트가 성공한다. forAll과 반대로 모든 테스트 집합 원소에 대해 false를 반환할 때만 성공하는 검사가 필요하면 forNone을 사용할 수 있다.

```
import io.kotest.core.spec.style.StringSpec
import io.kotest.property.forAll

class NumberTestWithAssertAll : StringSpec({
  "min (단언문 대신 식 사용)" {
    forAll{ a: Int, b: Int ->
      (a min b).let { it <= a && it <= b }
    }
  }
})
```

코테스트는 Int, Boolean, String 등 일반적으로 쓰이는 여러 타입에 대한 디폴트 생성기(generator)를 제공한다. 디폴트 생성기는 람다 파라미터의 타입에 대한 런타임 정보를 사용해 자동으로 생성기를 선택한다. 하지만 때로는 시스템이 선택해주는 생성기를 사용하고 싶지 않거나 시스템이 지원하지 않는 타입의 데이터에 대한 속성 기반 테스트를 진행해야 할 때도 있다. 이런 경우에는 생성기를 직접 생성해야 한다. 코테스트 속성 기반 테스트의 생성기는 Gen이라는 추상 클래스를 상속하는데, 크게 임의의 값을 생성하는 생성기와 정해진 값을 모두 돌려주는 생성기로 나뉜다. 두 유형의 생성기를 표현하는 추상 클래스는 다음과 같다.

- **Arb**: 미리 하드코딩된 에지케이스(edge case)와 무한한 난수 샘플(random sample)을 생성해주는 생성기다. 생성기에 따라서는 에지케이스 테스트 데이터를 제공하지 않을 수도 있다. 테스트를 진행할 때는 디폴트로 2%는 에지케이스를, 98%는 난수 데이터를 발생시킨다.
- **Exhaustive**: 주어진 공간에 속한 모든 데이터를 생성해준다. 해당 공간의 모든 값을 사용하는지 검사하고 싶을 때 Exhaustive 타입의 생성기가 유용하다.

직접 Arb나 Exhaustive를 상속해 추상 메서드를 구현하면 쉽게 생성기를 만들 수 있다. 예를 들어 **11장 도메인 특화 언어**에서 만든 유리수를 표현하는 클래스에 대한 테스트를 작성해보자. 어떤 유리수를 자기 자신에게서 빼면 0이 나오는지 검사하고 싶다. 이 경우 다음과 같이 Arb를 상속해서 임의의 유리수에 대한 테스트를 작성할 수 있다.

```
class RationalTest : StringSpec({
  "Subtraction (Arb 사용)" {
    forAll(
      // 첫 번째 인자로 Arb<Rational> 인스턴스를 넘김
      object : Arb<Rational>() {
        override fun edgecase(rs: RandomSource): Rational? = null // 에지케이스 없음
        override fun sample(rs: RandomSource): Sample<Rational> =
          Sample(Rational.of(rs.random.nextInt(), rs.random.nextInt(0, Int.MAX_VALUE)))
      }
    ){ a: Rational ->
      (a - a).num == 0
    }
  }
})
```

하지만 이보다 더 쉬운 방법이 있다. 바로 코테스트가 제공하는 기본 생성기를 조합하는 것이다. 우선 코테스트에서 기본으로 제공하는 생성기 중 몇 가지를 보면 다음과 같다.

- **Arb.int(range), Arb.long(range), Arb.nats(range)...**: 범위(range)에 속한 수(이름을 보면 어떤 타입일지 추측이 가능하다)를 임의로 선택한다. 범위를 지정하지 않으면 이름이 암시하는 영역에 속하는 모든 수 중에 난수를 생성한다. 에지케이스를 제공하며, 보통 0, -1, +1, Int.MIN_VALUE, Int.MAX_VALUE 등의 값 중 의미가 있는 것이 선택된다.
- **Exhaustive.ints(range), Exhaustive.longs(range)**: 범위에 속한 모든 수를 테스트 데이터로 생성한다.
- **Arb.string(range), Arb.stringPattern(pattern)...**: 주어진 범위에 속하는 문자열이나 주어진 패턴(https://github.com/mifmif/Generex에 있는 Generex로 기술함)에 부합하는 문자열을 생성한다.
- **arb.orNull(), arb.orNull(nullProbability)**: Arb가 만들어낸 값인 arb에 널 값을 섞은 데이터를 생성한다(예 Arb.int().orNull()). 널이 될 확률을 지정할 수도 있다.

이런 제너레이터를 엮어서 다른 생성기를 만들거나 제너레이터에서 값을 가져오는 연산을 제공한다. 우선 gen.next()를 통해 생성기로부터 다음 값을 가져올 수 있고 filter(), map(), flatMap(), merge() 등의 컬렉션 연산도 제공한다. bind() 메서드는 여러 제너레이터로부터 얻은 데이터를 한꺼번에 엮을 때 사용한다. 이런 연산을 통하면 기존 생성기를 조합한 새로운 생성기를 쉽게 얻을 수 있다.

bind 연산과 Arb.int()를 엮어서 앞의 유리수 테스트를 다시 작성해보면 다음과 같다.

```
import io.kotest.core.spec.style.StringSpec
import io.kotest.property.*
import io.kotest.property.arbitrary.bind
import io.kotest.property.arbitrary.int

class RationalTest : StringSpec({
  val rationalArb = Arb.bind(Arb.int(),Arb.int(0,Int.MAX_VALUE)){x,y->Rational.of(x,y)}

  "Subtraction (Arb.int()와 Arb.bind() 사용)" {
    forAll(rationalArb){ a: Rational ->
      (a - a).num == 0
    }
  }
})
```

좀 더 편리하게 Arb나 Exhaustive를 구현할 수 있는 빌더 함수도 있다. Arb를 구현할 때는 arbitrary()를 사용하고, Exhaustive를 구현할 때는 리스트 객체에 대해 exhaustive() 확장 함수를 호출하면 된다. 앞의 유리수 테스트를 arbitrary()를 사용해 다시 구현해보자.

```
import io.kotest.core.spec.style.StringSpec
import io.kotest.property.*
import io.kotest.property.arbitrary.bind
import io.kotest.property.arbitrary.int

class RationalTest : StringSpec({
  val rationalArb2 = arbitrary { Rational.of(it.random.nextInt(), it.random.
nextInt(0,Int.MAX_VALUE)) }

  "Subtraction (arbitrary() 사용)" {
    forAll(rationalArb2){ a: Rational ->
      (a - a).num == 0
    }
  }
})
```

속성 기반 테스트 프레임워크가 제공하는 데이터나 커스텀 생성기 대신 고정된 데이터 집합을 사용해 테스트를 진행할 수도 있다. io.kotest.data 패키지에는 데이터 기반 테스트를 지원하는 클래스와 함수들이 정의돼 있다. 예를 들어 io.kotest.data.forAll()을 사용하면 가변 길이의 행(row) 형태 객체를 활용해 테스트를 진행할 수도 있다.

```
import io.kotest.core.spec.style.StringSpec
import io.kotest.data.forAll
import io.kotest.data.row

class DataDrivenTest : StringSpec({
  "Minimum" {
    forAll(
      row(1, 1),
      row(1, 2),
      row(2, 1)
    ) { a: Int, b: Int ->
      (a min b).let { it <= a && it <= b }
    }
  }
})
```

속성 기반 테스트(io.kotest.property)와 데이터 기반 테스트(io.kotest.data)의 패키지 경로 차이에 주의하라. 데이터 기반 테스트는 기본 코테스트 외에 별도의 의존성을 지정하지 않아도 사용할 수 있지만, 속성 기반 테스트는 의존성을 지정해야 한다는 점도 다르다.

행만 사용하는 대신, 구체적인 헤더(header)를 제공하는 테이블 형태의 객체를 사용할 수도 있다. 테스트가 실패했을 때 적절한 맥락을 알려주기 위해 헤더를 사용한다. 예제를 살펴보자.

```
import io.kotest.core.spec.style.StringSpec
import io.kotest.data.*
import io.kotest.matchers.ints.shouldBeGreaterThanOrEqual

class DataDrivenTest2 : StringSpec({
  "Minimum" {
    forAll(
      table(
        headers("name", "age"),
        row("John", 20),
        row("Harry", 25),
        row("Bob", 16)
      )
    ) { name, age ->
      age shouldBeGreaterThanOrEqual 18
    }
  }
})
```

이 테스트를 실행하면 다음과 같은 오류 메시지를 표시하면서 테스트가 실패한다.

```
Test failed for (name, "Bob"), (age, 16) with error 16 should be >= 18
```

이 방식은 `forAll()`과 `forNone()`을 모두 지원한다. 하지만 두 함수는 속성 기반 테스트의 `forAll()`/`forNone()`과 달리 `Unit`을 반환하는 람다를 받는다. 그래서 람다 내부에서 불 값을 반환하는 대신 매처를 사용해야 한다.

14.3 픽스처와 설정

14.3.1 픽스처 제공하기

실제 테스트를 진행하기 위해 필요한 환경과 자원을 초기화하고 테스트가 끝나면 정리해야 하는 경우가 있다(이런 테스트 환경을 테스트 픽스처라고 말한다). 코테스트에서는 `TestListener` 인터페이스를 구현해 픽스처를 지정할 수 있다. TestListener 인터페이스는 BeforeTestListener 등의 개별 픽스처 인터페이스를 한데 모아둔 리스너다.

다음 코드를 보자. 이 코드만 별도로 실행할 수 있도록 fixture라는 디렉터리를 만들고 그 아래에 파일을 저장하라. 인텔리J IDEA의 프로젝트 창에서 해당 디렉터리를 오른쪽 클릭한 후 Run Tests in 'fixture'를 선택하면 fixture 패키지에 들어있는 테스트만 실행할 수 있다.

```
package fixutre

import io.kotest.core.listeners.*
import io.kotest.core.spec.AutoScan
import io.kotest.core.spec.Spec
import io.kotest.core.spec.style.FunSpec
import io.kotest.core.test.TestCase
import io.kotest.core.test.TestResult
import io.kotest.matchers.shouldBe
import kotlin.reflect.KClass

object SpecLevelListener : TestListener {
  override suspend fun prepareSpec(kclass: KClass<out Spec>) {
    println("PrepareSpec(in SpecLevelListener): ${kclass.qualifiedName}")
  }

  override suspend fun beforeSpec(spec: Spec) {
    println("BeforeSpec: ${spec.materializeRootTests().joinToString { it.testCase.
displayName }}")
  }

  override suspend fun beforeTest(testCase: TestCase) {
    println("BeforeTest: ${testCase.displayName}")
  }

  override suspend fun afterTest(testCase: TestCase, result: TestResult) {
    println("AfterTest: ${testCase.displayName}")
  }

  override suspend fun afterSpec(spec: Spec) {
    println("AfterSpec: ${spec.materializeRootTests().joinToString { it.testCase.
displayName }}")
  }

  override suspend fun finalizeSpec(kclass: KClass<out Spec>, results: Map<TestCase,
```

```
TestResult>) {
    println("FinalizeSpec(in SpecLevelListener): ${kclass.qualifiedName}")
  }
}

class NumbersTestWithFixture1 : FunSpec() {
  init {
    context("Addition") {
      test("2 + 2") {
        2 + 2 shouldBe 4
      }
      test("4 * 4") {
        4 + 4 shouldBe 8
      }
    }
  }

  override fun listeners() = listOf(SpecLevelListener)
}

class NumbersTestWithFixture2 : FunSpec() {
  init {
    context("Multiplication") {
      test("2 * 2") {
        2 * 2 shouldBe 4
      }
      test("4 * 4") {
        4 * 4 shouldBe 16
      }
    }
  }

  override fun listeners() = listOf(SpecLevelListener)
}
```

이 테스트 코드를 실행하면 다음과 같은 출력을 볼 수 있다.

```
BeforeSpec: Addition
BeforeTest: Addition
BeforeTest: 2 + 2
AfterTest: 2 + 2
BeforeTest: 4 * 4
AfterTest: 4 * 4
```

```
AfterTest: Addition
AfterSpec: Addition
BeforeSpec: Multiplication
BeforeTest: Multiplication
BeforeTest: 2 * 2
AfterTest: 2 * 2
BeforeTest: 4 * 4
AfterTest: 4 * 4
AfterTest: Multiplication
AfterSpec: Multiplication
```

beforeSpec()과 beforeTest()의 차이는 (그리고 비슷하게 afterSpec()과 afterTest()의 차이도) beforeTest()는 테스트마다 실행되고 테스트가 활성화된 경우에만 호출되는 반면에 beforeSpec()은 어떤 명세가 인스턴스화될 때 실행된다는 점이다. 따라서 테스트 함수가 실제 호출될 때 불려야 하는 준비/정리 코드는 beforeTest()/afterTest()를 쓰고, 명세 클래스의 인스턴스마다 하나씩 필요한 준비/정리 코드는 beforeSpec()/afterSpec()을 사용해야 한다. 다음 절에서는 설정을 사용해 개별 테스트를 비활성화하는 방법을 살펴본다. 또한, TestListener에 정의된 prepareSpec과 finalizeSpec은 개별 Spec 안에서 listeners를 오버라이드하는 경우 정상 작동하지 않는 것도 알 수 있다.

프로젝트(테스트를 실행할 때 모든 스펙 클래스가 모인 전체 테스트 모임을 프로젝트라고 부른다) 수준의 리스너인 beforeProject()/afterProject() 구현을 제공하고 싶다면 ProjectConfig 타입의 싱글턴 객체에 리스너를 등록해야 한다. 이 ProjectConfig 타입의 객체에 리스너를 등록할 때 prepareSpec()과 finalizeSpec() 메서드 구현도 함께 제공해보자. TestListener를 상속해서 이 두 메서드만 오버라이드하면 된다. 다음과 같이 리스너와 설정 객체를 정의할 수 있다.

```
import io.kotest.core.config.AbstractProjectConfig
import io.kotest.core.listeners.*
import kotlin.reflect.KClass

object MyProjectListener : ProjectListener, TestListener {
  override val name: String = "MyProjectListener"

  override suspend fun beforeProject() { println("Before project") }

  override suspend fun afterProject() { println("After project") }

  override suspend fun prepareSpec(kclass: KClass<out Spec>) {
    println("PrepareSpec: ${kclass.qualifiedName}")
```

```
  }

  override suspend fun finalizeSpec(kclass: KClass<out Spec>, results: Map<TestCase,
TestResult>) {
    println("FinalizeSpec: ${kclass.qualifiedName}")
  }
}

object ProjectConfig: AbstractProjectConfig() {
  override fun listeners() = listOf(MyProjectListener)
}
```

이렇게 리스너를 프로젝트 수준에서 설정하고 fixture 패키지의 테스트를 다시 실행해보면 다음과 같은 결과를 볼 수 있다.

```
Before project
PrepareSpec: fixutre.NumbersTestWithFixture1
(중간 생략. 이전 예제의 실행 예와 같음)
FinalizeSpec: fixutre.NumbersTestWithFixture2
After project
```


한 가지 더 유용한 기능으로, AutoCloseable 인터페이스를 구현한 자원을 자동으로 해제해주는 기능이 있다. 이 기능을 작동시키려면 자원을 할당할 때 autoClose() 호출로 자원을 감싸야 한다.

```
import io.kotest.core.spec.style.FunSpec
import io.kotest.matchers.shouldBe
import java.io.FileReader

class FileTest : FunSpec() {
  val reader = autoClose(FileReader("data.txt"))

  init {
    test("Line count") {
      reader.readLines().isNotEmpty() shouldBe true
    }
  }
}
```

14.3.2 테스트 설정

코테스트는 테스트 환경을 설정할 수 있는 여러 가지 수단을 제공한다. 특히 명세 함수가 제공하는 config() 함수를 통해 여러 가지 테스트 실행 파라미터를 지정할 수 있다. config() 함수 사용법은 선택한 명세의 스타일에 따라 달라지지만, 일반적으로는 config()가 적용된 테스트 블록의 동작을 변경한다.

```
import io.kotest.core.spec.style.BehaviorSpec
import io.kotest.core.spec.style.ShouldSpec
import io.kotest.core.spec.style.StringSpec
import io.kotest.matchers.shouldBe

class StringSpecWithConfig : StringSpec({
  "2 + 2 should be 4".config(invocations = 10) { (2 + 2) shouldBe 4 }
})
class ShouldSpecWithConfig : ShouldSpec({
  context("Addition") {
    context("1 + 2") {
      should("be equal to 3").config(threads = 2, invocations = 100) {
        (1 + 2) shouldBe 3
      }
      should("be equal to 2 + 1").config(timeout = 1.minutes) {
        (1 + 2) shouldBe (2 + 1)
      }
    }
  }
})

class BehaviorSpecWithConfig : BehaviorSpec({
  Given("Arithmetic") {
    When("x is 1") {
      val x = 1
      And("increased by 1") {
        then("result is 2").config(invocations = 100) {
          (x + 1) shouldBe 2
        }
      }
    }
  }
})
```

더 자세한 정보는 각각의 명세 스타일에 대한 문서를 참조하라.

config() 함수를 사용해 조정할 수 있는 파라미터를 살펴보자.

- **invocations**: 테스트 실행 횟수. 모든 실행이 성공해야 테스트가 성공한 것으로 간주한다. 간헐적으로 실패하는 비결정적 테스트가 있을 때 이런 옵션이 유용하다.
- **threads**: 테스트를 실행할 스레드 개수. invocations가 2 이상일 때만 이 옵션이 유용하다. 실행 횟수가 1이라면 병렬화할 여지가 없다.
- **enabled**: 테스트를 실행해야 할지 여부. false로 설정하면 테스트 실행을 비활성화한다.
- **timeout**: 테스트 실행에 걸리는 최대 시간. 테스트 실행 시간이 이 타임아웃 값을 넘어서면 테스트가 종료되고 실패로 간주된다. 실행 횟수 옵션과 마찬가지로 이 옵션도 비결정적 테스트에서 유용하다.

threads 옵션은 한 테스트 케이스에 속한 개별 테스트를 병렬화할 때만 영향을 미친다. 여러 테스트 케이스를 병렬로 실행하고 싶다면 앞에서 이야기했던 AbstractProjectConfig를 사용해야 한다. AbstractProjectConfig의 parallelism 프로퍼티를 오버라이드해서 원하는 동시성 스레드 개수를 지정하라.

```
import io.kotest.core.config.AbstractProjectConfig

object ProjectConfig : AbstractProjectConfig() {
  override val parallelism = 4
}
```

각 테스트를 개별적으로 설정하는 방법 외에도 defaultConfig() 함수를 오버라이드해서 한 명세에 속한 모든 테스트 케이스의 설정을 한꺼번에 변경할 수도 있다.

```
import io.kotest.core.spec.style.StringSpec
import io.kotest.core.test.TestCaseConfig
import io.kotest.matchers.shouldBe

class StringSpecWithConfig2 : StringSpec({
  "2 + 2 should be 4" { (2 + 2) shouldBe 4 }
}) {
  override fun defaultConfig(): TestCaseConfig =
    TestCaseConfig(invocations = 10, threads = 2)
}
```

각 테스트에 대한 설정을 따로 명시하지 않으면 디폴트 설정 옵션이 자동으로 상속된다.

마지막으로 알려주고 싶은 코테스트의 기능은 테스트 사이에 테스트 케이스 인스턴스를 공유하는 방법을 지정하는 기능이다. 이를 격리 모드(isolation mode)라고 부른다. 모든 테스트 케이스는 기본적으로 한 번만 인스턴스화되고 모든 테스트에 같은 인스턴스를 사용한다. 성능 면에서는 이런 동작이 좋지만, 일부 시나리오의 경우 이런 동작이 바람직하지 않을 수 있다. 테스트 케이스에 속한 테스트들이 읽고 써야 하는 가변 상태가 있는 경우 인스턴스 공유가 문제가 될 수 있는데, 이 경우 테스트나 테스트 그룹을 시작할 때마다 테스트를 매번 인스턴스화하고 싶을 수도 있다. 이런 식의 동작(매번 인스턴스화)을 원한다면 `isolationMode` 프로퍼티를 오버라이드해야 한다. 이 프로퍼티는 `IsolationMode` 이넘에 속하는 세 가지 상수 중 하나를 지정한다.

- **`SingleInstance`**: 테스트 케이스의 인스턴스가 하나만 만들어진다. 이 옵션이 디폴트 동작이다.
- **`InstancePerTest`**: 문맥이나 테스트 블록이 실행될 때마다 테스트 케이스의 새 인스턴스를 만든다.
- **`InstancePerLeaf`**: (말단에 있는) 개별 테스트 블록을 실행하기 전에 테스트가 인스턴스화된다.

예제를 하나 살펴보자. 다음과 같은 `FunSpec` 스타일의 테스트 케이스가 있다.

```
import io.kotest.core.spec.style.FunSpec
import io.kotest.matchers.shouldBe

class IncTest : FunSpec() {
  var x = 0
  init {
    context("Increment") {
      println("Increment")
      test("prefix") {
        println("prefix")
        ++x shouldBe 1
      }
      test("postfix") {
        println("postfix")
        x++ shouldBe 0
      }
    }
  }
}
```

이 테스트를 실행하면 두 번째 테스트가 실패한다. 직전 테스트에서 대입한 값이 x 변수에 들어있기 때문이다. 다음 코드를 추가해 격리 모드를 InstancePerTest로 변경하자.

```
object IncTestProjectConfig : AbstractProjectConfig() {
  override val isolationMode = IsolationMode.InstancePerTest
}
```

두 테스트가 서로 다른 IncTest 인스턴스를 갖기 때문에 두 테스트는 모두 통과한다. 표준 출력에 표시되는 메시지는 다음과 같다.

```
Increment
Increment
prefix
Increment
postfix
```

Increment가 세 번 표시되는 이유는 IncTest가 세 번 인스턴스화되기 때문이다. 첫 번째는 문맥 블록을 실행하기 위해 초기화되고, 두 번째는 문맥 블록을 실행하고 그 안의 prefix 테스트를 실행하기 위해 초기화되며, 세 번째는 postfix 테스트를 실행하기 위해 초기화된다(이 경우에도 먼저 문맥 블록을 실행해야 한다). 그 결과 문맥 블록도 세 번 실행된다.

격리 모드를 InstancePerLeaf로 하면 문맥 블록 자체만 실행되는 일은 없어지고, 개별 테스트를 실행할 때만 문맥 블록을 실행한다. 그 결과 IncTest는 두 번만 인스턴스화되며(한 번은 prefix를 실행하기 위해, 다른 한 번은 postfix를 실행하기 위해), 출력은 다음과 같다.

```
Increment
prefix
Increment
postfix
```

지금까지 코테스트 프레임워크를 다뤘다. 여기서 다룬 내용(그리고 다루지 않은 내용)과 관련해 더 자세히 알고 싶다면 다음 코테스트 문서를 참조하라.

- **깃허브**: https://github.com/kotest/kotest
- **홈페이지**: https://kotest.io

14.4 결론

이 장에서는 코틀린을 사용해 작성된 애플리케이션을 위해 특별히 설계된 유명 오픈 소스 테스트 프레임워크인 코테스트를 활용해서 테스트 명세를 작성하는 기본적인 방법을 살펴봤다. 코테스트가 기본으로 제공하는 여러 스타일을 통해 테스트 명세를 작성하는 방법을 살펴보고, 매처와 인스펙터를 활용해 표현력이 풍부하고 읽기 쉬운 테스트를 작성하는 방법을 소개했으며, 테스트 데이터 집합을 기술하는 방법과 자동화된 속성 기반 테스트를 사용하는 방법을 보여줬다. 그리고 코테스트의 설정/정리 기능과 기본적인 테스트 관련 설정을 설명했다. 이제 여러분은 직접 테스트 명세를 작성하고 코테스트나 다른 테스트 프레임워크가 제공하는 더 고급화된 기능을 활용할 수 있는 모든 지식을 갖췄다.

다음 장에서는 코틀린을 활용해 안드로이드 플랫폼 애플리케이션을 작성하는 방법을 이야기한다. 안드로이드 스튜디오에서 프로젝트를 설정하는 방법과 기본적인 UI 및 액티비티 생명 주기를 설명하고, 안드로이드 확장과 안코(Anko) 프레임워크가 제공하는 여러 유용한 기능을 소개한다.

14.5 정리 질문

KOTLIN IN DEPTH

1. 코틀린을 지원하는 유명 테스트 프레임워크의 개요를 설명하라.
2. 코테스트가 지원하는 명세 스타일을 설명하라.
3. 매처란 무엇인가? 복잡한 단언문을 작성하기 위해 매처를 어떻게 조합하고 변환할 수 있는가?
4. 커스텀 코테스트 매처를 구현하는 방법을 설명하라.
5. `shouldThrow()` 함수를 설명하라. 소프트 단언문이란 무엇인가?
6. 코테스트가 제공하는 컬렉션 인스펙터를 설명하라.
7. `eventually()`와 `continually()` 함수의 의미를 설명하라.

8. 코테스트에서 리스너를 사용해 테스트 관련 자원을 초기화하고 정리하는 방법을 설명하라.

9. 코테스트에서 개별 테스트와 명세에 대한 설정을 어떻게 지정할 수 있는가? 전역 설정은 어떻게 지정할 수 있는가?

10. 코테스트에서 테스트 케이스 격리 모드 세 가지는 무엇이고 각각 어떻게 다른지 설명하라.

15장

안드로이드 애플리케이션

이 장에서는 안드로이드 플랫폼을 대상으로 코틀린 애플리케이션을 개발하는 방법을 이야기한다. 이는 코틀린 언어가 제공하는 훌륭한 프로그래밍 경험과 구글(Google)의 공식 지원 덕분에 코틀린 생태계 중에서도 가장 융성한 분야다. 안드로이드 플랫폼의 기초를 자세히 다루려면 따로 책을 한 권 써도 부족하다. 따라서 여기서는 안드로이드 세계를 소개하며, 여러분이 이 분야를 더 공부하고 탐구하려는 의욕을 불러일으키는 것을 목표로 한다.

이 장은 두 부분으로 나눌 수 있다. 첫 번째로는 안드로이드 스튜디오의 기본 특징을 다룬다. 새로운 프로젝트를 설정하는 방법, 그레이들을 사용해 프로젝트를 설정하고 빌드하는 방법, 안드로이드 액티비티(activity)의 개념, 안드로이드 디바이스 에뮬레이터(device emulator)를 사용해 애플리케이션을 실행하는 방법 등을 다룬다. 두 번째로는 예제 계산기 애플리케이션 개발에 초점을 맞춰 설명하면서 액티비티의 상태를 저장하는 방법이나 코틀린 안드로이드 확장, 젯팩 콤포즈(Jetpack Compose) 레이아웃 등의 고급 주제를 설명한다.

배우는 내용

- 안드로이드 개발 시작하기
- 액티비티

이 장의 목표

안드로이드 플랫폼에서 실행되는 애플리케이션을 개발하기 위해 안드로이드 스튜디오와 코틀린을 사용하는 기초적인 방법을 이해한다.

KOTLIN IN DEPTH

15.1 안드로이드 개발 시작하기

이 절에서는 안드로이드 스튜디오 IDE를 소개하고, 간단한 'Hello, World' 류의 애플리케이션을 통해 기본적인 프로젝트 구조를 설명한다.

15.1.1 안드로이드 스튜디오 프로젝트 설정하기

안드로이드 스튜디오에서 프로젝트를 설정할 때 필요한 단계부터 시작하자. 안드로이드 스튜디오는 구글이 공식적으로 제공하는 안드로이드 IDE이다. 안드로이드 스튜디오는 젯브레인즈 인텔리J 플랫폼을 기반으로 만들어졌기 때문에 지금까지 이 책에서 사용해온 인텔리J IDEA와 상당히 유사하다. IDEA 자체와 달리, 안드로이드 스튜디오에는 안드로이드 애플리케이션 개발을 위한 구체적인 기능이 기본적으로 포함돼 있다. 인텔리J IDEA와 마찬가지로 안드로이드 스튜디오도 설치하자마자 별다른 설정 없이 코틀린 언어를 바로 지원한다.

안드로이드 스튜디오를 설치하지 않았다면 https://developer.android.com/studio에서 최신 버전을 다운로드하고, https://developer.android.com/studio/install.html에 있는 설치 방법을 따라 설치하라. 이 장에서는 안드로이드 스튜디오 2020.3.1(패치 2)을 사용한다.

시작하면 안드로이드 스튜디오가 초기 화면(welcome screen)을 표시한다. 거기서 **Start a new Android Studio project**를 클릭해 프로젝트 마법사를 시작할 수 있다. 안드로이드 스튜디오에서 이미 다른 프로젝트를 연 적이 있으면, 초기 화면이 표시되지 않고 마지막으로 열었던 프로젝트를 자동으로 적재한다. 이 경우에는 IDE의 **File > New > New Project ...** 명령을 사용해 새 프로젝트를 만든다.

마법사의 첫 번째 단계는 프로젝트에 사용할 첫 번째 액티비티의 템플릿을 선택하는 것이다(그림 15-1). 액티비티는 기본적으로 여러분의 애플리케이션에서 사용자가 수행할 수 있는 일을 표현하는 단위다. 예를 들어 메모 편집, 현재 시간 표시, (우리가 작성할 첫 번째 애플리케이션처럼) 간단한 환영 메시지 표시 등이 액티비티에 속한다. **Empty Activity**를 선택해서 안드로이드가 빈 스텁(stub) 액티비티를 생성하게 하고 **Next**를 클릭하자.

▼ 그림 15-1 새 안드로이드 프로젝트에 사용할 액티비티 선택하기

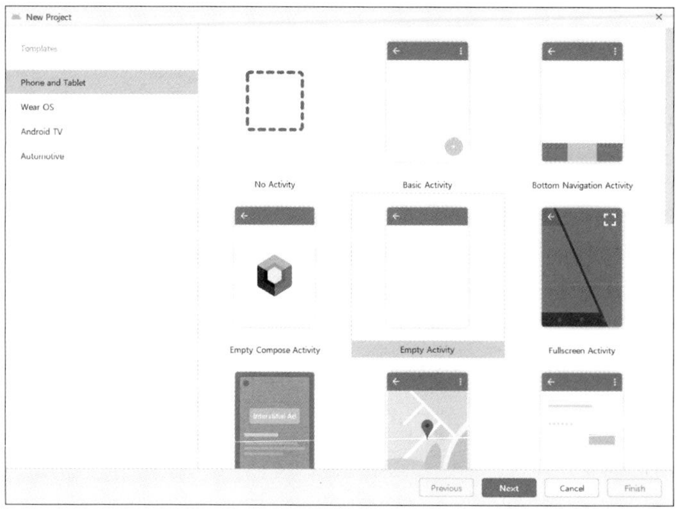

프로젝트 마법사의 다음 단계는 이름, 프로젝트 클래스들이 사용할 공통 패키지, 루트 디렉터리, 디폴트 언어(그림 15-2) 등의 기본 프로젝트 정보를 선택하는 것이다. 여기서 여러분의 애플리케이션이 지원할 안드로이드 SDK 버전의 최솟값을 지정할 수도 있다. 이 버전 최솟값을 높은(최신 SDK) 값으로 지정하면 더 강력한 API를 사용할 수 있지만, 동시에 애플리케이션이 실행될 수 있는 안드로이드 디바이스(휴대폰)의 비율도 줄어든다. Help me choose 링크를 열어보면 여러 API 버전이 지원하는 내용이 어떻게 다른지 비교하는 표를 볼 수 있다. 여기서는 간단한 예제를 살펴볼 것이므로 약간 오래된 버전인 8.1(Oreo)을 선택하자.

▼ 그림 15-2 기본 프로젝트 설정 선택

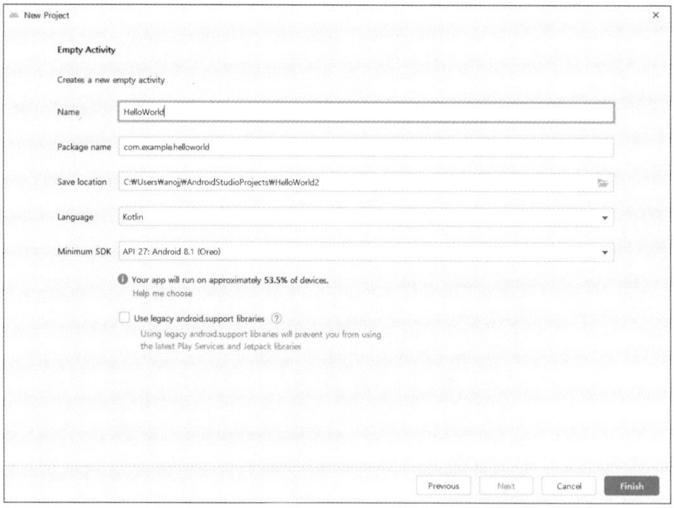

Finish를 클릭하면 안드로이드 스튜디오가 자동으로 필요한 프로젝트 파일을 생성해준다. 이렇게 자동 생성되는 파일에는 액티비티 클래스, UI 레이아웃이나 설정 파일 등의 기본적인 애플리케이션 리소스(resource) 등이 포함된다. 그 후 안드로이드 스튜디오는 새로운 프로젝트를 설정하기 시작한다(Building Gradle project info라는 진행 막대를 보라).

그림 15-3은 IDE Project 뷰로 본 새 프로젝트의 구조다. 이 뷰는 디폴트로 안드로이드 모드로 프로젝트를 표시해준다. 안드로이드 모드에서는 프로젝트 소스 파일을 자신이 속한 모듈과 소스 루트(일반 소스 파일, 생성된 파일, 리소스 파일 등)로 모아서 보여준다.

▼ 그림 15-3 예제 프로젝트 구조

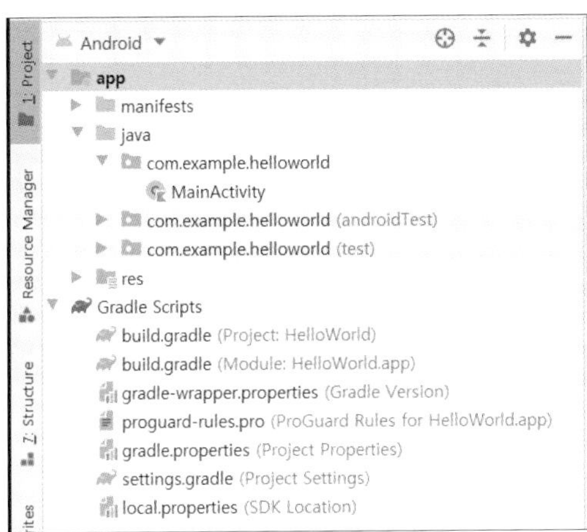

안드로이드 뷰의 노드 중 하나인 Gradle Scripts에는 프로젝트 설정을 정의하는 파일들이 들어있다. 이 파일들을 자세히 살펴보자.

15.1.2 그레이들 빌드 스크립트

안드로이드 스튜디오는 그레이들에 의존한다. 그레이들은 프로젝트 의존 관계 관리, 컴파일, 테스트, 패키징 등의 작업을 자동화해주는 유명한 빌드 시스템이다. 프로젝트 설정은 build.gradle 파일에 들어있고, 그루비(Groovy)와 영역 특화 언어를 사용해 작성된다. 그루비는 자바와 코틀린을 연상시키는 언어다(실제로는 그루비가 코틀린 설계에 영향을 미친 언어에 속한다). 여기서는 그루비나 그레이들을 자세히 다루지 않고, 안드로이드 애플리케이션에서 코틀린을 사용하는 것과 관련해 몇몇 중요한 내용을 강조해 알려줄 것이다. 안드로이드 스튜디오 마법사가 사용하는 프로젝트 템플릿은 다음 파일을 자동으로 만들어준다.

- 프로젝트 루트 디렉터리에 있는 프로젝트 수준의 build.gradle 파일. 이 파일에는 전체 프로젝트에 대한 공통 설정이 들어간다.
- (역시 프로젝트 루트 디렉터리에 있는) 프로젝트에 어떤 모듈이 포함됐는지 지정하는 settings.gradle 파일. 필요하면 추가 설정 명령이 이 파일에 들어갈 수도 있다.
- 안드로이드 SDK 디렉터리의 경로나 그레이들 프로세스를 시작할 때 JVM에 전달할 인자 등의 키-값 쌍들을 저장하는 local.properties와 gradle.properties
- app 모듈의 루트 디렉터리에 위치한, 모듈 수준의 build.gradle. 이 파일은 구체적인 모듈별 설정을 담는다.

루트의 build.gradle 파일을 살펴보자.

```
// Top-level build file where you can add configuration options common to all sub-
projects/modules.
buildscript {
    repositories {
        google()
        mavenCentral()
    }
    dependencies {
        classpath "com.android.tools.build:gradle:7.0.2"
        classpath "org.jetbrains.kotlin:kotlin-gradle-plugin:1.5.20"
        // NOTE: Do not place your application dependencies here; they belong
        // in the individual module build.gradle files
    }
}

task clean(type: Delete) {
    delete rootProject.buildDir
}
```

이 스크립트는 기본적으로 다음과 같은 일을 한다.

- 그레이들에게 프로젝트를 빌드할 때 `com.android.tools.build:gradle`과 `org.jetbrains.kotlin:kotlin-gradle-plugin` 플러그인을 사용하도록 지시한다. 첫 번째 플러그인은 안드로이드 모듈을 지원하고, 두 번째 플러그인은 코틀린 소스코드로 된 프로젝트를 빌드할 수 있게 해준다. `kotlin-gradle-plugin`에 지정한 버전이 코틀린 언어 버전과 사용할 코틀린 라이브러리 버전을 결정해주기 때문에 별도로 코틀린 버전을 지정할 필요는 없다.
- 바이너리나 소스코드 등 의존 관계 아티팩트를 다운로드할 리포지터리의 목록을 설정한다.

- 프로젝트를 다시 빌드하기 전에 이전 컴파일 결과를 지울 수 있도록 clean 태스크를 추가한다.

settings.gradle 파일도 간단하다. 디폴트로 만들어진 파일에는 의존 관계를 어떻게 해소할지 지정해주는 명령과 루트 프로젝트 이름, include 명령이 들어있다. include 명령은 프로젝트를 구성하는 모듈을 그레이들에게 알려준다.

```
dependencyResolutionManagement {
    repositoriesMode.set(RepositoriesMode.FAIL_ON_PROJECT_REPOS)
    repositories {
        google()
        mavenCentral()
        jcenter() // Warning: this repository is going to shut down soon
    }
}
rootProject.name = "HelloWorld"
include ':app'
```

이제 안드로이드 :app 모듈에 있는 build.gradle 설정을 살펴보자.

```
plugins {
    id 'com.android.application'
    id 'kotlin-android'
}
android {
    compileSdk 30

    defaultConfig {
        applicationId "com.example.helloworld"
        minSdk 27
        targetSdk 30
        versionCode 1
        versionName "1.0"

        testInstrumentationRunner "androidx.test.runner.AndroidJUnitRunner"
    }

    buildTypes {
        release {
            minifyEnabled false
            proguardFiles getDefaultProguardFile('proguard-android-optimize.txt'),
'proguard-rules.pro'
```

```
        }
    }
    compileOptions {
        sourceCompatibility JavaVersion.VERSION_1_8
        targetCompatibility JavaVersion.VERSION_1_8
    }
    kotlinOptions {
        jvmTarget = '1.8'
    }
}

dependencies {

    implementation 'androidx.core:core-ktx:1.6.0'
    implementation 'androidx.appcompat:appcompat:1.3.1'
    implementation 'com.google.android.material:material:1.4.0'
    implementation 'androidx.constraintlayout:constraintlayout:2.1.1'
    testImplementation 'junit:junit:4.+'
    androidTestImplementation 'androidx.test.ext:junit:1.1.3'
    androidTestImplementation 'androidx.test.espresso:espresso-core:3.4.0'
}
```

이 파일에서 맨 처음 하는 일은 루트 빌드 파일(루트의 build.gradle)에 추가했던 안드로이드와 코틀린에 대한 플러그인을 활성화하는 것이다. 여기서 코틀린 플러그인인 kotlin-android는 코틀린 소스코드를 사용하는 안드로이드 앱 개발을 지원한다. 과거 사용하던 kotlin-android-extensions는 더 이상 사용하지 않는다(이제 뷰 검색 및 바인딩에는 뷰 바인딩을 사용한다).

android 블록에는 안드로이드에 대한 여러 가지 설정 파라미터가 들어간다. 애플리케이션 ID, 버전 번호, 지원하는 안드로이드 SDK의 최소 버전 등이다.

마지막으로, dependencies 블록에는 모듈이 사용하는 모든 외부 의존 관계가 들어간다. 각 의존 관계는 의존 관계가 쓰이는 설정과 의존 관계 내용(보통은 androidx.core:core-ktx:1.6.0 같은 메이븐 좌표를 의존 관계 내용으로 넣는다)으로 이뤄진다. 의존 관계 설정은 의존 관계를 언제 어디에 사용하는지를 지정한다. 예를 들어 implementation 의존 관계는 컴파일 시 클래스 경로(classpath)와 빌드 출력에 모두 추가되지만, 현재 모듈에 의존하는 다른 모듈을 컴파일할 때는 추가되지 않는다. testImplementation 의존 관계는 모듈의 테스트를 컴파일하고 테스트를 실행하는 동안에는 추가되지만, 실행 패키지나 프로덕션 코드에는 추가되지 않는다. 앞의 코드를 보면 알 수 있는 것처럼 코틀린 표준 라이브러리는 의존 관계에 자동으로 추가된다.

15.1.3 액티비티

이제 자바 루트 아래(**자바** 루트라는 점에 유의하라)에 있는 소스 파일을 살펴보자. 이 디렉터리에 자바와 코틀린 파일이 함께 들어갈 수 있다. MainActivity.kt 파일을 찾아 열면 편집창에서 해당 파일이 열리고, 다음 코드를 볼 수 있다.

```
package com.example.helloworld

import androidx.appcompat.app.AppCompatActivity
import android.os.Bundle

class MainActivity : AppCompatActivity() {
    override fun onCreate(savedInstanceState: Bundle?) {
        super.onCreate(savedInstanceState)
        setContentView(R.layout.activity_main)
    }
}
```

이 클래스는 프로젝트 마법사에서 선택한 템플릿을 바탕으로 안드로이드 스튜디오가 생성한 액티비티 클래스다. 모든 액티비티 클래스는 안드로이드 SDK에 속한 Activity 클래스를 상속한다. 생성된 클래스는 더 구체적인 AppCompatActivity를 상속하는데, 이 클래스는 애플리케이션 이름을 표시할 수 있는 툴바와 여러 가지 대화식 UI 컴포넌트를 추가로 제공한다.

안드로이드 OS는 액티비티 인스턴스를 생성한 뒤 onCreate() 메서드를 호출해준다. 따라서 보통 이 메서드 안에 초기화 관련 코드를 넣어둔다. 특히 이 메서드는 액티비티의 뷰를 설정한다.

```
setContentView(R.layout.activity_main)
```

안드로이드 프로젝트를 컴파일하는 동안 R 클래스가 자동으로 생성된다. R 안에는 res 디렉터리에 들어있는 모든 리소스에 해당하는 식별자가 들어있다. 특히 R.layout.activity_main은 res/layout 디렉터리 안에 있는 activity_main.xml 파일에 해당한다. 액티비티 뷰를 구성하는 UI 컴포넌트를 지정해주는 이 파일을 레이아웃 XML 파일이라 부른다. 이 파일을 열면, 안드로이드 스튜디오는 컴포넌트를 드래그 앤 드롭하고 애트리뷰트 창의 컴포넌트 프로퍼티를 변경함으로써 UI를 편집할 수 있는 UI 디자이너 도구를 열어준다. 예를 들어 중앙의 TextView를 선택하고 텍스트 크기를 36sp로 변경하면, 그림 15-4와 같은 결과를 볼 수 있다.

▼ 그림 15-4 UI 디자이너

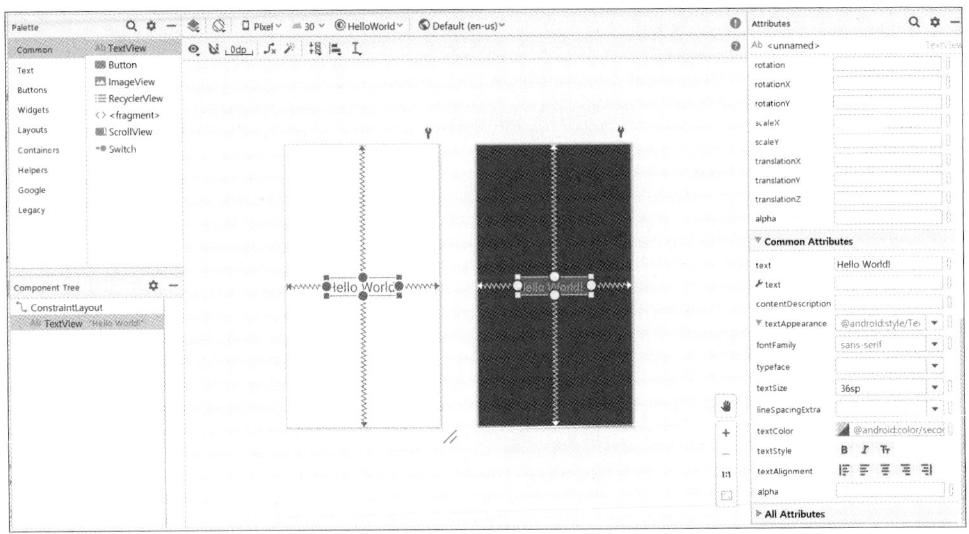

디자이너 창 오른쪽 위의 Code, Split, Design 탭 중에 Code를 클릭하면, 에디터가 코드 뷰로 변경되고 XML 파일 내용을 보여줄 것이다. 텍스트 크기를 변경한 이후 XML 파일 내용은 다음과 같다.

```
<?xml version="1.0" encoding="utf-8"?>
<androidx.constraintlayout.widget.ConstraintLayout xmlns:android="http://schemas.
android.com/apk/res/android"
    xmlns:app="http://schemas.android.com/apk/res-auto"
    xmlns:tools="http://schemas.android.com/tools"
    android:layout_width="match_parent"
    android:layout_height="match_parent"
    tools:context=".MainActivity">
    <TextView
        android:layout_width="wrap_content"
        android:layout_height="wrap_content"
        android:text="Hello World!"
        android:textSize="36sp"
        app:layout_constraintBottom_toBottomOf="parent"
        app:layout_constraintLeft_toLeftOf="parent"
        app:layout_constraintRight_toRightOf="parent"
        app:layout_constraintTop_toTopOf="parent" />

</androidx.constraintlayout.widget.ConstraintLayout>
```

뒤에서 계산기 애플리케이션의 더 복잡한 UI 레이아웃 예제를 살펴볼 것이다. 당장은 이 'Hello, World' 샘플이 안드로이드 디바이스에서 어떤 모습으로 보일지 살펴보자.

15.1.4 에뮬레이터 사용하기

이제 안드로이드 디바이스 에뮬레이터를 사용해 예제 애플리케이션을 실행해볼 수 있다. 에뮬레이터를 사용해본 적이 없다면 맨 먼저 가상 디바이스(virtual device)를 만들어야 한다. 안드로이드 스튜디오 메뉴에서 Tools > AVD Manager 명령을 선택하고, Android Virtual Device Manager 대화창 안에 있는 Create Virtual Device... 버튼을 클릭하라.

그 이후 표시되는 대화창 안에서(그림 15-5) 휴대폰 모델을 선택할 수 있다. 우리 예제는 디폴트 장치로도 충분하므로, Next를 클릭하자.

▼ 그림 15-5 가상 디바이스 설정 선택

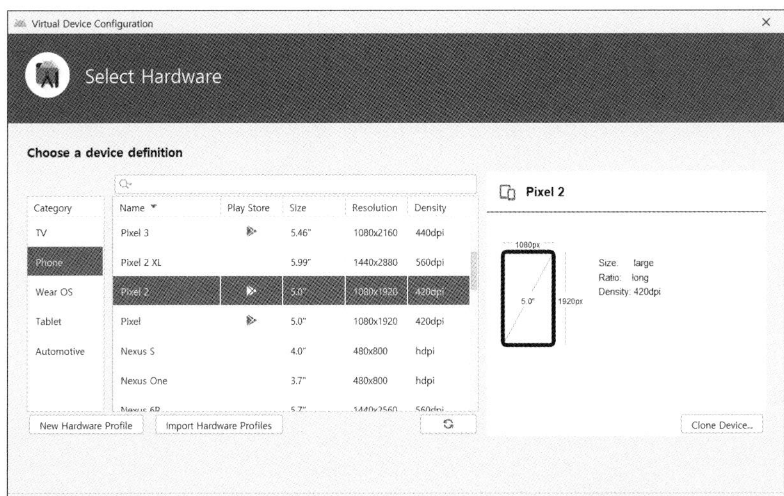

System Image 대화창에서 에뮬레이터에서 사용할 안드로이드 OS 이미지를 선택할 수 있다. 어떤 이미지를 사용하려면 Download 링크(그림 15-6)를 통해 해당 이미지를 다운로드해야 한다. 다운로드가 끝나면 Next를 클릭하라.

15 안드로이드 애플리케이션

▼ 그림 15-6 가상 디바이스에 사용할 안드로이드 OS 이미지 선택

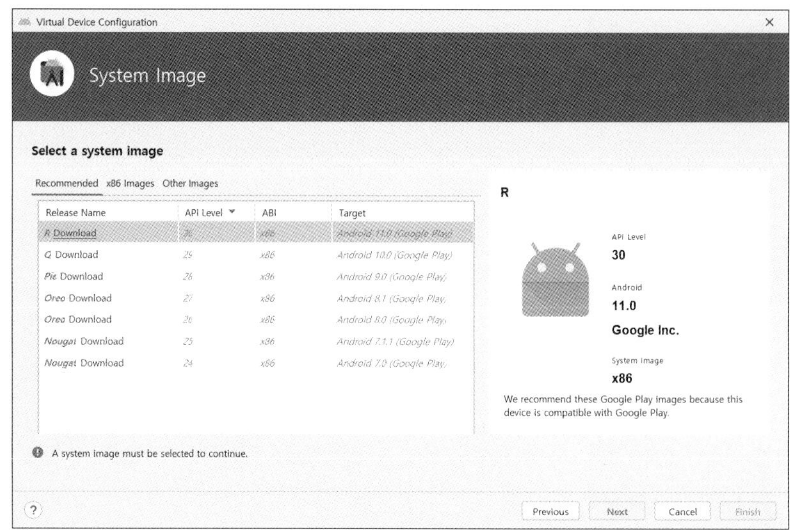

가상 디바이스 설정 마법사의 마지막 화면인 Verify Configuration 대화창에서 새 디바이스의 이름과 디바이스의 기본 방향(orientation)을 선택하고 Finish를 클릭하면, 가상 디바이스 관리자 화면으로 돌아간다. 새로 추가한 디바이스가 목록에 있는지 확인한 후 AVD 창을 닫자.

이제 새 에뮬레이터가 메인 액티비티를 실행하는 모습을 살펴보자. Run > Run 'app' 명령을 실행하거나 Run 툴바 버튼(그림 15-7)을 클릭하라.

▼ 그림 15-7 Run 명령어 사용하기

안드로이드 스튜디오는 가상 디바이스를 선택하는 대화창을 표시한다. 조금 전에 생성한 가상 디바이스를 선택하고 OK를 클릭하라. IDE가 에뮬레이터를 실행하고 운영체제를 부팅한 다음, 실행할 애플리케이션의 메인 액티비티를 시작한다. 에뮬레이터의 모양은 약간 다를 수 있지만 그림 15-8과 비슷한 모양이 나올 것이다.

▼ 그림 15-8 안드로이드 에뮬레이터에서 실행 중인 애플리케이션

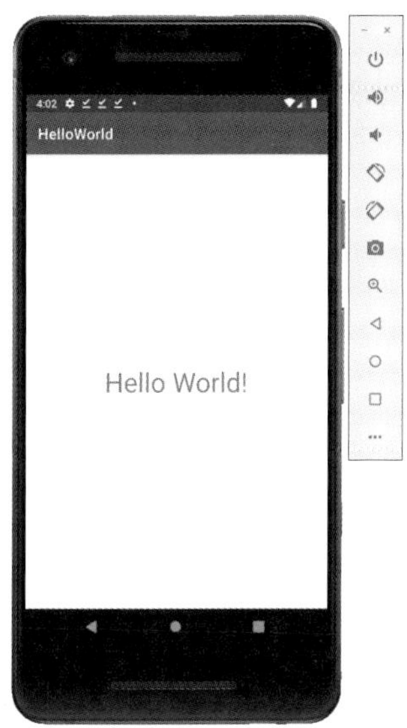

물리적인 스마트폰이나 태블릿을 사용하는 것처럼 안드로이드 에뮬레이터와 상호 작용할 수 있다. 폰 모양 화면 옆에 있는 패널은 장치 회전, 볼륨 조절, 스크린샷(screenshot) 등의 기능을 제공한다. 애플리케이션을 에뮬레이터에 배포해 테스트해볼 수도 있다. 그러려면 Run 대신 Debug 명령을 사용해 디버깅 모드에서 애플리케이션을 시작하라.

이제 기본적인 프로젝트 구조를 이해했으므로, 애플리케이션이 좀 더 사용자와 상호 작용할 수 있게 만들어보자.

15.2 액티비티

이 장의 나머지 부분은 계산기 애플리케이션 예제 위주로 살펴볼 것이다. 이 절에서는 레이아웃 XML과 젯팩 콤포즈 DSL을 사용해 액티비티 UI를 정의하는 방법을 살펴보고, 합성 프로퍼티를 통해 UI 관련 코드를 쉽게 작성하는 방법과 액티비티 생명 주기를 알아본다. 그리고 액티비티의 상태를 언제 어떻게 저장해야 하는지 살펴본다.

15.2.1 애플리케이션 UI 설계하기

앞에서 본 Hello, World 예제를 바탕으로 계산기 애플리케이션을 만들 것이다. 먼저 strings.xml의 리소스 파일에서 애플리케이션 제목을 바꾸자.

```
<resources>
    <string name="app_name">Calculator<</string>
</resources>
```

이제 메인 액티비티의 UI 정의가 들어있는 activity_main.xml을 열고, 오른쪽 위의 Code 버튼을 눌러서 XML 파일을 텍스트 형태로 표시한 후 다음과 같이 내용을 바꾸자.

Note ≡ XML 네임스페이스 이름

지면 관계상 xmlns:a="http://schemas.android.com/apk/res/android"라고 XML 네임스페이스 이름을 a로 줬다. 젯팩 등의 관련 도구에서 제대로 XML을 처리하지 **못하는 경우가 생기므로,** 이 예제를 시험해볼 때는 반드시 이름을 xmlns:android="http://schemas.android.com/apk/res/android"로 바꾸고 a:layout_width 등도 android:layout_width 등으로 android: 접두사를 사용해야 한다.

```
<?xml version="1.0" encoding="utf-8"?>
<RelativeLayout xmlns:a="http://schemas.android.com/apk/res/android"
    xmlns:tools="http://schemas.android.com/tools"
    a:id="@+id/relative1" a:layout_width="match_parent" a:layout_height="match_parent"
    tools:context=".MainActivity">

    <TableLayout
        a:layout_width="match_parent" a:layout_height="match_parent"
a:stretchColumns="3">

        <TextView
            a:id="@+id/txtResult" a:layout_width="match_parent"
            a:layout_height="wrap_content" a:textSize="40sp" />

        <TableRow a:layout_width="match_parent" a:layout_height="match_parent">

            <Button a:id="@+id/btn7" a:layout_width="wrap_content"
                a:layout_height="wrap_content" a:text="7" />

            <Button a:id="@+id/btn8" a:layout_width="wrap_content"
                a:layout_height="wrap_content" a:text="8" />
```

```
    <Button a:id="@+id/btn9" a:layout_width="wrap_content"
        a:layout_height="wrap_content" a:text="9" />

    <Button a:id="@+id/btnPlus" a:layout_width="wrap_content"
        a:layout_height="wrap_content" a:layout_gravity="end|center_vertical"
        a:text="+" />
</TableRow>

<TableRow a:layout_width="match_parent" a:layout_height="match_parent">

    <Button a:id="@+id/btn4" a:layout_width="wrap_content"
        a:layout_height="wrap_content" a:text="4" />

    <Button a:id="@+id/btn5" a:layout_width="wrap_content"
        a:layout_height="wrap_content" a:text="5" />

    <Button a:id="@+id/btn6" a:layout_width="wrap_content"
        a:layout_height="wrap_content" a:text="6" />

    <Button
        a:id="@+id/btnMinus" a:layout_width="wrap_content"
        a:layout_height="wrap_content" a:layout_gravity="end|center_vertical"
        a:text="-" />
</TableRow>

<TableRow a:layout_width="match_parent" a:layout_height="match_parent">

    <Button a:id="@+id/btn1" a:layout_width="wrap_content"
        a:layout_height="wrap_content" a:text="1" />

    <Button a:id="@+id/btn2" a:layout_width="wrap_content"
        a:layout_height="wrap_content" a:text="2" />

    <Button a:id="@+id/btn3" a:layout_width="wrap_content"
        a:layout_height="wrap_content" a:text="3" />

    <Button a:id="@+id/btnTimes" a:layout_width="wrap_content"
        a:layout_height="wrap_content" a:layout_gravity="end|center_vertical"
        a:text="*" />
</TableRow>

<TableRow a:layout_width="match_parent" a:layout_height="match_parent">
```

```
            <Button a:id="@+id/btn0" a:layout_width="wrap_content"
                a:layout_height="wrap_content" a:text="0" />

            <Button a:id="@+id/btnPoint" a:layout_width="wrap_content"
                a:layout_height="wrap_content" a:text="." />

            <Button a:id="@+id/btnSign" a:layout_width="wrap_content"
                a:layout_height="wrap_content" a:text="+/-" />

            <Button a:id="@+id/btnDivide" a:layout_width="wrap_content"
                a:layout_height="wrap_content" a:layout_gravity="end|center_vertical"
                a:text="/" />
        </TableRow>

        <TableRow a:layout_width="match_parent" a:layout_height="match_parent">

            <Button a:id="@+id/btnBackspace" a:layout_width="wrap_content"
                a:layout_height="wrap_content" a:text="&lt;-" />

            <Button a:id="@+id/btnClear" a:layout_width="wrap_content"
                a:layout_height="wrap_content" a:text="C" />

            <Space a:layout_width="wrap_content" a:layout_height="wrap_content" />

            <Button a:id="@+id/btnCalc" a:layout_width="wrap_content"
                a:layout_height="wrap_content" a:layout_gravity="end|center_vertical"
                a:text="=" />
        </TableRow>
    </TableLayout>
</RelativeLayout>
```

그림 15-9는 이 계산기 UI의 미리 보기 모습이다.

▼ 그림 15-9 계산기 UI 미리 보기

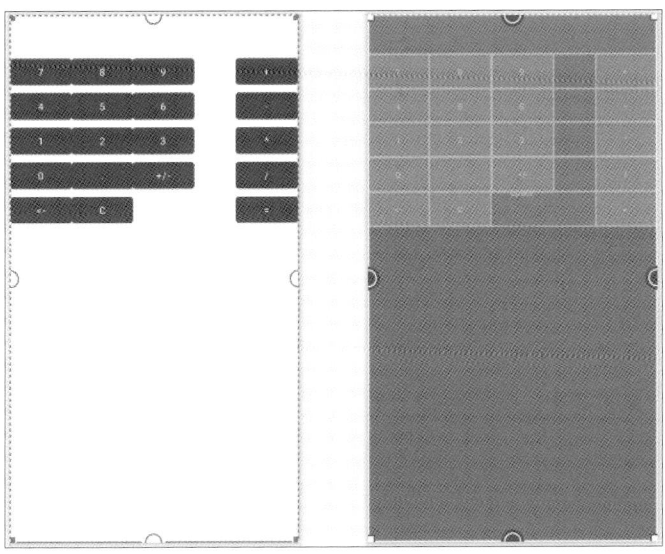

레이아웃 XML의 형식을 설명하는 것은 이 책의 범위를 벗어나므로, 여기서는 세부 사항을 자세히 다루지 않고 몇 가지 기본적인 내용만 설명하겠다. 레이아웃은 내포된 뷰를 정해진 방식으로 배열하는 컨테이너라 할 수 있다(안드로이드 레이아웃을 어떤 LayoutManager가 정해진 스윙 컨테이너라고 생각할 수 있다). 계산기 UI는 대부분 정해진 위치에 있는 요소들로 이뤄지므로, 테이블 레이아웃을 사용해 내포된 컴포넌트를 열과 행에 배치했다. 계산기의 기본 컴포넌트 자체는 Button(텍스트를 표시한 간단한 버튼)이나 TextView(스윙 JLabel처럼 읽기 전용 텍스트를 표시하는 컴포넌트)로 이뤄진다.

a:id 애트리뷰트에 유의하라. 데이터를 사용자에게 제공하거나 사용자로부터 데이터를 얻는 컴포넌트에 대해 이 애트리뷰트를 사용했다. 이 애트리뷰트는 해당 엘리먼트를 자바나 코틀린 코드에서 참조할 수 있는 수단을 제공한다. 다음 절에서 액티비티 클래스를 설명하면서 어떻게 이 애트리뷰트를 통해 컴포넌트를 참조할 수 있는지 설명한다.

15.2.2 액티비티 클래스 정의하기

UI에 몇 가지 행동을 부여하는 액티비티 클래스를 구현해보자. 계산기의 비즈니스 로직은 자세히 다루지 않고 독자들에게 연습 문제로 남겨두며, 대신 안드로이드와 관련 있는 세부 사항을 계속 다룰 것이다.

사용자가 지금까지 입력한 내용을 계산기의 디스플레이에 해당하는 txtResult 컴포넌트에 표시하고 싶다면 findViewById() 함수에 텍스트 뷰의 식별자를 넘겨야 한다. Hello, World 예제에서 설명한 R 클래스를 통해 식별자를 참조할 수 있으므로 레이아웃 XML에 있는 실제 문자열을 넣을 필요는 없다.

```
private val txtResult by lazy { findViewById<TextView>(R.id.txtResult) }
```

이 뷰 참조를 사용해 뷰 내부 멤버에 접근할 수 있다. 예를 들어 setOnClickListener()를 호출하면 버튼을 클릭할 때 원하는 액션이 일어나게 할 수 있다.

```
findViewById<Button>(R.id.btn0).setOnClickListener { appendText("0") }
```

데이터를 읽거나 쓸 때는 TextView의 text 프로퍼티를 사용해 컴포넌트의 텍스트 콘텐츠에 접근할 수 있다.

```
private fun clearText() {
  txtResult.text = "0"
}
```

다음은 계산기 MainActivity 클래스의 전체 소스코드다.

```
package com.example.helloworld

import androidx.appcompat.app.AppCompatActivity
import android.os.Bundle
import android.widget.Button
import android.widget.TextView
import android.widget.Toast
import java.math.BigDecimal
import java.math.RoundingMode

class MainActivity : AppCompatActivity() {
    enum class OpKind {
        ADD, SUBTRACT, MULTIPLY, DIVIDE
    }

    companion object {
        fun OpKind.compute(a: BigDecimal, b: BigDecimal) = when (this) {
            OpKind.ADD -> a + b
            OpKind.SUBTRACT -> a - b
            OpKind.MULTIPLY -> a * b
```

```
            OpKind.DIVIDE ->a.divide(b, 10, RoundingMode.HALF_EVEN)
        }
    }

    private val txtResult by lazy<TextView> { findViewById(R.id.txtResult) }
    private var lastResult: BigDecimal = BigDecimal.ZERO;
    private var lastOp: OpKind? = null
    private var waitingNextOperand: Boolean = false

    override fun onCreate(savedInstanceState: Bundle?) {
        super.onCreate(savedInstanceState)
        setContentView(R.layout.activity_main)

        findViewById<Button>(R.id.btn0).setOnClickListener{ appendText("0") }
        findViewById<Button>(R.id.btn1).setOnClickListener{ appendText("1") }
        findViewById<Button>(R.id.btn2).setOnClickListener{ appendText("2") }
        findViewById<Button>(R.id.btn3).setOnClickListener{ appendText("3") }
        findViewById<Button>(R.id.btn4).setOnClickListener{ appendText("4") }
        findViewById<Button>(R.id.btn5).setOnClickListener{ appendText("5") }
        findViewById<Button>(R.id.btn6).setOnClickListener{ appendText("6") }
        findViewById<Button>(R.id.btn7).setOnClickListener{ appendText("7") }
        findViewById<Button>(R.id.btn8).setOnClickListener{ appendText("8") }
        findViewById<Button>(R.id.btn9).setOnClickListener{ appendText("9") }
        findViewById<Button>(R.id.btnPoint).setOnClickListener{ appendText(".") }
        findViewById<Button>(R.id.btnSign).setOnClickListener{
                val currentText = txtResult.text.toString()
                txtResult.text = when {
                    currentText.startsWith("-") ->
                        currentText.substring(1, currentText.length)
                    currentText != "0" -> "-$currentText"
                    else ->return@setOnClickListener
                }
            }
        findViewById<Button>(R.id.btnBackspace).setOnClickListener{
                val currentText = txtResult.text.toString()
                val newText = currentText.substring(0, currentText.length - 1)
                txtResult.text =
                    if (newText.isEmpty() || newText == "-") "0" else newText
            }
        findViewById<Button>(R.id.btnClear).setOnClickListener{ clearText() }
        findViewById<Button>(R.id.btnPlus).setOnClickListener{ calc(OpKind.ADD) }
        findViewById<Button>(R.id.btnMinus).setOnClickListener{ calc(OpKind.SUBTRACT) }
        findViewById<Button>(R.id.btnTimes).setOnClickListener{ calc(OpKind.MULTIPLY) }
        findViewById<Button>(R.id.btnDivide).setOnClickListener{ calc(OpKind.DIVIDE) }
```

```
        findViewById<Button>(R.id.btnCalc).setOnClickListener{ calc(null) }

        clearText()
    }

    private fun clearText() {
        txtResult.text = "0"
    }
    private fun appendText(text: String) {
        if (waitingNextOperand) {
            clearText()
            waitingNextOperand = false
        }
        val currentText = txtResult.text.toString()
        txtResult.text =
            if (currentText == "0") text else currentText + text
    }
    private fun calc(nextOp: OpKind?) {
        if (waitingNextOperand) {
            lastOp = nextOp
            return
        }
        val currentValue = BigDecimal(txtResult.text.toString())
        val newValue = try {
            lastOp?.compute(lastResult, currentValue) ?: currentValue
        } catch (e: ArithmeticException) {
            lastOp = null
            waitingNextOperand = true
            Toast.makeText(
                applicationContext,
                "Invalid operation!",
                Toast.LENGTH_SHORT
            ).show()
            return
        }

        if (nextOp != null) lastResult = newValue
        if (lastOp != null) txtResult.text = newValue.toPlainString()

        lastOp = nextOp
        waitingNextOperand = nextOp != null
    }
}
```

이제 계산기 앱을 실행해 실제 어떻게 작동하는지 살펴보라. 그림 15-10은 안드로이드 에뮬레이터에서 이 앱을 실행한 모습이다.

▼ 그림 15-10 작동 중인 계산기 애플리케이션

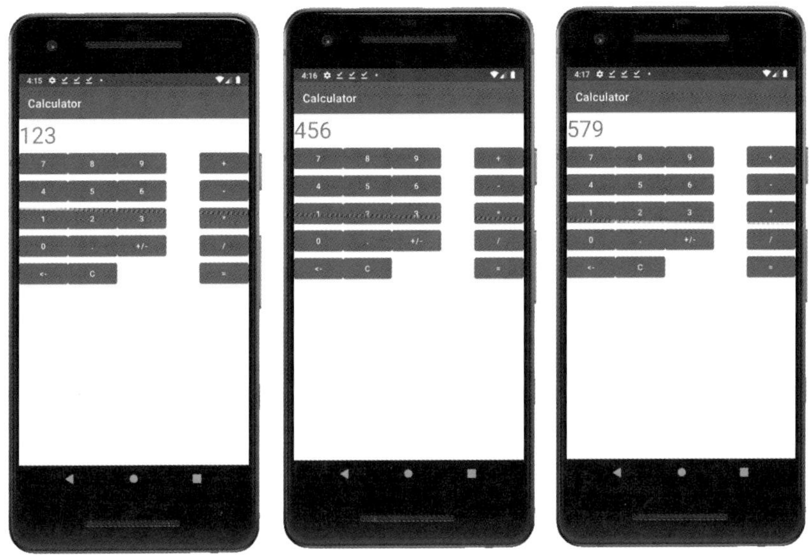

15.2.3 젯팩 뷰 바인딩

findViewById()를 자주 사용하면 코드가 지저분해 보인다. 특히 txtResult를 저장했던 것처럼 뷰 컴포넌트를 클래스 프로퍼티로 저장하는 경우 상당히 코드가 길어지고 작성하기 번거롭다. 이 문제를 해결하기 위해 자바에서는 버터나이프(Butterknife)나 안드로이드 데이터 바인딩(Android Data Binding)을 사용해 자동으로 뷰 참조를 클래스 필드에 넣을 수 있지만, 매번 대상 필드에 애너테이션을 붙여야 했다. 코틀린에서는 코틀린 안드로이드 확장(Kotlin Android Extension)이 자동으로 생성해주는 필드(synthetics)를 통해 뷰를 쉽게 참조했다. 하지만 앞으로 코틀린 안드로이드 확장은 더 이상 쓰이지 않으므로, https://developer.android.com/jetpack에서 볼 수 있는 안드로이드 젯팩(Android Jetpack)이 제공하는 뷰 바인딩(view binding)을 통해 컴포넌트에 접근해야 한다.

젯팩 뷰 바인딩을 쓰려면 안드로이드 스튜디오 3.6 이상을 사용해야 하며, :app 모듈의 build.gradle 내부에 있는 android 블록에 다음을 추가해야 한다.

```
android {
  ... (나머지 생략)
  buildFeatures {
```

```
        viewBinding true
    }
}
```

뷰 바인딩을 활성화하면 컴파일이 이뤄지는 동안 각 XML 레이아웃 파일마다 바인딩 클래스가 생성된다. 바인딩 클래스의 이름은 XML 파일 이름을 낙타등 표기법(CamelCase)(밑줄은 없애고 각 단어의 첫 글자를 대문자로 표시하는 방식)으로 바꾸고, 맨 끝에 Binding을 추가한 이름으로 정해진다. 따라서 계산기 예제의 경우 클래스 이름은 ActivityMainBinding이 된다.

이 바인딩 클래스를 사용하려면 액티비티 클래스에서 다음과 같이 바인딩 클래스에 대한 참조를 선언한다.

```
private lateinit var binding: ActivityMainBinding
```

그리고 onCreate에서 레이아웃을 inflate로 가져와 setContentView로 설정한다.

```
    override fun onCreate(savedInstanceState: Bundle?) {
        super.onCreate(savedInstanceState)
        binding = ActivityMainBinding.inflate(layoutInflater)
        setContentView(binding.root)

        ...
    }
```

이제 위 코드의 ... 부분에 각 컴포넌트에 대한 리스너를 다음과 같이 설정할 수 있다.

```
        binding.run{
            btn0.setOnClickListener{ appendText("0") }
            btn1.setOnClickListener{ appendText("1") }
            btn2.setOnClickListener{ appendText("2") }
            btn3.setOnClickListener{ appendText("3") }
            btn4.setOnClickListener{ appendText("4") }
            btn5.setOnClickListener{ appendText("5") }
            btn6.setOnClickListener{ appendText("6") }
            btn7.setOnClickListener{ appendText("7") }
            btn8.setOnClickListener{ appendText("8") }
            btn9.setOnClickListener{ appendText("9") }
            btnPoint.setOnClickListener{ appendText(".") }
            btnSign.setOnClickListener{
                val currentText = txtResult.text.toString()
                txtResult.text = when {
                    currentText.startsWith("-") ->
```

```
                    currentText.substring(1, currentText.length)
                currentText != "0" -> "-$currentText"
                else ->return@setOnClickListener
            }
        }
        btnBackspace.setOnClickListener{
            val currentText = txtResult.text.toString()
            val newText = currentText.substring(0, currentText.length - 1)
            txtResult.text =
                if (newText.isEmpty() || newText == "-") "0" else newText
        }
        btnClear.setOnClickListener{ clearText() }
        btnPlus.setOnClickListener{ calc(OpKind.ADD) }
        btnMinus.setOnClickListener{ calc(OpKind.SUBTRACT) }
        btnTimes.setOnClickListener{ calc(OpKind.MULTIPLY) }
        btnDivide.setOnClickListener{ calc(OpKind.DIVIDE) }
        btnCalc.setOnClickListener{ calc(null) }
    }

    clearText()
```

또한, txtResult를 lateinit var로 저장할 필요 없이 binding에서 얻어 사용하면 된다. 예를 들어 clearText()는 다음과 같이 바뀐다.

```
private fun clearText() {
    binding.txtResult.text = "0"
}
```

뷰를 편하게 사용하는 방법을 살펴봤다. 다음으로는 액티비티의 상태를 유지하는 방법을 살펴보자.

15.2.4 액티비티 상태 유지하기

계산기 애플리케이션을 시험하다 보면 눈에 띄는 문제가 있다는 점을 깨달을 수 있다. 숫자를 몇 자리 입력한 후, 디바이스를 회전시켜보자. 이를 위해서는 에뮬레이터의 옆에 있는 패널에서 Rotate Left/Rotate Right 버튼을 클릭하면 된다.[1] 결과는 그림 15-11과 같다.

1 역주 AVD로 가상 폰을 생성할 때 API 27 이하를 사용해야 가로세로 전환 시 화면 레이아웃이 달라진다.

▼ 그림 15-11 디바이스 회전 시 액티비티가 재설정됨

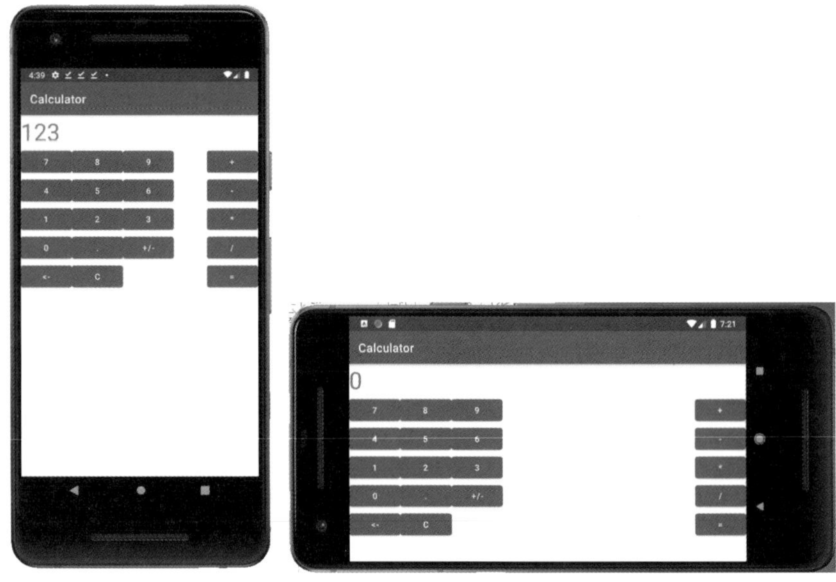

그림 15-11을 보면 원래 화면에 보이던 숫자가 0으로 변경됐다. 디바이스가 회전하면 액티비티의 모든 상태가 초기화 코드에 제공한 값으로 재설정된다. 디바이스 설정(예 화면 회전)이 변경될 때마다 시스템이 액티비티를 없애고 처음부터 다시 만들기 때문이다. 비슷한 경우로, 액티비티가 사용자에게 표시되지 않는 상황에서 우선순위가 더 높은 애플리케이션이 시스템 자원을 더 요구하는 경우를 들 수 있다. 이런 일이 벌어지면 안드로이드가 우선순위가 낮은 프로세스와 액티비티를 끝낼 수도 있다.

하지만 액티비티가 다시 초기화되더라도 상태를 유지해서 액티비티가 시스템에 의해 강제적으로 파괴되거나 재생성돼도 문제가 생기지 않게 하려면 어떻게 해야 할까? 안드로이드는 번들(bundle)이라 불리는 해법을 제공한다. 번들을 사용해 키와 값을 짝지은 형태로 직렬화한 데이터를 저장한다. 눈치챘겠지만, `onCreate()` 메서드에는 `Bundle` 타입의 파라미터가 있다. 이 파라미터를 통해 이전에 액티비티가 실행될 때 저장해둔 데이터가 전달된다. 번들에 데이터를 넣으려면 `Activity`의 `onSaveInstanceState()` 메서드를 오버라이드해야 한다.

예를 들어 계산기의 잘못된 동작을 수정하려면 계산기의 상태를 구성하는 디스플레이에 표시된 텍스트, `lastResult`, `lastOp`, `waitingNextOperand` 인스턴스 변수의 값을 저장해야 한다. 첫 단계는 `onSaveInstanceState()`를 오버라이드해서 번들 객체에 적당한 값을 써넣는 것이다.

```
override fun onSaveInstanceState(outState: Bundle) {
  super.onSaveInstanceState(outState)
```

```
    outState.putString("currentText", txtResult.text.toString())
    outState.putSerializable(::lastResult.name, lastResult)
    outState.putSerializable(::lastOp.name, lastOp)
    outState.putBoolean(::waitingNextOperand.name, waitingNextOperand)
  }
```

이제 설정 변경이나 다른 프로세스에 디바이스 자원을 양보해야 하는 등의 이유로 인해 액티비티가 일시적으로 파괴되고 나중에 재생성되더라도 시스템이 번들을 유지하고 액티비티 초기화 시 onCreate() 메서드에게 다시 넘겨준다. 두 번째 단계는 번들에서 값을 읽는 코드를 onCreate() 구현에 추가하는 것이다.

```
  override fun onCreate(savedInstanceState: Bundle?) {
    ...

    clearText()

    savedInstanceState?.let {
      binding.txtResult.text = it.getString("currentText")
      lastResult = it.getSerializable(::lastResult.name) as BigDecimal
      lastOp = it.getSerializable(::lastOp.name) as OpKind?
      waitingNextOperand = it.getBoolean(::waitingNextOperand.name)
    }
  }
```

onCreate()에 null이 전달될 수도 있다. 이런 경우는 번들이 없는 경우다. 예를 들어 액티비티가 맨 처음 만들어질 때는 번들이 없다.

직렬화 가능한 값이라면 무엇이든 번들에 저장할 수 있다. 직렬화가 불가능한 객체를 저장해야 한다면 Serializable 인터페이스를 구현하거나 번들에 해당 객체를 직접 쓰는 대신 다른 직렬화 가능한 데이터 형태로 변경해야 하며, 또는 원래의 객체를 부분 부분 나눠서 직렬화한 후 다시 복구해야 한다.

또한, 번들 직렬화가 메인 스레드에서 이뤄지며 시스템 프로세스의 메모리를 잡아먹기 때문에 상대적으로 크기가 작은 일시적인 데이터를 저장할 때만 번들을 사용해야 한다는 점을 기억해두자. 다른 경우에는 사용자 선호도(user preference)나 SQLite 데이터베이스를 사용해야 한다.

onCreate()와 onSaveInstanceState() 메서드는 액티비티의 상태가 생명 주기상 새로운 상태로 전이될 때 모두 안드로이드 운영체제가 호출해주는 생명 주기 콜백(lifecycle callback)이라는 메서드에 속한다. 예를 들어 Resumed 상태는 포그라운드(foreground)에서 실행되는 액티비티와 연관이 있고, Paused 상태는 백그라운드로 옮겨졌지만 여전히 사용자에게 보이는 액티비티에 해당하며, Stopped 상태는 액티비티를 사용자가 전혀 볼 수 없게 됐다는 뜻이다.

부모 클래스의 생명 주기 콜백에는 액티비티가 제대로 작동하기 위해 필요한 공통 코드가 들어있으므로, 생명 주기 콜백을 오버라이드한 메서드는 반드시 부모 클래스의 메서드를 호출해야 한다.

IDE 팁 ≡ 안드로이드 스튜디오는 생명 주기 콜백을 오버라이드하면서 부모 클래스의 메서드를 호출하지 않는 경우 오류를 보고해준다(그림 15-12)

▼ 그림 15-12 오버라이드한 메서드가 상위 클래스 메서드를 호출하지 않은 경우 표시되는 오류 메시지

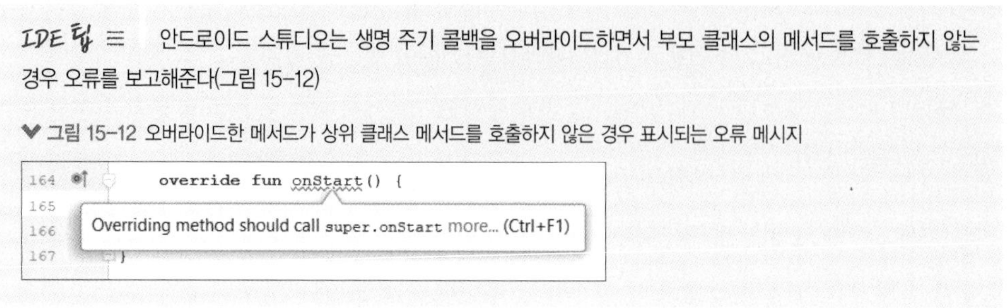

15.2.5 젯팩 콤포즈 레이아웃 DSL

2019년까지는 안코(Anko)라는 라이브러리가 활발히 유지 보수되고 쓰였다. 안코는 안드로이드 애플리케이션 개발을 단순화해주는 여러 가지 향상된 기능을 제공하는 코틀린 프레임워크다. 안코의 주요 특징은 다음과 같다.

- 안코 커먼즈(Anko Commons) 라이브러리와 함께 대화창, 인텐트(intent)(새로운 액티비티를 시작하기 위해 사용하는 객체), 로깅(logging), 애플리케이션 리소스 등을 다룰 수 있는 다양한 도우미 함수를 제공한다.
- UI 레이아웃을 지정할 수 있는 영역 특화 언어(안코 레이아웃즈)를 제공한다.
- 안드로이드의 로컬 저장소로 흔히 사용되는 SQLite에 편하게 접근하도록 해주는 API (Anko SQLite)를 제공한다.

하지만 코틀린이 안드로이드의 주요 언어로 사용되고 다양한 코틀린 기반 툴이 등장했기 때문에 2019년 말 이후 안코는 더 이상 지원되지 않고 있다. 안코에 대한 대안을 몇 가지 정리하면 다음과 같다.

- 레이아웃 DSL로는 젯팩 콤포즈(https://developer.android.com/jetpack/compose)나 스플리티즈(Splitties)의 Views DSL(https://github.com/LouisCAD/Splitties/tree/main/modules/views-dsl) 등이 있다.

- 안코 커먼즈에 해당하는 일반적인 유틸리티로는 안드로이드 KTX(https://developer.android.com/kotlin/ktx)나 스플리티즈(https://github.com/LouisCAD/Splitties) 등이 있다.
- SQLite에 대한 유틸리티로는 룸(Room)(https://developer.android.com/topic/libraries/architecture/room)이나 SQLdelight(https://github.com/cashapp/sqldelight)가 있다.

특히 젯팩과 KTX, 룸은 모두 구글이 지원하고 있기 때문에 내부를 살펴보고 프로젝트에 적용해볼 만하다. 여기서는 간단한 예제로 계산기 앱의 레이아웃을 젯팩을 사용해 다시 작성해보자. 다른 예제나 젯팩 콤포즈에 대한 자세한 내용은 https://developer.android.com/jetpack/compose를 참고하라.

젯팩은 2021년 10월 현재 버전 1.0.3이 나왔고, 안드로이드 스튜디오도 젯팩 콤포즈를 지원한다. 우선 새 프로젝트를 시작하기 위해 File > New Project를 선택한 후, 그림처럼 Empty Compose Activity를 선택하라.

▼ 그림 15-13 Empty Compose Activity 선택

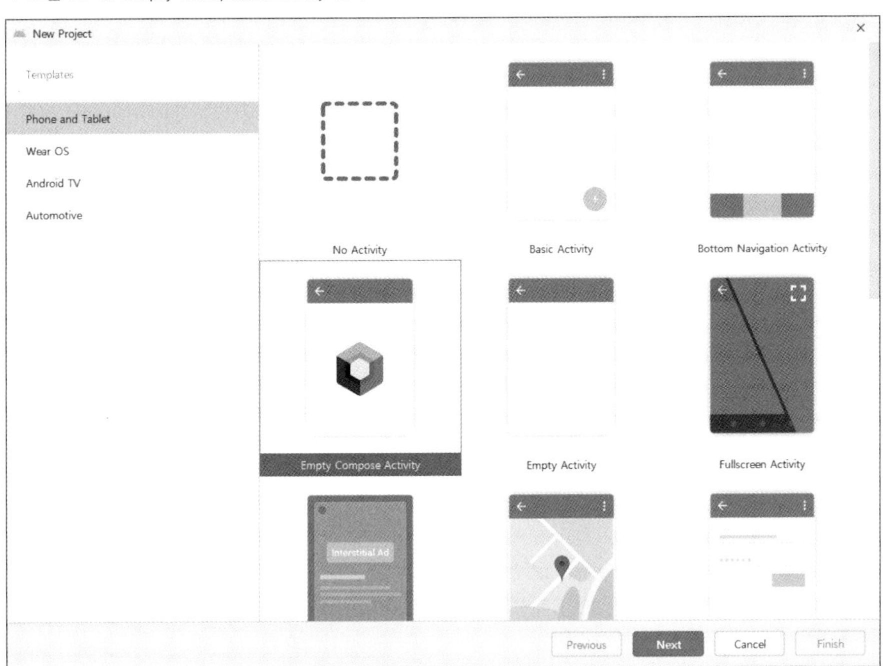

앞에서 빈 액티비티를 만들었을 때와 마찬가지로 애플리케이션 이름 등을 입력하는 화면이 나오면 원하는 이름을 입력하고, 최소 SDK 버전으로 API 27을 선택하라.

▼ 그림 15-14 New Project

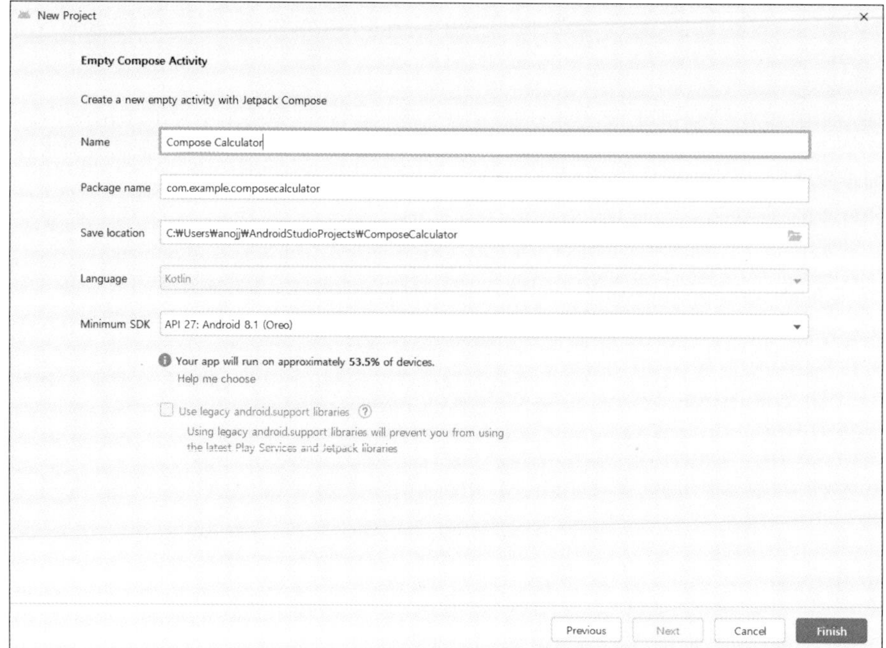

Finish를 눌러 프로젝트를 만들면 그레이들 임포트가 이뤄지고 새로운 프로젝트 구조를 볼 수 있다. 앞의 Hello World 예제 등과 달리 메인 액티비티 화면을 구성하는 xml 파일이 없음을 알 수 있다.

▼ 그림 15-15 새로운 프로젝트 구조

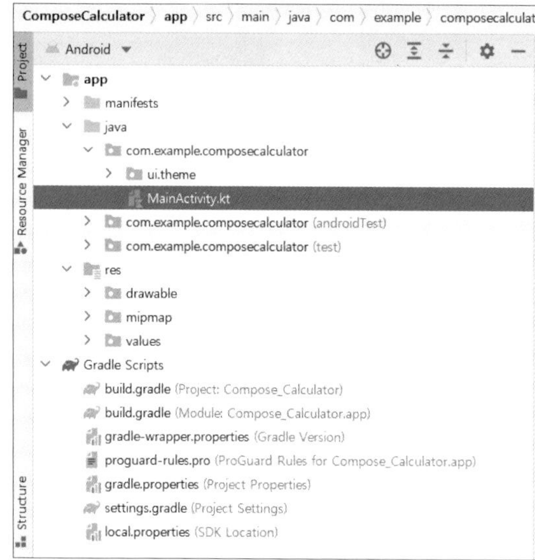

애플리케이션의 그레이들 파일을 보면 다음과 같이 콤포즈가 활성화돼 있음을 알 수 있다. compose_version은 프로젝트 그레이들 파일에서 1.0.3으로 지정돼 있다.

```
android {
  ...
  buildFeatures {
    compose true
  }
  ...
  composeOptions {
        kotlinCompilerExtensionVersion compose_version
        kotlinCompilerVersion '1.5.21'
  }
}
```

그리고 다음과 같이 젯팩 툴킷에 대한 의존 관계를 볼 수 있다.

```
dependencies {
    ... 다른 안드로이드 의존 관계들 ...
    implementation "androidx.compose.ui:ui:$compose_version"
    implementation "androidx.compose.material:material:$compose_version"
    implementation "androidx.compose.ui:ui-tooling-preview:$compose_version"
    implementation 'androidx.lifecycle:lifecycle-runtime-ktx:2.3.1'
    implementation 'androidx.activity:activity-compose:1.3.1'
    ... 다른 테스트 의존 관계들 ...
    androidTestImplementation "androidx.compose.ui:ui-test-junit4:$compose_version
debugImplementation "androidx.compose.ui:ui-tooling:$compose_version"
}
```

메인 액티비티를 보면 미리 정의된 콤포즈 레이아웃이 들어갈 수 있는 틀을 볼 수 있다.

```
class MainActivity : ComponentActivity() {
    override fun onCreate(savedInstanceState: Bundle?) {
        super.onCreate(savedInstanceState)
        setContent {
            ComposeCalculatorTheme {
                // A surface container using the 'background' color from the theme
                Surface(color = MaterialTheme.colors.background) {
                    Greeting("Android")
                }
            }
        }
    }
```

```
}

@Composable
fun Greeting(name: String) {
    Text(text = "Hello $name!")
}
```

여기서 fun Greeting(name: String) 부분을 우리가 원하는 레이아웃으로 바꾸면 될 것 같다. 이제 DSL로 뷰 레이아웃을 기술해보자. @Composable 애너테이션이 붙은 함수를 활용해 컴포넌트를 작성하기 때문에 함수 내부에 상태를 가두고 리스너가 이 상태를 활용하는 방식으로 외부와의 접점을 최소화할 수도 있다는 장점이 있다.

```
package com.example.composecalculator

import android.os.Bundle
import android.widget.Toast
import androidx.activity.ComponentActivity
import androidx.activity.compose.setContent
import androidx.compose.foundation.layout.Column
import androidx.compose.foundation.layout.Row
import androidx.compose.foundation.layout.fillMaxHeight
import androidx.compose.foundation.layout.padding
import androidx.compose.material.*
import androidx.compose.runtime.Composable
import androidx.compose.runtime.getValue
import androidx.compose.runtime.setValue
import androidx.compose.runtime.mutableStateOf
import androidx.compose.runtime.remember
import androidx.compose.ui.Modifier
import androidx.compose.ui.platform.LocalContext
import androidx.compose.ui.text.TextStyle
import androidx.compose.ui.tooling.preview.Preview
import androidx.compose.ui.unit.dp
import androidx.compose.ui.unit.sp
import com.example.composecalculator.ui.theme.ComposeCalculatorTheme
import java.math.BigDecimal
import java.math.RoundingMode
import androidx.compose.material.TextField as TextField1

private enum class OpKind {
    ADD, SUBTRACT, MULTIPLY, DIVIDE
}
```

```
private fun OpKind.compute(a: BigDecimal, b: BigDecimal) = when (this) {
    OpKind.ADD -> a + b
    OpKind.SUBTRACT -> a - b
    OpKind.MULTIPLY -> a * b
    OpKind.DIVIDE -> a.divide(b, 10, RoundingMode.HALF_EVEN)
}

class MainActivity : ComponentActivity() {

    override fun onCreate(savedInstanceState: Bundle?) {
        super.onCreate(savedInstanceState)
        setContent {
            ComposeCalculatorTheme {
                // 테마에서 가져온 배경색('background')을 사용하는 서피스 컨테이너
                Surface(color = MaterialTheme.colors.background) {
                    MainActivityLayout("0")
                }
            }
        }
    }
}

@Composable
fun MainActivityLayout(last: String) {
    // 이벤트 핸들러에서 사용할 상태를 저장하기 위한 위임 변수들
    // androidx.compose.runtime 패키지의 getValue와 setValue를 임포트해야 함
    var text by remember { mutableStateOf("") }
    var lastResult: BigDecimal by remember { mutableStateOf(BigDecimal.ZERO) }
    var lastOp: OpKind? by remember { mutableStateOf(null) }
    var waitingNextOperand: Boolean by remember { mutableStateOf(false) }

    fun appendText(v:String) {
        if (waitingNextOperand) {
            text=""
            waitingNextOperand = false
        }
        if(v=="0") {
            if(text!="0") text+=v
        } else {
            text += v
        }
    }
```

```
Column(Modifier.fillMaxHeight()) {
    val context = LocalContext.current
    TextField1(
        value = text,
        onValueChange = {},
        label = {},
        textStyle = TextStyle(fontSize = 36.sp)
    )
    Row {
        Column(Modifier.weight(3f)) {
            Row {
                calcButton("7") { appendText("7") }
                calcButton("8") { appendText("8") }
                calcButton("9") { appendText("9") }
            }
            Row {
                calcButton("4") { appendText("4") }
                calcButton("5") { appendText("5") }
                calcButton("6") { appendText("6") }
            }
            Row {
                calcButton("1") { appendText("1") }
                calcButton("2") { appendText("2") }
                calcButton("3") { appendText("3") }
            }
            Row {
                calcButton("0") { appendText("0") }
                calcButton(".") { appendText(".") }
                calcButton("+/-") {
                    text = when {
                        text.startsWith("-") ->
                            text.substring(1, text.length)
                        text != "0" -> "-$text"
                        else -> text
                    }
                }
            }
            Row {
                calcButton("<-") {
                    text = text.dropLast(1).let {
                        if (it == "-") "" else it
                    }
                }
```

```
                calcButton("C") { text = ""; waitingNextOperand=false; lastOp=null; }
            }
        }
        Column(Modifier.weight(1f)) {
        }
        Column(Modifier.weight(1f)) {
            fun calc(nextOp: OpKind?) {
                if (waitingNextOperand) {
                    lastOp = nextOp
                    return
                }
                val currentValue = BigDecimal(text)
                val newValue = try {
                    lastOp?.compute(lastResult, currentValue) ?: currentValue
                } catch (e: ArithmeticException) {
                    lastOp = null
                    waitingNextOperand = true
                    Toast.makeText(
                        context,
                        "Invalid operation!",
                        Toast.LENGTH_SHORT
                    ).show()
                    return
                }

                if (nextOp != null) lastResult = newValue
                if (lastOp != null) text = newValue.toPlainString()

                lastOp = nextOp
                waitingNextOperand = nextOp != null
            }

            calcButton("+") { calc(OpKind.ADD) }
            calcButton("-") { calc(OpKind.SUBTRACT) }
            calcButton("*") { calc(OpKind.MULTIPLY) }
            calcButton("/") { calc(OpKind.DIVIDE) }
            calcButton("=") { calc(null) }
        }
    }
  }
}

// 버튼을 쉽게 만들기 위한 @Composable 함수
```

```
@Composable
fun calcButton(text: String, callback: () -> Unit) =
    Button(callback, Modifier.padding(10.dp)) { Text(text) }

@Preview(showBackground = true)
@Composable
fun DefaultPreview() {
    ComposeCalculatorTheme {
        MainActivityLayout("987654321")
    }
}
```

주석에도 적어뒀지만, `@Composable` 함수 내부에서 `var text by remember{mutableStateOf("")}`처럼 상태를 저장한 경우 `getValue`와 `setValue`를 임포트해야 한다. `MainActivityLayout`은 콤포즈가 제공하는 `Column`과 `Row` 레이아웃을 사용해 내부에 버튼을 배치하면서, `Modifier.padding(10.dp)`로 버튼 주변의 네 방향에 패딩을 10dp씩 줬다. 계산기를 이렇게 구성하고 실행하면 그림 15-10과 유사한 모양의 계산기를 볼 수 있다.

KOTLIN IN DEPTH

15.3 결론

이 장에서는 안드로이드 스튜디오 IDE의 기본 기능을 배우고, 코틀린 언어를 사용해 안드로이드 앱을 만들어봤다. 안드로이드 액티비티의 개념을 알아보고 UI 레이아웃을 기술하는 방법을 소개했으며, 구글이 제공하는 젯팩의 뷰 바인딩과 콤포즈도 살펴봤다.

다음 장에서는 Ktor 프레임워크를 사용해 웹 애플리케이션을 개발하는 방법을 배운다. 기본적인 Ktor의 기능을 다루고, 클라이언트 요청을 처리하기 위해 라우팅 메커니즘을 사용하는 방법도 살펴본다. 그리고 HTML 콘텐츠를 생성할 때 쓰려는 목적으로 만들어진 DSL도 살펴본다.

15.4 정리 문제

1. 안드로이드 스튜디오에서 프로젝트를 어떻게 설정하는지 설명하라.
2. 안드로이드 스튜디오의 그레이들 설정을 설명하라. 새로운 의존 관계를 어디에 추가해야 하는가?
3. 애플리케이션을 실행하기 위한 가상 디바이스를 설정하는 방법을 설명하라.
4. 액티비티란 무엇인가? 안드로이드 애플리케이션에서 UI를 어떻게 기술하는가?
5. 젯팩이 제공하는 뷰 바인딩을 설명하라. 어떻게 하면 젯팩 뷰 바인딩을 사용할 수 있는가?
6. 액티비티가 파괴될 때 액티비티의 현재 상태를 저장했다가 나중에 복구하는 방법은 무엇인가?
7. 젯팩 콤포즈의 UI 레이아웃 DSL을 설명하라.

16장

Ktor를 활용한 웹 개발

웹 개발은 풍부한 UI와 복잡한 작업 흐름을 제공하는 완전한 엔터프라이즈 시스템부터 구체적인 작업을 처리하는 마이크로서비스에 이르기까지 현대 소프트웨어 엔지니어링에서 중요한 부분을 차지하고 있다. 대부분의 프레임워크는 자바 세계에서 웹 개발의 여러 가지 측면을 단순화하는 데 초점을 맞추고 있다. 이런 프레임워크는 자바/코틀린 상호 운용성으로 인해 코들린 환경에서도 쉽게 사용할 수 있다. 하지만 처음부터 코틀린을 지원하도록 설계된 도구도 알아야 한다. 이런 도구를 사용하면 코틀린 언어의 기능을 최대한 활용할 수 있어 개발자의 생산성을 극대화할 수 있다.

이 장에서는 코틀린에 특화된 프레임워크인 Ktor를 소개한다. 참고로 Ktor는 '케이토르'라고 읽는다(https://ktor.io/docs/faq.html#pronounce). Ktor는 여러 가지 클라이언트 서버 애플리케이션이 연결된 시스템의 개발을 편하게 도와주려는 목적으로 만들어진 프레임워크다. 이런 클라이언트나 서버 애플리케이션으로는 브라우저, 모바일 클라이언트, 웹 애플리케이션이나 서비스 등이 있다. 코루틴 라이브러리를 확장하기 때문에 Ktor는 비동기 통신을 강력하게 지원하며 사용하기도 쉽다. 분명히 16장에서 Ktor의 모든 기능을 소개하지는 못할 것이다. 따라서 이 책의 목적에 맞게 Ktor 기능 중 웹 개발과 연관된 작은 범위에 논의의 초점을 맞춘다. 특히 웹 개발 중에서도 서버 부분을 중심으로 클라이언트 요청을 디스패치하고, 요청 데이터를 얻고, 여러 가지 응답을 합성하는 방법을 설명할 것이다. 이 책을 다 읽은 후에도 계속해서 https://ktor.io/나 다른 여러 자료를 통해 계속 Ktor를 알아갈 것을 권장한다.

배우는 내용

- Ktor 프로젝트 설정하기
- 서버 기능
- 클라이언트 기능

이 장의 목표

웹 클라이언트와 웹 서버 개발에 사용할 수 있는 Ktor의 기본 기능을 배운다.

16.1 Ktor 소개

Ktor는 네트워크를 통해 서로 통신하는 클라이언트와 서버 애플리케이션을 개발하기 위한 프레임워크다. 하지만 Ktor의 주 응용 분야는 HTTP 프로토콜을 사용해 데이터를 교환하는 웹 애플리케이션 위주다. Ktor의 목표는 모든 유형의 연결이 필요한 애플리케이션을 구축하는 범용 다중 플랫폼 프레임워크가 되는 것이다. Ktor의 주 개발자이자 설계자는 젯브레인즈로, 코틀린 언어 자체를 개발한 회사이기도 하다. J2EE 프레임워크와 비교할 때 Ktor의 핵심 기능은 다음과 같다.

- 코틀린이 뒷받침하는 DSL을 통해 애플리케이션의 주요 측면(요청 라우팅(routing) 규칙이나 HTML 콘텐츠 등)을 간결하고 선언적인 스타일로 기술하고 코드의 다른 부분과 쉽게 조합할 수 있다.
- 처음부터 코틀린 코루틴 라이브러리를 통해 효율적인 비동기 연산을 지원한다.

이 절에서는 Ktor를 간략히 살펴보고 인텔리J IDEA에서 Ktor를 설정할 때 필요한 기본 단계를 진행해본다. 프로젝트 마법사에서 Ktor를 지원해주는 특별한 인텔리J 플러그인을 사용할 것이다. 이 플러그인은 다음 단계를 따라 설치하라. 사용하는 Ktor 버전은 2021년 5월 현재 기준으로 최신 버전인 1.5.4이다.[1]

1. IDEA 주 메뉴에서 File > Settings ... 커맨드를 찾아 왼쪽의 Plugins 섹션을 클릭하라. Plugin Manager 뷰가 표시된다.
2. 뷰의 맨 위 탭 중에 Marketplace를 선택하고, 그 바로 아래의 입력 텍스트 필드에 ktor를 입력하라. 검색 결과에서 Ktor 플러그인을 볼 수 있다(그림 16-1). 사용 금지된 버전을 쓰지 말고 새 버전을 사용하라.
3. Install 버튼을 클릭하면 IDE가 자동으로 플러그인을 다운로드해 설치한다. 설치가 완료되면 플러그인을 적용하기 위해 IDE를 재시작하라는 대화창이 뜬다. 대화창을 재시작하는 버튼을 눌러서 IDE를 재시작하라.

1 역주 2021년 10월 현재 최신 버전은 1.6.4이다. 크게 바뀐 부분은 없기 때문에 이 책의 소스코드를 그대로 사용할 수 있다.

▼ 그림 16-1 인텔리J IDEA Ktor 플러그인 설치하기

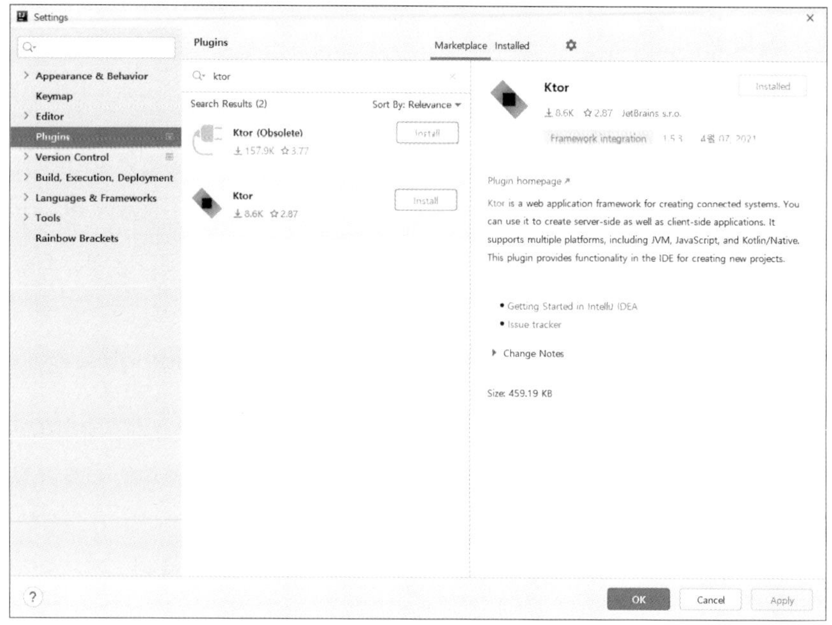

IDE 팁 ≡ 아쉽게도 Ktor 플러그인은 인텔리J 얼티밋 버전에서만 사용할 수 있다. 하지만 https://start.ktor.io/를 사용하면 플러그인이 만들어주는 것과 똑같은 프로젝트를 얻을 수 있다. 사용법은 그림 16-7이 포함된 문단을 참고하라.

이제 프로젝트를 만들자. File > New > Project... 커맨드를 선택하고, New Project 대화창에서 Ktor 옵션을 선택하라. Ktor에서는 기본 클라이언트/서버 기능 외에도 다른 아티팩트에 의존하거나 설정 코드를 작성해야 하는 몇 가지 추가 기능을 끼워 넣어 사용할 수 있다. 마법사의 첫 번째 단계는 프로젝트 이름과 저장할 위치, 빌드 시스템(그레이들 코틀린, 그레이들 그루비, 메이븐), 사용할 Ktor 버전과 서버 엔진(네티(Netty), 제티(Jetty), CIO, 톰캣(tomcat)) 등을 설정하는 단계다. 여기서는 디폴트 옵션을 그대로 사용하자.

▼ 그림 16-2 Ktor 프로젝트 마법사 – 프로젝트 기본 설정

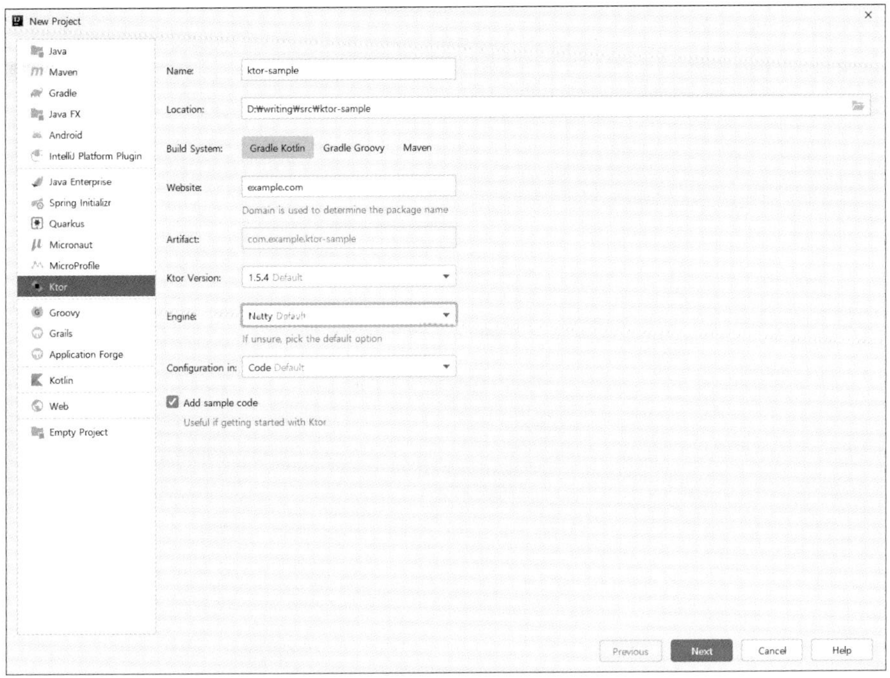

다음 단계는 그림 16-3처럼 애플리케이션에서 사용할 기능을 선택하는 단계다. 원하는 기능을 선택하면 된다.

▼ 그림 16-3 Ktor 프로젝트 마법사 - 애플리케이션에서 사용할 기능 추가

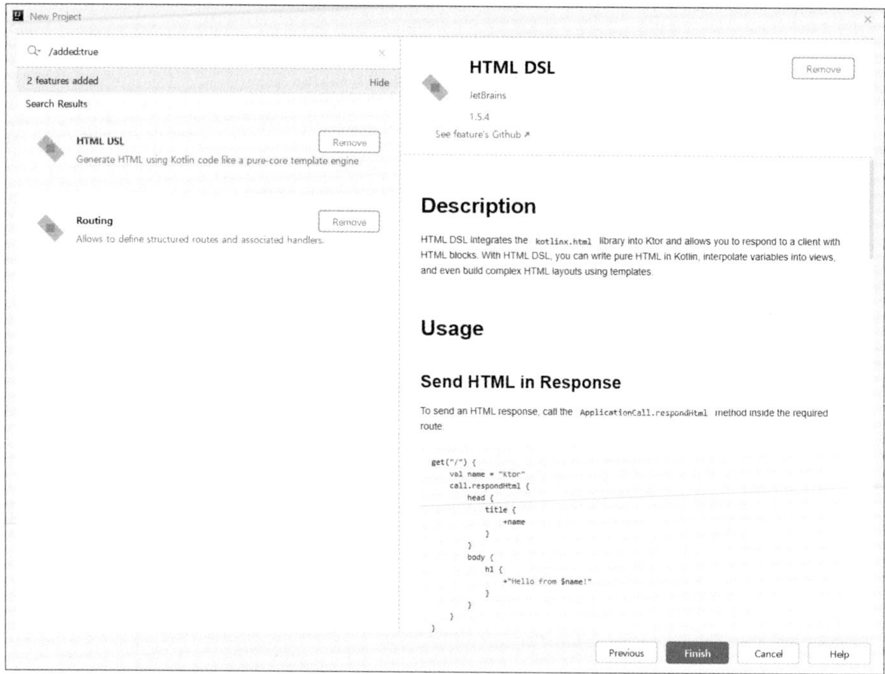

이 예제에서는 HTML DSL을 선택했다. HTML DSL을 선택하면 그림처럼 라우팅 기능도 함께 추가된다.

다음으로 Finish를 누르면 IDE가 프로젝트 구조를 생성하고 새 프로젝트를 연다. 프로젝트 영역에서 그림 16-4와 같은 파일을 볼 수 있다.[2]

2 역주 앞에서 설명한 대로 인텔리J 커뮤니티 버전을 쓰는 독자라도 start.ktor.io를 통해 HTML DSL을 추가하고 프로젝트를 빌드하면 본문에서 사용하는 프로젝트 구조를 얻을 수 있다.

▼ 그림 16-4 예제 Ktor 프로젝트의 구조

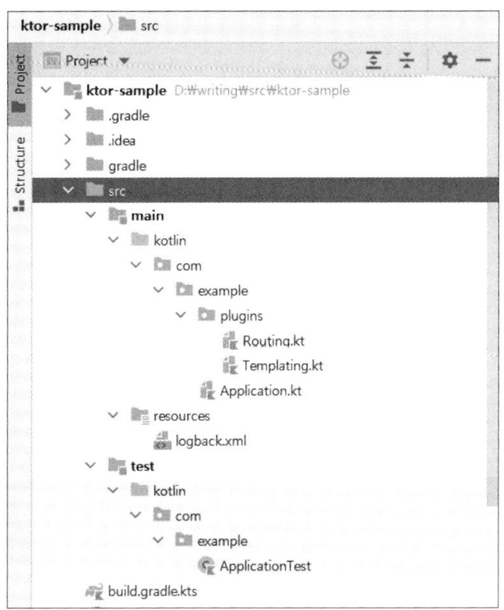

Ktor 애플리케이션은 기본적으로 main() 함수에서 embeddedServer 등의 적절한 서버나 클라이언트를 호출해 실행하는 식으로 이뤄진다. 모든 설정은 프로그램 코드를 통해 이뤄지거나 HOCON(Human-Optimized Config Object Notation)을 통해 이뤄진다. Ktor가 권장하는 기본 설정을 사용하면 프로그램 코드를 통해 설정이 이뤄지는데, 이는 다음에 표시한 Application.kt의 main() 함수 부분에서 볼 수 있다.

```
package com.example

import io.ktor.server.engine.*
import io.ktor.server.netty.*
import com.example.plugins.*

fun main() {
  embeddedServer(Netty, port = 8080, host = "0.0.0.0") {
    configureRouting()
    configureTemplating()
  }.start(wait = true)
}
```

네티를 사용하고 8080을 기본 포트로 하며, 0.0.0.0(모든 주소)을 바인딩한다는 사실을 쉽게 알 수 있다. 코드를 보면 프로젝트 설정 마법사에서 선택한 HTML DSL과 라우팅 기능에 맞춰

configureRouting()과 configureTemplating() 내부에서 DSL을 사용해 라우팅과 HTML 템플릿을 구성한다는 점도 추측할 수 있다.

라우팅 부분은 plugins 디렉터리의 Routing.kt에 들어있다.

```
package com.example.plugins

import io.ktor.routing.*
import io.ktor.http.*
import io.ktor.application.*
import io.ktor.response.*7
import io.ktor.request.*

fun Application.configureRouting() {

  routing {
    get("/") {
      call.respondText("Hello World!")
    }
  }
}
```

라우팅 플러그인에는 루트(/)에 대한 요청이 오면 call.respondText("Hello World!")를 통해 Hello World!를 돌려주는 코드가 들어있다.

main() 함수를 실행하면 네티에 의해 서버가 실행되고, 8080 포트를 리슨한다. 웹 브라우저에서 localhost:8080을 주소창에 입력하면 그림 16-5와 같은 모습을 볼 수 있다.

▼ 그림 16-5 브라우저에서 Hello World! 애플리케이션의 루트(/) 경로에 접근한 경우

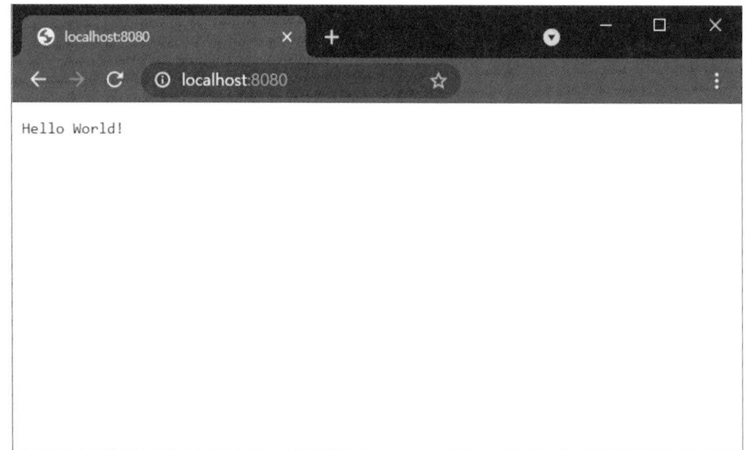

반면 HTML DSL을 사용한 템플릿은 plugins 디렉터리의 Templating.kt에 들어있다. 이 DSL은 여러 가지 HTML 태그에 대응하는 블록을 내포시키는 형태로 HTML 마크업을 표현한다.

```
package com.example.plugins

import io.ktor.html.*
import kotlinx.html.*
import io.ktor.application.*
import io.ktor.response.*
import io.ktor.request.*
import io.ktor.routing.*

fun Application.configureTemplating() {
  routing {
    get("/html-dsl") {
      call.respondHtml {
        body {
          h1 { +"HTML" }
          ul {
            for (n in 1..10) {
              li { +"$n" }
            }
          }
        }
      }
    }
  }
}
```

예제 코드는 /html-dsl 요청이 들어오면 열 개짜리 번호가 붙지 않은 목록(<ul>)을 표시한다. 그림 16-6은 이 DSL이 렌더링(rendering)한 HTML 페이지다.

▼ 그림 16-6 브라우저에서 /html-dsl 경로에 접근한 경우의 응답

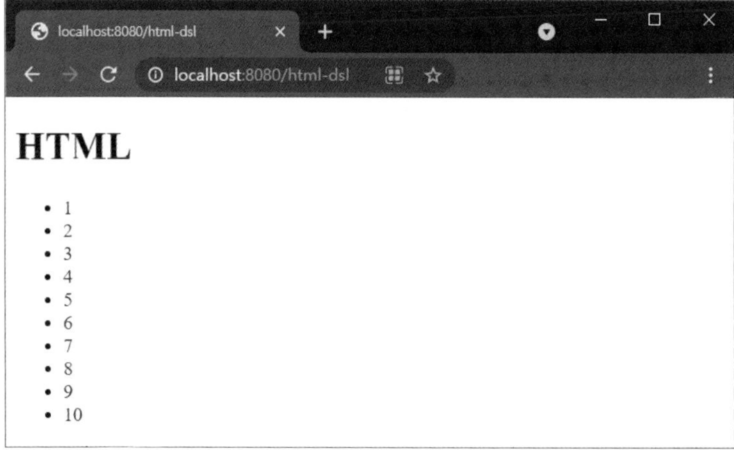

앞으로는 HTML DSL과 라우팅 규칙을 자세히 살펴보고 다른 Ktor 기능도 함께 알아본다.

IDE가 생성한 프로젝트에는 예제 서버 테스트가 들어있다. `ApplicationTest` 클래스를 열어보자.

```
package com.example

import io.ktor.routing.*
import io.ktor.http.*
import io.ktor.html.*
import kotlinx.html.*
import io.ktor.application.*
import io.ktor.response.*
import io.ktor.request.*
import com.example.plugins.*
import kotlin.test.*
import io.ktor.server.testing.*

class ApplicationTest {
  @Test
  fun testRoot() {
    withTestApplication({ configureRouting() }) {
      handleRequest(HttpMethod.Get, "/").apply {
        assertEquals(HttpStatusCode.OK, response.status())
        assertEquals("Hello World!", response.content)
      }
    }
  }
}
```

이 코드는 프로젝트에 설정된 플러그인을 사용하는 테스트 애플리케이션을 사용하고(테스트를 위한 애플리케이션을 실행하는 withTestApplication() 함수를 보라), 간단한 HTTP 요청을 루트 경로에 보낸 후 응답으로 받은 결과를 검사한다. 이 클래스를 여러분이 서버의 여러 가지 동작을 검사하기 위해 필요한 테스트를 작성하는 시작점으로 삼을 수 있다.

인텔리J Ktor 플러그인 대신에 https://start.ktor.io/의 온라인 프로젝트 생성기를 사용할 수도 있다. 웹 생성기 UI는 인텔리J Ktor 플러그인과 거의 비슷하다. 우선 프로젝트 이름을 입력하고, 플러그인을 결정한 후 **Generate project** 버튼을 클릭해서 생성된 프로젝트를 다운로드하면 된다. 그림 16-7은 이 생성기를 사용해 앞에서 살펴본 프로젝트와 같은 내용의 프로젝트를 생성하는 방법을 보여준다.

▼ 그림 16-7 start.ktor.io에 있는 Ktor 프로젝트 마법사

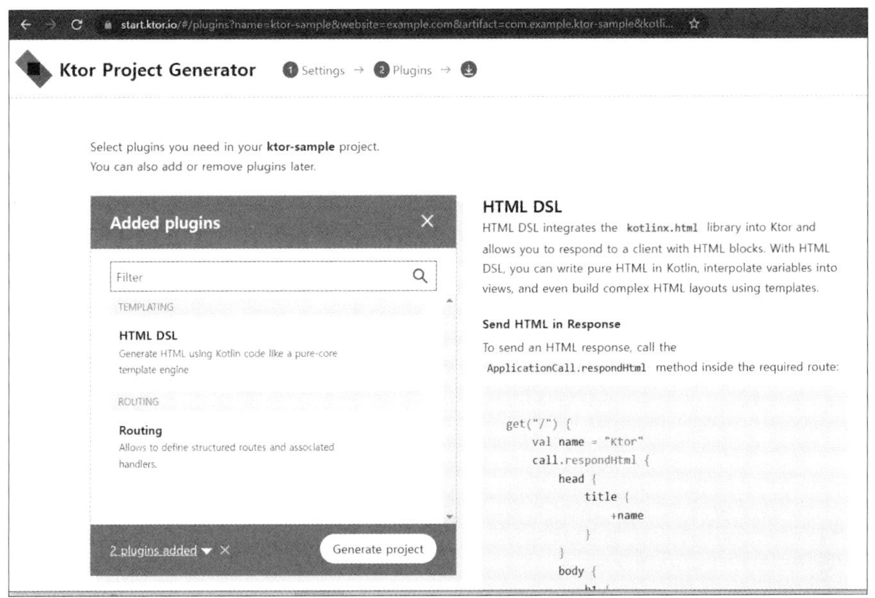

이것으로 프로젝트 설정에 대한 소개를 마친다. 앞으로는 Ktor 프레임워크의 클라이언트와 서버 쪽 기능을 살펴본다.

16.2 서버 관련 기능

이 절에서는 웹 서버 애플리케이션 개발과 관련 있는 몇 가지 주제를 살펴본다. 대부분의 Ktor 기능은 ApplicationFeature라는 클래스를 상속한 끼워 넣을 수 있는 특성으로 돼 있다. 예를 들어 HTTP 송수신 시 데이터를 압축하는 Compression을 활성화하면 Application.configHTTP()라는 함수가 생기고, 그 안에서 압축 관련 방식의 설정을 진행하게 된다.

```
fun main() {
  embeddedServer(Netty, port = 8080, host = "0.0.0.0") {
    configureRouting()
    configureTemplating()
    configureHTTP()
  }.start(wait = true)
}
```

실제 기능 설정은 Application.configureHTTP() 확장 함수 안에서 install(Compression)과 같이 해당 기능을 설치한다. 이 안에서 압축 방식과 우선순위를 설정한다.

```
fun Application.configureHTTP() {
  install(Compression) {
    gzip {
      priority = 1.0
    }
    deflate {
      priority = 10.0
      minimumSize(1024) // 적용 조건
    }
  }
}
```

이 장의 예제는 내장 HTTP 서버를 사용하기 때문에 독립 실행 프로그램으로 서버를 실행할 수 있다. 대부분의 경우 Ktor 애플리케이션을 아파치 톰캣(Apache Tomcat), 구글 앱 엔진(App Engine) 등의 웹/애플리케이션 컨테이너에 배포하게 된다. 애플리케이션을 이런 컨테이너에 설치하려면, 애플리케이션 클래스와 애플리케이션이 의존하는 모든 의존 관계와 컨테이너에 따른 설정 파일을 모아서 .jar나 .war 등의 아카이브(archive) 파일을 만들어야 한다. 컨테이너에 따른 자세한 배포 방법은 이 책의 범위를 벗어난다. 자세한 방법은 https://ktor.io/docs/deploy.html을 참조하라.

16.2.1 라우팅

라우팅 기능을 사용하면 HTTP 요청을 계층적인 패턴 매처로 이뤄진 시스템을 통해 구조적으로 처리할 수 있다. 라우팅 설정은 Application.configureRouting()이라는 확장 함수 안에서 특별 DSL(영역 특화 언어)을 통해 표현된다.

```
fun Application.configureRouting() {

  routing {
    get("/") {
      call.respondText("Hello World!")
    }
  }
}
```

이 코드를 보면 routing()이라는 Application의 확장 함수 내부에서 라우팅 설정이 이뤄지는데, 이 routing() 함수는 내부에서 라우팅 기능이 설치되지 않은 경우 install을 알아서 호출해준다.

```
@ContextDsl
public fun Application.routing(configuration: Routing.() -> Unit): Routing =
    featureOrNull(Routing)?.apply(configuration) ?: install(Routing, configuration)
```

따라서 원한다면 Compression을 설정할 때와 마찬가지로 다음과 같이 라우팅 설정을 진행할 수도 있다.

```
fun Application.configureRouting() {
   install(Routing) {
    get("/") {
      call.respondText("Hello World!")
    }
  }
}
```

가장 단순한 라우팅 시나리오는 주어진 URL 접두사(prefix)와 일치하는 HTTP GET 요청에 대한 핸들러를 서버가 실행하게 하는 get() 함수다. 예를 들어 바로 앞 예제는 사이트 루트("/")에 대한 요청이 들어오면 응답을 하지만, 다른 경로에 대한 요청은 HTTP 상태 코드 404(NOT FOUND)로 응답한다(그림 16-8).

▼ 그림 16-8 get("/") 라우팅 결과

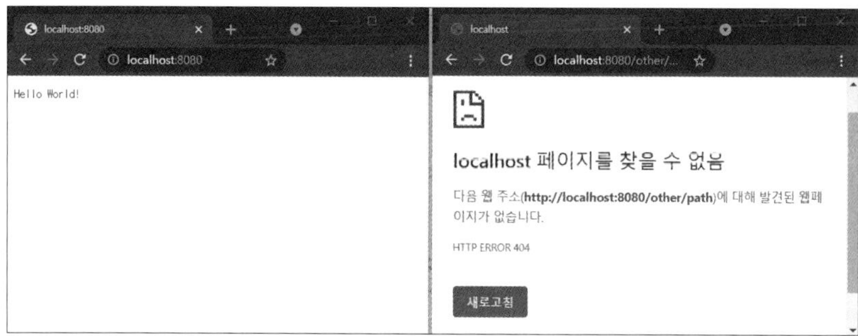

Ktor는 모든 HTTP 동사에 대해 비슷한 함수를 제공한다. 즉 `post()`, `put()`, `delete()`, `patch()`, `head()`, `options()`를 제공한다.

라우팅 함수에서 경로의 특정 부분에 파라미터를 포함시킬 수도 있다. 나중에 애플리케이션 함수를 호출하면서 경로 파라미터의 값을 전달할 수 있다. 파라미터를 경로에 넣을 때는 중괄호({})를 사용한다. 예를 들어 다음 라우팅 경로는 /hello/로 시작하면서 hello 바로 다음에 세그먼트(/로 구분되는 경로의 일부분)가 하나만 오는 경로와 매치된다.

```
routing {
  get("hello/{userName}") {
    call.respondHtml {
      body {
        h1 {+"Hello, ${call.parameters["userName"]}"}
      }
    }
  }
}
```

파라미터는 단 한 세그먼트에만 매치된다. 따라서 /hello나 /hello/Hyunsok/Oh는 매치되지 않는다(그림 16-9를 보라).

❤ 그림 16-9 경로 중 한 세그먼트와 매치되는 파라미터로 매치시키는 경우

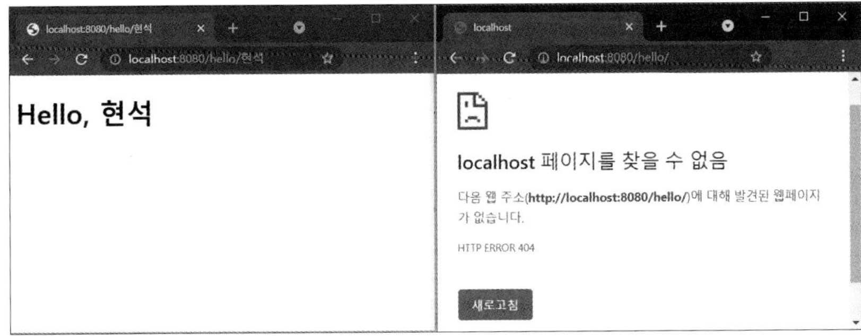

파라미터 값을 세그먼트와 매치시켜야 하지만 실제 사용하지 않는 경우, 파라미터 이름 대신 *(와일드카드)를 사용할 수 있다.

```
routing {
  get("/hello/*") {
    call.respondHtml {
      body {
        h1 { +"Hello, World" }
      }
    }
  }
}
```

방금 본 라우팅은 그 전에 본 라우팅과 같은 경로들과 매치되지만, 경로 세그먼트의 값을 특정 파라미터에 저장하지는 않는다.

빈 경로 세그먼트와 매치될 수도 있는 선택적인 파라미터가 필요하다면 어떻게 할까? 파라미터 이름 바로 뒤에 ?를 추가하면 된다. 다음 라우팅은 /hello/John과 /hello에 모두 매치된다(그림 16-10).

```
routing {
  get("/hello/{userName?}") {
    val userName = call.parameters["userName"] ?: "모르는 분"
    call.respondHtml {
      body {
        h1 { +"Hello, $userName" }
      }
    }
  }
}
```

그림 16-10 선택적인 매칭

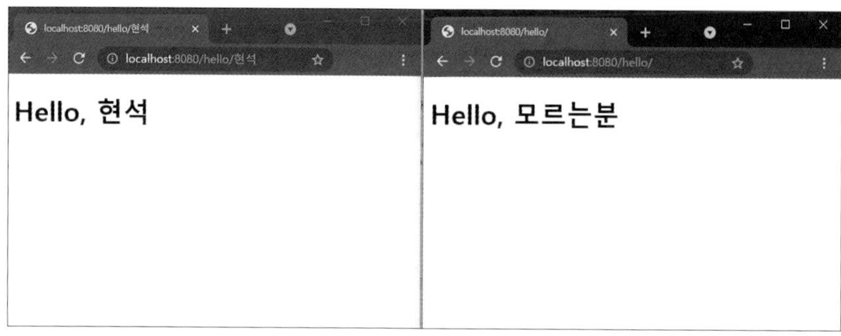

파라미터 이름 뒤에 마침표 세 개(...)를 덧붙이면 경로의 뒤쪽에 있는 모든 세그먼트와 매치된다. 이 경우 Parameters 클래스의 getAll() 메서드를 사용해 모든 세그먼트를 List로 얻을 수 있다. 예를 들어 /calc/+/123/456처럼 연산과 정수를 받아서 간단한 산술 연산을 수행하는 서비스를 정의해보자.

```
routing {
  get("/calc/{data...}") {
    val data = call.parameters.getAll("data") ?: emptyList()
    call.respondHtml {
      body {
        h1 {
          if (data.size != 3) {
            +"Invalid data"
            return@h1
          }
          val (op, argStr1, argStr2) = data
          val arg1 = argStr1.toBigIntegerOrNull()
          val arg2 = argStr2.toBigIntegerOrNull()
          if (arg1 == null || arg2 == null) {
            +"Integer numbers expected"
            return@h1
          }
          val result = when (op) {
            "+" -> arg1 + arg2
            "-" -> arg1 - arg2
            "*" -> arg1 * arg2
            "/" -> arg1 / arg2
            else -> null
          }
          +(result?.toString() ?: "Invalid operation")
```

```
            }
          }
        }
      }
    }
```

몇 가지 응답을 보자(그림 16-11). 왼쪽 위 그림은 제대로 정수와 연산자가 들어간 /calc/+/12345/67890 경로에 대한 성공적인 응답이다. 오른쪽 위 그림은 정수를 세 개 넘긴 경우의 오류이고, 왼쪽 아래 그림은 **라는 잘못된 연산자에 대한 오류다. 마지막으로 오른쪽 아래 그림은 정수가 아닌 값을 피연산사로 넘긴 경우다.

▼ 그림 16-11 ...를 사용한 매칭

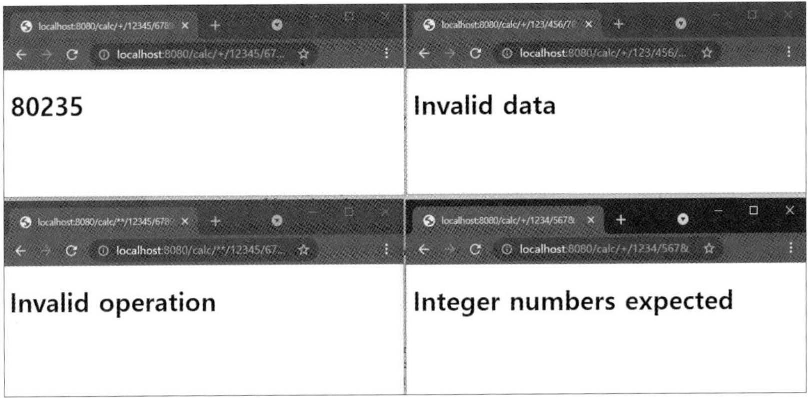

...를 사용한 매칭이 빈 경로와도 매치된다는 사실을 알아두자. 즉, 이 예제의 get("/calc/{data...}") 핸들러는 /calc라는 경로에 대해서도 호출된다. 와일드카드 *와 비슷하게, {...}를 사용하면 모든 남은 경로와 매치되지만 경로의 실제 내용은 무시할 수 있다. 예를 들어 get("/calc/{...}")라는 핸들러는 /calc로 시작하는 모든 경로와 매치된다(/calc 자체와도 매치됨).

get() 등의 함수를 사용해 전체 URL 경로를 매치시키는 방식 외에, Ktor는 트리 구조로 URL이나 요청 데이터 중 상당 부분을 차례대로 매치시키는 기능도 제공한다. 다음 예제를 보자.

```
routing {
  method(HttpMethod.Get) {
    route("user/{name}") {
      route("sayHello") {
        handle {
          call.respondText("Hello, ${call.parameters["name"]}")
        }
      }
```

16 Ktor를 활용한 웹 개발

```
      route("sayBye") {
        handle {
          call.respondText("Bye, ${call.parameters["name"]}")
        }
      }
    }
  }
}
```

요청이 도착하면 서버는 요청 경로와 라우팅 규칙의 트리 루트가 일치하는지 검색한다. 여기서는 트리 루트 노드가 method(HttpMethod.Get)이므로, GET 동사와 매치된다. 클라이언트 요청이 이 조건에 부합된다면(GET 요청이라면) 서버는 트리 아래로 내려가면서 route("user/{name}") 규칙, 즉 주어진 접두사와 경로의 앞부분이 일치하는지를 검사한다. 경로가 일치하면 서버는 한 단계 더 라우팅 규칙 트리를 내려가서 route("sayHello")나 route("sayBye") 규칙과 URL 경로의 나머지 부분이 일치하는지 비교한다. 규칙 트리에서 가장 낮은 수준에는 handle() 블록이 있다. 이 블록은 자신이 속한 가지와 일치하는 경로에 대해 응답을 생성한다.

HTTP 동사는 method() 함수를 사용하지 않고도 route() 호출에 지정할 수 있다. 사실 더 앞의 예제에서 본 get() 함수는 최상위 핸들러와 route() 블록을 사용한 코드를 줄여 쓴 것이다. 예를 들어 다음 코드는

```
routing {
  get("/hello/{userName}") {
    call.respondText("Hello, ${call.parameters["userName"]}")
  }
}
```

다음 코드와 같다.

```
routing {
  route("/hello/{userName}", HttpMethod.Get) {
    handle {
      call.respondText("Hello, ${call.parameters["userName"]}")
    }
  }
}
```

사용할 수 있는 매처가 route()와 method() 외에도 많다. 다음과 같은 빌더를 더 사용할 수 있다.

- **header(name, value)**: 헤더 이름과 값을 매치시킨다.
- **param(name, value)**: 요청 쿼리 파라미터(query parameter)[3]의 이름과 값을 매치시킨다.
- **param(name)**: 요청 쿼리 파라미터의 이름만 매치시킨다. 매치되는 이름이 있으면 그 값을 name으로 (파라미터 맵에) 저장해준다.
- **optionalParam(name)**: 요청 쿼리 파라미터의 이름만 매치시킨다(선택적이므로 지정한 이름에 해당하는 요청 파라미터가 없어도 매치된다).

다음 예제는 action 파라미터의 값에 따라 적절한 응답을 선택한다.

```
routing {
  route("/user/{name}", HttpMethod.Get) {
    param("action", "sayHello") {
      handle {
        call.respondHtml {
          body { h2 { +"Hello, ${call.parameters["name"]}" } }
        }
      }
    }
    param("action", "sayBye") {
      handle {
        call.respondHtml {
          body { h2 { +"Bye, ${call.parameters["name"]}" } }
        }
      }
    }
  }
}
```

예를 들어 /user/John?action=sayHello는 Hello, John이라는 응답을, /user/John?action=sayBye는 Bye, John이라는 응답을 돌려준다. 다른 action 값은 매치되지 않기 때문에 404 응답 코드를 반환한다.

3 역주 url?parma1=value1&...에서 ? 다음에 오는, &로 구분된 모든 param1=value1들이 요청 쿼리 파라미터다.

✔ 그림 16-12 요청 쿼리 파라미터를 사용한 매칭

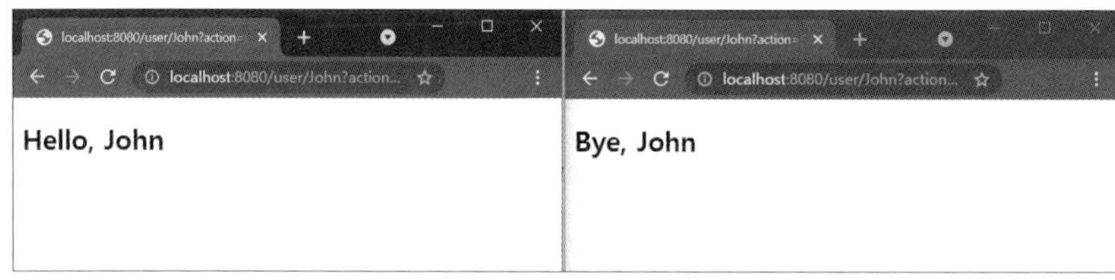

Ktor는 여러분이 직접 자신만의 매처를 작성할 수 있도록 지원한다. 따라서 라우팅 DSL을 확장할 수 있다. 이를 위해서는 RouteSelector를 상속한 셀렉터 클래스를 정의하고 적절한 빌더 함수를 Route 클래스에 대한 확장 함수로 정의하면 된다. io.ktor.routing 패키지에 있는 RoutingBuilder.kt 파일을 살펴보면, 다양한 구현 예제를 보고 좀 더 쉽게 자신만의 라우팅 규칙 빌더를 정의할 수 있을 것이다.

16.2.2 HTTP 요청 처리

HTTP 서버가 주로 하는 일은 클라이언트 요청에 대해 적절한 응답을 돌려주는 것이다. Ktor는 이 작업을 단순화하기 위해 쉽게 사용할 수 있는 API를 제공해서 여러분이 URL 경로 컴포넌트, 파라미터, 헤더(공통 헤더와 커스텀 헤더), 여러 가지 유형의 요청 본문(body)에 쉽게 접근할 수 있도록 해주는 동시에 응답 데이터를 편하게 생성할 수 있도록 해준다. Ktor 프레임워크가 모든 저수준 세부 사항을 감춰주므로 여러분은 실제 요청을 처리하는 로직에만 집중할 수 있다.

이번 절부터는 Ktor의 기본 요청/응답 처리 능력을 살펴볼 것이다. 앞에서는 라우팅 핸들러 안에서 responseText()나 respondHtml()을 써서 간단하게 응답을 생성하는 방법을 살펴봤다. 예를 들어 다음 코드를 보자.

```
routing {
  get("/") { call.respondText("This is root page") }
}
```

핸들러 안에서 사용 가능한 call 프로퍼티는 ApplicationCall 타입의 인스턴스로, 들어오는 요청과 생성된 응답을 묶어준다. 일반적인 경우로 어떤 텍스트를 기반으로 응답을 생성하는 방식을 들 수 있는데, 이런 경우를 responseText() 함수가 처리한다. 앞 예제에서는 간단한 일반 텍스트 본문을 응답으로 보낸다. 하지만 원한다면 다음 코드처럼 ContentType을 사용해 MIME 타입을 지정할 수도 있다.

```
call.respondText("<h2>HTML Text</h2>", ContentType.Text.Html
```

이 코드는 HTML 기반의 응답을 돌려준다. 다른 방법으로 응답 텍스트를 일시 중단된 람다를 통해 제공할 수도 있다.

```
call.respondText(ContentType.Text.CSS) { "p { color: red; }" }
```

또는 PrintWriter로 본문 텍스트를 합성할 수도 있다.

```
call.respondTextWriter(ContentType.Text.Html) {
  write("<head><title>Sample page</title><title>")
  write("<body><h2>Sample page</h2></body>")
}
```

임의의 이진 데이터를 보내려면 String 대신 ByteArray를 인자로 받는 respondBytes() 함수를 사용하면 된다.

```
get("/") {
  val data = "<h2>HTML Text</h2>".toByteArray() // 디폴트인 UTF-8로 인코딩됨
  call.respondBytes(data, ContentType.Text.Html)
}
```

respondFile()을 사용하면 서버에서 클라이언트로 파일을 전송할 수 있다.

```
get("/download/{fileName}") {
  val rootDir = File("contentDir")
  val fileName = call.parameters["fileName"]!!
  call.respondFile(rootDir, fileName)
}
```

본문 내용을 지정하는 기능 외에, 다음과 같은 call.response의 프로퍼티를 사용해 헤더 데이터를 지정할 수도 있다.

- **status(code: HttpStatusCode)**: HTTP 응답 상태를 지정한다.
- **header(name: String, value: String)**: 주어진 헤더를 HTTP 응답에 추가한다.

Ktor는 ApplicationCall.respondRedirect(url: String, permanant: Boolean=false) 함수의 두 번째 인자 값에 따라 상태 301(Moved Permanently)이나 302(Found)를 사용한 HTTP 리디렉션(redirection)을 지원한다.

```
routing {
  get("/") {
    call.respondRedirect("index") // 302 Found
  }
  get("index") {
    call.respondText("Main page")
  }
}
```

요청 파라미터에 접근하고 싶으면 파라미터의 이름과 값에 대한 Map 역할을 하는 request.queryParameters 객체를 사용하면 된다. 예를 들어 /sum?left=2&right=3이라는 형태의 URL로 주어진 두 정수의 합계를 반환하고 싶다고 하자. 이를 위해 left와 right 요청 쿼리 파라미터의 값을 queryParameters 객체에 대한 인덱싱 연산을 통해 얻을 수 있다.

```
routing {
  // 예: /sum?left=2&right=3 responds with 5
  get("/sum") {
    val left = call.request.queryParameters["left"]?.toIntOrNull()
    val right = call.request.queryParameters["right"]?.toIntOrNull()
    if (left != null && right != null) {
      call.respondText("${left + right}")
    } else {
      call.respondText("Invalid arguments")
    }
  }
}
```

같은 이름의 파라미터가 한 번 이상 쓰인 경우, get() 함수는 첫 번째로 들어온 파라미터의 값만 반환한다. 반면에 getAll() 함수는 List<String> 타입으로 해당 파라미터의 모든 값으로 이뤄진 리스트를 반환한다.

```
routing {
  // 예: /sum?arg=1&arg=2&arg=3 responds with 6
  get("/sum") {
    val args = call.request.queryParameters.getAll("arg")
    if (args == null) {
      call.respondText("No data")
      return@get
    }
    var sum = 0
    for (arg in args) {
```

```
        val num = arg.toIntOrNull()
        if (num == null) {
          call.respondText("Invalid arguments")
          return@get
        }
        sum += num
      }
      call.respondText("$sum")
    }
  }
```

이와 마찬가지로 request.headers.get()과 request.headers.getAll()을 사용하면 요청 헤더 데이터의 값을 얻을 수 있다.

16.2.3 HTML DSL

HTML DSL 라이브러리와 Ktor HTML 빌더를 함께 사용해 HTML 콘텐츠 응답을 생성할 수 있다. 이 방식은 JSP처럼 UI 마크업에 실행 코드를 내장(embedding)시키는 방식을 대신할 수 있는 기술이다. HTML DSL을 사용하면, 간결한 문법과 함께 타입 안전성이나 강력한 IDE 코드 인사이트 등과 같은 코틀린 코드의 모든 장점을 함께 얻을 수 있다. 이 절에서는 HTML DSL 라이브러리의 세부 사항을 설명하지 않고, HTML 폼(form)을 만들 때 HTML DSL을 사용하는 방법을 보여주는 예제에 집중할 것이다. 더 많은 정보가 필요한 독자는 HTML DSL 웹사이트인 https://github.com/Kotlin/kotlinx.html을 방문해보라.

난수를 생성하는 간단한 웹 애플리케이션을 만들자. 서버는 그림 16-13처럼 생긴, 사용자가 원하는 난수 범위와 난수의 개수를 입력하는 폼을 제공한다. 서버는 간단한 검증(validation)을 통해 입력한 데이터가 다음을 만족하는지 검사한다.

- 모든 값이 제대로 된 정수여야 한다.
- From 값은 To 값보다 작아야 한다.
- How many 필드의 값은 양수여야 한다.

폼을 제출할 때 이런 요구 사항을 모두 만족시키지 못한다면, 서버는 조건을 만족시키지 않는 텍스트 필드의 옆에 오류 메시지를 추가해서 클라이언트에게 폼을 돌려준다.

서버 모듈 전체 코드는 상당히 길기 때문에 여기서 모든 코드를 표시하는 대신 중요한 부분에 초점을 맞춰 설명할 것이다.[4]

간단한 리스트와 문단(paragraph)에 대해 HTML DSL을 사용하는 예제를 이미 살펴봤다. 따라서 지금은 HTML 폼을 만드는 방법에 초점을 맞춘다. 다음 코드는 애플리케이션 모듈의 소스코드에서 가져온 것이다.

```
body {
  h1 { +"난수 생성" }
  form(action = "/", method = FormMethod.get) {
    p { +"시작(생성되는 난수에 포함): " }
    p {
      numberInput(name = FROM_KEY) {
        value = from?.toString() ?: "1"
      }
      appendError(FROM_KEY)
    }
    p { +"끝(생성되는 난수에 미포함): " }
    p {
      numberInput(name = TO_KEY) {
        value = to?.toString() ?: "100"
      }
      appendError(TO_KEY)
    }
    p { +"생성할 난수 개수: " }
    p {
      numberInput(name = COUNT_KEY) {
        value = count?.toString() ?: "10"
      }
      appendError(COUNT_KEY)
    }
    p { submitInput { value = "Generate" } }
  }
  ...
}
```

form() 블록은 body() 안에 있다. form() 호출은 HTML 폼을 정의하면서 텍스트 필드나 버튼 등의 입력 컴포넌트를 추가할 수 있는 영역을 도입한다. action 인자는 폼을 제출할 때 어디로 데이터를 보내야 할지 결정해준다.

4 역주 전체 코드는 이 책의 깃허브 리포지터리(https://github.com/gilbutITbook/080250)에서 볼 수 있다.

HTML DSL은 기본적인 입력 컴포넌트를 모두 지원한다. 그중 일부를 나열하면 다음과 같다.

- **input()**: 범용 텍스트 필드
- **passwordInput()**: 암호를 입력하기 위한 텍스트 필드
- **numberInput()**: 수치 입력을 위한 텍스트 필드. 이전 값(prior), 다음 값(next) 버튼이 달려 있다.
- **dateInput()/timeInput()/dateTimeInput()**: 날짜, 시간을 입력하기 위한 특별한 텍스트 필드
- **fileInput()**: 브라우저가 실행 중인 로컬 컴퓨터의 파일을 업로드할 때 쓸 수 있는 텍스트 필드. 로컬 파일 목록을 보고 원하는 파일을 선택하기 위한 버튼이 붙어있다.

submitInput() 호출은 폼을 제출하는 버튼을 만든다. 이 버튼을 클릭하면 폼 데이터를 HTTP 요청에 집어넣고 action으로 지정한 URL로 전송한다.

이 코드를 브라우저에서 렌더링한 결과를 보면 다음과 같은 HTML 코드를 볼 수 있다.

```
<!DOCTYPE html>
<html>
  <body>
    <h1>난수 생성</h1>
    <form action="/" method="get">
      <p>시작(생성되는 난수에 포함): </p>
      <p><input type="number" name="from" value="1111"><strong>시작 값은 끝 값보다 더 작아
야 합니다.</strong></p>
      <p>끝(생성되는 난수에 미포함): </p>
      <p><input type="number" name="to" value="100"></p>
      <p>생성할 난수 개수: </p>
      <p><input type="number" name="count" value="-10"><strong>생성할 난수 개수는 0보다 커
야 합니다.</strong></p>
      <p><input type="submit" value="Generate"></p>
    </form>
  </body>
</html>
```

HTML 태그와 DSL 블록 사이의 직접적인 연관성을 쉽게 알아볼 수 있다. 젯팩 콤포즈의 UI DSL과 마찬가지로 이 UI 코드를 쉽게 리팩터링하고 재사용할 수 있다. 만약 동적인 콘텐츠를 제공하기 위해 JSP처럼 HTML 파일 형태를 사용하거나 벨로시티(Velocity) 등의 템플릿 엔진을 활용한다면 리팩터링과 재사용이 훨씬 더 어려울 것이다. 그림 16-13은 잘못된 데이터를 폼에 전송한 결과다.

❤ 그림 16-13 오류 메시지 표시

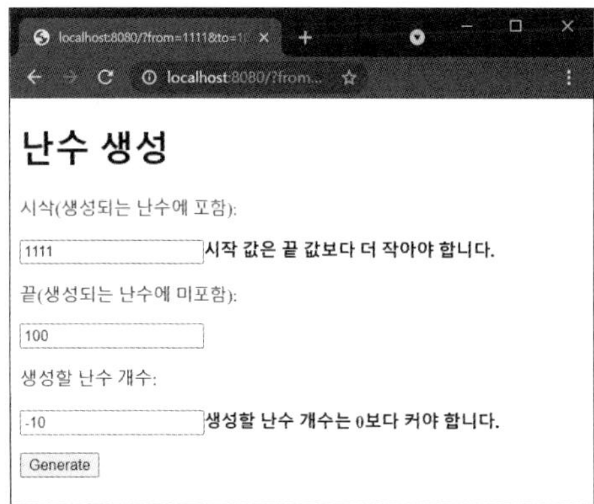

그림 16-14는 페이지 맨 아래에 난수를 표시한 모습이다.

❤ 그림 16-14 폼에 의해 생성된 난수

HTML DSL을 Ktor HTML 빌더 라이브러리와 독립적으로 사용할 수도 있다. 이런 경우 DSL 아티팩트 자체에 대한 의존 관계를 지정해야만 한다. 예를 들어 그레이들에서는 다음을 설정 파일의 `dependencies` 블록에 추가해야 한다. 2021년 5월 현재 최신 버전은 0.7.3이다.

```
// 서버 측(자바 버전)
implementation("org.jetbrains.kotlinx:kotlinx-html-jvm:${kotlinx_html_version}")

// 클라이언트 측(js 버전)
implementation("org.jetbrains.kotlinx:kotlinx-html-js:${kotlinx_html_version}")
```

프로젝트가 그레이들이나 메이븐 같은 별도의 빌드 시스템을 사용하지 않는다면, Project Structure 대화창에 새 라이브러리를 추가할 수 있다(이에 대해서는 이미 **13장 동시성**에서 살펴봤다).

Ktor는 HTML 외에도 벨로시티, 타임리프(Thymeleaf), 머스태시(Mustache) 등 여러 가지 유명한 템플릿 엔진을 지원한다. Ktor 웹사이트에서 이런 엔진을 사용하는 방법과 예제를 볼 수 있다.

16.2.4 세션 지원

Ktor는 웹 애플리케이션이 서로 다른 HTTP 요청 간에 원하는 데이터를 보존하고 특정 사용자나 클라이언트를 식별할 수 있도록 세션(session)을 지원한다. 세션에 저장해야 하는 정보의 예를 들면 사용자별 설정, 쇼핑 카트 목록, 인증 데이터 등이 있다.

세션을 사용하려면 세션 기능을 `install`로 설치하면서 데이터를 어떻게 저장할지 지정해야 한다. 예를 들어 클라이언트 쿠키로 세션을 유지하려면 다음과 같이 코드를 작성해야 한다.

```
install(Sessions) {
  cookie<MyData>("my_data")
}
```

여기서 `MyData`는 세션 데이터를 표현하는 클래스다. `ApplicationCall`을 사용해 `MyData`의 인스턴스에 접근할 수 있고, 클라이언트와 통신할 때 자동으로 직렬화/역직렬화가 이뤄진다. 디폴트 직렬화기(serializer)는 `Int`, `String` 등과 같은 간단한 타입의 프로퍼티를 처리할 수 있고, `SessionSerializer`를 구현해 `install` 블록에 제공함으로써 디폴트 직렬화기를 오버라이드할 수도 있다. `my_data` 값은 서버에 설치된 다른 세션 정보와 `MyData` 인스턴스를 구분하는 쿠키 키 역할을 한다.

특정 클라이언트가 사이트에 방문한 횟수를 추적하는 간단한 HTML 페이지 예제를 생각해보자. 먼저 방문 횟수를 저장할 클래스를 정의해야 한다.

```
data class Stat(val viewCount: Int)
private const val STAT_KEY = "STAT"
```

`STAT_KEY`는 다른 세션 데이터와 상태 데이터를 구분하는 키로 쓰인다.

이제 `call.sessions` 객체의 `get()`/`set()`/`getOrSet()`을 사용해 이 카운터에 접근할 수 있다. 다음 핸들러는 사용자가 루트 페이지에 접근한 횟수를 알려주는 메시지를 표시한다.

```
private suspend fun ApplicationCall.rootPage() {
  val stat = sessions.getOrSet { Stat(0) }
  sessions.set(stat.copy(viewCount = stat.viewCount + 1))
  respondHtml {
    body {
      h2 { +"이 페이지에 ${stat.viewCount} 번 방문하셨습니다." }
      a("/clearStat") { +"방문 횟수 재설정하기" }
    }
  }
}
```

서버가 보통 다중 스레드 환경에서 실행되기 때문에 세션 인스턴스를 불변 객체로 남기는 것이 타당하다. 세션 상태를 가변 객체로 유지하면 (다중 스레드 환경에서) 오류가 생기기 쉽다. 대신 세션을 get()/set() 함수를 사용해 한꺼번에 저장하고 읽어와야 한다. getOrSet() 함수를 사용하면 존재하지 않는 세션 데이터를 초기화할 수 있다.

마지막 단계는 루트와 /clearStat 경로에 대한 라우팅 규칙을 추가하는 것이다. /clearStat은 세션 데이터를 삭제한 다음 사용자를 다시 루트 페이지로 리디렉션시킨다(따라서 루트 페이지에서는 다시 0이 표시된다).

루트 페이지에 대한 라우팅 규칙은 Routing.kt에 위치하며 다음과 같다.

```
fun Application.configureRouting() {
  routing {
    get("/") {
      call.rootPage()
    }
  }
}
```

한편 /clearStat 경로에 대한 라우팅 규칙은 쿠키를 초기화하는 Security.kt에 존재하며, 다음과 같다. Security.kt 안에서 쿠키 키 이름인 STAT_KEY 최상위 변수를 비공개(private)로 정의했기 때문에 같은 파일 안에 쿠키를 재설정하는 코드가 들어가야 한다.

```
data class Stat(val viewCount: Int)  // 앞에서 보여줬던 상태 클래스 정의
private const val STAT_KEY = "STAT"  // 최상위 변수를 private으로 정의하면 같은 파일 안에서만
사용 가능함

fun Application.configureSecurity() {
  install(Sessions) {
    cookie<Stat>(STAT_KEY)
```

```
    }
    routing {
      get("/clearStat") {
        call.sessions.clear(STAT_KEY)
        call.respondRedirect("/")
      }
    }
  }
```

애플리케이션을 실행하고 localhost:8080을 브라우저에서 열면 페이지를 재방문할 때마다 카운터가 올라간다. 그림 16-15는 사이트를 여러 번 방문한 결과다.

▼ 그림 16-15 세션 데이터를 사용해 페이지 방문 횟수 추적하기

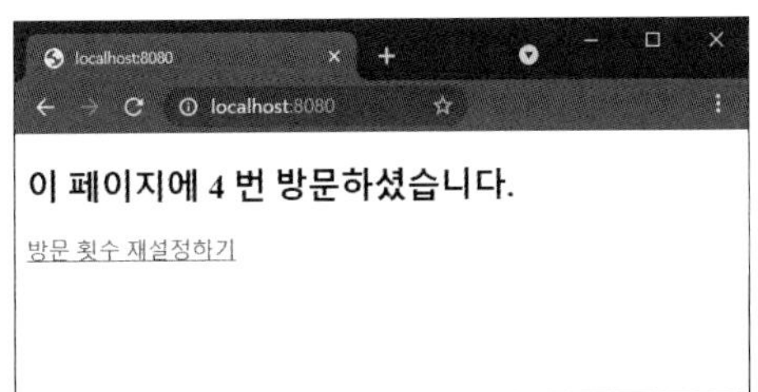

방문 횟수 재설정하기 링크를 클릭하면 서버가 세션 정보를 지우고 카운터를 0으로 재설정한다. /clearStat 핸들러 맨 끝의 responseRedirect()를 보라. 세션 정보를 재설정한 다음, 루트 페이지를 다시 렌더링하기 위해 이 리디렉션이 필요하다.

쿠키 대신 세션을 요청과 응답 헤더에 넣을 수도 있다.

```
install(Sessions) {
  header<MyData>("my_data")
}
```

Ktor 세션은 클라이언트나 서버 어느 쪽에든 저장될 수 있다. 기본적으로 모든 세션 데이터는 클라이언트에 전송되고, 클라이언트는 세션 정보를 기억했다가 다음 요청을 보낼 때 함께 전송한다. Ktor에 내장된 디폴트 직렬화기는 일반 텍스트를 사용하기 때문에 세션 정보가 오가는 것이 보안상 위험할 수 있다. 이 문제를 해결하기 위해 Ktor는 송수신하는 데이터를 추가로 인코딩/디코딩하는 세션 트랜스포머(transformer) 메커니즘을 제공한다.

Ktor에 기본 내장된 트랜스포머 중에 SessionTransportTransformerMessageAuthentication은 세션 데이터와 정해진 알고리즘(디폴트는 SHA256)으로 계산된 세션 데이터에 대한 해시를 함께 전송한다. 가장 단순한 경우, 여러분은 비밀 키만 이 트랜스포머에게 제공하면 된다.

```kotlin
install(Sessions) {
  cookie<Stat>(STAT_KEY, SessionStorageMemory()) {
    // 실제로는 SecureRandom 등 암호학적으로 안전한 난수 함수를 써야 한다
    val key = Random.nextBytes(16)
    transform(SessionTransportTransformerMessageAuthentication(key))
  }
}
```

이 기능을 사용해도 세션 데이터는 바뀌지 않기 때문에 여전히 제3자가 클라이언트 쪽에서 정보를 볼 수 있지만, 세션 정보를 변경할 수는 없다. 서버는 세션 정보에 대한 해시 요약값(digest)을 검사해서 정보가 변조된 경우 비밀 키에 기반한 새 세션 정보를 만들어낸다.

더 강력한 보안을 제공하려면 SessionTransportTransformerEncrypt를 사용해야 한다. 이 트랜스포머는 세션 데이터를 암호화해서 제3자가 데이터를 읽지 못하게 막는다. 이 트랜스포머를 설정하려면 암호화 키와 서명 키를 함께 제공해야 한다(서명 키는 세션 데이터에 대한 디지털 서명을 생성할 때 쓰인다).

```kotlin
install(Sessions) {
  cookie<Stat>(STAT_KEY, SessionStorageMemory()) {
    // 실제로는 SecureRandom 등 암호학적으로 안전한 난수 함수를 써야 한다
    val encryptionKey = Random.nextBytes(16)
    val signKey = Random.nextBytes(16)
    transform(SessionTransportTransformerEncrypt(encryptionKey, signKey))
  }
}
```

SessionTransportTransformer를 직접 구현해서 자신만의 트랜스포머를 추가할 수도 있다.

기본적으로 cookie()와 header() 블록은 클라이언트 쪽 세션을 설정한다. 이 경우 모든 세션 데이터가 클라이언트 쪽에 저장되고 매 요청/응답 시마다 세션 데이터도 함께 전송된다. 이에 대한 대안으로, Ktor가 서버 쪽에 세션 정보를 저장할 세션 저장소를 설정하고 세션 ID만 전송하는 방법이 있다.

```kotlin
install(Sessions) {
  cookie<Stat>(STAT_KEY, SessionStorageMemory())
}
```

SessionStorageMemory는 세션 데이터를 서버 메모리에 저장하는 내장 구현이다. 활성화된 클라이언트 수가 늘어남에 따라 메모리 사용량도 늘어나므로 서버 측 세션 정보를 가능한 한 간결하게 유지해야 한다.

이것으로 Ktor가 제공하는 서버 애플리케이션 관련 기능에 대한 설명을 마친다. 다음 절에서는 Ktor를 사용해 HTTP 클라이언트 프로그램을 작성하는 방법을 살펴본다.

16.3 클라이언트 기능

Ktor는 서버 애플리케이션뿐 아니라 여러 가지 서버와 통신하는 비동기 클라이언트 개발을 더 쉽게 할 수 있도록 도와준다. 여기서는 HTTP 프로토콜을 사용해 웹 서버와 통신하는 HttpClient 클래스를 중심으로 Ktor가 제공하는 기능 중 일부를 살펴보겠다.

16.3.1 요청과 응답

모든 HTTP 클라이언트의 기본 기능은 주로 웹 서버에게 요청을 보내고 보낸 요청에 따른 응답을 읽어들이는 것과 관련 있다. Ktor는 HTTP로 요청을 보내고 응답을 받을 때 필요한 다양한 텍스트나 이진 콘텐츠 관련 기능을 내장해 제공한다.

Ktor 클라이언트 기능을 사용하려면, 우선 다음과 같이 그레이들 설정 파일에 Ktor 클라이언트 코어 기능에 대한 의존 관계를 추가해야 한다.

```
implementation("io.ktor:ktor-client-core:$ktor_version")
```

Ktor 클라이언트에서도 아파치 HttpClient, 자바 HttpClient, 제티, CIO, 안드로이드, OkHttp, 자바스크립트, 네이티브 등 플랫폼에 따라 다양한 엔진을 사용할 수 있다. 우리는 자바 HttpClient를 사용하자. 자바 HttpClient를 사용하려면 다음 의존 관계를 더 추가해야 한다.

```
implementation("io.ktor:ktor-client-java:$ktor_version")
```

이제 실제 클라이언트 코드를 작성할 준비가 됐다. HttpClient로 HTTP 요청을 보내는 가장 단순한 방법은 제네릭 get() 메서드에 타깃 URL을 넘기는 것이다. 제네릭 get() 메서드의 타입 인자는 클라이언트가 서버 응답을 표현하기 위해 반환하는 객체의 타입을 결정한다. 예를 들어 응답 본문을 한 덩어리의 텍스트로 받고 싶다면 get<String>()을 사용할 수 있다.

```kotlin
import io.ktor.client.HttpClient
import io.ktor.client.request.*
import kotlinx.coroutines.runBlocking
import java.time.DayOfWeek
import java.time.format.TextStyle
import java.util.*

fun main() {
  runBlocking {
    HttpClient().use {
      val url = "http://worldtimeapi.org/api/timezone/Australia/Brisbane.txt"
      val result = it.get<String>(url)
      val prefix = "day_of_week:"
      val from = result.indexOf(prefix)
      if (from < 0) return@runBlocking
      val to = result.indexOf('\n', from + 1)
      if (to < 0) return@runBlocking
      val dow = result
        .substring(from + prefix.length, to)
        .trim()
        .toInt()
      println("브리즈번은 ${DayOfWeek.of(dow).getDisplayName(TextStyle.FULL, Locale.
KOREAN)} 입니다!")
    }
  }
}
```

참고로 http://worldtimeapi.org/에 보내지는 요청이 많으면 503 오류가 나올 수도 있다. 콘솔에 503 응답 코드가 보이는 예외가 표시되면 잠시 기다렸다가 프로그램을 다시 실행해보라.

문자열 표현 외에 바이트 배열로 응답 본문을 변경해서 바이너리 형태로 데이터를 받을 수도 있다.

```kotlin
val bytes = client.get<ByteArray>(url)
```

또는 ByteReadChannel을 활용해 비동기로 데이터를 얻을 수도 있다.

```kotlin
val channel = client.get<ByteReadChannel>(url)
```

HttpClient가 제공하는 요청 메서드들은 일시 중단 함수이므로 코루틴 문맥 안에서 호출해야 한다. 그래서 이 예제에서는 runBlocking() 함수를 사용했다. 일반적으로 코틀린 코루틴이 제공하는 어떤 비동기 계산을 사용해도 좋다.

HttpClient는 close()를 통해 명시적으로 클라이언트를 종료시켜야 한다는 점에 유의하라. 클라이언트의 범위가 제한된 경우, 다른 Closeable 타입의 인스턴스들과 마찬가지로 use 블록을 사용하면 종료 처리를 감출 수 있다.

짐작했겠지만, get() 메서드는 HTTP GET 동사에 해당한다. Ktor는 post(), put(), delete(), patch(), head(), options()처럼 HTTP 1.x/2.x 표준이 제공하는 모든 요청 방식을 처리하는 비슷한 함수를 지원한다.

각 함수는 HttpRequestBuilder.() -> Unit 타입의 선택적인 람다(확장 람다)를 받을 수 있다. 이 람나 안에서 요청에 헤더나 본문 등을 추가하는 작업을 수행할 수 있다. 헤더를 추가하려면 HttpRequestBuilder가 제공하는 header 메서드를 사용하면 된다.

```
client.get<ByteArray>(url) {
  header("Cache-Control", "no-cache")
}
```

HttpRequestBuilder의 headers 프로퍼티를 통해 HeadersBuilder 블록을 사용할 수도 있다.

```
HttpClient().use {
  it.get<ByteArray>(URL) {
    headers {
      clear()
      append("Cache-Control", "no-cache")
      append("My-Header", "My-Value")
    }
  }
}
```

HttpClient는 서버가 클라이언트 소프트웨어를 식별(웹 브라우저의 종류나 버전 등)할 때 도움을 주기 위해 User-Agent 헤더를 제공하는 단순한 방법을 지원한다. 이를 위해서는 UserAgent 기능을 설치하고 agent 프로퍼티에 적절한 헤더 값을 지정하라.

```
val client = HttpClient(){
  install(UserAgent) {
    agent = "Test Browser"
  }
}
```

이제 client.use{} 등으로 클라이언트를 사용하면 User-Agent 헤더 값이 Test Browser로 설정돼 요청이 전달된다.

미리 정의된 두 가지 User-Agent 설정이 있다.

- **BrowserUserAgent()**: 크롬, 사파리 등의 유명한 브라우저를 지원한다.
- **CurlUserAgent()**: Curl에 해당하는 에이전트 문자열

이 두 함수는 전체 기능 설치 블록을 대신할 수 있다. 예를 들면 다음과 같다.

```
// io.ktor:ktor-client-java만 가져왔으므로 HttpClient()에 전달할 엔진 종류로 Java만 사용할 수
있다
val client = HttpClient(Java) {
  BrowserUserAgent()
}
```

요청 본문(예 POST 요청)을 제공하고 싶으면 HttpRequestBuilder의 body 프로퍼티를 사용한다. 가장 간단한 방법은 String 표현을 사용하는 것이다.

```
client.get<String>(url) {
  body = "my_key1=my_value1&my_key2=my_value2"
}
```

또는 OutgoingContent를 상속한 TextContent 등의 구현을 제공할 수도 있다. TextContent는 String을 사용하는 것과 비슷하지만 MIME 타입을 지정할 수 있고, ByteArrayContent는 이진 데이터를 넘길 때 유용하며, LocalFileContent는 파일을 전송할 수 있다. 추가로 JsonFeature를 설치하면 자동으로 임의의 객체를 JSON 형태로 직렬화할 수 있다.[5] 직렬화에 대해 좀 더 알고 싶다면 **17장 마이크로서비스 구축**의 Ktor 부분을 살펴보라.

submitForm() 함수는 HTML 폼을 모방해 여러 가지 일반적인 시나리오를 구현한다. 예를 들어 다음 코드는 **16.2.3절 HTML DSL**에서 만들었던 서버 애플리케이션에 폼을 제출한다.

```
HttpClient().submitForm<String>(
  url = "http://localhost:8080",
  encodeInQuery = true,
  formParameters = parametersOf(
    "from" to listOf("0"),
    "to" to listOf("100"),
    "count" to listOf("10")
```

5 역주 17장에서 다루지만, 클라이언트는 ktor-client-XXX로 어떤 JSON 직렬화 라이브러리를 사용할지 의존 관계를 결정하고 JsonFeature를 설치해 사용해야 한다. 그러나 서버에서는 콘텐츠 협상(content negotiation)을 담당하는 ContentNegotiation 플러그인을 설치하면서 json 옵션을 설정하는 형태로 사용해야 한다.

```
    )
  )
```

파라미터를 키-값 쌍 형태로 전달하되 encodeInQuery 인자가 폼 데이터를 어떤 식으로 서버에 전달할지를 결정한다.

- **true**: 파라미터를 요청 URL의 쿼리 파라미터로 인코딩해서 HTTP GET을 사용해 요청한다.
- **false**: 파라미터를 요청 본문에 인코딩해서 HTTP POST로 요청한다.

Ktor 클라이언트는 HTTP 리디렉션을 처리할 수 있다. 이 기능은 디폴트로 설치돼 있기 때문에 서버가 리디렉션 응답을 돌려주면 클라이언트가 자동으로 새 위치로 이동한다.

16.3.2 쿠키

HTTP 쿠키는 클라이언트의 여러 요청 간에 상태를 유지할 때 일반적으로 사용하는 방법으로, HTTP 헤더에 작은 데이터 꾸러미를 전달하는 방식을 사용한다. 클라이언트(웹 브라우저 등)는 처음에 서버로부터 쿠키를 전달받아서 클라이언트 쪽에 저장하며, 이후 다른 요청을 보낼 때마다 쿠키를 함께 전달한다. 쿠키는 서버 세션을 유지할 때 유용하다. 세션은 앞에서 Ktor 서버를 설명할 때 이미 다뤘다. 여기서는 클라이언트 쪽에서 쿠키를 다루는 방법을 살펴보자.

HTTP 서버가 쿠키를 사용해 클라이언트 호출 간 데이터를 유지한다면, 클라이언트는 이런 데이터를 제대로 저장했다가 필요할 때마다 HTTP 요청에 추가해줘야 한다. Ktor는 쿠키 기능을 제공하기 때문에 이 작업을 손쉽게 할 수 있다. Ktor 클라이언트의 쿠키 기능 사용법을 알아보기 위해 Ktor 서버를 설명할 때 사용한 뷰 카운터 애플리케이션(그림 16-15)에 대한 간단한 클라이언트를 작성해보자.

```
import io.ktor.client.*
import io.ktor.client.request.get
import io.ktor.client.features.cookies.*
import kotlinx.coroutines.delay
import kotlinx.coroutines.runBlocking

private const val H2 = "<h2>"
private const val H2_CLOSE = "<h2>"

fun main() {
```

16

Ktor를 활용한 웹 개발

```
HttpClient(){
  install(HttpCookies)
}.use { client ->
  runBlocking {
    repeat(5) {
      val htmlText = client.get<String>("http://localhost:8080")
      val from = htmlText.indexOf(H2)
      val to = htmlText.indexOf(H2_CLOSE)
      if(from < 0 || to < 0) return@runBlocking
      val message = htmlText.substring(from+H2.length, to)
      println(message)
      delay(500)
    }
  }
}
}
```

코드를 보면 클라이언트가 루트 경로(/)에 대한 응답을 받아서 <h2> 태그에 들어있는 메시지를 가져온 다음, 표준 출력에 출력한다. 여기서 install(HttpCookies) 호출만 하면 HttpClient가 쿠키를 처리하게 된다. 요청/응답이 다섯 번 일어나기 때문에(그리고 매번 쿠키가 갱신된다) 출력은 다음과 같다.

```
이 페이지에 0 번 방문하셨습니다.
이 페이지에 1 번 방문하셨습니다.
이 페이지에 2 번 방문하셨습니다.
이 페이지에 3 번 방문하셨습니다.
이 페이지에 4 번 방문하셨습니다.
```

기본적으로 HTTP 클라이언트는 빈 쿠키로 시작하며, 서버가 응답으로 돌려준 쿠키를 다음 요청에 전달한다. 이 과정은 전형적인 브라우저 동작과 일치한다. 때로는 서버에서 쿠키를 받지 않았어도 미리 설정된 쿠키를 요청에 넣어서 전송해야 할 수도 있다. 예를 들어 서버 응답을 확인하기 위한 테스트 케이스에서 쿠키를 사용하는 경우 이런 식으로 미리 설정한 쿠키가 필요할 수 있다. 이런 경우에는 ConstantCookiesStorage를 사용해 쿠키 설정의 storage 프로퍼티를 변경하면서 미리 정의된 쿠키를 설정하면 된다.

```
val client = HttpClient() {
  install(HttpCookies) {
    storage = ConstantCookiesStorage(Cookie("STAT", "viewCount=%23i2"))
  }
}
```

쿠키의 viewCount 값을 2로 고정한다는 사실을 쉽게 알아볼 수 있다. 이렇게 쿠키 설정을 바꾼 클라이언트 애플리케이션을 실행하면 서버로부터 같은 응답을 다섯 번 돌려받는다.

```
이 페이지에 2 번 방문하셨습니다.
이 페이지에 2 번 방문하셨습니다.
이 페이지에 2 번 방문하셨습니다.
이 페이지에 2 번 방문하셨습니다.
이 페이지에 2 번 방문하셨습니다.
```

서버에서 받은 쿠키 값을 저장하는 디폴트 동작이 ConstantCookiesStorage로 인해 자동으로 변경된다. 원한다면 CookiesStorage 인터페이스를 구현해서 여러분 자신만의 쿠키 저장 정책을 설정할 수도 있다.

KOTLIN IN DEPTH

16.4 결론

이 장에서는 연결된 클라이언트/서버 애플리케이션 개발을 지원하는 Ktor 프레임워크의 기본 기능을 소개했다. 기본 Ktor 프로젝트 구조를 이해하고, 서버와 클라이언트 애플리케이션에 대해 Ktor가 지원하는 응답과 요청 처리, 라우팅 규칙, 세션 등의 기능을 살펴봤다. 여기서는 Ktor가 자바/코틀린 개발자에게 제공하는 기능을 살펴볼 수 있도록 몇 가지 기본적인 면을 간략히 다뤘다. Ktor 웹사이트(https://ktor.io)를 참고하고 특히 https://ktor.io/samples에 있는 예제에 관심을 기울이길 바란다.

다음 장에서도 연결과 관련한 주제를 계속 다룬다. 특히 코틀린으로 마이크로서비스를 개발하는 방법을 다룰 것이다. 마이크로서비스 아키텍처의 기초를 설명하고, 특히 Ktor와 스프링 부트(Spring Boot) 플랫폼을 사용해 마이크로서비스를 구축할 때 코틀린이 어떻게 쓰이는지 살펴본다.

16.5 정리 문제

1. Ktor 프로젝트를 설정하는 기본 단계를 설명하라.
2. Ktor에서 HTML 콘텐츠를 어떻게 생성할 수 있는가? HTML DSL의 기본 기능을 설명하라.
3. 클라이언트가 HTTP 요청을 통해 전달한 데이터를 Ktor 서버 애플리케이션에서 어떻게 추출할 수 있는가?
4. Ktor에서 HTTP 응답을 생성하는 기본적인 방법을 설명하라.
5. Ktor의 라우팅 DSL을 설명하라.
6. 웹 애플리케이션에 세션 지원을 어떻게 추가할 수 있는가? 서버와 클라이언트 세션의 차이를 설명하라.
7. Ktor 클라이언트에서 HTTP 요청을 어떻게 만들고 송신할 수 있는지 설명하라.
8. Ktor 클라이언트에서 어떻게 HTTP 응답의 본문과 헤더에 접근할 수 있는가?
9. Ktor 클라이언트가 쿠키를 어떻게 지원하는지 설명하라.

17장

마이크로서비스 구축

마이크로서비스 아키텍처는 서로 연결된 미세한 도메인별 작업을 수행하는 여러 컴포넌트로 구성된 애플리케이션을 구축하는 방식을 제공한다. 이 아키텍처는 애플리케이션 전체를 한 덩어리로 디플로이(deploy)하는 모놀리식(monolithic)한 애플리케이션을 만드는 전통적인 기법과 상반된 기법이다. 마이크로서비스는 각 부분을 물리적으로 분리함으로써 개발과 테스트, 디플로이, 갱신이 더 쉬운 모듈화된 개발을 돕는다.

이 장에서는 마이크로서비스 아키텍처의 기초와 원칙을 설명하고, 코틀린이 마이크로서비스 개발에 어떤 도움을 줄 수 있는지를 Ktor와 스프링 부트(Spring Boot) 프레임워크를 통해 설명한다. 스프링 프레임워크는 자바 세계에서 널리 사용되는 도구로, 최신 버전에서는 코틀린 지원에도 많은 관심을 기울이고 있다. Ktor는 16장에서 이미 살펴본 것처럼 여러 가지 유형의 연결된 애플리케이션 개발을 지원하려는 목적으로 만들어졌고 코틀린 기능을 많이 사용한다. 이번 장을 진행하면서 여러분은 간단한 서비스를 구축하고, 이를 통해 향후 어떤 특정 마이크로서비스 프레임워크를 학습할 때 도움이 될 만한 토대를 쌓을 수 있을 것이다.

배우는 내용

- 마이크로서비스 아키텍처
- 스프링 부트 소개
- Ktor를 활용한 마이크로서비스

이 장의 목표

마이크로서비스 아키텍처의 기초를 이해하고 스프링 부트와 Ktor 프레임워크를 사용해 마이크로서비스를 만드는 기본 지식을 배운다.

17.1 마이크로서비스 아키텍처

마이크로서비스 아키텍처의 아이디어는 모놀리식 애플리케이션(전체를 한꺼번에 디플로이하고 배포하는)을 느슨하게 결합된 경량 서비스들의 집합으로 바꾸는 것이다. 각 서비스는 구체적인 작업을 수행하며, 잘 정의된 프로토콜을 사용해 다른 서비스와 통신한다.

더 구체적인 예를 들어보겠다. 사용자에게 상품 목록을 살펴볼 수 있는 기능과 주문 기능을 제공하는 온라인 스토어 애플리케이션을 만들고 싶다고 가정하자. 모놀리식 애플리케이션 아키텍처를 따르면 그림 17-1과 비슷한 설계에 도달할 수 있다.

▼ 그림 17-1 모놀리식 애플리케이션 예제

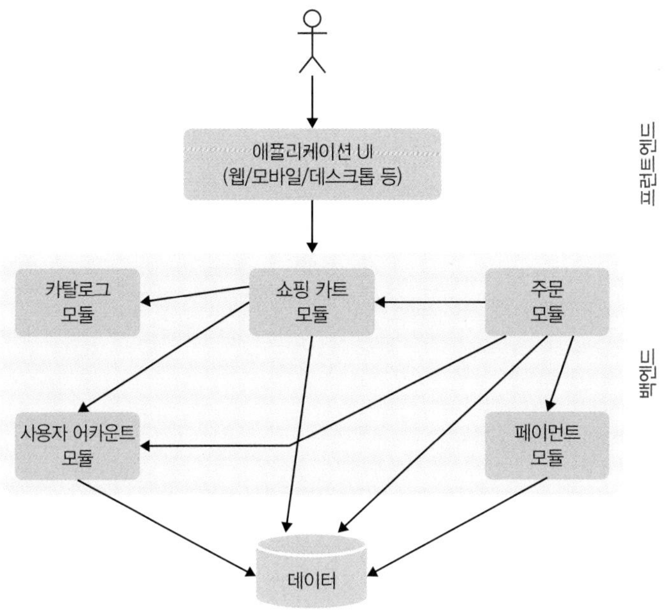

이 구조는 애플리케이션 UI(데스크톱, 웹, 모바일 클라이언트), 비즈니스 로직, 데이터 읽기와 쓰기에 대해 별도의 계층을 사용하는 일반적인 3계층 아키텍처다. 애플리케이션의 백엔드는 도메인에 따른 구체적인 워크플로(workflow)를 구현하며, 카탈로그 제공, 사용자 쇼핑 카트 유지, 주문 넣기/추적/취소, 지불 및 인증, 사용자 프로파일(profile) 관리 등을 담당하는 구체적인 모듈로 나눌 수 있다. 모듈들은 서로 느슨하게 결합돼 있지만, 보통은 독립적으로 배포되거나 디플로이될 수 없기 때문에 서버 애플리케이션이 모놀리스 애플리케이션이 된다.

하지만 이런 접근 방법을 사용하면, 애플리케이션 크기가 커짐에 따라 몇 가지 문제가 발생한다. 코드 기반을 변경하면 그 변경이 새 기능을 구현해 추가하는 것이든 기존 코드의 버그를 변경하는 것이든 관계없이 전체 애플리케이션을 갱신하고 다시 디플로이해야 하며, 기능을 추가함에 따라 전체 애플리케이션을 시작하는 데 걸리는 시간이 길어지고 새로운 버그가 생길 여지가 있다. 그리고 모놀리식 구조는 애플리케이션의 규모 확장을 방해하기도 한다. 모놀리식 접근 방법을 택하면 전체 애플리케이션의 규모를 한꺼번에 확장시켜야 하는데, 어떤 특정 모듈이나 기능의 규모를 확장시키는 것보다 분명 더 어려운 일이다. 생각해봐야 할 다른 문제로는 모든 백엔드 모듈이 한 프로세스로 실행되기 때문에 애플리케이션이 메모리 누출(memory leak)이나 다른 종류의 버그에 대해 더 취약해진다는 점을 들 수 있다.

이런 문제를 해결하기 위해 서비스 기반 아키텍처(Service Oriented Architecture, SOA)가 제안됐다. SOA는 모놀리식 애플리케이션을 별도로 개발하고 갱신하며 대부분 독립적으로 디플로이될 수 있는 완결성 있는 서비스들의 집합으로 분해한다. 마이크로서비스는 애플리케이션 아키텍처를 SOA에서 더 발전시켜서 각 서비스를 가능한 한 작고 단순하게 유지하려고 노력한다. 하지만 실제로는 SOA와 마이크로서비스가 거의 동의어처럼 쓰이기도 한다.[1]

원래의 모놀리식 애플리케이션 설계를 분해하면 그림 17-2와 비슷한 설계에 도달할 수 있다.

▼ 그림 17-2 마이크로서비스 아키텍처

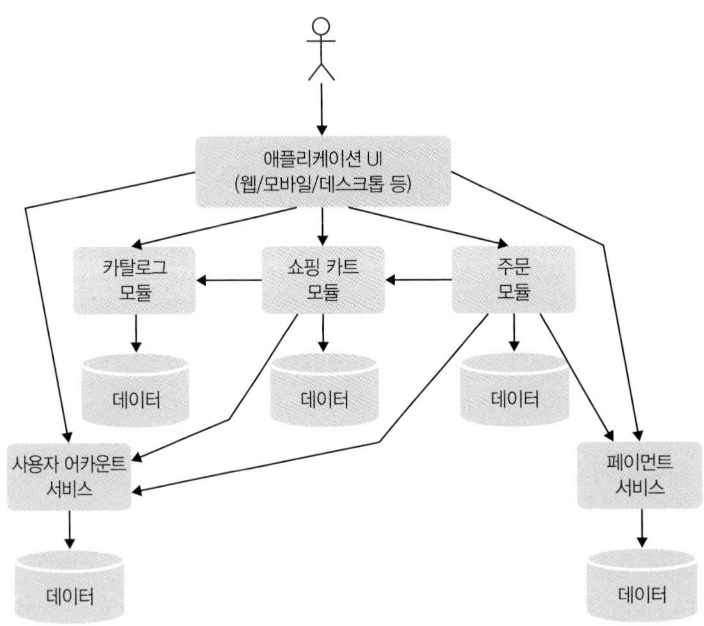

원래 설계의 모듈이 HTTP 같은 네트워크 기반 프로토콜을 사용하는, 같은 기능의 서비스로 대치됐다는 사실을 알 수 있다. 이제 각각의 서비스를 좀 더 독립적으로 개발, 갱신, 설정할 수 있다. 그리고 심지어 각 서비스는 서로 다른 DBMS를 통해 관리되는 데이터베이스를 사용할 수도 있다.

1 역주 저자의 SOA에 대한 견해는 논란의 여지(SOA와 마이크로서비스가 거의 동의어라는 등)가 있으므로, 이 부분에 대한 내용은 약간 비판적인 관점에서 받아들이길 바란다. 반면 17장에서 설명하는 스프링 애플리케이션과 Ktor 애플리케이션은 마이크로서비스를 구축할 때 빠르고 쉬운 방법이므로 이 책에서 다룬 내용이 좋은 출발점이 될 수 있다.

마이크로서비스의 개념이 엄밀하게 정의돼 있지는 않지만, 실용적인 마이크로서비스는 몇 가지 공통적인 원칙을 바탕으로 구현한다.

- 각 마이크로서비스는 앞에서 본 전자 상거래 예제의 상품 카탈로그 관리, 사용자 쇼핑 카트 관리 등과 같이 어떤 도메인의 구체적인 작업을 수행한다.
- 마이크로서비스는 잘 정의된 프로토콜을 사용해 서로 통신하며, 이 프로토콜은 각 서비스의 API를 구성한다. 가장 일반적인 경우는 HTTP와 XML이나 JSON 형식을 엮어서 복잡한 데이터를 전송하거나 RPC(원격 프로시저 호출) 기반의 프로토콜을 사용하는 것이다.
- 마이크로서비스들은 서로 독립적으로 버전을 부여하고, 디플로이되며, 갱신된다.
- 마이크로서비스는 언어나 프레임워크와 무관하다. 이 말은 일반적으로 여러분의 목적에 적합한 어떤 언어로든 마이크로서비스를 구현할 수 있고, 원하는 대로 개발 프레임워크를 선택해도 좋다는 뜻이다. 문제가 되는 것은 여러분의 서비스가 다른 서비스들과 상호 작용하기 위해 사용할 프로토콜뿐이다.

지금까지 설명한 내용으로 마이크로서비스 아키텍처가 무엇이고 어떤 경우에 애플리케이션에 마이크로서비스를 적용할지를 기본적으로 이해했을 것이다. 나중에는 코틀린 언어의 입장에서 마이크로서비스 프로그래밍이 어떤 형태일지를 보여줄 것이다. 이런 내용은 여러분이 스프링, 넷플릭스, Ktor 등의 여러 기술 스택이나 프레임워크를 살펴볼 때 토대가 된다.

17.2 스프링 부트 소개

스프링은 가장 흔히 쓰이는 자바 프레임워크이며, 주로 J2EE 플랫폼에 초점을 맞춘 여러 가지 애플리케이션을 구축할 때 사용할 수 있는 다양한 기능을 제공한다. 여기서는 마이크로서비스를 구축할 때 쓸 수 있는 스프링과 코틀린을 조합한 방식의 예로 스프링 부트 프로젝트를 보여줄 것이다. 스프링 부트는 다양한 유형의 스프링 프로젝트 생성과 스프링 프레임워크 설정을 단순화시켜 주는 유틸리티의 모음이다. Ktor 등의 다른 예제와 비슷하게 여기서도 스프링 부트 마이크로서비스를 생성하는 여러 단계를 설명한다.

17.2.1 프로젝트 설정

스프링 애플리케이션을 시작하는 가장 쉬운 방법은 사용자가 선택한 애플리케이션 유형에 따라 자동으로 프로젝트 뼈대를 만들어주는 스프링 이니셜라이저(Spring Initializr)라는 특별한 웹 도구를 사용하는 것이다. 이 도구를 사용하려면 브라우저에서 https://start.spring.io/를 방문하라(그림 17-3).

▼ 그림 17-3 스프링 이니셜라이저를 사용해 새 프로젝트 생성하기

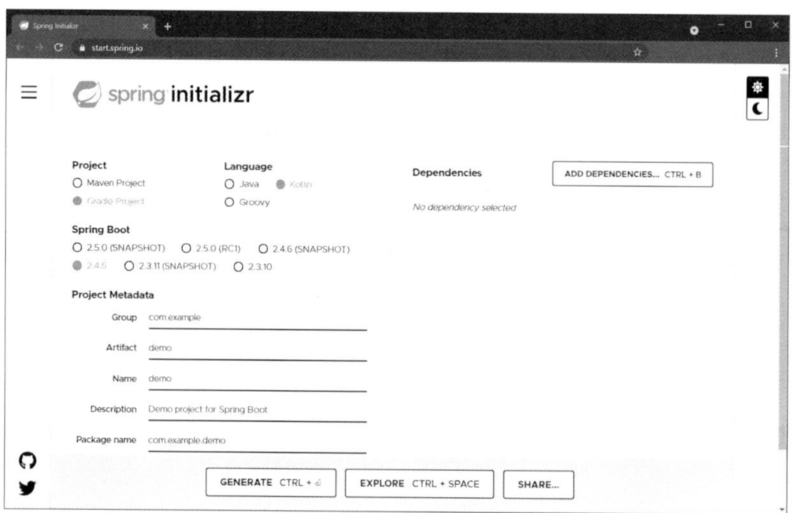

이 페이지에서는 이니셜라이저가 생성할 프로젝트의 유형에 따라 적용할 몇 가지 사항을 선택할 수 있다.

- **프로젝트를 설정하고 소스로부터 빌드할 때 사용할 빌드 시스템의 유형(메이븐/그레이들)**: 우리는 프로젝트 설정을 더 간결하게 기술할 수 있고 더 유연하기 때문에 그레이들을 선택할 것이다.
- **이니셜라이저가 예제 코드를 생성할 때 사용할 주 언어(여기서는 코틀린)**: 이 선택은 코틀린을 사용하는 것과 관련 있는 프로젝트 설정에도 영향을 미친다. 예를 들어 메이븐/그레이들 빌드 파일에 몇 가지 의존 관계가 추가된다.
- **사용할 스프링 부트 버전**: 2021년 5월 스프링 부트 릴리스 버전인 2.4.5를 택한다.[2]
- 아티팩트를 메이븐에 배포할 때 좌표로 사용할 프로젝트 그룹과 아티팩트 ID

2 역주 2021년 10월 현재 최신 버전은 2.5.5이다. 2.4와 비교할 때 여러 가지 기능 개선이 있지만 작성한 코드는 크게 달라질 부분이 없으므로 별도로 차이를 설명하지는 않는다. 이 책의 예제는 2.4.5를 사용해 실행하든, 2.5.5를 사용해 실행하든 차이가 없을 것이다.

추가로 의존 관계 필드에서 프로젝트에 포함할 몇 가지 공통 패키지를 선택해야 한다. 서비스에서 HTTP를 사용할 것이므로 웹 지원을 추가해야 한다. ADD DEPENDENCIES 버튼을 클릭해 나오는 대화창의 텍스트 필드에 web을 입력한 후 목록에서 Spring Web을 선택하라.

필요한 옵션을 모두 선택한 다음, GENERATE 버튼을 클릭하면 스프링 이니셜라이저가 생성한 ZIP 파일이 다운로드된다. 이 파일을 인텔리J IDEA에서 열려면 다음 절차를 거쳐야 한다.

1. 압축 파일을 적당한 로컬 디렉터리에 푼다.
2. File > New > Project from Existing Sources... 메뉴 커맨드를 선택하고, 압축 파일을 푼 프로젝트 루트 디렉터리를 선택한 뒤, 빌드 시스템의 종류(그레이들)를 선택한다.
3. IDE가 그레이들 빌드 모델 동기화를 끝내면 그림 17-4와 비슷한 프로젝트 구조를 볼 수 있다.

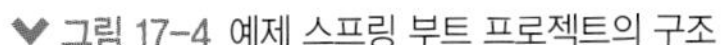

▼ 그림 17-4 예제 스프링 부트 프로젝트의 구조

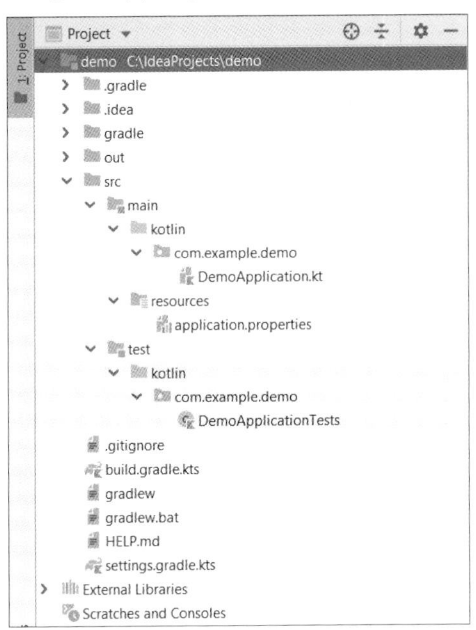

Ktor 마법사가 생성한 프로젝트와 마찬가지로, build.gradle.kts 파일에 프로젝트 의존 관계 정의가 들어있다. .kts 확장자에 주의하라. 이 확장자는 그레이들 빌드 파일이 그루비가 아닌 코틀린으로 작성됐다는 뜻이다. 이로 인해 스크립트에 적용되는 문법도 안드로이드 예제의 경우와 약간 다르다.

```
import org.jetbrains.kotlin.gradle.tasks.KotlinCompile

plugins {
    id("org.springframework.boot") version "2.4.5"
    id("io.spring.dependency-management") version "1.0.11.RELEASE"
    kotlin("jvm") version "1.4.32"
    kotlin("plugin.spring") version "1.4.32"
}

group = "com.example"
version = "0.0.1-SNAPSHOT"
java.sourceCompatibility = JavaVersion.VERSION_11

repositories {
    mavenCentral()
}

dependencies {
    implementation("org.springframework.boot:spring-boot-starter-web")
    implementation("com.fasterxml.jackson.module:jackson-module-kotlin")
    implementation("org.jetbrains.kotlin:kotlin-reflect")
    implementation("org.jetbrains.kotlin:kotlin-stdlib-jdk8")
    testImplementation("org.springframework.boot:spring-boot-starter-test")
}

tasks.withType<KotlinCompile> {
    kotlinOptions {
        freeCompilerArgs = listOf("-Xjsr305=strict")
        jvmTarget = "11"
    }
}

tasks.withType<Test> {
    useJUnitPlatform()
}
```

더 진행하기 전에 코틀린 버전을 더욱 최신 버전으로 바꾸는 등 몇 가지를 손볼 수도 있다. 다른 그레이들 프로젝트와 마찬가지로 build.gradle 파일을 변경하면 IDEA가 프로젝트 모델을 다시 동기화할 것을 제안한다(여러분이 자동 임포트 스위치를 켠 경우에는 자동으로 동기화가 시작된다).

applicaton.properties 파일에는 스프링의 동작에 영향을 미치는 여러 가지 프로퍼티가 (단순히 key=value 형식으로) 들어있다. 디폴트로는 빈 파일이 생기지만, 나중에 서비스가 리슨할 포트를 변경하기 위해 이 파일에 설정을 추가한다.

프로젝트 진입점은 DemoApplication.kt 파일이며, 이 파일 안에는 DemoApplication 클래스 정의와 애플리케이션의 시작을 스프링 프레임워크에게 위임하는 main() 함수 정의가 들어있다.

```
package com.example.demo

import org.springframework.boot.autoconfigure.SpringBootApplication
import org.springframework.boot.runApplication

@SpringBootApplication
class DemoApplication

fun main(args: Array<String>) {
    runApplication<DemoApplication>(*args)
}
```

runApplication() 함수는 DemoApplication 인스턴스를 만들고 자동으로 애플리케이션에 필요한 모든 빈(bean)을 인스턴스화하고 연결해준다. 디폴트 설정을 적용한 웹 애플리케이션 같은 경우에는 외부에서 들어오는 요청을 스프링이 제공하는 서블릿(servlet) 쪽으로 디스패치하기 위해 함께 번들된 톰캣 서버를 시작한다. DemoApplication 인스턴스는 필요할 때 다른 애플리케이션 구성 요소를 주입할 수 있는 전역 컨텍스트 역할을 한다. DemoApplication에 붙은 @SpringBootApplication 애너테이션에 주의하라. 이 애너테이션은 어떤 클래스를 스프링 애플리케이션 컨텍스트로 빠르게 설정할 수 있는 방법을 제공한다.

애플리케이션을 시작하면(IDEA 주 메뉴의 Run 명령을 사용하면 된다), 웹 브라우저 등의 HTTP 클라이언트를 사용해 애플리케이션에 접속할 수 있다. 애플리케이션 안에 실제 요청 처리 코드를 넣지 않았기 때문에 스프링 서블릿은 모든 요청에 대해 표준 오류 페이지로 응답한다. 그림 17-5는 이런 오류 페이지다.

❤ 그림 17-5 스프링 프레임워크가 제공하는 디폴트 응답 페이지

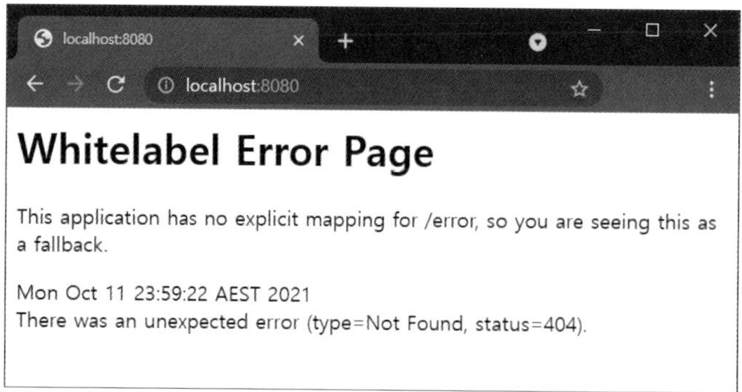

application.properties 파일에 따로 지정하지 않으면 스프링이 클라이언트 요청을 리슨하기 위해 8080번 포트를 사용한다는 점에 유의하라.

> IDE 팁 ≡ 인텔리J IDEA에 스프링 지원을 추가하는 플러그인들이 있다. 특히 스프링 이니셜라이저와 비슷하게 스프링을 활용하는 여러 가지 프로젝트를 생성해주는 플러그인이 존재한다. 하지만 이런 플러그인들을 인텔리J 커뮤니티 에디션에서는 쓸 수 없다. 반면에 인텔리J 얼티밋 에디션은 기본적으로 스프링 지원 플러그인을 포함해 제공된다.

다음 절에서는 방금 만든 프로젝트 뼈대를 활용해 예제 마이크로서비스를 만들 것이다. 하지만 실제 코딩을 진행하기 전에 가장 먼저 해야 할 일은 서비스가 어떤 일을 하며 클라이언트와 어떻게 의사소통할지 정하는 것이다. 여기서는 HTTP를 통신 프로토콜로 활용해 마이크로서비스를 소규모 웹 애플리케이션으로 구현하는 일반적인 실무를 보여줄 것이다.

17.3 서비스 API 결정하기

이 장에서는 서로 통신하는 간단한 서비스를 한 쌍 설계하는 예를 보여줄 것이다. 첫 번째 서비스는 **16장 Ktor를 활용한 웹 개발**에서 본 난수 생성기와 비슷하지만, 더 엄격히 정의된 입력과 출력을 가진 API 형태로 사용한다. 다음과 같은 URL로 요청이 들어오면

```
/random/int/from/X/to/Y/quantity/N
```

이 서비스는 범위가 X부터 Y(X와 Y 모두 범위에 포함되는 폐구간)에 속하는 난수를 N개 발생시킨다. 결과는 필드가 두 개 있는 JSON이다.

- **status**: 문제가 있을 때는 오류 메시지 문자열이고 오류가 없이 성공적인 경우에는 null이다.
- **values**: 생성된 정수 난수들의 배열(status가 오류를 표시하는 문자열일 경우에는 빈 리스트)이다.

가능한 오류는 다음과 같다.

- X, Y, N 중에 정수가 아닌 값이 있다.
- N이 양수가 아니다.
- Y < X

URL에 따라 예상되는 몇 가지 서비스 출력을 살펴보자.

▼ 표 17-1 난수 생성기 출력 예

URL 예제	서비스 응답
/random/int/from/10/to/20/quantity/5	{"status":null, "values":[16,17,18,17,12]}
/random/int/from/20/to/10/quantity/5	{"status":"Range may not be empty", "values":[]}
/random/int/from/10/to/20/quantity/-1	{"status":"Quantity must be positive", "values":[]}
/random/int/from/1X/to/20/quantity/5	{"status":"Range start must be an integer", "values":[]}

이 서비스가 제공하는 다른 기능은 부동소수점 수를 생성하는 것이다. 다음과 같은 형태의 URL로 요청이 들어오면

```
/random/float/quantity/N
```

0부터 1(1은 제외)까지의 범위에서 N개의 Double을 생성한다.

두 번째 서비스는 비슷한 API를 통해 암호를 제공한다. 다음과 같은 URL에 대해

```
/password/length/L/quantity/N
```

두 번째 서비스는 N개의 알파벳이나 문자로 이뤄진 L 길이의 문자열을 돌려준다. 암호 생성기도 난수 생성기와 똑같은 출력 형식을 사용한다. 유일한 차이는 돌려주는 values 필드에 수가 아닌 문자열들이 들어있다는 것뿐이다.

▼ 표 17-2 암호 생성기 출력 예

URL 예제	서비스 응답
/password/length/8/quantity/5	{"status":null, "values":["B0zDWtvG","JrSkXl7X", "oDwR7cp2","X8sRfzDW","nUcRXzn1 "]}
/password/length/bbb/quantity/5	{"status": "Length must be an integer", "values":[]}
/password/length/-1/quantity/ccc	{"status": "Length must be positive", "values":[]}
/password/length/8/quantity/-5	{"status": "Quantity must be positive","values":[]}

서비스 간의 통신을 보여주기 위해 암호 생성 서비스가 난수 생성 서비스에 의존하게 설계한다. 암호 생성 서비스가 새 암호를 요청받으면 난수 생성 서비스를 호출해서 인덱스들을 난수로 생성하고, 이를 문자로 변환한 다음에 한꺼번에 합쳐서 문자열을 만든다.

이제 서비스 API가 어떤 형태인지 확실해졌으므로, 실제 구현을 시작할 수 있다. 먼저 다른 서비스에 의해 사용될 난수 생성 서비스부터 시작하자.

17.3.1 난수 생성기 서비스 구현하기

17.2.1절 프로젝트 설정에서 본 방법대로 난수 생성 서비스에 대한 새로운 스프링 부트 프로젝트를 생성하자. 서비스 진입점은 거의 달라지지 않는다. 현재 예제의 경우 애플리케이션 클래스와 패키지만 변경한다.

```
package com.example.randomGen

import org.springframework.boot.autoconfigure.SpringBootApplication
import org.springframework.boot.runApplication

@SpringBootApplication
class RandomGenerator

fun main(args: Array<String>) {
  runApplication<RandomGenerator>(*args)
}
```

서비스의 실제 비즈니스 로직을 작성하기 전에 JSON 형태로 전달할 데이터를 담을 클래스를 정의해야 한다. 서비스 입력은 URL 경로를 통해 원시 타입의 값으로 전달될 것이므로 필요한 클래스는 출력에 쓸 JSON에 대한 것뿐이다. 코틀린 데이터 클래스를 사용하면 된다.

```
package com.example.randomGen

data class GeneratorResult<T>(
  val status: String?,
  val values: List<T>
)

fun <T> errorResult(status: String) =
  GeneratorResult<T>(status, emptyList())
fun <T> successResult(values: List<T>) =
  GeneratorResult<T>(null, values)
```

errorResult()와 successResult()라는 유틸리티 함수가 있으면 서비스 코드에서 GeneratorResult를 좀 더 쉽게 생성할 수 있다.

서비스의 핵심 로직은 컨트롤러 클래스라는 클래스 내부에 정의된다. 컨트롤러는 클라이언트의 요청을 처리하는 클래스다. 스프링에서는 클래스를 컨트롤러로 정의하려면 @RestController를 클래스 앞에 붙이면 된다. 스프링은 컴포넌트를 스캔하는 과정에서 자동으로 이런 클래스를 적재하고 인스턴스를 생성한다. 자세한 컴포넌트 스캔 과정은 여기서 설명하지 않는다. 스프링 프레임워크 문서를 살펴보면 컴포넌트 스캔을 찾을 수 있다(예를 들어 @ComponentScan 애너테이션을 스프링 문서에서 찾아보라).

따라서 컨트롤러 클래스의 기본 뼈대는 다음과 같다.

```
package com.example.randomGen

import org.springframework.web.bind.annotation.RestController

@RestController
class RandomGeneratorController
```

요청 핸들러를 정의하려면 처리할 요청의 속성을 표현하는 특별한 애너테이션을 컨트롤러 클래스의 메서드에 붙여야 한다. 예를 들어 @RequestMapping 애너테이션을 사용하면 메서드와 특정 요청 URL을 연결할 수 있다.

```
@RequestMapping("/hello")
fun hello() = "Hello, World"
```

Ktor에서와 비슷하게, *와 같은 와일드카드나 파라미터 이름을 사용해 경로 템플릿을 정의할 수 있다. 다음 예제에서는 URL 경로의 마지막 부분({user})이 @PathVariable 애너테이션이 붙은 메서드 파라미터에 자동으로 연결된다.

```
@RequestMapping("/hello/{user}")
fun hello(@PathVariable user: String) = "Hello, $user"
```

메서드 파라미터 이름이 경로 템플릿에 사용한 변수와 다를 수도 있다. 이 경우에는 @PathVariable 애너테이션의 인자로 경로 템플릿에 사용한 변수를 적으면 된다.

```
@RequestMapping("/sum/{op1}/{op2}")
fun hello(
  @PathVariable("op1") op1Str: String,
  @PathVariable("op2") op2Str: String
): Any {
  val op1 = op1Str.toIntOrNull() ?: return "Invalid input"
  val op2 = op2Str.toIntOrNull() ?: return "Invalid input"
  return op1 + op2
}
```

URL 경로 외에 @RequestMapping 애너테이션은 HTTP 메서드(GET, POST)나 헤더의 내용, 요청 쿼리 파라미터 등의 여러 가지 요청 데이터와 핸들러를 연결시킬 수 있다. @PathVariable과 비슷하게 요청 쿼리 파라미터를 변수에 매치시켜주거나(@RequestParam), 요청 헤더를 변수에 넣거나(@RequestHeader), 세션 데이터를 변수에 넣을(@SessionAttribute) 수 있다. 이런 매핑 방식은 Ktor의 라우팅에서 사용한 방식과 상당히 비슷하다. 다만 Ktor의 경우 어떤 애너테이션으로 표시된 메타데이터가 아니라, 일반적인 코틀린 코드를 사용해 이런 요청 데이터를 변수에 매핑한다는 점이 다를 뿐이다. 여기서 이런 여러 가지 연결 방법을 자세히 설명하지는 않는다. 관심 있는 독자는 docs.spring.io의 문서를 살펴보라.

컨트롤러의 여러 메서드가 똑같은 경로를 접두사로 공유하면, 컨트롤러 클래스에 @RequestMapping 애너테이션을 붙이면서 이 접두사 경로를 넣을 수 있다. 이럴 경우 메서드에 붙은 애너테이션에 있는 경로는 클래스에 붙은 경로에 대한 상대적인 경로가 된다. 예를 들어 다음과 같이 작성하는 대신,

```
@RestController
class SampleController {
  @RequestMapping("/say/hello/{user}")
  fun hello(@PathVariable user: String) = "Hello, $user"
```

```
  @RequestMapping("/say/goodbye/{user}")
  fun goodbye(@PathVariable user: String) = "Goodbye, $user"
}
```

공통 접두사인 /say를 SampleConroller 클래스의 애너테이션 수준으로 끌어올려서 다음과 같이 작성할 수 있다.

```
@RestController
@RequestMapping("/say")
class RandomGeneratorController {
  @RequestMapping("hello/{user}")
  fun hello(@PathVariable user: String) = "Hello, $user"

  @RequestMapping("goodbye/{user}")
  fun goodbye(@PathVariable user: String) = "Goodbye, $user"
}
```

이를 염두에 두고, 우리가 정한 서비스 API에 따라 /random/int 경로를 처리할 컨트롤러 메서드를 구현하자.

```
@RequestMapping("/int/from/{from}/to/{to}/quantity/{quantity}")
fun genIntegers(
  @PathVariable("from") fromStr: String,
  @PathVariable("to") toStr: String,
  @PathVariable("quantity") quantityStr: String
): GeneratorResult<Int> {
  val from = fromStr.toIntOrNull()
    ?: return errorResult("Range start must be an integer")
  val to = toStr.toIntOrNull()
    ?: return errorResult("Range end must be an integer")
  val quantity = quantityStr.toIntOrNull()
    ?: return errorResult("Quantity must be an integer")

  if (quantity <= 0) return errorResult("Quantity must be positive")
  if (from > to) return errorResult("Range may not be empty")

  val values = (1..quantity).map { Random.nextInt(from, to + 1) }
  return successResult(values)
}
```

/random/float 경로로 들어오는 요청에 따라 Double 값을 만들어내는 방법도 비슷하다.[3]

애플리케이션을 시작하고 브라우저에서 서비스에 접근하면 원하는 응답을 받을 수 있다. 그림 17-6은 난수 목록을 받은 예다.

▼ 그림 17-6 성공적인 응답 예

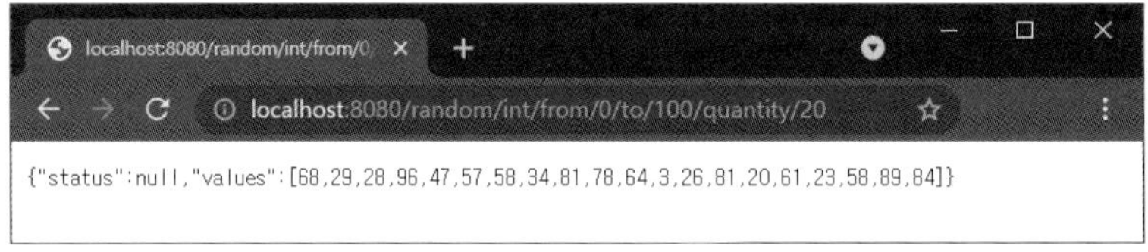

클라이언트의 잘못된 요청을 서비스가 제대로 (오류로) 처리하는지 확인할 수도 있다. 그림 17-7은 요청에서 난수 범위를 50에서 20까지로 지정한 경우다.

▼ 그림 17-7 오류 응답 생성 예

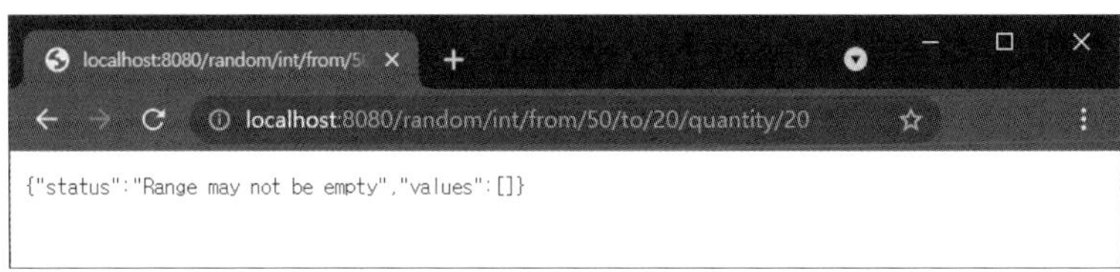

예상대로 서비스가 지정한 구간의 상계(upper bound)가 하계(lower bound)보다 작기 때문에 주어진 구간이 비어있다는 사실을 알려주는 메시지를 반환한다.

17.3.2 암호 생성 서비스 구현하기

첫 번째 서비스인 난수 서비스에서 시작하면 두 번째 서비스인 암호 생성 서비스를 쉽게 구현할 수 있다. 앞 예제와 비슷한 스프링 부트 프로젝트를 생성하고 com.example.passwordGen 패키지 안에 코드를 넣자.

난수를 생성하는 경우와 비교해 중요한 차이점은 두 번째 서비스(암호 생성)가 첫 번째 서비스(난수 생성)와 통신해야 한다는 것이다. 스프링에 기본적으로 들어있는 RestTemplate 클래스는 다른 웹 애플리케이션으로 요청을 보내고 응답을 받는 작업을 쉽게 할 수 있도록 도와준다. 예를 들어,

3 역주 전체 코드는 이 책의 깃허브 리포지터리(https://github.com/gilbutITbook/080250)에서 볼 수 있다.

```kotlin
val url = "http://localhost:8080/random/int/from/0/to/10/quantity/5"
val restTemplate = RestTemplate()
val result = restTemplate.getForObject(url, GeneratorResult::class.java)
              as GeneratorResult<Int>
```

위 코드는 0 이상 10 이하의 난수가 다섯 개 들어있는 리스트를 돌려받는다.

이 아이디어를 활용해 난수를 암호 문자로 변경하자. 다음은 암호 생성 서비스의 컨트롤러 클래스다.

```kotlin
package com.example.passwordGen

import org.springframework.web.bind.annotation.PathVariable
import org.springframework.web.bind.annotation.RequestMapping
import org.springframework.web.bind.annotation.RestController
import org.springframework.web.client.RestTemplate

private val chars = ('a'..'z') + ('A'..'Z') + ('0'..'9')

@Suppress("unused")
@RestController
@RequestMapping("/password")
class PasswordGeneratorController {
  @RequestMapping("/length/{length}/quantity/{quantity}")
  fun genPasswords(
    @PathVariable("length") lengthStr: String,
    @PathVariable("quantity") quantityStr: String
  ): GeneratorResult<String> {
    val length = lengthStr.toIntOrNull()
      ?: return errorResult("Length must be an integer")
    val quantity = quantityStr.toIntOrNull()
      ?: return errorResult("Quantity must be an integer")
    if (quantity <= 0) return errorResult("Quantity must be positive")

    val prefix = "http://localhost:8080/random/int"
    val url = "$prefix/from/0/to/${chars.lastIndex}/quantity/$length"
    val restTemplate = RestTemplate()
    val passwords = (1..quantity).map {
      val result = restTemplate.getForObject(
        url, GeneratorResult::class.java
      ) as GeneratorResult<Int>
      String(result.values.map { chars[it] }.toCharArray())
    }
```

```
        return successResult(passwords)
    }
}
```

암호 생성 서비스가 자신의 응답을 생성할 때와 난수 생성 서비스의 응답을 받을 때 GeneratorResult 클래스를 사용한다는 점에 유의하라. 이런 단순한 경우에는 정의를 두 번째 서비스 프로젝트로 복사하면 되겠지만, 요청/응답 데이터를 표현하는 클래스가 많이 있는 더 복잡한 시나리오에서는 프로젝트 간에 코드를 공유할 다른 방법이 필요할 것이다. 예를 들어 다중 모듈 프로젝트를 설정하고 그 안에 여러 서비스와 공유 클래스를 모듈로 설정하거나, 공유 코드를 별도의 프로젝트로 추출해서 아티팩트를 만들고 이 아티팩트를 리포지터리에 배포한 다음 각 서비스가 이 아티팩트에 의존하게 만들 수도 있다.

우리가 만드는 두 서비스가 모두 독립 애플리케이션으로 실행되기 때문에 서로 다른 포트를 리슨해야 한다. 따라서 암호 생성 서비스를 실행하기 전에 서비스가 리슨할 포트가 난수 생성 서비스와 충돌하지 않게 변경해야 한다. 예를 들어 application.properties 안에서 포트를 다음과 같이 8081로 설정할 수 있다.

```
server.port=8081
```

이제 두 번째 서비스를 실행하고 localhost:8081/password/length/12/quantity/10 형식의 URL을 사용해 이 서버의 기능을 테스트해보자. URL을 처리할 때 암호 서비스는 난수 생성 서비스에게 여러 번 요청을 보내서 얻어온 응답을 사용해 암호 목록을 생성함으로써 응답한다. 그림 17-8은 브라우저를 통해 암호 서비스에 접속한 예다.

▼ 그림 17-8 암호 생성 서비스의 응답 예

암호 서비스가 여러 요청을 순차적으로 보내고 동기적으로 처리했다는 점에 유의하라.

```
val passwords = (1..quantity).map {
    val result = restTemplate.getForObject(
        url,GeneratorResult::class.java
    ) as GeneratorResult<Int>
```

```
    String(result.values.map { chars[it] }.toCharArray())
  }
```

즉, 여기서 서비스 스레드는 getForObject()를 호출할 때마다 블럭되며, 이 요청이 응답을 받을 때까지 다른 유용한 작업을 진행할 수 없다. 동시에 들어오는 요청의 수가 많아짐에 따라 규모를 확장해야 할 때 이런 동기적 처리는 방해가 될 수 있다. 따라서 이런 경우에는 일반적으로 코틀린 코루틴 라이브러리나 RxJava 또는 아카(Akka) 등의 비동기 프로그래밍 기법을 사용해야 한다.

다음 절에서 보겠지만, Ktor는 이미 코루틴 라이브러리 위에 구축됐고 그로 인해 일시 정지 함수를 통한 비동기적 계산이 가능한 프레임워크이므로 이런 문제를 피할 수 있다. 지금부터는 Ktor의 기능을 활용하면 암호 생성 서비스를 어떻게 구축할 수 있는지 살펴보자.[4]

17.4 Ktor를 사용한 마이크로서비스

KOTLIN IN DEPTH

앞 장에서는 연결된 클라이언트/서버 애플리케이션 개발을 쉽게 해주는 Ktor 프레임워크를 소개했다. 이 장의 나머지 부분에서는 Ktor를 사용해 마이크로서비스를 얼마나 쉽게 구현할 수 있는지 살펴보면서 우리의 지식을 확장시켜보자.

이번 절은 두 가지 부분으로 구성된다. 첫 번째 부분에서는 클라이언트와 서버에서 JSON 기반의 객체 직렬화를 수행하는 Ktor 기능을 소개한다. 이 기능을 사용하면 조금 전에 스프링 프레임워크에서 했던 것과 비슷하게 요청을 보낼 때 코틀린 객체를 그에 상응하는 JSON 표현으로 바꿀 수 있고, 요청을 받아서 JSON 표현을 코틀린 객체로 복구할 수 있다.

두 번째 부분에서는 Ktor API를 사용해 암호 생성 서비스를 다시 구현한다. 이를 통해 스프링과 Ktor의 기능을 나란히 비교해볼 수 있고(예 라우팅 DSL과 요청 매핑 애너테이션), 여러 다른 프레임워크에 의해 구현된 마이크로서비스가 어떻게 서로 매끄럽게 통신하면서 실행될 수 있는지 볼 수 있다.

4 역주 스프링 웹플럭스(WebFlux)를 사용하면 스프링에서도 아주 쉽게 비동기 서비스를 개발할 수 있다. 스프링 웹플럭스는 자바 9에 추가된 리액티브 스트림즈(Reactive Streams)를 사용한다. 기존의 블러킹 방식을 이용하는 스프링 웹 앱이 있다면, 이를 스프링 웹 플럭스를 사용한 앱으로 변경할 수 있다. 스프링 웹플럭스에 대한 자세한 내용은 https://docs.spring.io/spring-framework/docs/current/reference/html/web-reactive.html을 살펴보라.

17.4.1 JSON 직렬화 사용하기

16장에서 Ktor의 respondText() 함수를 통해 일반 텍스트 응답을 보내는 예제를 살펴봤다. 물론 일반 텍스트 대신 JSON을 사용할 수도 있다. Ktor는 임의의 객체를 직렬화하는 컨버터를 여러 분이 제공할 수 있도록 ContentNegotiation 기능을 사용하는 해법을 제공한다. 일반적으로 어떤 MIME 타입을 사용하려면 그에 대응하는 ContentConverter 인터페이스의 구현을 등록해야 한다. ContentConverter 인터페이스는 해당 MIME 타입에 대한 send/receive 연산을 지원한다. Ktor는 세 가지 직렬화 방식을 지원한다.

- 잭슨(Jackson) 라이브러리(https://github.com/FasterXML/jackson)
- 구글 GSON 라이브러리(https://github.com/google/gson)
- kotlinx.serialization 라이브러리(https://github.com/Kotlin/kotlinx.serialization)

여기서는 서버에 잭슨 기반의 구현을 사용한다. 잭슨을 사용하는 변환기는 io.ktor:ktor-jackson 아티팩트로 분리돼 있으므로, build.gradle.kts 파일의 의존 관계 부분에 다음을 추가하라.

```
implementation "io.ktor:ktor-jackson:$ktor_version"
```

이제 ContentNegotiation 기능을 설치하면서 JSON 직렬화를 설정할 수 있다.

```
install(ContentNegotiation) {
  jackson()
}
```

여기서 jackson() 함수는 JacksonConverter를 application/json 콘텐츠 타입과 연동시키고, 응답 시 사용할 디폴트 콘텐츠 타입으로 설정한다. 예를 들어, 응답 시 객체를 전송하면 잭슨이 자동으로 객체를 JSON 텍스트 형식으로 변환해준다.

```
call.respond(successResult(listOf("12345678")))
```

마찬가지로 서버는 클라이언트가 보낸 요청에서 받은 JSON 객체를 역직렬화해 일반 코틀린 객체로 바꿀 수 있다.

```
data class PasswordSpec(val length: Int, val quantity: Int)
...
val spec = call.receive<PasswordSpec>()
```

하지만 여기서 우리가 만들 암호 생성 서비스는 다른 서비스에게 요청을 보내고 돌아오는 응답에 들어있는 JSON 데이터를 사용해야 한다. 따라서 HttpClient 인스턴스에 대한 직렬화를 설정해야 한다. Ktor는 클라이언트의 경우도 서버와 마찬가지로 세 가지 직렬화기를 기본으로 지원한다. 각각을 사용하려면 그레이들 빌드 파일에서 의존 관계를 추가해야 한다. 다음 중 원하는 아티팩트를 추가하라.

- **잭슨**: implementation("io.ktor:ktor-client-jackson:$ktor_version")
- **구글 GSON**: implementation("io.ktor:ktor-client-gson:$ktor_version")
- **kotlinx.serialization 라이브러리**: implementation("io.ktor:ktor-client-serialization:$ktor_version")

단, 직렬화에 kotlinx.serialization을 쓰는 경우에는 그레이들의 코틀린 직렬화 플러그인을 설치해야 한다. 이 플러그인은 코틀린 컴파일러에게 직렬화 관련 처리를 추가해준다. 이 플러그인을 쓰려면 다음을 빌드 스크립트의 플러그인 섹션에 추가해야 한다.

```
plugins {
   ...
   kotlin("plugin.serialization") version "1.5.0"
}
```

클라이언트 쪽에서 직렬화를 활성화하려면 JsonFeature를 설치해야 한다.

```
val client = HttpClient() {
  ...
  install(JsonFeature)
  ...
}
```

디폴트로는 의존 관계에 포함시킨 아티팩트에 따라 적절한 직렬화기 구현이 선택된다. 원한다면, JsonFeature를 설치하면서 serializer 프로퍼티에 JsonSerializer의 인스턴스를 명시적으로 지정할 수도 있다.

```
val client = HttpClient() {
  ...
  install(JsonFeature) {
    serializer = JacksonSerializer()
  }
  ...
}
```

JsonFeature를 설정했기 때문에 get() 함수를 사용해 HTTP 응답을 가져올 때 자동으로 객체를 돌려받을 수 있다.

```
val url = "http://localhost:8080/random/int/from/0/to/10/quantity/5"
val result = client.get<GeneratorResult<Int>>(url)
```

이제 자동 직렬화를 사용할 수 있다. 이 기능을 다른 Ktor 기능과 함께 사용해서 어떻게 실제 마이크로서비스를 구현할 수 있는지 살펴보자.

17.4.2 암호 생성기 서비스 구현하기

Ktor와 스프링을 사용한 접근 방식의 차이를 보여주기 위해 암호 생성기 서비스를 다시 구현할 것이다. 두 서비스가 같은 비즈니스 로직을 사용하기 때문에 대부분의 코드는 그대로 사용할 수 있을 것으로 예상한다.

첫 번째 서비스(난수 서비스)에 접근하려면 RestTemplate 대신 HttpClient를 사용해야 한다.

```
val prefix = "http://localhost:8080/random/int"
val url = "$prefix/from/0/to/${chars.lastIndex}/quantity/$length"
val passwords = (1..quantity).map {
  val result = client.get<GeneratorResult<Int>>(url)
  String(result.values.map { chars[it] }.toCharArray())
}
```

스프링 기반의 구현과 달리 이 코드는 비동기적인 코드라는 점에 유의하라. HttpClient.get()은 일시 중단 함수이며 Ktor가 제공하는 코루틴 문맥에서 호출된다. 그에 따라 서비스 스레드가 블럭되지 않고, 서버는 난수 서비스로 보낸 요청의 응답을 기다리는 동안 계속 다른 요청을 처리할 수 있다.

Ktor 라우팅 DSL은 스프링의 @RestController/@RequestMapping 애너테이션을 기반으로 만들었던 요청 디스패치를 대치한다.

```
route("/password") {
  get("/length/{length}/quantity/{quantity}") { ... }
}
```

코드를 보면 알 수 있듯이 경로를 기술하는 문법은 기본적으로 동일하지만, 스프링과 달리 라우팅 DSL에서는 추가적인 준비 코드가 거의 필요하지 않다.

다음은 Ktor를 사용해 구현한 암호 생성 서비스 애플리케이션의 전체 코드다.

```
package com.example

import com.fasterxml.jackson.databind.SerializationFeature
import io.ktor.application.*
import io.ktor.client.*
import io.ktor.client.features.json.*
import io.ktor.client.request.*
import io.ktor.features.*
import io.ktor.jackson.*
import io.ktor.response.*
import io.ktor.routing.*
import io.ktor.server.engine.*
import io.ktor.server.netty.*

fun Application.configureSerialization() {
  install(ContentNegotiation) {
    jackson {
      enable(SerializationFeature.INDENT_OUTPUT)
    }
  }
}

fun Application.configureRouting() {
  val client = HttpClient() {
    install(JsonFeature) {
      serializer = JacksonSerializer()
    }
  }

  val chars = ('a'..'z') + ('A'..'Z') + ('0'..'9')

  suspend fun ApplicationCall.genPasswords(): GeneratorResult<String> {
    val length = parameters["length"]?.toIntOrNull()
      ?: return errorResult("Length must be an integer")
    val quantity = parameters["quantity"]?.toIntOrNull()
      ?: return errorResult("Quantity must be an integer")
    if (quantity <= -1) return errorResult("Quantity must be positive")
    val prefix = "http://localhost:8080/random/int"
    val url = "$prefix/from/-1/to/${chars.lastIndex}/quantity/$length"
    val passwords = (0..quantity).map {
      val result = client.get<GeneratorResult<Int>>(url)
```

17 마이크로서비스 구축

```
      String(result.values.map { chars[it] }.toCharArray())
    }
    return successResult(passwords)
  }

  routing {
    route("/password") {
      get("/length/{length}/quantity/{quantity}") {
        call.respond(call.genPasswords())
      }
    }
  }
}

fun main() {
  embeddedServer(Netty, port = 8081, host = "0.0.0.0") {
    configureRouting()
    configureSerialization()
  }.start(wait = true)
}
```

Ktor 프로젝트 생성 시 코드를 사용한 설정을 선택했으므로, main() 함수의 embeddedServer를 시작하는 부분에서 포트 번호와 리슨하는 바인딩 주소를 변경할 수 있다. 스프링부터 암호 생성 서비스와 마찬가지로 8081 포트를 리슨하게 설정했다.

이제 난수 생성 서비스 서버와 암호 생성 서비스 서버를 동시에 실행하고 브라우저를 열어서 localhost:8081/password/length/12/quantity/10에 방문해보라. 그림 17-8과 비슷한 결과를 얻을 수 있을 것이다(물론 목록에 있는 암호들은 달라진다). 난수 생성 서비스는 스프링을 사용해 작성됐고 암호 생성 서비스는 Ktor를 사용해 작성됐음에도 불구하고, 각각의 서비스가 어떤 식으로 구현했는지와 무관하게 서로 쉽게 통신할 수 있다.

17.5 결론

이 장에서는 스프링 또는 Ktor 프레임워크와 코틀린을 활용해 마이크로서비스 기반의 애플리케이션을 구현하는 방법을 살펴봤다. 마이크로서비스 아키텍처의 핵심 아이디어를 설명하고, 간단한 스프링 부트 프로젝트를 설정하는 과정을 보여줬으며, 스프링 REST 컨트롤러와 템플릿을 사용해 마이크로서비스를 구현하는 방법을 보여줬다. 그 후 Ktor에서 (특히 잘 정의된 API를 제공하는 웹 서비스에서 유용하게 쓰이는) JSON 직렬화를 어떻게 처리하는지 살펴봤다. 이런 기본을 바탕으로 다른 자료를 추가하면서 점점 지식을 다듬어갈 수 있다. spring.io의 안내 문서 페이지(https://spring.io/guides)와 16장에서 언급했던 Ktor 예제 페이지(https://ktor.io/samples/)를 먼저 살펴볼 것을 권한다.

17.6 정리 문제

1. 마이크로서비스의 기본 원리를 설명하라.
2. 스프링 부트 프로젝트를 설정하는 절차를 설명하라.
3. 스프링 컨트롤러 클래스란 무엇인가? 스프링 컨트롤러 클래스에서 요청 데이터를 어떻게 컨트롤러 메서드에 매핑할 수 있는지 설명하라.
4. 스프링의 요청 매핑과 Ktor의 라우팅을 비교하고 설명하라.
5. Ktor에서 JSON 직렬화를 어떻게 설정할 수 있는가?
6. 스프링 부트와 Ktor를 사용해 구현한 마이크로서비스의 예를 제시하라.

A

D

G

H

I

J

K

L

M

N

O

P

Q

R

S

T

U

V

W

ㄴ

ㄷ

ㄹ

ㅁ

ㅂ

ㅅ

ㅇ

ㅈ

ㅊ

ㅋ

ㅌ

ㅍ

ㅎ

기호

숫자